天草版 ラテン文典

エボラ公共図書館所蔵

【翻刻・解説】
カルロス・アスンサン
豊島 正之

EMMANVE-
LIS ALVARI E SO-
CIETATE IESV
DE INSTITVTIONE GRAMMATICA
LIBRI TRES.
Coniugationibus accefsit interpretatio
Iapponica.

IN COLLEGIO AMACV-
SENSI SOCIETATIS IESV
CVM FACVLTATE SVPERIORVM.
ANNO M.D.XCIIII.

八木書店

Yagi Bookstore Ltd.
Tokyo, Japan

例　言

1. 本書は、Manuel Alvares 原著 のキリシタン版 *De Institutione Grammatica Libri Tres*（1594年、天草刊）のエボラ公共図書館（ポルトガル）蔵本（請求番号 Reservados 63）を、所蔵館の許諾の下、カラー版で影印し、翻刻・解説を付して刊行するものである。
2. 影印に際しては、表紙・裏表紙を90％、本文および見返し・遊び紙を94％の縮率で収めた。
3. 影印では、原本半丁を一頁に収め、各頁の柱に原本の丁数と表裏（r・v）を表示した。
4. 翻刻・解説は、カルロス・アスンサンと豊島正之が共同で執筆した。
5. 翻刻は、翻刻凡例に基づく解釈本文を示すものとし、必ずしも原本の状態を留めない。原本の状態は影印にて観察されたい。
6. 解説は、「Introduction」（英文）と「書誌概説」（和文）の二篇を収載し、末尾に、*De Institutione Grammatica Libri Tres*「小文典」（1573年、リスボン刊）のコインブラ大学（ポルトガル）蔵本の扉と本文の一部を、図書館の許諾の下、参考図版として収めた。

Foreword

1. This is a facsimile and an academic edition of Manuel Alvares' *De Institutione Grammatica Libri Tres*, a Jesuit Mission Press in Japan, published in 1594, in Amakusa Japan. The facsimile is based on the copy of the Biblioteca Pública de Évora, Portugal (call number "Reservados 63") with kind permission from the Library.
2. Images are reduced in size from the original to 90% for the title pages, and 94% for the text and fly-leaves.
3. Each page of the original is reproduced as one page on the facsimile, with number of folios and r/v (recto/verso) marks on the headlines.
4. The academic edition and introductions are co-authored by Carlos da Costa Assunção and Masayuki Toyoshima.
5. The principles of the academic edition are stated in the "Criteria for the preparation of the text". Readers are advised to consult the facsimile for information of the page composition of the original, such as the line breaks, tables, and braces over columns.
6. Two introductions are given in English and in Japanese, with an excerpt from the *"arte pequena"* (smaller grammar) of *De Institutione Grammatica Libri Tres* (1573, Lisbon) in the Library of the University of Coimbra, Portugal, with kind permission from the Library.

目　次
contents

影　印　facsimile ·· *1*

翻　刻　edition ··· *1*

解　説　introduction ··· *231*

影 印
facsimile

表紙

表紙見返し

遊び紙

遊び紙

遊び紙

遊び紙

Armario 146

G.E.V.C.2 N.º 3

EMMANVELIS ALVARI E SOCIETATE IESV

DE INSTITVTIONE GRAMMATICA LIBRI TRES.

Coniugationibus accessit interpretatio Iapponica.

IN COLLEGIO AMACVSENSI SOCIETATIS IESV CVM FACVLTATE SVPERIORVM.

ANNO M.D.XCIIII.

EMMANVELIS ALVARI
E SOCIETATE IESV DE INSTITV-
TIONE GRAMMATICA LIBER
PRIMVS.

PRÆFATIO.

IVRE optimo labor hic, qualiscũque est, frustra susceptus in tāta librorũ multitudine vide
ri posset, nisi singularis illa virtus, qua res par
uæ crescunt, sine qua maximæ dilabūtur, nos
tueretur. Etenim cùm Patribus nostris illud imprimis pro-
positũ sit, atque ob oculos perpetuò versetur, vt qui Societati IESV, eiusdẽ Dei Opt. Max. beneficio, nomẽ dedimus,
non solùm in ijs, quæ propria ipsius sunt Instituti, verùm
etiam in rebus, quæ minimi videntur esse momẽti, concordis-
simè viuamus: visum est ab aliquo nostrûm Grammaticam
artem scribendam esse, qua vbique terrarum, quo ad eius fie
ri posset, nostri vterentur. Quod onus cùm mihi esset impositum, id equidem nõ meis humeris (scio enim quàm sim imbecillis) sed sanctæ Obedientiæ viribus fretus libenter suscepi. Nam ei, qui sponte sua sui iuris esse desijt, proprioq;
iudicio, atque voluntati propter Deum nuntium remisit,
non tam inscitiæ nota, quàm nec obedientis animi crimen
pertimescendum est. Suscepto itaque onere, operam dedi, ne officio meo deessem: fontes ipsos adij, M. Varronis
Romanorum omnium eruditissimi libros de Etymologia, atque Analogia, duodecim Fabij Quintiliani de Institutione
Oratoria, qui mihi magnum adiumentum attulerunt. Auli
Gellij

Gellij Noctium Atticarum vndeuiginti, Probi, Diomedis, Phocæ, Donati, Prisciani institutiones Grammaticas, vt potui, perlegi: quorum postremus ante mille annos Iustiniani Principis ætate Athenis floruit. Is præter cæteros decem & octo libros scripsit, in quibus passim hominũ doctissimorum testimonijs vtitur, quorum hodie aut nulla, aut perexigua extant vestigia. Est ille quidem sermone inornato, & incompto sed multa, ac varia eruditione. Labitur interdum vt homo, maximè vbi Latina præcepta vt Græcus ad Græcorũ normam exigit, sed grauissimorum auctorum, quos tertio quoque verbo citat, præclara, atque luculēta doctrina eius errata obteguntur penitus, & obscurantur. De rebus vel minimis, tenuissimisque, hoc est, primis elemētis, qua fuit diligentia, testes locupletissimos M. Varronem, C. Cæsarem, Pliniũ, atque alios quàm plurimos producit. Nemo mihi quidem rē Grãmaticã copiosiùs, nemo accuratiùs, aut tractasse, aut plures veterum Grammaticorum commentarios videtur peruolutasse. Quod ad recentiores attinet, eos potissimùm euoluimus, qui nobis vsui essent futuri. Iactis ad hunc modum, fundamentis ex vtrisque Grammatices præcepta delegimus, quæ Terentij, Ciceronis, Cæsaris, Liuij, Virgilij, Horatij, atque aliorum veterum testimonijs, pro nostra tenui, infirmaque parte confirmauimus. De his, siqui fortè in hũc liorũ incidissent, breuiter putauimus admonēdos. Reliquum est, quoniam librorum infinitus est numerus, scribendorum nullus est finis, vt conuenienter diuinis præceptis, cõgruēterque viuamus: ita enim fiet, vt ĩ libro vitæ conscripti, Dei Opt. Max. cõspectu, cui hoc opusculũ dicamus, perpetuò fruamur. ✶

Auctoris carmen ad librum.

SI quis te criticus docto perstrinxerit vngue,
   Sint tibi censoris munera grata tui.
Grates lætus ages: toruos ne contrahe vultus,
   Nec signa ingrati pectoris vlla dabis.
Siquid Aristarchus forsan laudauerit idem,
   Lumina deijcies, occupet ora rubor.
Ne te mulceri flatu patiaris inani:
   Debetur soli gloria vera Deo.

¶ IDEM AD CHRISTIANVM PRÆCEPTOREM.

PAucis te volo, Christiane doctor,
   Aurem, quæso, benignus admoueto.
Mores si doceas pios, pudicos,
Primùm: dein monumenta purioris
Linguæ, cum pietate copulata
Vera: te faciet beatioris
Vitæ participem OMNIVM MAGISTER.

AVCTOR LECTORI.

LIBROS de Grãmatica Institutione, quos nuper explanationibus illustratos edideram, compulsus sum, lector humanissime, nudos ferè, ac luce priuatos, diligentiùs tamen correctos, denuò foras dare: tum ne scholiorum multitudine impedirentur tyrones, tum vt eis nõ solùm ad diuites, sed etiam ad tenuiores (quorum multò maior semper fuit copia) aditus pateret. Quare te etiam, atque etiam rogo, vt eorum tenuitatem, vel nuditatem potiùs boni consulas.   Vale.

ADMONITIO.

CVM ijs, qui in Iapponia, latino idiomati operam impendunt, Patris Emmanuelis Aluari Grammatica institutio necessaria sit in eaque verborum coniugationes Lusitana lingua huius insulæ hominibus ignota vertatur, ne tyrones in ipso limine peregrini sermonis imperitiæ tædio animum desponderent, Superioribus visum est, vt (ordine quo liber ab auctore editus est, nihil inmutato) verborum coniugationibus Iapponicæ voces apponerétur, aliquaq́; scholia præceptoribus ad latinarum, & Iapponicarum loquutionum vim facilius dignoscendam maxime conducentia, attexerentur. Vale.

NOMINATIVVS CVM PARTICV-
Iis Iapponicis, quæ respondent casibus latinis.

Numero sing.

Nominatiuo	Dominus,	Aruji, arujiua, arujiua, ga, no, yori.
Genitiuo	Domini,	Arujino, ga.
Datiuo	Domino,	Arujini, ye.
Accusatiuo	Dominum,	Arujiuo.
Vocatiuo	ô Domine,	Aruji, A, icani aruji.
Ablatiuo	à Domino.	Aruji yori, cara, ni.

Plur.

¶ Nominatiuo	Domini,	Aruji tachi, A aruji tachi ua, ga, &c.
Genitiuo	Dominorum,	Aruji tachino, ga.
Datiuo	Dominis,	Aruji tachini, ye.
Accusatiuo	Dominos,	Aruji tachi uo.
Vocatiuo	ô Domini,	Aruji tachi, A, icani arujitachi.
Ablatiuo	à Dominis,	Aruji tachi yori, cara, ni.

¶ Particulæ Iapponicæ, quæ numero plurali latino respõdent, huiusmodi sunt, Tachi, xu, domo, ra. Item eiusdem nominis repetitio, vt sitobito, cunigũni, &c.

A3　　　　　　　　　　　　　　　PRI-

PRIMA NOMINVM
DECLINATIO.

¶ Musa, nomen declinationis primæ, generis
fœminini, numeri singularis,
sic declinabitur.

Nominatiuo	hæc Musa.	¶ Hæc Musa iucunda.
Genitiuo	Musæ.	Hæc ferula acerba.
Datiuo	Musæ.	¶ Paucis post diebus.
Accusatiuo	Musam	Hæc musa dulcis.
Vocatiuo	ô Musa.	Hæc ferula minax.
Ablatiuo	â Musa.	Hic nauta vigilans.
	Numero plurali.	Hic poëta optimus.
¶ Nominatiuo	Musæ.	
Genitiuo	Musarum.	
Datiuo	Musis.	
Accusatiuo	Musas.	
Vocatiuo	ô Musæ.	
Ablatiuo	â Musis.	

¶ Assuescant pueri in ipso primo aditu, vestibuloque Grammaticæ
adiectiua nomina cum substantiuis copulare. Adiectiua ne multa sint,
ne inepta, ne temere congesta: sint delecta, à bonis auctoribus petita, ad summum duo, vt Puer verecundus, et ingeniosus.

SECVNDA DECLINATIO.

¶ Dominus, nomen declinationis secundæ, generis masculini,
numeri singularis, sic declinabitur.

Nominatiuo	hic Dominus.	¶ Hic Dominus iustus.
Genitiuo	Domini.	Hic Dominus bonus.
		Datiuo

DE NOMINVM

Datiuo	Domino.	¶ Aliquot post dies.
Accusatiuo	Dominum.	Hic Dominus prudens.
Vocatiuo	ô Domine.	Hic animus generosior.
Ablatiuo	à Domino.	Hæc populus procerissima.

Numero plurali.

¶ Nominatiuo	Domini.
Genitiuo	Dominorum.
Datiuo	Dominis.
Accusatiuo	Dominos.
Vocatiuo	ô Domini.
Ablatiuo	à Dominis.

¶ Templum, nomen declinationis secundæ, generis neutri, numeri singularis, sic declinabitur.

Nominatiuo hoc	Templum.	
Genitiuo	Templi.	¶ Hoc templû sanctissimû.
Datiuo	Templo.	Hoc ingenium eximium.
Accusatiuo	Templum.	¶ Suo tempore.
Vocatiuo	ô Templum.	Hoc templum ingens.
Ablatiuo	à Templo.	Hoc ingenium illustre.

Numero plurali.

¶ Nominatiuo	Templa.
Genitiuo	Templorum.
Datiuo	Templis.
Accusatiuo	Templa.

Vo-

DECLINATIONE.

Vocatiuo   ô Templa.
Ablatiuo   à Templis.

TERTIA DECLINATIO.

¶ Sermo, nomen declinationis tertiæ, generis masculini, numeri singularis, sic declinabitur.

Nominatiuo hic   Sermo.   ¶ Hic sermo elegans.
Genitiuo   Sermonis.   Hic sermo quotidianus.
Datiuo   Sermoni.
Accusatiuo   Sermonem.   ¶ Hæc virtus admiranda.
Vocatiuo   ô Sermo.   Hæc oratio elegantior.
Ablatiuo   à Sermone.

Plurali.

¶ Nominatiuo   Sermones.
Genitiuo   Semonum.
Datiuo   Sermonibus.
Accusatiuo   Sermones.
Vocatiuo   ô Sermones.
Ablatiuo   à Sermonibus.

¶ Tempus, nomen declinationis tertiæ, generis neutri, numeri singularis, sic declinabitur.

Nominatiuo hoc   Tempus.   ¶ Hoc tempus breuius.
Genitiuo   Temporis.   Hoc tempus preciosum.
Datiuo   Tempori.   Hoc tempus velox.
Accusatiuo   Tempus.
Vocatiuo   ô Tempus.   ¶ Hoc nomen celebre.
Ablatiuo   à Tempore.   Hoc flumen rapidum.

Plurali.

¶ Nominatiuo   Tempora.
Genitiuo   Temporum.
Datiuo   Temporibus.
Accusatiuo   Tempora.
Vocatiuo   ô Tempora.
Ablatiuo   à Temporibus.

B

DE NOMINVM

¶ Parens, nomen declinationis tertiæ, generis communis, numeri singularis, sic declinabitur.

Nominatiuo hic, & hæc	Parens.
Genitiuo	Parentis.
Datiuo	Parenti.
Accusatiuo	Parentem.
Vocatiuo	ô Parens.
Ablatiuo	à Parente.

Numero plurali.

¶ Nominatiuo	Parentes.	
Genitiuo	Parentum.	¶ Hic, & hæc ciuis.
Datiuo	Parentibus.	Hic, & hæc hostis.
Accusatiuo	Parentes.	
Vocatiuo	ô Parentes.	
Ablatiuo	à Parentibus.	

¶ His nominibus adiunguntur Adiectiua non coniunctim, sed separatim. Hic ciuis Romanus: Hæc ciuis Romana.

QVARTA DECLINATIO.

¶ Sensus, nomen declinationis quartæ, generis masculini, numeri singularis, sic declinabitur.

Nominatiuo hic	Sensus.	¶ Hic sensus hebes.
Genitiuo	Sensus.	Hic sensus turdus.
Datiuo	Sensui.	Hic sensus tenuis.
Accusatiuo	Sensum.	Hæc anus delira.
Vocatiuo	ô Sensus.	
Ablatiuo	à Sensu.	

Numero plurali.

¶ Nominatiuo	Sensus.
Genitiuo	Sensuum.
Datiuo	Sensibus.
Accusatiuo	Sensus.

DECLINATIONE.

Vocatiuo   ô Senſus.
Ablatiuo   à Senſibus.

¶ Genu, nomen declinationis quartæ, generis neutri, numeri singularis, sic declinabitur.

Nominatiuo   hoc Genu.   ¶ Hoc genu flexum.
Genitiuo   Genu.   Hoc genu tumens.
Datiuo   Genu.
Accuſatiuo   Genu.
Vocatiuo   ô Genu.
Ablatiuo   à Genu.

Numero plurali.

¶ Nominatiuo   Genua.
Genitiuo   Genuum.
Datiuo   Genibus.
Accuſatiuo   Genua.
Vocatiuo   ô Genua.
Ablatiuo   à Genibus.

QVINTA DECLINATIO.

¶ Dies, nomen declinationis quintæ, generis masculini, numeri singularis, sic declinabitur.

Nominatiuo   hic Dies.   ¶ Hic dies lætiſsimus.
Genitiuo   Diei.   Hic dies illuſtris.
Datiuo   Diei.   Hæc res domeſtica.
Accuſatiuo   Diem.   Hæc res familiaris.
Vocatiuo   ô Dies.
Ablatiuo   à Die.

Numero plurali.

¶ Nominatiuo   Dies.
Genitiuo   Dierum.
Datiuo   Diebus.
Accuſatiuo   Dies.
Vocatiuo   ô Dies.
Ablatiuo   à Diebus.

B 2   De

DE NOMINVM
De nominum adiectiuorum declinationibus directis, & obliquis.

¶ Bonus, bona, bonum, nomen mobile declinationis primæ, & secundæ, numeri singularis, sic declinabitur.

Nominatiuo	Bonus, bona, bonum.
Genitiuo	Boni, bonæ, boni.
Datiuo	Bono, bonæ, bono.
Accusatiuo	Bonum, bonam, bonum.
Vocatiuo	ô Bone, bona, bonum.
Ablatiuo	à Bono, bona, bono.

Plurali.

¶ Nominatiuo	Boni, bonæ, bona.
Genitiuo	Bonorum, bonarum, bonorum.
Datiuo	Bonis.
Accusatiuo	Bonos, bonas, bona.
Vocatiuo	ô Boni, bonæ, bona.
Ablatiuo	à Bonis.

¶ Subiecta nomina eodem modo declinantur, nisi quòd casus interrogandi syllabis, IVS, dandi verò, I, litera terminatur.

ALTER, altera, alterum: alterius, alteri.
Alius, alia, aliud: alius, alij.
Solus, sola, solum: solius, soli.
Totus, tota, totum: totius, toti.
Vnus, vna, vnum: vnius, vni.
Vllus, vlla, vllum: vllius, vlli.
Nullus, nulla, nullum: nullius, nulli.

Vter

DECLINATIONE.

Vter, vtra, vtrum: vtrìus, vtri.
Nèuter, nèutra, nèutrum: neutrìus, neutri.
Vtèrque, àtraque, vtrùmque: vtriùsque, vtrique.
Altèruter, alterutra, alierutrum: alterutrìus, alterutri.

Tertia nominum adiectiuorum declinatio.

¶ Acer, acris, acre, nomen adiectiuum, declinationis tertiæ, numeri singularis, sic declinabitur.

Nominatiuo	hic Acer, hæc acris, hoc acre.
Genitiuo	Acris.
Datiuo	Acri.
Accusatiuo	Acrem, & acre.
Vocatiuo	ô Acer, acris, & acre.
Ablatiuo	ab Acri.

Plurali.

¶ Nominatiuo	Acres, & acria.
Genitiuo	Acrium.
Datiuo	Acribus.
Accusatiuo	Acres, & acria.
Vocatiuo	ô Acres, & acria.
Ablatiuo	ab Acribus.

¶ Breuis, & breue, nomen adiectiuum, declinationis tertiæ, numeri singularis, sic declinabitur.

Nominatiuo	hic, & hæc Breuis, & hoc breue.
Genitiuo	Breuis.
Datiuo	Breui.
Accusatiuo	Breuem, & breue.
Vocatiuo	ô Breuis, & breue.
Ablatiuo	à Breui.

DE NOMINVM

Numero plurali.

¶ Nominatiuo	Breues, & breuia.
Genitiuo	Breuium.
Datiuo	Breuibus.
Accusatiuo	Breues, & breuia.
Vocatiuo	ô Breues, & breuia.
Ablatiuo	à Breuibus.

¶ Breuior, & breuius, nomen comparatiuum, declinationis tertiæ, numeri singularis, sic declinabitur.

Nominatiuo hic, & hæc	Breuior, & hoc breuius.
Genitiuo	Breuioris.
Datiuo	Breuiori.
Accusatiuo	Breuiorem, & breuius.
Vocatiuo	ô Breuior, & breuius.
Ablatiuo	à Breuiore, vel breuiori.

Numero plurali.

¶ Nominatiuo	Breuiores, & breuiora.
Genitiuo	Breuiorum.
Datiuo	Breuioribus.
Accusatiuo	Breuiores, & breuiora.
Vocatiuo	ô Breuiores, & breuiora.
Ablatiuo	à Breuioribus.

¶ Felix, nomen adiectiuum, declinationis tertiæ, generis omnis, numeri singularis, sic declinabitur.

Nominatiuo hic, & hæc, & hoc	Felix.
Genitiuo	Felicis.
Datiuo	Felici.
Accusatiuo	Felicem, & felix.
Vocatiuo	ô Felix.
Ablatiuo	à Felice, vel felici.

Numero plurali.

¶ Nominatiuo	Felices, & felicia.

Geni-

DECLINATIONE. 8.

Genitiuo	Felicium.
Datiuo	Felicibus.
Accusatiuo	Felices, & felicia.
Vocatiuo	ô Felices, & felicia.
Ablatiuo	à Felicibus.

CVM sextus casus nominum, quæ literis N, & S, terminantur, in E, vt Verrius Flaccus auctor grauissimus docet, ferè exeat, cùmque genitiuus multitudinis eorundem nominum raro ab Oratoribus imminuatur, siquidem diligentium, elegantium, ingentium, & alios id genus casus, plenos, non imminutos, diligentum, elegantum, &c. firmè vsurpant, in locum nominis Prudens, substituimus Felix, ne imperitis errandi ansam daremus. Non negamus esse quædam, quorum ablatiuus etiam I, litera finitur, cuius modi sunt Ingens, recens, vehemens: de quibus, atque participijs, quæ eiusdem sunt positionis, fusiùs suo loco diximus. Hic enim tantùm nobis admonendus fuit lector de hac exemplorum permutatione. Felix imprimis placuit, quòd eo Diomedes, & Donatus vsi fuerint.

Nomina Anomala.

Nominatiuo	hæc Domus.
Genitiuo	Domi, vel domus.
Datiuo	Domui.
Accusatiuo	Domum.
Vocatiuo	ô Domus.
Ablatiuo	à Domo.

Pluraliter.

Nominatiuo	Domus.
Genitiuo	Domorum, vel domuum.
Datiuo	Domibus.
Accusatiuo	Domos, vel domus.
Vocatiuo	ô Domus.
Ablatiuo	à Domibus.

DE NOMINVM
Pluraliter.

Nominatiuo	Duo, duæ, duo.
Genitiuo	Duorum, duarum, duorum.
Datiuo	Duobus, duabus diobus.
Accusatiuo	Duos, vel duo, duas, duo.
Vocatiuo	ô Duo, duæ duo.
Ablatiuo	à Duobus, duabus, duobus.

¶ Ambo eodem modo declinatur.

Pluraliter.

Nominatiuo	Ambo, ambæ, ambo.
Genitiuo	Amborum, ambarum, amborum.
Datiuo	Ambobus, ambabus, ambobus.
Accusatiuo	Ambos, vel ambo, ambas, ambo.
Vocatiuo	ô Ambo, ambæ, ambo.
Ablatiuo	ab Ambobus, ambabus, ambobus.

De Pronominum primitiuorum declinatione.

¶ Ego, pronomen personæ primæ, numeri singularis, sic declinabitur.

Nominatiuo	Ego.
Genitiuo	Mei.
Datiuo	Mihi, vel mi.
Accusatiuo	Me.
Ablatiuo	à Me.

Pluralter.

¶ Nominatiuo	Nos.
Genitiuo	Nostrum, vel nostri.
Datiuo	Nobis.
Accusatiuo	Nos.
Ablatiuo	à Nobis.

DECLINATIONE.

¶ Tu, pronomen personæ secundæ, numeri singularis, sic declinabitur.

Nominatiuo   Tu.
Genitiuo   Tui.
Datiuo   Tibi.
Accusatiuo   Te.
Vocatiuo   ô Tu.
Ablatiuo   à Te.

        Plurali.

¶ Nominatiuo   Vos.
Genitiuo   Vestrûm, vel vestri.
Datiuo   Vobis.
Accusatiuo   Vos.
Vocatiuo   ô Vos.
Ablatiuo   à Vobis.

¶ Sui, pronomen personæ tertiæ, numeri vtriusque, sic declinabitur.

Genitiuo   Sui.
Datiuo   Sibi.
Accusatiuo   Se.
Ablatiuo   à Se.

        Plurali.

¶ Genitiuo   Sui.
Datiuo   Sibi.
Accusatiuo   Se.
Ablatiuo   à Se.

¶ Pronomina Hic, Iste, Ille, Ipse, Is, Idem quæ aliqua ex parte primam, & secundam nominum adiectiuorum declinationem imitantur, sic declinantur.

Nominatiuo   Hic, hæc, hoc.
Genitiuo   Huius.
Datiuo   Huic.

C   Accu-

DE PRONOMINVM

Accusatiuo	Hunc, hanc, hoc.
Ablatiuo	ab Hoc, hac, hoc.

Numero plurali.

¶ Nominatiuo	Hi, hæ, hæc.
Genitiuo	Horum, harum, horum.
Datiuo	His.
Accusatiuo	Hos, has, hæc.
Ablatiuo	ab His.

Numero singulari.

Nominatiuo	Iste, ista, istud.
Genitiuo	Istius.
Datiuo	Isti.
Accusatiuo	Istum, istam, istud.
Ablatiuo	ab Isto, ista, isto.

Plurali.

¶ Nominatiuo	Isti, istæ, ista.
Genitiuo	Istorum, istarum, istorum.
Datiuo	Istis.
Accusatiuo	Istos, istas, ista.
Ablatiuo	ab Istis.

Numero singulari.

Nominatiuo	Ille, illa, illud.
Genitiuo	Illius.
Datiuo	Illi.
Accusatiuo	Illum, illam, illud.
Ablatiuo	ab Illo, illa, illo.

Plurali.

¶ Nominatiuo	Illi, illæ, illa.
Genitiuo	Illorum, illarum, illorum.
Datiuo	Illis.
Accusatiuo	Illos, illas, illa.
Ablatiuo	ab Illis.

DECLINATIONE.

Numero singulari.

Nominatiuo — Ipse, ipsa, ipsum.
Genitiuo — Ipsus.
Datiuo — Ipsi.
Accusatiuo — Ipsum, ipsam, ipsum.
Ablatiuo — ab Ipso, ipsa, ipso.

Plurali.

¶ Nominatiuo — Ipsi, ipsæ, ipsa.
Genitiuo — Ipsorum, ipsarum, ipsorum.
Datiuo — Ipsis.
Accusatiuo — Ipsos, ipsas, ipsa.
Ablatiuo — ab Ipsis.

Numero singulari.

Nominatiuo — Is, ea, id.
Genitiuo — Eius.
Datiuo — Ei.
Accusatiuo — Eum, eam, id.
Ablatiuo — ab Eo, ea, eo.

Plurali.

¶ Nominatiuo — Ij, eæ, ea.
Genitiuo — Eorum, earum, eorum.
Datiuo — Eis, vel ijs.
Accusatiuo — Eos, eas, ea.
Ablatiuo — ab Eis, vel ijs.

Numero singulari.

Nominatiuo — Idem, eadem, idem.
Genitiuo — Eiusdem.
Datiuo — Eîdem.
Accusatiuo — Eundem, eandem, idem.
Ablatiuo — ab Eodem, eâdem, eodem.

Plurali.

¶ Nominatiuo — Iîdem, eædem, eadem.

C 2 Geni-

DE PRONOMINVM

Genitiuo	Eorundem, earundem, eorundem.
Datiuo	Eisdem, vel ijsdem.
Accusatiuo	Eosdem, easdem, eadem.
Ablatiuo	ab Eisdem, vel ijsdem.

De Pronominum deriuatiuorum declinatione.

¶ Meus, mea, meum: Tuus, tua, tuum: Suus, sua, suum: Noster, nostra, nostrum: Vester, vestra, vestrum declinantur vt nomina adiectiua primæ, & secundæ declinationis.

Numero singulari.

Nominatiuo	Meus, mea, meum.
Genitiuo	Mei, meæ, mei.
Datiuo	Meo, meæ, meo.
Accusatiuo	Meum, meam, meum.
Vocatiuo	ô Mi, mea, meum.
Ablatiuo	à Meo, mea, meo.

Plurali.

¶ Nominatiuo	Mei, meæ, mea.
Genitiuo	Meorum, mearum, meorum.
Datiuo	Meis.
Accusatiuo	Meos, meas, mea.
Vocatiuo	ô Mei, meæ, mea.
Ablatiuo	à Meis.

¶ Hæc tria vocatiuo carent.

¶ Tuus, tua, tuum: Suus, sua, suum: Vester, vestra, vestrum.

¶ Noster, nostra, nostrum.
Vocatiuo ô noster, nostra, nostrum.

Nostras,

DECLINATIONE. II.

¶ Nostras, & Vestras, pronomina deriuatiua, omnis generis, declinantur vt nomina adiectiua tertiæ declinationis.

Nominatiuo   Hic, & hæc, & hoc Nostras.
Genitiuo   Nostratis.
Datiuo   Nostrati.
Accusatiuo   Nostratem, & nostras.
Vocatiuo   ô Nostras.
Ablatiuo   à Nostrate, vel nostrati.

Plurali.

¶ Nominatiuo   Nostrates, & nostratia.
Genitiuo   Nostratium.
Datiuo   Nostratibus.
Accusatiuo   Nostrates, & nostratia.
Vocatiuo   ô Nostrates, & nostratia.
Ablatiuo   à Nostratibus.

¶ Hic, & hæc, & hoc Vestras vocatiuo caret.

¶ Prouocabulum, siue pronomen relatiuum Qui, quæ, quod, sic declinabitur.

Numero singulari.

Nominatiuo   Qui, quæ, quod.
Genitiuo   Cuius.
Datiuo   Cui.
Accusatiuo   Quem, quam, quod.
Ablatiuo   à Quo, vel qui, qua, vel qui, quo, vel qui.

Plurali.

¶ Nominatiuo   Qui, quæ, quæ.
Genitiuo   Quorum, quarum, quorum.
Datiuo   Quîs vel quibus.
Accusatiuo   Quos, quas, quæ.
Ablatiuo   à Quîs, vel quibus.

¶ Qui,

DE PRONOMINVM

¶ Quis, prouocabulum siue pronomen interrogatiuum, siue infini‑
tum, sic declinabitur.

Numero singulari.

Nominatiuo	Quis, vel qui, quæ, quod, vel quid.
Genitiuo	Cuius.
Datiuo	Cui.
Accusatiuo	Quem, quam, quod, vel quid.
Ablatiuo	à Quo, qua, quo, vel qui.

Plurali.

¶ Nominatiuo	Qui, quæ, quæ.
Genitiuo	Quorum, quarum, quorum.
Datiuo	Quîs, vel quibus.
Accusatiuo	Quos, quas, uæ.
Ablatiuo	à Quîs, vel quibus.

¶ Ablatiuus Qui, est omnis generis, quo vtimur postposita præpositio‑
ne, Cum. Terent. Heaut. Qui cum loquitur filius? Cic. Sulpit. o lib.
4. Fam. 1. Nemo est omnium, qui cum potiùs mihi, quàm tecum com‑
municandum putem. Virg. lib. II.

Tunc sic expirans, Accam ex æqualibus vnam
Alloquitur, fida ante alias quæ sola Camillæ,
Qui cum partiri curas.

Composita ex prouocabulo, Quis, cùm præcedit.

Quisnam, quænam, quodnam, vel quidnam: cuiusnã, cuinam.
Quispiam, quæpiam, quodpiam, vel quidpiam: cuiuspiam, cuipiam.
Quisquam, quæquam, quodquam, vel quidquam: cuiusquam, cuiquam.
Quisque, quæque, quodque vel quidque: cuiusque, cuique.
Quisquis, quidquid: cuiuscuius: cuicui: quemquem, quidquid, à quoquo.

Plu‑

DECLINATIONE.

Plurali.

Quiqui, quorumquorum, quibusquibus, quosquos, à quibus quibus.

Composita ex Quis, cùm sequitur.

Aliquis, aliqua, aliquod, vel aliquid: alicuius, alicui.
Ecquis, ecqua, vel ecquæ, ecquod, vel ecquid: eccuius, eccui.
Nequis, nequa, nequod, vel nequid: nercuius, necui.
Siquis, siqua, siquod, vel siquid: scuius, scui.

Composita ex prouocabulo Qui.

Quicunque, quæcunque, quodcunque: cuiuscunque cuicunque.
Quidam, quædam, quoddam, vel quiddam: cuiusdam cuidam.
Quilibet, quælibet, quodlibet, vel quidlibet: cuiuslibet. cuilibet.
Quiuis, quæuis, quoduis, vel quiduis: cuiusuis, cuiuis.

Quædam ex suprà dictis rursus componuntur.

Vnusquisque, vnaquæque, vnumquodque, vel vnumquidque: vniuscuiusque, vnicuique.
Ecquisnam, ecquænam, ecquodnam, vel ecquidnam.

DE

DE VERBORVM CONIV-
GATIONE.

¶ Sum, verbum substantiuum modi Indicatiui temporis præsentis, numeri singularis, persona prima, sic declinabitur.

¶ Modi indicatiui tempus præsens.

¶ Sum,	Vare	Deatu Aruta yru.	¶ Fu sũ: ou estou.
Es,	Nangi	Deatu, A, yru.	Tu es: ou estas.
Est,	Are	Deatu A, yru.	Elle he: ou esta.

Plurali numero.

Sumus,	Varera	Deatu A, yru.	Nos somos: ou estamos.
Estis,	Nangira	Deatu A, yru.	Vos sois: ou estais.
Sunt,	Arera	Deatu A, yru.	Elles sam: ou estaõ.

Præteritum imperfectum.

¶ Eram,	Vare		¶ Eu era: ou estaua.
Eras,	Nangi		Tu eras: ou estauas.
Erat,	Are	Deatu A, deatra,	Elle era: ou estaua.
		A, yru, yta.	Nos eramos: ou estauamos.
Plu. Eramus,	Varera		
Eratis,	Nangira		Vos ereis: ou estaueis.
Erant,	Arera		Elles eraõ: ou estauaõ.

Præteritum perfectum.

¶ Fui,	Vare		¶ Fustri: ou estiue.
Fuisti,	Nangi		Tu foste: ou estiueste.
Fuit,	Are		Elle foi: ou estoue.
		Deatra.	Nos fomos: ou estiuemos.
Plu. Fuimus,	Varera	A, yta.	Vos fostes: ou estiuestes.
Fuistis,	Nangira		Elles foram: ou estiueraõ.
Fuerũt, l, fuere,	Arera		

CONIVGATIONE.

Præteritum plusquam perfectum.

¶ Fueram,	Vare	⎫	¶ Eu fora: ou estiuera.
Fueras,	Nangi	⎬	Tu foras, ou estiueras.
Fuerat,	Are	⎭	Elle fora, ou estiuera.
		Deatta,	Nos foramos: ou estiue
Plu. Fueramus,	Varera	Deatte atta,	ramos.
Fueratis,	Nangira	A, yta,	Vos foreis, ou estiuereis.
Fuerant,	Arera	Yte atta.	Elles foram: ou estiue-
			ram.

Futurum.

¶ Ero,	Vare	⎫	¶ Eu serei: ou estarei.
Eris,	Nangi	⎬	Tu seras: ou estaras.
Erit,	Are	⎭	Elle serà: ou estara.
		Dearŏzu,	Nos seremos: ou esta-
Plu. Erimus,	Varera	A, Iyŏzu.	remos.
Eritis,	Nangira		Vos sereis: ou estareis.
Erunt,	Arera		Elles serão: ou estarão.

¶ SI quis de Varronis sententia volet futurum perfectum, siue exactum adiungere, sic in Iapponicum conuertat licebit, Fuero, Iap. M. faya de arŏzu. A, atte arŏzu. Iuf. Ia cu en tam serei, ou estarei.

¶ Huic verbo Substantiuo Sum, hæc ferè verba Iapponica respondent, Aru, gozaru, naru, yru, voru, voriaru, vogiaru, maximasu sŏrŏ, sanbenu, nui, &c. & ex his ea, quibus particulæ, Ni, Nite, De, præponuntur, vt Nite aru, gozaru &c. Aliqua circa indicatiuum, & reliquos modos hic possent adnotari, quæ in prima verborum coniugatione reperientur diffusè.

Imperatiui Modi tempus præsens.

¶ ES, l, esto,	Nangi	⎱ Nite are, nare, A, iyo.	¶ See tu ou está.
Sit,	Are	Nite areto, nare to, A, iyoto.	Seja elle: ou esteja.

D

DE VERBORVM

Plu. Simus,	Varera	Dearôzu, A, iyôzu.	Sejamos nos: ou estejamos.
Este, l, estote,	Nangira	Niteare, nare A, iyo.	
Sint,	Arera	Nite areto, nareto, A, iyoto.	Sede vos: ou esteai
			Sejam elles: ou estejam.

¶ Vtimur particula, Tó, in tertia persona Imperatiui, quia communiter caret propria voce Iapponica.

¶ Futurum, siue modus mandatiuus.

¶ Estotu, l, eris,	Nangi		Seras tu: ou estaras
Esto ille l, erit,	Are	Nite arubexi,	Serà elle: ou estarà.
Plu. Estote l, eritis,	Nãgira	Tarubexi,	Sereis vos: ou estareis.
Sunto l, erunt,	Arera	A ybexi.	Serão elles: ou estarão.

Optatiui modi tempus præsens, & imperfectum.

¶ Vtinãessem,	Vare		¶ Oxala fora eu, ou fosse: Estiuera, ou estiuesse.
Esses,	Nangi		Foras tu ou fosses: Estiueras, ou estiuesses.
Esset,	Are	Atare de are caxi A, gæna: A, iyocaxi.	Fora elle, ou fosse: Estiuera, ou estiuesse.
Plu. Vtinã Essemus,	Varera		Oxala foramos nos, ou fo. Temos: Estiueramos, ou estiuessemos.
Essetis,	Nangira		Foreis vos: ou fosseis: Estiuereis, ou estiuesseis.
Essent,	Arera,		Foram elles, ou fossem: Estiuerã, ou estiuessem.

CONIVGATIONE.

Præteritum perfectum.

¶ Vtinā fuerim,	Vare		¶ Queira Deos q̃ fosse
Fueris,	Nangi		eu: ou estiuesse.
Fuerit,	Are	Deattarŏniua,	Que fosses tu: ou esti-
		deattaraba yo	uesses. (tiuesse.
		carŏmoncuo,	Que fosse elle: ou es-
		A, Ytarŏniua,	Queira De⁹ q̃ fossemos
Plu. Vtinā fuerim⁹,	Varera	Ytaraba yoca	nos: ou estiuessemos.
Fueritis,	Nangira	rŏmonouo.	Que fosseis vos: ou es-
Fuerint,	Arera		tiuesseis.
			Que fossem elles: ou
			estiuessem.

Præteritum plusquam perfectum.

¶ Vtinā fuissē,	Vare	Ha deattarŏ	¶ Prouuera a Deos q̃
Fuisses,	Nangi	niuu, A, de	fora eu, ou estiuera.
Fuisset,	Are	attaraba yo	Que foras tu: ou Esti
		carŏ mono	ueras. (uera.
		uo A, dearŏ	Que fora elle: ou Esti
Plu. Vtinā Fuissemus,	Varera	zuru mono	Prouuera a Deos q̃
Fuissetis,	Nangira	uo, A, yteat	foramos nos: ou Esti
Fuissent,	Arera	tarŏniua, yte	ueramos. (uereis.
		attaraba yoca	Que foreis uos: ou Esti
		rŏmonouo.	Que forão elles, ou
			Estiuerão.

Futurum.

¶ Vtinam sim,	Vare		¶ Praza a Deos q̃ seja
Sis,	Nangi		eu: ou esteja.
Sit,	Are		Que sejas tu: ou estejas.
		De arecaxi,	Que seja elle: ou esteja.
		A, gana,	Praza a Deos q̃ sejamos
Plu. Vtinā simus,	Varera		nos: ou estejamos.
Sitis,	Nangira		Que sejais vos: ou este
Sint,	Arera		jais. (jam.
			Que sejão elles: ou este

D 2   Con

DE VERBORVM

Coniunctiui modi tempus præsens.

¶ Cùm sim,	Vare		¶ Como eu sou: ou sendo eu
Sis,	Nangi		Como tu es: ou sendo tu.
Sit,	Are	De areba,	Como elle he: ou sendo elle.
		Dearuni,	Como nos somos: ou sendo nos.
		A, Yreba,	Como vos sois: ou sendo vos.
Plu. Cũ simus,	Varera	Yruni.	Como elles sam: ou sendo elles.
Sitis,	Nangira		
Sint,	Arera		

Præteritum imperfectum.

¶ Cùm essem,	Vare		¶ Como eu era: ou sendo eu.
Esses,	Nangi		Como tu eras: ou sendo tu.
Esset,	Are	De areba,	Como elle era: ou sendo elle.
		Deattareba,	
		Dearutocoroni	
		A, Yreba, Yruni,	Como nos eramos: ou sendo nos.
Plu. Cũ essemus,	Varera	Ytareba,	Como vos ereis: ou sendo vos.
Essetis,	Nangira	Ytatocoroni.	Como elles eram: ou sendo elles.
Essent,	Arera		

Præteritum perfectum.

¶ Cùm fuerim,	Vare		¶ Como eu fui: ou sendo eu.
Fueris,	Nangi	Deattareba,	Como tu foste: ou sendo tu.
Fuerit,	Are	Deattani,	Como elle foi: ou sendo elle.

Plu.

CONIVGATIONE. 15

Plu. Cũ fuerimus,	Varera	A, Ytareba,	Como nos fomos: ou
Fueritis,	Nangira	Ytani.	sendo nos. (do vos.
Fuerint,	Arera		Como vos fostes: ou sen
			Como elles forã: ou
			sendo elles.

Præteritum plusquam perfectum.

¶ Cùm Fuissem,	Vare		¶ Como eu fora: ou sen
Fuisses,	Nangi		do eu. (do tu.
Fuisset,	Are	Deatte attareba	Como tu foras: ou sen
		Deatte attani,	Como elle fora: ou sen
		Deattareba,	do elle. (sedo nos
		A, Yte attareba,	Como nos foramos: ou
Plu. cùm Fuissem°,	Varera	Yte attani.	Como vos foreis: ou
Fuissetis,	Nangira		sedo vos. (do elles.
Fuissent,	Arera		Como elles forã: ou sẽ

Futurum.

¶ Cùm Fuero,	Vare		¶ Como eu for: ou esti
Fueris,	Nangi	Deattarŏtoqi,	ue.
Fuerit,	Are	Dearŏtoqi,	Tu fores: ou estiueres.
		A, Ytarŏ toqi,	Elle for: ou estiuer.
		Iyŏ toqi,	Como nos foremos: ou
Plu. Cũ Fuerimus,	Varera	Yte cara &c.	estiueremos. (des.
Fueritis,	Nangira		Vos fordes ou estiuer
Fuerint,	Arera		Elles forẽ: ou estiuerẽ

¶ Particulæ, De, et Nte, alicui nomini substantiuo, aut adiectiuo sociatæ, præsentis, aut imperfecti cõiunctiui vim habent, vt Mutçuno cuniño nu xi nite chinnŏ nari. Gõnru muxade xĩnareta &c. Illa vox, Deatte, I, yte omnibus cõiunctiui temporibus inseruit: et sæpe reddi non potest nisi per cõiunctiuum, siue iũgatur particulis, Cara, yori, nochi, siue non: vt Buxi ni natte asay² qizzucai itasu: cùm miles sim &c. Qixoua saburaide gozat² te criyŏ¹o corouŏxerauuruca? cùm sis nobilis &c. Miua sinĩ de atte, qi² ŏ.roĩ e ŏiocuuo yeitasananda: cùm essem pauper &c. Mayeua sucoximo

biŭ

DE VERBORVM

bidjadetta nõte, niuacani vazzurõte xinareta: Cùm antea nunquàm ægrotus fuisset &c. Euxini natte, buxino yacuni ataiu cotouo qeicoitasõzu. Cùm, I, postquàm miles fuero &c.

Coniūctiuus cum particula, Quanuis.

Præsens. Quãuis ſm,	Dearedomo, de aritemo.	¶ Poſto q̃ eu ſeja.
P. imp. Quãuis eſſẽ,	De aredomo, de atturedomo.	¶ Poſto q̃ eu fora ou foſſe &c.
P. Perf. Quãuis ſuerim,	Deattaredomo, deattaritemo.	
P. Pluſq. Quãuis fuiſſem,	Deattaredomo deatte attaritemo, dearõzuredomo.	

Coniunctiuus cum particula Si.

Præsens. Si Sim,	De araba, dearuni voiteua A, y & a.	¶ Se eu for,
P. imp. Si Eſſem,	Dearaba, deattaraba,	¶ Se eu fora,
P. Perf. Si Fuerim,	Deattarabi.	ou foſſe ete.
P. Pluſq. Si Fuiſſem,	Deatte attaraba.	
Fut. Si Fuero,	Dearaba, deattaraba.	

¶ De modo potentiali, & permiſſiuo, ſiue conceſſiuo.

¶ MOdus Coniunctiuus, Potentialis, Permiſſiuus, ſiue Conceſſiuus quinque habent tempora, atque easdem ferè voces, ſignificationes tamen longè diuerſas: vnde apertiſſimè intelligimus modorum diuerſitem præcipuè ex ſignificationis diſſimilitudine proficiſci: quod idem in nominum caſibus videre licet. Nam quanuis nominatiuus, & vocatiuus multitudinis, Datiuus itidem, & Ablatiuus, voce ſimiles ſint, diuerſi tamen ſunt caſus: alia enim nominandi, alia vocandi, alia dandi, alia auferendi eſt ſignificatio. Quare vt caſus quanuis voce ſimillimi, à grammaticis tamen propter ſignificationis diſſimilitudinem diſtincti ſunt, ita hi tres modi mihi neceſſariò videntur ſeparandi. Quid attinet, cixerit cuiſpiam, tandiu pueros in verborum declinatione detinere, atque remorari? Non eſt contemnenda mora, quæ fractus afferat vberimos. Quoties in explicandis authoribus hærebit ludi magiſter, niſi hos modo diſcernat, eorumque vim, ac naturam perius internoſcat? Cuinam modo hæc, atque alia quàm plurima loca adſcribet?

CONIVGATIONE. 16.

bet? Terent. Andr. Bonus vir hic est. S. hic vir sit bonus? Plaut. Amphi. Vir ego tuus sim? Crassus in Philippum apud Cic. 3. de Orat. Ego te Consulem putem, cùm me non putes Senatorem? Quint. lib. 1. c. 9. frangas citiùs, quàm corrigas, quæ in prauum induruerunt. Cic. pro Rab. perd. reo. Tu denique Labiene quid faceres tali in re, ac tempore? Terent. Andr. Dicere; quid feci? Sallust. in Catil. Sed confecto prælio, tum verò cerneres, quanta audacia, quantaque vis animi fuisset in exercitu Catilinæ. Virg. Æn. 9.

Vnus homo, & vestris ô ciues vndique septus
Aggeribus, tantas strages impunè per vrbem
Ediderit? iuuenum primos tot miserit Orco?

Cic. Cornificio lib. 12. Famil. Plura scripsissem, nisi tui festinarent. Sueto. in Vesp. c. 8. Maluissem oboluisses allium. Virgil. Ænead. 4.

—faces in castra tulissem,
Implessemque foros flammis, genitumque patremque,
Cum genere extinxem, memet super ipsa dedissem.

Cic. in Orat. Pomeridianas quadrigas, quàm post meridianas libentiùs dixerim. Pli. lib. 8. c. 48. Nec facile dixerim, qui id ætate cœperit. Hæc sanè potentiali adscribenda facilè iudicabit, qui eius naturam penitus perspectam, cognitamque habuerit. Quæ verò subijciam, quo pacto permissio, siue concessiuo esse attribuenda intelliget, qui eius nomen, ac vim prorsus ignorauerit? Cic. 2. Acad. Hæc si vobis non probamus, sint falsa sanè, inuidiosa sanè non sunt. Terent. Adelph. Profundat, perdat, pereat, nihil ad me attinet. Cic. 3 Ver. Malus ciuis, improbus consul, seditiosus homo Cn. Carbo fuit: fuerit alijs, tibi quando esse cœpit? Virg. Æn. 4.

Verùm anceps pugnæ fuerat fortuna, fuisset.

Cic. 2 Acad. Age, restitero Peripateticis &c. Sustinuero Epicureos &c. Diodoro quid faciam Stoico, quem à puero audiui? Quæ cùm ita sint, præceptores vehementer rogamus, vt saltem primas personas (licet primæ permissiui modi parum sint vsitatæ) suos auditores memoriæ mandare patiantur.

Modi

DE VERBORVM

¶ Modi potentialis tempus, præsens.

¶ Sim?	Dearŏca? / A, iyôca?	¶ Que seja eu? que hei eu de ser? s'rei cu?
P. imp. Essem,	Dearŏzu, A, Iyôzu.	Seria eu: fora: ou podera ser.
P. perf. Fuerim,	Dearŏzu A, deattacotomo arŏzu.	Pude euser.
P. Plusq. Fuissem,	Dearŏzu, deatt, urŏ, de attacotomo arŏzu.	¶ Fora cu: ou podera ser
Fut. Fuerim,	Dearŏzu, dearucotomo arŏzu, dearimo xĕzu.	Seria cu: serei, poderei euser.

¶ Hæ voces præsentis tempo is (Dearŏca? iyŏzuca?) cum interrogatione sunt pronuntiãdæ Plaut. Amph. Vir ego tiius sim? Vareua nangiga votto dearŏca!

¶ MODI permissiui sue concessui tempus præsns.

¶ Sim,	Dearebatore, demo arabeare.	¶ Seja: douIhe que seja: mas que seia.
P. imp. Essem,	Deattemo, deattarito mo.	¶ Fora: doulhe que fora: mas que fora.
P. Perf. Fuerim,	Deattarebatote, deattaritemo, deattamade.	¶ Fosse: doulhe que fosse, mas que fosse.
P. Plusq. Fuissem,	Deattaritemo, deattareba tote, deattara ba attamadeyo.	¶ Fora: doulhe q̃ fora mas q̃ fora.
Fut. Fuero,	Dearŏtomo, deattara ba are, dearitomo, deattarŏzurebatote.	Doulhe q̃ venha: ou chegue aser.

¶ Huc spectant hæ loquutiones, Samo araba are, tarenitemo are, samo are, sito nitemo are, taredemo are, &c.

Plu.

CONIVGATIONE.

Infiniti modi tempus præsens.

¶ Esse,	¶ Vare Nangi Are Varera Nangira Arera	De aru coto, Dearuto, A, yu coto, Yuto.	¶ Ser, ou que sou, es, he somos, sos, iam.
P. imp. Esse,	¶ Vare Nangi Are Varera Nangira Arera	Dearu coto, A to, dear- racoto A to, yru coto A,to, ytacoto A,to.	¶ Ser: ou que era, eras, era, eramos, ereis, era.
P. Perf. Fuisse.	¶ Vare Nangi Are Varera Nangira Arera	Dearta coto, A, to, yta coto, A, to.	¶ Que fui, foste, foi, fomos, fostes, forão.
P. Plusq. Fuisse,	¶ Vare Nangi Are Varera Nangira Arera	Deatta coto A to, yte atta coto A, to.	¶ Que fora, foras fora, foramos, foreis forão.
¶ Fut. Fore, l. fu- turũ, am, um esse,	¶ Vare Nãgi Are	Dearõ coto. A to iyõzuru coto, A, to.	¶ Que ei ha, ha de ser: ou que se- rei, seras, sera.

E   Plur.

DE VERBORVM

Plu. Fore, l, futuros, as, a, esse,	Varera Nangira Arera	Idem	Que hauemos, haueis ha de ser: ou q̃ seremos sereis seram.

¶ Futurũ, am, um, fuisse,	Vare Nangi Are	Dearõ coto, iyozu coto,	¶ Que houuera, houueras houuera de ser.
Plu. Futuros, as, a, fuisse,	Varera Nangira Arera	A to.	Que houueramos, houuereis, houerao de ser.

Participium futuri temporis.

¶ Futurus, a, um,		Dearõmono, A, fito. A iyozu umono, A, fito.	¶ O que ha ou houuuer de ser.

✠ PRIMA CONIVGATIO. ✠

AMO, VERBVM ACTIVVM, MODI IN
dicatiui temporis præsentis, numeri singularis, personæ primæ, sic coniugabitur.

Indicatiui modi tenipus præsens.

Amo, Amas, Amat,	Vare Nangi Are	Taxetni vomó	Eu amo. Tu amas. Elle ama.
Plu. Amamus, Amatis, Amant,	Varera Nangira Arera		Nos amamos. Vos amais. Elles amão.

Præ

CONIVGVATIONE. 18.

Præteritum imperfectum.

¶ Amabam,   Vare   ⎫   ⎧ Eu amaua.
  Amabas,   Nangi   ⎪   ⎪ Tu amauas.   Amas, e
  Amabat,   Are   ⎬ Taixetnivomô, A,   ⎨ Elle amaua.   mutata in
Plu. Amatamus, Varera ⎪ Taixetni vomôta.   ⎪ Nos amauamos.   bam, fit a-
  Amabatis, Nangira ⎪   ⎪ Vos amaueis.   mabã: sic
  Amabant,   Arera   ⎭   ⎩ Elles amauam.   docebam.

Præteritum perfectum.
                                                ⎧ amado.
¶ Amaui,   Vare   ⎫   ⎧ Eu amei: cuterho
  Amauisti, Nangi   ⎪   ⎪ Tu amaste.
  Amauit,   Are   ⎬ Taixetnivomôta, A,   ⎨ Elle amou.
Plu. Amauimus, Varera ⎪ Taixetni vomôte aru. ⎪ Nos amamos.
  Amauistis, Nangira ⎪   ⎪ Vos amastes.
  Amauerut, Arera,   ⎭   ⎩ Elles amaram.
  (amauere,   (amado.

Præteritum plusquam perfectum.

¶ Amaueram, Vare   ⎫   ⎧ Eu amàra, cu tinha
  Amaueras, Nangi   ⎪ Taixetni vomôta,   ⎪ Tu amàras.   Amaui, ji,
  Amauerat, Are   ⎬ Taixetni vomôte   ⎨ Elle amàra.   in, e, et ad-
Plu. Amaueremus, Varera ⎪ atra.   ⎪ Nos amaramos.   dita ram,
  Amaueràtis, Nangira ⎪   ⎪ Vos amareis.   fit amaue-
  Amauerant, Arera   ⎭   ⎩ Elles amàram.   ram, sic in
                                                                  cæteris cõ
                                                                  iugationi-
Futurum.   bus.

¶ Amabo,   Vare   ⎫   ⎧ Eu amarei.
  Amabis,   Nangi   ⎪   ⎪ Tu amaràs.   Amas, in
  Amabit,   Are   ⎬ Taixetnivomouôzu.   ⎨ Elle amarà.   bo, fit ama
Plu. Amabimus, Varera ⎪   ⎪ Nos amaremos.   bo, sic do
  Amabitis, Nangira ⎪   ⎪ Vos amareis.   cebo.
  Amabunt,   Arera   ⎭   ⎩ Elles amarão.

¶ Nõ omnibus ferè modis habent Iapponij tres voces tantùm distinctas, scilicet præsentis, præteriti perfecti, et futuri: reliqua verò tempora ex his

E 2

DE VERBORVM

his supplent vna, eademque voce omnibus tam singularis, quàm pluralis numeri personis inseruiente quæ iuxta pronomen, cui adhæret, numerum, et personam sortitur: vt Vare vomô, Nangi vomô, Are vonô, Varera vomô, Nangira vomô, Arera vomô.

¶ Voces præterea quasdam habent, ex quibus omnium verborum tempora, ac modi deriuantur, quas quidem radices verborum licebit nuncupare: vt Vomoi, yomi, ague: hæ autem interdùm, aut nomina verbalia sunt, aut cum verbis coniugatis compositæ ipsum actionis modum significant, aut vnum tantùm verbum constituunt cuiusmodi sunt fqisu, scindo, dilacero: fumitçuquru, pedibus calco: et alia prope infinita: interdùm in infiniti sunt modi, maximè verbis, Tai, fajimari, & alijs id genus præpositæ, vt suo loco dicetur. Yomitai, volo legere: Caqi fajimeta, Cœpi scribere: cùm tamen ad coniugationem spectant, eiusdem ferè temporis ac modi erunt cum primo subsequente verbo coniugato in Iapponica oratione collocato. Rongo lib 8. Cunxiniua mit uno vosore ari: tenmeiuo vosore, tai jinuo vosore, xejinuo cotouo vosoru. Quod item obseruandum est in verbis negatiuis, quæ sillaba, Zu, desinunt, horum exempla passim occurrunt.

Imperatiui modi tempus præsens.

| Amas, f. ablata, fit ama: eodē modo, doce, audi. | ¶ Ama, l. amato, Amet, Pl. Amemus, Amate, l. amatote Ament, | Nangi Are Varera Nangira Arera | Vomoye Vonoyeto. Vomouôzu. Von oye, Vomoyeto. | ¶ Ama tu. Ame elle. Amemos nos. Amai vos. Amem elles. |

Futurum, l. potius modus mandatiuus siue legitimus, hoc est, quo præcipuè mandata, præcepta, leges que dantur.

| Amat, addito, o, fit amato sic in cæteris coniugationibus. | ¶ Amato tu, l. amatis Nangi Amato ille l. amabit Are Pl. Amatote l. amabitis, Nangira Amanto, l. amabunt, Arera | Vomô bexi. | ¶ Amaras tu. Amarà elle. Amareis vos. Amaràm elles. |

CONIVGATIONE.

CIRCA voces Iapponicas imperatiui illud imprimis adnotabis, Vo=
moye, Agueyo, Yome, fere nunquam primis personis adhærere, sed se=
cundis duntaxat: in tertijs vtimur eisdem cum particula, To, vt Vomo
yeto: deinde futurum indicatiui omnibus personis inseruit. Vt.

Yxa firaba namida curaben fototoguisu,
Varemo vqiyoni neuo nomizo naqu.

Hoc est: Age lachrymas conferamus, &c. Cùm verò prohibemus, ne facias,
ne feceris, ne dixeris, elegantèr vtimur futuro negatiuo indicatiui, vt
Sube carazu, yabe carazu, furu coto arubecarazu: deinde proprijs vocibus
Su una, furu coto nacare, xezare, yuazare, &c.

Optatiui modi tempus præsens, & imperfectum.

		Futurum.		
¶ Vtinam amarē, Vare Amares, Nangi Amaret, Are	} Auare vomo yecaxi, A, gana.	¶ Oxala amara, eu, ou amasse. Amaras tu, ou amasses. Amara elle, ou amasse.	Ama, addi ta rem, ab eadem per sona impe ratiui hūc
Plu. V tinā amaremus, Varera Amaretis, Nangira Amarent, Arera		Oxala amaramos nos, ou amassemos. Amareis vos: ou amas seis. (sem. Amari elles, ou amas	docerem. Legecum audirēmo

Præteritum perfectum.

¶ Vtinam amauerī, Vare Amaueris, Nangi Amauerit, Are	} Vomōtarōniua, A,	¶ Queira Deosq̃ te= nha eu amado, ou oxala amasse eu. Que tenha tu amado Que tenha elle amado	Amauis, ip in e, & ad dyta gims sic in cæ teris.

Vo=

DE VERBORVM

		Vomôtaraba	Queira Deos q̃ tenha
Plu. Vtinã amauèrim°,	Varera	yocarõ mo	mos nos amado.
Amaueritis,	Nangira	nouo.	Que tenhais vos amado.
Amauerint,	Arera		Que tenhã elles amado.

Præteritum plusquam perfectum.

Amaui, ad ditas, et semp̃ sic in cæteris.

			Prouuera a Deos q̃
Vtirã amauissẽ,	Vare	Aa, vomouõ	amara eu ou tue-
Amauisses,	Nangi	zurumonouo	ra amado.
Amauisset,	Are		Que amaras tu.
		Vomôte atta	Que amara elle.
		raba yocarõ	Prouuera a Deos que
Plu. Vtinã amauissem°,	Varera	moncuo.	amaramos nos.
Amauissetis,	Nangira		Que amareis vos.
Amauissent,	Arera		Que amàram elles.

Futurum.

Amo, o, Amaui, eo sem.

			Praza a Deos que
Vtinam amem,	Vare		ame eu.
Ames,	Nangi		Que ames tu.
Amet,	Are	Vomoyecaxi,	Que ame elle.
		A, gana.	
Plu. Vtinã amem°,	Varera		Praza a Deos q̃ amemos nos.
Ameis,	Nangira		Que ameis vos.
Ament,	Arera		Que amem elles.

¶ Modus optatiuus Iapponicus nullas habet proprias voces præterquàm futurum, vt Vomoyecaxi, quæ etiam præsenti inseruit, reliqua verò tempora per quasdam circuitiones reddũtur particula nanque Caxi nunquam se ad præteritum extendit, vt exemplis patebit, vt aiunt tres tantùm obijsse, vtinam non obierint plures. Lus. Sic, Queira Deos que não morressem mais, oxalá não morressem mais, Iap. Sic, Códouo caxenin sannin bacari vchijini itaitato mōsu sono vye xinazumba

CONIVGATIONE 20.

ba yocarôzu monono. Dicitur abijsse ille, qui tibi molestus erat, vtinam abierit. Luſ. Queira Deos que seja ja ido. Iap. Indurōniua. I, in duraba yocarōmonouo &c.

¶ Aduerbia illa vtinam &c. vertunt Iapponij per particulas, Negauacuiu, coineguacuua, auare, Aa, caxi, gana, mogana, moncuo; quarum primæ quituor verbis præponuntur, reliquæ verò eisdem semper postponuntur.

AVare tada coyitoqi tçururu tomomo gana.
Fitono nasaqeua yoni arixi sodo.

NAgaqi yono curuxiqi cotcuo vomo yecaxi.
Carino yadorini nani naguequran.

¶ Locutio illa, Vomôte arecaxi, futuri est, quæ Luſ. sic redditur. Oxala eu entam ja tenha amado.

De modo coniunctiuo.

¶ Coniunctiuus modus duntaxat apud Latinos quinque temporibus, totidemque vocibus distinctis constat. Græci enim præsenti, & imperfecto vocem vnam tantum, perfecto itidem vnam, & plusquam perfecto tribuunt. Hebræi, Chaldei, & Syri cùm Coniunctiuo careát, eum ex indicatiuo adhibitis certis particulis, l, ex infinito præfixis certis literis, seu præpositionibus supplent, quos etiam Arabes imitati sunt: Iapponij verba tria tantùm tempora distincta habent, totidemque voces, ſ, Præsens, præteritum perfectum, & futurum, cætera tempora ex his supplent: Præsens vt Vomŏyeba, perfectum, Vomôtaraba, futurum Vomôzureba, quod parum est in vsu, sed eius loco alijs vocibus vtuntur. Præterea habent etiam Iapponij alium coniunctiuum proprium, quem conditionalem iure vocare possumus his particulis, si, & nisi præpositis coniunctiuo latino, vt Vomŏyeba, vomonzumba. Porrò coniunctiuus Latinus, accedente particula cum, in Iapponicum conuertitur per vocem Yeba, vt Vomŏyeba: d, in se per quaslam particulas, quæ indicatiui vocibus postpositæ respondent coniunctiuo latino, quales sunt Toqi,

aida

DE VERBORVM

aidani, tocoroni &c. Vt Vomôteqi, vomôni, vomôtocoroni: vt Curo fiueno monogat. Voqino catauo nagamuru vorifuxi, afafi faxiuataru: Cùm conspiceretur altum &c.

¶ Item per vocem Vomôte, adhibitis particulis Yori, cara, nochi, etiam fine illis vt Tabete, I, tabetecara, maitta: cùm comederim, I, cùm poſtquam, I, vbi comediſſem veni: Sono qiǒuo naróte cayaita: cùm didiciſſem librum &c. Qiǒuo caite, vatasózu: cùm ſcripſero &c. Mexiuo tabete, marózu, cùm, I, poſtquàm manducauero &c.

Coniunctiui modi tempus præsens.

¶ Cùm amem,	Vare		¶ Como eu amo, ou
Ames,	Nangi		amando eu
Amet,	Are	Vomoyeba,	Como tu amas.
		Vomôni.	Como elle ama.
Plu. Cũ amemus,	Varera		Como nos amamos.
Ametis,	Nangira		Como vos amais.
Ament,	Arera		Como elles amam.

Præteritum imperfectum.

¶ Cùm amarem,	Vare		¶ Como eu amaua, ou
Amares,	Nangi	Vomoyeba,	amando eu.
Amaret,	Aie	Vomôni,	Como tu amauas.
		Vomôtaiṣ	Como elle amaua.
Plu. Cũ amaremus,	Varera	ba,	Como nos amauamos.
Amaretis,	Nangira		Como vos amaueis.
Amarent,	Arera		Como elles amauam.

Præteritum perfectum.

			¶ Como eu amei: ou
			tenho amado, ou
¶ Cùm amauerim,	Vare		amando eu, ou ten-
Amaueris,	Nangi	Vomôtareba,	do amado.
Amauerit,	Aie	A,	Como tu maſte.
			Como elle amou.

Co

CONIVGATIONE.

Plu. Cū amauerimus,	Varera		Como nos amamos.
Amaueritis,	Nangira	Vomôtani.	Como vos amastes.
Amauerint,	Arera		Como elles amaram.

Præteritum plusquam perfectum.

¶ Cùm amauissem,	Vare		¶ Como eu amara, ou
Amauisses,	Nangi	Vomôteatta-	tinha amado: ou a-
Amauisset,	Are	reba,	mando eu, ou tendo
		Vomôte a-	amado.
		tani,	Como tu amaras.
		Vomôtareba.	Como elle amara.
Plu. Cū amauissemº,	Varera		Como nos amaramos.
Amauissetis,	Nangira		Como vos amareis.
Amauissent,	Arera		Como elles amaram.

Futurum.

¶ Cùm amauero,	Vare		¶ Como eu amar, ou ti-
Amaueris,	Nangi	Vomôtarŏ	uer amado.
Amauerit,	Are	toqi,	Como tu amares.
		Vomouŏ to-	Como elle amar.
Plu. Cū amauerimus,	Varera	qi,	Como nos amaremos.
Amaueritis,	Nangira	Vomôte cara,	Como vos amardes.
Amauerint,	Arera	A, nochi.	Como elles amarem.

Amaui, i, in e, &, addita ro: eodem modo incæterit.

¶ Coniunctiuum latinum cum particulis Vt, & Ne, reddunt Iaponij per imperatiuum, addita particula, To, vt sancitum est, vt omnes Kalendis Octobris conuenirent: Tçuitachi niua mina atçumaretono go jŏnari; Præcepit necui diceret: Tagon urun to môxi tçuqereta. Item per indicatiuum cum particulis, Yŏni, Itame: Cura, vt valeas: Qenagueni naru yŏni mesurei. Vide ne cadas: Corobanu yŏni mesurei: Scribo hoc, vt bene intelligas: Yoqu gatenno tameni coreuo caqu. Item cum verbis desiderandi, rogandi petendi &c vtuntur optatiuo, vt rogo te ad me diuertas hodie: Connichi vaga tocoroye guioyni caqerereyocaxi: I caqerareyo caxito zonzuru. Item per verba petendi, & participium syllaba Te I,

F De

DE VERBORVM

Definitum, peto vt legas, yôde cud sarei, caite curei, vomôxi atte tamo̅re. Denique in aliquibus locutionibus vtuntur Iapponij indicatiuo pro coniunctiuo. Nemo est, qui te non diligat, laudet: nemo est, qui te odio habeat: Sonatauo taixethi vomôttinu monoua nai: fo menu fito nai, nicumu fito nai &c.

¶ Coniunctiuus cum particula Quanuis.

¶ Praes. Quanuis amem,	Vomoyedomo, vomôtemo.	¶ Posto que eu ame.
P. imperf. Quáuis amarem,	Vomoyedomo, A, vomôtaredomo.	¶ Posto q̃ eu amara, ou amasse.
P. perf. Quáuis amauerim,	Vomôtaredomo, A, vomôtarito mo.	¶ Posto que eu tenha amado.
Plusq. Quanuis amauissem,	Vomôte atta redomo, A, vomôtarito mo.	¶ Posto que eu tiuera amado.
Fut. Quáuis amauero,	Vomou zure domo A, vomouôtomo, A, vomôtritomo.	¶ Posto que eu tiuer amado.

¶ Coniunctiuus cum particula Si.

¶ Praes. Si Amem, Vare	Vomouaba, vomônar ba, vomi n voi tera	¶ Se eu amar.

CONIVGATIONE. 22.

P. *imp. Si Amarem, Vare* { Vomouaba, ¶ Se eu amasse: ou
 vomôtaraba. amara &c.

P. *perf. Si amauerim, Vare* { Vonôtaraba.

P. *plusq. Si amauisse, Vare* { Vomôte attaraba.

Fut. *Si amauero, Vare* { Vomouaba,
 vomônaraba,
 vomôtaraba.

¶ Quorsum, inquies, coniunctiuum pueris inculcas? primùm vt intelligant, esse huius etiam modi proprias voces Iapponicas, adhibitis nonnullis particulis, deinde vt Iapponicum sermonem in latinum conuertant.

¶ Hæc vox, Quanuis, apud Iappones explicatur per particulas Domo, & tomo &c. est tamen discrimen: nam Domo magis propriè videtur respondere particulæ, Quanuis, & ferè ubi intelligitur aduerbium tamen, quod in latina lingua exprimi debet: idem etiam intelligendum est de particulis Ga, & Vo, cum pro Domo vsurpantur, vt Mairôzuruuo, cacôzuruga. i. Mairôzuredomo, cacôzuredomo &c.

¶ Particulæ, Vo, to no, toyûtomo, tomuma, rebatote, & vox Vomôtemo, licet coniunctiuo cum particula Quanuis vt plurimùm respondeant, maximè interueniente particula, Tatoi, magis tamen propriè ad permissiuum spectare videntur vt Feiqe lib. 1. Tatoi Quambacunuitomo Qiyomoriga atauoba fabicarôzuru cotogia. Idem lib. 4. Mizzuno soconi xizzumaraxerarurebatote, nai sitouo goranjerareô cotoua catacarôzu. Morte monog. Tonono goxuqe mexebatote, sore icaáma cocoroatemo gozarôzu, sonaemo xueqeua nani gotozo?

¶ Potentialis modi tempus præsens.

¶ Amem? *Vare* { Vomouôca? { ¶ Que ame eu? q̃ hei
 de amar? marei eu?
P. *imp. Amarem, Vare* { Vomouôzu. { ¶ Amaia eu, amara, ou
 podera amar.

B 2 P. *perf.*

DE VERBORVM

P. perf. Amauerim, Vare { Vomouǒzu, vomǒta coto mo arǒzu, vomǒtçurǒ. } ¶ Pude cu amar.

P. plusq. Amauiſſe, Vare { Vomouǒzu, vomǒta coto mo arǒzu, vomǒtçurǒ. } ¶ Amara eu: ou podera ter amado.

Fut. Amauerim, Vare { Vomouǒzu, vomǒ coto mo arǒzu. } ¶ Amaria eu: amarei, podereieu mar.

¶ Hæc vox Iapponica præsentis temporis cum interrogatione vsurpatur, ob quam causam interrogationis notam adiecimus: Cic. 3. de Orat. Ego te consulem putem? Sonatauo xugodaito vomouǒca? Interdum etiam sine interrogatione vtimur: Quint. lib. 6. Cap. 5. Videas plerosque ita percitos: Amatano fito xinyno fonouoni moyuruuo mibexi.

¶ Illa vox futuri indicatiui, Vomouǒzu, maximè est in vsu pro præterito potentiali, cuius exempla passim occurrunt, vt Qiacu monog. Coziqiǒ gi, no vocotodomo sazo iroirono cotoga gozarǒzu.

¶ Permissiui, siue concessiui modi tempus præsens.

¶ Amem, Vare { Vomoimoxei, vomoyebatote, vomǒtemo, vomǒtotemo, vomoye. } ¶ Ame, doulhe q̃ ame mas que ame.

P. imp. Amarem, Vare { Vomǒtemo, vomǒtaritomo. } ¶ Amara, doulhe que amara, mas q̃ amara.

P. perf. Amauerim, Vare { Vomǒtarebatote, vomǒtaritomo. } ¶ Amasse, doulhe que amasse, mas q̃ amasse.

P. plusq. Amauiſſe, Vare { Vomǒte attarebato te, A, vomǒtaritomo. } ¶ Amara doulhe que amara, mas q̃ tiuera amado.

Fut.

CONIVGATIONE. 23.

Fut. *Amauero*, Vare { Vomouōtomo, vo-mōtaritomo, vomouzurebatote. } ¶ Dousheq́ venha, ou chegue a amar.

De modo infinito.

¶ Modus coniunctiuus, atque infinitus præter cæteros tyronibus in compositione negotium exhibet: quoniam igitur de eo egimus, superest, vt de hoc nonnulla etiam dicamus. Infinitus apud Iapponios nullas proprias voces habet, præter participium syllaba Te, I, De, terminatum, (si fortè participium est) quod etiam Gerundio in Do, inseruit, vt Vomōte, yōde, aguete &c. Cum igitur non sint propriæ voces infiniti, ex indicatiuo supplentur, additis particulis, Coto, to, yoxi, gui, dan, mune, vaye & aliæ multæ, vt exemplis patesiet. Feiqe lib. 1. Bujenno Camidono co ya yamichini xeraretamǒ beqi yoxi tçutaye vqetamauaru. Audiui, interficiendum esse &c. Goxeibainasurubeqi mune voxe idasareforo: dixitse eum interfecturum esse.

¶ Xixǒ dexiqu vtçuua micurumai atazu, yo caraximengatame nari: I, vtçu cotouu: sic etiam Vomǒna yasui, qi quixi catixi, radaima forobinzuruuomo cayerimizu: yauchino Oratio no jibun, tomoxibino naiga ximiuno cauemiua nauo yoi. Sic etiam dicimus, Qi quza yoi qi taga varui, maruga maxigia: Bonum est est audire &c. Feiqe. lib. 1. Muxino coye goye vrauuxirumo xaxure nari: Cayǒni vo xeraruru no I, cotozo auarena i: vra mirucotono, soxirumo varui, cotogia. Meuo aqurumo, susagumo cochi nomama de gozaru. Oculos aperire, & claudere in nostra est libertate. Feiqe. lib. 1. Xilǒmo quando, rǐno cumoni noboru yoriua nauo sumiyaca xari. Sic etiam, Mniruyoriua, mairanuua maxi: caquyoriua cacanuua tevye de gozaru: melius est non scribere, quàm scribere &c.

¶ Item per has particulas Caimonai, mademonai voyobanu, yǒni gozaru, quena: vt aguru caimonxi, mōsu mademonai, caquni voyobanu, itasu yǒni gozaru, yomi quena: videtur facere, legere &c.

¶ Item radices verborum propriè infinito respondent, præsertim cum verbis volendi, discendi, incipiendi, vt Cupio ad te scribere: Sonatani suniuo

DE VERBORVM

mino caquoto zonzuru: Incipio legere, yomi sajimuru: Disco legere, yŏ mi narŏ: deinde cum his verbis Canaru, yenu, suna, l, soni zonzuru, yomi canuru, yecagaru, l, caqiyenu: non possum scribere: Yomisŏna, videtur legere &c.

¶ Aliquando vtuntur Iapponij suo optatiuo, vt malo te esse doctum, quàm diuitem. Buguenxato narŏ yorimá, gacuxŏni nareteyo caxito zonzuru. Cupio, l, volo te literas amare, gacumonni suqueicaxito zonzuru. Item in aliis locutionibus: Doleo me tibi scripsisso ad patrem tuum: Non possum non facere &c. vtuntur participio negatiuo, vt Iurinocacaide cu yaxigozaru, l, menacuni zonzuru, xesde canarazu, mairaide canauanu, mairodegozaru, d. eit se ituru &c.

¶ Quod verò attin: t ad gerundia, & supina, ea ex indicatiuo cum quibusdam particulis supplentur, præter gerundium in Do, quod habet vocem illam vomòte: gerundio igitur in Di, inseruiunt voces præsentis, & futuri indicatiui, cùm sequitur aliquod nomen substantiuum, quæ oratio magis relatiua dicenda erit, vt, Non est tempus scribendi. Caqu, iteun degozaranu, Huic etiam gerundio respondent interdum hæc duo nomina substā tiua verborum radicibus adiuncta, yŏ, suma, vt caqiyŏ, moxiyŏ, cuiyŏ, inisama, nesama, voquisama &c. Modus scribendi, tempus dormiendi &c. Radix tamen quæ priori non iungitur, potius habet vim nominis, quàm verbi, qua de causa genitiuo gaudet, vt Yorozzuno te atarino monono yyŏ: vosacazzuqino tomaraxeys, Sumedefessi scribendo, Cauni cutabireta, l, monouo cuite cutabireta. Nocco ad scribendum, monouo caqu tameni yobarum: Eo scriptum, Monono caqunimairu.

¶ Supinum in, V, redditur aut per radicem passiuæ vocis, vt Vemo uare yasui, facile cogitatu: aut per radicem actiuæ vocis iungim cum his adiectiuis yasui, yoi pro yasui, gatai, nicui, vt caqi ysui, facile scriptu: Yomiyasui, facile lectu: Xinicui, difficile factu: Moxi gatai, difficile dictu.

¶ Cum verò dicimus latinè, Mirabile visu, horrible dictu. Iapponicè sic forte reddi licebit: Miteua fuxiguina, giuteua volcroxii, l, m ru mo

CONIVGATIONE. 24.

Cùm igitur in his duobus modis tanta insit vtilitas, atque ex eorum cognitione bona pars syntaxeos pendeat, (nunquam enim turpiùs quàm in modorum, temporumque structura labuntur tyrones) curabit quàm diligentissimè magister, vt quotidie inter declinanda verba breues in latinum orationes conuertant: meminerit tamen, pingui vt aiunt, Minerua exercendos esse, ne tædio affecti litteris nuntium remittant, sed latinæ potiùs orationis alacriùs recuperandæ maioris progressus alliciantur, & excitentur.

Infiniti modi tempus præsens.

¶ Amare,	¶ Vare Nangi Are Varera Ningira Arera	Vomócoto, A, Vomóto.	¶ Amar: ou que amo, amas, ama, amamos, amais amam.
P. imp. Amare,	¶ Vare Nangi Are Varera Nangira Arera	Vomócoto, A, to, Vomóra co to, A, to.	¶ Amar: ou que amaua, amauas, amaua, amauamos amaueis, amauão.
P. perf. Amauisse,	¶ Vare Ningi Are Varera Nangira Arera	Vomóta coto, A, to.	¶ Ter amado. ou que a nei, amaste, amou amamos, mastes amaram: ou que tenho t\is, te amado temos, tendes t\iamado.

Amas, addit, a, re, sic amare: sic do cere, legere, Audire.

Amaui, addit, s, et s, sit amauisse: sic do cuisse, legisse, audiuisse.

Va

DE VERBORVM

	Vare		Ter amado: ou que a
	Nangi		mara, amaras, amara:
	Are	Vomôte a	amàramos, amareis,
P. plusq. Amauiſſe,	Varera	ta coto,	am'ram: ou que ti
	Nangira	A, to.	nha, tinhas, tinha
	Arera		amado, tinhamos ti
			nheis, tinhã amado.
Fut. Amaturum,	Vare		Que hei, has, ha de a
am, um eſſe,	Nangi		mar: ou que ama
	Are	Vomouŏzuru	rei, amaras, amara.
Plu. Amaturos,	Varera	coto, A, to.	Que auemos, aueis,
as, a eſſe,	Nangira		ham de amar: ou
	Arera		que amaremos, ama
			reis, amaram.
Amaturũ am,	Vare		Que houuera, houue
um fuiſſe,	Nangi	Vomouŏzu	ras, houuera de a
	Are	coto A,	mar.
Plu. Amaturos,	Varera	to.	Que houueramos hou
as, a fuiſſe,	Nangira		ueueis houueram de
	Arera		amar.

¶ Sunt qui futurum infiniti modi non ſolùm accuſandi, ſed etiam no minandi caſu efferant ſic, Amaturus, l, Amaturum eſſe, neque im meritò: ſiquidem infinitum eſſe vtrumque caſum admittit. Videor ne tibi aliquando amaturus eſſe literas? putas me aliquando amaturum eſſe literas? Vareua tçuini gacumonni ſuqin araxôto vomoiaruca? Nos tamen veteres Grammaticos ſecuti accuſandi caſu tanquam proprio in finiti fuimus contenti: ſi quis verò & nominandi addiderit, minimè diſplicebit.

Gerundia

¶ Amandi, Vomŏ, A, vomouŏzu. ¶ De amar.

CONIVGATIONE

Amando,	Vomôni, vomôte A, vomouarete.	¶ Em amar, de amar, amando, & sendo amado.	eodem modo in cæteris coniugationibus.
Amandum,	Vomouõ tame, vomouõzuru tame, A, tote A, vomouaruru tameni.		
		¶ A amar: pera amar a ser, & pera ser amado.	

Supina.

¶ Amatum,	Vomoini A, vomô tameni.	¶ A amar: pera amar.
Amatu,	Vomoi, A, vomouare	¶ De ser amado: pera se amar.

Participia declinationis actiuæ, temporis præsentis, et imperfecti.

¶ Amans, amantis,	Vomô fito A, mono, A, Vomôte.	¶ O que ama, & amaua.	Amabam, bam mutata in ns: sic in cæteris.
Futuri.			
Amaturus, a, um,	Vomouõzuru fito, A mono, vomouõzuru tame, A, vomouõto suru, A, itaita fito, vomouõzuru, A, tocoroni.	¶ O que ha, ou ouuer de amar, pera amar.	Amatum, m, mutata in rus, cætera eodē modo.

¶ Formauimus hoc participium à priore supino propter verba neutra, quæ posteriore carent: doceant præceptores pueros, participia futuri temporis tam actiua, quā passiua etiam verbo substantiuo coniungere ne semper verbo debeo, quod illis familiarissimum est, vtantur: sum amaturus, es amaturus &c. Pro debeo amare, debes amare &c. Amaturus eram, eras, pro debebam, debebas amare &c. Amandus sum, es, pro debeo, debes amari. Amandus eram, eras &c. pro debebam, debebas amari.

¶ Locutio illa, qua participia redduntur, Vomô fito, I, mono, ad re
G

DE VERBORVM

latinum potiùs, quàm ad participium spectat.

¶ Circuitio illa Vomouŏzununi, l, tocoroni, respondet participio futuri, cùm coniungitur verbo substantiuo: Teiqinno vŏraini. Guanzano tçuideuo miotte isogui mŏsubequino tocoroni, sitobito nenobino asobini: mo youosirururuno aida, yomoi nigara yenniusu. i. Cùm essem scripturus, l, cùm deberem scribere.

AMOR VERBVM PASSIVVM,
sic declinabitur.
Indicatiui modi tempus præsens.

Amo, addita r, cætera eodã modo.

¶ AMOR,   Vare   ⎫   ¶ Eusou amado.
Amaris, l, amare, Nangi ⎪   Tu es amado.
Amatur,   Are   ⎬ Taixetni vo   Elle he amado.
Plu. Amamur,   Varera ⎪ mouaruru.   Nos somos amados.
Amamini,   Nangira ⎪   Vos sois amados.
Amantur,   Arera   ⎭   Elles sam amados.

Præteritum imperfectum.

Amabam, m, mutata in, r: sic in cæteris.

¶ Amabar,   Vare   ⎫   ¶ Eu era amado.
Amabaris, l, bare, Nagi ⎪   Tu eras amado.
Amabatur,   Are   ⎬ Vomouaruru, A   Elle era amado.
Plu. Amabamur, Varera ⎪ Vomouareta.   Nos eramos amados.
Amabamini,   Nangira ⎪   Vos ereis amados.
Amabantur,   Arera   ⎭   Elles eram amados.

Præteritum perfectum.

¶ Amatus, amata, amatum

Amatu, addita, s: sic in cæteris.

sum, l, fui,   Vare &c. ⎫   ¶ Eu fui amado.
Amatus, ta, tum es, l, fuisti, ⎪   Tu foste amado.
Amatus, ta, tum est, l, fuit ⎬ Vomoua   Elle foi amado.
Plu. Amati, amatæ amata, ⎪ reta, A,   Nos fomos amados.
sumus, l, fuimus, ⎪ Vomoua   Vos fostes amados.
Amati tæ, ta estis, l, fuistis, ⎪ retearu.   Elles foram amados.
Amati tæ, ta sũt, fuerĩt l,
(fuère, ⎭

Præ

CONIVGATIONE.

Præteritum plusquam perfectum.

¶ Amatus, amata, amati m
   eram, l. fueram, Vare &c.
Amat°, ta, tum eras l. fueras,
Amat°, ta, tum erat, l. fuerat,

Pl. Amati, amatæ, amata.
   eramus, l. fueramus,
Amati, tæ, ta eratis, l. fueratis,
Amati, tæ, ta erant, l. fuerãt,

Vomoua rete atta

¶ Ia eu era, ou fora a‑
   mado.
Tu eras, ou foras ama‑
   do. (do.
Elle era, ou fora ama‑
Ia nos eramos, ou fora‑
   mos amados.
Vos ereis, ou foreis a‑
   mados. (dos.
Elles erã, ou forã ama‑

Futurum.

¶ Amator,   Vare
Amaberis, l. bere,   Nãgi
Amabitur,   Are
Plu. Amabimur,   Varera
Amabimini,   Nangira
Amabuntur,   Arera

Vomouareô zu.

¶ Eu serey amado.
Tu seras amado.
Elle sera amado.
Nos seremos amados.
Vos sereis amados.
Elles seram amados.

Amabo, ad dira, r: sic docebor.

Imperatiui præsens.

¶ A Mare, l. amator, Nãgi
   Ametur,   Are

Plu. Amemur,   Varera
Amemini, l. amemimor, Nãg.
Amentur,   Arera

Vomouarei A.
Vomoureyo.
Vomoureyoto
Vomouareô.
Vomouareyo.
Vomouareyo to.

¶ Se tu amado.
Seja elle amado.
Sejamos nos amados.
Sede vos amados.
Sejam elles amados.

ama, addi ta re.
Amato, ad dita, r: sic in cæteris

Futurum, siue modus mandatiuus.

¶ Amator tu, amateris, l. Na gi
   amatere,
Amator ille, l. amabitur, Are.

Vomouareu b. xi.

Seras tu amado.
Seja elle amado.

G 2   Plu.

DE VERBORVM

Plu. Amaminor, l. amabimini, Nã. ꝙ Vomcuaſ ꝗ Sereis vos amados.
Amator, l, amabuntur, Areraſ rubexi.   Seram elles amados.

Optatiui modi tempus præsens, & imperfectum.

Amarem, ꝗ Vtinam amarer,   Vare
m, in r: sic   Amareris, l, amarere,   Nangi
in cæteris.   Amaretur,   Are

                                          Auare vo   ꝗ Oxala fora eu, ou fos
                                          mouare   se amado.
                                          yocaxi,   Forastu, ou fosses ama
Plu. Vtinam Amaremur, Varera   A, gana.   do.   (mado.
   Amaremini,   Nãgira   Fora elle, ou fosse a*
   Amarentur,   Arera   Oxala foramos nos,
                                                      ou fossemos amados.
                                                      Foreis vos, ou fosseis
                                                        amados.
                                                      Foram elles, ou fossē
                                                        amados.

Præteritum perfectum.

ꝗ Vtinã Amatus, amata, amatum   ꝗ Queira Deos q̃ fosse
   sim, l, fuerim,   Vare &c.   eu amado.
   Amatus, ta, tum, sis, l fueris,   Vomoua   Que fosses tu amado.
   Amatus, ta, tum sit, l, fuerit,   retarō   Que fosse elle amado.
Plu. Vtinã Amati, amata, amata   niua,   Queira Deos q̃ fosse
   simus, l, fuerimus,   Vomoua   mos nos amados.
   Amati, tæ, ta, sitis l, fueritis, retaraba   Que fosses vos ama*
   Amati, tæ, ta, sint, l, fuerint, yocarō   dos.   (dos.
                                     monouo.   Que fosse elles ama*

Præteritum plusquam perfectum.

ꝗ Vtinã Amatus, amata, amatum   ꝗ Prouuera a Deos q̃
   essē, l, fuissem,   Vare, &c.   Vo*   fora eu amado.
                                                                    Ama*

CONIVGATIONE. 27.

Amatus, ta, tum *esses, fuisses,
Amatus, ta, tum, esset l, fuisset,
Plu. Vtinā Amati, amatæ, amata
essemus, l, fuissemus,
Amati, tæ, ta, essetis, l, fuissetis,
Amati, tæ, ta, essēt, l, fuissēt,

Vomoua
reôzuru
monouo
vomoua
rete atta
raba yo
carŏ mo
nouo.

Que foras tu amado.
Que fora elle amado.
Prouuera a Deos q̃ fora
mos nos amados.
Que foreis vos amados
Que foram elles ama
dos.

Futurum.

¶ Vtinam Amer,   V are
Ameris, l, amere,   Nangi
Ametur,   Are

Plu. Vtinā Amemur,   V arera
Amemini,   Nangira
Amentur,   Arera

Vomouateyo
caxi A gana.

¶ Praza a Deos q̃ seja
eu amado.
Que sejas tu amado.
Que seja elle amado.
Praza a Deos q̃ seja
mos nos amados.
Que sejais vos amados.
Que seja elles amados.

Amem.m̃
iñ, ɛ: sic in
cæteris

Coniunctiui modi tempus præsens.

¶ CV M amer,   V are
Ameris, l, amere,   Nangi
Ametur,   Are

Plu. Cũm amemur,   V arera
Amemini,   Nangina
Amentur,   Arera

Vomouaruru
ba A,
Vomouaruru
ni.

¶ Como eu sou ama
do: ou sendo eu ama
do.
Como tu es amado.
Como elle he amado.
Como nos somos ama
dos.   (dos.
Como vos sois ama
Como elles iam ama
dos.

Præ

DE VERBORVM

Præteritum imperfectum.

¶ Cùm amarer, Vare
Amareris,l,rere, Nãgi   Vomouarure
Amaretur, Are   ba,
     Vomouarutu
Plu. Cũ amaremur, Varera   tocoroni,
Ama emini, Nangina   Vomouareta‑
Amarentur, Arera   reba.

¶ Como eu era amado?
ou sendo eu amado.
Como tu eras amado.
Como elle era amado.
Como nos eramos ama‑
dos.   (dos.
Como vos ereis ama‑
Como elles eram ama
dos.

Præteritum perfectum.

¶ Cùm amatus, ta, tum,
sim,l,fuerim, Vare &c.
Amat°,ta,tũ sis,l,sueris,   Vomoua
Amat°,ta,tum,sit,l,fuerit,   reta eba,
     Vomoua‑
Plu. Cùm amati, tæ, ta,   retani.
simus,l, fuerimus,
Amati,tæ,ta sitis,l,fueritis,
Amati,tæ,ta,sint,l,fuerint,

¶ Como eu fui amado?
ou sendo eu amado.
Como tu foste amado.
Como elle foi ama‑
do.   (dos
Como nos fomos ama‑
Como vos fostes ama‑
dos.
Como elles foram ama
dos.

Præteritum plusquam perfectum.

¶ Cũ amatus, amata, amatum,   Vomoua
essem,l,suisse, Vare&c.   reteatta
Amat°, ta, tum esses,l,suisses,   reba,
Amat°,ta,tum,esset,l,fuisset,   Vomoua
Plu. Cum amati,amatæ,amata,   reteatta
essemus,l,suissemus,   ni,vomo
Amati,tæ,a esetis,l suisetis,   uaretare
Amati,t,tæa,essent,l, suissent,   ba.

¶ Como eu ja era, ou fo‑
ra amado: ou sedo ama
do.   (amado.
Como tu ja eras, ou foras
Como elle ja era ou fora
amado.
Como nos ja eramos,
ou foramos amados.
Como vos ja ereis, ou fo
reis amados. (amados.
Como elles ja era ou for

CONIVGATIONE.   28.

Futurum.

Cū amatus, amata, amatum ero, l. fuero, Vare &c.	Vomouareô roqi, vomoua rete caia, A, nochi.	Como eu for amado.
A nat°, ta tum eris, l, fueris,		Tu fores amado.
Amatus, ta, tum erit, l, fuerit,		Elle for amado.
Plu. Cū amati, amatæ, amata erimus, l, fuerimus,		Como nos foremos amados
Amati, tæ, ta eritis, l, fueritis,		Vos fordes amados.
Amati, tæ, ta erint, l, fuerint,		Eiles forem amados.

¶ Coniunctiuus cum particula Quanuis.

Præs. Quāuis Amer, Vare	Vomouae ruredo, moyomoua uruto mo.	¶ Postoq eu seia amado.
P. imp. Quāuis amarer, Vare	Vomoua ruredomo, vomoua retaredo mo.	¶ Postoq eu fora, ou fosse amado.
P. perf. Quāuis amat°, ta, tũ sim, l, fuerim, Vare	Vomouaretaredomo, vomouaretaritomo.	
P. plusq. Quāuis, amat°, ta tũ esse, l, fuissem, Vare	Vomouareteattare domo, vomouaretaritomo.	
Fut. Quāuis amat°, ta, tũ ero, l, fuero, Vare	Vomouareôtomo, vomouaretaritomo, vomouareôzuredomo.	

Cons

DE VERBORVM

¶ Coniunctiuus cum particula, Si, tempus præsens.

¶ Si amer,	Vare	{ Vomouareba, vomouaruru ni voiteua.	¶ Se eu for amado.
P. imp. Si amarer,	Vare	{ Vomouareta reba A, Vomouareba.	¶ Se eu fosse: ou fora amado &c.
P. perf. Si amat°, ta, tum, sim, l, fuerim, Vare		{ Vomouaretareba.	
P. plusq. Si amat°, ta, tum, esse, l, fuisse, Vare		{ Vomouarete attaraba.	
Fut. Si amatus, ta, tum, ero, l, fuero, Vare		{ Vomouareba, Vomouareônaraba, Vomouaretaraba.	

¶ Potentialis modi tempus præsens.

¶ Amer,	Vare}	Vomouareôca?	¶ Que seja eu amado? q̃ hei eu de ser amado? serei eu amado?
P. imp. Amarer,	Vare}	Vomouareôzu.	¶ Seria eu, ou fora, ou podera ser amado.
P. perf. Amat°, ta, tum, sim, l, fuerim, Vare		{ Vomouareôzu, vomouareta cotomo arôzu, vomouaretçurŏ.	¶ Pude eu ser amado.
P. plusq. Amat°, ta, tum, esse, l, fuissem, Vare		{ Vomouareôzu, vomouareta cotomo arôzu.	¶ Fora eu, ou pudera ser amado.
Fut. Amat°, ta, tum, sim, l, fuerim, Vare		{ Vomouareôzu, vomouarurucotomo arôzu.	¶ Seria eu, sersi, poderei eu ser amado.

Pero

CONIVGATIONE. 29.

¶ Permissiui, siue concessiui modi tempus præsens.

¶ Amer,
{ Vomouaremoxei,
  vomouarurebatote,
  vomouaretemo,
  vomouaruutotemo. }
{ ¶ Seja amado, doulhe q̃ seja, mas que seja amado. }

P. imp. Amarer,
{ Vomouaretemo,
  vomouaretaritomo. }
{ ¶ Fora amado, doulhe q̃ fora, mas que fora amado. }

P. perf. Amatus, ta, tum, sim, l. fuerim,
{ Vomouaretureba tote,
  vomouaretaritomo. }
{ ¶ Fosse amado, doulhe q̃ fosse, mas que fosse amado. }

P. plusq. Amatus, ta, tum, essem, l. fuissem,
{ Vomouarete atta rebatote,
  vomouaretaritomo. }
{ ¶ Fora amado, doulhe q̃ fora, mas que fora amado. }

Fut. Amatus, ta, tum, fuero,
{ Vomouareozureba tote,
  Vomouareotomo vomouaretaritomo. }
{ ¶ Doulhe q̃ venha, ou chegue a ser amado. }

Infiniti modi tempus præsens.

¶ Amari,
Vare, Varera
Nagi, Nangira
Are, Arera
{ Vomouarunucoto, A to. }
{ ¶ Ser amado, ou q̃ sou, es, he, somos, sois, saõ amados. }
Amare, & in, is sic do ceri, audi sio

H

DE VERBORVM

P.imp. Amari,	Vare, Varera Nangi, Nāgira Are, Arera	Vomouaru rucoto, A, to, vomo, uareta co, to, A,to.	¶ Ser amado: ou q̃ era, eras, era, eramos, ereis, eraõ amados.
P.perf. Amatum, am, tum, esse ,l, fuisse	Vare Nāgi Are	Vomouare, ta coto, A, to.	¶ Que fui, foste, foi amado.
Plu. Amatos, tas, ta, esse, l, fuisse,	Varera Nāgira Arera		¶ Que fomos, fo, stes, foram ama, dos.
P.plusq. Amatũ, tam, tum, esse,l, fuisse,	¶ Vare Nāgi Are	Vomouarete atta coto, A, to.	¶ Que era, ou fo, ra, eras, ou fo, ras, era, ou fora amado.
Plu. Amatos, tas, ta, esse, l, fuisse,	Varera Nāgira Arera		¶ Que eramos, ou foramos, ereis, ou foreis, eraõ, ou foram ama, dos.
Fut. Amatum iri, l, amādũ, am, um, esse,	Vare Nāgi Are	Vomouareô coto A, to.	¶ Que hei, has, ha de ser amado: ou q̃ serei, se, ras, sera ama, do.
Plu. Amatum iri, l, amandos, os, a, esse,	Varera Nāgira Arera		¶ Que hauemos, haueis, haõ de ser amado: ou q̃ eremos, sereis seraõ amados.

Aman,

CONIVGATIONE. 30.

Amandũ, am, um, fuiſſe, { Vare / Nági / Are } { Vomouareô coto, A, ro. } { ¶ Que houuera, houueras, houuera de ſer amado. ¶ Que houueramos, houuereis, houueram de ſer amados. }

Plu. Amādos, as, a, fuiſſe, { Varera / Nágira / Arera }

Amatu, ed dita, s: cætera eodẽ modo.

¶ Participia præteriti temporis.

Amatus, ta, tum, { Vomouaruru mono, / A, vomouareta fito, / A, vomouarete. } ¶ Couſa amada.

Amans, amátis, tis, in d..s, da, dum: ſic in cæteris

Futuri.

Amandus, a, um, { Vomouareôzuru mono, / A, fito, A, vomouareô / zuruni, A, tocoroni. } { ¶ Couſa q̃ ha, ou ouuer de ſer amada. }

¶ PARticipijs præteriti temporis abundant Iapponij, quæ non ſolùm à verbis aſtiuis, ſed etiam à neutris, et paſsiuis deducunt vt Vomôte, vomouarete, maite, modotte, aruite quibus etiam abundant Luſitani præſertim in paſsiuis, et neutris vt Amado, ido, vindo, tornando, andando &c. Abiectus contemptus, et deſpectus à cæteris in tuam tutelam ſe contulit. Xoninni ſute iyaximerarete vocagouo auoguitatematſuru.

H 2　　　　　SE

DE VERBORVM
SECVNDA CONIVGATIO.

DOCEO, VERBVM ACTIVVM, MODO INdicatiui, temporis præsentis, numeri singularis, personæ primæ, coniugationis secundæ, sic declinabitur.

Indicatiui præsens.

¶ Doceo, doces, docet. V are &c. } Voxiyuru.   ¶ Eu ensino &c.
Plu. Docem⁹, docetis, docent.

Præteritum imperfectum.

Docebã, docebas, docebat. V are   { Voxiyu-
Plu. Docebam⁹, docebatis, docebãt. { ru, voxi-   ¶ Eu ensinaua.
                                   { yeta.

Præteritum perfectum.

Docui, docuisti, docuit. V are &c. { Voxiye-   ¶ Eu ensinei, ou tenho
Plu. Docuim⁹, docuistis, docuerũt, { ta, voxi-   ensinado.
l, docuère.   { yete aru.

Præteritum plusquam perfectum.

Docueram, docueras, docuerat. V are { Voxiye- ¶ Eu ensinara, ou
Plu. Docueram⁹, docueratis, docuerant. { ta, voxi-   tinha ensinado.
                                     { yete atta.

Futurum.

Docebo, docebis, docebit, V are &c. { Voxiyô-   ¶ Eu ensinarei.
Plu. Docebimus, docebitis, docebunt. { zu.

Imperatiui præsens.

¶ Doce, l, doceto, Nangi { Voxiyei.   ¶ Ensina tu.
  Doceat,   Are   { Voxiyeito.   Ensine elle.

Plu.

CONIVGATIONE.

Plu. Doceamus,   Varera } Voxiyôzu. { Ensinemos nos.
    Docete,l,docetote, Nangira } Voxiyei. { Ensinai vos.
    Doceant,   Arera } Voxiyeito. { Ensinem elles.

Futurum, siue modus mandatiuus.

Doceto tu,l,docebis, Nangi } { ¶ Ensinarás tu.
Doceto ille,l,docebit, Are } Voxiyubexi. { Ensinara elle.
Plu. Docetote,l,docebitis, Nangira } { Ensinareis vos.
Docento,l,docebunt, Arera } { Ensinaraõ elles.

Optatiui præsens, & imperfectum.

¶ Vtinã docerẽ, doceres, doceret. Vare { Auarevo, { ¶ Oxala ensinara
Plu. Vtinã doceremº, doceretis, doccrẽt. { xiyei caxi, { eu, ou ensinasse
 { A, gana. { se.

Præteritum perfectum.

 { Voxiyetaro, { ¶ Queira
Vtinã docuerim, docueris, docuerit. Vare { nina A, { Deos q
Plu. Vtinã docueri͂mº, docueritis, docueriint. { Voxiyetaraba { tenha eu
 { yocarõ mo, { ensinado.
 { nouo.

Præteritum plusquam perfectum.

 { Aa voxiyôzu { ¶ Prouue
 { rumo nouo, { ra a Deos q
Vtinã docuissẽ, docuisses, docuisset. Vare { Aa voxiye, { esinara eu,
Plu. Vtinã docuissemº, docuissetis, docuissẽt. { te attaraba { ou tiuera
 { yocarõ mo { ensinado.
 { nouo.

Futurum.

Vtinã doceam, doceas, doceat. Vare &c. { Voxiyei caxi, { ¶ Praza a   Doceo, o,
Plu. Vtinam doceamus, doceatis, doceant. { A, gana.   { Deos q   in am, sic
 { ensine eu, legam, au
 { Con-   diam.

DE VERBORVM

Coniunctiui præsens.

¶ Cũ doccam, doceas, doceat. V are &c.　　Voxiyureba,　　¶ Como eu ẽ
Plu. Cùm doceamꝰ, doceatis, doceant.　　Voxiyuruni.　　sino: ou ési
　　　　　　　　　　　　　　　　　　　　　　　　　　　　nando eu.

Præteritum imperfectum.

　　　　　　　　　　　　　　　　　　　　Voxiyureba,　　¶ Como eu
Cũ docerẽ, doceres, doceret. V are &c.　voxiyuruni,　　ensináua,
Plu. Cùm docerenꝰ, doceretis, docerent.　voxiyetare-　　ou ensiná
　　　　　　　　　　　　　　　　　　　　ba.　　　　　　do eu.

Præteritum perfectum.

　　　　　　　　　　　　　　　　　　　　Voxiyetare　　¶ Como eu
Cùm docuerim, docueris, docuerit. V are　ba voxiye　　ensinei ou
Plu. Cùm docuerimꝰ, docueritis, docuerint.　tani.　　　tenho en-
　　　　　　　　　　　　　　　　　　　　　　　　　　　sinado.

Præteritum plusquam perfectum.

　　　　　　　　　　　　　　　　　　　Voxiyete at　　¶ Como eu
Cùm docuissẽ, docuisses, docuisset. V are　tareba, vo-　ensinara,
Plu. Cùm docuissemꝰ, docuissetis, docuissẽt.　xiyete atta　ou tinha
　　　　　　　　　　　　　　　　　　　ni, voxiyeta　ensinado.
　　　　　　　　　　　　　　　　　　　reba.

Futurum.

　　　　　　　　　　　　　　　　　　　Voxiyetarŏ　　¶ Como eu
Cũ docuero, docueris, docuerit. V are　　toqi, voı ı-　ensinar, ou
Plu. Cũ docuerimus, docueritis, docuerint.　yŏtoqi, vo-　tiuer ensi-
　　　　　　　　　　　　　　　　　　　xiyetecara,　nado.
　　　　　　　　　　　　　　　　　　　A, nochi.

¶ Coniunctiuus cum particula Quanuis.

¶ Præs. Quanuis doceam, V are &c.　Voxiyurecomo,　¶ Posto q̃ eu
　　　　　　　　　　　　　　　　　voxiyuruicn o.　ensine.

P. imp.

CONIVGATIONE.

P. *imp.* Quanuis docerẽ,   V are { Voxiyuredo‑ mo, voxiyeta‑ redomo.   ¶ Posto q̃ eu en‑ sinara, ou ensi‑ nasse.

P. *perf.* Quanuis docuerim,   V are { Voxiyetaredo‑ mo, voxiye‑ taritomo.   ¶ Posto q̃ eu te‑ nha ensinado.

P. *plusq.* Quanuis docuissem, V are { Voxiyete at‑ taredomò, voxiyeta‑ ritomo.   ¶ Posto q̃ eu ti‑ uera ensina‑ do.

Fut. Quanuis docuero,   V are { Voxiyòzure‑ domo, voxi‑ yòtomo, vo‑ xiyetarito‑ mo.   ¶ Posto q̃ eu ti‑ uer ensinado.

¶ Coniunctiuus cum Particula Si.

¶ Præs. Si doceam,   V are { Voxiyureba, voxiyuruna‑ raba, voxi‑ yurunivoi‑ teua.   ¶ Se eu ensinar.

P. *imp.* Si docerem,   V are { Voxiyeba, voxiyetara‑ ba.   ¶ Se eu ensinara, ou ensinasse &c.

P. *perf.* Si docuerim, V are   Voxiyetaraba.
P. *plusq.* Si docuissem, V are   Voxiyete attaraba.

Fut. Si docuero,   V are { Voxiyeba, voxiyuru naraba, voxiyetaraba.

Po‑

DE VERBORVM

Potentialis modi præsens.

¶ Doceam?	Vare	Voxiyôca?	¶ Que enfine eu? q̃ hei eu de enfinar? enfinarei eu?
P.imp. Docerem,	Vare	Voxiyôzu.	¶ Enfinaria eu, enfinara, ou poderaenfinar.
P.perf. Docuerim,	Vare	{ Voxiyôzu, voxiyetacotomo arôzu, voxiyetzurŏ.	¶ Pude eu enfinar.
P.plusq. Docuissem,	Vare	{ Voxiyôzu, voxiyetacotomo arôzu.	¶ Enfinaria eu, ou poderá ter enfinado.
Fut. Docuerim,	Vare	{ Voxiyôzu, voxiyuru coto mo arôzu.	¶ Enfinaria eu, enfinarei, poderei eu enfinar.

Permissiui, siue concessiui præsens.

¶ Doceam,	Vare	{ Voxiyemo xei, voxiyurebatote, voxiyetemo, voxiyurutotemo, voxiyei.	¶ Enfine, doulhe q̃ enfine, mas q̃ enfine.

CONIVGATIONE.

P. imp. Docerem, Vare { Voxiyetemo, Voxiyetaritomo. } { ¶ Enſinara, doulhe q̃ enſinara, mas q̃ enſinara.

P. perf. Docuerim, Vare { Voxiyetarebatote, voxiyetariomo. } { ¶ Enſinaſſe, doulhe q̃ enſinaſſe, mas q̃ enſinaſſe.

P. pluſq. Docuiſſem, Vare { Voxiyete atarebatote, Voxiyetaritomo. } { ¶ Enſinara, doulhe q̃ enſinara, mas q̃ tivera enſinado.

Fut. Docuero, Vare { Voxiyôtomo, Voxiyetartomo, vo.ayôzurebatote } { ¶ Doulhe q̃ venha, ou chegue a enſinar.

Infiniti modi tempus præſens.

¶ Docere, Vare, Varera Nãgi, Nãgira Are, Arera { Voxiyuru coto, A,to. } { ¶ Enſinar: ou q̃ enſino, euſinas, enſina, enſinamos, enſinais, enſinam.

P. imp. Docere, Vare, Varera Nãgi, Nãgira Are, Arera { Voxiyuru coto, A,to,A, vo.ayotacoto, A,to. } { ¶ Enſinaua: ou q̃ enſinaua, enſinauas, enſinaua, enſinauamos, enſinaueis, enſinauam.

P. perf. Docuiſſe, Vare, Varera Nãgi, Nãgina Are, Arera { Voxiyeta coto, A,to. } { ¶ Ter enſinado: ou q̃ enſinei, enſinaſte, enſinou, enſinamos, enſinaſtes, enſinarão: ou q̃ tenho tens, tẽ enſinado, temos, tendes, tem enſinado.

P.

DE VERBORVM

P.plusq. Docuisse,	Vare, Nági, Are,	Varera Nágira Arera	Voxiye‑ te atta coto, A, to.

¶ Ter enſinado, ou q̃ en‑ ſinara, enſinaras, enſi‑ nara, enſinaramos, en‑ ſinareis, enſinaraõ: ou q̃ tinha, tinhas, tinha enſinado, tinhamos, tinheis, tinhaõ enſi‑ nado.

Fut. Docturum, am, um, eſſe,	Vare, Nági Are	Voxiyô‑ zuru co‑ to, A, to.

¶ Que hei, has, ha de enſinar: ou q̃ enſina‑ rei, enſinaras, enſi‑ nara.

Plu. Docturos, as, a, eſſe,	Varera Nágira Arera	

Que hauemos, haueis, haõ de enſinar: ou q̃ enſinaremos, enſina‑ reis, enſinaram.

Fut. Docturũ, am, um, fuiſſe,	Vare Nági Are	

Que houuera, houue‑ ras, houuera de en‑ ſinar.

Plu. Docturos, as, a, fuiſſe,	Varera Nágira Arera	Voxiyô‑ zuru co to, A, to.

Que houueramos, houuereis, houue‑ raõ de enſinar.

Gerundia.

¶ Docendi, Voxiyuru, voxiyôzu. ¶ De enſinar.

Docendo, { Voxiyuruni, voxiyete, vo‑ xiyeratere. } { ¶ Em enſinar, de en‑ ſinar, enſinando, & ſendo enſinado.

Docendum, { Voxiyuru tame, voxiyôzuru ta‑ me, A tote, voxiyeraruu tame. } { ¶ A enſinar, pera enſi‑ nar, a ſer, & pera ſer enſinado.

Su

CONIVGATIONE. 34.
Supina.

¶ Doctum,　　Voxiyeni, voxiyuru tameni.　　¶ A enſinar, pera enſi‑
　　　　　　　　　　　　　　　　　　　　　　　nar.
　Doctu,　　Voxiye, voxiyerare.　　¶ De ſer enſinado, pe‑
　　　　　　　　　　　　　　　　　　ra ſe enſinar.

¶ Participia declinationis actiuæ, tempore præſentis, & imperfecti.

Docens, entis, { Voxiyuru ſito, A mono,　{ O q̃ enſina, & enſi‑
　　　　　　　　 Voxiyete.　　　　　　　　 naua.
　　　　　　　　 Futuri.

　　　　　　　 { Voxiyôzuru ſito A mono,
　　　　　　　 { Voxiyôzuru tame, voxi‑
Docturus, a, um, { yôtoſuru, A, itaita ſito,　¶ O q̃ ha, ou houuer
　　　　　　　　{ Voxiyôzuruni, A, tocoro　　 de enſinar.
　　　　　　　　{ ni.

DOCEOR, VERBVM PASSIVM, SIC
declinabitur.

Indicatiui tempus præſens.

¶ Doceor, doceris l docere, docetur. V are　{ Voxiyera‑　¶ Eu ſou
Plu. Docemur, docemini, docentur.　　　　　 { ruru.　　　ensinado.

Præteritum imperfectum.

　　　　　　　　　　　　　　　　　　　　　　{ Voxiye‑
Docebar, docebaris, l docebare, docebatur. { raritsu,　¶ Fuera en
Plu. Docebamur, docebamini, docebantur.　 { Voxiye‑　　ſinado.
　　　　　　　　　　　　　　　　　　　　　　{ rareta.

I 2

DE VERBORVM

Præteritum perfectum.

Doctus, a, um, sum, l, fui, V are &c.
es, l, fuisti, est, l, suit. } Voxiyerareta, ¶ Eu fui en
Plu. Docti, æ, a, sumus, l, fuimus, Voxiyerarete sinado.
estis, l, fuistis, sunt, fuerunt, l, fuere. atu.

Præteritum plusquam perfectum.

Doctus, a, um, eram, l, fueram, V are
eras, l, fueras, erat, l, fuerat. } Voxiyerarete } ¶ Ia eu era
Plu. Docti, æ, a, eramus l, fueramus, atta. ou fora
eratis, l, fueratis, erant, l, fuerant. ensinado.

Futurum.

Docebor, doceberis, l, docebere,
docebitur. V are &c. } Voxiyera- } ¶ Eu serei
Plu. docebimur, docebimini, docebuntur. reôzu. ensinado.

Imperatiui tempus præsens.

¶ Docere, l, docetor, Nagi { Voxiyerare: A, ¶ Se tu ensinado.
                            voxiyerareyo.

Doceatur,   Are   Voxiyerareito. Seja elle ensinado.
Plu. Doceamur V arera Voxiyerarecô. Sejamos nos ensinados.
Docemini, l, doceminor, Nagi. Voxiyerareyo. Sede vos ensinados.
Doceantur,   Arera   Voxiyerareyoto. Seaô elles ensinados.

Futurum siue modus mandatiuus.

Docetor tu, doceberis l, docebere, Nagi } ¶ Seras tu en
Docetor ille, l, docebitur, Are   Sera elle ensi
                                Voxiye- } nado.
Plu. Doceminor, l, docebimini, Nangira rarubexi. Sereis vos ensi
                                                  nados.
Docentor, l, docebuntur. Arera   Seraô elles en
                                         sinados.

Opta

CONIVGATIONE.
Optatiui præsens, & imperfectum.

¶ Vtinã docerer, docereris, l, docerere, } Amare,vo { ¶ Oxalá
   doceretur.   Vare &c.   } xiyerare { fora eu,
Plu. Vtinã doceremur, doceremini, docerẽtur. } yocaxi, { ou fosse
                                } A, gana. { esinado.

Præteritum perfectum.

                                   { Voxiyerares { ¶ Queira
Vtinã doct᷑, a, um sim, l, fuerim, Vare } tarõniua, { Deos q̃
   sis, l, fueris, sit, l, fuerit.   } Voxiyerareta { fosse eu
Plu. Vtinã docti, æ, a, simus, l, fuerimus, } naraba yoca, { ensina,
   sitis, l, fueritis, sint, l, fuerint.   } rõ monouo. { do.

Præteritum plusquam perfectum.

                                    { Aa voxiyera, { ¶ Prouue
Vtinã doct᷑, a, um esse, l, fuisse, Vare } reôzuru mo, { ra a Deos
   esses, l, fuisses, esset, l fuisset.   } nouo. { que fora
Plu. Vtinã docti, æ, a, essen⁹, l fuissemus, } Voxiyerarete { eu ensina,
   essetis, l, fuisetis, essent, l, fuissent. } attaraba yoca, { do.
                                   { rõ monouo.

Futurum.

Vtinã docear, docearis, l, doceare, } Voxiye, { ¶ Praza a   Doceã, tu
   doceatur.   Vare &c.   } rareyo, { Deos q̃   in, r: sic ᵬ
Plu. Vtinã doceamur, doceamini, doceantur. } caxi, A, { seja eu   gar, aud,
                                    } gana. { esinado.   ar.

Coniunctiui tempus præsens.

                                    { Voxiyera, { ¶ Como eu
¶ Cũ docear, docearis l doceare, doceatur. } rurebi, { sou ensi,
Plu. Cũ doceamur, doceamini, doceantur. } Voxiyera { nado, ou
                                    { ruruni. { sendo eu
                                                           ensinado.

Præ,

DE VERBORVM

Præteritum imperfectum.

	Voxiye-	¶ Como eu
Cũ docerer, docereris, l, docerere, doceretur. Vare &c.	raru re- ba, voxi yeraru ni, voxi yerareta reba.	era ensi nado, ou sen do eu en sinado.
Plu. Cũ doceremur, doceremini, docerentur.		

Præteritum perfectum.

	Voxiye-	¶ Como eu
Cũ doctus, a, um, sm, l, fuerim. Vare &c. sis, l, fueris, sit, l, uerit.	raretare ba, voxi yerareta ni.	fui ersina do, ou sen do eu ensi nado.
Plu. Cũ docti, æ, a simus, l, fuerimus, sitis, l, fueritis, snt, l, fuerint.		

Præteritum plusquam perfectum.

	Voxiye- raretes attare- ba, vos xiyerare te attas ni, voxi yerareta-	¶ Como eu ja era, ou fora ensi nado, ou sendo eu ensinado.
Cũ doct', a, um, esse, l, fuissem. Vare &c. esses, l, fuisses, esset, l, fuisset.		
Plu. Cũ docti, æ, a, essemus, l, fuissemus, essetis, l, fuissetis, essent, l, fuissent.		

Futurum.

	Voxiye- rareto- voxi yerarete cara, A, nochj.	¶ Como eu for ensi nado.
Cùm doct', a, um, ero, l, fuero, Vare &c. eris, l, fueris, erit, l, fuerit.		
Plu. Cùm docti, æ, a, erimus, l, fuerimus, eritis, l, fueritis, erint, l, fuerint.		

Con-

CONIVGATIONE

Coniunctiuus cum particula Quanuis.

¶ Præs. Quanuis docear, Vare { Voxiyeraruredo, mo, voxiyeraru- rutomo. } ¶ Posto q̃ eu seja ensinado.

P. imp. Quanuis docerer, Vare { Voxiyeraruredo, movoxiyerare- taredomo. } ¶ Posto q̃ eu fora, ou fosse ensinado.

P. perf. Quãuis doctꝰ, a, um, sim, l, fuerim, Vare { Voxiyeraretaredomo, voxiyeraretaritomo. }

P. plusq. Quãuis doctꝰ, a, um, esse, l, fuisse, Vare { Voxiyerarete attaredomo, voxiyeraretaritomo. }

Fut. Quãuis doctus, a, um, ero, l, fuero, Vare { Voxiyeareôzuredomo, voxiyerareôtomo, voxiyeraretaritomo. }

¶ Coniunctiuus cum particula Si.

Præs. Si docear, Vare { Voxiyerareba, voxiyeraruruni- uoiteua. } ¶ Se eu for ensinado.

P. imp. Si docerer, Vare { Voxiyeraretaraba, voxiyerareba. } ¶ Se eu fosse, ou fora ensinado.

P. perf. Si doctꝰ, a, um, sim, l, fuerim, Vare Voxiyeraretaraba.

P. plusq.

DE VERBORVM

P.plusq. Si doctus,a,um,esse,l.suissem,Vare Voxiyerarete attaraba.
 Voxiyerareba,
Fut. Si doctus,a,um,ero,l.fuero, Vare { Voxiyerareô niraba,
 Voxiyeraretaraba.

Potentialis tempus præsens.

¶ Doceam? Vare Voxiyerareôca? { ¶ Que seja eu ensinã
 do? q̃ hei eu de ser
 ensinado? serei eu en
 sinado?

P.imp. Docerer, Vare Voxiyerareĉzu. { ¶ Seria eu fora, ou po
 dera ser ensirado.

P.perf. Doctus,a,um,sim,l.fuerim,Vare { Voxiyerareô
 zu, voxiyera
 reta cotomo
 arẽzu, voxi
 yeraretqurõ. { ¶ Pude eu
 ser ensina
 nado.

P.plusq. Doct⁹,a,um,esse,l,fuisẽ,Vare { Voxiyerareôzu,
 Voxiyerareta
 cotomo arõzu. { ¶ Fora eu,
 ou pode
 ra ser ensi
 nado.

Fut. Doctus,a,um,sim,l,fuerim,Vare { Voxiyerareĉzu,
 Voxiyeraruru
 cotomo arõ
 zu. { ¶ Seria eu,
 sere, po
 dereiculer
 ensnado.

CONIVGATIONE. 37.
Permissiui, siue concessiui præsens.

¶ Docear, Vare { Voxiyeraremoxei, voxiyerarurebatote, voxiyeraretemo, voxiyerarurutotemo. } { ¶ Seja ensinado, dou lhe q̃ seja, mas que seja ensinado. }

P.imp. Docerer, Vare { Voxiyeraretemo, voxiyeraretaritemo. } { ¶ Fora ensinado, dou lhe q̃ fora, mas q̃ fora ensinado. }

P.perf. Doct⁹, a, um sim, sim, fuerim, Vare { Voxiyeraretarebatote, voxiyeraretaritomo. } { ¶ Fosse ensinado doulhe q̃ fosse, mas q̃ fosse ensinado. }

P.plusq. Doct⁹, a um, essẽ, fuissẽ, Vare { Voxiyerarete attarebatote, voxiyerare tafitomo. } { ¶ Fora ensinado, dou lhe q̃ fora, mas q̃ fora ensinado. }

Fut. Doctus, a, um, fuero, Vare { Voxiyerareõtomo voxi yeraretaritomo, voxi yerue zurebatote. } { ¶ Doulhe q̃ venha eu, ou, chegue a ser ensinado. }

Infiniti tempus præsens.

¶ Doceri, Vare, Varra Nã i, Nãgina Are, Arera } Voxiyeraruru coto A, to. { ¶ Ser ensinado: ou q̃ sou, es he, somos sois, são ensinados. }

K   P.

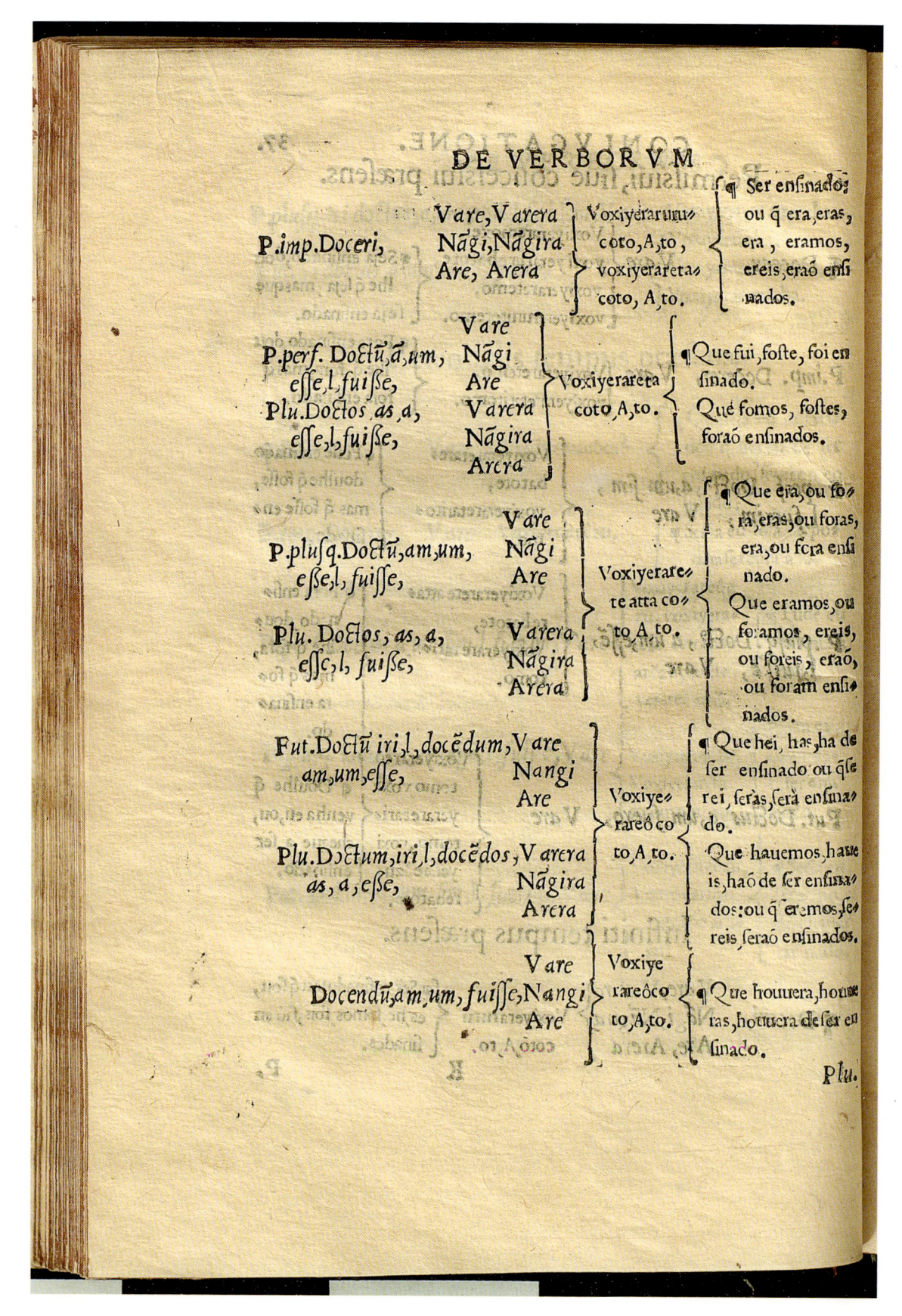

DE VERBORVM

P.imp.Doceri,	Vare, Varera Nãgi, Nãgira Are, Arera	Voxiyeraruu- coto, A, to, voxiyerareta- coto, A, to.	¶ Ser enſinado, ou q̃ era, eras, era, eramos, ereis, eraõ enſi- nados.
P.perf. Doctũ, a, um, eſſe, l, fuiſſe, Plu. Doctos, as, a, eſſe, l, fuiſſe,	Vare Nãgi Are Varera Nãgira Arera	Voxiyerareta coto A, to.	¶ Que fui, foſte, foi en- ſinado. Que fomos, foſtes, foraõ enſinados.
P.pluſq.Doctũ, am, um, eſſe, l, fuiſſe, Plu. Doctos, as, a, eſſe, l, fuiſſe,	Vare Nãgi Are Varera Nãgira Arera	Voxiyerare- te atta co- to A, to.	¶ Que era, ou fo- ra, eras, ou foras, era, ou fora enſi- nado. Que eramos, ou foramos, ereis, ou foreis, eraõ, ou foram enſi- nados.
Fut. Doctũ iri, l, docẽdum, am, um, eſſe, Plu. Doctum, iri, l, docẽdos, as, a, eſſe,	Vare Nangi Are Varera Nãgira Arera	Voxiye- rareõ co- to A, to.	¶ Que hei, has, ha de ſer enſinado ou q̃ſe- rei, ſeras, ſerà enſina- do. Que hauemos, haue- is, haõ de ſer enſina- dos; ou q̃ eremos, ſe- reis, ſeraõ enſinados.
Docendũ, am, um, fuiſſe,	Vare Nangi Are	Voxiye- rareõ co- to A, to.	¶ Que houuera, houue- ras, houuera de ſer en- ſinado.

Plu.

CONIVGATIONE. 38.

Plu. Docendos, as, a, fuiſſe, {Varera, Nāgira, Arera} Idem. {¶ Que houueramos, houuereis, houueraõ de ſer enſinados.

Participia præteriti temporis.

¶ Doctus, a, um, {Voxiyerarurumoro, voxiyerareta ſito, voxiyerarete.} ¶ Couſa enſinada.

Futuri.

Docendus, a, um, {Voxiyerareõzurumono, A, ſito, voxiyerareõzuruni A, tocoroni.} {¶ Couſa q̃ ha, ou ouuer de ſer enſinada.}

TERTIA CONIVGATIO.

LEGO VERBVM ACTIVVM MODI INDICAtiui, temporis præſentis, numeri ſingularis, perſonæ primæ, coniugationis tertiæ, ſic declinabitur.

Indicatiui præſens.

¶ Ego legis, legit. Vare &c. } Yomu. ¶ Eu leo &c.
Plu. Leginus, legitis, legunt.

K 2

DE VERBORVM

Præteritum imperfectum.

Lego,o in e,& addi ta, bam: sic audie bam.
Legebã, legebas, legebat. V are &c. { Yomu, A, ¶ Eu lia.
Plu. Legebam⁹, legebatis, legebant.   { yôda.

Præteritum perfectum.

Legi, legisti, legit, V are &c.   { yôda, A,   ¶ Eu lij: ou tenho
Plu. Legim⁹, legistis, legerũt, l, legère. { yôde au.   lido.

Præteritum plusquam perfectum.

Legeram, legeras, legerat. V are &c. { Yôda, A,   ¶ Eu lèra: ou
Plu. Legeramus, legeratis, legerant.   { Yôde attæ.   tinha lido.

Futurum.

Lego,o in am: sic au diam.
Legam, leges, leget. V are &c. ¶ Yomõzu. ¶ Eu lerey.
Plu. Legemus, legetis, legent.

Imperatiui præsens.

Legis, is it, e.
¶ Lege, l, legito,   Nangi   { Yome.   { ¶ Lee tu,
Legat,   Are   { Yometo.   { Lea elle.
Plu. Legamus,   Varera   { Yomõzu.   { Leamos nos.
Legite, l, legitote, Nangira   { Yome.   { Lede vos.
Legant.   Arera   { Yometo.   { Leam elles.

Futurum, siue modus mandatiuus.

Legito tu, l, leges,   Nangi   {
Legito ille, l, leget,   Are   } Yomu bexi. { ¶ Leras tu.
Plu. Legitote, l, legetis, Nãgira {   Lera elle.
Legunto, l, legent,   Arera   }   Lereis vos.
                                                  Lerão elles.

Optatiui præsens, & imperfectum.

¶ V tinã legerẽ, legeres, legeret. V are { Au re yo? ¶ Oxala lera eu
Plu. V tinã, legerem⁹, legeretis, legerẽt. { niecaxi,   ou lesse.
                                            { A, gana.

CONIVGATIONE.

Præteritum perfectum.

Vtinã legerim, legeris, legerit. V are
Plu. Vtinam legerim⁹, legeritis, legerint.
{ yédaroniua
 yôdaraba
 yocaromo
 nouo. }
{ ¶ Queira Deos
 os que te⸗
 nha eu lido. }

Præteritum plusquam perfectum.

Vtinã legisse, legisses, legisset. V are
Plu. Vtinã legissem⁹, legissetis, legissent.
{ Aa yom zu
 ni mono
 uo, A,
 yôdeattara
 ba yôca⸗
 monouo. }
{ ¶ Frouuera a
 Deos q̃ le⸗
 ra eu, ou ti⸗
 uera lido. }

Futurum.

Vtinam legã, legas, legat. V are & c.
Plu. Vtinam legamus, legatis, legant.
{ yomeraxi,
 Agana. }
{ ¶ Praza a Deos
 q̃ lea eu. }

Coniunctiui præsens.

¶ Cùm legã, legas, legat. V are & c.
Plu. Cùm legamus, legatis, legant.
{ yomeba,
 yomuni. }
{ ¶ Como eu
 leo, ou len⸗
 do eu. }

Præteritum imperfectum.

Cùm legerẽ, legeres, legeret. V are
Plu. Cùm legeremus, legereis, legerẽt.
{ Yomeba, yo
 muni, yô
 dareba. }
{ ¶ Como eu
 lia, ou lẽ⸗
 do eu. }

Præteritum perfectum.

Cùm legerim, legeris, legerit. V are
Plu. Cùm legerimus, legeritis, legerint.
{ yôdareba,
 yedani. }
{ ¶ Como eu
 li, ou te⸗
 nho lido. }

Præ⸗

DE VERBORVM

Præteritum plusquàm perfectum.

Cũ legiſſem, legiſſes, legiſſet. Vare
Plu. Cùm legiſſemꝰ, legiſſetis, legiſſent.
{ yôdeattareba, yôde attani, yôdareba.
{ ¶ Como eu lera, ou tinha lido.

Futurum.

Cũ legero, legeris legerit. Vare &c.
Plu. Cùm legerimus, legeritis, legerint.
{ Yôdarŏtoqi, yŏnŏtoqi, yŏdecara, Arechi.
{ ¶ Como eu ler, ou tiuer lido.

¶ Coniunctiuus cùm particula Quanuis.

¶ Præſ. Quanuis legam, Vare &c. { yomedomo, yomutomo. { ¶ Poſto q̃ eu lea.

P. imp. Quanuis legerem, Vare { Yomedomo, yŏdaredomo. { ¶ Poſto q̃ eu lera, ou leſſe.

P. perf. Quanuis legerim, Vare { Yôdaredomo, yŏdaritomo. { ¶ Poſto q̃ eu tenha lido.

P. pluſq. Quãuis legiſſẽ, Vare { Yôde attaredomo, yôdaritomo. { ¶ Poſto q̃ eu tiuera lido.

Fut. Quanuis legero, Vare { Yomŏzuredomo, yomŏtomo, yôdaritomo. { ¶ Poſto q̃ eu tiuer lido.

¶ Coniunctiuus cùm particula Si.

¶ Præſ. Si legam, Vare { Yomaba, yomunaraba, yomuni voiteua. { ¶ Se eu ler.

P. imp. Si legerem, Vare { Yomaba, yôdaraba. { ¶ Se eu lera, ou leſſe.

P. perf. Si legerim, Vare Yôdamba.
P. pluſq. Si legiſſem, Vare Yôdeattaraba.

Fut. Si legero, Vare { Yomaba, yomunaraba, yôdaraba.

Po

CONIVGATIONE. 40.

Potentialis modi præsens.

¶ Legam?	Vare	Yomŏca?	Que lea eu? q̃ hei eu de ler? lerei eu?
P.imp. Legerem,	Vare	Yoniŏzu.	¶ Leria eu, lera: ou pudera ler.
P.perf. Legerim,	Vare	{ Yomŏzu, yôda cotomo arŏzu, yŏzzurŏ.	¶ Pude eu ler.
P.plusq. Legissem,	Vare	{ Yomŏzu, yôda cotomo arŏzu.	¶ Lera eu: ou podera ter lido.
Fut. Legerim,	Vare	{ Yomŏzu, Yomu cotomo arŏzu.	¶ Leria eu, lerei, poderei eu ler.

Permissiui, siue concessiui præsens.

¶ Legam,	Vare	{ Yomimo xei, yomebatote, yôdemo, yomutotemo, yome.	¶ Lea, doulhe q̃ lea, mas que lea.
P.imp. Legerem,	Vare	{ Yôdenio, yôdaritomo.	¶ Lera, doulhe q̃ lera, mas q̃ lera.
P.perf. Legerim,	Vare	{ Yôdarebatote, yôduritomo.	¶ Lesse, doulhe q̃ lesse mas q̃ lesse.
P.plusq. Legissem,	Vare	{ Yôde attarebatote, yôdaritomo.	¶ Lera, doulhe q̃ lera mas q̃ tiuera lido.
Fut. Legero,	Vare	{ Yomŏtomo, yôdaritomo, yomozurebatote.	¶ Doulhe q̃ venha ou chegue a ler.

In

DE VERBORVM
Infiniti modi tempus præsens.

¶ Legere,	Vare, Varera Nāgi, Nāgira Are, Arera	Yomu coto A,to.	¶ Ler: ou q̃ leo, lees, lee, lemos, ledes, lem.
P. imp. Legere,	Vare, Varera Nāgi, Nāgira Are, Arera	Yomu coto, A,to, yôda coto A,to.	¶ Ler: ou q̃ lia, lias, lia, liamos, lieis, liam.
P. perf. Legisse,	Vare, Varera Nāgi, Nāgira Are, Arera	Yôda coto A, to.	¶ Ter lido: ou q̃ lij, leste, leo, lemos, lestes, lerão: ou q̃ tenho, tens, té lido: t.mos, tendes, t.m lido.
P. plusq. Legisse,	Vare, Varera Nāgi, Nāgira Are, Arera	Yôdeatta coto, A, to.	¶ Ter lido: ou q̃ lera, leras, lera, leramos, lereis, leram: ou q̃ tinha, tinhas, tinha lido, tinhamos, tinheis, tinhão lido.
Fut. Lecturū, am, um, esse	Vare Nangi Are	Yomōzu- rucoto, A, to.	¶ Que hei, has de ler: ou q̃ lerei, leras, lera.
Plu. Lecturos, as, a, esse,	Varera Nargira Arera		Que auemos, aueis, hão de ler: ou q̃ leremos, lereis lerão.
Fut. Lecturū, ā, um, fuisse,	Vare Nangi Are	Yomōzu- ru coto, A to.	¶ Que houuera, houueras houuera de ler.
Plu. Lecturos, as, a, fuisse,	Varera Nāgira Arera		Que houueramos, houuereis houueram de ler.

CONIVGATIONE.

Gerundia.

¶ Legendi,   Yomu, A, yomőzu.   ¶ De ler.
Legendo,   Yomuni, yôde, yomarete.   ¶ Em ler, de ler, lendo, & sendo lido.

Legendum, { Yomu tame, yomőzuru tame, A, tote, yomasrurutame. } { ¶ A ler, pera ler, a ser, & pera ser lido. }

Supina.

¶ Lectum,   Yomini, yomutameni.   ¶ A ler, pera ler.
Lectu,   Yomi, A, yomare.   ¶ De ser lido, pera se ler.

¶ Participia declinationis actiuæ, temporis præsentis, &
imperfecti.

Legens, entis,   Yomu fito, A, mono, yôde.   ¶ O q̃ lee, & lia.

Futurum

Lecturus, a, um, { yomőzurusito, A, mono, yomőzurutame, yomőto suru, A, itaita sito, yomőzuruni, A, tocoroni. } { ¶ O q̃ ha:ou cuuer de ler. }

LEGOR VERBVM PASSIVVM SIC DECLINABITVR.

Indicatiui tempus præsens.

¶ Legor, legeris, l. legere, legitur, V are &c.   { Yomaruru. }   ¶ Eu sou lido.
Plu. Legimur, legimini, leguntur.

L   Præ

DE VERBORVM

Præteritum imperfectum.

Legebar, legebaris, l, legebare, legebatur. { Yomaru ru, A,   ¶ Eu era li
Plu. Legebamur, legebamini, legebantur.   { yomare   do.
                                            ta.

Præteritum perfectum.

Lectus, a, um, sum, l, fui,   Vare &c. } Yomareta,
es, l, fuisti est, l, fuit.   A yomare ¶ Eu fui li
Plu. Lecti, æ, a, sumus, l, fuimus,   te aru.   do.
estis, l, fuistis, sunt, fuerunt, l, fuere.

Præteritum plusquam perfectum.

Lectus, a, um, erã, l, fueram, Vare &c. }   ¶ Ia eu era
eras, l, fueras, erat, l, fuerat.   Yomare { ou fora li
Plu. Lecti, æ, a, eramus, l, fueramus,   te atta.   do.
eratis, l, fueratis, erant, l, fuerant.

Futurum.

Legam m,   Legar, legeris, l, legere, legetur. Vare etc. { Yomareo   ¶ Eu serey
in, r, legar: Plu. Legemur, legemini legentur.   { zu.   lido.
sic audiar.

Imperatiui tempus præsens.

¶ Legere, l, legitor,   Nangi { Yomarei A,   { ¶ Se tu lido.
                                    yomareyo.
   Legatur,   Are   { Yomareito.   Seja elle lido.
Plu. Legamur,   Varera { Yomareo.   Sejamos nos lidos.
   Legimini l, legimimor   Nãgira { Yomareyo.   Sede vos lidos.
   Legantur,   Arera { Yomareyoto. Sejaõ elles lidos.

Futurum siue modus mandatiuus.

Legitor tu, legeris, l, legere, Nãgi Yomaru   { ¶ Seras tu lido.
Legitor ille, l, legetur,   Are { bexi.   { Sera elle lido.

Plu.

CONIVGATIONE.

Plu. Legiminor, l, legemini Nāgira } Yomarubexi. { ¶ Sereis vos lidos.
Leguntor, l, legentur, Arera } { Seraõ elles lidos.

Optatiui tempus præsens, & imperfectum.

Vtinā legerer, legereris, l, legerere, legeretur. { Auare yo- { ¶ Oxala fo
Plu. Vtinā legeremur, legeremini, legerētur. { mareyo ca { ra eu, ou
{ xi, A, gana. { fosse lido.

Præteritum perfectum.

Vtinam lectus, a, um, sim, l, fuerim, V are } Yomareta- { ¶ Queira
sis, l, fueris, sit, l, fuerit. } roniua, yo { Deosq̃ fos
Plu. Vtinam lecti, æ, a, simus, l, fuerimus, } mareta na { se eu li-
sitis, l, fueritis, sint, l, fuerint. } raba yoca { do.
} rōmenouo.

Præteritum plusquam perfectum.

{ Aa yoma-
Vtinam lectus, a, um, essem l, fuissem, { reôzurumo { ¶ Prouue
esses, l, fuisses, esset, l, fuisset. V are { nouo, yo- { ra a Deos
Plu. Vtinam lecti, æ, a, essemus l, fuissem⁹, { marete ate { q̃ fora eu
essetis, l, fuissetis, essent, l, fuissent. { taraba yo- { lido.
{ carōmono
{ uo.

Futurum.

Vtinā legar, legaris, l, legare, legatur. V a. { Yomareyo { ¶ Praza a
Plu. Vtinam legamur, legamini, legantur. { caxi, A, ga { Deosq̃ se
{ na. { ja eu lido.

Coniunctiui tempus præsens.

¶ Cū legar, legaris, l, legare, legatur. V a. { Yomarure { ¶ Como eu
{ ba, yoma- { sou lido: ou
Plu. Cùm leganur, legamini, legantur. { ruruni. { sendo eu li-
{ do.

L 2 Præ-

DE VERBORVM

Præteritum imperfectum.

Cū legerer, legereris, l, legerere, legeretur. } Yomarure ba, ycira ruruni, yo maretare ba. } ¶ Como eu era lido: ou sendo eu lido.

Plu. Cùm legeremur, legeremini, legerentur.

Præteritum perfectum.

Cùm lect⁹, a, um, sim, l, fuerim, V are &c. sis, l, fueris, sit, l, fuerit. } Yomareta reba, yo maretani. } ¶ Como eu fui lido: ou sendo eu lido.

Plu. Cùm lecti, æ, a, simus, l, fuerimus, sitis, l, fueritis, sint, l, fuerint.

Præteritum plusquam perfectum.

Cū lect⁹, a, um, essē, l, fuissē, V are &c. esses, l, fui, ses, esset, l, fuisset. } Yomarete attareba, Yomarete attani, yo maretareba } ¶ Como eu ja era, ou fora lido, ou sendo eu lido.

Plu. Cùm lecti, æ, a, essemus, l, fuissemus, essetis, l, fuissetis, essent, l, fuissent.

Futurum.

Cū lectus, æ, um, ero, l, fuero, V are &c. eris, l, fueris, erit, l, fuerit. } Yomareô tcqi yo mareteca ra, A nochi. } ¶ Como eu for lido.

Plu. Cùm lecti, æ, a, erimus, l, fuerimus, eritis, l, fueritis, erint, l, fuerint.

¶ Coniunctiuus cum particula Quanuis.

¶ Præs. Quanuis legar, V are } Yomaruredomo, yomarurutomo. } ¶ Posto q̃ eu seja lido.

P. imp. Quanuis legerer, V are } Yomaruredomo, yomaretaredomo. } ¶ Posto q̃ eu fora, ou fos se lido.

P. perf. Quanuis lectus, a, um, sim, l, fuerim, } Yomaretaredomo, yomaret, titomo.

P.

CONIVGATIONE.

P. plusq. Quāuis Lectº, a, um eſsē, l, fuiſsē, Vare { Yomarete atta‑redomo, yoma retaritomo.

Fut. Quanuis lectus, a, um ero, l, fuero, Vare { Yomareôzuredomo, yomareôtomo, yomaretaritomo.

¶ Coniunctiuus cum particula Si.

¶ Præſ. Si legar, Vare { Yomareba, A, Yomaruruni voite‑ua. } ¶ Se eu for lido.

P. imp. Si legerer, Vare { Yomaretaraba, yomareba. } ¶ Se eu foſſe, ou fora lido.

P. perf. Si lectus, a, um, ſim, l, fuerim, Vare   Yomaretaraba.

P. plusq. Si lectus, a, um, eſſem, l, fuiſsē, Vare   Yomarete attaraba.

Fut. Si lectus, a, um, ero, l, fuero, Vare { Yomareba, yomareô naraba, yomaretaraba. }

Potentialis modi tempus præſens.

¶ Legar? Vare   Yomareôca? { ¶ Que ſeja, eu lido? q̃ hei eu de ſer lido? ſerei eu lido? }

P. imper. Legerer, Vare   Yomareôzu. ¶ Seria eu, fora, ou poderaſer lido.

P. perf. Lectus, a, um, ſim, l, fuerim, Vare { Yomareôzu, yomareta cotomo arŏzu, yomaretçurŏ. } ¶ Pude eu ſer lido.

P. plusq. Lectus, a, um, eſſem, l, fuiſſem, Vare { Yomareôzu, yomareta cotomo arŏzu. } ¶ Fora eu, ou podera ſer lido.

Fut.

DE VERBORVM 45.

Fut. Lectus, a, um, sim, l, fuerim, Vare { Yomareôzu, yomaruru cotomo arôzu. { ¶ Seria eu serey, poderey eu ser lido.

Permissiui, siue concessiui tempus præsens.

¶ Legar, Vare { Yomaremo xei, yomarurebatote, yomaretemo, yomarurutotemo. { ¶ Seja lido, doulhe q̃ seja, mas q̃ seja lido.

P. imp. Legerer, Vare { Yomaretemo, yomaretaritomo. { ¶ Fora lido, doulhe q̃ fora, mas q̃ fora lido.

P. perf. Lect⁹, a, um, sim, l, fuerim, Vare { Yomaretarebatote, yomaretaritomo. { ¶ Fosse lido, doulhe q̃ fosse, mas q̃ fosse lido.

P. plusq. Lect⁹, a, um, essem, l, suissem, Vare { Yomarete attarebatote, yomaretaritomo. { ¶ Fora lido, doulhe q̃ fora, mas q̃ fora lido.

Fut. Lect⁹, a, ũ, fuero, Vare { Yomareôtomo, yomaretaritomo, yomareôzurebatote. { ¶ Doulhe q̃ venha: ou chegue a ser lido.

Infiniti tempus præsens.

¶ Legi, Vare, Varera Nangi, Nãgira Are, Arera { Yomaruru coto, A, to. { ¶ Ser lido: ou q̃ sou, es, he, somos, sois, saõ lidos.

P. imp. Legi, Vare, Varera Nãgi, Nangira Are, Arera { Yomaruru coto, A, to, Yomareta coto, A, to. { ¶ Ser lido: ou q̃ era, eras, era, eramos, ereis, eraõ lidos.

P.

CONIVGATIONE.

P.perf.L'ectum,am,um, Vare ⎱ ⎰ ¶ Que fui, foste, foy
esse,l,fuisse, Nãgi ⎰ ⎱ lido.
Are ⎱ Yomareta co⸗
Plu.Lectos,as,a, Varera ⎰ to, A to. Que fomos, fo⸗
esse,l,fuisse, Nãgna ⎰ stes, fora õ lidos.
Arera ⎰

P.plusq.Lectũ,am,um,esse,Vare ⎱ ¶ Que era, ou fora, e⸗
l,fuisse, Nangi ⎰ ras, ou foras, era, ou
Are ⎱ Yomarete fora lido.
Plu.Lectos,as,a,esse, Varera ⎰ atta co⸗ Que eramos, ou forá⸗
l,fuisse. Nãgira ⎰ to, A,to. mos,ereis, ou foreis,
Arera ⎰ eraõ, ou foraõ lidos.

Fut.Lectũ iri,l,legẽdũ,ã,vm, Vare ⎱ ¶ Que hei,has, hà de⸗
esse, Nangi ⎰ ser lido: ou q̃ serei, se⸗
Are ⎱ yomareô ràs, serà lido.
Plu.Lectũ iri,l,legẽdos, Varera ⎰ coto, A, Que hauemos, haue⸗
as,a,esse, Nãgira ⎰ to. is haõ de ser lidos: ou
Arera ⎰ q̃ seremos seie s, se⸗
raõ lidos.

Legendum,am,um,suisse, Vare ⎱ ¶ Que houuera, hou⸗
Nãgi ⎰ ueras, houuera deser
Are ⎱ yomareô lido.
Plu.Legendos,as,a,suisse, Varera ⎰ ccto, A, Que houueramos,
Nang. ⎰ to. houuereis, houueraõ
Arera ⎰ deser lidos.

Participia præteriti temporis.

Lectus, a, um, { Yomaru, rumono,
A, yomareta sito, ¶ Cousa lida.
A, yomarete.

Futuri.

Legendus, a, um, { yomareôzurumono A sito, ¶ Cousa q̃ ha:ou
yomareôzuruni, A tocoroni. ouuer de ser lida.

DE VERBORVM
QVARTA CONIVGATIO.

AVDIO, VERBVM ACTIVVM, MODI INDICATIVI,
temporis præsentis, numeri singularis, personæ primæ, coniuga‑
tionis quartæ sic declinabitur.

Indicatiui præsens.

¶ Audio, audis, audit. V are & c. ⎫ Çicu.   ¶ Eu ouço &c.
Plu. Audimus, auditis, audiunt. ⎭

Præteritum imperfectum.

Audiebā, audiebas, audiebat. V are ⎫ Çicu A,   ¶ Eu ouuia.
Plu. Audiebamº, audiebatis, audiebāt. ⎭ qijta.

Præteritum perfectum.

Audiui, audiuisti, audiuit. V are & c. ⎫ Qijta,   ¶ Eu ouui, ou te‑
Plu. Audiuimus, audiuistis, audiuerunt,l, ⎬ A,qij‑ ⎬ nho ouuido.
audiuere. ⎭ tearu. ⎭

Præteritum plusquam perfectum.

Audiuerā, audiueras, audiuerat. V are ⎫ Qijta A, ⎫ ¶ Eu ouuira, ou
Plu. Audiueramus, audiueratis, au‑ ⎬ qijteat‑ ⎬ tinha ouuido.
diuerant. ⎭ ta. ⎭

Futurum.

Audiam, audies, audiet.   V are   Qicōzu.   ¶ Eu ouuirei.
Plu. Audiemus, audietis, audient.

Imperatiui præsens.

¶ Audi, l, audito,   Nangi ⎫ Qiqe.   ⎧ ¶ Ouue tu.
   Audiat,   Are ⎪ Qiqeto.   ⎪ Ouça elle.
   Audiamus,   Varera ⎬ Cicōzu.   ⎨ Ouçamos nos.
   Audite, l, auditote, Nāgira ⎪ Qiqe.   ⎪ Ouui vos.
   Audiant,   Arera ⎭ Qiqeto.   ⎩ Ouçaō elles.

Futu

CONIVGATIONE.

Futurum, siue modus mandatiuus.

Audito tu, l. audies, Nangi } Qiqubexi. { ¶ Ouuiras tu.
Audi cille, l. audiet. Aie   }   { Cuuira elle.
Plu. Auditote, l. audietis, Nāgnc }   { Cuuireis vos.
Audiunto, l. audient, Aiera }   { Ouuirao elles.

Optatiui præsens, & imperfectum.

¶ Vtinā audirē, audires, audiret. Vare } Auare qi { ¶ Oxala ouuira
                                       } qecaxi, { eu, ou ouuisse.
Plu. Vtinā audiremº, audiretis audirēt. } A, gana. { se.

Præteritum perfectum.

Vtinā audiuerim, audiueris, audiuerit. } Qijtarōniua, { ¶ Queira
                                       } qijtaraba,   { Deos q̄te
Plu. Vtinam audiuerimus, audiueritis, } yocarō mo   { nha eu ou
audiueriīt.   } nouo.   { uido.

Præteritum plusquam perfectum.

Vtinā audiuissē, audiuisses, audiuisset. } Aiqicōzuru- { ¶ Prouuera
                                         } monouo,   { a Deos q̄
                                         } qijte attara- { ouuira eu,
Plu. Vtinam audiuissemº, audiuissetis,   } ba yocarō mo { ou tiuera
audiuissent.   } nouo.   { ouuido.

Futurum.

Vtinā audiā, audias, audiat. Vare &c. } Qiqecaxi, { ¶ Praza a
                                      } A, gana. { Deos q̄
Plu. Vtinam audianus, audiatis, audiant. }   { ouça eu.

Coniunctiui præsens.

¶ Cū audiam, audias, audiat. Vare &c. } Qiqeba, { ¶ Como eu
Plu. Cū audianus, audiatis, audiant. } qiquni. { ouço, ou
                                                 { ouuindo eu.

M   Pex

DE VERBORVM

Præteritum imperfectum.

Cũ audirẽ, audires, audiret. V are &c. { Qiqeba, qi qumi, qij‑ tareba. } ¶ Como eu ouuia, ou ouuindo eu.

Plu. Cũn audiremus, audiretis, audirent.

Præteritum perfectum.

Cũ audiuerim, audiueris, audiuerit. V are { Qijtareba, qijtani. } ¶ Como eu ouui, ou tenho ou uido.

Plu. Cũ audiuerimº, audiueritis, audiuerint.

Præteritum plusquam perfectum.

Cũ audiuissẽ, audiuisses, audiuisset. V a. { Qijte atta reba, qijte attani, qij‑ tareba. } ¶ Como eu ouuira, ou tinha ou uido.

Plu. Cũ audini ssemº, audini setis, audiuissẽt.

Futurum.

Cũ audiuero, audiueris, audiuerit. V are { Qijtarõto qi qicõtos qi qijte ca‑ ra A nochi. } ¶ Como eu ouuir, ou tiuer ou uido.

Plu. Cũ audiuerimº, audiueritis, audiuerint.

¶ Coniunctiuus cum particula Quanuis.

¶ Præs. Quanuis audiam, Vare { Qiqedomo A, qiqutomo. } ¶ Posto q̃ eu ouça.

P. imp. Quanuis audirem, Vare { Qiqedomo qij taredomo. } ¶ Posto q̃ eu ouuira, ou ouuisse.

P. perf. Quanuis audiuerim, Vare { Qijtaredomo, qijtaritomo. } ¶ Posto q̃ eu tenha ouuido.

P. plusq. Quanuis audiuissẽ, Vare { Qijte attaredo‑ mo, qijtari‑ tomo. } ¶ Posto q̃ eu tiuera ouuido.

F. ut. Quanuis audiuero, Vare { Qicõzuredo‑ mo qicotomo, qijtaritomo. } ¶ Posto q̃ eu tiuer ouuido.

Cõ‑

CONIVGATIONE. 46.

¶ Coniunctiuus cum particula Si.

¶ Præs. Si audiam,   Vare { Qicaba, qiqunaraba, qiquni voitcua. }   ¶ Se eu ouuir.

P. imp. Si audirem,   Vare { Qicaba, qijtaraba. }   ¶ Se eu ouuira, ou ouuisse.

P. perf. Si audiuerim,   Vare   Qijtaraba.

P. plusq. Si audiuissem,   Vare   Qijte attaraba.

Fut. Si audiuero,   Vare   Qicaba, qiqunaraba, qijtaraba.

Potentialis modi præsens.

¶ Audiam?   Vare   Qicõca?   { ¶ Que ouça eu? q̃ hei eu de ouuir? ouuirey eu? }

P. imp. Audirem,   Vare   Qicõzu.   { ¶ Ouuiria eu, ouuira, ou podera ouuir. }

P. perf. Audiuerim,   Vare { Qicõzu, qijta cotomo arõzu, qijtçurũ. }   ¶ Pude eu ouuir.

P. plusq. Audiuissem,   Vare { Qicõzu, qijta cotomo arõzu. }   ¶ Ouuiria eu, ou podera ter ouuido.

Fut. Audiuerim,   Vare { Qicõzu, qiqu cotomo arõzu. }   ¶ Ouuiria eu, ouuirey, poderey eu ouuir.

Permissiui, siue concessiui præsens.

¶ Audiam,   Vare { Qiqimoxei, qiqebatote, qijtemo, qiqutotemo, qiçe. }   ¶ Ouça, doulhe q̃ ouça, mas q̃ ouça.

M 2   P.

DE VERBORVM

P. imp. Audirem,	Vare	Qitemo, qijtaritomo.	Ouuira, doulhe q̃ ouuira, mas q̃ ouuira.
P. perf. Audiuerim,	Vare	Qijtarebatote, qijtaritomo.	Ouuisse, doulhe q̃ ouuisse, mas q̃ ouuisse.
P. plusq. Audiuissem,	Vare	Qijte attarebatote, qijtaritomo.	Ouuira, doulhe q̃ cuuira, mas q̃ tiuera ouuido.
Fut. Audiuero,	Vare	Qicŏtomo, qijtaritomo, qicŏzurebatote.	Doulhe q̃ venha, ou chegue a ouuir.

Infiniti tempus præsens.

¶ Audire,	Vare, Varera Nāgi, Nāgira Are, Arera	Qiqu coto, A, to.	Ouuir: ou q̃ ouço ouues, ouue, ouuimos, ouuis, ouuē.
P. imp. Audire,	Vare, Varera Nāgi, Nangira Are, Arera	Qiqu coto, A, to, qijra coto, A, to.	Ouuir: ou q̃ ouuia, ouuias, ouuia, ouuiamos, ouuieis, ouuiam.
P. perf. Audiuisse,	Vare, Varera Nangi, Nāgira Are, Arera	Qijta coto, A, to.	Ter ouuido: ou q̃ ouui, ouuiste, ou uio, ouuimos, cuuistes ouuiraõ: ou q̃ tenho, tens tem ouuido, temos, tendes tem ouuido.

P.

CONIVGATIONE. 47.

P.plusq. Audiuisse, { Vare, Varera / Nági, Nágira / Are, Arera } Qiite atta coto, A, to.

¶ Ter ouuido: ou q̃ ouuira, ouuiras, ouuira ouuiramos ouuireis, ouuiraõ: ou q̃ tinha, tinhas, tinha ouuido, tinhamos, tinheis, tinhaõ ouuido.

Fut. Auditurũ, am, um, esse, { Vare / Nãngi / Are } Qicõzuru co to, A, to.

¶ Que hei, has, ha de ouuir: ou q̃ ouuirei, ouuiràs, ouuirà. Que hauemos, haueis, ham de ouuir: ou q̃ ouuiremos, ouuireis, ouuiraõ.

Plu. Audituros, as, a, esse, { Varera / Nágira / Arera }

Fut. Auditurũ, ã, um, fuisse, { Vare / Nãngi / Are } Qicõzuru co to, A, to.

Plu. Audituros, as, a, fuisse, { Varera / Nágira / Arera }

¶ Que houuera, houueras, houuera de ouuir. Que houueramos, houuereis, houueraõ de ouuir.

Gerundia.

¶ Audiendi,
Audiendo, { Qiqu, A, q̃cõzu. / Q̃quni, A, qijte, / A, q̃ carete. }

¶ De ouuir.
¶ Em ouuir de ouuir, ouuindo, & sendo ouuido.

Au

DE VERBORVM

Audiendum, { Qiqu tame, qicŏzuru tame, A, tote, qicaruru tameni. ¶ A ouuir, pera ouuir, a ser, pera ser ouui‑ do.

Supina.

¶ Auditum, Qiqini, A, qiqu tameni. ¶ A ouuir, pera ouuir.
Auditu, Qiqi qicare. ¶ De ser ouuido, pera se ouuir.

¶ Participia declinationis actiuæ, temporis præsentis, & imperfecti.

Audiēs, entis, { Qiqu fito, A, mono, A, qiqite. ¶ O q ouue, & ouuia.

Futurum.

Auditurus, a, um, { Qicŏzuru fito, A, mono, qicŏzuru tame, qicŏto suru, A, ita ita fto, qicŏzuruni, A, tocoroni. ¶ O q ha, ou ouue de ouuir.

AVDIOR, VERBVM PASSIVVM SIC
declinabitur.

Indicatiui præsens.

¶ Audior, audiris, l, audire, auditur. V are { Qicaru‑ ¶ Fu sou
Plu. Audimur, audimini, audiuntur. ru. ouuido.

Præteritum imperfectum.

Audiebar, audiebaris, l, audiebare, audiebatur. { Qica‑ ¶ Eu e
ruru, ra ou
Plu. Adiebamur, audiebamini, audiebantur. A qi‑ uido.
careta.

Præ

CONIVGATIONE. 48.

Praeteritum perfectum.

Auditus, a, um, sum, l, fui, V are &c. Qicareta, A, ¶ Eu fui oues l fuisti, est, l fuit.   qicareteaiu.   uido.
Plu. Auditi, æ, a, sumus l fuimus,
  estis, l, fuistis, sunt, fuerant, l, fuere.

Praeteritum plusquam perfectum.

Auditus, um, era l fueram, V are &c. ⎫   ¶ Ia eu era, ou
  eras, l, fueras, erat, l, fuerat.   ⎬ Qicarete   fora ouuido.
Plu. Auditi, æ, a, eramus, l fueramus, ⎪ atta.
  eratis, l, fueratis, erant, l fuerant. ⎭

Futurum.

Audiar, audieris l audiere, audietur. ⎰ Qicareô-   ¶ Eu ferey ou
Plu. Audiemur, audiemini, audientur.   ⎱   zu.   uido.

Imperatiui praesens.

¶ Audire, l, auditor,   Nangi   ⎰ Qicareî, A,   ¶ Se tu ouuido.
                                     ⎱ qicareyo.

Audiatur,   Are   Qicareito.   ¶ Seja elle ouui-
                                                        do. (uidos.
Plu. Audiamur,   Varera   ⎰ Qicareyo.   ¶ Sejamos nos ou-
Audimini, l, audiminor,   Nangira ⎱ Qicareyo.   ¶ Sede vos ou-
                                                        uidos.
Audiantur,   Arera   ⎰ Qicareyo-   ¶ Sejam elles ou-
                                     ⎱   to.   uidos.

Futurum siue modus mandatiuus.

                                                     ¶ Seras tu
Anditor tu, audièris, l, audiere, Nangi ⎰ Qicarus-   ouuido.
Auditor ille, l, audietur,   Are   ⎱ bexi.   Sera elle
                                                       ouuido.

                                                          Plu.

DE VERBORVM

Plu. Audiminor, l, audiemini,　　Nangira ⎫ Qicaru ⎧ Sereis vos ou
　Audiuntor, l, audientur,　　　Aiera ⎭ bexi. ⎨ uidos.
　　　　　　　　　　　　　　　　　　　　　⎩ Serao elles
　　　　　　　　　　　　　　　　　　　　　　ouuidos.

Optatiui præsens, & imperfectum.

¶ Vtinam audirer, audireris, l, audirere, ⎫ Auareqica ⎧ ¶ Oxala fora
　audiretur.　　　　　Vare &c.　　⎬ reyocaxi, ⎨ eu, ou fosse
Plu. Vtinam audiremur, audiremini, ⎭ A,gana. ⎩ ouuido.
　audirentur.

Præteritum perfectum.

Vtinã audit⁹, a, um, sim, l, fuerim, Vare ⎫ Qicaretarõ ⎧ ¶ Queira
　sis, l, fueris, sit, l, fuerit.　　　　⎬ niua, qica ⎨ Deos q fos
Plu. Vtinam auditi, æ, a, sim⁹, l, fuerimus, ⎬ reta para- ⎨ se eu ou
　sitis, l, fueritis, sint, l, fuerint.　　⎭ ba yocarõ ⎩ uido.
　　　　　　　　　　　　　　　　　　　monouo.

Præteritum plusquam perfectum.

Vtinã audit⁹ a, um, essem, l, fuisse, Vare ⎫ Aaqicareõ ⎧ ¶ Prouuera
　esses, l, fuisses, esset, l, fuisset.　　⎬ ziru mo- ⎨ a Deos q
Plu. Vtinã auditi, æ, a, essem⁹, l, fuissemus, ⎬ nouo qis ⎨ fora eu
　essetis, l, fuissetis, essent, l, fuissent.　⎭ carete atta ⎩ ouuido.
　　　　　　　　　　　　　　　　　　　raba yoca-
　　　　　　　　　　　　　　　　　　　rõ monou-
　　　　　　　　　　　　　　　　　　　yo.

Futurum.

Vtinam audiar, audiaris, l, audiare, ⎫ Qicareyoca- ⎧ ¶ Praza a
　audiatur.　　　　　Vare &c. ⎬ xi A, ⎨ Deos q
Plu. Vtinam audiamur, audiamini, ⎭ gara. ⎨ sejaeu ou
　audiantur.　　　　　　　　　　　　　　　　　⎩ uido.

Cons

CONIVGATIONE.

Coniunctiui præsens.

Cùm audiar, audiaris, l, audiare, audiatur. Vare &c. } Qicarureba, Qicarurum ni, { Como eu sou ouuido, ou sendo eu ouuido.

Plu. Cũ audiamur, audiamini, audiãtur. }

Præteritum imperfectum.

Cùm audirer, audireris, l, audirere, audiretur. Vare &c. } Qicarueba, qicaruruni, qicaretare ba. { Como eu era ouuido, ou sendo eu ouuido.

Plu. Cũ audiremur, audiremini, audirẽtur. }

Præteritum perfectum.

Cùm Auditus, a, ũ, sim, l, fuerim, Vare &c sis, l, fueris, sit, l, fuerit. } Qicare tareba, qicare tani. { Como eu fui ouuido, ou sendo eu ouuido.

Plu. Cùm Auditi, æ, a, simus, l, fuerimus, sitis, l, fueritis, sint, l, fuerint. }

Præteritum plusquam perfectum.

Cùm Auditus, a, u, m, essẽ, l, fuisse, Vare esses, l, fuisses, esset, l, fuisset. } Qicaretecata tareba, qicaretecata tani, qicaretareba. { Como eu a era, ou fora ouuido, ou sendo eu ouuido.

Plu. Cùm auditi, æ, a, essemus, l, fuissemus, essetis, l, fuissetis, essent, l, fuissent. }

Futurum.

Cũ Auditus, a, ũ, ero, l, fuero, Vare &c eris, l, fueris, erit, l, fuerit. } Qicaretoqi, qica etecara, A, nochi, { Como eu for ouuido.

Plu. Cùm auditi, æ, a, erimus, l, fuerimus, eritis, l, fueritis, erunt, l, fuerint.

N   Cono

DE VERBORVM

¶ Coniunctiuus cum particula Quamuis.

¶ Præſ. Quāuis audiar, Vare	Qicaruredomo, qicarurutomo.	¶ Poſto q̃ eu ſeja ouuido.
P.imp. Quāuis audirer, Vare	Qicaruredomo, qicaretaredomo.	¶ Poſto q̃ eu fora, ou foſſe ouuido.
P.perf. Quāuis auditus, a ū, ſim, l, fuerim, Vare	Qicaretaredomo, qicaretaritomo.	
P.pluſq. Quāuis auditus a, ū, eſſē, l, fuiſſem, Vare	Qicarete attare domo, qicaretari tomo.	
Fut. Quāuis auditus, a, um, ero, l, fuero, Vare	Qicareõzuredo, mo qicarectomo, qicaretaritomo.	

¶ Coniunctiuus cum particula Si.

Præſ. Si audiar, Vare	Qicareba, qicaruruni voiteua.	¶ Se eu for ouuido.
P.imp. Si audirer, Vare	Qicaretaraba, qicareba.	¶ Se eu foſſe, ou fora ouuido.
P.perf. Si auditus, a, um, ſim, l, fuerim, Vare	Qicaretaraba.	
P.pluſq. Si auditꝰ, a, um, eſſé l, fuiſſé, Vare	Qicarete attaraba.	
Fut. Si auditus, a, um, ero, l, fuero, Vare	Qicareba, qicareõ naraba, qicaretaraba.	

Potentialis modi præſens.

¶ Audiar,	Vare	Qicareõca?	¶ Que ſeja eu ouuido? q̃ hei eu de ſer ouuido? ſerei eu ouuido?
P.imp. Audirer,	Vare	Qicareõzu.	¶ Seria eu fora, ou podera ſer ouuido.

P.

CONIVGATIONE. 50.

P.perf. Auditus, a, um, sim,l, fuerim, Vare { Qicareôzu, qicareta cotomo arôzu, qicaretçurŏ. { ¶ Pude eu ser ou uido.

P.plusq. Auditus, a, um, essẽ,l, suissẽ, Vare { Qicareôzu, qicareta cotomo arôzu. { ¶ Fora eu, ou podera ser ou uido.

Fut. Auditus, a, um, sim,l, fuerim, Vare { Qicareôzu, qicaruru cotomo arôzu. { ¶ Seria eu, serei poderei eu ser ou uido.

Permissiui, siue concessiui præsens.

¶ Audiar, Vare { Qicaremo xei, qicarurebatote, qicaretemo, qicarurutotemo. { ¶ Seja ouuido, doulhe q̃ seja, mas q̃ seja ouuido.

P. imp. Audirer, Vare { Qicaretemo, qicaretaritomo. { ¶ Fora ouuido, doulhe q̃ fora, mas q̃ fora ouuido.

P. perf. Auditus, a, um, sim, l, fuerim, Vare { Qicaretarebatote, qicaretaritomo. { ¶ Fosse ouuido, doulhe q̃ fosse, mas q̃ fosse ouuido.

P.plusq. Auditus, a, um, essem, l, suissem, Vare { Qicarete attareba tote, qicaretaritomo. { ¶ Fora ouuido, doulhe q̃ fora, mas q̃ fora ouuido.

N 2   Fut.

DE VERBORVM

Fut. Auditus, a, um, fuero,	Vare	Qicareôtomo, qicaretari.tcmo qicareôzureba tote.	Doulhe q̃ ve nha, ou che gue a ser ou uido.

Infiniti præsens.

¶ Audiri,	Vare, Varera Nāgi, Nangira Are, Arera	Qicaruru coto, A, to.	Ser ouuido: ou q̃ sou es he somos, sois, saõ ouuidos.
P. imp. Audiri,	Vare, Varera Nangi, Nāgira Are, Arera	Qicaruru coto, A, to, qicareta coto, A, to.	Ser ouuido: ou q̃ era, eras, era, eramos, ereis, eraõ ouuidos.
P.perf. Auditũ, am, um, Vare esse, l, fuisse, Plu. Auditos, as, a, esse, l, fuisse,	Nangi Are Varera Nāgira Arera	Qicareta coto, A, to.	Que fui, foste foi ouuido. Que fomos, fostes, foraõ ouuidos.
P.plusq. Auditum, a um, Vare esse, l, fuisse. Plu. Auditos, as, a, esse, l, fuisse,	Nangi Are Varera Nāgira Arera	Qicareze atta coto, A, to.	Que era, ou fo ra, eras, ou fo ras: era, ou fora ouuido Que eramos, ou foramos; ereis, ou foreis: eraõ, ou foraõ ouui do.

CONIVGATIONE. 51.

Fut. Auditũ iri, l, audiẽdũ, Vare ¶ Que hei, has,
    am, um, esse,   Nangi   ha de ser ouui-
               Are   do: ou q̃ serei,
                          seràs, serà ouui-
            Qicureõ coto, do.
            A, to.   Que hauemos,
Plu. Auditũ iri, l, audiẽ dos, V arera haueis, hão de
    as, a, esse,   Nangira   ser ouuidos: ou q̃
             Arera   seremos, sereis,
                          serão ouuidos.
            Vare   Que houuera,
Audiẽdũ, am, ũ, fuisse, Nangi   houueras, hou-
            Are   uera de ser ou-
            Qicareõ coto, uido.
            A, to.   Que houuera-
            Varera   mos, houueres
Plu. Audiẽ los, is, a, fuisse, Nagira is, houueram
            Arera   de ser ouuidos.

¶ Participia præteriti temporis.

            { Qicanrumono,
Auditus, a, um, { qicareta sito,   ¶ Cousa ouuida.
            { qicarete.

Futuri.

             { Qicarezurumono, A, sto, ¶ Cousa q̃ ha, ou ou-
Audiendº, a, um, { qicurezuruni, A, toco- uer de ser ouuida.
               { roni.

VI

DE VERBORVM

¶ VIDEAS plerósque, etiam cùm aliquantulum progressi fuerint, declinatione verborum, quæ supinis, aut præteritis carent, maximè cùm ad Infinitum modum ventum est, ita perturbari vt in hac re prorsus peregrini, atque hospites esse videantur. Ne igitur adolescentes declinatione semper tyrones sint, verba subiecimus, quæ ipsis negotium solent facessere: quorum vnus diligens magister singulis, aut alternis diebus curabit declinandum.

¶ QVÆ verba supinis carent, deficiunt etiam participijs futuri in Rus, & præteriti temporis: item præteriti perfecti, & plusquam perfecti passiuis omnium modorum, ac futuro passiuo Coniunctiui modi: præterea futuro Infinito tàm agendi, quàm patiendi, quod ex voce simili Supino, & infinito Iri suppletur, cuius modi sunt, quæ sequuntur:

Nulla supina Mico, Strido, seu Strideo gignunt,
Lugeo, cum Sileo, Fulget, cum Luceo, Friget,
Vrgeo, cum Sorbet, Turget, Conniuet, & Alget,
Flaueo, cum Timeo, Paueo, cum Ferueo, Liuet.
Congruo, cum Sapio, Lambo, cum Resono, Linquo,
Ingruo, cum Batuo, Posco, Metuóque, Pluóque,
Et Dispesco, Luo, Scando, Compesco, Patisco,
Hisco, Scabo, Sugo, Nolo, cum Prodigo, Dego.
Annuo cum ✻ socijs, Vado, cum Gliscere, Vergo,
Dico, Tremo, Satago, Ferio, queîs adde Refello.
Ambigo, Sterto, Rudo, Psallo, cum Cernere, Sido,
Et Vescor, Liquor, Medeor, Reminiscor, & Ango,
Et Volo, Malo, Furit, ✻ Præq;, Ante Excellere, Ringor,
Et quod Poscit vi, modo sit neutrale secundæ,
Vt Studeo, Emineo, exceptis quæ suggeret vsus,
Quæque ferè gignit Meditor, quæq; Inchoo verbum.

✻ Renuo, Annuo.

✻ Præcello, Antecello.

CONIVGATIONE.

¶ Quæ præteritis carent, non solùm omnibus, quæ diximus, deficiunt, sed etiam ijs, quæ à præteritis fiunt. Itaque Vescor tantùm habet præsens, & præteritum imperfectum omnium modorum, & quæ inde formantur, nimirùm futurum Indicatiui, Imperatiui, & Optatiui modi, & Participium in NS, & gerundia, quæ ab eo formantur. Sunt nonnulla, quæ ne hæc quidem omnia habent, quæ Ludimagister pro sua eruditione diligenter considerabit. Porrò quæ præteritis carent, separatim collecta inuenies in Præteritorum, ac Supinorum vestibulo.

¶ De natura, ac significatione verborum tùm Deponentium, tùm communium, suis locis egimus copiosè. Hic tantùm admonendi sunt pueri Participia, quæ in Dus exeunt, & Futurum infinitum, quod inde suppletur, siue à Deponentibus, siue Communibus oriantur, patiendi duntaxat significatione vsurpari. Reliqua omnia tempora, siue participia, siue participialia verborum Deponentium, agendi solùm significatione contenta esse. Communium verò Futurum infinitum, quod ex voce in Tum finita, & infinito Iri suppletur, & eo tertius Supinum semper patiendi modo vsurpari. At participia præteriti temporis, & reliqua, quæ eorum adminiculo supplentur, tùm agere, tùm pati significare. Item Gerundia in Dum, & Do, cætera omnia agendi habere significationem.

DE VERB. DEPON.

DECLINATIO VERBI DEPONENTIS.

Indicatiui præsens.

¶ Vtor, vteris, l. vtere, vtitur. Vare &c. } Tçucŏ. ¶ Eu vſŏ. &c.
Plu. Vtimur, vtimini, vtuntur.

P. imp.

Vtebar, vtebaris, l. vtebare, vtebatur. } Tçucŏ, A, ¶ Eu vſaua.
Plu. Vtebamur, vtebamini, vtebantur. } tçucŏta.

P. perf.

V ſus, a, um, ſum, l. fui. Vare &c.
es, l. fuisti, est, l. fuit. } Tçucŏta A, tçu cŏte aru. { Eu vſei, ou te ho
Plu. V ſi, æ, a, umus, l. fuimus, vſaco.
eſtus, l. fuistis, ſunt, fuerŭt, l. fuere.

P. pluſq.

V ſus, a, um, eram, l. fuera. Vare &c. { Euvſra,
eras, l. fueras, erat, l. fuerat. } Tçucŏta, A tçu cu tinha
Plu. V ſi, æ, a, eramus, l. fueramus, cŏte atta. vſado.
eratis, l. fueratis erant, l. fuerant.

Fut.

Vtar, vteris, l. vtere, vtetur. Vare &c. } Tçucauŏzu. ¶ Eu vſarei.
Plu. V temur, vtemini, vtentur.

Imperatiui præsens.

Vtere, l. vtitor,	Nangi	Tçucaye.	¶ Vſatu.
Vtatur,	Are	Tçucayeto.	Vſe elle.
Plu. Vtamur,	Varera	Tçucauŏzu.	Vſemos nos.
Vtimini, l. vtiminor,	Nangira	Tçucaye.	Vſai vos.
Vtantur,	Arera	Tçucayeto.	Vſem elles.

Moe

CONIVGATIONE.

Modus mandatiuus.

Vtitortu, vtèris, l, vtere, Nangi
Vtitor ille, l, vtètur, Are   Tçucõ bes
Plu. Vtiminor, l, vtemini, Nangi a   xi.
Vtuntor, l, vtentur. Arera

¶ Vſarás tu.
Vſará elle.
Vſareis vos.
Vſaraó elles.

Optatiui præſ. & imp.

¶ Vtinã vterer, vtereris, l, vterere, vteretur.   Auaretçu cayecaxi.
Plu. Vtinã vteremur, vteremini, vterentur.

¶ Oxala vſara eu, ou vſaſſe.

P. perf.

Vtinã vſus, a, um, ſim, l, fuerim, Vare   Tçucõtarõ niua.
ſis, l, fueris, ſit, l, fuerit. &c.

¶ Queira Deos q̃ tenha eu vſado, ou oxala vſaſſe eu.

P. pluſq.

Vtinã vſus, a, um, eſsẽ, l, fuiſsẽ, Vare   Aa tçucauũ zuuumo nouo.
eſses, l, fuiſses, eſset, l, fuiſset. &c.

¶ Prouuera Deos q̃ vſara eu, ou tiuera vſado.

Fut.

Vtinã vtar, vtaris, l, vtare, vtatur. Va.
Plu. Vtinam vianur, vtamini, vtantur.   Tçueaye caxi.

¶ Praza a Deos q̃ vſe eu.

Coniunctiui præſens.

¶ Cũ vtar, vtaris, l, vtare, vtatur. Vare
Plu. Cùm vianur, vtamini, vtantur.   Tçucayeba.

¶ Como eu vſo, ou vſando eu.

DE VERB. DEPON.

P. imp.

Cũ vterer, vtereris, l. vterere, vteretur. Plu. Cũ vteremur, vteremini, vterentur. — Tçucayeba, çucuae̱ba. — ¶ Como eu vsaua: ou vsãdo eu.

P. perf.

Cùm vsus, a, ũ, sim, l. fuerim, Vare &c. sis, l. fueris, sit, l. fuerit. &c. — Tçuẽtareba. — ¶ Como eu vsei: ou tenho vsado, vsando eu, ou tẽdo vsado.

P. plusq.

Cùm vsus, a, um, esse̱, l. fuisse̱, Vare esses, l. fuisses, esset, l. fuisset. &c. — Tçucõtes attareba. — ¶ Como eu vsara: ou tinha vsado: vsando eu, ou tendo vsado.

Fut.

Cũ vsus, a, um, ero, l. fuero. Vare eris, l. fueris, erit, l. fuerit. &c. — Tçucauõ toqi. — ¶ Como eu vsar: ou tiuer vsado.

¶ Coniunctiuus cum particula Quamuis.

Præs. Quamuis vtar, vtaris, l. vtare, vtatur. &c. Vare, &c. — Tçucaye domo A, tçucõtomo. — ¶ Posto q̃ eu vse.

P. imp. Quãuis vterer, vtereris, l. vtere̱e. vteretur. &c. Vare &c. — Tçucyes domo A, tçucõtas redomo. — ¶ Ainda q̃ eu vsara, ou vsule.

P. perf. Quinuis vsus, a, ũ, sim, l. fuerim. sis, l. fueris, sit, l. fuerit. &c. Vare &c. — Tçucõtare domo, A, tçucũtari tomo. — ¶ Posto q̃ eu tenha vsado.

P.

CONIVGATIONE. 54.

*plusq. Quāuis vsus,a,ū,eſſē,l,fuiſſē, V a. ⎰ Tçucõte atta ⎱ ⎰ ¶ Poſto q̃
eſſes,l,fuiſſes,eſſet.l,fuiſſet. &c. ⎰ redomo , A, ⎱ ⎰ eu tiuera
⎰ tçucõtaritos ⎱ ⎰ vſado.
⎰ mo, ⎱

Fut. Quāuis vſus,a,ū,ero,l,fuero, Vare. ⎰ Tçucauõzuredomo,
eris,l,fueris,erit,l,fuerit. &c. ⎱ A , tçucauõtomo.

Infiniti præſens.

¶ Vti,   Vare &c. ⎰ Tçucũ coto, ⎱ ⎰ ¶ Vſar : ou q̃ vſõ, vẽ
                        ⎰ A,to.   ⎱ ⎰ ſas &c.

P imp. Vti,   Vare &c. ⎰ Tçucũ coto, ⎱ ⎰ ¶ Vſar: ou q̃ vſaua,
                        ⎰ A, tçucõta   ⎱ ⎰ vſauas &c.
                        ⎰ coto,A,to.   ⎱

P.perf. Vſum ā,ū,eſſe,l,fuiſſe, Vare &c.   ⎰ ¶ Ter vſa-
                                               ⎰ do : ou q̃
                                               ⎰ vſei,vſaſte,
                                   Tçucõta   ⎰ vſou.
                                   coto, A,   ⎰ Ter vſa-
Plu. Vſos, as, a, eſſe,l, fuiſſe, to.   ⎰ do : ou q̃
                                               ⎰ vſamos, vſ
                                               ⎰ ſaſtes, vſa-
                                               ⎰ ram.

P.plusq.Vſum,am,ū,eſſe,l,fuiſſe, Vare &c.   ⎰ ¶ Ter vſa-
                                               ⎰ do : ou q̃
                                               ⎰ vſara, vſa-
                                   Tçucõte   ⎰ ras, vſara.
                                   atta co   ⎰ Ter vſa-
Plu. Vſos,as, a,eſſe, l, fuiſſe,   to,A,to.   ⎰ do : ou q̃
                                               ⎰ vſaramos,
                                               ⎰ vſareis, vſã
                                               ⎰ ram.

O 2   Fut.

DE VERB. DE PON.

Fut. V∫urum, am, um, e∫∫e, V are &c.	Tçucauʒ-zuru co-to, A, to.	¶ Que hei, has, ha d. v∫r; ou q̃ v∫arei, v∫aràs, v∫arà.
Plu. V∫uros, as, a, e∫∫e,		Que auemos, aueis, haõ de v∫ar; ou q̃ v∫are-mos, v∫arei, v∫a-rãm.
V∫urum, am, um, fui∫∫e, V are &c.	Tçucauʒ-zuru co-to, A, to.	¶ Que houuera, houueras, hou-uera de v∫ar.
Plu. V∫uros, as, a, fui∫∫e,		¶ Que houuera-mos houuere-is, houueraõ de v∫ar.

Gerundia.

¶ Vtendi,	Tçucõ, A, tçucaũʒu.	¶ De v∫ar.
Vtendo,	Tçucõni, A, tçucõte.	Em v∫ar, de v∫ar, v∫ando.
Vtendum,	Tçucõtame, A, tçucauʒ-zuru tame.	A v∫ar, pera v∫ar.

Supinum.

¶ V∫um,	Tçucaini, tçucõtameni.	¶ A V∫ar, pera v∫ar.

¶ Participium præ∫. & imper∫.

Vtens, vtentis,	Tçucõ∫ito, A, mono, A, tçucõte.	¶ O q̃ v∫a, & v∫aua.

Futuri actiuũ.

V∫urus, a, um,	Tçucauʒzuru ∫ito, A, mo-no, A, tçucauʒzuru ta-me.	¶ O q̃ ha, ou houuer de v∫ar : pera v∫ar.

CONIVGATIONE. 55.
Præteriti.

Vſus, a, um,   Tçucŏta mono, A, ſito, tçucŏte.   ¶ Couſa q̃ vſou.

Futu i Paſsitu.

Vtendus, a, um,   Tçucamreŏzuuumono, A ſito.   ¶ Couſiq̃ ha : ou ouuer deſervɫie da.

DECLINATIO VERBI COMMVNIS.

Indicatiui præſens.

¶ Dimetior, dimetiris, l, dimetire,
dimetitur.   Vare &c.   } Facaru.   ¶ Eutraço.
Plu. Dimetimur, dimetimini,
dimetiantur.

P. imp.
Dimetiebar, dimetiebaris l, dime-
tiebare dimetiebatur. Vare. } Facaru, A, ſito   ¶ Eu traçami.
Plu. Dimetiebamur, dimetiebamini, } catta.
dimetiebantur.

P. perf.
Dimeſus, a, um, ſum, l, fui,   Vare &c. }   { ¶ Eu traçei,
es, l, fuiſti, eſt, l, fuit.   } Facatta A, { & fui tra
Plu. Dimenſi, æ, a, ſumus, l, fuimus, } facarureſ { çado.
eſtis, l, fuiſtis, ſunt, fuerunt, l, fuere. } ta.

P. pluſquam perf.
                                           } Facatta A,
Dinéſus, a, um, erā, l, fueram, Vare &c. } facatte a { ¶ Eu traça
eras, l, fueras, erat, l, fuerat.   } ru, faca- } ra, & fora
Plu. Dineſi, æ, a, eramus, l, fueramus, } rareta A   { traçado.
eratis, l, fueratis, erant, l, fuerant.   } facararete
                                           } atta.   Fut.

DE VERB. COM.

Fut.

Dimetiar, dimetièris, l. dimetiere, dimetietur.   Vare &c. } Facarôzu.   ¶ Eu traçarei.
Plu. Dimetiemur, dimetiemini, dimetientur.

Imperatiui præsens.

¶ Dimetire, l. dimetitor,   Nangi ┐ Facare.   ┐¶ Traça tu.
  Dimetiatur,   Are   │ Facareto. │ Traze elle.
Plu. Dimetiamur,   Vareya┤ Facarôzu. ┤ Traçemos nos.
  Dimetimini, l. dimetiminor, Nãgira│ Facare.   │ Traçai vos.
  Dimetiantur,   Arera ┘ Facareto. ┘ Traçem elles.

Modus mandatiuus.

(dimetiere,
Dimetitor tu, dimetièris, l. Nangi ┐ Facaru ┐¶ Traçaràs tu.
Dimetitor ille, l. dimetietur, Are   ┤ bexi.   ┤ Traçara elle.
Plu. Dimetiminor, l. dimetiemini, Nãg.│   │ Traçareis vos.
Dimetiuntor, l. dimetientur, Arera   ┘   ┘ Traçaraõ elles.

Optatiui præs. & imp.

¶ Vtinam dimetier, dimetireris, l., dimetiere, dimetietur.   Vare } Auare fa- } ¶ Oxala tri-
Plu. Vtinam dimetiremur, dimetiremini, } care caxi. } çara eu, ou
dimetirentur.   traçasse.

P. perf.

                                            ┐ Facattarõ ┐¶ Queira De-
Vtinã dimēsus a, ũ, f. m, l. fuerim,   │ niua, fa- │ os q̃ tenha
  sis, l. fueris, s. t, l. fuerit. Vare &c. ┤ carareras ┤ eu traçado,
Plu. Vtinã Dimēsi, a, a, f. m, s, l. fuerimus, │ rõniua. │ ou q̃ fosse
  sitis, l. fueritis, sint, l. fuerint.   ┘   ┘ traçado.

CONIVGATIONE.   56.

P. plusq.

Vtinã Dĩnẽſus, a, ũ, eſſẽ, l ſuiſẽ, Va. eſſes, l ſuiſſes, eſſet, l ſuiſſet.
Plu. Vtinã dĩnẽſi, æ, a, eſſemꝰ l ſuiſſemꝰ, eſſetis, l ſuiſſetis, eſſent, l ſuiſſent.
{ Aafacarõzu rumonouo, Aafacarareõ zurumonouo. } { ¶ Prouuera a Deos q̃ traças ra eu: & fora traçado.

Fut.

Vtinam Dimetiar, dimetiaris, l, dimetiare, dimetiatur. Vare &c.
Plu. Vtinam dimetiamur, dimetiamini, dimetiantur.
} Facareeaxi. { ¶ Fraza a Deos que trace eu.

Coniunctiui præsens.

¶ Cũ dimetiar, dimetiaris, l, dimetiare, dimetiatur. Vare &c.
Plu. Cùm dimetiamur, dimetiamini, dimetiantur.
} Facareba { ¶ Como eu traçoꝰ ou traçando eu.

P. imp.

Cùm dimetirer, dimetireris, l, cũ, etirere, dimetiretur.   Vare &c.
Plu. Cùm dimetiremur, dimetiremini, dimetirentur.
{ Facareba, facattareba. } { ¶ Como eu traja ua: cu traçando eu.

P. perf.

Cũ dirẽſus, a, um, ſim, l, ſuerim, Vare ſſis, l, fueris, ſit, l, fuerit.
Plu. Cũ dimenſi, æ, a, ſin. us, l, fi.erin.us, ſitis, l, fueritis, ſnt, l, ſi.erint.
{ facattareba, A, facararetareba. } { ¶ Como eu traçei: & ſui traçado.

P. plusq.

Cũ dimenſus, a, um, eſſẽ l, ſuiſſẽ. Vare eſſes, l, ſuiſſes, eſſet, l ſuiſſet.
{ Facatteatareba, A, ficattareba, A, } { ¶ Como eu traçara & fora traçado.

Plu.

DE VERB. COM.

Plu. Cùm dimē si, æ, a, essemus, l, fuissemus, essetis, l, fuisseits, essent, l, fuissent. { A, facararetē attareba, A, facarareta‑ teba.

Fut.

Cũ dimensus, a, um, ero, l, fuero, Vare eris, l, fueris, erit, l, fuerit.
Plu. Cùm dimensi æ, a, erimus, l, fuerim⁹, eritis, l, fueritis, erunt, l, fuerint. { Facaiŏ toci, A, facarareŏ teci. { ¶ Ccrro eu traçar : & for traça‑ do.

¶ Coniunctiuus cum particula Quanuis.

Præs. Quanuis dimetiar, Vare &c. { Facaredo‑ mo, A, facas rutemo. { ¶ Posto q̃ eu trace.

P. imp. Quanuis dimetirer, Vare &c. { Facaredemo, A, facattas redomo. { ¶ Posto q̃ eu traçara, cu traçasse.

P. perf. Quanuis dimensus, a, um, sim l, fuerim, Vare &c. { Facattaredo‑ mo, A, facat‑ taritomo. { ¶ Posto q̃ eu tenha tra‑ çado.

P. plusq. Quāis dimensus, a, um, essē, l, fuissem, Vare &c. { Facatt atta redemo A, facatt ri‑ tomo. { ¶ Posto q̃ eu tiuera traça‑ do.

Fut. Quanuis dimensus, a, um, ero, l, fuero, Vare &c. { Facarē zure demo, facarē to‑ mo A facaraieôzuredo‑ mo, facararectomo.

Infiniti præsens.

¶ Dimetiri, Vare &c. { Facaru coto, A, to. { ¶ Traçar: cu q̃ traço, traças &c.

P. imp. Dimetiri, Vare &c. { Facaru coto, A, to, facatta coto, A to. { ¶ Traçar: ou q̃ traçaua, traçauas &c.

P.

CONIVGATIONE.

Præteritum Perfect.
Dimẽſũ, am, ũ, eſſe, l, fuiſſe, Vare &c.

Plu. Dimenſos, as, a, eſſe, l, fuiſſe.

{ Facattaco to, A, to, A facarare tacoto A, to.

{ ¶ Ter traçado: ou q̃ tracei & fui traçado, foſte &c.
Ter traçado: cu q̃ traçamos, & fomos traça‑ dos foſtes &c.

Præt. pluſq.

Dimẽſũ, am, ũ, eſſe, l, fuiſſe, Vare

Plu. Dimenſos, as, a, eſſe, l, fuiſſe.

{ Facatteate tacoto, A, to, A, faca rarete atta coto, A to.

{ ¶ Ter traçado: ou q̃ traçara, & fora traça‑ do, foras, &c.
Ter traçado: ou q̃ traçara‑ mos, & fora‑ mos traçados, foreis, &c.

Fut. at.

Dimẽſurum, am, ũ, eſſe, Vare &c.

Plu. Dimenſuros, as, a, eſſe.

{ Facarõzu rucoto A, to.

{ ¶ Que hei de traçar: ou q̃ traçarei, &c.
Que hauemos de traçar: ou q̃ traçaremos &c.

Fut. paſſ. Dimẽſũ iri, l, dimetiẽdũ, am, um, eſſe, Vare &c.

Plu. Dimẽſũ iri, l, dimetiẽdos, as, a, eſſe.

{ Facararcõ zurucoto, A to.

{ ¶ Que hei d ſer traça‑ do: ou q̃ ſerei, traça do, ſeras, &c.
Que hauemos de ſer traçados: ou q̃ ſeremos traçado, ſereis, &c.

Dimẽſurũ, ã, ũ, fuiſſe. Vare &c.

{ Facarõzu rucoto, A to

{ ¶ Que houuera hou‑ ueras, houuera de traçar.

P   Plu.

DE VERB. COM.

Plu. *Dimensuros, as, a, fuisse,*   Idem.   ¶ Que houueramos, houuereis, houueraõ detraçar.

Dimetiẽdum, am, um, fuisse, Vare ⎰   ¶ Que houuera, houueras, houuera de ser traçado.

     Facararẽ zuru coto, A, to.

Plu. *Dimetiendos, as, a, fuisse,*   ¶ Que houueramos, houuereis, houueram de ser traçados.

Gerundia.

¶ *Dimetiendi,*   Facaru.   ¶ Detraçar.
   Dimetiendo, ⎰ Facaruni, A, facatte, A, facararete.   ¶ Em traçar, de traçar, traçando, & sendo traçado.
   Dimetiẽdum, ⎰ Facarutame, A, tote, A, facararuru tameni.   ¶ A traçar, pera traçar, a ser, pera ser traçado.

Supina.

¶ *Dimensum,*   Facaruni, A, facaru tameni.   ¶ A traçar: pera traçar.
   Dimensu,   Facari, A, facurare.   ¶ De ser traçado, pera se traçar.

¶ Participia præsentis, & imperfecti.

Dimetiens, entis,   Facaru fito, A, mono, A, facatte.   ¶ O q̃ traça, & traçaua.

     Futuri actiui.
Dimẽsurus, a, um, ⎰ Facarõzuru fito, A, mono, facarõzuru tame &c.   ¶ O q̃ ha, ou houuer detraçar, pera traçar.

Præ

CONIVGATIONE.

Præteriti.

Dimensus, a, um, { Facattamono, A fito, facatte, facarareta mono, A, fito, facararete. } { ¶ Cousa q traçou: ou foi traçada.

Futuri passiui.

Dimetiendus, a, um, { Facarareòzuru mono A, fito. } { ¶ Cousa q ha, ou houuer de ser traçada.

Verbum, Sum, & quæ ex eo componuntur, hæc habet, cùm significant comedere.

¶ Indic. præsens.

¶ ES, est.   Pass. Estur.

Imperatiui præsens.

ES, vel esto.   Fut. Esto tu, Esto ille.

Opt. præs. & imperf.

VTinam Essem, esses, esset.
Plu. Vtinam essemus, essetis, essent.

Coniunct. Imperf.

CVm Essem, esses esset. Plu. Cùm essemus, essetis, essêt.

Infin. præs. & imp.   Esse.

¶ Indic. præs.

COmes, comest.

Imperatiui.

COmesto tu, comesto ille.

¶ Opt. præs. & imperf.

VTinam comessem, comesses, comesset.
Plu. Vtinam comessemus, comessetis, comessent.

¶ Coniunct. imperf.

CVm comessem comesses, comesset.
Plu. Cùm comessemus, comessetis, comessent.

P 2   Infi-

DE VERB. DEFEC.

¶ Infiniti præs. & imp.

Comesse.

EXest, in tertia persona Indicatiui tantùm reperitur.

¶ E O, I S.

¶ Indicatiui præsens.

Eo, is, it.　　　　　　Plu. Imus, itis, eunt.
P. Imp. Ibam, ibas, ibat.　　Plu. Ibamus, ibatis, ibant.
P. perf. Iui iuisti, &c.　Plusq. Iueram, iueras, &c.
Fut. Ibo, ibis, ibit.　　Plu. Ibimus, ibitis, ibunt.

¶ Imperatiui præs.

I, vel ito: eat.　　　Plu. Eamus: ite, vel itote: eant.

Futurum.

Ito tu, vel ibis:　Ito ille, vel ibit.
Plu. Itote, vel ibitis, eunto, vel ibunt.

Opt. Præs. & imparf.

Vtinam irem, ires &c.　　Perf. Vtinam iuerim, iueris, &c.
Plusq. Vtinam iuissem, iuisses, &c.
Fut. Vtinam eam, eas, eat.
Plu. Vtinam eamus, eatis, eant.

Coniunct. præs.

Cùm eam, eas, eat.　　Plu. Cùm eamus, eatis, eant.
Imp. Cùm irem, ires, &c.　Perf. Cùm iuerim, iueris, &c.
Plusq. Cùm iuissem, iuisses, &c.　Fut. Cùm iuero, iueris, &c.

Infin. præs. & imperf.

Ire.　　Præt. perf. & plusq.　　Iuisse.

Gerundia,

Eundi, Eundo, Eundum.

Sup.　　Itum.

¶ Partic. præs. & imperf.　　Iens, euntis.
Futuri.　　Iturus, a, um.

CONIVGATIONE.

¶ Memini, Noui, Odi, Cœpi.

Indicat. præs. & perf.

¶ Memini, meministi, &c.   Vare { Vomoiidasu, / A, vomoi / idaita. } { ¶ Eu me lē / bro: & lē / brei. }

Præt. imp. & plusq.

Memineram, memineras, &c. Vare { vomoi idaita, / A, vomoiidai / te atta. } { ¶ Eu me lē / braua: & / lembraua. }

Imperatiui præsens & futurum.

¶ Memento tu, l, memineris, Nangi { Vomoiidaxe A, / vomoiidasu / bexi. } { ¶ Lēbrate tu: / ou lembrate / te has &c. }

Meminerit,   Are { Vomoiidaxeto, / A vomoiida / su bexi. }

Plu. Meminerimus,   Varera   Vomoiidaōzu.

Memētote, l, memineritis, Nangha { Vomoiidaxe, / A, vomoiida / su bexi. }

Meminerint,   Arera { Vomoiidaxeto, / A vomoi ida / su bexi. }

Optatiui præs. & perf.

¶ Vtinã meminerim, memineris, meminerit &c.   Vare &c. { Auare vomoiida / xecaxi A, vomoi / iduitaroniua. } { ¶ Queira Deos / q̃ me tenha / eu lembrado: / ou oxala me lē / brasse eu. }

P.

DE VERB. DEFEC.

P. imperf. & plusq.

Vtinam meminissem, meminisses, meminisset &c. Vare &c. { Auare vomoi idaxecaxi, Aa vomoiidasezu rumonouo. { Prouuera a Deosq̃ me lembrara eu, & tiuera lẽbrado.

Coniunctiui præsens, & perf.

¶ Cùm meminerim, memineris, meminerit &c. Vare &c. { Vomoiidaxeba, A, vomoi idaitareba. { Como eu me lembro: & lembrei.

Prat. imperf. & plusq.

Cùm meminissem, meminisses, meminisset &c. Vare &c. { Vomoi idaitareba, vomoi idaiteatareba. { Como eu me lembraua & lembrara.

Fut.

Cũ meminero, memineris &c. Var. { Vomoiida sõtoqi. { Como eu me lembrar, & tiuer lẽ.brado.

Infiniti Præsens, & perf.

¶ Meminisse, Vare &c. { Vomoiida su coto vomoiidaita coto A to. { lembrarse: ou q̃ me lẽbro, & lembrei &c.

P. imp. & Plusq.

Meminisse, Vare &c. { Vomoiidaita coto, A, vomoi idaite attacoto, A, to. { Ter se lembrado: ou q̃ me lembraua, & lembrara &c.

No

CONIVGATIONE. 60.

¶ NOVI.

Indicatiui præsens, & perf.

¶ Noui, nouisti, nouit. Vare &c. { Mixiru, A, mi- { ¶ Eu conhe-
Plu. Nouim°, nouistis, nouerūt, l, nouère. xitta. ço, & conheci.

P. imp. & plusq.

Nouerā, noueras, &c. Vare &c. { Mixitta, A, mi- { ¶ Eu conhe-
xitte atta. cia, & co-
nhecera.

Imperatiuus modus.

¶ Noueris, Nanji { Mixire A, mixiru bexi. { ¶ Conhece tu,
Nouerit, Are Mixireto A mixiru bexi. & conheçe-
Plu. Nouerimus, Varera Mixirōzu A, mixiru bexi. ràs &c.
Noueritis, Nangira Mixire A, mixiru bexi.
Nouerint. Arera. Mixireto A mixiru bexi.

Optatiui præs. & perf.

{ Auare mixire- { ¶ Queira De-
¶ Vtinā nouerim, noueris, &c. Vare { caxi, A. mixit os q̃ tenha
taraniuá. eu conheci-
do, ou oxa-
la conheces-
se eu.

P.

DE VERB. DEFEC.

P. imp. & plusq. perf.

Vtinã nouiſſē, nouiſſes, &c. Vare { Auare mixire caxi, A, mixirõzuru monouo. } { ¶ Prouuera a Deos q̃ co-nhecera eu, & tiuera co-nhecido.

Coniunct. præſ. & perf.

¶ Cũ nouerim, noueris, &c. Vare &c. { Mixireba, A, mix.ttareba. } { ¶ Como eu conheço, & conheci.

Præt. imp. & pluſq.

Cũ nouiſſē, nouiſſes, &c. Vare &c. { Mixittareba, mixitte atta reba. } { ¶ Como eu conhecia, & conhe-cera.

Futurum.

Cùm nouero, noueris, &c. Vare &c. { Mixirõ toqi. } { ¶ Como eu conhecer: & tiuer co-nhecido.

Infiniti præſ. imp. perf. & pluſq.

¶ Nouiſſe, Vare &c. { Mixiru coto, mixitta coto, mixitte atta coto, A to. } { ¶ Conhecer: & ter conhecido &c.

Odi.

CONIVGATIONE. 61.

ODI.

Indicatiui præs. & perf.

¶ Odi, odisti, odit.   Vare &c. ⎰ Nicumu, A, ⎰ ¶ Eu aborre
Plu. Odimus, odistis, oderunt, l, odere. ⎱ nicunda. ⎱ ço, & abor
                                              reci.

¶ Prisci etiam, osus sum, pro odi, vsi sunt, vt suo loco diximus.
¶ Præt. imp. & plusq.

Oderam, oderas &c. Vare &c. ⎰ Nicunda, ni- ⎰ ¶ Eu aborre
                             ⎱ cude atta.   ⎱ cia: & aborre
                                               cera.

Imperatiuus modus.

¶ Oderis,	Nangi	Nicume, nicumu bexi,	
Oderit,	Are	Nicumeto, A, nicumu bexi,	¶ Aborrece
Plu. Oderimus,	Varera	Nicumozu,	tu: & abor
Oderitis,	Nangira	Nicume, A, nicumu bexi.	receras &c.
Oderint,	Arera	Nicumeto, A, nicumu bexi.	

Optat. præs. & perf.

¶ Vtinã oderim, oderis, &c. Vare &c. ⎰ Auare nicu- ⎰ ¶ Queira De
                                     ⎱ me caxi: ni ⎱ os q̃ tenha
                                       cundaroni-   eu aborreci-
                                       ua.   do, ou oxa
                                                     la aborreces
                                                     se eu.

DE VERB. DEFEC.

Præt. imp. & plusq.

Vtinā odissem, odisses, &c. Vare { Auare nicumecaxi, Aanicumōzurumonouo. { ¶ Prouuera a Deos q̄ aborrecera eu: ou tiuera aborrecido.

Coniunct. præs. & perf.

¶ Cū oderim, oderis &c. Vare &c. { Nicumēba, Nicundareba. { ¶ Como eu aborreço, & aborreci.

Præt. imp. & plusq.

Cùm odisse, odisses, &c. Vare &c. { Nicundareba, nicū de attareba. { ¶ Como eu aborrecia, & aborrecera.

Fut. Cùm odero, oderis, &c. Vare &c. { Nicumū toqi. { ¶ Como eu aborrecer: ou tiuer aborrecido.

Infiniti præs. & imp. perf. & plusq.

¶ Odisse, Vare &c. { Nicumu coto, nicunda coto, nicunde atta coto, A to. { ¶ Aborrecer: & ter aborrecido.

COEPI.

Indicatiui præt. perf. tantùm.

¶ Cœpi l, cœpt⁹, ū, cœpisti, cœpit. Vare, &c.   Fajimeta.   ¶ Eu comecei &c.
Plu. Cœpimus, cœpistis, cœperunt l, cœpère.
Præt. plusq. Cœperam, cœperas, &c. Vare   Fajimeteta.   ¶ Eu começara.

CONIVGATIONE.

Imperatiui præsens.

¶ Cœperis,   Nangi   ⎧ Fajimeyo.
  Cœperit,   Are   ⎪ Fajimeyoto,
Plu. Cœperimus, Varera ⎨ Fajimedzu,   ⎰ ¶ Começa tu &c.
  Cœperitis, Nangira ⎪ Fajimeyo,
  Cœperint,   Arera   ⎩ Fajimeyoto.

Optatiui præt. perf.

¶ Vtinã cœperim, cœperis, &c. Vare ⎰ Fajimetarŏ ⎧ Queira De
                                   ⎱ niua.   ⎨ os q̃ tenha
                                                 ⎩ eu começa
                                                   do.

P.plusq. Vtinã cœpiſſe, cœpiſſes &c. Va. ⎰ Aa fajimeŏ ⎧ ¶ Prouuera a
                                         ⎱ zuru mo   ⎨ Deos q̃ co
                                           nouo.   ⎩ meçara eu.

Coniunctiui præt. perf.

¶ Cùm cœperim, cœperis, &c. Vare &c. ⎰ Fajimeta   ⎧ ¶ Como eu
                                     ⎱ reba   ⎩ começei.

P.plusq. Cùm cœpiſſe, cœpiſſes, &c. Vare ⎰ Fajim te ⎧ ¶ Como eu
                                         ⎱ attareba ⎩ começara.

Fut. Cùm cœpero, cœperis, &c. Vare &c. ⎰ Faj meŏ   ⎧ ¶ Como eu
                                       ⎱ toqi.   ⎩ começar.

Infiniti perf. & plusq.

¶ Cœpiſſe, Vare &c. ⎰ Fajimeta coto fajimete ⎧ ¶ Ter começa
                    ⎱ atta coto A, to.   ⎩ do &c.

Q 2   Cœp

DE VERBIS

Cœptŭ, am, um, eſſe, l, fuiſſe, V are &c.	Fajimerareta coto, fajimerarete atta coto, A, to.	¶ Que fui, foſte, foi começado &c.
Fut. Cœpturum, am, um, eſſe, V are &c.	Fajimeŏzuru coto, A, to.	¶ Que hei de começar: ouq̃ começarei &c.
Cœpturum, am, um, fuiſſe, V are &c.	Fajimeŏzuru coto, A, to.	¶ Que houuera de começar.

Supinum.

Cœptŭ,	Fajimeni, fajimurutameni.	¶ A começar pera começar.

Participium futuri.

Cœpturus, a, um,	Fajimeŏzuru fito, A, mono fajimeŏzuru tame.	¶ O q̃ ha, ou houuer de começar, pera começar.

Participium præteriti.

Cœptus, a, um,	Fajimerareta mono, A, fito, A, fajimerarete.	¶ Couſa q̃ foi começada.

DE VERBIS ANOMALIS.
Poſſum.

¶Indicatiui modi.

Præſens, Poſſum, potes, poteſt.
Plu. Poſſum⁹, poteſtis, poſſunt.
P. imp. Poteram, poteras, poterat.

Plu.

ANOMALIS.

Plu.	Poteramus, poteratis, poterant.
P. perf.	Potui, potuisti, potuit.
Plu.	Potuimus, potuistis, potuerunt, vel potuere.
P. plusq.	Potueram, potueras, potuerat.
Plu.	Potueramus, potueratis, potuerant.
Fut.	Potero, poteris, poterit.
Plu.	Poterimus, poteritis, poterunt.

¶ Imperatiui modi præsens.

FAC possis.

¶ Optatiui modi præsens & imperfectum.

VTInam possem, posses, posset.
Plu.	Vtinam possemus, possetis, possent.
Perf.	Vtinam potuerim, potueris, potuerit.
Plu.	Vtinam potuerimus, potueritis, potuerint.
Plusq.	Vtinam potuissem, potuisses, potuisset.
Plu.	Vtinam potuissemus, potuissetis, potuissent.
Fut.	Vtinam possim, possis, possit.
Plu.	Vtinam possimus, possitis, possint.

¶ Coniunctiui modi præsens.

CVm possim, possis, possit.
Plu.	Cùm possimus, possitis, possint.
Imperf.	Cùm possem, posses, posset.
Plu.	Cùm possemus, possetis, possent.
Perfect.	Cùm potuerim, potueris, potuerit.
Plu.	Cùm potuerimus, potueritis, potuerint.
Plusq.	Cùm potuissem, potuisses, potuisset.

Plu.

DE VERBIS

Plu.   Cùm potuissemus, potuissetis, potuissent.
Fut.   Cùm potuero, potueris, potuerit.
Plu.   Cùm potuerimus, potueritis, potuerint.

¶ Infiniti modi præsens, & imperfectum,

Posse.

Perfectum & plusquam.   Potuisse.   Cæteris caret.

Fero.

¶ Indicatiui modi præsens actiuum.

Fero, fers, fert.   Plu.   Fèrimus, fertis, ferunt.
Passiuum.   Feror, ferris, vel ferre, fertur.
Plu.   Fèrimur, ferimini, feruntur.
Imperf.   Ferebam, ferebas, &c. (vt Legebam.) Ferebar, ferebaris, &c.
Perfect.   Tuli, tulisti, &c. Latus, a, um, sum, vel fui, es, vel fuisti, &c.
Plusq.   Tuleram, tuleras, &c. Latus, a, um, eram vel fueram, eras, vel fueras, &c.
Fut.   Feram, feres, &c. (vt Legam, leges.) Ferar, fereris, vel ferere &c.

¶ Imperatiui modi præsens,

Fer, vel ferto, ferat.
Plu.   Feramus, ferte, vel fertote, ferant.
Passiuum, Ferre, vel fertor, feratur.
Plu.   Feramus, ferimini, vel feriminor, ferantur.

¶ Futurum, siue Modus mandatiuus.

Ferto tu, vel feres: ferto ille, vel feret.

Plu.

ANOMALIS.

Plu. Fertote, vel feretis. ferunto, vel ferent.
Fertortu, fereris, vel ferere, fertorille, vel feretur.
Feriminor, vel feremini, feruntor, vel ferentur.

¶ Optatiui Præsens, & imperfectum.

Vtinam ferrem, ferres, ferret.
Plu. Vtinam ferremus, ferretis, ferrent.
Passiuum. Vtinam ferrer, ferreris, vel ferrere, ferretur.
Plu. Ferremur, ferremini, ferrentur.
Perf. Vtinam tulerim, tuleris, &c. Latus, a, um sim,
vel fuerim, sis, l, fueris &c.
Plusq. Vtinam tulissem, tulisses, &c. Latus, a, um
essem vel fuissem, esses, l, fuisses, &c.
Fut. Vtinam feram, feras, ferat, &c. Ferar, feraris
vel ferare, feratur, &c.

¶ Coniunctiui præsens.

CVM feram, feras, ferat, &c. Ferar, feraris vel fe-
rare, feratur, &c.
Imperf. Cùm ferrem, ferres, ferret.
Plu. Cùm ferremus, ferretis, ferrent.
Passiuum. Cùm ferrer, ferreris vel ferrere, ferretur.
Plu. Cùm ferremur, ferremini, ferrentur.
Perf. Cùm tulerim, tuleris, &c. Latus, a, um sim,
vel fuerim, sis vel fueris, &c.
Plusq. Cùm tulissem, tulisses, &c. Latus, a, um essem,
vel fuissem, esses, vel fuisses, &c.
Fut. Cùm tulero, tuleris, &c. Latus, a, um, ero,
vel fuero: eris, vel fueris, &c.

¶ In-

DE VERBIS

¶ Infiniti præsens & imperfectum.

FErre, ferri.   Perf. & plusq.   Tuliſſe.
Latum, am, um, eſſe vel fuiſſe.
Fut.   Laturum, am, um eſſe.   Latum iri, vel feren-
dum eſſe.

Gerundia.	Ferendi, ferendo, ferendum.
Supina,	Latum, latu.
Participia præſentis.	Ferens.
Futuri,	Laturus, a, um.
Participia præteriti,	Latus, a, um.
Futuri,	Ferendus, a, um.

Volo, Vis.

¶ Indicatiui modi præsens.

     Volo, vis, vult.   Plu. Volumus, vultis, volunt.
Imperf.   Volebam, volebas, volebat.
Plu.   Volebamus, volebatis, volebant.
Perfect.   Volui, voluisti, voluit.
Plu.   Voluimus, voluistis, voluerunt, vel voluere.
Plusq.   Volueram, volueras, &c.
Fu..   Volam, voles, volet,
Plu.   Volemus, voletis, volent.

¶ Imperatiui præsens.

FAC velis.

¶ Optatiui præsens & imperfectum.

VTinam vellem, velles, vellet.
Plu.   Vtinam vellemus, velletis, vellent.
Perfect.   Vtinam voluerim, volueris, &c.   Plusq.

ANOMALIS.

Plusq.	Vtinam voluissem, voluisses &c.
Fut.	Vtinam velim, velis, velit.
Plu.	Vtinam velimus, velitis, velint.

¶ Coniunctiui præsens.

Cum velim, velis, velit.

Plu.	Cùm velimus, velitis, velint.
Imperf.	Cùm vellem, velles, vellet.
Plu.	Cùm vellemus, velletis, vellent.
Perf.	Cùm voluerim, volueris, voluerit, &c.
Plusq.	Cùm voluissem, voluisses, voluisset.
Fut.	Cùn voluero, volueris, voluerit, &c.

¶ Infiniti præsens & imperfectum.

Velle.

¶ Præt. perf. & plusq. **Voluisse.**

Participium temporis præsentis. **Volens, entis.**

Nolo.

Indicatiui præsens.

Nolo, nonuis, nonuult.

Plu.	Nolumus, nonuultis, nolunt.
Imperf.	Nolebam, nolebas, nolebat. &c.
Perf.	Nolui, noluisti, noluit.
Plu.	Noluimus, noluistis, noluerunt, vel noluere.
Plusq.	Nolueram, nolueras, noluerat. &c.
Fut.	Nolam, noles, nolet.
Plu.	Nolemus, noletis, nolent.

¶ Imperatiui præsens.

Noli, vel nolito, nolit.

R

DE VERBIS

Plu. Nolimus, nolite, vel nolitote, nolint.
Fut. Nolito tu, nolito ille.
Plu. Nolitote, nolunto.

¶ Optatiui præsens, & imperfectum.

Vtinam nollem, nolles, nollet.
Plu. Vtinam nollemus, nolletis, nollent.
Perf. Vtinam noluerim, &c.
Plusq. Vtinam noluissem, &c.
Fut. Vtinam nolim, nolis, nolit.
Plu. Vtinam nolimus, nolitis, nolint.

¶ Coniunctiui præsens.

Cvm nolim, nolis, nolit.
Plu. Cùm nolimus, nolitis, nolint.
Imperf. Cùm nollem, nolles, nollet.
Plu. Cùm nollemus, nolletis, nollent.
Perf. Cùm noluerim, &c. Plusq. Cùm noluissem, &c.
Fut. Cùm noluero, nolueris, noluerit. &c.

¶ Infiniti præsens, & imperfectum.

Nolle. Perf. & plusq. Noluisse.
Participium præsentis. Nolens.

Malo.

¶ Indicatiui præsens.

Malo, mauis, mauult. Plu. Màlumus, mauultis, malunt.
Imperf. Malebam, &c. Perf. Malui, &c.
Plusq. Malueram, &c.

¶ Imperatiui præsens.

Fac malis.

Opt.

ANOMALIS.

¶ Optatiui præsens, & imperfectum.

Vtinam mallem, malles, mallet.
Plu.   Vtinam mallemus, malletis, mallent.
Perf. Vtinam maluerim, &c.
Plusq. Vtinam maluissem, &c.
Fut.   Vtinam malim, malis, malit.
Plu.   Vtinam malimus, malitis, malint.

¶ Coniunctiui præsens.

Cum malim, malis, malit.
Plu.   Cùm malimus, malitis, malint.
Imperf. Cùm mallem, malles, mallet.
Plu.   Cùm mallenus, malletis, mallent.
P. perf. Cùm maluerim, &c.   Plusq. Cùm maluissem, &c.
Fut.   Cùm maluero, malueris, maluerit, &c.

¶ Infiniti præsens, & imperfectum.

Malle.   Perfect. & plusq.   Maluisse.   Cæteris caret.

Edo, Es, Est.

¶ Indicatiui præsens.

Edo, edis, vel es, edit, vel est.

¶ Imperatiui præsens.

Ede, vel es.

¶ Futurum, siue modus mandatiuus.

Edito tu, vel esto.   Edito ille, vel esto.

¶ Optatiui præsens.

Vtinam ederem, vel essem, esses, esset.
Plu. Vtinam essemus, essetis, essent.

DE VERBIS

¶ Coniunctiui imperfectum.

Cum ederem, vel essen, esses, esset.
Plu. Cùm essemus, essetis, essent.

¶ Infiniti præsens, & imperfectum.

Edere, vel esse.

¶ Indicatiui modi præsens passiuum.

Elitur, vel estur.

¶ Indicatiui præsens.

Comedo, comedis, vel comes, comedit, vel comest.

¶ Imperatiui.

Futurum, siue Modus Mandatiuus.

Comedito tu, vel comesto: ille comedito, vel comesto.

Optatiui præsens, & imperfectum.

Vtinam comederem, vel comessem, comesses, comesset.
Plu. Vtinam comessemus, comessetis, comessent.

Coniunctiui imperfectum.

Cum comederem, vel comessem, comesses, comesset.
Plu. Cùm comessemus, comessetis, comessent.

¶ Infiniti præsens, & imperfectum.

Comedere, vel comesse.

Fio.

¶ Indicatiui præsens.

Fio, fis, fit.   Plu. Fimus, fitis, fiunt.
Imperf. Fiebam, fiebas, fiebat.
Plu.   Fiebamus, fiebatis, fiebant.
Perf.   Factus, a, um, sum, vel fui, &c.
Plusq. Factus, a, um eram, vel fueram. &c.

Fut.

ANOMALIS.

Fut. Fiam, fies, fiet.
Plu. Fiemus, fietis, fient.

¶ Imperatiui præsens.

Fac fias, fiat.   Plu. Fiamus, fiatis, fiant.

¶ Optatiui præsens, & imperfectum.

Vtinam fierem, fieres, fieret.
Plu. Vtinam fieremus, fieretis, fierent.
Perf. Vtinam factus, a, um, sim, vel fuerim, &c.
Plusq. Factus, a, um, essem, vel fuissem, &c.
Fut. Vtinam fiam, fias, fiat.
Plu. Vtinam fiamus, fiatis, fiant.

¶ Coniunctiui modi præsens.

Cum fiam, fias, fiat.   Plu. Cùm fiamus, fiatis, fiant.
Imperf. Cùm fierem, fieres, fieret.
Plu. Cùm fieremus, fieretis, fierent.
Perf. Cùm factus, a, um, sim, vel fuerim, &c.
Plusq. Cùm factis, a, um, essem, vel fuissem, &c.
Fut. Cùm factus, a, um ero, vel fuero, &c.

¶ Infiniti præsens, & imperfectum.

Fieri.   Perf. & plusq. Factum, am, um esse, vel fuisse.
Fut. Factum iri, vel faciendum esse.

Participia.

Præt. Factus, a, um.   Fut. Faciendus, a, um.

Dic, Duc, Fac.

Dic, Duc, Fac, E, literam cum compositis amiserunt, ut Præ
dic, deduc, cclefac.

DE VERBIS
Exceptio.

Composita tamen ex verbo Facio, quæ A, in I, mutant, E, seruāt, vt conficĕ, perficĕ.

¶ Futurum priscum in Asso, & Esso.

APud priscos futurum coniunctiui primæ coniugationis in syllabas Asso desinebat, vt Amasso, interrogasso, iudicasso, pro Amauero, &c.

Plautus Amphitryone, Si me irritassis, hodie lumbifragium hinc auferes.

¶ Secundæ verò coniugationis in Esso, vt Prohibesso. Cic. 3. de Legibus: Magistratus nec obedientē, & noxium ciuem multa, vinculis, verberibus coërcento, ni par maior ve potestas, populusque prohibessit, ad quos prouocatio est.

DE VERBIS
Defectiuis.

Cœpi, Memini, Noui, Odi.

Cœpi, Memini, Noui, Odi præteritum habent, & quæ ab eo deducuntur.

Exceptio.

MEmini etiam secundam personam Imperatiui modi vtriusque numeri habet, Memento, mementote.

INQVAM.
¶ Indicatiui præsens.

INquam, inquis, inquit. Plu. Inquimus, inquiũt.
Præt. imperf.   Inquiebat.
Perf.   Inquisti.   Fut.   Inquies, inquiet.

¶ Imperatiui præsens.

Inque, vel inquito.

AIO,

DEFECTIVIS. 68.
Aio.

¶ Indicatiui præsens.

Aio, ais, ait.   Plu. Aiunt.
Imperf. Aiebam, aiebas, aiebat. Plu. Aiebatis, aiebant.

¶ Imperatiui præsens,   Ai.

¶ Optatiui futurum, & præsens coniunctiui.

Aias, aiat.

Participium,   Aiens, aientis.

¶ Optatiui præsens, & imperf. & Coniunctiui imperf.

Forem, fores, foret. Plu. Forent, pro Essem, esses, &c.

¶ Fut. Infiniti,   Fore, pro Futurum esse.

¶ Faxo, futurum Indicatiui, pro Faciam.

¶ Quæso, quæsumus, primam habet personam vtriusque numeri præsentis Indicatiui.

¶ Aue, auete, auere. Salue, salvete, saluere secundam personam Imperatiui, vtriusque numeri, & præsens Infinitū habent.

¶ Cedo, da, vel dic, secunda est Imperatiui.

¶ Insit, tertia persona Indicatiui, pro Incipit, vel inquit.

¶ Ouat, tertiam personam habet Indicatiui, & participium Ouans, ouantis.

¶ Desit, desieri, tertiam habet Indicatiui, & præsens Infiniti.

QVæ sequuntur, ad futurum Optatiui, vel præsens, vel futurum Coniunctiui, aut certe ad præsens, vel futurum Modi potentialis pertinent.

¶ Faxim, faxis, faxit.   Plu. Faxitis, faxint.

¶ Ausim, ausis, ausit.

¶ Edim, comedim, pro Edam, Comedam.

¶ Duis,

DE VERBIS

¶ *Duis, duit, duint,* pro *Des, det, dent*: aut *Dederis, dederit, dederint.*

¶ *Perduint,* pro *Perdant.*

DE VERBORVM IMPERSONALIVM
declinatione.

Pœnitet verbum defectiuum, impersonale, actiuæ declinationis, sic declinabitur.

¶ Indicatiui modi præsens.

Pœnitet.   Imperf. Pœnitebat.   Perf. Pœnituit.
Plusq. Pœnituerat.   Fut. Pœnitebit.

¶ Imperatiui modi præsens.

Pœniteat.

¶ Optatiui modi præsens, & imperf.

Vtinam pœniteret.   Perf. Pœnituerit.
Plusq. Pœnituisset.   Fut. Pœniteat.

¶ Coniunctiui modi præsens.

Cum pœniteat.   Imperf. Pœniteret.
Perfect. Pœnituerit.
Plusq. Pœnituisset.   Fut. Pœnituerit.

¶ Infiniti modi præsens, & imperf.

Pœnitere.
Perf. & plusq. Pœnituisse.

¶ Gerundia.

Pœnitendi, pœnitendo, pœnitendum.

¶ Participium præsentis temporis.

Pœnitens.

IMPERSONALIBVS. 69.

Pugnatur verbum Defectiuum, impersonale, passiuæ declinationis, sic declinabitur.

¶ Indicatiui modi præsens.

  PVgnatur. Imperf. *Pugnabatur.*
Perf. *Pugnatum est, vel fuit.*
Plusq. *Pugnatum erat, vel fuerat.*
Fut. *Pugnabitur.*

¶ Imperatiui modi præsens.
  Pugnetur.

¶ Optatiui modi præsens, & imperf.
  VTinam *pugnaretur.*
Perf. *Pugnatum sit, vel fuerit.*
Plusq. *Pugnatum esset, vel fuisset.* Fut. *Pugnetur.*

¶ Coniunctiui modi præsens.
  CVm *pugnetur.* Imperf. *Pugnaretur.*
Perf. *Pugnatum sit, vel fuerit.*
Plusq. *Pugnatum esset, vel fuisset.*
Fut. *Pugnatum erit, vel fuerit.*

¶ Infiniti modi præsens, & imperf.
  PVgnari.
Perf. & plusq. *Pugnatum esse, vel fuisse.*
Fut. *Pugnatum iri.*

    S   Ver•

DE VERBIS IMPERS.

¶ VERBA impersonalia passiuæ declinationis variè redduntur Iapponicè, et Lusitanè. Cicero ad Lentulum lib. 5. Laboratur vehemēter, in clinata res est: Vôqini nangui xeraruru. *Trabalhase fortemẽte, &c.* Liuius 1. ab vrbe condita, Pestilentia laboratum est: Yacubiŏ fayatta. *Oue peste.* Idem lib. 4. Siccitate eo anno plurimùm laboratum est: Cotonŏ focano sideride atta. *Ouue grande seca.* Cic. 5. Tuscul. Primo die est à nobis de ea disputatum. Idem pro Quint. Ad me ventum est. Liu. 1. ab vrb. Ad Ianiculum fortè ventum erat.

¶ Hæc, & alia sexcenta longè aliter in Iapponicum, & Lusitanum sunt cōuertenda. Quare nunc satis habeant Tyrones, si intelligant, esse verba, quæ tertiam tantùm personam habeant: suo loco germanam eorum significationem cognoscent. Quæ actiuæ sunt declinationis, non minùs laboriosè redduntur: addenda enim sunt pronomina, vt rectè vertantur. Pœnitet me scelerum meorum. Acuzuiŏga cuyaxij: *Pesame de meus peccados.* Pudet me vitæ ante actæ. Fazzucaxiquua coxicatano cōxeqinari: *Corrome da vida passada.* Siquis tamen hæc in Iapponicum, aut Lusitanum volet conuertere, periculum faciet in verbo Pugnatur, Taticauaruru: *Peleiase.* Pugnabatur, Tatacauareta: *Pelejauasse &c.* Pœnitet, Cuyamu: *Pesame.* Pœnitebat, Cuyŏda: *Pesauame &c.*

R V.

RVDIMENTA.

RVDIMENTA, SIVE
de octo partibus
Orationis.

LITERÆ, Quibus utuntur Latini, sunt tres, & viginti, A, Be, Ce, De, E, Ef, Ge, Ha, I, Kappa, El, Em, En, O, Pe, Qu, Er, Es, Te, V, Ix, Ypsilon, Zeta.

Literæ diuiduntur in vocales, & consonantes.

Vocales sunt sex, A, E, I, O, V, Ypsilon, quarum ultima tantùm in dictionibus Græcis locum habet, vt Hieronymus, Dionysius.

Cæteræ appellantur consonantes, quòd vocalibus iunctæ simul sonent.

Syllaba fit ex literis, vna, vel pluribus, vt A, le, as.

Syllaba, quæ fit ex duabus vocalibus, vocatur Diphthongus.

Diphthongi sunt sex, æ, au, ei, eu, œ, yi: vt Præmium, aurum, omneis, Europa, pœna, Harpyia.

Dictio fit ex syllabis, vt Aleas: interdum fit ex vna syllaba, vt Mors.

Oratio fit ex dictionibus, vt Aleas fuge: Mortē meditare.

Partes Orationis.

PARTES Orationis sunt octo, Nomē, Pronomen, Verbum, Participium, Præpositio, Aduerbium, Interiectio, Coniunctio.

Harum quatuor, Nomen, Pronomen, Verbum, Participium, declinan-

RVDIMENTA.

clinantur: reliquæ Præpositio, Aduerbium, Interiectio, Coniunctio declinationis sunt expertes.

De nomine.

Nomen est pars Orationis, quæ casus habet, neque tempora ad significat.

Nomen proprium est, quod res proprias, atque certas significat, vt Romulus, Roma.

Appellatiuum est, quod res communes, atque incertas significat, vt Rex, oppidum.

Collectiuum est, quod numero singulari significat multitudinem, vt Populus, gens, turba.

Substantiuum nomen est, quod per se in Oratione esse potest, vt Dux imperat, miles obtemperat.

Adiectiuum est, quod in oratione esse non potest sine substantiuo apertè, vel occultè. Apertè, vt Dux prudens, si strenuos milites, dictòque audientes habeat, facilè hostes superabit.

Occultè, vt Qui tertiana laborant, non vescuntur bubula. Hoc est, tertiana febri, bubula carne.

Adiectiuum nomen vel habet tres formas, vt Bonº, bona bonū: vel duas, vt Breuis, & breue: vel vnam, vt Prudēs, felix.

Varia adiectiuorum genera.

Interrogatiuum nomen est, quo de re aliqua quærimus, vt Quis? vter? quantus?

Interrogatiuum substantiæ est, cui respondemus per nomen substantiuum, vel pronomen demonstratiuum, vt Quis, quæ, quod: vter, vtra, vtrum. Quis hic loquitur? Dauus, ille.

Interrogatiuum accidentis est, cui respondemus per nomen adiecti-

RVDIMENTA.

iectiuum, vt Quantus, qualis, quot, quotus, cuias. Qualis fuit Hector? Fortis, magnanimus.

Relatiuum est, quod nomen antecedens in memoriam reducit: id duplex est, substantiæ, & accidentis.

Relatiuum substantiæ est, quod nomen substantiuum in memoriam reducit, vt Qui, quæ, quod. Lego Ciceronem, qui fuit eloquentissimus Romanorum.

Relatiuum accidentis est, quod in memoriam reducit nomen adiectiuum, vt quantus, qualis, quot. Cicero fuit eloquens, qualis fuit Hortensius.

Redditiua sunt, Tantus, talis, tot, totidem, quæ relatiuis Quantus, Qualis, Quot, antè, vel post redduntur, vt Quales in republica principes sunt, tales reliqui solent esse ciues. Cura, vt talis sis, qualis haberi cupis. Quot homines, tot sententiæ. Totidem ad te literas dedi, quot tu ad me misisti.

Quis, vel qui, quæ, quod: Vter, vtra, vtrum: Quantus, Qualis, & cætera interrogatiua, quando ponuntur post verba Audio, video, scio, intelligo, nescio, & alia eiusdem significationis, appellantur Infinita, vt Nescio quis sit. Audio quid dicas. Ignoro quantus, aut qualis sit.

Possessiuum nomen est, quod aut rem possessam, aut ad aliquid pertinentem significat, vt Equus regius, miles Pompeianus.

Patrium nomē est, quod patriā indicat, vt Romanº, Atheniēsis.

Gentile nomen est, quod gentem, vel nationem indicat, vt Italus, Græcus.

Partitiuum nomen est, quod aut vnum ex multis significat, aut multa sigillatim.

Vnum ex multis significant Quidam, aliquis, quispiam, quisquam

RVDIMENTA.

quàm, vllus, nonnullus, quiuis, quilibet, quae etiam particularia vocantur.

Quæ multa sigillatim significant, ferè sunt vniuersalia, vt Omnis, cunctus, quicunque, nemo, nullus.

Nomen numerale est, quod numerum significat, cuius varia sunt species.

Cardinale est, quod numerū absolutè significat, vt Vnus, duo, tres.

Ordinale nomen est, quod numerum ordine digestum significat, aut vltimum ex eo numero, vt Primus, secundus, tertius.

Distributiua, siue Diuisiua nomina sunt, quae distributionem, seu diuisionem significant, quibus ferè vtuntur oratores numero multitudinis, vt Singuli, bini, terni, quaterni. Victores redite domum bini, aut terni, ad summum quaterni: cauete ne singuli eatis. Heus tu dato victoribus quaterna mala, victis singula, ne animis concidant. Quaterna, idest, vnicuique quatuor. Singula, hoc est cuique vnum.

De nominibus positiuis, Comparatiuis, & Superlatiuis.

NOMEN Positiuum, siue absolutum est, quod rem absolutè, simpliciterque significat, vt Magnus, Paruus.

Comparatiuum est, quod rem vel attollit, vel deprimit, vt Maior, Minor.

Superlatiuum est, quod rem vel in summo loco, vel infimo collocat, vt Maximus, Minimus.

Nomi-

RVDIMENTA

Nomina Comparatiua, & Superlatiua fiunt à nominibus adiectiuis, quibus aduerbia Magis, & Minùs rectè adiungi possunt, vt Iustus, Fortis.

APPENDIX.

¶ Nomina substantiua, pronomina, item interrogatiua, relatiua, infinita, redditiua, possessiua, partitiua, numeralia, patria, gentilia, & quæ materiam ad significant, vt Aureus, argenteus, cedrinus: ad hæc frugifer, almus, mediocris, omnipotens, medius, modicus, hesternus, fugitiuus, errabundus, moribundus, & nonnulla alia neque Comparatiua, neque Superlatiua pariunt.

A quo casu formentur Comparatiua, & Superlatiua.

COmparatiua fiunt à casu, I, litera finito, addita syllaba, or. Superlatiua verò addita litera, s, & syllaba, simus, vt Iustus, iusti, iustior, iustissim^9. Fortis, forti, fortior, fortissim^9.

EXCEPTIO I.

Positiua ER syllaba terminata, gignunt Superlatiua, addita Rimus, vt Tener, tenerrimus: Salûber, saluberrimus.

EXCEPTIO II.

Facilis, gracilis, humilis, imbecillis, similis, Superlatiua pariunt, syllaba, Is, mutata in Limus, Facillimus, gracillimus, humillimus, imbecillimus, & imbecillissimus, simillimus.

Suet. in Nerone, cap. 51. Fuit gracillimis cruribus. Imbecillimus, & imbecillissimus inuenies in Comment. primæ editionis.

EXCEPTIO III.

Nomina, quæ ante VS, syllabam, vocalem latent rarè Comparatiua,

RVDIMENTA.

paratiua, aut Superlatiua gignūt, vt Idoneus, noxius, arduus. Pijssimus tamen, & strenuissimus, & nonnulla alia apud probatos autores leguntur.

EXCEPTIO IIII.

A nominibus ex verbis Facio, Dico, Volo compositis Comparatiua in Entior, Superlatiua in Entissimus exeunt, vt Magnificus, magnificentior, magnificentissimus. Maledicus, maledicentior, maledicentissimus. Beneuolus, beneuolentior, beneuolentissimus.

Anomala, siue inæqualia.

Bonus,	melior,	optimus.
Malus,	peior,	pessimus.
Magnus,	maior,	maximus.
Paruus,	minor,	minimus.
Multum,	plus,	plurimum.

De pronomine.

Pronomen est, quod loco nominis positum, certam, finitamq́; personam adsignificat.

Pronomina partim sunt primitiua, partim deriuatiua.

Primitiua, siue Primigenia dicuntur, quæ prima sint, & à se orta, vt Ego, tu, sui, hic, iste, ille, ipse, is.

Deriuatiua, vel potiùs Deriuata sunt quæ ex alijs oriuntur, vt Meus, tuus, suus, noster, vester, nostras, vestras.

Ex his Demonstratiua sunt, quæ rem demonstrant, vt Ego, tu, hic, iste, ille, ipse, is.

Horum quinque Hic, iste, ille, ipse, is, & ex eo compositum Idem, relatiua dicuntur, cùm rem antecedentem in memoriam reducunt, vt Virgilius carmina composuit, idémque ipse ea cecinit.

Posse-

RVDIMENTA.

Possessiua sunt, quæ possessionem significant, vt Meus, tuus, suus, noster, vester.

Gentilia, siue Patria sunt, quæ non solùm gentem, vel patriam, sed etiã partes, sectāmve ad significant vt Nostras, vestras.

Reciproca duo sunt, vnum primitiuum, nimirum Sui, alterum deriuatiuum Suus.

De verbo.

VERBVM est pars Orationis, quæ modos, & tempora habet, neque in casus declinatur.

Verbum duplex est, Personale, & impersonale.

Personale est, quod omnes personas vtriusque numeri habet, vt Amo, amas, amat. Plu. Amamus, amatis amant.

Impersonale est, quod prima, & secunda persona vtriusque numeri, & tertia multitudinis fere priuatur: vnde & nomen traxit. Id duplex est, alterum actiuæ declinationis, vt Pudet, pænitet: alterum passiuæ, vt Pugnatur, curritur.

Verbum personale diuiditur in quinque genera, Actiuum, Passiuum, Neutrum, Commune, Deponens.

Actiuum est, quod litera, o, finitum, Passiuum fit addita litera, r, vt Amo, amor.

Passiuum est, quod syllaba, or, finitum, actiuum fit, r, litera abiecta, vt Amor, amo.

Neutrum est, quod, m, vel, o, literis finitum ex se passiuum personale non gignit, vt Sum, Sto, Seruio: neque enim dicitur Stor, aut Seruior.

Commune est, quod, or, syllaba tantùm finitum, actiui simul, & passiui significationem habet, præcipuè participium præteriti temporis, & quæ tempora eius adminiculo supplentur, vt

T   Expe-

RVDIMENTA.

Experior, Complector: expertus sum vel fui: nam præsens & imperfectum, & quæ inde fiunt, ferè actionem significat.

Deponens est, quod, or, syllaba tantùm finitum actiui, vel neutri significationem habet, vt Sequor, vtor, morior.

De varijs verborum formis.

INchoatiuum verbum est, quod rem quidem inchoatam, sed ad finem, perfectionémque tendentem significat, vt Calesco, id est, Calidus fio: Frigesco, Frigidus fio.

Perfectum est, quod rem perfectam, absolutámque significat, vt Caleo, Frigeo.

Meditatiuum verbum est, quod assiduam alicuius rei meditationé significat, vt Esurio, cœnaturio: qui enim èsurit, ac cœnaturit, nihil aliud quàm cibum, cœnámque meditatur.

Frequétatiuum, siue Iteratiuum est, quod rei frequentationem, iterationémque significat, vt Rogito, as, lectito, scriptito.

Diminutiuum, vel potiùs Diminutiuum est, quod minus quàm id, à quo ortum est, significat, vt Sorbillo, à Sorbeo.

De participio.

PArticipium est pars Orationis, quæ tum casus, tum tempora habet.

Participia præsentis temporis, in Ans, vel Ens, exeunt, ac ab omni verborum genere nascuntur, exceptis passiuis, vt Amans, seruiens, complectens, vtens.

Præteriti temporis in Tus, sus, xus, desinunt, ac fiunt à verbis passiuis, communibus, & deponentibus, vt Amatus, complexus, vsus. Vnum in Vus, reperitur, Mortuus videlicet à Morior.

Pars

RVDIMENTA.

Participia futuri tum in Rus, tum in Dus, exeunt.

In Rus, oriuntur ab omni genere verborum, exceptis paſſiuis, vt Amaturus, Seruiturus, Amplexurus, Vſurus.

In Dus, fiunt à paſſiuis, & communibus, vt Amandus, Complectendus. Interdum etiam à deponentibus, quæ aliquando fuerunt communia, vt Sequendus à Sequor, Vlciſcendus ab Vlciſcor.

Participia præſentis temporis fiunt à prima perſona præteriti imperfecti, ſyllaba Bam, vel Bar, mutata in Ns, vt Amabam, Amans, Complectebar, Complectens.

Participia in Dus, fiunt à genitiuis participiorum præſentis temporis. Tis, ſyllaba mutata in Dus, da, dū, vt Amans, amātis, Amādus, a, um. Cōplectēs, complectētis, cōplectēdus, a, um.

Participio præſentis temporis, gerundijs, & futuro, in Dus carent verba, quæ præterito imperfecto deficiunt, vt Odi, Cœpi, Noui, Memini.

Participia præteriti temporis fiunt à poſteriore ſupino, addita litera, s, vt Amatu, Amatus: Complexu, Complexus.

Participia futuri in Rus, fiunt à priore ſupino, m, litera verſa in Rus, vt Amatum, Amaturus, Seruitum, Seruiturus.

De præpoſitione.

PRæpoſitio eſt pars Orationis, quæ cæteris partibus, aut ſeparata, aut coniuncta ferè præponitur: Separata, vt Non ſum apud me præ iracundia. Coniuncta, vt Præſtat millies mori, quàm Deum vel leuiſſimè offendere.

Accuſatiuo ſeruiunt.

AD, apud, ante, aduerſus, vel aduerſum, cis, citra, circiter,

T 2 circa,

RVDIMENTA.

circa, circum, contra, erga, extra, intra, inter, infra, iuxta, ob, penes, per, pone, post, præter, prope, propter, secundum, secus, supra, trans, versus, vltra, vsque.

Ablatiuo gaudent.

A, ab, abs, absque, cum, coram, clam, de, e, ex, præ, pro, procul, palam, sine, tenus: quarum vltima ferè genitiuum amat, cùm vocabulo multitudinis adhæret, vt Cumarum tenus, lumborū tenus: alioquin ablatiuū, vt Pectore tenus, ore ten?

¶ Accusatiuum, vel ablatiuum pro varia significatione postulant, In, sub, super.

Subter.

SVbter apud oratores accusatiuum habet, apud poëtas etiam ablatiuum.

¶ Præpositiones, quæ tantùm coniunctæ præponuntur, sunt Am, con, di, dis, re, se: vt Ambigo, confero, dinumero, disputo, repeto, seiungo.

De aduerbio.

ADuerbium est pars Orationis, quæ vocibus addita earum significationem explanat, ac definit: vt Rarò loquitur, benè peritus, vehementer iratus, parum diligenter.

¶ Aduerbiorum varia sunt genera, & significationes.

Optandi, vt Vtinam, o vtinam, o si.

Vocandi, vt O, heus, eho.

Interrogandi, vt Cur? quare? quid ita? quamobrem?

Respondendi affirmatè, vt Etiam, ita, maximè, quidni?

Confirmandi, vt Profectò, sanè, certè.

Negandi, vt Non, nequaquam, minimè, haud, haudquaquam.

RVDIMENTA. 75.

Dubitandi, *vt* Forsan, forsitan, fortassis, fortasse.
Hortandi, *vt* Eia, age, agedum, agite.
Prohibendi, *vt* Ne.
Demonstrandi, *vt* En, ecce.
Eligendi, *vt* Potius, imò.
Comparandi, *vt* Magis, minùs, fortiùs.
Congregandi, *vt* Simul, vnà, pariter.
Separandi, *vt* Seorsum, separatim.
Intendendi, *vt* Acriter, studiosè, vehementer.
Remittendi, *vt* Segniter, remissè, oscitanter.
Temporis, *vt* Hodie, cras, perendie, heri, nudiustertius.
Loci, *vt* Hîc, huc, hac, horsum.
Numeri, *vt* Semel, bis, ter, sæpe, centies, millies.
Ordinis, *vt* Primùm, deinde, postremò.
Euentus, *vt* Fortè, fortuitò.
Similitudinis, *vt* Sicut, sicuti, *vt*, vti.
Diuersitatis, *vt* Aliter, secus.
Qualitatis, *vt* Prudenter, peritè, eleganter.
Quantitatis, *vt* Parum, multùm, satis, nimiùm.

De interiectione.

INterieCtio est pars Orationis, quæ varios animi affectus indicat.

¶ Interiectionum variæ sunt formæ, & significationes.

Laudantis, & aliquando exultantis, *vt* Euge.
Exultantis, & interdum insultantis, *vt* Vah.
Lætantis, *vt* Euax.
Dolentis, & ingemiscentis, *vt* Ah, heu, hei.
Suspirantis, *vt* Ah, ah.

Lu

RVDIMENTA.

Lugentis, vt Hoi, hei.
Eiulantis, vt Oh, oh, oh, oh.
Admirantis, vt Papæ, ô, vah.
Admirantis, & interdum ironiæ, vt Hui.
Irridentis, vt O, O præclarum custodem ouium, vt aiunt, lupī.
Exclamantis, vt Pro, ô.
Silentium indicentis, vt St.
Timentis, vt Hei.
Deprehendentis aliquid ex improuiso, vt At at.
Præsagientis malum, vel miserantis, vel mirantis, vt Væ.
Reijcientis cum fastidio, vt Apage, apage sis.
Stomachantis, siue indignantis, vt Malùm.
Execrantis, vt Nefas, infandùm.

De coniunctione.

Coniunctio est pars Orationis, annectēs, ordinārsque sententiā.

¶ Coniunctionum species, siue significationes variæ sunt.

Copulatiuæ, vt Ac, atque, et, q;, et cæt.
Disiunctiuæ, vt Vel, ve, siue, seu, aut, ne.
Aduersatiuæ, vt Etsi, tametsi, quanquam, quàmuis, &c.
Collectiuæ, siue illatiuæ, siue rationales, vt Ergo, igitur, quare, quocirca, quapropter, itaque, &c.
Causales, vt Nam, nanque, si quidem, quia, quoniam, enim, etenim, quòd, propterea quòd, &c.
Expletiuæ, vt Quidem, equidem, &c.

¶ Coniunctiones partim sunt præpositiuæ, partim subiunctiuæ, partim mediæ.

Præpositiuæ, siue principes sunt, quæ in Oratione præeunt: vt Aut,

RVDIMENTA. 76.

Aut, ac, atque, at, aſt, vel nec, neque, niſi, ſeu, ſiue, &c.

Subiunctiuæ, ſiue ſubditæ, quæ ſubeunt, vt Que, ve, ne, quidē, quoque, autem, verò, enim.

Communes, ſiue mediæ, quæ & præeunt, & ſubeunt, vt Ergo, igitur, itaque, equidem, &c.

De Accidentibus, ſiue Attributis partium Orationis.

SVnt quædam, quæ partes Orationis comitantur, vt Numerus, Caſus, Genus, Declinatio, Modus, Tempus, perſona, Figura, Species, quæ Accidentia, ſiue Attributa partium Orationis vocantur.

Numeri nominum, pronominum, verborum, & participiorum ſunt duo, ſingularis vt Muſa, Ego, Amo, Amans. Plu. vt Muſæ, Nos, Amamus, Amantes.

Caſus nominum, participiorum, & nonnullorum pronominū ſunt ſex, Nominatiuus, Genitiuus, Datiuus, Accuſatiuus, Vocatiuus, Ablatiuus.

Nomen, Pronomē, Participiū tria habēt genera præcipua, Maſculinū, ſiue Virile, cui præponitur pronomē Hic, vt Hic dominus, meº, doctus: Fæmininū ſiue, Muliebre, cui præponitur pronomē Hæc, vt Hæc ancilla, mea, docta: Neutrum, cui præponitur, pronomē Hoc: vt Hoc mancipiū, meum, doctum.

Ex his tribus generibus naſcūtur duo alia, Commune duorum, & Commune trium. Commune duorum eſt, cui præponūtur pronomina Hic, & hæc, vt hic, & hæc parens. Commune trium, ſiue Omne, cui præponuntur pronomina Hic, Hæc, Hoc, vt hic, & hæc, & hoc prudens, noſtras, amans.

De

RVDIMENTA.

¶ Declinationes, siue Formæ nominũ sunt quinque.

PRIMA, *cuius genitiuus terminatur, æ, diphthongo: vt* Musa, Musæ.

Secũda, *cuius genitiu⁹ terminatur litera, I: vt* Domin⁹ domini.

Tertia, *cui⁹ genitiu⁹ terminatur syllaba, Is: vt* Sermo, sermonis.

Quarta, *cuius genitiu⁹ terminatur syllaba, Vs: vt* sensus, sens⁹.

Quinta, *cuius genitiuus terminatur literis, E, & I, separatis: vt* Dies, diei.

Pronomina Meus, Tuus, Suus, Noster, Vester, *ad primam, & secundam nominum declinationem spectant.* Nostras, Vestras *ad tertiam: cætera peculiares habent formas.*

Participia, *quæ in* Ans, *&* Ens *exeunt, ad tertiam declinationem pertinent, vt* Amans, docens, *&c. Reliqua ad primã, & secundam, vt* Amaturus, a, um: amandus, amarda, amandum, *&c.*

¶ Declinationes, siue Coniugationes verborum sunt quatuor.

PRima, *cuius secunda persona præsentis Indicatiui exit in* As, *vt* Amo, amas, amare.

Secunda *in* ES, *longum, vt* Doceo, doces, docere.

Tertia *in* IS, *breue, & infinitiũ in* ERE, *vt* Lego, legis, legere.

Quarta *in* IS, *longum, & infinitum in* IRE, *vt* Audio, audis, audire.

Modi verborum triti, ac communes sunt quinque, Indicatiu⁹, Imperatiuus, Optatiuus, Coniunctiuus, Infinitus.

RVDIMENTA. 77.

Tempora verborum sunt quinque, Præsens siue Instans, Præteritum imperfectum, Præteritum perfectum, Præteritum pluspquam perfectum, Plurum.

Personæ pronominum sunt tres, prima Ego, secunda Tu: Reliqua pronomina tertiæ sunt personæ, præter Ipse, ipsa, ipsum, quod cuiusuis est personæ: item pronocabulum Qui, quæ, quod.

Personæ verborum sunt tres, prima vt Amo, secunda vt Amas, tertia vt Amat.

Nomina, & participia (exceptis vocatiuis) incertæ sunt personæ, sicut & verba infinita: eam enim induunt personam, cuius est verbum, cui adhærent, vt Ego M. Tullius defendi Rempublicam adolescens, non deseram senex. Cupio te audire.

Vocandi casus, quoniam secundis personis tantùm adhærent, solùm sunt secundæ personæ.

Figuræ Nominum, Pronominum, Verborum, Participiorum, Præpositionum, aduerbiorum, Coniunctionum duæ sunt. Simplex, vt Prudens, Is, Amo, Amans, Abs, Prudenter, Enim.

Composita, vt Imprudens, Idem, Adamo, Adamans, Absque, Imprudenter, Etenim.

Species Nominum, Pronominum, Verborum, Aduerbiorum sunt duæ: Primitiua, vt Pater, Tu, Caleo, Clam: Deriuatiua, vt Paternus, Tuus, a, um, Calesco, Clanculum.

PRÆ-

RVDIMENTA.
PRÆCEPTA ALIQVOT
de Constructione tyronibus ediscenda.

PRÆCEPTVM PRIMVM.

Substantiuum nomen concordat cum adiectiuo in genere, numero, & casu, vt Puer ingeniosus. Memoria infirma. Ingenium tardum.

Præceptum II.

Relatiuum Qui, Quæ, Quod cohæret cum antecedente in genere, & numero, vt, Non est dicendus puer ingenuus, qui verecundiam non amet. Accepi tuas literas, quæ mihi iucundißimæ fuerunt. Legi tuum epigramma, quod mihi mirandum in modum placuit.

III.

Verbum personale finiti modi postulat ante se nominatiuum eiusdem numeri, & persona, vt, Ego lugeo. Tu rides. Præceptor docet. Nos legimus. Vos scrititis. Aleatores vapulāt.

IIII.

Verbum infiniti modi ante se accusatiuum habet, vt Gaudeo te bene valere. Doleo parentes tuos ægrotare. Lætor fratrē tuum saluum, & incolumem venisse.

V.

Verbum substantiuum non solùm ante, sed etiam post se nominatiuum petit, vt Parsimonia est magnum vectigal. Auus tuus fuit vir doctus. Verecundia est maximum ornamentum pueritiæ.

VI.

RVDIMENTA. 78.

VI.
OMne verbum personale finiti modi potest vtrinque habere nominatiuum pertinentem ad eandem rem: vt, Hic vocatur Paulus. Ille viuit miserrimus. Boni moriuntur laeti.

VII.
QVotiescunque duo nomina substātiua ad res diuersas pertinentia in Oratione ponuntur sine coniunctione, alterum erit genitiui casus: vt, Libertus Pompeij, Epistola Ciceronis, Carmen Virgilij.

VIII.
VErbum actiuum post se accusandi casum postulat, vt Pueri ingenui amant literas. Frater tuus legit Ciceronem diligēter.

IX.
VErbum passiuum post se ablatiuum desiderat, cum praepositione, à, vel ab: vt Literae amantur à pueris ingenuis. Cicero legitur à fratre tuo diligenter.

X.
QVoliis verbum admittit praepositionem cum suo casu: vt Fui in templo. Eo in gymnasium. Sedeo in scamno.

XI.
OMne verbum, & multa nomina datiuū habere possunt eius rei, cui damnum aliquod, vel commodum datur: vt Laboras alijs, mihi soli es ociosus. Catilina fuit perniciosus Reipublicae. Senes non sibi, sed filijs, aut nepotibus arbores serunt.

XI.
TEmporis continuatio in accusatiuo, vel ablatiuo ponitur, frequentiùs tamen in accusatiuo: vt Pater tuus vixit quinqua-

V 2   ginta

RVDIMENTA.

ginta annos: vel, Quinquaginta annis Dedi operam Diev edi
? vel, Tribus annis. Scripsi duas horas, vel Duabus horis.

Cuicunque verbo potest addi ablatiuus significans PRE-
TIVM, vt Emi librum decem denarijs. Vendidisti atramentarium tribus sestertijs. Vel INSTRVMEN-
TVM, vt Scribo calamo, Percutior ferula.
Vel CAVSAM, vt Seruus tuus interijt fame. Tabesco
dolore.   XIIII V.

GErundia, Supina, & Participia postulant posse eos casus verborum, à quibus oriuntur, vt Scribo literas. Tempus est scribendi literas. Eo scriptum literas. Sum scripturus literas.

DE GENERIBVS NO
minum, quæ ex Significatione
cognoscuntur.

Vt Cato, vir, leo.
Vt Mars, Boreas.

*Vt mulier, equa.
2 Vt Pallas, Syrinx
*Vt operæ custodiæ.
2 Vt animal.

VÆ maribus solùm tribuuntur, mascula sunto.
Mascula censentur specie picta virili:
Et quibus appositum tantum tribuisse virile,
Credibile est veteres, latro, ceu præsul, & hospes.
* Fœmineum dices, quod fœmina sola repescit.
2 Iungito fœmineis muliebri prædita forma.
* Quæque adiectiuum tantum muliebre requirunt.
2 Quæ neutro apposito gaudent, neutralia sunto.

V 2   Est

NOMINVM. 79.

Est commune duum, sexum quod claudit vtrunque.
Articulo gemino, veluti bos, fortis, & hostis.
Antistes, iuuenis, vates, patruelis, & infans.
Affinis, miles, cum ciue, cliente, sacerdos.
Et comes, atque canis, sus, dux, autórque, parénsque.
Municipi coniux, adolescens, augur adhærent.

Catull. Carmine Nupt. Cernitis innuptæ iuuenes? &c.
Quintil. lib. 6. de Peroratione: Tum ille alioqui vir facundus, inopi-
 natæ rei casu obmutuit, & infantem suam frigidissimè reportauit.
Persius, Saty. 6. age, si mihi nulla
 Iam reliqua ex amitis, patruelis nulla, proneptis
 Nulla manu maneat patrui.

* Est commune trium, generi quod conuenit omni.   * Vt pru-
² Pro viribus pugnant menses, fluuiíque minaces.   dés, felix.
* Insula fœminea, Vrbs, Regio cum Naue, Poësis.   ² Vt October, Tag⁹.
₂ Fœmineæ arbor. Folijs oleaster amaris.   * Vt Cyprus, Carthago, Ægyptus,
Mas est. Hoc acer, atque siler, cum subere, robur.   Pistris, Aeneis.
Vm neutris iunges: Hominum si propria demas.   ²Vt pin⁹, cupressus.
* A, plurale, genus neutrum, sibi poscit v. ique.   * Vt Ba-
² Nomen in L maribus, si sit plurale, reserua.   ctra, Susa.
Trade notas neutri: & vocem pro nomine sumptam: *Vt Puteoli, Liberi.
Et verbu a quoduis nuda pro voce repostum.

De

DE GENERIBVS.
De generibus nominum, quæ ex positione cognoscuntur.

Fœmineum, A, primæ est veluti panthera, sagitta.
Adria mas esto: cui iunge cometa, planeta.
Hic mamôna petit: Pascha hoc: cui iungito manna.
Nomen in, A, ternæ neutrum est, ceu stigma, torcuma.
E, Latiale, petit neutrum, velut acre, monile.
Fœmineum est aloë, Rhodopéque & cætera Græca.
vt sinápi   I, neutris tribue. O, maribus finita dabuntur.
vt pugio.
vt lectio, oratio.   Est Io, fœmineum, fuerit si corporis expers:
   Cui caro iungatur, cænatio, portio. q. òdque
Vt dulce do, imago.   Desinit in Do, Go. Neutris adscribito pondo.
   Harpago, cudo, ordo mas, vdo, cardo, ligóque.
   V, C, D, da neutris, velut Id, cum lacte, genúque.
Vt tribunal, caput.   L, T, sit neutrum. Hic mugil, sal, sòlque re sociunt.
Vt pæan, delphin, agon.   An, in, Or, mas. Hæc sindon, & suauis aëdr:
   Q eis adde alcyonem. Neutris da cuncta secundæ.
Vt ilion, Pelion.   En, dabitur neutris. Sed hymen, ren mascula sunto.
   Et splen, atque lien, atagen, cum pectine, lichen.
Vt carmen, lumê.   Postulat, Ar, neutrum, ceu par, cum nectare, bacchar.
Vt imber, vter.   Er, maribus dona Laber hoc, cum tubere poscit.
   Vber, iter, spinter, laser, cicer, atque pauaer,
   Ver, siser, atque piper, cum verbere, nécte cadauer.
Vt dolor, honor.   Or, marious seruit. Muliebris demitur arbor.
   Accedunt neutris cor, ador, cumque æquore, marmor.
Vt fulgur, sulphur.   Exigit, Vr, neutrum. Hic surfur, cum vulture, turtur.

Fœ

NOMINVM. 80.

Fœmineum, As. Neutr um vas vasis, fasque, nefasque.
Mascula sunt elephas, adamas, as, atque tiàras.
Cum reliquis cunctis, flectit quæ prima Pelasgûm.
*Esto nomen in Es, muliebre. Sed esto virile
Limes, pes, fomes, termes, cum palmite, trames,
Bes, gurges, merges, poples, cum cespite, repres,
Et paries, stipesque, meri nomènque diēi.

Vt tempestas, lampas.
Vt pharias, mœnas.
*Vt cōpes moles.

Acinaces, is, masculini generis, huc spectat, quanuis apud Græcos primæ sit declinationis, *acinacis, u*. Sunt & alia huius generis vt Orestes, is, Pylades, is. Neque video, cur acinacis per I. literam sit scribendum, cùm Græcè per H, scribatur, quod in E, longum solet mutari. In sexto tamen casu E, corripitur, quia apud Latinos tertiæ est declinationis. Valer. Flac. lib. 6. Insignis manicis, insignis acinace dextro.

His Græcum primæ, vel temæ iungito nomen.
Hippomanes neutris, panaces, cacoëthes adhærent.

Vt aromatites, i, bes

Plinius lib. 5. cap. 4. Panaces ipso nomine omnium malorum remedia promittit, numerosum, & dijs inuentoribus ascriptum. Solæcophanes his tribus addi potest.

Is dato fœmineis. Maribus da *piscis, aqualis,*
Anguis, tum fustis, tum callis, follis, & ensis,
Mensis, cum vecti, torris, glis, postis, & orbis,
Et sanguis, cenchris, collis, cum vomere, cassis,
Mugilis, atque lapis, vermis cum fasce canalis,
Vnguis, tum cucumis, tum caulis, puluis, & axis.

Vt nauis, clauis.

N IS,

DE GENERIBVS.

NIS, quóque finiium, ceu panis & assecream.
Mascula in Os sunto, Dos, cos, muliebris, & arbos.
Da chaos, atque melos neutris, os, Argosepósque.
Nomen in vs mas est, seu quartæ, siue secundæ.
Porticus, atque tribus muliebris, acúsque, manúsque.
Aluus, burrus, vannus, colus, Idus, carbasus addes,
Et domus, & ficus pomum: mas morbus habetur.
Plurima in Os, Græca Ausonij secc, ic Latina:
Quæ maribus partim, vt prologus, paradisus, adhærent:
Partim fœmineis, veluti diphthongus, eremus.
In neutris numera virus, pelagúsque profundum.
Post Ilat Vs, neutrum, quoties id tertia flectit.
Hic lepus, & mus. Pus Græcum compostáque iunges.
Sit tibi fœmineum Lagopus lacerta, volucris.

Vt vigeſsis, cætuſsis.
Vt ros, flos.
Vt Iesus, ιησους.
Vt pecus pecoris. Vt chytropus, tripus.

Lagòpus nomen herbæ, siue auis fœmineum est, quanuis ex Pus componatur.

Mart. lib 7. Si meus aurita gaudet Lagopo de Flaccus.
Plinius lib. 10. cap. 48. de Lagopode aue, non extra terr. m eam veli facile, quando nec viuam mansuescit, & corpus occisæ statim marcescit.
Idem lib. 26. cap. 8. de Lagopode herba, Lagopus sistit aluum è vino pota.

Est muliebre palus, sul seus, pulcherrima vintus,
Atque salus, pecudisque pecus, quibus additur incus.
Quæque sibi seruus, iuuenisque, senesque iugarunt.
Æs tibi sit neutrum. Laus, fraus muliebria sunto.
S, dato fœmineis, s consona ponitur ante.

Seruitus, iuuentus, senectus.

NOMINVM. 81.

Est virile rudens, fons, pons, seps laetifer anguis,   *Vt qua-
Mons, dens, atque chalybs, assis, quibus addito paries: drans,
Et polysyllaba, ps, forceps dematur abunca.   tirens,
* X, dato foemineis. Sed Eryx, grex mascula sunto,   hydrops,
Et spadix, bombyx, vernix, cum fornice, foenix,   nerops.
Atque calix, coccyx, & oryx, varixque, calyxq́;   *Vt sandyx,
Praeterea volnox, quincunx, septunxque, deunxque.   celox.

   Sescunx legitur 32. Pandect.
Sescuncia tamen pro eodem vsitatius videtur.
ᵃ Ax, Ex, finium polysyllabon, esto virile: ᵃ Vt tho-
Foemineum thomex, alex, cum smilace fornax,   rax,
Et so fex, vibex, carex, at iunge supellex.   pollex.

   Atriplex n. utrum est. Plin. lib. 20. cap. 20.

Mobile sit fixum, si fixum mente subaudis:
Vnde genus capit vt sonipes, Oriens, c. Teterisque.
Mobile sit neutrum, ni fixum mente subaudis.
Respicimus fines, non significata frequenter.
Zeugma, Reate ideo petit hoc, cum Tybure, care,
Hoc Praeneste, Hispal, sunt ob hoc vtrimus vncis.
Masculei Narbo vriciata gloria gentis,
Haec damnata diu Romanis Allia fastis.

  Hippo, foeminini est generis, Plin. lib. 6. cap. 34.
  Vtraque Hippo, Sil. us. lib. 3. virili genere vsus est.
  Tum Vaga, & antiquis dilectus regibus Hippo.
  Martialis lib. 8. e. ig. 71. dixit muliebri genere Narbo:
  Quem pulcherrima iam videre Narbo.

X   Dicti

DE GENERIBVS.

Dicti patria Narbo Votieni,
 Ad leges iubet, annuesque faces.
Respicit interdum nomen generale pëota:
Vnde sibi merito genus inferiora capessunt:
Sic volucrem sequitur bubo, sic flumen Iader.

De nominibus incerti generis.

Hæc modò fœmineis, maribus modò iuncta videbis,
 Grossus, adeps, atomus, limax, cum torque, phaselus,
Scrobs, serpens, finis, cum corte, diesque, rususque.
Postulat hic, aut hoc merito Nar, vulgus, & Anxur.

Nomina masculina apud oratores, quibus poëtæ interdũ etiam genere muliebri vtuntur:

Mascula bubo, specus, cortex, cum pumice, puluis,
 Et calx pars pedis, atque silex cum margo, palumbes:
Proferet hæc cautè iuuenis muliebria vates.

Nomina ferè fœminina apud oratores, & interim masculina præcipuè apud poëtas.

Est muliebre animans, voluois, cum stirpe, cupido,
 Sardonychem comitatur onyx, grus, clunis, & ales,
Cum talpa, linter, cum dama, linxque, penusque:
Hæc maribus tribues, cinget cùm tempora laurus.
Hunc ritharem, hunc frontem, hunc pinum nimiumq; vetusta,
Pacuuij proauis, atauisque vtenda relinque.

De

NOMINVM.

De genere Epicœno.

ARticulo sexum quæ complectuntur vtrunque Vno, Epicæna vocant Graij: Promiscua nostri.

Vt hic lepus, hæc vulpes.

DE NOMINVM DECLINATIONE.

NOmina composita ferè instar simplicium declinantur.

In compositis rectus tantùm casus declinatur: vt *Tribunus plebis, Tribuni plebis, Tribunoplebis, Tribunum plebis &c*.

Huc spectant *Senatus consultum, Iurisperitus, Paterfamilias*, atque alia eiusdem generis.

¶ Si nomen ex duobus rectis copuletur, vterque declinatur: vt *Respublica, Iusiurandum: reipublicæ, rempublicam, &c*. Excipitur *Alteruter*, cuius posterior tantùm pars declinatur, excepto genitiuo singulari, qui vtroque modo declinatur, *alterutrius*, & *alterius vtrius*.

Nomina neutra tres casus habent similes, nominandi, accusandi, & vocandi: qui numero multitudinis, A, litera terminatur: præter *Ambo*, & *duo*.

Vocatiuus singularis quartæ, & quintæ declinationis similis est nominatiuo: *sensus, ô sensus: dies, ô dies*.

Nominatiuus, & vocatiuus multitudinis similes sunt, *Musæ, ô Musæ: virtutes, ô virtutes*.

Datiuus, & ablatiuus numeri pluralis similes sunt, *Musis, à Musis: virtutibus, à virtutibus*.

Prima declinatio.

PRimæ declinationis nomina in A, As, Es, excunt.

DE NOMINVM

Quæ, A, litera terminantur, tum Græca, tum latina sunt: vt Maia, Ægina, victoria, familia.

Quæ in As, & Es, syllabas exeunt, Græca tantùm sunt vt Æneas, Anchises: & declinantur hoc modo.

Nominatiuo Æneas, genitiuo Æneæ, datiuo Æreæ, accusatiuo Ænean, vocatiuo ô Ænea, ablatiuo ab Ænea.

Nominatiuo Anchisas, genitiuo Anchise, datiuo Anchisæ, accusatiuo Anchisen, vocatiuo ô Anchise, ablatiuo ab Anchise.

Numero multitudinis omnino cum Latinis nominibus primi ordinis consentiunt.

¶ Priscis temporibus genitiuus singularis Latinus etiam in As, syllabam terminabatur: vnde etiam nunc dicitur Pater familias, mater familias, filius familias.

¶ Aulai, pictai, & his similes interrogandi casus interdum apud poëtas leguntur, pro auræ, pictæ.

Virg. lib. 9. Diues equûm, diues pictai vestis, & auri.

¶ A Maia, Ægina, & alijs huiusmodi Græcis nominibus fœminis accusatiuus per A N, syllabam aliquando apud poëtas exit, vt Maian, Æginan.

Vocatiuus similis est nominatiuo, ô Musa, ô Maia.

¶ Græca, s, literam deponunt, ô Ænea, ô Anchise.

Datiuus multitudinis, IS, syllaba finitur: præter Duabus, ambabus, & deabus, & nonnulla alia eiusdem exitus, quæ etiam à viris doctis, sexus discernendi gratia, vsurpatur.

Nomina E, litera finita secundæ declinationis Græcorum sic declinantur.

Nominatiuo Musicæ, genitiuo musices, datiuo musicæ, accusatiuo

DECLINATIONE. 83.

satiuo muficen, vocatiuo ô muficé, ablatiuo ê muficé.
Numero plurali Latinam declinationem sequuntur.
Ad hunc modum declinantur, Mastice, Grammatice, Rhetorice, Dialectice, Arithmetice, Lybie: quorum vltima vocalis si in, A, literam mutetur, Latinè declinatur, vt Grammatica, grammaticæ, &c.

Secunda declinatio.

LAtina nomina secundæ declinationis in syllabas ER, IR, VR, VS, V M exeunt, vt Faber, vir, satur, populus, pratū. Græca in OS, ON, EVS, vt Delos, Androgeos, Pelion, Tydeus.

Genitiuus ferè æqualis est nominatiuo syllabarum numero, vt Populus, populi: præter Iber, Iberi: Celtiber, Celtiberi: armiger, armigeri: signifer, signiferi: Liber, Liberi: Treuir, Treuiri: satur, saturi, & nonnulla alia.

¶ Poëtæ aliquando alteram, I, omittunt.
Virgil. Eclog. 1. Nec spes libertatis erat, nec cura peculi.
Androgeos, non solùm Androgei, sed etiam Androgeo, more Attico, facit genitiuo.
Idem, Æneï. 6. In foribus lethum Androgeo.

Accusatiuus à Græcis in Os, s, literam mutat in, n, vt Delos, Delō: Menelaos, Menelaon: Athos, Athon, vel Atho more Attico.
Vocatiuus similis est nominatiuo: ô vir, ô Deus.

Exceptio I.

Cætera nomina, Vs, syllaba finita mutant, Vs, in, E. Populus, ô popule, fluuius, ô fluuie, tabellarius, ô tabellarie. Præter

DE NOMINVM

ter Filius, & nomina propria in IVS, quæ Vs, syllabam
deponunt, ô Fili, ô Antoni, ô Pompei.

Cicero ad Octauium, Quantum te popule Romane de me se fel-
lit opinio!

Exceptio II.

Græca quæ in Eus, & VS, diphthongum exeunt, deponunt, s,
vocatiui, Tydeus, ô Tydeu: Panthus, ô Panthu.

Appendix I.

Græca, Eus, syllaba finita etiam genitiuo faciunt, Eos, &
accusatiuo, Ea, maximè apud poëtas, sed tunc ad tertiam
declinationem spectant, vt Tydeus, Tydeos, Tydea: Tereus, Tereos, Terea.

Appendix II.

Vocatiuus Græcorum nominum, quæ Os, in, Vs, mutant, etiam
in, E, literam exit, vt Timotheus, Pamphilus, ô Timothee,
Pamphile: Antæus, Thymbreus, Ptolemæus, ô Antæe,
Thymbræe, Ptolomæe.

Appendix III.

Latini interdum vel euphoniæ causa, vel Atticos imitantes,
vocatiuum faciunt similem nominatiuo, ô populus, ô fluuius,
ô meus.

Liuius I. ab Vrb. audi tu populus Albanus.

Virg. Ænei.6. Proijce tela manu sanguis meus.

Idem, Æn.8. Corniger Hesperidum fluuius regnator aquarum
Adsis ô tandem.

¶ N, n initius multitudinis, I, litera terminatur, vt Captiui,
dei, vel dij.

Pris-

DECLINATIONE. 84.

Priscis temporibus ei, diphthongo terminabatur, vt Captiuei. Datiuus pluralis, Is, syllaba finitur, vt Captiuis, deis, vel dijs.

Tertia declinatio.

ET si tertiæ declinationis quamplurimæ sunt positiones, genitiuus tamen in, Is, syllabam exit, qui nominatiuo, modo est æqualis numero syllabarum, vt nauis nauis: modo vna sylla ba longior, vt Turbo, turbinis: unedo, vnedonis: modo duabus, vt, Iter, itineris: biceps, bicipitis: supellex, supellectilis.

O

Màcedo, Macedonis: Anio, Aniènis: Nerio, Neriènis.

N.

Bàbylon, Babylonis: Palæmon, Palæmonis: Xènophon, Xenophontis.

R.

Lar, Laris: hepar, hepatis: acer, àceris: Mùlciber, Mulciberis: iecur, ièoris, vel iecinoris.

AS.

Calchas, Calchantis: hic Pallas, Pallantis: hæc Pallas, Pàlladis.

ES.

Chremes, Chremètis, vel Chremis: Laches, Lachètis, vel Lachis.

IS.

Simois, Simoentis: Pyrois, Pyroentis: Charybdis, Charybdis: Paris, Pàridis.

OS.

Rhinòceros, rhinocerôtis: Tros, Trois: Minos, Minôis: heros, heròis.

VS.

Melampus, Melàmpodis: Opus, Opuntis: Amathus, Amathũtis.

YS.

Capys, Càpyis: Cotys, Còtyis: Chlamys, chlàmydis.

NS.

DE NOMINVM

NS.

Lens, lendis: lens, lentis: frons, frondis: frons, frontis: A-
runs, Aruntis.

PS.

Auceps, aucupis: anceps, ancipitis: stirps, stirpis.

RS.

Lars, Lartis: rex Veientum: corcors, concordis.

X.

Astyanax, Astyanactis: arx, arcis: merx, mercis: veruex,
veruecis: Lynx, lyncis.

Genitiuus Græcus in os.

GRæco genitiuo, Os, syllaba finito interdum vtuntur Latini:
vt Metamorphêsis, Metamorphêseos: Deucalionis, Deucaó-
leos: Tanis, Taneos: Tethys, Tethyos, Erymanthis, Erymanthidos.

Græcus genitiuus in Vs.

MAnto, Callisto, Alecto, Calypso, & cætera id genus Græca ferè Vs, faciunt genitiuo vt Mantus, Calypsus.

Accusatiuus.

ACcusatiuus exit in EM: vt Sermonem.

Exceptio.

Buris, cucumis, peluis, rauis, securis, sitis, tussis, visin Im,
exeunt.

Exceptio II.

Febris, clauis, nauis, puppis, restis, turris, in Im, vel in Im,
terminantur.

DE CLINATIONE.

Accusatiuus Græcus.

Græcus accusatiuus in A, exit: vt Hectora, Calchanta, aëra, æthera.

Exceptio I.

Græca, O, litera finita habent accusatiuum similem nominatiuo, vt Manto, Calypso, Alecto.

Exceptio II.

Græca, Is, syllaba finita, quæ apud Latinos genitiuum habent similem nominatiuo, hoc est, quorum genitiuus apud Græcos in Os, exit, nulla præcedente consonante, accusatiuo faciunt In, Græce, vel Im, Latine: vt Charybdis, Charybdin, vel Charybdim.

Ys finita frequentiùs in, yn, quàm in, ym, exeunt, vt Tethys, Tethyn: Cotys, Cotyn, Halys, Halyn, vel Halym.

Quæ verò genitiuo crescunt, neque accentum habent in vltima, in In, vel Im, vel Em, exeunt, vt Paris, Paridis, Parin, vel Parim, vel Paridem: Iris, Iridis, Irin, vel Irim, vel Iridē: Isis, Isidis, Isin, vel Isim, vel Isidem: quæ etiam in, A, apud Græcos exeunt, vt Parida, &c.

Vocatiuus.

Vocatiuus similis est nominatiuo, ô sermo, hac Pallas, ô Pallas, ô Socrates, ô Chremes, ô Achilles, ô Heros, ô Chlamys: ô Socrate, Chreme, Achille, Vlysse, etiam in vsu sunt.

Exceptio.

Græca, quæ in, Is, vel Ys, exeunt, neque habent accentum in vltima apud Græcos, deponunt, s, nominatiui ô Mæri, Iri, Pa-

DE NOMINVM

ri, Tethy. Et apud poëtas foeminina in, Is, quorum genitiuus exit in Dis, quanuis accentum habeant in vltima, ô Amarylli, Tyndari, Oebali.

Item propria in, As, quorum genitiuus exit in, Antis, apud eosdem poëtas deponunt, S, ô Palla, ô Calcha.

Præterea quæ ante, s, habent diphthongum, ferè, S, literam abijciunt, vt Tydeus, Melampus, ô Tydeu, Melampu.

Quæ omnia apud Atticos vocatiuum habent similem nominatiuo, ô Paris, & cætera: quos interdum imitantur Latini.

Ablatiuus.

Ablatiuus exit in, E, à teste, duce, hospite, paupere, puluere, sospite.

Exceptio I.

¶ Nomina, quorum accusatiuus exit in, In, vel Im: neutra in Al, Ar, E: Nomina mensium: Adiectiuum, cuius neutrum, E, litera terminatur, I, postulant, vt Charybdi, siti, animali, calcari, monili, Septembri, breui.

Quibus accedunt Pluri, strigili, canali, memori.

Par, nectar, hepar, iubar, E, contenta sunt: item gausape, Soracte, Præneste, Reate, & cætera, locorum propria huius positionis, si tamen huc spectant: sunt enim pleraque declinationis expertia.

Exceptio II.

I, vel E, petunt cætera adjectiua, & substantiua, quorum accusatiuus in, Em, vel Im, desinit, vt à felice, vel felici, ingéte, vel, ingenti: naue, vel naui.

Qui-

DECLINATIONE.

Quibus addes *amnis, ignis, imber, supellex, vectis*.

Appendix I.

Substantiua, Is, syllaba finita, quæ ex adiectiuis facta sunt, ferè in, I, exeunt: vt, *familiaris, annalis, bipennis, triremis, affinis: à familiari, annali*.

Volucris tamen, & rudis vòlucre, rude faciunt.

Sin verò propria sint, E, tantùm postulant: vt, *Martialis, Iuuenalis: à Martiale, Iuuenale*.

Hæc imitantur & alia, vt *Felix, Clemens, Melior*.

Appendix II.

Pleraque adiectiua, quæ in literas. NS, exeunt, ferè, E, contenta sunt, vt *Prudens, imprudens: à prudente, imprudente*.

Participia in E, exeunt, vt *Absente, præsente, audiente*. Cic. in Verrem lib. 3. *Illa deos hominésque implorante, iste infa͂ti pupillæ fortunas patriásque adémit*.

Plin. lib. 3. cap. 1. *Bætica à flumine eam mediam secante cognominata cunctas porvinciarum diuiti cultu, & quodam quasi fertili, acpueculiari nitore præcedit*. Interdu͂ etiam in I, sed tunc ferè in nomi͂a transeunt.

Comparatiua nomina multò vsitatiùs in E, literam, quàm in I, exeunt, vt *Superiore, faciliore, vberiore*.

Casus multitudinis.

Nominatiuus pluralis exit in Es, vt *Sermones, delphines, Troës*.

Genitiuus pluralis.

Genitiuus multitudinis in Vm, syllabam exit, vt *Iuuenum, canu͂,*

DE NOMINVM

canum, vatum maiorum, minorum: eodem modo cætera comparatiua.

Exceptio.

In Ium, exeunt præcunque literis, N S, finiuntur, vt Serpentium, præsentium.

Item, S, litera terminata, quæ genitiuo non crescunt, vt Collis, collium: clades, cladium. Et quorum ablatiuus in, I, aut E, vel, I, exit, vt Diœcesium, Syrtium, animalium, plurium, nauium, felicium.

Quibus adde Samnitium, lintrium, cohortium, vtrium, ventrium, forracium.

Ad hæc monosyllaba, quæ in duas consonantes exeunt, vt Trabs, seps, pars, arx, merx: trabium, sepium, partium, arcium, &c.

Quibus accedunt, As, glis, lis, mus, nix, rex, os, ossis, fauces, faucium: & siqua alia sunt à viris doctis vsurpata.

Hinc rursus excipiuntur Parens, dègener, inops, memor, supplex, vetus, vber, lynx, & alia, quorum genitiuus exit in Vm, quæ, progrediente tempore rerum omnium magister vsus te sine fastidio decebit.

Genitiuus Græcus.

Genitiuus Græcus exit in, on, per, O, magnum, vt Epigrammaton, hæreseon.

Datiuus pluralis.

Datiuus in Ibus, exit, vt Sermonibus: Bos tamen bobus, aut bubus facit.

Græca

DECLINATIONE. 87.

Græca à neutris in A, in Is, syllabam frequentiùs exeunt, vt Periperasmatis, emblematis, poëmatis, & poëmatibus, diplomatis, diplomatibus.

Accusatiuus pluralis.

ACcusatiuus multitudinis in, Es, syllabam exit, vt Sermones: exit & in, Is, I, eis, cùm genitiuus certorum nominum desinit in, Ium, vt Omnis, vrbis, I, omneis, vrbeis: vter alteri sit præferendus, iudicabunt aures.

Casus plurales.

CAsus plurales nominandi, accusandi, & vocandi neutri generis in, A, desinunt, si ablatiuus in, E, tantùm exit, vt Têpora. Sin verò, I, aut, E, vel, I, tantùm tern. metu, r, tunc in, Ia, desinent, vt Vectigalia, ingentia. Præter comparatiua: item Vetus, Plus, quæ in, A, exeunt, Maiora, vetera, plura. Aplustre, aplustria, & aplustia fecit.

Græcus accusatiuus.

ACcusatiuus græcus in, As, desinit, vt Delphinas, Troas, cratêras.

Virg. Eclog. 8. Orpheus in syluis, inter delphinas Arion.

Quarta declinatio.

GEnitiuus singularis quartæ declinationis exit in, Vs, syllabam: vt Senatus, anus.

Prisci Senatuis, anuis dicebant: apud quos etiam, I, litera hic casus terminabatur, vt Ornati, tumulti. Vnde Terent. more prisco, Eius anuis causa dixit: & Nihil ornati: Nihil tumulti.

Dat•

DE NOMINVM

Datiuus in ui, exit, vt Senatui, anui: priscis seculis etiam in, u, exibat, vnde Virgilius Ænei. 1 Parce metu Cytherêa.

Datiuus multitudinis in Ibus, exit, vt Sensibus.

Exceptio.

Arcus, Artus, lacus, partus, specus, tribus in, ubus, exeunt, lacubus, specubus, tribubus. Portus in, ibus, & ubus. Questibus à queror multò vsitatius est, quàm questubus.

Quinta declinatio.

Casus interrogandi singularis, quintæ declinationis in Ei, literas diuisas exit, vt Diei.

Apud antiquos in ES, siue, E, exibat. Vnde Virg. Georg. 1.
Libra dies, somnique pares vbi fecerit horas. & Ouidius Metamorph. 3.

Prima fide, vocísque ratæ tentamina sumpsit.

Exijt & in duplex ij. Virg. Ænei. 1. Munera, lætitiámque dij.

Casus interrogandi, dandi, sextúsque multitudinis, præter Rerũ, rebus, dierum, diebus, inusitati sunt.

Cicero non est ausus specierum, Speciebus dicere: non tamen negat posse Latinè dici.

Syncope.

Omnium fermè declinationum interrogandi casus multitudinis, interdum maximè à Poëtis imminuuntur: quam imminutionem Græci Syncopen vocant.

Primæ.

Cælicolûm, Æneadûm, Ausonidûm, Troiugenûm, &c. pro Cæ-

DECLINATIONE.

Cælicolarum, Æneadarum, &c.

Secundæ.

LIberûm, nûmûm, sestertiûm, fabrûm, deûm, &c. pro Liberorum, numorum, &c.

Tertiæ.

CLadûm, cædûm, veprûm, cœlestûm, agrestûm, potentûm, furentûm, Macedûm, pro Cladium, cædium, veprium, cœlestium, agrestium, potentium, furentium, Macedonum: quæ, & alia eiusdem generis non facilè apud Oratores reperientur.

Appendix I.

GEnitiuus imminutus à nominibus substantiuis, As, syllaba finitis, vsitatior est, quàm plenus, vt Ciuitatum, quàm ciuitatium.

Appendix II.

QVidam genitiui tum pleni, tum imminuti sunt vsitati, etiam apud Oratores, vt Apium, & apum: serpentium, & serpentum: Quiritium, & Quiritum: optimatium, & optimatum, locupletium, & locupletum.

Quartæ.

CVrrûm, paßûm, pro Currum, paßuum.

Anomala, siue inæqualia.

ANomala, siue Inæqualia vocantur, quæ aut numero, aut genere, aut declinatione, aut casu, aut aliquo alio attributo deficiunt.

Nu-

DE NOMINVM
Numero inæqualia.

QVÆdam singulari numero tantùm declinantur, vt Nemo, pontus, lutum, & plæraque eorum, quæ metimur, aut ponderamus, vt triticum, oleum, aurum, ferrum.

Quædam plurali solùm, vt Cani, canorum: Penates, Penatiũ: castra, Calendæ.

Genere inæqualia.

QVÆdam singulari numero sunt masculina, plurali neutra: vt Sibilus, sibila: balteus, baltea.

Quædam singulari fœminina, plurali neutra, vt carbasus, carbasa.

Quædam singulari neutra, plurali masculina, vt Argos, Argi, Argorum.

Declinatione inæqualia.

VAS, vasis, singulari numero est tertiæ declinationis: plurali, secundæ: vt vasa, vasorum, vasis.

Iugerum, iugeri, contrà numero singulari secundi est ordinis, plurali tertij: iugera, iugerum, iugeribus. Interdum & iugeris genitiuo singulari, & iugere ablatiuo legitur.

Casu inæqualia.

QVÆdam non declinantur in casus, vt Frugi, nihil, pondo, quod numerum pluralem tantùm habet, cũ libram significat: item Quatuor, quinque, & cætera vsq; ad centum, quæ aptôta, siue monoptôta appellantur.

Quædam vocatiuo carent, cuiusmodi sunt Interrogatiua, vt Quis, qualis. Relatiua, vt Qui, quæ, quod. Negatiua, vt Nemo,

DECLINATIONE.

Nemo, nullus. Partitiua pleraque, vt Quidam, vllus, alius.
  Pronomina etiam, præter Tu, meus, noster, nostras,
  ferme vocandi casu destituuntur.
Quædam nominandi, interrogandi, & accusandi casum tan-
  tùm habent, vt Tantundem, tantidem.
Quædam nominatiuum & vocatiuum, vt Iupiter, expes.
Quædam obliquos tantùm, vt Iouis, Ioui, Iouem, Ioue.
Quædam tres solùm obliquos, Opis, opem, ab ope.
Quædam duos, vt Repetundarum, ab his repetundis.
Quædam vnum, vt Inficias, sponte, natu.

DE VERBORVM PRÆTE-
ritis, & supinis.

Simplicium leges ferme coniuncta sequuntur.   Vt lego,
Hinc pauca excipiam, memoriquæ mente repones.   perlego.
*Cum geminat primam simplex, composta priorem   *Vt tundo
Præteriti amittunt: præter Præcurro, repungo,   tetendi:
Quæq; sibi gignunt sto, do, cum poscere, disco.   extendo,
Præteritis quæcunque carent, spoliato supinis,   extendi.
Vt glisco, vergo, feris, cum polleo, vado.
Ambigo, cum satago, quæso, quibus hisco, fatisco,
Et furit, & mœret, tum aueo, tum rigor, & aio,
Et vescor, liquor, medeor, reminiscor ad auge.
Insuper à verbo, seu nomine nata: tepesco,
Mitesco veluti, quorum de nomine lis est:
Aut certè capiunt à verbis vnde trahuntur.   *Vt cœna
*Adde, quibus nomen vehemens meditatio fecit.   turio.
             Z   Esurit   dicturio.

DE VERBORVM

Esurit excepto. Veterum monumenta reuolue.

Prima coniugatio.

_aVt eneco,
aui,atum:
&enecui,
enectum.
2Cubo:do-
mo:crepo,
veto,tono,
sono.
*Vt discum-
bo, discu-
bui, discu-
bitum.
Mico:
frico:seco:
Lauo.

PRæteritum primæ facit aui, atumque supinum:
   Vt neco: nam necui nectum sibi* pignora seruant.
2 At cubui, domui, crepui, vetuique supina
Dant in, itum, vt cubitum: hæc tonui, sonuique sequuntur.
*M cubo cum recipit tantùm tibi tertia flectet:
Ast id præteritis expungitur, atque supinis.
Dimicat aui,atum. Micui nil amplius optat.
A fricui frictum : à secui deducito sectum.
A laui lotum, aut lautum, nec sperne lauatum.
Ex lauo compositum, ceu diluo, tertia poscit.
Potatum à poto, seu potum flectito. Iuui

aVt explico.
aVt duplico
triplico.
*Vt vendo,
con lo.
aVenundo
circundo,
pessundo,
satisdo.

A iuuo tantùm, vel capies à prole supinum.
Dat plicui plicitum, * compositum poscit vtrumque.
Supplicat aui, atum, 2 genitùmque ex nomine solùm,
*Ex do compositum variabit tertia: præter
2 Quæ verum, circum, pessùmq; satisque crearunt.
Do, dedit, atque datum : verùm didit omne ditùmque
Exigit, vt vendo, trado, quod tertia flectit.
A sto flecte steti, statum, stiti, at inde profecta,
Atque stitum cupiunt, multò sed crebriùs atum.

Secunda coniugatio.

aVt Exor
beo.
Absorbeo.

ALtera præteritis dat, ui, dat, itùmque supinis:
   Vt moneo, taceo: gignit sed torreo tostum.
Sorbeo cum socijs dat, ui, tamen absque supino.

A d

PRÆT. ET SVPINIS.

A doceo doctum, à teneo deducito tertum.
Censeo fert censum: mistum tibi misceo donat.
Quod dat ui, * neutrum, timeoque, careo to supinis.   *Vt horreo
Poscit itum valeo, careo, placeòque doletque,   egeo.
Et iaceo, caleo, noceo, cum pareo iunges.
Dant di, sum, video, sedeo, cum prandeo: verùm
S, geminat sessum: stridi nil postulat vltrà.   Strideo.
Mordeo, præterito geminato, flecte momordi,
Morsum: sic spondet, tondet, sic pendeo flectes.
Dat mansi, mansum: minui sed præminet optat,   Maneo.
Prominet, immineo, simul eminet, absque supino.
Hæreo dat si, sum, cum suadet, mulcet, & ardet,
Tergeo, cum mulget, videt, sed torqueo tortum.
S, iussi, iussum geminant. Indulgeo si, tum.   Bubeo.
Vrgeo, si, tantùm, cum fulget, turget, & alget.
Lugeo fert luxi: iampridem quæro supinum.
Luceo duntaxat luxi, sic frigeo frixi.
Augeo præterito facit auxi, auctumque supino.
Eui, etum, vieo, flet, net, cum deleo, quæque   Fleo: neo.
A pleo nascuntur, repleo, ceu suppleo, complet.
Ciui sume citum: quartæ sed pignora redde.   Cieo.

¶ Conciere interdum etiam secundæ declinationis legitur: Liuius I. ab Vrbe. Elatum domo Lucretiæ corpus in forum deferunt, concientque miraculo (vt fit) rei nouæ, atque indignitate homines.

Nunc oleo dat ui, dat itum: sic * pignora patris   *Vt oboleo
Quæ seruant sensum. Eui, etum fert cætera * proles.   suboleo.
Ast aboleuit, itum dat: fert adoleuit, adultum.   *Vt obso-
Ex veo, fit vi, tum: moueo, foueòque fatentur.   leo. Adoleo.

Z 2   A ca-

DE VERBORVM

A caueo cautum: à faueo deducito fautum.
Vi, neutrum tantùm poscit, ceu flaueo, liuet,
Et paueo, feruet: coniui, hoc postulat, & Xi.

Coniueo. Audeo nunc ausus, gauisus gaudeo poscit,
Et solitus soleo: solui tibi Crispe placebat.

Tertia coniugatio.

POstulat, in, spicio, aut Licio quod desinit, exi,

Elicio. Ectum, vt conspicio, allicio: tamen Elicit optat

Facio. Elicui, elicitum: à feci deducito factum.
Fodio. A ieci iactum: dat fodi, s, duplice fossum.
Iacio.
Fugio. Vult fugi fugitum: sapui sapiive, nec vltrà
Progreditur sapio: cupio, iui, gignit & itum.
Dat capio cepi, captum: sed cœpio priscum
Rapio, Fert cœpi, cœptum: à rapui deducito raptum.
Pario.
*Vt excu- Dat peperi partum, aut paritum: sint pignora quarta.
tio, discu-
tio. Dant cussi, cussum Cutio* finita: parente
Quatio. Vteris quassi, quassum, si legeris vsquam.
Rite ùo poscit ui, ac utum, sit diluo testis.
Vt dirue, A ruo dic ruitum, sed vtum dant pignora tantùm.
Obruo.
Struo, A struxi structum: à fluxi deducito fluxum.
fluo.
aVt renuo, Congruo nulla, luo, metuòque, pluoque supina,
innuo. Annuo cum sociis, batuo, ingruo, respuo, gignunt.
Vt bibo, Bo, dat bi, dat itum. Scabo, lambo carento supinis.
scribo. A scripsi scriptum: à nupsi deducito nuptum.
Nubo.
Ico, duco. Ici fert ictum: à duxi depromito ductum.
A parsi parsum, geminat quoque parco peperci.
Vinco cupit vici, victum: à dixi exige dictum.

PRÆT. ET SVPINIS. 91.

Sco vi, tùmque petit, ceu nosco, quiesco, suesco.
Dat gnitus agnosco, cognosco iungitur illi.
Dat pasco pastum: conquexi linque vetustis.
Vt disco didici tantùm, sic posco poposci.
Dispesco dat ui, pariter compescere solùm.
Do, di, sum gignit, veluti Defendere, Cudo.
N, tamen amittunt fundo, cum scindere, findo.
S, geminat fi, sum, ac scissum, dat pandere passum.
Tundo petit tutudi, tunsum: sed pignora tusum.
Sume Cado cecidi, casum: cape Cædo cecidi,
Cæsum: dat tentum, vel tensum, tendo tetendi.
Pedo pepedit habet, pensum fert pendo pependi.
Tum rudo, tum sido, tum strido carento supinis.
Dant si, sum, claudo, lædo, cum rodere, trudo,
Diuido, cum plaudo, rado, cum ludere: vasi,
Ac vasum à vado capiunt sibi pignora tantum.
Cedo petit cessi, cessum facit inde supino.
Dat xi, ctum, Go, vel Guo, vt plango, extingo supinis.
N, tamen abijciunt stringo, cum pingere, fingo.
Tango cupit tetigi, tactum: egi ago poscit, & actum.
Sume Pago pepigi, pactum: cape Pangere panxi,
Vel pegi pactum, gaudent* composta secundo.
Dat legi, lectum: fregi dat frangere fractum.
Negligit, exi, ectum, cum intelligo, diligo poscit.
Pro ligo, cum dego, sugo, priuato supinis.
Dat pungo pupugi, punctum: dant* pignora ferme
Punxi. Vult si, sum, spargo, cum mergere, tergo.
Dant xi, xum, figo, frigo: caret ango supinis.

Conqui nisco.

Retundo, retusum.

Vt inuado.

*Pago pris- cum est. *impegi compegi.*

Vt expún go.

Atra

DE VERBORVM

Traho:
Veho.
    A traxi tractum: à vexi deducito vectum.
    Meio facit minxi, mictum, nec plura require.

Vt molo.
    Lo, luit, atque litum: colo cultum, consu'o gignit
    Consultum: occulit occultum, ast alo poscit & altum.

Antecello
    Ante caret cello, præcello, excello supinis.
    Præteritum duplex perculsi, perculit, optat
    Percello perculsum: haud plura require supina.
    Dat pello pepuli pulsum: vult fallo fefelli,

Vello.
    Falsum. A velli, vel vulsi deducito vulsum.
    Sublatum tollo, nunc tantùm, ac sustulit optat.
    Sallo facit salli, salsum: dat psallere psalli,
    Malo, volo, nolo, cum psallo carento supinis.

Vt vomo.
    Mo per, ui, dat itum: tremo flectitur absque supino.
    Dant psi, ptum, demo promo, cum, sumere como.

Emo.
pono.
gigno.
    Emi fert emptum: premo pressi, s, duplice pressum.
    Dat posui positum, genitum genuisse reposcit.

*Vt concinui, con centum.
    Dat cecini cantum * cinui dant pignora, centum.
    A sino fit siui, atque situm: dat sternere straui,
    Ac stratum: spreui, spretum dat spernere: cerno

* Decreui decretum.
    Creui, sed cretum capiunt sibi * pignora solùm.
    Dat tempsi, temptum tuino, si legeris vsquam.
    Lini, velliui, leuiue litumque trisulcum
    Fert lino. Po, psi, ptúmque petit, ceu scalpere, carpo.

Strepo.
rumpo.
Vt relinquo.
Coquo.
    A strepui strepitum: à rupi deducito ruptum.
    Linquo sibi liqui, cupiunt sibi pignora lictum.
    Dat coxi coctum: tero triui poscit, & itum.
    A gero fit gessi, gestum: dat curro cucurri
    Cursum: quæsitum quæro, quæsiuit habeto.

Ferre

PRAET. ET SVPINIS.

Ferre tuli, latùmque: vro dabit vssit, & vstum.   Fero.
Præteritum verri à verro est, versùmque supinum.   *Vt obsero,
A sero fit seui, atque satum: vi rustica *proles.   circunsero.
Fert, & itum: dat ùi, ertum, aliena à rure *propago.   *Vt exero,
*So, siui, situmque petit: dat visere visi,   desero.
Ac visum: incesso in cessi, tamen absque supino   Vt capesso,
Pinsitus, ac pistus, pinsusque à pinsuit exit.   facesso.
Xi, xum, dant plecto, cum flecto, nectere, pecto.
Dant quoque pecto, xui, nectòque. Peto iuit, & itum.
Stertuit à sterto tantùm: meto messuit optat.
Ac messum, s, gemino: misi dat nitro, supinum
S, duplici missum: à verti deducito versum.   Verto.
Sisto stiti, statum, activum neutrale sequetur   a Vt resisto
Sto verbum: vnde stiti, atque stitum sibi *pignora sumnte.   insisto.
A vixi victum, à volui deflecte volutum.   Viuo:
Texui amat texo, ac textum: soluique solutum.   Voluo.
    Soluo

De Præteritis, & Supinis quartæ coniugationis.

IVi, itum, vt polio, fastidio, quarta requirit.
Fert veni, ventum venio, sepelire sepultum.   Sepelio.
Singultum singultit amat: dat amixit, amictum.   Singultio,
Ex pario natum *per, ùi, flectatur & ertum.   amicio.
Comperio, reperitque petit Ri, poscit & Ertum.   *Vt aperio,
Sarcio dat sanxi, sanctum simul, optat & itum.   operio.
Sentio vult si, sum sepsi dat sepio, septum.   Reperio.
Hausi fert haustum: dat vinci vinxio, vinctum.   Haurio.

           Fercio

DE VERBORUM

Farcio dat farsi, fartum: vult fulcio, fulsi,
Ac fultum: sarsi, sartum dat sarcio verbum.
Væneo fert vænum, quod ferme vænijt optat.
Dat salui saltum:* proles sibi vendicat vltum.

Salio.
* Vt insilio.

De Præteritis, & Supinis verborum deponentium.

EX or finitis actiuam fingito vocem,
 Vt vereor, vereo, veritum fluet inde supinum.
Præteritùmque simul, veritus sum: cætera fingi
Hac ratione queunt. Pauca excipienda memento.
A reor esto ratus: nanciscor nactus habeto.
Orsus ab ordiri deducitur: vsus ab vtor.
Vult fateor fassus, proficiscor sume profectus,
Metiri mensus gignit, pactùque paciscor.
Comq; miniscor amat commentum, adipiscor adeptum.
Vltus ab vlciscor venit: expergiscor habebit
Experrectus: at oblitum obliuiscor adoptat.
Da labor lapsus: misereri funde misertus.
Fert vtus loquor, atque sequor: queror accipe questus.
Dat nitor nixus, nisusque: gradi accipe gressus.
Redde fruor fruitus: morior tibi mortuus hæret.
Nascor amat natus: tandem fert ortus oriri.
In tribus extremis per, Ituyus, flecte futurum.
Dat patior passum, inuisum mortalibus ægris,

DE

DE OCTO PARTIVM
orationis constructione
LIBER II.

De Constructione intransitiua.

VERBVM *personale finiti modi antecedit nomi-natiuus apertè, vel occultè, eiusdem numeri & personæ.*

Cicero Terẽtiæ. *Si vales bene est: ego quidem valeo.*   Lib. 14.
Terentius in Eunucho. *Quis hîc loquitur?*
Idem ibidem. *Quid stamus? cur non imus hinc?*

Appendix I.

PRima, & *secunda persona ferè non explicantur, nisi cùm diuersa studia significamus.*

Autor ad Herennium. *Ego capitis mei periculo patriam liberaui: vos liberi sine periculo esse non curatis?*   Lib. 4.

¶ *Aut cùm plus significamus, quàm dicimus.*
Idem.   *Tu istud ausus es dicere?*   Ibidem.
Cic. in Verrem. *Tu innocentior, quàm Metellus?*   Lib. 8.
Tu, plus significat, quàm verbum ipsum per se declarat.

Appendix II.

VErbum Infinitum *interdum partes nominatiui agit.*
Cic. in Oratore. *Oportere perfectionem declarat officij.*
Terentius. *Non est mentiri meum.*   In Heautontim.
¶ *Item verbum cum suo casu.*
Cic. ad Marium. *Vacare culpa, magnum est solatium.*   Lib. 7.

        A a   Byn.

DE CONSTRVCTIONE

Lib. Epist. ad Brut. Brutus ad Atticum. *Dolet mihi, quòd tu non stomacharis.*

Appendix III.

VOces copulatæ sæpius verbum plurale desiderant.

Lib. 12. Cic. ad Attic. *Hîc nobiscum sunt Nicias, & Valerius.*

¶ Interdum singulari contentæ sunt.

Idem de Senectute. *Mens, & ratio, & consilium in senibus est.*

¶ Nonnunquam omittitur coniunctio.

Lib. 1. Idem ad Q. Fratrem. *Frons, oculi, vultus persæpe mentiuntur, oratio verò sæpissime.*

Apendix IIII.

VErbum plurale nobiliorem personam sequitur.
Prima nobilior est, quàm secunda, & tertia:
Secunda tertiæ ante ponitur.

Lib. 14. Cic. ad Terentiam. *Si tu, & Tullia, lux nostra, valetis, ego, & suauissimus Cicero valemus.*

Verbum infinitum.

VErbum personale Infiniti modi postulat ante se accusandi casum.

Cic. ad Atticum. *Hunc quidem nimbum citò transijsse lætor.*

Lib. 15. Terent. in Adelphis. *Saluum te aduenire gaudemus.*

De Adiectiuis, & Substantiuis.

NOmina Adiectiua, Pronomina, & Participia cohærent cum substantiuis genere, numero, & casu.

Lib. 6. Cic. in Verrem. *Erat hyems summa, tempestas perfrigida, imber maximus.*

Terent. in Eunuc. *Ille bonus vir nusquam apparet.*

Lib. 5. Curtius. *Parua sæpe scintilla contempta magnum excitauit incendium.*

Appen=

INTRANSITIVA.
Appendix I.

Substantiua coniuncta ferè adiectiuum multitudinis requirunt.

Liuius. *Hippocrates, & Epicides nati Carthagine, sed oriundi ab Syracusis.* — Belli Punici. 4.

¶ *Quòd si adiectiuum singularis sit numeri, cum viciniore substantiuo, genere, numero, & casu consentiet.*

Cicero de Petitione Consulatus. *Multorum arrogantia, multorum contumacia, multorum superbia, multorum odia, ac molestia perferenda est.*

Terent. in Eunu. *Viden otium, & cibus quid faciat alienus?*

Appendix II.

Adiectiuum plurale præstantius genus sibi vendicat.
Virile præstantius est muliebri, & neutro.

Terent. in Andr. *Domus, uxor, liberi inuenti, inuito patre.*

Liuius. *Decem ingenui, decem virgines, patrimi omnes, matrimíq́; adhibiti.* — Bel. Macedonico. 7.

Idem. *Concilia populi, exercitus vocari.* — Ab Vrb.

Virgilius. *Cæsósque reportant* — Aeneid. 7.

Almonem puerum, fœdatíque ora Galesi.

¶ *Neutrum muliebri præfertur, præcipuè cùm de rebus inanimatis sermo est.*

Sallustius. *His genus, ætas, eloquentia propè paria fuere.* — In Catil.

Idem. *Diuitiæ, decus, gloria in oculis sita sunt.* — Ibidem.

Appendix III.

Cvm substantiuis rerum inanimatarum plerunque iungitur neutrum multitudinis.

Liuius. *Ira, & auaritia imperio potentiora erant.* — Bello Macce. 7.

Idem

DE CONSTRVCTIONE

Bel. Mace. 5.
Idem. *Formis portam, murumque de cœlo tacta, nunciatum est.*

Ab Vrb. 1.
Idem. *Iam ludi, Latinæq; instaurata erant.*

RELATIVA.

Relatiuum Qui, quæ, quod concordat cum antecedente in genere, & numero.

Lib 16.
Cic. ad Tironem. *Nemo nos amat, qui te non diligat.*

Lib. 14.
Idem ad Terent. *Accepi ab Aristocrito tres epistolas, quas lacrymis propè deleui.*

Lib. 3.
Idem ad Attic. *O te ferreum, qui illius periculis non moueris!*

¶ Item pronomina Hic, Iste, Ille, Ipse, Is, & Idem, cùm fiunt Relatiua.

Lib. 2.
Idem ad eundem. *Eunti mihi Antium venit obuiam tuus puer: is mihi literas abs te, & commentarium consulatus mei Græcè scriptum reddidit.*

Appendix I.

Relatiuum Qui, quæ, quod, quum antecedenti præponitur, cũ eodem, genere, numero, & casu perquàm venustè cohæret.

Cic. pro Sylla. *Quæ prima innocentis mihi defensio est oblata, suscepi.*

Lib. 9.
Idem ad Atti. *Quos cum Matio pueros, & Trebatio miseram, epistolam mihi attulerunt.*

Idem in prima Tusculana. *Quam quisque nouit artem, in hac se exerceat.*

Lib. 12.
Idem ad Attic. *Quibus de rebus ad me scripsisti, quoniam ipse venio, coràm videbimus.*

¶ Quòd si inter duo substantiua ponatur, cum alterutro consentire

INTRANSITIVA. 95.

tiue poterit, etiam si alterum proprium sit.
Sallust. *Est locus in carcere, quod Tullianum appellatur.* — Catil.
Curt. *Darius ad eū locū, quē Amanicas Pylas vocāt, peruenit.* — Lib. 3.

Appendix II.

QVantus, Qualis, & cæteraid genus nomina, cùm relatiua fiunt, non cum antecedente, sed cum consequente substantiuo, genere, numero, & casu consentiunt.

Cic. ad Cassium. *Dixi de te quæ potui tanta contentione, quantum forum est.* — Lib. 12.

Idem in Bruto. *Vtinam in Tiberio Graccho, Caióque Carbone talis mens ad Remp. bene gerendam fuisset, quale ingenium ad bene dicendum fuit.*

Appendix III.

Nominatiuo, & verbo, adiectiuo, & substantiuo, relatiuo, & antecedenti communis.

NOminatiuus, & verbum, adiectiuum, & substantiuum, relatiuum, & antecedens interdum, maxime apud Historicos, & Poëtas, sensu, & significatione consentiunt, quāuis voce discrepent.

Virgil. *Pars in frusta secant, veribúsque trementia figunt.* — Aeneid. 1.
Liu. *Pars in iuueniles lusus versi, pars vescentes sub vmbra, quidam somno etiam strati.* — Bel. Maced. 7.
Terent. in Andr. *Vbi illic est scelus, qui me perdidit?*

Substantiua continuata.

SVbstantiua continuata, quæ ad eandem rem spectant, casu cōcordant, quanuis genere, & numero aliquando dissentiant.

Mar-

DE CONSTRVCTIONE

Lib. 1. Marcus Tullius Cicero Publio Lentulo Proconsuli salutem plurimam dicit.

Bel. Galli ci. 1. Cæsar. Gallos ab Aquitanis Garumna flumen diuidit.

Lib. 1. E- pist. Plinius ad Caninium. Quid agit Comum, tuæ, meæque delicia?

Vtrinque nominandi casus.

OMne verbum personale finiti modi vtrinque nominatiuum habere potest, cùm vtrũque nomen ad eandem rem pertinet: cuiusmodi maximè est verbum Substantiuum, vocatiuum, & alia quàm plurima.

Terent. in Phormione. Senectus ipsa est morbus.

Lib. 2. Cic. de Offic. De amicitia alio libro dictum est, qui inscribitur Lælius.

Catil. Sallustius. Virtus clara æternáque habetur.

Lib. 3. Cic. ad Atti. Ego viuo miserrimus.

Philip. 2. Idem in M. Antonium. Defendi Remp. adolescens, non deseram senex.

Nominatiuus post verbum infinitum.

VErbum personale Infiniti modi post se nominatiuum petit, cùm res ad nominatiuum præcedentis verbi pertinet.

Lib. 1. Cic. de Natura deor. Nolo esse longior.

Idem pro Marcello. Malim videri nimis timidus, quàm parum prudens.

Terent. in Adelphis. Pater esse disce ab alijs, qui verè sciunt.

Ibidem. Meditor esse affabilis.

Appendix 1.

SI verba, Puto, Aio, Refero, & alia eiusdem significationis Infinitum præcedant, durior efficitur oratio.

Lu

INTRANSITIVA.

Lucanus. *Vtq; fidem vidit sceleris, tutumque putauit:*   Lib. 9.
Iam bonus esse socer, lacrymas non sponte cadentes
Effudit, gemitusque expressit pectore læto.
Orator dixisset Sebonum esse socerum.

Appendix II.

AT *si accusatiuus antecessit, & sequatur necesse est.*

Cic. in Catilinam. *Cupio P. C. me esse clementem: cupio in tantis*   Orat. &c.
Reipub. periculis non dissolutum videri.

Idem in Bruto. *Ego me Phidiam esse mallem, quàm vel optimum fabrum tignarium.*

Appendix III.

INfinitum Esse, *accedente verbo Licet, dandi, vel accusandi casum post se postulat.*

Cic. *Licuit esse ocioso Themistocli, licuit Epaminondæ.*   1. Tuscul.
Idem ad Atti. *Mihi negligenti esse non licet.*
Idem pro Flacco. *Cur his per te frui libertate, cur denique esse*   Lib. 10
liberos non liceat?
Idem pro Cornelio Balbo. *Quòd si ciui Romano licet esse Gaditanum siue exilio, siue reiectione huius ciuitatis, &c.*

Interrogationis, atque Responsionis consensus.

INterrogatio, & Responsio casu consentiunt.
Cui præceptori dedisti operam? Platoni.
Cuius est hæc oratio? Ciceronis.
Quem existimas fuisse principem Oratorum?
   Demosthenem.   *Quo morbo fuisti impeditus?*
   Assidua febricula.

DE CONSTRVCTIONE
transitiua Nominis.

Genitiuus post nomen substantiuum.

QVOtiescunque duo nomina substantiua rerum diuersarum in oratione continuantur, alterum erit genitiui casus.

Cic. in Pisonem. *Supplicium est pœna peccati.*

Lib. 2.   Idem ad Cælium. *Mirum me desiderium tenet Vrbis.*

Idem de Amicitia. *Maximum ornamentum amicitiæ tollit, qui ex ea tollit verecundiam.*

Appendix.

Adiectiua cùm substantiuè ponuntur, more substantiuorum construuntur.

Cic. de Senect. *Tantum cibi, & potionis adhibendum, vt reficiantur vires, non opprimantur.*

Lib. 5.   Idem in Verr. *Sicilia tota, si vna voce loqueretur, hoc diceret: Quod auri, quod argenti, quod ornamentorum in meis vrbibus, sedibus, delubris fuit, id mihi tu C. Verres eripuisti, atque abstulisti.*

Lib. 8. ad Attic.   Pompeius ad Marcellum, & Lentulum. *Vos hortor, vt quod cunque militum contrahere poteritis, contrahatis.*

Genitiuus, vel ablatiuus post nomen substantiuum.

Substantiua, cùm ad laudem, vel vituperationem referuntur, genitiuo, vel ablatiuo gaudent.

Lib. 4.   Cic. ad Marcellum. *Neque te monere audeo præstanti prudentia virum: neque confirmare maximi animi hominē, virùmque fortissimum.*

Pli-

NOMINIS.

Plinius. *Choromandorum gentem vocat Tauron sylueshem, sine voce stridoris horrendi, hirtis corporibus, oculis glaucis, dentibus caninis.* — Lib.7.c.2.

Genitiuus post nomen adiectiuum.

Adiectiua, quæ Scientiam, Communionem, Copiam, & his contraria significant, cum genitiuo iunguntur, vt Peritus, Ignarus, Particeps, Expers, Plenus, Inanis.

Cic. in Bruto. *Fabius pictor & iuris, & literarum, & antiquitatis bene peritus fuit.*

Ex eodem. *Antonius omnis eruditionis expers, atque ignarus fuit.* — De Orat.2.

Idem de Finib. *Virtutes ita copulatæ, connexæq́; sunt, vt omnes omnium participes sint.* — Lib.5.

Idem ad Papirium. *Stultorum plena sunt omnia.* — Lib.9.

Ex eodem *Omnia plena consiliorum, inania verborū videmus.* — De Orato.

¶ Item quædam in Ax, Ius, Idus, & Osus.

Philosophus tenax recti, nullius culpæ conscius, auidus virtutis, studiosus literarum.

Quibus adde Memor, Immemor, Securus: vt Memor beneficij, Immemor iniuriæ Securus timorum.

Quintilianus. *Tenacissimi sumus eorum, quæ rudibus annis percipimus.* — Lib.1.c.1?.

Cic. in M. Anton. *Huius rei ne posteritas quidem omnium seculorum immemor erit.* — philip.2.

Idem ad C. Antonium. *Cùm T. Pomponius homo omnium meorum in te studiorum conscius, tui cupidus, nostri amantißimus ad te proficisceretur, aliquid mihi scribendum putaui.* — Lib.5.

B b   Par-

DE CONSTR. TRANSIT.
Partitiua.

PArtitiua genitiuo multitudinis gaudent.

Lib. 1.   Cic. de Natura deorum. Elephanto belluarum nulla prudentior.

Idem de Senectute. Minus habeo virium, quàm vestrûm vteruis.

Lib. 2.   Idem ad Quint. Frat. Domus vtriusque nostrûm ædificatur strenuè.

¶ Item numeralia nomina.

Ab Vrb.1.   Liu. Imperium summum Romæ habebit, qui primus vestrûm ô iuuenes osculum matri tulerit.

Lib. 8.   Curt. Octoginta Macedonum interfecerunt.

Ibidem.   Idem. Nolo singulos vestrûm excitare.

¶ Denique quæcuque adiectiua partitionem significant, interrogandi casum possunt admittere.

Cic. de Senect. Multæ etiam istarum arborum mea manu sunt satæ.

Bel. Mac. 3.   Liu. Macedonum ferè omnibus, & quibusdam Andriorum, vt manerent, persuasit.

Lib. 10.   Curt. Cum paucis amicorum ad Leonatum peruenit.

Lib. 8. c. 48.   Plin. Lanarum nigræ nullum colorem bibunt.

Superlatiua.

SI multa eiusdem generis comparentur, vtendum est Superlatiuo cum genitiuo plurali.

5. Tusc.   Cic. Theophrastus elegantissimus omnium philosophorum, & eruditissimus, non magnopere reprehenditur, cùm tria genera dicit bonorum.

Lib. 13. cap.   Plin. Demosthenes summus Oratorum Græciæ.

Appen-

NOMINIS.
Appendix I.

Tam Superlatiua, quàm Partitiua etiam genitiuo singulari qui multitudinem significet, coniunguntur.

Cic. pro Quint. *Habet aduersarium P. Quintius verbo Sex. Næuium, reuera huiusce ætatis homines disertissimos, ornatissimos nostræ ciuitatis.*

Idem pro Rabir. Posthumo. *Virum vnum totius Græciæ facilè doctissimum Platonem in maximis periculis, insidiisque versatum esse accepimus.*

An quisquam Clodiæ gentis cum Pompeio Magno conferendus est?

Appendix II.

Tum Superlatiua nomina, tum Partitiua quæ cum suis substantiuis casu cohærent, & genere, & numero consentiunt.

Cic. de Nat. deor. *Indus, qui est omnium fluminum maximus, nō aqua solùm agros lætificat, sed eos etiam conserit.* — Lib. 2.

Plin. *Hordeum frugum omnium mollissimum est.* — Lib. 18. c. 1.

Pomponius Mela. *Famam habet ob Cereris templum Enna præcipua montium.* — Lib. 2. c. 7.

¶ Quòd si nullum sit substantiuum, cum genitiuo, quod attinet ad genus, consentient.

Liu. *Summi, infimíque Gabinorum Sext. Tarquinium dono deûm sibi missum credere.* — Ab Vrb. 1.

Quintil. *Equidem Ciceronem sequar: nam is eminentissimos Græcorum est sequutus.* — Lib. 9. c. 4.

Plin. *Sapientissima animalium esse constat, quæ fruge vescantur.* — Lib. 22. c. 25.

Bb 2   Idem.

DE CONSTR. TRANSIT.

Lib. 10. c. 62. Idem. *Ouorum alia sunt candida, vt columbis, perdicibus: alia pallida, vt aquaticis, &c.*

Appendix III.

Genitiuus tam Superlatiui, quàm Partitiui in ablatiuum cum præpositione, E, vel Ex, vel De, mutari potest.

Cic. Pro Cluent. *Ex his omnibus natu minimus P. Saturninus in eadem sententia fuit.*

Idem pro Sext. Roscio. *Audacissimus ego ex omnibus? minimè.*

Lib. 16. Idem ad Tironem. *De tuis innumerabilibus in me officijs erit hoc gratissimum.*

Philip. 10. Idem in M Anton. *Permitto, vt de tribus Antonijs eligas, quem velis.*

Declam. 6. Quintil. *Timui, ne quem ex meis viderem.*

Mutatur interdum genitiuus Superlatiui in accusatiuum cū præpositione Inter, vel Ante.

Cic. pro Q. Rosc. *Rectum putabat pro eorum se honestate pugnare, propter quos ipse honestissimus inter suos numerabatur.*

Lib. 2. Cōtrouers. Seneca. *Ille Cræsus inter reges opulentissimus ad tormenta, post terga vinctis manibus, ductus est.*

Lib. 2. c. 2. Pompon. Mela. *Gentem sui nominis alluit Boristhenes inter Scythiæ amnes amœnissimus.*

Ab Vrb. 1. Liu. *Multitudini gratior fuit, quàm patribus, longè ante alios acceptissimus militum animis.*

Appendix IIII.

Superlatiua præter proprium casum, admittunt etiam casum suæ positionis.

Cic. de Claris Oratoribus. *Fuit Sextus Ælius iuris quidem ciuilis*

omni-

NOMINIS.

omnium peritissimus.

Omnium superlatiui: Iuris ciuilis, positiui casus est.

¶ Admittunt & genitiuum partitionis, more nominum, vnde formantur.

Plin. *Plurimi piscium tribus mensibus, Aprili, Maio, Iunio pariunt.*   Lib. 9. ca. 51.

Genitiuus, vel Datiuus post nomen.

Nomina, quæ similitudinem, aut dissimilitudinem significant, interrogandi, vel dandi casum exigunt.

Terent. in Eun. *Domini similis, & cæt.*

Cic. de Fin. *Non video, cur non potuerit patri similis esse filius.*   Lib. 5.

Idem in M. Anton. *Antonius saturauit se sanguine dissimillimorum sui ciuium.*   philip. 2.

Idem de Clar. Orat. *Nihil tam dissimile, quàm Cotta Sulpitio.*

¶ Item, Communis, Proprius.

Cic. de Senect. *Id quidem non proprium senectutis est vitium, sed commune valetudinis.*

Idem pro Q. Rosc. *Quid tam commune, quàm spiritus viuis, terra mortuis, mare fluctuantibus, littus eiectis?*

Plin. *Cæsari proprium, & peculiare sit, præter suprà dicta, clementiæ insigne.*   Lib. 7. 15.

Datiuus post nomen.

Nomina, quibus Commodum, Voluptas, Gratia, Fauor, Æqualitas, Fidelitas, & his contraria significantur, datiuum ponunt, vt Consul salutaris, Perniciosus Reipublicæ: Iucundus, Molestus, Gratus, Inuisus, Propitius, Infestus ciuibus.

DE CONSTR. TRANSIT.

bus. Fidus, Infidus imperio, Par, Impar tanto oneri.

Lib. 6. Cic. ad Cæcinam. *Erat meum consilium cum fidele Pompeio, tum salutare vtrique.*

Lib. 12. Idem ad Atti. *O gratas tuas mihi, iucundàsq́; literas!*

¶ Item verbalia in Bilis, vt Amabilis, Formidabilis, Optabilis.

Philip .7. Cic. in M. Anton. *Pax præsertim ciuilis, quanquàm omnibus bonis, mihi tamen in primis fuit optabilis.*

¶ Præterea, Conscius, Consentaneus, Supplex, Obuius, Obnoxius, Peruius, & nonnulla, quæ ex præpositione Con, componuntur: vt Concors, Corcolor, Confinis, Contiminus.

2. Tusc. Cic. *Mihi conscius sum, nunquam me nimis cupidum fuisse.*

Philip. 9. Idem in M. Anton. *Sulpitij mors consentanea vitæ fuit, sanctissimè, honestissiméque actæ.*

Lib. 6. Cic. ad Atti. *Volent mihi obuiæ literæ tuæ.*

Terent. Adelph. *Fratri ædes fient peruiæ.*

Lib. 12. C. Plin. *Contermina Indis gens Arriana appellatur.*

8.

Datiuus, vel Accusatiuus cum præpositione Ad post nomen.

Accommodatus, Appositus, Aptus, Idoneus, Habilis, Vtilis, inutilis, Natus huic rei, vel Ad hanc rem.

Cic. in Pis. *Ille gurges, atque belluo natus abdomini suo, non laudi, atque gloriæ, omneis fortunis, multos fama, vitaque priuauit.*

Idem de Claris Orat. *Cn. Pompeius vir ad omnia summa natus.*

Accu-

NOMINIS.

Accusatiuus, vel Ablatiuus post nomen.

Adiectiua, quibus generalis dimensio significatur, accusatiuum, vel ablatiuum casum postulant, qui certam mensuram significet.

Liu. *Fossam sex cubitis altam, duodecim latam cùm duxisset, extrà duplex vallum fossæ circundedit.* Bel.Mac.7.

Columella. *Esto ager longus pedes mille, & ducentos, latus pedes centum viginti.* Lib.5.c8. 3.

Ablatiuus post nomen.

Extorris, nudus, dignus, contentus, inanis,
Atque refertus, inops, locuplex, alienus, onustus,
Immunis, plenus, cassus, diuésque, poténsque,
Tum fretus, vacuus, tum captus, præditus, orbus,
Indignus, liber, viduus sibi iure Latinum
Assumunt casum, ut *Summo vir dignus honore.*

Opus.

Opus nomen adiectiuum, accedente verbo substantiuo, ablatiuum postulat.

Terent.in Andr. *Nihil isthac opus est arte ad hanc rem, quam paro.*

Cic. ad Atti. *Apud Terentiam gratia opus est nobis, & tua auctoritate.* Lib.10.

¶ Sæpe etiam cum substantiuis, more adiectiuorum consentit, neque tamen in casus declinatur.

Idem ad Curionem. *Dux nobis, & auctor opus est.* Lib.2.
Idem ad Tironem. *Is omnia pollicitus est, quæ tibi opus essent.* Lib.16.
Idem ad Atti. *Dices, nummos mihi opus esse ad apparatum triumphi.* Lib.6.
Liu.

DE CONSTR. TRANSIT.

Bel. Pu. 100. Liu. Scipio ad comparanda ea, quæ opus erant tempus habuit.

ADiectiua diuersitatis, & numeralia ordinis, ablatiuum cum præpositione, A, vel Ab, admittunt.

Acad. 4. Cic. Certa cum illo, qui à te totus diuersus est.

Lib. 6. Idem ad Atti. Nauigationis labor alienus ab ætate nostra.

Acad. 4. Id. Post autē conficta à Carneade, qui est quartus ab Arcesila.

Bel. Alex. Hirtius Imperio, & potentia secundus à rege.

ITem Securus, Liber, Vacuus, Purus, Nudus, Inops, Ortus, Extorris.

Lib. 4. Cic. in Verr. His quidem temporibus in omni orbe terrarum vacui, expertes, soluti, ac liberi fuerunt ab omni sumptu, molestia, munere.

Idem pro domo sua. Tam inops aut ego eram ab amicis, aut nuda Respub. à magistratibus?

Comparatiua.

COmparatiuo vtimur cum ablatiuo, quando, vel plura diuersi generis comparantur.

Orat. 1. Cic. in Catil. Luce sunt clariora nobis tua consilia.

Curtius. Maiora sunt præmijs pericula.

Lib. 9. ¶ Vel cum duo eiusdem, aut diuersi generis conferuntur.

Cic. ad Octauium. Quæ non posterior dies acerbior priore? & quæ non insequens hora antecedente calamitosior populo Romano illuxit?

Virtus multo ret pio sior est auro.

Appendix I.

ABlatiuus Comparatiui, intercedente coniunctione, Quàm, mutari potest in casum verbo congruentem.

Cic.

NOMINIS. 101.

Cic. in Verr. *Tu innocentior, quàm Metellus?* — Lib. 5o

Idem ad Atti. *Nemo vnquam nec Poëta, nec Orator fuit, qui quen quam meliorem, quàm se arbitraretur.* — Lib. 14.

Liu. *Melior, certiórque est tuta pax, quàm sperata victoria.* — Bel. Pu. 10.

Terent. in Phorm. *Ego hominen callidiorem vidi neminem, quàm Phormionem.*

Appendix II.

COmparatiua, quemadmodum & caetera adiectiua, cùm partitionem adsignificant, genitiuum desiderant.

Liu. *In hanc sententiâ vt discederetur, iuniores Patrū euincebat.* — Ab Vrb. 3.

Horatius in Arte. *O maior iuuenum.*

¶ Auctores tamen saepiùs ablatiuo vtuntur, cum praepositione E, vel Ex.

Cic. Atti. *Ante scripta epistola ex duabus tuis, prior mihi legi coepta est.* — Lib. 16.

Plin. ad Caninium. *Minorem ex duobus liberis amisit.* — Lib. 3.

Appendix III.

PRaeter suum casum, admittunt Comparatiua ablatiuum significantem excessum.

Hercules fuit procerior te cubito.

Curt. *Turres denis pedibus, quàm murus, altiores sunt.* — Lib. 5.

¶ Item casum suae positionis.

Cic. *Mihi nemo est amicior, nec iucūdior, nec carior Attico.* — Ad Plancum.

¶ Deniq; hos ablatiuos, Opinione, Spe, Aequo, Iusto, Solito, Dicto.

Cic. de Claris Orat. *Opinione ego omnium maiorē cepi dolorē.*

Liu. *Reate saxum visum volitare, sol rubere solito magis, sanguineóque similis.* — Bel. Pun. 5.

Cc   Abl.

DE CONSTR. TRANSIT.
Ablatiuus significans laudem, vituperationem, partem.

Pleraque adiectiua ablatiuum postulant significantem laudē, vituperationem, vel partem.

Cicero de Petitione Consulatus. *Non erit difficile certamen cũ ijs competitoribus, qui nequaquam sunt tam genere insignes, quàm vitijs nobiles.*

Lib. 1. Cic. de Orat. *Sunt quidam aut ita lingua hæsitantes, aut ita voce absoni, aut ita vultu, motúq; corporis vasti, & agrestes, vt etiamsi ingenijs, aut arte valeant, tamen in oratorum numerum venire non possint.*

Lib. 3. Idem in Verr. *Ob ius dicendum M. Octauium Ligurem, homine ornatissimum loco, ordine, nomine, virtute, ingenio, copijs poscere pecuniam non dubitauit.*

Bel. Catil. Sallust. *Ex altera parte C. Antonius pedibus æger, quòd prælio adesse nequibat, M. Petreio Legato exercitum permitit.*

Appendix.

Ablatiuum Partis frequenter in accusatiuum mutant Poëtæ.

Aen. 1. Virg. *Os, humerosq; deo similis.*

Epist. 1. Horat. *Excepto quòd non simul esses, cætera lætus.*

¶ Item Historici sed rariùs.

Bel. Pun. 1. Liu. *Phalarica est Saguntinis missile telum, hastili oblongo, & cætera tereti, præterquam ad extremum.*

Lib. 3. Cok. Pomp. Mela. *Sarmatæ totum braccati corpus, & nisi qua vident, ora etiam vestiti.*

DE

DE CONSTRVCTIONE TRANSITI-
VA VERBI.

Genitiuus post verbum.

SVm genitiuum petit, cùm possessionem significat.

Cic. ad Cælium. *Iam me Pompeij totum esse scis.*   Lib. 12

¶ Aut ad aliquid pertinere.

Idem in Anton. *Cuiusuis hominis est errare, nullius nisi insipien-*   Philip. 12
tis, perseuerare in errore.

Idem de Offi. *Adolescentis est, maiores natu vereri.*   Lib. 2.

¶ Item hæc duo Interest, & Refert.

Idem de Finibus. *Interest omnium rectè facere.*

Quintil. *Plurimum refert compositionis, quæ quibus anteponas.*   Lib. 9. c. 4.

Exceptio.

INterest tamen, & Refert, hos ablatiuos habent, Mea, Tua, Sua, Nostra, Vestra.

Cic. Tironi. *Et tua, & mea maximè interest te valere.*   Lib. 16.

Terent. in Hecyra. *Tua quod nihil refert, percontari desinas.*

Cic. pro Cluent. *Hic sua putat interesse, se re ipsa, & gesto ne-*
gocio, non lege defendi.

Idem pro Sylla. *Vestra enim, qui cùm summa elegantia, atque*
integritate vixistis, hoc maximè interest.

¶ Cuia, vel Cuius interest, pereleganter dicitur.

Cic. pro Vareno. *Ea cædes, si potissimùm crimini datur, detur ei,*
cuia in e fuit, non ei, cuia nihil interfuit.

Idem in M. Anton. *Quis enim est hodie, cuius intersit istam le-*   Philip. 12
gem manere?

VErbum, Est, pro ablatiuis Mea, Tua, Sua, Nostra, Vestra,

C c 2   ha-

DE CONSTR. TRANSIT.

habet, Meum, Tuum, Suum, Nostrum, vestrum.

Lib. 2.   Cic. de Fin. *Si memoria fortè defecerit, tuum est, vt suggeras.*

Lib. 6.   Idem Cecinæ. *Puto esse meum, quid sentiam, exponere.*

Fast. 4.   Ouidius. *Nulla mora est operi: vestrum est dare, vincere nostrũ.*

Appendix.

M Agnum, paruum, tantum, quantum iunguntur in genitiuo, cum verbis Interest, & Refert.

Lib. 16.   Cic. ad Tironem. *Magni ad honorem nostrum interest, quamprimùm me ad vrbem venire.*

Lib. 2.   Idem Atti. *Per magni nostra interest, te esse Romæ.*

Lib. 1.   Idem ad Q. Frat. *Parui refert, abs te ipso ius dici.*

Epist. ad Attic. 8.   Pompeius Lentulo. *Scio, quanti Reipub. intersit, omneis copias in vnum locum primo quoque tempore conuenire.*

CÆtera huiusmodi per aduerbium addumur: vt Plurimùm interest, Maximè refert, Nihil interest.

lib. Tusco.   Cic. *Theodori quidem nihil interest, humi ne, an sublime putrescat.*

Lib. 5.   Idem ad Luceium. *Equidem ad nostram laudem non multum video interesse, sed ad properationem meam quiddam interest, non te expectare.*

M Isereor, Satago, genitiuum casum asciscunt.

Lib. 4.   Cic. Atti. *Qui misereri mei debent, non desinunt inuidere.*

Terent. Heaut. *Clinia rerum suarum satagit.*

¶ Misereor interdum dandi casum postulat.

Lib. 1. Controuersiarum.   Seneca. *Misercor tibi puella.*

¶ Obliuiscor, Recordor, Reminiscor, Memini, pro Recordor, tũ genitiuum, tum accusatiuum postulant.

Cic.

VERBI. 103.

Cic. *Est proprium stultitiæ, aliorum vitia cernere, obliuisci suorum.*   2. Tusc.

Idem in M. Anton. *Omnia obliuiscor, in gratiam redeo.*   Philip.2.

Terent. Eunuc. *Faciam, vt mei semper memineris.*

Cic. de Senect. *Omnia, quæ curant senes, meminerunt.*

¶ *Memini, pro mentionem facio, cum genitiuo, vel ablatiuo, & præpositione, De, iungitur.*

Quintil. *Neque omnino huius rei meminit vsquam poëta.*   Lib.11.c.2

Idem. *De quibus multi meminerunt.*   Ibidem.

Datiuus post verbum.

SVm, modò datiuum vnum habet.   Lib.6.

Cic. Atti. *Sed nunciant, melius esse ei.*

Terent. Adelph. *Natura tu illi pater es, consilijs ego.*

¶ *Modò duos.*

Cic. Atti. *Respondebo primùm postremæ tuæ paginæ, quæ mihi magnæ molestiæ fuit.*   Lib.6.

VErba, quæ Auxilium, Adulationem, Commodum, Incommodum, Fauorem, Studium significant, dandi casum postulant, vt Auxilior, Adulor, Commodo, Incommodo: faueo tibi, Studeo philosophiæ.

Cic. in Verr. *Homini iam perdito, & collum in laqueum inserenti subuenisti.*   Lib.6.

Idem de Oratore. *Cùm ita balbus esset Demosthenes, vt eius ipsius artis, cui studeret, primam literam non posset dicere, perfecit meditando, vt nemo planiùs eo locutus putaretur.*   Lib.

Exceptio.

INcumbo cum ad studium refertur, accusatiuum cum præpositio

DE CONST. R TRANSIT.

sitione, In, postulat, vt Incumbo in studium philosophiæ, literarum, &c.

Lib. 3. Cic. de Orat. Quamobrem pergite, vt facitis, adolescentes, atque in id studium, in quo estis, incumbite.

Lib. 14. Idem ad Atti. Nunc mi Attice tota mente incumbe in hanc curam: magna enim res est.

¶ Vel Ad.

Lib. 10. Idem ad Plancum. Mi Plance incumbe toto pectore ad laudem.

Orat. 4. Idem in Catil. Quare Patres Conscripti incumbite ad salutem Reipub. circunspicite omnes procellas, quæ impendent.

Appendix I.

IVbeo tibi ne venias, hoc est, Præcipio tibi.

Bel. ciui. 3. Cæl. Militibus suis iussit, nequi eorum violarentur.

Iubeo cum accusatiuo, significat Decernere, statuere, creare.

Lib. 3. Cic. de Legib. Lex iubet ea, quæ faciēda sūt, prohibet etq̃ cōtraria.

Idem pro Cornel. Populus Romanus legem iussit de Ciuitate tribuenda.

Philip. 2. Idem. Cùm primùm Cæsar ostendisset, se Dolabellam consulem esse iussurum: idest creaturum.

Appendix II.

COnsulo tibi, hoc est, Prospicio tibi: non, Consilium do.

Orat. 4. Cic. in Catil. Consulite vobis, prospicite patriæ.

¶ Consulo te, idest, Consilium à te peto.

Lib. 3. Cic. in Verr. Nunc ego Iudices iam vos consulo, quid mihi faciendum putetis: id enim consilij mihi profectò taciti dabitis, quod egomet mihi necessario capiendum intelligo.

DAtiuo item adhærent composita ex verbo, Sum, & quæ

Obse-

VERBI.

Obsequium, Obedientiam, Submissionem, Repugnantiam significant, vt Prosum, Obsequor, Obtempero, Seruio, Repugno tibi.

Cic. de Offic. *Contemnuntur ij, qui nec sibi, nec alteri prosunt (vt dicitur) in quibus nullus labor, nulla industria, nulla cura est.*   Lib.2.

Idem pro Sylla. *Ego verò quibus ornamentis aduersor tuis? aut cui dignitati vestræ repugno?*

DAndi præterea casum desiderant, quæ Euentum significant, vt Accidit, Cadit, Contingit, Euenit, Obuenit, Obtingit.

Cic. ad Q. Frat. *A te mihi omnia semper honesta, & iucunda ceciderunt.*   Lib.1.

Idem in Verr. *Sorte prouincia Sicilia Verri obuenit.*   Lib.1.

Idem de Offic. *Quod cuique obtigit, id quisq; teneat.*   Lib.1.

ITem Libet, Licet, liquet, Expedit, & quæ sūt generis eiusdē.

Terent. Adelph. *Facite, quod vobis libet.*

Cic. de Orat. *Si tibi id minùs libebit, non te vrgebo.*   Lib.2. Lib.1.

Idem in Verr. *Non mihi idem licet, quod ijs, qui nobili genere nati sunt.*

Idem Acad. *Si habes, quod tibi liqueat, neq; respondes, superbis.*   Lib.4.

MVlta denique ex verbis neutris, & præpositionib⁹ Ad, Cō, In, Inter, Ob, Præ, Sub, dandi casum sil ia assumunt, vt Assurgo, Consentio, Immineo, Illachrymo, Interuenio, Obuersor, Præluceo, Succumbo.

Cic. pro Sestio. *Mihi ante oculos obuersatur Reipub. dignitas.*

Idem in Salust. *Ego meis maioribus virtute mea præluxi.*

Idem Brut. *Te obsecro, vt in perpetuum Rempub. dominatu regio liberes: vt principijs consentiant exitus.*   Lib.1.

Dati

DE CONSTR. TRANSIT.
Datiuus, vel Accusatiuus post verbum.

ANtecedo, Antèeo, Antesto, Anteuerto, Attendo, Præsto, Præcurro, Præeo, Præstòlor, Incessit, Illudo, dandi, vel accusandi casum admittunt.

Lib. 4. Cic. de Fin. *Virtus tatùm præstat cæteris reb⁹, vt dici vix possit.*
Bel. Mac. 7 Liu. *Rotorenauium, & virtute militū Romani Rhodios præstabant.*

Interdico.

INterdico singulare est, nam præter datiuum, ablatiuum habet.
Bel. Gal. 1. Cæsar. *Posteaquam in vulgus militum relatum est, qua arrogantia in colloquio Ariouistus vsus, omni Gallia Romanis interdixisset, multò maior alacritas, studiùmque pugnādi maius exercitui iniectum est.*

¶ Item accusatiuum.
Bel. Mac. 4 Liu. *Fœminis duntaxat vsum purpuræ interdicemus?*

Ablatiuus post verbum.

SVm ablatiuum petit significantem laudem, vel vituperationē.
Lib. 1. Cic. Lentulo. *Tu fac animo forti, magnoq; sis.*
Idem post reditum ad Quirites. *Bona valetudo iucundior est eis, qui è graui morbo recreati sunt, quàm qui nunquàm ægro corpore fuerunt.*
Idē contra Rullum. *Quem vestrûm tam tardo ingenio fore putauit?*
Idem in Bruto. *Summo iste quidem ingenio dicitur fuisse.*

Appendix.

SVm, interdum genitiuum habet, etiam cùm laus, vel vituperatio significatur.

Cic.

VERBI. 105.

Cic. pro Sest. *Nimium me timidum, nullius animi, nullius consilij fuisse confiteor.*

Idem ad Octau. *Antonius vir maximi animi, vtinā etiam sapientis consilij fuisset.*

Plinius ad Clementem. *Erat puer acris ingenij, sed ambigui.* Lib. 4.

Ablatiuus.

His, Egeo, Indigeo, Careo, Vaco, Victito, Vescor,
Viuo, Supersedeo, Potior, Delector, Abundo,
Mano, Redundo, Fluo, Scateo, Fruor, atque Laboro,
Glorior, Oblector, Lætor, quibus addito, Nitor,
Consto, Pluit, Valeo, Possum, Sto, Fungor, & Vtor,
Quem Graij ignorant casum, tribuêre Latini.

Cic. Q. Frat. *Incredibile est mi frater, quàm egeam tempore.* Lib. 3.
Idem Offic. *Nihil honestum esse potest, quod iustitia vacat.* Lib. 1.
Plin. *Pars quædam Æthiopum locustis tantum viuit, fumo, & sale duratis.* Lib. 6. c. 8.
Cic. pro Sex. Rosc. *Commoda, quibus vtimur, lucemq́; qua fruimur, spiritúmq́; quem ducimus, à Deo nobis dari, atq́; impertiri videmus.*
Liu. *Nuntiatum est Regi, patribusque, in monte Albano lapidibus pluisse.* Ab Vrb. 1.

¶ Quibus adde periclitor.

Quintil. *Si aut statu periclitari, aut opinione litigator videtur.* Lib. 5. c. 1.

Appendix I.

Egeo, Indigeo, Potior etiam casum interrogandi admittunt.

Cic. Atti. *Egeo cōsilij: quod optimum factu videtitur facies.* Lib. 7.
Idem in Anton. *Hoc bellum indiget celeritatis.* Philip. 6.

DE CONSTR. TRANSIT.

Lib. 10 Idem Lent. *Otium nobis exoptandum est: quod ij, qui potiuntur rerum, præstaturi videntur.*

Appendix II.

POtior, Vescor, Fungor, Pluit, non recusant accusandi casum.

Tusc. 1. Cic. *Ego doleam, si ad decem millia annorum gentem aliquā vrbem nostram potituram putem?*

Lib. 10 c. 8. Plin. *Aues nonnullæ vescuntur ea, quæ rapuere pedibus.*

Terent. Adelph. *neque boni, neque liberalis functus officium est viri.*

Lib. 2. dec. 8. Liu. *In area Vulcani, & Concordiæ sanguinem pluit.*

Appendix III.

NEutra sæpe ablatiuum admittunt significantem Partem.

Lib. 2. Cic. de Orat. *Equidem & in vobis animaduertere soleo, & in me ipso sæpissimè experior, vt exalbescam in principys dicendi, & tota mente, atq; omnibus artubus contremiscam.*

Lib. 1. Idem ad Q. Frat. *Si tibi bellum aliquod magnum, & periculosum administranti prorogatum imperium viderem, tremerem animo.*

¶ Hoc genere loquendi frequentiùs vtuntur Poëtæ, qui ablatiuū etiam in accusatiuum mutare consueuerunt.

Epist. 1. Horat. *animóque, & corpore torpet.*
Serm. 2. Idem. *tremis ossa pauore.*
Saty. 7.
Georg. 3. Virg. *Stare loco nescit, micat auribus, & tremit artus.*

DE

DE CONSTRVCTIONE
verbi actiui.

VERBVM Actiuum, vel potiùs Accusatiuum verbum, cuiuscunq; id demum positionis sit, post se accusandi casum postulat.
Vt Deum cole. Imitare Diuos.
Amplectere virtutem. Noui animi tui moderationem.
Non decet ingenuum puerum scurrilis iocus.
Heu quàm miseram vitam viuunt auari!
Cic. ad Atti. Ingrati animi crimen horreo.
Idem ad eundem. Amariorē me senectus facit: stomachor omnia.

Appendix.

HÆc tria postrema, & similia tantisper actiua censentur, dum accusandi casum sibi vendicant.

Genitiuus præter Accusatiuum.

VErba Accusandi, Absoluendi, Damnandi, potissimùm Accuso, Accerso, vel Arceso, Arguo, Alligo, Astringo, Coarguo, Defero, Incuso, Insano, Insimulo, Postulo, Absoluo, Damno, Condemno, Conuinco præter accusatiuum, genitiuum admittunt, qui pœnam, crimenve certum, aut incertum significet.
Cic. pro Caio Rab. An non intelligis primùm quos homines, & quales viros mortuos summi sceleris arguas?
Auctor ad Heren. Caius Cæcilius iudex absoluit iniuriarum eum, qui Lucium poëtam in scena nominatim læserat.
Idem. Maiores nostri siquam vnius peccati mulierem damnabāt,

Dd 2 sime

DE CONSTRVCTIONE

simplici iudicio multorũ maleficiorũ conuictam putabant.
Cic. pro C. Rab. *Ciuem Romanum capitis condemnare cogit.*
Terent. Eun. *Hic furti se alligat.*
Plautus Pœnul. *Homo furti se astringit.*

Appendix.

Genitiuus Criminis, maximè cum his verbis Accuso, Arguo, Defero, Postulo, Appello, Absoluo, Damno, Condemno, in ablatiuum cum præpositione, De, mutari potest.

Lib. 1. — Cic. Atti. *Non committam posthac, vt me accusare de epistolarum negligentia possis.*

Bel. Pun. 6 — Liu. *Blactius de proditione Dasium appellabat.*

Exceptio.

Hoc tamẽ nomẽ, Crimen, ablatiuo sine præpositione effertur.

Lib. 2. — Cic. Curioni. *Si iniquus es in me iudex, condemnabo eodem ego te crimine.*

Dicimus etiam, Capite aliquem damnare, punire, plectere.

Lib. 4. — Autor ad Heren. *Eum vos iurati capite damnastis.*
Cap. 1. — Suetonius in Othone. *Ausus est milites quosdam capite punire.*
Padect. 48. — Marcellus. *Capite plecti debent, vel in insulam deportari.*

Appendix II.

Absoluo, Libero, Alligo, Astringo, Mulcto, Obligo, Olstringo, quemadmodum suapte natura ablatiuum petunt, ita & ablatiuum significantem pœnam, crimẽnve sine præpositione admittunt.

Ab Vrb. 1. — Liu. *Ego me, etsi peccato absoluo, supplicio non libero.*
Lib. 1. — Cic. de Orat. *Vitia hominum, atq́; fraudes damnis, ignominijs,*

VERBI ACTIVI. 107.

vinculis, verberibus, exilijs, morte mulctantur.

ADmoneo, Commoneo, Commonefacio, genitiuum habent cum accusatiuo.

Quintil. *Grammaticos sui officij commonemus.*

Auctor ad Heren. *Cùm ipse te veteris amicitiæ commonefaceret, commotus es?* — Lib.1.c.fa Lib. 6a

¶ Item Miseret, Miserescit, Piget, Pœnitet, Pudet, Tædet.

Plautus Trinumo. *Miseret te aliorum, tuite nec miseret, nec pudet.*

Terent. Heaut. *Inopis nunc te miserescat mei.*

Cic. pro Planc. *Vide quàm me verbi tui pœniteat.*

Terent. Adelph. *Fratris me quidem pudet, pigérque.*

Cic. in Pisonem. *Crasse pudet me tui.*

Idem Atti. *Quid quæris? tædet omnes nos vitæ.* — Lib.6a

Verba Æstimandi.

VErba æstimandi: præsertim Æstimo, Duco, Facio, Habeo, Pendo, Puto, præter accusatiuum, hos ferè genitiuos assumūt, Magni, maximi, pluris, plurimi, parui, minoris, minimi, tanti, tantîdem, quanti, quanticunque.

Cic. Atti. *Ego pro Pompeio libēter emori possum: facio pluris omnium hominum neminem.* — Lib. 6o

Terent. Andr. *Meritò te semper maximi feci Chreme.*

Idem Heaut. *Tu illum nunquàm ostendisti quanti penderes.*

Appendix 1.

DIcimus etiam Magno, permagno, paruo, & magno pretio æstimare.

Cic. de Fin. *Næ ego istam gloriosam, memorabilémq́; virtutem non magno æstimandam putem.* — Lib.o

Idem

DE CONSTRVCTIONE

Lib. 3.   Idem in Verr. *Tu ista permagno æstimas?*
Lib. 5.c. 4.   Valer. Max. *Magno vbique pretio virtus æstimatur.*
De Benefi. 2.   Senec. *Nisi fortè paruo te æstimas.*

Appendix II.

NAuci, flocci, pili, assis, terūtij, nihili cū verbo *facio* iungūtur.

Lib. 3.   Cic. de Fin. *Eum nihili facit.*

¶ Dicimus etiam, *Tuas minas huius non facio.*
Flocci, Nihili tuas fortunas pendo.
Non assis, Non flocci te æstimo.
Pro nihilo habeo, puto, duco diuitias omnes præ virtute.
Nonnihilo bonam valetudinem æstimo.

Appendix III.

SVm, pro Æstimor, genitiuos *Maghi, maximi, pluris, plurimi,* cæterósque admittit.

Cic. pro Sest. *Quis Carthaginensium pluris fuit Annibale, consilio, virtute, rebus gestis?*

Lib. 15.   Idem ad Cassium. *Magni erunt mihi tuæ literæ.*

Singularia.

Æqui, bonique, vel Æqui boni *facio:* Boni consulo singularia sunt.

Terent. Heaut. *Equidem istuc Chreme, æqui bonique facio.*

Lib. 7.   Cic. ad Atti. *Tranquillissimus animus meus totum istuc æqui boni facit.*

Epist. 12.7.   Seneca. *Hanc coqui, ac pistoris moram boni consulo.*
De Benefi. 6.   Idem. *Hoc munus rogo, qualecunque est, boni consulas.*

                                                            Datiuus

VERBI ACTIVI
Datiuus cum Accusatiuo.

VErba dandi, reddendi committerdi, promittendi, declarandi, anteponendi, postponendi, præter accusatiuum, datiuum exigunt.

Cic. pro Planc. *Salutem tibi ijdem dare possunt, qui mihi reddiderunt.*

Terent. Andr. *Facilè omnes, cùm valemus, recta consilia ægrotis damus.*

Idem Eunuc. *Ego me tuæ commendo, & committo fidei.*

Cic. in Ant. *Græcia tendit dexteram Italiæ, suumq́; ei præsidium pollicetur.* — Philip. 100

Idem Atti. *Meas cogitationes explicaui tibi superioribus literis.* — Lib. 160

Idem in Parti. *Ista tua studia vel maximis meis occupationibus anteferrem libenter.*

Plin. *Cyrenaica regio loton suæ postposuit paliuro.* — Lib. 18. Cap. 1. 19.

Appendix I.

VErbum Mutuo non est huius loci: non enim dicimus, Mutuaui tibi pecunias:

Mutuasti mihi centum numos: sed,
Dedi tibi pecunias mutuas: Dedisti mihi mutuos centum numos: Dedisti mihi mutuum frumentum.

Cic. Atti. *Egeo rebus omnibus, quòd is quoque in angustijs est, quicum sumus, cui magnam dedimus pecuniam mutuam.* — Lib. 11.

Terent. Heaut. *Huic drachmarum argenti mille dederat mutuũ.*

Appendix II.

ALia præterea sunt huius ordinis, ut Facio tibi iniuriam: Facio tibi fidem.

Ago

DE CONSTRVCTIONE

Ago vobis maximas gratias.
Interdixisti nobis vsum purpuræ.
Minor, minitor tibi mortem, tormenta.
Mitto tibi, & ad te literas.

Lib. 5. Vatinius ad Cic. Omnia mihi dura imperas.
Lib. 4. Sulpitius ad eundem. Quæ alijs tute præcipere soles, ea tute tibi subijce.
Lib. 13. Cic. Atti. Tu quod ipse tibi suaseris, idē mihi persuasum putato.
Lib. 14. Idem ad eundem. Hoc velim tibi penitus persuadeas.
Lib. 10. Ad eundē. Te tibi persuadere volo, mihi neminē esse te cariorē.

Appendix III.

MVlta denique composita ex actiuis, & præpositione Ad, In, Ob, Præ, Sub, Præter datiuū, etiā accusādi casū postulāt.

Lib. 3. Cic. Atti. Inimici mei mea mihi, non me ipsum ademerunt.
Lib. 10. Idem ad eundem. Vereor ne Pompeio quid oneris imponam.
Philip. 3. Idem in Anton. Antonius ignobilitatem obijcit C. Cæsaris filio.
Idem de Vniuersitate. Præfecit Deus animum, vt dominum & imperatorem obedienti corpori.
Idē Pro Muræna. Nolite mihi subtrahere vicarium meæ diligētiæ.

Appendix IIII.

HAbeo tibi fidem, id est, Credo, vsitatissimum, elegantissimúmq; est.
Adhibeo tibi fidem, in eadem re dubium controuersi náq; est.

Gemini datiui præter Accusatiuum.

SVnt, quibus geminus datiuus præter accusatiuum apponitur: Do tibi hoc laudi, vitio, culpæ, crimini, pignori fauori.
Vertis id mihi vitio, stultitiæ.

Du

VERBI ACTIVI.

Ducis honori, gloriæ, laudi, vitio, damno.

Cic. pro Sex. Rosc. *Profectò te intelliges, inopia criminum, summam laudem Sext. Roscio vitio, & culpæ dedisse.*

Plaut. Epidico. *Quis erit, vitio qui id non vertat tibi?*

Terent. Adelph. *Tu nunc tibi*
Id laudi ducis, quod tum fecisti inopia.

Geminus accusatiuus post Verbum.

Moneo, Doceo, cum compositis: Item flagito, Posco, Reposco, Rogo, Interrogo, Celo duos accusandi casus admittunt.

Cic. Atti. *Id ipsum, quod me mones, quatriduo antè ad eum scripseram.*   Lib. 1.

Idem ad eundem. *Illud me præclarè admones, cùm illum videro, ne nimis indulgenter, & cum grauitate potiùs loquar.*   Lib. 9.

Idem ad Trebatium. *Silij causam te docui.*   Lib. 7.

Idem ad Q. Frat. *Hoc te ita rogo, ut maiore studio rogare non possim.*   Lib. 1.

Appendix.

Moneo, Admoneo, Commoneo, Doceo, Edoceo, Erudio te de hac re, id est. Commonefacio, Certiorem facio.

Cic. Atti. *Extremum est, quod te orem, cum Camillo communices, ut Terentiam moneatis de testamento.*   Lib. 11.

Sallust. *Senatum edocet de itinere hostium.*   Catil.

Cic. ad Cælium. *Obuiæ mihi, velim, sint tuæ literæ quæ me erudiant de omni repub.*   Lib. 2.

¶ Interrogo, Celo, eandem præpositionem admittunt.

Idem in Partit. *Sic ego te vicissim ijsdem de rebus interrogem.*

Idem ad Trebat. *Bassus noster me de hoc libro celauit.*   Lib. 7.

DE CONSTRVCTIONE

¶ Celo etiam datiuo gaudet, maximè voce paßiua.
Terent. Phorm. Si hoc celetur patri, in metu sum.

Ablatiuus præter Accusatiuum.

INduo, Insterno, Vestio, Exuo, Calceo, Cingo, & his similia ablatiuum præter accusatiuum sibi asciscunt.

Lib. 2. Cic. de Nat. deor. Oculos natura membranis tenuissimis vestiuit, & sepsit.

Lib. 3. Ibidem. Diligentiùs vrbem religione, quàm ipsis manibus cingitis.

ITem Implendi verba, Onerandi, Liberandi, & his contraria.

Cic. de Vniuers. Cùm constituisset Deus bonis omnibus expleremundum, mali nihil admiscere.

Philip. 2. Idem in Anton. Omnibus eum contumelijs onerasti.
Lib. 6. Idem in Verr. Apollorium omni argento spoliasti.
Orat. 1. Idem in Catil. Magno me metu liberabis, dummodo inter me, atque te murus intersit.
Lib. 2. Idem de offi. Nuquid se obstrinxit scelere, siquis tyrannum occidit?

¶ Multa præterea priuandi.

Lib. 9. Cic. Atti. Ægritudo me somno priuat.
Terent. Phorm. Emunxi argento senes.

Ablatiuus cum præpositione A, vel Ab, præter Accusatiuum.

VErba Petendi, Percontandi, præter accusatiuum, ferè ablatiuum cum præpositione, A, vel ab, postulant: vt, Posco, Reposco, Flagito, Efflagito, Postulo, Deprecor, Peto, Contendo, Exigo, Percontor, Quæro, Sciscitor.

Cic.

VERBI ACTIVI.

Cic. in Verr. *Nihil est, quod minùs ferendum sit, quàm rationem ab altero vitæ reposcere eum, qui non possit suæ reddere.* — Lib. 1.

Idem Figulo. *Quid acta vita, quid studia tua à te flagitent, vi‑ debis.* — Lib. 4.

Idem de Orat. *Quò faciliùs id à te exigam, quod peto, nihil tibi à me postulanti recusato.* — Lib. 1.

Idem pro Sylla. *Quàm multorum hic vitam est à L. Sylla de‑ precatus!*

¶ Quæro, percontor, sciscitor à te, vel, ex te.

Cic. in Vatiniū *Quæro illud etiam ex te, quod priuatus admisisti.*

Idem de Nat. deor. *Epicuri ex Velleio sciscitabar sententiam.* — Lib. 1.

Auctor ad Heren. *Ab aduersarijs percontatur accusator, quid fu‑ turum sit.* — Lib. 1.

MVlta præterea verba auferendi, removendi, abstinendi, ac‑ cipiendi, præter accusatiuum, ablatiuum etiam casum cum præpositione, A, vel Ab, admittunt.

Cic. pro Domo sua. *Clodius pecunias cōsulares à senatu abstulit.*

Idem pro Milone. *Ego Clodij furorem à ceruicibus vestris repuli.*

Cic. de Finib. *Abstinet se ab iniuria.* — Lib. 2.

Cic. pro Flac. *O morem præclarum, disciplinámque, quam à ma‑ ioribus accepimus, siquidem teneremus.*

¶ Fœneror, mutuor abs te pecuniam.

Cic. *A viris virtus est nomen mutuata.* — 2. Tusc.

¶ Intelligendi verba præpositionem, Ex recipiunt: quæ inter‑ dum imitantur nonnulla ex ijs, quæ modò commemorauimus.

Cic. Cælio. *Ea certissima putabo, quæ ex te cognoro.* — Lib. 1.

Idem de Senect. *Poma ex arboribus, si cruda sūt, vi auelluntur: si matura, & cocta, decidunt.*

E e 2   Va‑

DE CONSTRVCTIONE
Varia constructio.

Qvædam modò datiuum, modò ablatiuum cum præpositione habent, præter accusatiuum, vt Furor, Surripio, Eripio, Aufero.

Lib. 2. Cic. Atti. *Si ego tuū antè legissem, furatū me abs te esse diceres.*
Lib. 12. Plin. *Nemo furatur alteri.*
Cap. 14.

INduo, dono, impertio, aspergo, datiuum, vel ablatiuū sine præpositione habent.

Cic. pro Sex. Rosc. *Non pauca suis auditoribus largè, effuséque donabat.*

Idem pro Cornel. *Eum Pompeius ciuitate donauit.*

Verbum passiuum.

VErbum Passiuum, ablatiuū cum præpositione A, vel, Ab, postulat post se, qui ex nominatiuo verbi actiui fit.

Lib. 1. Cic. de Nat. deor. *Nihil est virtute amabilius, quam qui adeptus est, vbicunq; erit gentium, à nobis diligetur.*

Lib. 6. Idem ad Cæcinam. *Liber tuus & lectus est, & legitur à me diligenter, & custoditur diligentissimè.*

Lib. 9. Idem Atti. *An tu existimas ab vllo malle me legi, probaríque, quàm à te?*

Verba Passiua, quæ tempora sine personis habent, hoc est, præcipuis personis prima, & secunda.

SVnt verba passiua, quæ tertia persona contenta sunt, hæc præcedit nominatiuus, si actiua sequatur accusatiuus, vt Dormio totam hyemem.

Mar

VERBI PASSIVI. III.

Martialis. *Tota mihi dormitur hyems.*   Lib. 1º.
Nunc tertiam viuo ætatem.
Ouidius. *Nunc tertia viuitur ætas.*   Meta. 1. 20

Q Vòd si in actiuis lateat accusatiuus, latebit etiã in passiuis nominatiuus.

Cæsar. *Nostri milites ampliùs quatuor horas fortissimè pugnauerunt.*   Bel. Gal.
A nostris militibus ampliùs horis quatuor fortissimè pugnatum est.

¶ Interdum vterque casus apparet.

Plaut. in Pseudolo. *Priusquam istam pugnam pugnabo, ego etiam priùs dabo aliam pugnam.*

Cic. pro Murænæ. *Ex omnibus pugnis, quæ sunt innumerabiles, vel acerrima mihi videtur illa, quæ cum Rege commissa est, & summa contentione pugnata.*

Sallust. in Iugurth. *Quæ negocia multò magis, quàm prælium malè pugnatum à suis, Regem terrebant.*

P Ost se ablatiuum singularis, vel pluralis numeri, cum præpositione, A, vel Ab, exigunt.

Cic. ad Ampium. *Nihil est à me inseruitum temporis causa.*
Idem Lentulo. *Eius orationi vehementer ab omnibᵘ⁹ reclamatum est.*   Lib. 6.
    Lib. 8.

¶ Hic casus sæpenumero tacetur.

Plaut. in Pseud. *Quid agitur? P. statur hîc ad hunc modum.*
Idem in Persa. *Quid agitur? viuitur.*

Verba Communia.

VErba Communia, passiua significatione, passiuorum more
                                          sextum

DE CONSTRVCTIONE

sextum casum interdum admittunt.

Apud Prisc.8.   Cic.ad Nepotem. *Hoc restiterat etiam, vt à te fictis aggrederer donis.*

Idem de Senect. *Mirari se non modò diligentiam, sed etiam solertiam eius, à quo essent illa dimensa, & descripta.*

Apud Prisc.8.   Varro. *Ab amicis hortaretur.*

Lib.7. dec.4.   Liu. *Omnis ora maritima ab Achæis depopulata erat.*

Lib..dec. 5.   Idem. *Amicum ab ipso per tot casus expertum.*

Epist.92.   Seneca. *Infirmiores à validioribus tuebantur.*

Apud Prisc.8.   Verrius Flaccus. *Seuitiàque eorum ab omnibus abominaretur.*

De bel. Afri.   Hirtius. *Caius interim Virgilius postquàm terra, mariq́; clausus se nihil proficere intellexit, Regem vagum, à suis desertum, ab omnibus aspernari.*

NOnnunquam datiuum pro ablatiuo habent.

Terent. Phorm. *Meditata sunt mihi omnia mea incommoda.*

Admonitio.

TYrones, maximè Præsenti tempore, & Imperfecto, à verbis Communibus significatione passiua, quoad eius fieri poterit, abstinebunt. Hæc enim testimonia non tam eorum causa, quàm in veteranorum gratiam allata sunt, quibus, pro sua prudentia & eruditione, an sit vterdum, iudicabunt.

Neutropassiua.

VApulo, veneo, Fio vt passionem significant, ita passiuorum more construuntur.

Malo à parentibus vapulare, quàm assentatoribus aures patefacere.

Lib.16.   Cic.ad Tironem. *Quantam diligentiam in valetudinem tuam contuleris*

VERBI PASSIVI.

tuleris, tanti me fieri à te iudicabo.
Quintil. Fabricius respondit, à ciue se spoliari malle, quàm ab hoste venire. — Lib.12.c.16

Appendix.

Flo eleganter cum ablatiuo iungitur sine præpositione, sed alia significatione.

Terent. Andr. Nunc primùm audio, quid illo factum sit.
Ibidem. Quid me fiet?
Idem Heaut. Tu fortasse, quid me fiat, parui pendis.
Cic. ad Terent. Quid puero misero fiet? — Lib.14.
Ibidem. Quid Tulliola mea fiet?

¶ Participium, Futurus, eodem sensu eundem casum postulat.

Terent. Heaut. Quid me futurum censes?

¶ Et cum datiuo.

Cic. in Anton. Vide quæso Antoni, quid tibi futurum sit. — Philip.2.

Communes omnium verborum constructiones.

HActenus de propria, atque priuata verborum constructione dictum sit. Deinceps de communi omnibus dicendum erit.

Genitiuus communis.

PRopria pagorum, castellorum, vrbium, primæ, vel secundæ declinationis ponuntur in genitiuo post quoduis verbum, si interrogatio fiat per aduerbium, Vbi.

Cic. Atti. Egnatius Romæ est. — Lib.4.
Idem ad Q. Frat. Accepi literas tuas datas Placentiæ. — Lib.2.
Idem Atti. Veteranos, qui qui Casilini, & Calatiæ sunt, perduxit ad suam sententiam. — Lib.6.

Pro-

DE CONSTR. COMMVNI

Propria sequuntur appellatiua quatuor Humi, Belli, Militiæ, Domi: quorū postremo adiungi possūt adiectiua Meæ, Tuæ, Suæ, Nostræ, Vestræ, Alienæ.

1.Tusc. Cic. *Theodori nihil interest, humi ne, an sublimè putrescat.*
Lib. 2. Idem de Offic. *Quibuscunque rebus vel belli, vel domi poterunt, Rempublicam augeant.*
In Ca il. Sallust. *Domi, militiæque boni mores colebantur.*
Lib. 4. Cic. ad Marcellum. *Nonne mauis sine periculo domi tuæ esse, quàm cum periculo alienæ?*

SI propria tamē fuerint tertiæ declinationis, vel pluralis numeri, sexto casu vtendum est.

Lib. 1. Cic. de Diuinat. *Babylone paucis pòst diebus Alexander est mortuus.*
Lib. 16. Idem Tironi. *Si statim nauiges, nos Leucade consequère.*
Lib. 13. Idem Sulpitio. *Commendo tibi maiorem in modum domum eius, quæ est Sicyone.*
Lib. 16. Idem Atti. *Malo cum timore domi esse, quàm sine timore Athenis tuis.*
Lib. 9. Idem ad eundem. *Lentulum nostrum scis Puteolis esse.*
Idem pro Cornel. *Vnum obijcitur, natum esse Gadibus, quod nemo negat.*

Appendix.

DAtiuo Ruri, vel ablatiuo Rure vtimur cùm huius est loci.
Plaut. Bacchid. *Si illi sunt virgæ ruri, at mihi tergum domi est.*
Lib. 8. Liu. *Morientem rure eo ipso die sepeliri se iussisse ferunt.*
decad. 4.

SI verò per aduerbium Quò, fiat interrogatio, accusandi casu efferuntur, cuiuscunque sint declinationis, ac numeri: vt Quò is?

OMNIVM VERBORVM. 113.

is? Romam, Brundusium, Carthaginem, Athenas, Delphos, Gades, Rus, Domum.

Cic. Atti. *Epistolas Catinam, Taurominium, Syracusas commodiùs mittere potero.* — Lib. 14.

Plinius. *Suessa Pomeria illa tēpestate florentissimā deportata est.* — Lib. 7. c. 16

Terent. Heaut. *Domum reuertor mœstus.*

Idem Eunuc. *Rus ibo.*

Cic. pro Archia. *Eum domum suam receperunt.*

SI per Vnde, vel Qua, fiat interrogatio, ablatiuo vtemur.

Vnde redis? Roma, Carthagine, Athenis, Delphis, Gadibus, Rure, Domo.

Qua iter fecisti? Roma, Brundusio, &c.

Cic. Atti. *Accepi Roma sine tua epistola fasciculum literarum.* — Lib. 5.

Idem Atti. *Hac super re scribam ad te Regio.* — Lib. 16.

Terent. Eunu. *Video rure redeuntem senem.*

Cic. ad Atti. *Iter Laodiceà faciebā, cū has literas dabā in castra.* — Lib. 5.

Appendix.

PRopria sæpe præpositionem accipiunt, maximè si quæstio fit per Vnde, aut Quò.

Cic. Atti. *A Brundusio nulla adhuc fama venerat.* — Lib. 9.

Idē ad eundē. *Nauis & in Caieta parata est nobis, & Brundusij.* — Lib. 8.

Idem de Senect. *Adolescentulus miles profectus sum ad Capuā.*

Liu. *Interim ab Roma legatos venisse, nunciatū est. (curauit.* — Bel. Pun. 10.

Cæsr. *Complures præterea naues longas in Hispali faciendas* — Bel. ciuil. 2.

Plinius ad Calestrum. *Proconsul prouinciam Bæticam per Ticinū est petiturus.* — Lib. 7.

NOmina insularum, regionum, prouinciarum, cæterorum deniq;

F f   locos

DE CONSTR. COMMVNI

locorum præpositionem sciedesderart.

Lib. 4. — Cic. in Verr. *Ex Sicilia in Africam gradus imperij factus est Romanis.*

Lib. 9. — Idem Atti. *Promitto tibi, si valebit, tegulam illum nullam in Italia relicturum.*

Lib. 14. — Idem ad eundem. *Nonis Quintilis veni in Puteolanum.*

Lib. 13. — Idem ad eundem. *Ego in Tusculano te expecto.*

Appendix I.

PRopryjs maiorum locorum interdum detrahitur præpositio, præcipuè à Poëtis, & Historicis.

Æneid. 3. — Virg. *Ibitis Italiam portusq; intrare licebit.*

Bel. Mac. 7. — Liu. *Ingressi rursus iter per Chersonesū, Hellespontū peruenērūt.*

Lib. 2. — Tacitus. *Germanicus Ægyptum proficiscitur.*

Ibidem. — Idem. *Germanicus Ægypto remeans.*

Lib. 4. c. 1. — Valer. Max. *M. Bibulus duos egregiæ indolis filios suos à Gabinianis militibus Ægypti occisos cognouit.*

Bel. ciu. 3. — Cæsar. *Cæsar cùm audisset Pompeium Cypri visum, &c.*

Cic. pro Domo sua. *M. Cato inuisus, quasi per beneficium, Cyprum relegatur.*

Appendix II.

CErta appellatiua ablatiuo sine præpositione eleganter efferuntur, quæ alioquin accusatiuo cum præpositione, per efferenda essent.

Lib. 5. — Cic. Atti. *Nunc iter conficiebamus æstuosa, & puluerulenta via.*

Lib. 2. — Idem in Verr. *Multæ mihi à C. Verre msidiæ terra, marique factæ sunt.*

Idem pro Planc. *Iter à Vibone Brundusium terra petere coter di.*

VA

OMNIVM VERBORVM.

Vaganti verbum hanc in primis elegantiam sibi vendicat.
Idem in M. Anton. *Nunc tota Asia vagatur, volitat ut rex.* — Philip. 160
Idem ad Atti. *Quem quidem ego spero iam tuto vel solum tota Vrbe vagari posse.* — Lib. 14.
Idē pro Fonteio. *Hi contra vagātur læti, atq; erecti passim toto foro.*

Datiuus communis.

QVoduis verbum admittit datiuum eius personæ, in cuius gratiam, commodum, vel incommodum aliquid fit.
Plaut. Milit. *Tibi aras, tibi occas, tibi seris, tibi eidem metis.*
Cic. Atti. *Libros tuos caue cuiquam tradas: nobis eos, quēadmodum scribis, conserua.* — Lib. 2.
Liu. *Magno illi ea cunctatio stetit.* — AbVrb. 2.

Accusatiuus communis temporis.

TEmpus accusatiuo, vel ablatiuo casu effertur, si per Quandiu fiat interrogatio: vt Quandiu regnauit Romulus? septem & triginta annos, vel annis.
Liu. *Romulus septem & triginta regnauit annos.* — AbVrb. 1.
Suet. *Vixit annis viginti nouem, imperauit triennio, & decē mensibus, diebusq; octo.* — In Calig. Cap. 59.

S In verò per Quando fiat, ablatiuo vtemur: vt, Quando datum est tibi hoc negocium? Anno superiore.
Cic. de Arusp. *Negociū magistratibus est datum anno superiore.*
Idem. *Heroicis etiam ætatibus Vlyssem, & Nestorem accepimus & fuisse, & habitos esse sapientes.* — 5. Tusc.

Accusatiuus communis spatij.

CViuis verbo apponi potest accusatiuus, qui distantiam loci significet.

Ff 2   Cic.

DE CONSTR. COMMVNI

Lib. 16.   Cic. ad Tironem. *Is locus est citra Leucadem stadia viginti.*
Lib. 13.   Idem Atti. *Cubitum nullum assiduo cursu processit.*
   Idem pro Deiot. *Negat se à te pedem discessisse.*
Bel. Mac. 7.   Liu. *Mille, & ducentos passus ibi latitudo patet.*
Ibidem.   Idem. *Duo millia ferme, & quingentos passus ab hoste posuerunt castra.*
   Cic. pro Sest. *Edixit, vt ab Vrbe abesset millia passuum ducẽta.*

INterdum ablatiuo vtuntur scriptores.

Bel. Gal. 1.   Cæsar. *Eo die castra promouit, & millibus passuum sex à Cæsaris castris sub monte consedit.*
Ibidem.   Idem. *Ab exploratoribus certior factus est, Ariouisti copias à nostris, millibus passuum quatuor, & viginti abesse.*

Ablatiuus absolutus.

QVibuslibet verbis addi potest ablatiuus absolutè positus.

Lib. 5.   Cic. Atti. *Quod auctore te velle cœpi, adiutore assequar.*
Lib. 14.   Idem ad eundem. *Scripsi hæc ad te, apposita secunda mensa.*
Lib. 3.   Idem de Leg. *Nobilium vita, victúq; mutato, mores mutari ciuitatum puto.*
   Idẽ de Clar. Orat. *Ego cautius posthac historiã, te audiẽte, attingã.*

Ablatiuus Instrumẽti, Causæ, Modi actionis.

QVæuis verba ablatiuum admittunt, significantem INSTRVMENTVM.

   Terent. Adelph. *Hisce oculis egomet vidi.*
   Cic. in Vatinium. *Cùm illud iter Hispaniense pedibus ferè confici soleat.*
Lib. 7.   Idem in Verr. *Sex lictores circunsistunt valentissimi, cædunt acerrimè virgis.* Aut

OMNIVM VERBORVM. 115.

Aut CAVSAM, *propter quam aliquid fit.*

Idem ad Q Frat. *Vestra culpa hæc acciderunt.*

Idem in Bruto. *Vereor ne amore videar plura, quàm fuerint in illo, dicere.* Lib. 2.

Terent. Adelph. *Dolore, ac miseria tabescit.*

Plin. *In Africa magna pars ferarum æstate non bibunt, inopia imbrium.* Lib. 10. Co. 30.

Aut MODVM, *quo aliquid fit.*

Cic. pro Milone. *Quænam modo id factum ferret ciuitas?*

Idem de Senect. *Sapientissimus quisq; æquissimo animo moritur, stultissimus iniquissimo.*

Idem pro Flac. *Pacem maritimam summa virtute, atque incredibili celeritate confecit.*

MOdus actionis præpositionem, CVM, *interdū desiderat.*

Idem de Offic. *Ira procul absit, cum qua nihil rectè fieri, nihil consideratè potest.* Lib. 1.

Idem de Orat. *Cum febri domum redijt, dièque septimo est lateris dolore consumptus.* Lib. 1o.

Ablatiuus Excessus.

CVuis verbo adiūgi potest ablatiuus rei, qua excessus significatur.

Cic. de Clar. Orat. *Scipio omnes sale, facetiísque superabat.*

Idem de Orat. *Lepòre, & humanitate omnibus præstitit Socrates.* Lib. 8.

Terent. Phorm. *Incredibile est, quantum herum antèeo sapientia.*

Sallust. *Cùm omnes gloria anteiret, omnibus tamen charus erat.* Ingurth.

Ablatiuus Pretij.

QVælibet verba ablatiuum admittunt significantem Pretiū: vt,

DE CONSTR. COMMVNI

vt, *Senatus tritici modium tribus denarijs æstimauit.*
Magno has ædes ædificaui.
Donatus docet literas mina in singulos menses.
Mina valet centum drachmis Atticis.
Secalis modius proximo anno ternis sestertijs fuit, summum quaternis.

Lib. 7.   Cic. in Verr. *Hæc quæ vel vita redimi rectè possunt, æstimare pecunia non queo.*

     Terent. in Andr. *Vix drachmis opsonatus est decem.*

Lib. 5.   Cic. in Verr. *Doceas oportet aliquo in loco Siciliæ, Prætore Verre ternis denarijs tritici medium fuisse.*

Lib. 7. c. 30   Plin. *Viginti talentis vnam orationem Isocrates vendidit.*

Bel. Pun. 3.   Liu. *Multorum sanguine, & vulneribus ea Pœnis victoria stetit.*

Ab. Vrb. 2.   Idem. *Magno illi ea cunctatio stetit.*

Exceptio.

His tamen genitiuis exceptis, *Tanti, tantidem, quanti, quanticunque, pluris, minoris.*

Lib. 3.   Cic. de offic. *Emit homo cupidus tanti, quanti voluit.*

Ibidem.   Idem. *Vendo meum non pluris, quā cæteri, fortasse etiā minoris.*

Lib. 5.   Idem. in Verr. *Quanti frumentum sit, considera: video esse binis sestertijs.*

     Senec. *Tantidem redemi patrem, quanti à te redemptus sum.*

Lib 5. Cōtrouers.

Appendix.

Genitiui *Tanti, quanti, quanticunque, minoris* in ablatiuum transeunt, si addantur substantiua.

Bel. Pun. 20   Liu. *Hic miles magis placuit, cùm pretio minori redimendi captiuos copia fieret.*

Constructᵒ

OMNIVM VERBORVM. 116.
Constructio verbi infiniti.

Verba infinita eosdem post se casus postulant, quos finita.
Cic. Tironi. Malo te paulò post valere uti, quàm statim imbecillũ videre. Lib. 16.

Idem ad Q. Frat. Quòd scribis te à Cæsare quotidie plus diligi, immortaliter gaudeo. Lib. 3.

Idem ad Atti. Vellem, te in principio audiuisse amicissimè admonentem. Lib. 7.

PRæteritum perfectum passiuum, & plusquamperfectũ ex infinito Esse, vel fuisse, atq; participio præteriti temporis supplentur, mutatis numeris, & generibus pro re, de qua agitur.

Cic. in Anton. P. Clodium meo cõsilio interfectum esse dixisti. Phip.l̄. 2.

Idem pro Cluent. Iniuriam ab huius familia factam esse dixisti.

¶ Verbum interdum omittitur.

Idem pro Mil. Negant intueri lucem fas esse ei, qui à se hominẽ occisũ m fateatur.

Futurum infinitum actiuum.

FORE, futurum infinitum, tantùn in vsu est: iungiturq; cum omnibus generibus, & vtroq; numero.

Cic. ad Len. Vehementer confidit his literis, se apud te gratiosum fore. Lib. 1.

Id. ad eundem. Spero nobis hanc coniurationem voluptati fore. Ibidem.

Idem Atti. Nihil arbitror fore, quod reprehendas. Lib. 8.

Idem ad eundem. Dionysio, dum existimabam vagos nos fore, nolui molestus esse. Lib. 7.

CÆtera quibus prisci vsi sunt, iam exoleuerunt: pro quibus infinito Esse, vel Fuisse, prout oratio postulat, & participio in Rus, vtimur.

Cic.

DE CONSTRVCTIONE

Lib. 6. Cic. Atti. *Illum eum futurum esse puto, qui esse debet.*

Lib. 1. Idem de Orat. *Verè mihi hoc videor esse dicturus.*

Philip. 2. Idem in M. Anton. *Id se facturum esse asseuerauit.*

Lib. 3. Idem in Verr. *Non molestè fero, me laboris mei, vos virtutis vestræ fructum esse laturos.*

Lib. 4. Idem ad Marcel. *Eum magis communem censemus in victoria futurum fuisse, quàm incertis in rebus fuisset?*

Philip. 8. Idem in M. Anton. *Dixit aliam sententiam se dicturum fuisse.*

INfinitum Esse frequenter desideratur.

Lib. 8. Cic. Atti. *Ego bellum fœdissimum futurum puto.*
Lib. 14. Idem ad Terentiam. *Celerius opinione venturus dicitur.*
Lib. 9. Idem ad Atti. *Vix spero hunc mihi veniam daturum.*
Lib. 10. Idem ad Appium. *Scribit, meas literas maximum apud te pondus habituras.*

Futurum infinitum passiuum.

FVturū passiuum ex infinito Iri, & voce simili supino in Vm, constat, vt Amatum iri, Doctum iri, Violatum iri, Occisum iri, omnibúsq; generibus, atq; vtrique numero attribuitur.

Lib. 2. Cic. ad Atti. *Pompeius affirmat non esse periculum, adiurat, addit etiam se prius occisum iri ab eo, quàm me violatū iri.*

Lib. 15. Idem ad eundem. *Brutum, vt scribis, visum iri à me puto.*

Lib. 1. Idem de Diuinat. *Vaticinatus est, madefacti iri minùs triginta diebus Græciam sanguine.*

Terent. in prol. Hecy. *Intereà rumor venit, datū iri gladiatores.*

Lib. 9, c. 20 Quintil. *Reus parricidij, quòd fratrem occidisset, damnatum iri videbatur.*

Plaut. in Rudente. *Mihi istæc videtur prædatum irier.*

R a

VERBI INFINITI.

Ratio supplendi futurum infinitum, maximè cùm verba supinis carent.

Fore vt, Futurum vt, verbis Spero, puto, affirmo, suspicor, & his similibus iuncta, eleganter futurum infinitum tam agendi, quàm patiendi modi supplent.

Cic. Spero fore, vt contingat id robis. — *Tusc.*

Idem ad Atti. Nunquàm putaui fore, vt ad te supplex venirē. — *Lib. 16.*

Idem Lentulo. Valde suspicor fore, vt infringatur hominum improbitas. — *Lib. 1.*

Senec. Scio futurum, vt, auditis eius sententijs, cupiatis multas audire. — *Por œm. 20 Controu.*

Idē. Nunquàm putaui futurum, vt pater meus liberos odisset. — *Lib. 2. Cōtrouers.*

¶ Hic circuitione subueniuntur verbis, quæ supinis carent: vt, Puto fore, vt breui his incommodis medeare.

Affirmo fore, vt paucis dieb⁹ oratione pro Marcello ediscas.
Suspicor fore, vt iuri ciuili potiùs, quàm philosophiæ studeas.
Polliceor fore, vt non multò post intimis sensibus angaris, quādo saluberrima parentis consilia negligis.

Circuitio ex præterito, & futuro mista.

Circuitio illa futurum fuisse, ex præterito, & futuro mista non minimum orationi affert ornamentum.

Cæs. Nisi eo ipso tempore quidam nurtij de Cæsaris victoria per dispositos equites essent allati, existimabant pleriq; futurum fuisse, vt oppidum amitteretur. — *Bel. ciu.*

¶ Hæc quidem circuitio necessaria est, cùm verba supinis destituuntur, vt, affirmabant omnes futurum fuisse, vt frater tuus

G g

DE CONSTRVCTIONE

breui literas Græcas disceret, nisi lateris dolore consumptus fuisset.

Infinita cum quibus verbis copulentur.

VErbis *Cœpi, soleo, debeo, cupio adduntur infinita, multisq; alijs, maximè ijs, quibus voluntas explicari solet.*

Cic. pro Rosc. Com. *Qui mentiri solet, peierare consueuit.*

Lib. 16. Idē Tironi. *Omnes cupimus, ego imprimis, quàprimùm te videre.*

Appendix.

AMphibolia, *accusatiui geminatione facta, soluitur ablatiuo: vt Milonem audiui occidisse Clodiū, ambigua est oratio: dubium enim est, vter ab altero fuerit occisus.*

Muta alterum accusatiuum in ablatiuum sic: A Milone audiui occisum esse Clodium: sublata est omnis dubitatio.

Gerundia.

GErundia, *quæ passionem non significant, casus suorum verborum admittunt: vt Tempus obliuiscendi iniuriarum, ignoscendi inimicis, coërcendi cupiditates, abstinendi maledictis.*

Gerundia in Di.

GErundijs in Di, *adduntur substantiua Tempus, causa, studium, finis, & cætera eiusdem generis.*

Cic. de Senect. *Equidem efferor studio patres vestros, quos colui, & dilexi, videndi.*

Lib. 19. Idem Atti. *Sit iam aut finis omnino deplorandi aut moderatio.*

¶ *Item nonnulla adiectiua, vt Peritus, imperitus, cupidus, inuentus nauigandi, ignarus dicendi.*

Lib. 2. Cic. de Orat. *Sum cupidus te audiendi.*

Appen-

GERVNDIORVM. 118
Appendix.

GErundia in Di, interdum genitiuum multitudinis pro accusatiuo admittunt.

   Cic. de Diuin. Doleo, tantam Stoicos nostros Epicureis irriden-   **Lib. 2**
   di sui facultatem dedisse.

   Plaut. Capt. Nominandi tibi istorum erit magis, quã edũdi copia.

In Dum.

GErundijs in Dum, præponuntur præpositiones Ad, Ob, Inter.

   Cic. Conturbatus animus non est aptus ad exequendum   **3. Tuscul.**
   munus suum.

   Idem in Verr. Quintò illud flagitiosius, improbius, indignius,   **Lib. 4.**
   eum, à quo pecuniam ob absoluẽdum acceperis, cõdemnare?

   Liu. Ipse inter spoliandum corpus hostis, veruto percussus, in-   **Ab Vrb. 2.**
   ter primam curationem expirauit.

¶ Præponitur & Ante, sed rariùs.

   Virg.   Nanque ante domandum,   **Georg. 3**
   Ingentes tollunt animos.

In Do.

GErũdia in Do, modò sine præpositione, in oratione adhibẽtur.

   Cic. Atti. Plorando defessus sum.   **Lib. 13.**
   Modò præpositiones maximè A, Ab, De, In, assumunt.

   Idem. Ab inuidendo autem rectè inuidentia dici potest.   **Tusc. 3.**
   Idem. Curioni. Etenĩ quis est tam in scribendo impiger, quàm ego?
   Idem ad Atti. Tu quid cogites de transeundo in Epirum, scire sa-   **Lib. 2.**
   nè velim.   **Lib. 9.**

¶ Nonnunquam E, vel Ex, Cum, Pro.

   Plaut. Aulul. Heus senex pro vapulando hercle abste mercedẽ
   petam.

Gg 2   Qum

DE CONSTRVCTIONE

Lib.1.c.5. Quintil. *Scribendi ratio coniuncta cum loquendo est.*

Gerundia passiua.

GErundia, quæ passionem significant, nullum post se casum admittunt.

Lib.2.c.3. Quintil. *Memoria excolendo, sicut alia omnia, augetur.*
Lib.13.c.15. Plin. *Rubens ferrum non est habile tundendo.*
Lib.11 c.6 Idem. *Bituminata, aut nitrosa vtilis est bibendo.*
Iugurth. Sallust. *Pauca suprà repetam, quò ad cognoscendum omnia illustria magis, magisq́; in aperto sint.*

Ratio variandi Gerundia.

GErundia, quæ accusatiuo casu gaudent, ferè elegantiùs more adiectiuorum ad hunc modum efferuntur.

Pompeius studiosus fuit Remp. defendendi, ciuésq́; seruandi:
Pompeius studiosus fuit Reipublicæ defendendæ, ciuiúq́; seruandorum: ita vt gerundij casus maneat, seruato tamen genere, ac numero accusatiui.

Philip.4. Cic. in Anton. *Princeps vestræ libertatis deferdēdæ sēper fui.*
Lib.2. Idem Curioni. *Hoc, quicquid attigi, non feci inflammandi tui causa, sed testificandi amoris mei.*
Ab Vrb.2 Liu. *Interiecto deinde haud magno spatio, quòd vulneribus curandis, supplendóq́; exercitui satis esset.*
Lib.3. Cic. Appio. *Animum tuum promptum, & alacrem perspexi ad defendendam Rempub.*
Lib.13. Idem Trebonio. *Omne desiderium literis mittendis accipierdiśq́; leniam.*
Ab Vrb.7. Liu. *Prælia de occupando ponte crebra erant.*

Pars

GERVND. ET SVPIN. 119.
Participiale verbum in Dum.

VErbum Participiale in Dum, accedente verbo substantiuo, datiuum postulat omnibus verbis communem.

Liu. Hîc vobis vincendum, aut moriendum, milites est. — Bel.Pun.

¶ Præter datiuum communem, etiam casum sui verbi admittit.

Cic. Tuo tibi iudicio est vtendum. — Tusc. 2.

Tibi, casus est communis: Tuo iudicio, proprius est verbi.

Appendix.

SI tamen casus verbi fuerit accusatiuus, mutabitur Participiale actiuum in passiuum hoc modo.

Petendum est tibi pacem: petenda est tibi pax. Timendum est nobis pœnas æternas: timendæ sunt nobis pœnæ æternæ.

¶ Prisci etiam actiuo vsi sunt, cum accusatiuo.

Lucret. Æternas quoniam pœnas in morte timendum. — Lib.6.

Veteres imitatus est Virgilius. Alia arma Latinis quærenda, aut pacem Troiano ab rege petendum. — Lib.12.

Supina in Vm.

SVpina in Vm, amant verba, quæ motum ad significant.

Terent. Phorm. Percontatum ibo.

Idem Heaut. Abi deambulatum.

Liu. Coriolanus damnatus absens in Volscos exulatum abijt. — Ab Vrb. 2.

¶ Ante se nullum, post se suorum verborum casus habent.

Cæsar. Legatos ad Cæsarem mittunt rogatum auxilium. — Bel.Gal.

Terent. Phorm. Me vltrò accusatum aduenit.

Idem Eunu. Nutricem accersitum ijt.

Supina in V.

SVpina in V, ferè passiuæ significationis sunt sine casu, adhærentq́; nominibus adiectiuis. — Cic.

DE CONSTRVCTIONE

Lib. 7. Cic. Atti. *Quod optimum factu videbitur, facies.*
Philip. 2. Idem in Anton. *O rem nõ modò visu fœdam, sed etiam auditu.*

Participia.

Participia eosdem casus habent, quos verba, à quibus proficiscuntur.

Pueri victoriam reportaturi, non delectantur duodecim scruporum ludo.

Ab V.b.1. Liu. *Ancus ingenti præda potitus, Remam redit.*
Cic. in Pis. *Abiectũ, cõtemptũ despectum à cæteris, à te ipso desperatũ, & relictum, adulantẽ omneis videre te voluí vidi.*
Lib. 1. Cic. Lelit. *Totus est nũc ab ijs, à quib? tuẽdus fuerat, derelict?*

Appendix I.

Participia passiua præteriti, & futuri temporis, maximè cùm fiunt nomina, etiam datiuo gaudent.

Cic. de Senect. *Sperare videor Scipionis amicitiam, & Lælij notam posteritati fore.*
Terent. Andr. *Restat Chremes, qui mihi exorandus est.*

Appendix II.

Exosus, Perosus, Pertæsus accusatiuum petunt.

Curtius. *Persarum te vestis, & disciplina delectat, patrios mores exosus es.*
Ab V.b.2. Liu. *Plebs Consulũ nomẽ haud secus, quàm regi perosa erat.*
Cap. 7. Suet. in Cæs. *Quasi pertæsus ignauiam suam, quòd nihil dum à se memorabile actum esset.*

Participia facta nomina.

Participia in Ans, Ens, interrogandi casu gaudent, cùm fiunt nomina.
Terent.

PARTICIPIORVM. 120.

Terent. Pho. m. *Herus liberalis est, & fugitans litium.*

Cic. Atti. *Boni ciues amantes patriæ.* — Lib. 9.

Salluſt. *Corpus patiens inediæ, vigiliæ, algoris, suprà quàm cui-quam credibile est.* — Bel. Catil.

Cic. ad Q. Frat. *Fert grauiter homo, & mei amantissimus, & suæ dignitatis retinẽs, se apud te neq; amicitia, neq; iure valuisse.* — Lib. 10

¶ Nonnulla etiam præteriti temporis, vt *Consultus, doctus.*

Cic. in Anto. *Neq; eni ille magis iuris consultus, quã iustitiæ fuit.* — Philip. 9.

Horat. *Docte sermonis vtriusque linguæ.* — Carm. 3. c de. 8.

Salluſt. *Alieni appetens, profusus sui.* — Bel Catil.

Liu. *Seruitutis, indignitatisq; homines expertos aduersus notum malum irritatos esse.* — Bel. Mac. 10.

Appendix I.

Participia præsentis, præteritiq; teporis, cùm nominum naturam induunt, more eorum comparantur.

Cic. Lent. *A me nullum tempus prætermittitur de tuis rebus & agendi, & cogitandi: vtorq; ad omnia Quinto Selicio, quo neq; prudentiorem quenquam ex tuis, neque fide maiore esse iudico, neque amantiorem tui.* — Lib. 6.

Idem Tironi. *Cùm commode, & per valetudinem, & per annitẽpus nauigare poteris, ad nos amantissimos tui veni.* — Lib. 16.

Idem Atti. *Nihil illo regno spoliatius, nihil rege egentius.* — Lib. 6.

Idem in Verr. *Hæc tu omnium mortalium profligatissime, ac perditissime cũ scires, cum tanto periculo tuo fieri paterere, atque concederes?* — Lib. 10.

Appendix II.

Participijs futuri temporis, addito verbo Substantiuo, eleganter

DE CONSTRVCTIONE

ganter *vtimur pro Debere, vel Oportere.*

Sum expectaturus fratrem.

Terent. Phorm. *Frater est expectandus mihi.*

Eram habiturus heri orationem.

Habenda mihi erat heri oratio.

Cic. pro Fonteio. *Orandus erit nobis amicus meus Pletorius, vt suos nouos clientes à bello faciendo deterreat.*

CONSTRVCTIO TRANSITIVA PRONOMINIS.

Genitiuus post demonstratiua pronomina.

PRonmiona demonstratiua, cum substantiuè ponuntur, patrium casum admittunt.

Lib. 2. Cic. ad Cælium. *Hoc ad te literarum dedi.*
Lib. 2. Idem de Orat. *Quoniam id temporis est, surgendum censeo.*
Lib. 1. Idem Atti. *Res est eodem loci, quo reliquisti.*

Appendix.

PRonomen IDEM, cum datiuo apud poëtas reperitur.

Horat. in Arte poëtica.

Inuitum qui seruat, idem facit occidenti.

¶ Oratores verò sic loquuntur.

Lib. 2. Cic. de Offic. *Peripaterici quondam ijdem erant, qui Academici.*

Ex eodem in Orat. *Sit igitur hoc cognitum, numeros oratorios eosdem esse, qui sunt poëtici.*

Lib. 2. Idem de Nat. deor. *Dianam, & Lunam eandem esse putant.*

Geni-

PRONOMINVM 121.
Genitiuus post possessiua.

POssessiua Meus, Tuus, Suus, Noster, Vester, loco genitiuorũ Mis, Tis, Sis, Nostrũm, Vestrũm, posita genitiuũ postulat.

Cic. ad Marcell. *Moleste fero me Consulem tuum studium adole-*   Lib. 18.
scentis perspexisse: te meum, cùm id ætatis sim, perspicere
non posse.

Idem in M. Anton. *Tuum hominis simplicis pectus vidimus.*   Philip. 2.

Idem Atti. *Non debes mirari, non posse me tanto dolori resistere:*   Lib. 12.
solius enim meum peccatum corrigi non potest.

Horat. *Cum mea nemo*   Ser. 1.
Scripta legat vulgo recitare timentis.   saty. 4.

Genitiui Mei, Tui, Sui, Nostri, Vestri.

VErba, participia, & nomina adiectiua, quæ patrium casu postulat, genitiuis Mei, Tui, Sui, Nostri, Vestri gaudent.

Cic. Atti. *Te oro, vt quibus in rebus mei tui indigebunt nostris*   Lib. 10.
miserijs ne desis.

Idem pro Rab. posth. *Equitem Romanum veterem amicum suum,*
studiosum, amantem, obseruantem sui labentem excepit.

Idem in Catil. *Habetis ducem memorem vestri, oblitum sui.*   Orat. 4.

Cæs. ad Cic. *Nihil eni malo, quã & me mei simile esse, & illos sui.*   Ad Att. 4.
   Lib. 9.

Exceptio 1.

INterest tamen, & Refert ablatiuos Mea, Tua, Sua, Nostra,
Vestra, sibi vendicarunt. quibus ablatiuis addi possunt genitiui Vnius, Solius, Ipsius, cæteriq́;, qui possessiuis addũ-
tur, Mea vnius interest: Tua solius refert: Nostra ipsorum
interest vitia extirpare.

Tua Rempublicã administrantis interest semper vigilare.

        H b   EX.

DE CONSTRVCTIONE
Exceptio 11.

NOmina numeralia, partitiua, comparatiua, & superlatiua genitiuos Nostrûm, Vestrûm exigunt.

Ab Vb.10. Liu. *Imperium summum Romæ habebit, qui vestrûm primus ô iuuenes osculum matri tulerit.*

Lib. 8. Curtius. *Nolo singulos vestrûm excitare.*

Lib. 2. Cic. ad Q. Frat. *Domus vtriuq́; nostrûm ædificatur egregiè.*

Orat. 2. Idem contra Rull. *Omnibus vobis, aut maiori vestrûm parti. Maximus natu vestrûm.*

Pronomina post Substantiua.

POssessiua Meus, Tuus, Suus, Noster, Vester cohærent cū substantiuis genere, numero, casu, cū possessio, vel actio significatur: vt Liber meus, ager tuus, studiū nostrum, labor vester.

Exceptio.

AT si substantiua significent partem aliquā generalem corporis, siue animi, cuiusmodi sunt Pars, Dimidium, Aliquid, genitiuis primitiuorum vtemur: vt Nullam partē mei amisi: hoc est non amisi manum, pedem, memoriam.
Amisistine quicquam tui?

Lib. 5. Cic. de Finib. *Cui proposita est conseruatio sui, necesse est huic partes quoq́; sui cariores esse, quò perfectiores sint.*

Terent. Adelph. *Tetigine tui quicquam?*

Lib.7.c.3. Quintil. *Minimam partem mei habent.*

Appendix.

SVbstantiua, quibus ambigua est significatio, vt Caritas, amor, memoria, desiderium, cura, itemque cætera, si possessionem actionemve significent, possessiuis adhærescunt: vt Amor me-

PRONOMINIS.

us, desiderium meum, quo amo, desideroque.

Sin passione significent, genitiuos Mei, tui, sui, nostri, vestri sa-
gitant: vt Amor mei, desiderium mei, quo amor, desideroq;.

Cic. Atti. Dionysium flagrantem desiderio tui misi ad te. *Lib. 7.*

Idem ad eundem. Auiam tuam scito desiderio tui mortuam esse. *Lib. 1.*

Idem ad Planc. M. impulit tui caritas. *Lib. 10.*

Idem ad Q. Frat. Nunc decedens relinque quæso, quàm iucundis-
simam memoriam tui. *Lib. 1.*

Quintil. Postquàm mei cura discesserat, Matrem, inquit, tibi per
hæc merita commendo. *Declam. 6*

¶ Aliquando vtrunq; coniungitur.

Cic. Atti. Nicias te, vt debet, amat, vehementerque tua sui
memoria delectatur. *Lib. 13.*

Idem Cornificio. Grata mihi est vehementer memoria nostri tua. *Lib. 12.*

Reciproca Sui, Sibi, Se.

Reciproco Sui, Sibi, Se, vtimur, cùm tertia persona transit in
se ipsam, vt Cæsar recordatur sui, indulget sibi, amat se,
loquitur secum.

Cic. de Finib. Eorum est hæc querela, qui sibi cari sunt, seseq;
diligunt. *Lib. 5.*

Idem de Nat. deor. Ipse sibi displicet. *Lib. 1.*

¶ Et accedente altero verbo: vt Marcellus te Cæsar precatur,
vt misererearis sui, ignoscas sibi, se in fidem tuam suscipias,
ne se hostem existimes.

Cic. in Orat. Ne ipse quidem sua tanta eloquentia mihi persuasis-
set, vt se dimitterem.

Idem pro Sext. Rosc. Nunc sibi ex animo scrupulum, qui se dies,
noc-

DE CONSTRVCTIONE

noctesq; stimulat ac pungit, vt euellatis, postulat.

Lib. 9. Idē Atti. Qui etiā à me petierit, vt secū, & apud se esse quotidie?

Reciprocum Suus.

REciproco Suus, vtimur, cùm tertia persona transit in rem à se possessam, v: Cicero recordatur Tironis liberti sui, indulget liberis suis, defendit suos clientes, scripsit hanc epistolam manu sua.

Lib. 3. Cic. in Verr. Aiebat multa sibi opus esse, multa canibus suis.

Lib. 2. Idem de Orat. Si feræ partus suos diligunt, qua nos in liberos nostros indulgentia esse debemus?

¶ Et accedente altero verbo: vt, Timet Pompeius, ne à suis veteranis deseratur.

Rogat te Cæsar, vt suas partes sequaris.

Appendix.

VTimur præterea reciproco Suus, cū res possessa in possessorem transit.

Lib. 9. Cic. Atti. Vlciscentur illum mores sui.
Idem de Arusp. Sua concio risit hominem.
Idem pro Sest. Hunc sui cives è ciuitate eiecerunt.
Lib. 10. Idem Atti. Indulsit illi quidem suus pater semper.

PRÆPOSITIONVM
CONSTRVCTIO.

VERBA a soluta, & Intransitiua, præpositionum beneficio, in casus transeunt.

Lib. 3. Cic. de Orat. Cùm etiam tum in lecto Crassus esset, & apud eum
Sulpi-

PRÆPOSITIONVM.

Sulpitius sederet, Antonius autem inambularet cum Cotta in porticu, repentè eò Quintus Catulus senex cum Caio Iulio fratre venit.

TRansitiua, præter proprium casum, etiam præpositiones cũ suis casibus admittunt.

Cic. de amic. *Nihil est amabilius virtute, nihil quod magis allicit homines ad diligendum: quippe cum propter virtutem, & probitatem eos etiam, quos nunquàm vidimus, quodam modo diligamus.*

VErba composita sæpe casum præpositionis habent.

Cic. de Fin.b. *Cur ipse Pythagoras & Ægyptum lustrauit, & Persarum Magos adijt?* — Lib. 5.

Idem ad Q. Frat. *Cum subitò bonus imperator noctu vrbẽ hostium inuasisset, in senatum se non committebat.* — Lib. 2.

¶ Et repetita præpositione.

Idem in Ver. *Cæteri hæredes adeunt ad Verrem.* — Lib. 1.

Idem in Anton. *In Galliam inuasit Antonius, in Asiam Dolabella, in alienam vterq́; prouinciam.* — Philip. 11.

HAnc repetitionem amant multa verba composita ex præpositionibus A, ab, ad, con, de, e, ex, in.

Idem de Amic. *Tu velim à me animum parumper auertas, Læliũ loqui ipsum putes.*

Idem ad Q. Frat. *Abduco equidem me ab omni Reipub. cura.* — Lib. 3.

Casus præpositionum.

ACcusatiuo seruiunt Ad, apud, ante, aduersus, vel aduersũ, cis, citra, circiter, circa, circũ, cõtra, erga, extra, intra, inter, infra, iuxta, ob, penes, per, pone, post, prope, propter, præ-

DE CONSTRVCTIONE

præter, secundum, supra, secus, trans, vltra, versus, vsque.

Cic. in Brut. *In pratulo, prope Platonis statuam, consedimus.*

Lib. 12. Idem Atti. *Secundum te, nihil est mihi amicius solitudine.*

Lib. 4. Idé in Ver. *Erat acceptæ pecuniæ à Caio Verrutio, sic tamẽ vt vsq́; alterũ R, literæ cõstarent integræ, reliquæ omnes essent in litura.*

Versus.

VErsus suo casui postponitur.

Lib. 16. Cic. Atti. *Verti me à Minturnis Arpinum versus.*

Lib. 4. Sulpitius Ciceroni. *Ex Asia rediens, cùm ab Ægina Mẽgaram versus nauigarem, cœpi regiones circum circa prospicere.*

ABlatiuò gaudent A, ab, abs, absque, cum, coram, clam, de, e, ex, pro, præ, procul, palam, sine.

Cic. in Pis. *Mihi verò ipsi coram genero meo, propinquo tuo, quæ dicere ausus es?*

Idem Atti. *Paulò clam ijs eam vidi.*

Lib. 15. Teret. Heaut. *Præ iracundia Menedeme non sum apud me.*

Ab vrb. 6. Liu. *Rem creditori palam populo soluit.*

Bel. Mac. 7. Idem. *Haud procul occasu solis redeundi in castra tempus erat.*

Tenus.

TEnus, quemadmodum Versus, postponitur, atq́; ferè patrium casum desiderat, si nomen sit multitudinis.

Cic. in Arato. *& Cepheus conditurante iumboriĩ tenus.*

Lib. 8. Cælius Ciceroni. *Rumores illi de comitijs Cumarũ tenus caluerũt.*

¶ Sin singulare sit nomen, ablatiuo gaudet.

Bel. Pun. 6. Liu. *Adeò nudauerat vada, vt alibi vmbilico tenus aqua esset, alibi genua vix superaret.*

A; Ab,

PRÆPOSITIONVM.

A, Ab, Abs.

A, Consonantibus præponitur.

Cic. in Anton. *Antonius à fronte, à tergo, à lateribus tenetur.* — Philip. 1.

¶ Ab, vocalibus.

Idē Atti. *Cura, & effice, vt ab omnibus & laudemur, & amemur.* — Lib. 1a.

¶ Et nonnullis consonantibus.

Idem pro Cluent. *Ab nullo ille liberalius, quàm à Cluentio tractatus est.*

Idem Atti. *Rex ab Senatu appellatus est.*

Præcipuè L, R, & I: *vt Ab legatis, ab Romanis, ab Ioue.* — Lib. 6.

A B S, T, & interdum, Q.

Terent. Andr. *O Daue itane contemnor abs te?*

Idem Adelph. *Abs quiuis homine beneficium accipere gratū est.*

In, Sub, Super.

IN, Sub, Super, modò accusatiuum, modò ablatiuum, pro varia significatione postulant.

IN cum verbis motus accusatiuum amat.

Cic. in Catil. *Egredere ex vrbe Catilina, in exilium proficiscere.* — Orat.

¶ Item pro Erga, contra, ad, pro, per: *vt Brutus fuit pius in patriam, crudelis in liberos.*

Olera, & pisciculos minutos fero obolo in cœnam.

Commodaui tibi librum in horam, diem, mensem, annum. — Inuect. 6.

Cic. in Catil. *Crescit in dies singulos hostium numerus.*

C Vm verò quies, aut aliquid fieri in loco significatur ablatiuo gaudet: *vt Sum in templo. Deambulo in foro.*

Idem ad Atti. *In hac solitudine careo omnium colloquio.* — Lib. 12.

¶ Et cùm ponitur pro Inter:

Cic.

DE CONSTRVCTIONE

Cic. de Amicit. *Hoc primũ sẽtio, nisi in bonis amicitiã esse nõ posse.*

Sub.

Sub ferè accusandi casum postulat pro Circiter, per, paulò antè, denique cùm tempus ad significat: vt *Sub vesperum: sub noctem: sub lucis ortum: Sub idem tempus hæc gesta sunt.*

Bel. Ciuil. 1. Cæsar. *Pompeius sub noctem naues soluit.*

Bel. Pun. 2. Liu. *Sub equestris fiz em certaminis, accorta est pedium pugna.*

¶ Item pro Post.

Lib. 10. Cic. Planco. *Sub eas literas statim recitatæ sunt tuæ.*

¶ Et cum verbis motus: vt *Clodius se sub scalas tabernæ librariæ coniecit.*

Nix sub aspectum, & tactum cadit.

¶ Cum verbis quietis ablatiuum petit, vt *Consedimus sub vmbra platani.*

Sub nomine pacis bellum latet.

Super.

Super accusatiuo seruit, cùm præpositioni Subter contraria est, maximè cùm motus significatur: vt *Sedeo super saxum. Tegula cecidit super caput.*

¶ Item cùm significat Inter.

Vt *Super cænam occisus est.*

¶ Præter: *Super cætera scelera hoc etiam facinus commisisti.*

¶ Vltra: *Erant super mille imperatores imperante Augusto.*

¶ Ablatiuo adiungitur, cùm pro De, ponitur.

Lib. 14. Cic. Atti. *Hac super re scribam ad te Regio.*

¶ Et interdum cum verbo quietis, maximè apud poëtas.

Eclog. 1. Virgi. *Hîc tamen hac mecum poteris requiescere nocte Fronde super viridi.*

Subter.

PRÆPOSITIONVM. 125.
Subter.

SVbter, ferme accusandi casum poscit, siue quietis, seu motus verbis adiungatur.

Cic. Plato iram in pectore, cupiditatem subter præcordia locauit. — Tusc. 1.

Præpositio versa in aduerbium.

PRæpositio, quum casu priuatur, in aduerbium migrat.

Cic. Atti. Tu aduentare, ac prope adesse iam debes. — Lib. 4.

Idem pro Flac. Multis pòst annis pecunia recuperata est.

Id. de Nat. deor. Sensibus, & animo ea, quæ extra sũt, percipimus. — Lib. 2.

Præpositiones alijs præpositionibus præpositæ.

PRæpositiones nonunquam alijs præpositionibus præponuntur.

Cic. ad Atti. Ibi e, se volo vsq; ad pridie Kalendas Maias. — Lib. 14.

Idem ad eundem. De Q. fratre nuntij nobis tristes, nec varij venerunt ex ante diem Nonas Iunias vsq; ad pridie Kalendas Septembris. — Lib. 10.

VSque tamen ferè alteram præpositionem desiderat.

Idem in Ver. Maximis in laudibus vsq; ad summam senectutẽ summa cum gloria vixit. — Lib. 7.

Terent. Eun. Ex Æthiopia est vsque hæc.

Cic. de Nat. deor. Vsque à Thalete enumerasti sententias Philosophorum. — Lib. 1.

¶ Nisi præponatur nominibus oppidorum.

Cic. in Ver. Sacerdotes vsq; Ennam profecti sunt. — Lib. 6.

Terent. Adelph. Miletum vsque obsecro.

Cons.

DE CONSTRVCTIONE
CONSTRVCTIO ADVERBII.
Nominatiuus post aduerbium.

EN, Ecce, nominandi, seu accusandi casum admittunt.

Cic. pro Deiot. *En crimen, en causa.*

Plaut. Amph. *En tectum, en tegulas, en obductas fores.*

Lib. 4. Cic. in Verr. *Ecce noua turba, atq; rixa.*

Lib. 2. Idem de Finib. *Ecce miserum hominem, si dolor summum malum est.*

Genitiuus post aduerbium.

SAtis, abundè, affatim, parum, instar, partim, ergô pro causa, genitiuum casum postulant.

Terent. Phorm. *Satis iam verborum est.*

Cic. de clar. Orat. *Plato mihi vnus instar est omnium.*

Bel. Mac. 2. Liu. *Victoriæ naualis ergô, in vnum diem supplicatio decreta est.*

Aduerbia superlatiua.

ITem, Aduerbia superlatiua à nominibus orta.

Cic. de clar. Orat. *Maximè omniū nobilium græcis literis studuit.*

Idem ibidem. *Sæpissime audio, illum omnium ferè Oratorum latinè loqui elegantissimè.*

Aduerbia loci.

VBi, vbinam, vbicunque, vbiuis, quouis, quoquò, nusquam, genitiuos Terrarum, Gentium eleganter admittunt.

Lib. 9. Cic. Atti. *Quid ageres, vbi terrarum esses, ne suspicabar quidem.*

Terent Adel. *fratrem nusquam inuenio gentium.*

Dicitur & *Longè gentium.*

Lib. 10. Cic. Atti. *Tu longè gentium abes.*

HVc spectant aduerbia, Eo, Huc. Liu.

ADVERBII.

Liu. Eò consuetudinis adducta res erat, vt quocunq; noctis tẽpore sibi dedisset signum, porta aperiretur. *Bel.Pun.*

Senec. Eò scelerum peruentum est, vt parricidæ pater adsit. *Lib 5.Cõtrouer.*

Curt. Huc enim malorum ventum est, vt verba mea eodem tempore & Alexandro excusem, & Antiphani. *Lib. 8.*

Pridie, & postridie.

PRidie, & postridie & genitiuũ, & accusatiuũ casum petit.

Cic. Atti. Pridie eius diei venit. *Lib. 11.*

Idem Appio. Pridie Nonas Iunij cùm essem Brundusij, & c. *Lib. 3.*

Cæs. Postridie eius diei Cæsar præsidio vtrisq; castris, quod satis esse visum est, reliquit. *De bel.Gallic.*

Cic. Atti. Postridie ludos Apollinares. *Lib. 16.*

Datiuus post aduerbium.

QVædam dandi casum petunt more eorum, vnde deducũtur.

vt Congruenter, conuenienterq́; naturæ viuere.

Dicere conuenienter rationi.

Obuiam alicui ire, procedere, prodire.

Nam congruens, conueniens, obuius datiuo gaudent.

Cic. de Finib. Non quæro, quid dicat, sed quid conuenienter rationi possit, & sententiæ suæ dicere. *Lib. 2.*

Idem. Cæsari ex Hispania redeunti obuiam lõgißimè processisti. *Philip. 2.*

Plin. Platoni sapientiæ antistiti Dionysius tyrannus vittatam nauem misit obuiam. *Lib. 7.c. 30.*

Accusatiuus post aduerbium.

PRopiùs Proximè, accusandi casum exigunt.

Cic.epist. ad Octau. Cur castra longiùs aduersariorum castris, & propiùs Vrbem mouentur? *Idem*

I j 2

DE CONSTRVCTIONE

Philip. Idem in M. Anton. *Brutus operam dat, vt cum suis copijs quàm proximè Italiam sit.*

Abhinc.

ABhinc, *verbis præteriti temporis iunctum accusatiuum, seu ablatiuum postulat.*

Lib. 4. Cic. in Verr. *Horum pater abhinc duos, & viginti ānos est mortu°.*
Idem pro Quint. Rosc. *Quo tempore? Abhinc annis quindecim.*

Ablatiuus post aduerbium.

COmparatiua ablatiuo gaudent.
Cic. *Lachryma nihil citius arescit.*
Idē ad Curioné. *Nemo est, qui tibi sapiētius suadere possit te ipso.*
Terent. Hecyr. *Dies triginta, aut plus eo in naui fui.*
Idē Heaut. *Annos sexaginta natus es, aut plus eo, vt conijcio.*

Aduerbia loci.

ADuerbia, *quibus interrogamus, sunt hæc, Vbi, vnde, quò, quà, quorsum.*

Hic, istic, illic, & cætera.

AD interrogationem Vbi, *redduntur hæc, Hîc, istic, illic, ibi, inibi, ibidem, alibi, alicubi, vbique, vtrobique, vbilibet, vbiuis, vbicūq;, passim, vulgò, itus, foris, nusquā lōgè, peregre.*
Item *suprà, subter, infrà, antè, pòst, extrà, cùm fiunt aduerbia.*
Cic. ad Torquatū. *Nemo est, q in vbiuis, quā ibi vbi est, esse malit.*

Hinc, istinc, & cætera.

AD vnde *redduntur hæc, Hinc, istinc, illinc, inde, indidem, aliunde, vndelibet, vndeuis, vndique, vndecunque, vndequaque, alicunque, vtrinque, eminus, cominus, superné, inferné, peregre, intus, foris.*   Terent.

ADVERBII

Terent. Heaut. *Vide nequò hinc abeas longiùs.*

Huc, istuc, & caetera.

AD Quò redduntur hæc, Huc, istuc, eò, illuc, eòdē, illò, aliquò, aliò, neutrò, utròque, quoqịò, quòcunque, quòuis, quòlibet, intrò, foras, peregre, longè, nusquam.

Terent. Hecyr. *Abi Pàrmeno intrò, ac me veniſſe nuntia.*

Hàc, istac, & caetera.

AD Quà redduntur hæc, Hàc, istac, illac, aliquà, quàlibet, quacunque.

Terent. Eun. *Plenus rimarum sum: hàc, atque illac perfluo.*

Horsum, istorsum, & caetera.

AD Quorſum, id est, Quem locum versus, reddunt̄ hæc, Horſū, istorſū, illorſū, aliorſū, deorſū, ſurſū, dextrorsū, siniſtrorſum, læuorſum, prorſum, rurſum, introrſum, vel introrſus, retrorſum, vel retrorſus, quoquouerſū, vel quoquouerſus.

Terent. Phorm. *Horsum pergunt.*
Id. ibidē. *Sex ego te totos Parmeno hos menses quietum reddā, ne surſum, deorsum cursites.*

VT, pro Postquàm, Quomodo.

VT pro Postquàm Indicatiuum petit.

Cic. Atti. *Vt ab vrbe discessi, nullum prætermisi diem, quin aliquid ad te literarum darem.* Lib. 7.

¶ Item pro Quomodo, cum quadam admiratione.

Idem ad eundem, *Cneus noster, ô rem mi eram, & incredibilem, vt totus iacet!* Lib. 7.

Terent. Eun. *Vt falsus est animi.*

VT.

DE CONSTRVCTIONE
VT.

Post has voces Adeò, ita, sic, tam, talis, tantus, tot, ferè nunquàm ponitur Quòd, sed Vt, cum Subiunctiuo.

Cic. pro Rab. Adeòne hospes huiusce vrbis, adeò ne ignarus es
disciplinæ, consuetudinisq; nostræ, vt hæc nescias?

Tusc. 1.   Idem. Non sum ita hebes, vt ista dicam.

Antequàm.

Antequàm, tum Indicatiuis, tum Coniunctiuis iungitur.

Terent. Andr. Experiri omnia certum est, antequàm pereo.

Cic. pro Muræn. Antequàm pro Muræna dicere instituo, pro me
ipso pauca dicam.

Philip. 1. Idem in M. Anton. Antequàm de Rep. Patres C. dicam ea, quæ
dicenda hoc tempore arbitror: exponam vobis breuiter co-
silium, & profectionis, & reuersionis meæ.

Priusquam.

Priusquam, ijsdem modis gaudet.

Philip. 1. Cic. in M. Anton. Priusquam de Rep. dicere incipio, pauca
querar de hesterna M. Antonij iniuria.

Idem pro Mil. Præclarè vixero, siquid mihi acciderit, priusquam
hoc tantum mali videro.

Bel. Catil. Sallust. Priusquam incipias, consulto, & vbi consulueris, matu-
rè facto opus est.

NE, vetandi.

NE Subiunctiuum petit, cùm aliquid prohibemus.

Terent. Eun. Ne post conferas culpam in me.

Bel. Pun. Liu. Ne tot annorum felicitatem in vnius horæ dederis discrimē.
10.

¶ Petit

ADVERBII.

¶ Petit & Imperatiuum maximè apud Poëtas.
Plaut. Persa. *Abi, ne iura, satis credo.*
Virg. *Ne fugite hospitium, neve ignorate Latinos.* Æneid. 7.

NÆ.

NÆ, hoc est, profectò, pronominibus præpositum Indicatiuu, vel Coniunctiuum petit.
Terent. Adelph. *Næ ego homo sum infelix.*
Cic. in Anton. *Næ tu, si id fecisses, melius famæ tuæ consuluisses.* Philip. 1.
Idem. *Næ ille vir sapiens lætius ex his tenebris in lucem illam excesserit.* Tusc. 1.

Per, Perquam, &c.

PEr, perquam, sanè, valde, oppidò, imprimis cu primis, apprime, admodùm, vehementer, & alia id genus sepositiuis gaudent.
Cic. de Finib. *Hæc quidem est perfacilis, & perexpedita de se sio.* Lib. 1.
Idem de Orat. *Quod mihi quidem perquam puerile videri solet.* Lib. 2.
Idem ad Terent. *Sin ad nos pertinerent, seruirent, præterquam oppidò pauci.* Lib. 14.
Idem in Verr. *Philodamus erat imprimis inter suos copiosus.* Lib. 5.
Idem in eundem. *C. Mustius homo cumprimis honestus.* Ibidem.

Quùm, affectibus seruiens.

QVùm cùm admirationi, commiserationi, atq; interrogationi cum admiratione permistæ seruit, positiuis iungitur. vt
Quàm multi auaritiæ student!
Heu quàm fallaces sunt hominu spes, quàm inanes cogitationes!
Cic. de Amicit. *Quàm multa, quæ nostra causa nunquàm faceremus, facimus causa amicorum!*
Quint.

DE CONSTRVCTIONE

Lib. 12.
cap. 11.
Quint. *Quàm multa, imò penè omnia tradit Varro!*

Quàm, pro Quantum.

Aeneid. 2.
QVàm, pro Quantum, positiuis præponitur.

Lib. 7.
Cic. Trebatio. *Quā sint morosi, qui aiunt, vel ex hoc intelligi potest.*
Quàm gratum hoc namque sit patri tuo arbitraris?
Nescis quàm sint stulti, qui suis cupiditatibus seruiunt.

Exceptio.

Philip. 3.
Valer.
QVàm, pro Quantum, cum verbo Possum iunctum superlatiuis adiungitur.

Lib. 14.
Cic. Catoni. *Quàm potui maximis itineribus ad Amantium exercitum duxi.*

Lib. 20.
Idem de Nat. deor. *Aues nidos construunt, eósq́; quàm possunt mollissimè substernunt.*

Quàm vt.

Lib. 2.
QVàm, eleganter comparatiua sequitur. (*simus.*
Cic. de Orat. *Hoc altius est, quā vt nos humi strati suspicere pos-*

Quàm, pro Valde.

Lib. 13.
QVàm, pro Valde, superlatiuis elegantissimè adiungitur.
Cic. Valerio. *Vehementer te rogo, vt cures, vt ex hac commendatione mihi Cuspius quàm maximas, quapropter, quàm sæpissimè gratias agat.*

Tam, Quàm.

TAm, & Quàm positiua frequentissimè, superlatiua rariùs, comparatiua rarissimè copulant.
Cic. in Orat. *Nemo Orator tam multa, ne in Græco quidem otio scripsit, quàm multa sunt nostra.*

Sallust.

ADVERBII.

Sallust. Quàm quisq; pessimè fecit, tam maximè tutus est. *Iugurth.*

Teren. Heaut. Nanq; adolescens quàm minima in spe situs erit, Tam facillimè patris pacem in leges conficiet suas.

Cic. pro Deiot. Per dexteram te istam oro, quam regi Deiotaro hospes hospiti porrexisti: istam, inquam, dexteram retineam in bellis, & in prælijs, quàm in promissis, & fide firmiorem.

¶ Ponitur interdum, Tam, separatim cum superlatiuo.

Cic. in Anton. Nondum erat vestris tam grauissimis, támq; multis iudicijs, ignominijsq; torcisus. *Philip.8.*

Aduerbia in Vm.

ADuerbia in Vm, positiuis gaudent. vt Parum, multùm, nimium, tantùm, quantùm, aliquantum.

Cic. Atti. Parum firma sunt, quæ de fratre meo scribis. *Lib.10. Orat.3e*

Idem in Rull. Socer huius vir multùm bonus est.

Idem de Finib. In rebus apertissimis nimium longi sumus. *Lib...*

Aduerbia O, finita.

PAulò, nimiò, aliquantò, tantò, eò, quò, multò; Hòc pro tantò, comparatiuo adhærent.

Cic. de Ofi. Quàtò superiores sumus, tátò nos submissiùs geram9.

Cic. de Amic. Nec verò corpori solum succurrendum est, sed etiam menti, atq; animo multo magis. *Lib.1o.*

Plancus Ciceroni. Certe hoc maius habes testes nimerium amoris nei, quò maturiùs tibi, quàm cæteris consilia n. ea volui esse nota. *Lib.10.*

Luceius Ciceroni. Ego valeo ficut soleo: paulò tamen etiam deteriùs, quàm soleo. *Lib.8o.*

Appendix.

MVltò etiam superlatiuis additur. *Cic.*

DE CONSTRVCTIONE

Cic. in Verr. *Cùm omnis arrogantia odiosa est, tum illa ingenij, atq́; eloquentiæ multò molestissima.*

¶ Item Longè, pro Valde.

Cic. in Bruto. *Longè postnatos homines improbissimus C. Seruilius, sed peracutus, &c.*

¶ Facilè, cùm (Sine dubio, sine controuersa) significat, superlatiuis gaudet, aut ijs, quæ eorum vim habent.

Idem pro Rabirio Posth. *Virum vnum, totius Græciæ facilè doctissimum Platonem in maximis periculis, insidijsq́; versatum esse accepimus.*

Idem pro Sext. Rosc. *Non solùm sui municipij, verùm etiam eius vicinitatis facilè primus.*

Idem pro Cluent. *Regionis illius, & vicinitatis virtute, existimatione, nobilitate facilè princeps.*

Quintil. *In affectibus verò tum omnibus mirus, tum in ijs, qui miseratione constant, facilè præcipuus.*

INTERIECTIONIS
Constructio.

O

O Tribus casibus adiungitur, Nominandi:

Terent. Phorm. *O vir fortis atque amicus.*

Accusandi:

Cic. Terentiæ. *O me perditum, o me afflictum.*

Vocandi:

Terent. Andr. *O Daue, ita ne contemnor abs te?*

Heu, Pro.

Heu, & Pro, modò nominandi, vel potius vocandi casum postulant.

Virg. *Heu pietas, heu prisca fides.*

INTERIECTIONIS. 130.

Liu. *Tantum (pro dolor) degenerauimus à parentib. nostris. Modò accusandi:* — Bel.Pun.

Cic. in M. Anton. *Heu me miserum, cur senatum cogor, quem semper laudaui, reprehendere?* — Philip. 8.

Idem in Verr. *Prò Deûm, hominùmque fidem.* — Lib. 4.

Hei, Ve.

Hei, Ve, datiuo gaudent.

Terent. Heaut. *Hei misero mihi.*

Idem Andr. *Ve misero mihi.*

CONIVNCTIONIS
Constructio.

Coniunctiones copulatiuæ, & disiunctiuæ, cùm ad idem verbum referuntur, similes casus connectunt.

Cic. in Anton. *Quę non doleat interitu talis & viri, & ciuis?* — Philip. 10

Sallust. *Diuitiarum, & formæ gloria fluxa, atque fragilis est.* — Bel. Catil.

Cic. de Senect. *Quid de pratorum viriditate, aut arborum ordinibus, aut vinearum, oliuetorùmque specie dicam?*

Quàm, Nisi, An, Præterquàm.

Quàm, Nisi, An, Præter quàm eosdem itidem casus copulãt. — Lib. 3.

Cic. Atti. *An existimas, ibullo malle me legi, probariq́, quã à te?*

Idem pro Sext. *Quem vnquam Senatus ciuem, nisi me, natio. lib. exteris commendauit?* — Lib. 1.

Idem de Orat. *Refert etiã qui audiãt, Senatus, an Populus, an Iudices.*

Idem in Catil. *Pro tantis rebus nullum à vobis præmium postulo, præterquàm huius diei memoriam sempiternam.* — Inuect. 3.

Exceptio.

Aliquando huic construtioni certa ditionũ proprietas obstat, vt *Fui Romæ, & Athenis.*

Kk 2 Aut

DE CONSTRVCTIONE

Aut Brundusij, aut Sulmone mortuus est.
Emistine librum centusse, an minoris?
Malim Panormi quàm Syracusis esse.

Etsi, Tametsi, Quanquam.

ETsi, Tametsi, Quanquam in principio statim sententiæ Indicatiuum postulant.

Cic. pro Mil. Etsi vereor iudices, &c.

Lib. 4. Idem Lent. Tametsi nihil mihi fuit optatius.

Lib. 10. Idé Plãco, Quanquam gratiaru actionẽ à te non desiderabam.

¶ Alibi etiam Subiunctiuum admittunt.

Lib. 1 c. 3. Quintil. Cædi verò discentes, quanquam receptum sit, & Chrysippus non improbet, minimè velim.

Etiamsi, Quanuis, Licet, Vt, pro Quanuis.

ETiãsi, Quanuis, Licet, vt, pro Quanuis, Subiuntiuo gaudet.

Cic. de Amicit. Omnia breuia tolerabilia esse debent, etiamsi maxima sint.

Philip. 2. Idem in Anton. Homines quanuis in rebus turbidis sint, tamen si homines sunt, interdum animis relaxantur.

Idem post Redit. in Senat. Tantus vester consensus de salute mea fuit, vt licet corpus abesset meum, dignitas in patriam reuertisset.

Idem pro Quint. Vt summa haberem cætera, temporis quidem certè vix satis habui.

NE causalis.

NE, causalis Coniunctiuum amat.

Terent. Andr. Hei vereor, nequid Andria apportet mali.

Idem Eun. Nunc metuo fratrem, ne intus sit.

Idem

CONIVNCTIONIS. 131.

Idem Andr. *Tum autem hoc timet ne se deseras.*

Vt, pro Ne.

VT, post verba Vereor, Timeo, Metuo eleganter ponitur pro Ne.

Terent. Phorm. *At vereor, vt placari possit.*
Cic. de Orat. *Sed illa duo Crasse vereor, vt tibi possim concedere.* Lib. 1o.
Idem ad Terent. *Omnes labores te excipere video: timeo, vt sustineas.* Lib. 14o.
Terent. Andr. *Perij, metuo, vt substet hostes.*

Ne non, pro Ne.

POst eadem verba, NE NON, etiam pro Ne, ponitur.
Cic. Atti. *Si m inet, vereor ne exercitum firmum habere non possit.* Lib. 7o.
Ad eundem. *Timeo ne non impetrem.* Lib. 0.
Idem pro Milone. *Cur igitur bos marû misit? metuebat scilicet, ne indicaretur, ne dolorem perferre non posset.*

Appendix.

SI tertiâ addideris negationê, te omni metu liberû significabis.
Idem in Verr. *Non vereor ne hoc officium meum P. Seruilio non probem: hoc est Non dubito, quin hoc officium meum P. Seruilio sim probaturus.* Lib. 6o.

Vt ne, pro Ne.

VT NE, peruenuste ponitur pro Ne.
Cic. in Verr. *Impetrant, vt ne iurent.* Lib. 9o.
Idem ad Q. Frat. *Opera datur, vt iudicia ne fiant.* Lib. 3o.
Idem Bruto. *Semper animaduerti, studiose te opcram dare, vt ne quid meorum tibi esset ignotum.* Lib. 1o.

NI,

DE CONSTRVCTIONE
Ni, Nisi, Si.

NI, Nisi, Si, *tum Indicatiuum, tum Coniunctiuum amant.*

Terent. Andr. *Mirum ni domi est.*

Idem Phorm. *Ninssem causam, crederem vera hunc loqui.*

Lib. 4. Cic. in Verr. *Ni restituissent statuas, vehementer his miratur.*

Nisi.

Idem de Amicit. *Ortum quidem amicitiæ videtis, nisi quid adhuc fortè vultis.*

Ibidem. *Nisi immortalitatem optare vellet, quid non est adeptus, quod homini fas esset optare?*

Si.

Terent. Andr. *Si illum relinquo, eius vitæ timeo: sin opituler, huius minas.*

Ibidem. *Si id facis, hodie postremùm me vides.*

Lib. 9. Cic. ad Atti. *Si hortos inspexeris, deceris nihil quod ad te scribā: sin minus, scribam tamen aliquid.*

Lib. 2. Idé ad eūdem. *Expeditus facito, vt sis si inclamaro, vt accurras.*

Quòd, causalis.

QVòd, *cùm causam, ac rationem reddit, tam Indicatiuo, quàm Coniunctiuo gaudet.*

Lib. 2. Cic. Atti. *Fecisti mihi pergratum, quòd Serapionis librum ad me misisti.*

Lib. 3. Idem ad eundem. *Vtinam illum diem videam, cùm tibi gratias agam, quòd me viuere coëgisti.*

Lib. 9. Ad eundem. *Admiratus sum, quòd ad me tua manu scripsisses.*

Lib. 2. Idem de Diuin. *Vetus autem illud Catonis admodùm scitum est, qui mirari se aiebat, quòd non rideret aruspes, aruspicem cùm videret.* Appen-

CONIVNCTIONIS.
Appendix.

Verbum *Videor*, coniunctionem *Quòd*, refugit. Ne ergo dixeris, *Videtur mihi quòd sum doctus, quòd es doctus, quòd ille est vir doctus.* sed, *Videor mihi esse doctus: Videris mihi esse doctus: Ille sibi videtur esse vir doctus.* Et numero multitudinis eodem modo, *Videmur vobis esse docti: Videmini vobis esse docti: Illi videntur sibi esse viri docti.*

Cic. Atti. *Amens mihi fuisse videor.* — Lib. 9.

Idem ad eundem. *Relegatus mihi videor, postea quàm in Formiano sum.* — Lib. 2.

Idem in M. Anton. *Nescio quid turbatus mihi esse videris.* — Philip. 2.

Terent. Andr. *Subtristis visus est esse aliquantulum mihi.*

Cic. ad Atti. *Sol excidisse mihi è mundo videtur.* — Lib. 9.

Liu. *Næ tibi P. Corneli, cùm ex alto Africam conspexeris, ludus, & iocus fuisse Hispaniæ tuæ videbuntur.* — Bel. Pun. 6.

Quia.

Quia pro *Quòd*, vtrunque modum admittit.

Cic. de Amicit. *Recordatione nostræ amicitiæ sic fruor, vt beatè vixisse videar, quia cum Scipione vixerim.*

Idem de Finib. *Neque quisquam est, qui dolorem ipsum, quia dolor sit, amet.* — Lib. 1.

Idem in Verr. *Quarta autem est vrbs: quæ, quia postrema ædificata est, Neapolis nominatur.* — Lib. 4.

DE

DE FIGVRATA
constructione.

ORATIO tres virtutes habere debet, vt Emendata, vt Dilucida, vt Ornata sit: quibus virtutibus totidem vitia contraria sunt. Nam emendatæ barbara, Dilucidæ obscura, Ornatæ inornata aduersatur.

Barbaræ orationis vitia.

DVO sunt vitia, quibus oratio barbara, atq́; rustica efficitur, solœcismus, & Barbarismus: quæ qui purè, ac emendatè loqui volet, omni cōtentione, velis, vt ita dicam, remisiáq́; fugiet.

Quid sit Solœcismus, & quot modis fiat.

SOlœcismus Constructionis, atq́; Emendatæ orationis, de qua hactenus egimus, hostis infestissimus est vitiosa partium orationis compositio.

Is fit quatuor modis: Adiectione, cū aliquid orationi contra præcepta grāmaticæ adijcitur: vt Scrito cū calamo. Ludo cū pila.

Detractione, cùm aliquid eodem modo detrahitur: vt Eo forū, Redeo agro. Ne hoc fecit: pro Ne hoc quidem fecit.

Transmutatione, cùm partiū orationis ordo turbatur: vt Quoque ego. Enim hoc voluit. Autem non habuit.

Immutatione, cùm pars vna orationis pro alia ponitur, vt Stulti grauè ferunt res aduersas. Graue pro grauiter, nomen pro aduerbio.

Fiunt Solœcismi etiam per cæteras orationis partes. Item per ea, quæ cognata sunt, id est eiusdem generis, ac partis: vt Eo intus. Sum intrò. Quid huc agis? Quando huc venisti? Scripsitne Cicero hanc orationem, an Hortensius? Aut,
pro

CONSTRVCTIONE. 133.

pro An. Nō feceris cuiquā iniuriam, pro Ne. Ec apud fortū.

Denique sunt & per ea, quæ partibus orationis accidunt.

Per genera, vt Sapientes læto fronte res aduersas ferunt.

Per casus, vt Quo is? Romæ. Venio Brundisj.

Per numeros, si vnum ad te vocans dicas, Venite.

Per personas, si quempiam honoris causa ita alloquaris, Sedeat, Accedat: pro Sede: Accede.

Per modos, vt Peto à te, vt mihi opem fers.

Per genera verborum, vt Mox reddam: pro recilo: scribitur enim actiuum pro neutro.

Appendix

Fuerunt, vt ait Quintilianus, qui Adiectionis vitium, Pleonasmon: Detractionis, Eclipsin: Transmutationis, Anastrophen appellarint, negantes hæc vitia species esse Solœcismi.

Quid sit figurata Constructio.

Cùm apud vnos doctos, & qui pure loquendi laude floruerint, aliquid legerimus, quod Grammaticorum legibus repugnare videatur, non continuò existimabimus, eos Solœcismum fecisse, cùm ipsorum auctoritate, testimonijsque soleant Grammatici ipsi sua præcepta confirmare. Nam sunt quædam, quæ faciem quidem Solœcismi habent, vitiosa tamen non sunt. Hoc nouum loquendi genus Figura verborum, aut sermonis, aut orationis, siue, vt Græci loquuntur, Schema lexeos appellatur. Est enim Figura, noua loquendi ratio à trito, & vulgari sermone remota, quæ ferè ratione aliqua nititur.

Enallage.

Enallage figura est, cùm pars vna orationis pro alia ponitur.

L l Ci.

DE FIGVRATA

Lib. 1. 13. Cic. Atti. Quā turpis est assētatio cū viuere ipsū turpe sit nobis!

Lib. 12. Idem ad eundem. Philotimus nō modò nullus venit, sed ne per literas quidē, aut per nuntium certiorem facit me.

Terent. Andr. Ita facto opus est.

Fit etiam Enallage per attributa partium Orationis.

Per casus:

Cic. pro Sext. Rosc. Duo isti sunt Titi Roscij, quorum alteri Capitoni cognomen est.

Per numeros:

Lib. 10.
Cap. 73. Plin. In Africa magna pars ferarum æstate non bibunt, inopia imbrium.

Per modos:

Terent. Andr. Si te æquo animo ferre accipiet, negligētē feceris.

Lib. 2. Cic. Atti. Respiraro, si te videro.

Per tempora:

Lib. 3. Idem in Verr. Vnum ostende in tabulis aut tuis, aut patris tui, emptum esse, vicisti.

Eclipsis.

Eclipsis figura est, cùm id, quod in oratione deest, foris omnino petendum est.

Lib. 15. Cic. ad Atti. Ego, si Tiro ad me, cogito in Tusculanum.
Lib. 5. Idem in Ver. Ridere conuiuæ, calumniari ipse Apronius.
Lib. 13. Idem Atti. Quid mihi auctor es? aduolone, an maneo?

Idem pro Planc. Pro vno filio duo patres deprecamur.

Zeugma.

Zeugma figura est, cùm id, quod in oratione desideratur, è proximo assumitur, manente eodem genere, numero, casu, cæterisq́; attributis.

Cic

CONSTRVCTIONE. 134.

Cic. in vltimo Paradoxo. *Nulla possessio, nulla vis auri pluris, quàm virtus æstimanda est.*

Idem pro C. Rabir. *Virtus, & honestas, & pudor, cum consulibus esse cogebat.*

Syllepsis.

SYllepsis est, cùm id, quod in oratione deest, è proximo assumitur: mutato tamen genere, aut numero, aut casu, aut aliquo è cæteris accidentibus.

Cic. in Verr. *Risus populi atq; admiratio omnium facta est.* Lib.6.
Liu. *Nulla expeditio, nullum equestre prælium sine me facta est.* Bel.Mac.7.
Cic. ad Q. Frat. *ille timere, ego risu corrui.* Lib.2.
Liu. *Nemo miles Romanus magis assiduus in castris & censoris fuit, quàm ego, fratresq; mei.* Bel. Maco 7.
Idem. *Pater ego, fratresq; mei nõ in Asia tantùm, sed etiã procul ab domo, Ætolico bello, terra, mari iã pro vobis arma tulim͡9.* Ibidem.

Prolepsis.

PRolepsis est, cùm dictio aliqua totũ significans præcesserit, quæ rursus in partitus intelligitur, eaq; explicatur. vt *Duo reges Romam auxerunt, Romulus bello, Numa pace.*

Liu. *Ita duo deinceps reges, alius alia via, ille bello, hic pace ciuitatem auxerunt.* Ab Vrb.1a
Sall. *Exercitus hostiũ duo, vnus ab Vrbe, alter à Gallia clsãt.* Bel.Catilo

Archaismos.

ARchaismos constructio est, qua prisca vetustas potissimùm vsa fuit.

Teret. Eun. *Nescio quid profectò, absente nobis, turbatũ est domi.*
Idem ibidem. *Eijcienda est hercle hæc animi mollities, nimis me indulgeo.*

Ll 2 Plaut.

DE FIGVRATA

Plaut. Mil. *Iura te nõ nociturum esse hominẽ de hac re nomine.*
C.c. in Ver. *Hanc sibi rem præsidio sperant futurum.*

Lib. 8.

Hellenismus.

Hellenismus est constructio, quæ Græci sermonis leges, non Latini obseruat.

Lib. 8. Lucius ad Ciceronem. *Si solitudine delectaris, cùm scribas, &*
agas aliquid eorum, quorum consueuisti, gaudeo.

Eclog. 5. Virg. *Montibus in nostris solus tibi certet Amynthas.*
Eclog. 3. Idem. *Triste lupis stabulis: maturis frugibus imbres.*
Ibidem. Idem. *Dulce satis humor: depulsis arbutus hædis.*
Aen. Idem. *Os, humerósque deo similis.*
Æn. Idem. *Hæc fatus, latos humeros, subiectáque colla*
Veste super, fuluiq́; insternor pelle leonis.

De Barbarismo.

Barbarismus est dictio, aut omnino barbara: aut Latina quidem, sed vitiosa scripto, vel pronuntiatione.

Barbara omnino, & peregrina: vt Perla, pro Vnione: Auiso,
pro Admoneo: & alia generis eiusdem.

¶ Latina dictio, vitiosa sit pluribus modis.

Per genera, vt Gladia, pro Gladij.

Per numeros, vt Scopa, pro Scopæ: Tritica, pro Triticum.

Per declinationem, vt Panes, panei, pro Panis: Vasibus, pro
Vasis.

Per coniugatione, vt Staui pro Steti: Legebo, pro Legam: Veneraui, pro Veneratus sum.

Diuisione, cùm diuidimus coniuncta, vt Sylu æ, dissoluo quatu-
or syllabarum, pro Syluæ, dissoluo trium.

Com-

CONSTRVCTIONE 135.

Complexione, cùm diuisa coniungimus, vt Phaeton, pro Phaëtō.

Adiectione literæ, vt Relliquiæ gemino i, pro simplici: Alituū, pro Alitum.

Syllabæ, vt Dicier pro dici: Mauors, pro Mars.

Aspirationis, vt Hinsidiæ, cùm scribendū sit sine aspiratione.

Temporis, cùm syllabæ breui, quæ vnum habet tempus, additur alterum, vt fiat longa: vt Italia prima longa, pro breui.

Detractione literæ, vt Peculî, pro peculij.

Syllabæ, vt Temnere, pro Contemnere.

Aspirationis, vt Odie, pro hodie.

Tēporis, cùm syllabæ longæ, quæ duo habet tēpora, vnū detrahitur, vt fiat breuis: vt V nius, Affligit, media breui pro longa.

Immutatione, cùm litera vna, aut syllaba pro alia ponitur, vt Olli, pro illi.

Transmutatione, cùm litera, aut syllaba è suo loco in alienum transfertur, vt Interpetror, pro Interpretor.

Fit in deniq; Barbarismi Tenore, quū accētu alio, pro alio vtimur: vt si præpositiones à suis casibus separemus, eāsq; tenore acuto, vel inflexo pronūtiemus: vt ad eum, ab illo, à quibus, circū littora: cùm graui accentu, dissimulata disiūctione, sunt cū suis casibus pronūtiandæ sint, tanquam si vna esset vox.

Admonitio.

Puer, cùm leget apud Virgilium:

Nec spes libertatis erat, nec cura peculi.   Ecl.g 6.

Aut. Troas reliquias Danaûm; atq; inmitis Achilli.   AEn. 6.

Aut. Alituum, pecudūmq; genus soporaltus habebat.   AEn. 10

Aut. Italiam fato profugus, Lauinaq; venit
    Littora.   Aut.   AEn. 10

DE FIGVRATA

Ibidem.   Aut. *Vnius ob noxam, & furias Aiacis Cilei.*

Cùm hæc irquam, & similia leget, ne putet, principem poëtarum barbarismum fecisse. Multa enim poëtis permittuntur, quæ cæteris scriptoribus denegantur. Neq́; mirctur, si apud M. Tullium, oratorum principem, *Liberûm, sestertiûm, Cognoram, Norunt*, aliaq́; id genus verborum in minutiones offenderit: neque enim barbarismi sunt Detractione: siquidem à consuetudine, certissima loquendi regula, impetratum est, vt etiam oratoribus sic loqui liceret.

Obscuræ orationis vitia.

Verba inusitata, & à consuetudine quotidiani sermonis remota obscuritatem, & tenebras orationi afferunt: vt siquis *Oppido*, pro *valde*, dicat: *Auerruncare*, pro *Auertere*.

Eandem obscurat vitium, quod à Græcis Acyron, à Latinis *Improprium* dicitur, vt *Sperare*, pro *Timere*.

Æn. 4.   Virg. *Hunc ego si potui tantum sperare dolorem.*

Item Ambiguitas, quæ Amphibolia Græcè appellatur: idque vel in vno verbo, vt *Taurus*, animal sit, an mons, an signum in cælo, an nomen hominis, an radix arboris, nisi distinctum, non intelligetur.

Vel in sermone, vt *Audiui, Chremetem percussisse Demeam.*

Obscuratur præterea oratio, cùm sermoni deest aliquid, quo minùs plenus sit, Miósis, hoc est, Diminutio.

Vel contrà, cùm inani verborum turba, atque copiosa loquacitate obruitur oratio, Perissologiam vocant.

Impeditur denique sermo, quò minus dilucidus sit, si longa parenthesis interijciatur: aut si verba confusa, per inista q́; longius traijciantur.

                                                        Horat.

CONTRVCTIONE. 136.

Horat. *Nanque pila, lippis inimicum, & ludere, crudis.*   1.Serm. faty.5o

Rectus enim ordo est. Nanque pila ludere, inimicum est lippis, & crudis: quod vitium Synchysis, vel Hyperbaton obscurum, hoc est, confusa, ac perturbata verborum transgressio vocatur. Si hæc vitia vitabimus, dilucida erit oratio.

Appendix.

CVm orationis structura, decôris gratia variatur, neglecto simplici sermonis ordine, non vitium est, sed virtus, quæ Hyperbaton appellatur, idest transgressio verborum.

Cic. pro Cluent. *Animaduerti iudices, omnem accusatoris orationem in duas diuisam esse partes.*

In duas partes diuisam esse, simplex erat ordo, sed durus, & incomptus.

Hyperbati aliquot species.

HYperbati, siue Transgressionis aliquot sunt species. Anastrophe est duorum verborum ordo præposterus: vt Mecū, Tecum, Secum, Nobi cum, Quibus de rebus.

Anastrophe illa, Vrbem, quam statuo, vestra est: Eunuchum, quē dedisti nobis, quas turbas dedit! pro Quam vrbem statuo: Quem Eunuchum dedisti nobis, admodùm dura est.

Tmesis est, cum verbum compositum diuiditur, aliqua dictione interposita.

Cic. Atti. *Per mihi gratum erit, si id curaris ad me perferendum.*   Li.6.ofo

Idem de Senect. *Omnia memoria tenebat, non domestica solùm, sed etiam externa bella.*

Eiusdem generis sunt illa, Rem verò publicam penitus amisimus. Præclarū est pro patria, reḡ; publica morte oppetere.

Paren

DE FIGVRATA

Parenthesis est breuis sensus, sermoni, antequàm absoluatur, interiectus.

Philip.3. Cic. in M. Anton. O præclarum custodem ouium, vt aiunt, lupum.
Bel.Pun.2. Liu. Tantùm, Pro dolor, degenerauimus à parentibus nostris.

Inornatæ orationis vitia.

Cacòphaton est obscœnum dictum, siue id vno verbo, siue pluribus, siue deformi literarum concursu fiat.

Tapinosis est, qua rei magnitudo, vel dignitas minuitur: vt si quis parricidam hominem nequam vocet.

Tautologia est eiusdẽ verbi aut sermonis iteratio. Verbi, vt Nã cuius rationis ratio nõ extat, ei rationi ratione nõ est fidẽ habere. Sermoni, vt Ibat quà poterant: quà nõ poterãt, nõ ibãt.

Vitanda est & nimia eiusdem literæ assiduitas, vt O quid quam quisquam cuiquam, quod conuenit, neget?

¶ Macrologia est longior, quàm oporteat sermo.

AbVrb.1. Liu. Legati, nõ impetrata pace retro domũ, vnde venerãt, abierũt.

Pleonasmos est vitium, cùm superuacuis verbis oneratur oratio: vt Ego meis oculis vidi. Satis est enim vidi.

Cauendum etiam diligenter est, ne consonantes assere cõcurrant: vt S, vltima, et X proxima, vt Exercitus Xerxis.

Durior etiam fit concursus, si vtraque se ipsam sequatur: vt Ars studiorum Rex Xerxes.

Vitandi & crebri vocalium concursus, qua vastam, & hiantẽ orationẽ reddũt: vt Baccæ arca amarissima impedielãt.

Viro optimo obtemperasti olim.

Illud quoque vitium est, si multæ voces eiusdẽ exitus in vnum locũ congerãtur, vt Flentes, plorantes, lacrymantes, obtestãtes.

Et,

A CONSTRVCTIONE. 157.

Et, si verbi prioris vltimæ syllabæ sint primæ sequentis, vt
O fortunatam natam me consule Romam!

Appendix.

SI quando puer apud graues Oratores aliquid offenderit, quod superuacaneum, atque otiosum esse videatur, ne id sine causa factum esse putet.

Adduntur enim interdum quædam affirmationis gratia.

Terent. Adelph. His ce oculis egomet vidi.

Virg. Vocemq́; his auribus hausi.   Aen. 4.

Adduntur & alia, quæ aut Consuetudine, aut Auctoritate, aut Vetustate, aut Necessitate deniq; excusantur.

Cic. ad Atti. Vbi terrarum esses, ne suspicabar quidem.   Lib. 5.
Idem ad eundem. Longè gentium abes.   Lib. 6.
Ad eundem. A Brundusio nulla adhuc fama venerat.
Idem de Senect. Adolescentulus miles profectus sim ad Capuā.   Lib. 9. Lib. 8.
Idem in Verr. Cæteri hæredes adeunt ad Verrem.   Lib. 1.
Idem ad Q. Frat. Diem scito esse nullum, quo die non dicam pro reo.   Lib. 3.
Idem in Verr. Impetrant, vt ne iuuent.   Lib. 3.
Idem Marcello. Frater tuus quanti me faciat, semperq́; fecerit, esse hominem qui ignoret, arbitror neminem.   Lib 15.

Mm   DE

DE GRAMMATICA INSTITVTIONE
LIBER III.
De Syllabarum dimensione.

SYLLABÆ fiunt vel ex vna, vel pluribus literis: vt I, e, runt.

Literæ partim sunt vocales, partim consonantes. Vocales sunt sex, A, E, I, O, V, Y.

Ex vocalibus fiunt sex diphthongi, Æ, AV, EI, EV, OE, YI: Vt Præmiũ, aurĩ, hei, Europa, pœna, Harpyia.

In diphthongis, A, O, Y, semper sunt principes: I, & V, semper subditæ: E & prait, & subit.

Consonantes in Mutas, & Semiuocales diuiduntur.

Mvtæ sunt octo, B, C, D, G, K, P, Q, T.

Semiuocales itidem octo, F, L, M, N, R, S, X, Z.

Ex quibus quatuor sunt liquidæ, L, M, N, R.

M, tamen & N, raro liquescunt, idq; in Græcis tantum dictionibus, vt Tecmessa, Cycnus.

¶ Duæ X, & Z, sunt duplices, hoc est, valent duas consonãtes: X, CS, vel, GS: vt Dux, Rex.

Veteres Z, per duplex, ß, reddebant, vt Maßa, patrißo, petißo.

F, præposita liquidis L, & R, vim habet mutæ.

S, quanuis immunis, ac suiiuris sit (neq; enim inter liquidas, aut duplices numeratur) interdũ tamẽ liquescit, vt suo loco dicem'

H, sit ne litera, an aspirationis nota, dubiũ, controuersũq; est

I, inter duas vocales posita consonans est, atq; duplex I, valet: vt Maior, peior.

Veteres I, geminabant, maijor, aijo, Maija.

I,

DIMENSIONE. 138.

I, & V, ıquum vocalibus præponuntur, eósq; e cōnprimūnt, fiunt consonāte;, vt Ianua, iecur, coniicio, iocus, iudex: Vates, velox, vita, vox, vultus.

I Ota Græcorum, nūquā est cōsonās: quare in Iasō, Iambº, Iaspis, & cæteris, quæ planè sunt Græca, prima vocalis est.

I Od apud Hebræos sē per cōsonans est quū vocalibus præponitur, vt Iesus Ioānes, Iacobus. Itáq; qui hæc, atq; alia eiusdem generis nomina per I, consonantem esseręt optimè quidē pronuntiāt: qui verò per vocalem, Græcos imitantur.

V, post Q, literam semper liquescit, vt Quare, quæro, quia, &c. At post G, & S, modo liquescit, vt Lingua, languéo, anguis, exiguo, suadeo, suauis. Modo integra est, suánq; vim retinet, vt Exiguus, suus.

L iteræ liquescit, cùm vī, robúrq; vocalis, aut cōsonātis amittit.

Syllabæ partim breues, partim longæ, partim communes.

Syllabæ, quas temporibus metimur, aut sunt breues, aut longæ, aut communes.

Tempus est spatiū, interuallúmq; quo syllaba pronuntiatur.

Syllaba breuis ex vno tempore, atq; spatio constat, vt At, sed.

Longa ex duobus, vt Ah, En.

Communis est, quæ ı versu tum breuis, tum longa esse potest, quales sunt priores in Atlas, Cyclops: mediæ in tenebræ, latebræ, pharetra.

N Vlla vocalis apud Latinos perpetuò breuis, aut longa est. Apud Græcos, Epsilòn, & Omicròn, quæ, e, & o, breue valēt, perpetuò sūt breues, vt Origenes, Tymotheus, Herodotus, Macedones.

H, Eta, & Omega, quæ E, & O, longū valent, semper sunt lōgæ, vt Erêmus, Idólum.

Mm 2 Præ-

DE SYLLABARVM
Præcepta vniuersa de Syllabarum breuitate, AC LONGITVDINE.
Primum de vocali ante vocalem.

Vocalis ante vocalem in Latinis dictionibus breuis est, vt Puer, Fuit, Ruit.

Aen. 12. Virg. *Disce puer virtutem ex me, verùmque laborem.*
Aen. 1. Idem. *Locus in vrbe fuit media lætissimus vmbra.*
Aen. 2. Idem. *Vrbs antiqua ruit multos dominata per annos.*

Exceptio I.

Fio, I, habet longum nisi sequatur R, vt Fiebam, Fiam.
Saty. 2. Iuuenalis. *Fient ista palàm, cupient & in acta referri.*
Aen. 4. ¶ Sin R, sequatur, breue est, vt Fierem, Fieri, confieri.
Virg. *Nunc qua ratione, quod instat Confieri possit, paucis (aduerte) docebo.*

Exceptio II.

INterrogandi, ac dandi casus quintæ declinationis E, ante I, producunt, vt Diéi, speciéi: præter Rei, spei, fidei.
Sermo 1. Horat. *Ventum erat ad Vestæ, quarta iam parte diei*
Sat. y 9. *Præterita.*

Exceptio III.

GEnitiuus in Ius, habet I, longum in soluta oratione, in carmine tum breue, tum longum, vt Vnius, illius: præter Alterius, quod vbique I, habet breue, Alîus verò longum.
Aen. 1. Virg. *Vnius ob noxam, & furias Aiacis Oilei.*
Epistol. Horat. *Nùllius addictus iurare in verba magistri.*

Exceptio IIII.

O He, priorem habet communem.

Mar

DIMENSIONE. 139.

Martialis. *Ohe iam satis est, ohe libelle.* — Lib. 4.

¶ *Cai, Pompei, Vultei, & siqui sunt similes vocandi casus, penultimam habent longam.*

Martial. *Quod peto dà Cai, non peto consilium.* — Lib. 4.
Ouid. *Accipe Pompei deductum carmen ab illo,* — De Ponto. 4.
    Debitor est vitæ qui tibi, Sexte, suæ.

Appendix I.

A Er, chorêa, platêa, Cytherêa, elegîa, Darîus, & alia huius generis, quæ vocale ante vocale longam habet, Græca sunt.

Ouid. *Terra feras cepit, volucres agitabilis aër.* — Metam.
Idem. *Sæpe sub hac Dryades festas duxere choreas.* — Ibidem. 8.
Virg. *Parce metu Cytherea, manent immota tuorum* — Aen. 1.
   Fata tibi.

C Horea, platea, interdum à poëtis corripiuntur.

Virg. *Pars pedibus plaudunt choreas, & carmina dicunt.* — AEn. 6.
Horat. *Puræ sunt plateæ, nihil ut meditantibus obstet.* — Epist. 2.

N Onnunquam soluta diphthongo, epsilon in E, longum mutatur, ut Cytherea Cythereia, Elegea, Elegeia.

Ouid. *Exigit indicij memorem Cythereia pœnam.* — Meta. 4.
Idem. *Flebilis indignos elegeia solue capillos.* — Eleg. Lib. 3.

Appendix II.

I Dea, Andreas, philosophia, symphonia, etymologia, orthographia, & alia quamplurima vocalem ante vocalem corripiunt. licet eadem nomina, accuta penultima, multi viri docti, more Græcorum, pronuntient.

Horat. *Vt Graias inter mensas symphonia discors.* — In Arte.

Præceptum II. de Diphthongis.

D Iphthongus longa est tam in Græcis, quàm in Latinis dictio-
             nibus

DE SYLLABARVM

nibus, vt Æneas, Melibæus, præmium, laus.

Aen. 1. Virg. Miratur molem Æneas, magalia quondam.
Ecleg. 1. Idem. O Melibœe, Deus nobis hæc otia fecit.
Aen. 4. Idem. En Priamus, sunt hîc etiam sua præmia laudi.

Exceptio.

PRæpositio Præ, composita cum vocalem præcedit, breuis est, vt Præuro, præustus.

Aen. 7. Virg. Stipitibus duris agitur, sudibúsue præustis.

Præceptum III. de Positione.

VOcalis ante duas consonâtes, vel vnã duplicē eiusdē dictionis, lōga est positione: vt Terra, Araxes, gaza, maiora, Troia.

Aen. 1. Virg. Terra procul vastis colitur Mauortia campis.
Lib. 1. Lucan. Sub iuga iam Seres, iam barbarus isset Araxes.
Aen. 1. Virg. Arma virûm, tabulaq́;, & Troia gaza per vndas.
Ecloga 4. Idem. Sicelides Musæ, paulò maiora canamus.
Aen. 2. Idem. Hostis habet muros: ruit alto à culmine Troia.

Appendix I.

SI altera consonans fuerit in fine præcedentis dictionis, altera in principio sequentis, vocalis nihilo minùs longa erit: vt At pius, A, longum est, positione duarum consonantium T, & P, quanuis sint in diuersis dictionibus.

Aen. 1. Virg. At pius Æneas per noctem plurima voluens.

Appendix II.

SI vtraque consonans, aut duplex fuerit in principio sequentis dictionis, serè nihil præcedentē vocalem breuem iuuat it.

Met. 3. Ouid. ——sedebat

DIMENSIONE. 140.

In solio Phœbus claris lucente smaragdis.

Virg. Phœbe graues Troiæ semper miserate labores. — Aen. 6.
Idem. Iam medio apparet fluctu nemorosa Zacynthos. — Aen. 3.
Lucan. Tales fama canit, tumidum super æquora Xerxem — Lib. 2.
    Construxisse vias.

L Vcen:e, Phœbe, nemorosa, æquora vltimas habent breues, licet duæ consonantes, aut vna duplex sit in principio sequentium dictionum.

Exceptio 1. de Liquescentibus.

V ocalis breuis ante mutam, & liquidam eiusdem dictionis in carmine communis est, at in soluta oratione perpetuò corripitur, vt Vòlucris, Cyclops.

Ouid. Et primò similis volucri, mox vera volucris. — Met. 5. 110
Virg. Ignarijʒ viæ Cyclòpum allabimur oris. — Aen. 3.
Idem.   vastòsʒ ab rupe Cyclòpas. — Ibidem.
Prospicio.

Appendix 1.

V ocalis ante F, & liquidas frequentissimè corripitur, vt Reflecto, refluo, reflo, reflagito, refringo, refræno.

Virg. Nec priùs amissam respexi, animúmʒ reflexi. — Aen. 2.
Ouid. Inʒ caput crescit, longòsʒ reflectitur vngues. — Met. 5.
Idem. Illa refrænat aquas, obliquáʒ flumina sistit. — In Epist.
Horat.   postquàm discordia tetra — Serm. 1.
Belli ferratos postes, portàsʒ refregit. — Sat. 4.

¶ Interdum etiam producitur, vt Refloreo apud Silium: — Lib. 16.
Celsus cea prima refloresente iuuenta.
Ibat Consul ouans.

Appen-

DE SYLLABARVM
Appendix II.

ABluo, òbruo, súbleuo àdnitor, & caetera ex ijsdē praepositionibꝰ cōposita nūquā primā corripiūt: necesse est, e, im, vt muta, et liquida ad sequētē vocalē spectēt: vt Tenebræ funebris, lugubris. In Abluo, & caeteris muta ad praecedentem vocalem pertinet.

Appendix III.

M, & N raro liquescunt, idque in Graecis dictionibus dūtaxat. vt Tecmessa, Cycnus, Terapnae, Ichneumon.

Lib. 8. Silius. Ecce inter primos Terapnæo à sanguine Clausi.
Lib. 7. Martialis. Delectat Marium si perniciosus Ichneumon.

Exceptio II.

I, inter duas vocales in cōpositis Bijugus, Quadrijugus simplex cōsonans est, nō duplex: quare merito praecedēs vocalis corripitur.

Aen. 10. Virg. Intereà bijugis infert se Lucagus albis.
Georg. 3. Idem. Centum quadrijugos agitalo ad flumina currus.

Praeceptum IIII. de praeteritis dissyllabis.

PRaeterita dissyllaba habent priorem longam: vt Vidi, Veni.

Aen. 2. Virg. Quos vbi confertos audere in praelia vidi.
Ibidem. Idem. Venit summa dies, & ineluctabile tempus
         Dardaniae.

Exceptio.

STo, do, scindo, sero, rapiunt, bibo findo priores.

Lib. 1. Mart. Dixit, & ardentes auido bibit ore fauillas.
Lib. 3. Lucan. Aut scidit, & medias fecit sibi littora terras.
Lib. 9. Virg.   ὸ liquefacto tempora plumbo
         Dissidit, & multa porrectum extendit arena.

Appen-

DIMENSIONE.
Appendix.

Compositum, Abscidi, habet penultimam cor muream.
Lucan. Abscidit impulsu ventorum adiuta vetustas. — Lib. 3.
Idem. Abscidit nostrae multum sors inuida laudi. — Lib. 4.
Idem. Illa comam laeua, morienti abscidit ephebo. — Lib. 6.
Mart. Abscidit vultus ensis vterq́; sacros. — Lib. 1.

Praeceptum V. de Praeteritis geminantibus primam syllabam.

Cum prima syllaba praeteriti geminatur, eādem, & secunda breuis est, nisi obstēt duae consonātes: vt Tetigi, peperi, cecini.
Virg. Tityre, te patulae cecini sub tegmine fagi. — Georg. 1.

Exceptio.

Excipiuntur Cecidi à Caedo, Pepedi à Pedo, in quibus secunda lōga est, vt & in ijs, in quibus duae cōsonātes sequuntur, vt Cucurri, tetendi.
Iuue. Ebrius, ac petulans, qui nullum forte cecidit, — Saty. 3.
Dat paenas.

Praeceptum VI. de Supinis dissyllabis.

Supina duarū syllabarū habēt priorem longā: vt Visū, motū.
Virg. Terribiles visu formae Letūmque, Labōrq́: — AEn. 6.
Idem. Quos ego: sed motos praestat componere fluctus. — AEn. 1.

Exceptio.

ratum, satum, datum, citum, litum,
AT Reor, atque sero, do, iunge ciere, linoque.
itum, rutum, quitum, situm.
Ire, ruoque, quec, sui, rapuēre priores.
Virg. Nos abij, serati, & vento petijsse Mycenas. — AEn. 2.
Idem.

N n

DE SYLLABARVM

Ibidem. Idem. At non ille, satum quo te mentiris, Achilles
Talis in hoste fuit Priamo.
Lib. 1. Valer. Flac. Vulnus, & extrema sonuit cita cuspide cassis.
Meta. 2. Ouid. Hic situs est Phaeton, currus auriga paterni.

Appendix I.

CItum à Cico secundæ declinationis, priorem breuem habet,
vnde Cōncitus, excitus penultima breui.

AEn. 12. Virg. Altior insurgens, & cursu concitus Heros.
Meta 20 Ouid. de Inuidia. Nec fruitur somno vigilantibus excita curis.

CItum verò à Cio, quarti ordinis, priorem producit, vnde Cō-
citus, Excitus penultima longa.

Lib. 5. Lucan. Vnde ruunt toto concita pericula mundo.
Lib. 1. Idem. Rupta quies populis, stratisq; excita iuuentus.

Appendix II.

RVo nunc facit Ruitum supino, priscis seculis Rutum fecit,
vnde extant composita, Dirutum, erutum, obrutum.

Epist. Ouid. Diruta sunt alijs, vni mihi Pergama restant.
AEn. 18. Virg. Nec mihi cum Teucris vllum post eruta bellum
Pergama.

Appendix III.

STatum videtur priorem habere communem, inde enim status, us, & status, a, um priore breui oriuntur, & composita, quæ, per I, efferuntur, ipsum corripiunt, vt prasium.

Fast. 4. Ouid. Hic status in cœlo multos permansit in annos.
Fast. 10 Idem. Musa quid à fastis non stata sacra petis?

¶ Inde eti m Staturus, constaturus, & quæ per A, efferuntur, eandem producunt.

Lucan.

DIMENSIONE.

Lucan. *Tunc res immenso placuit statura labore.* — Lib. 2

Martial. *Cum statura fuit Megalensis purpura centum.* — Lib. 1

Præceptum VII. de Supinis polysyllabis.

SVpina in Tum polysyllaba, præcedente V, habent penultimā longā n: vt Solùtum, argùtum, indùtum, &c.

Virg. *Lumina rara micant: somno, vinóq́; soluti Procubuere.* — Æn. 9

¶ Item in Tum à præteritis in Vi, per V, consonantem, vt Cupiui, cupitum: petiui, petitum.

Ouid. *Exul eram, requiesq́; mihi, non fama petita est.* — Trist. 4

Exceptio.

AGnoui tamen, & cognoui, agnitum, cognitum penultimam breuem habent.

Ouid. *Idq́; recens præstas, nec longo cognitus vsu.* — Trist. 3

Præceptum VIII.

SVpina in Tum, à præteritis in Vi, per V, vocalem, habent penultimā breuem: vt Monui, monitu: tacui, tacitum.

Virg. *Discite iustitiam moniti, & non temnere Diuos.* — Æn. 6

Idem *Quis te magne Cato tacitum, aut te Cosse relinquat?* — Æn. 6

Præceptum IX. de Deriuatis.

DEriuata sequuntur naturam eorum, à quibus deriuantur: vt legebam, legam, lege, legito, prima breui, quia oriuntur à præsenti lego legis cuius prior itidem breuis est.

Legeram, legissem, legero, legisse, prima longa, quia à præterito legi nascuntur, cuius prior etiam longa est.

Aratrum, simulacrum, ambulacrum, lauacrum, volutabrum, inuolucrum, penultima longa quia à supinis aratum, simulatum,

Nn 2   ambu-

DE SYLLABARVM

ambulatum, lauatum, uolutatum, inuolutum deducuntur, quorum penultima similiter longa est.

Reditus, exitus, introitus penultima correpta, quia supina, vnde fiunt, eandem habent breuem.

Exceptio.

Multa, quæ suæ originis naturam non sequuntur, vsu, assiduaq́; Poëtarum lectione sunt discenda: cuiusmodi sunt Fomes, mobilis, laterna, regula, quæ primam habent longan: cū verba Foueo, moueo, lateo, rego, à quibus proficiscuntur, eandem corripiant.

Contrà Lucerna, arista, sopor, vadū primā corripiūt, cū verba, Luceo, areo, sopio, vado, à quib? declinatur, cādē produ̅cāt.

Præceptum X. de Compositione.

Composita breuitatem, vel longitudinem simplicium sequitur.

In Perlego, relego, E, ante G, breuis est, quia in simplici Lego etiam corripitur.

In præterito Perlègi, relègi producitur, quia in simplici Legi, itidem longa est.

Attigi, còncidi, diffidi, èbibi, rèscidi, I, literam habent breuem, quia in simplicibus èadem vocalis corripitur, Tetigi, cecidi à cado &c.

Oblitum, insitū, circūdatum, resitum penultimam, ob eandem causam habet breuem: nam à litum fit oblitum, &c.

Appendix.

Quantitas simplicium seruatur in compositis, quænuis vocales mutentur: sic Còncido, èxcido, incido, òccido, rècido à Cado penultimā corripiunt: Eligo, seligo à Lego.

Contrà

DIMENSIONE. 143.

Cōtrà Concido, excīdo, incido, occido, recido à cædo eandē producūt: sic Allido, collido à Lædo: Exquiro, requiro à Quæro: obedio, obèdis ab Audio.

Virg. Occidit, occideritque finas cum nomine Troia.   AEn. 8o
Iuuen. Occidit miseros crambe repetita magistros.   Saty. 7o

Hæc à simplicibus longis orta corripiuntur:
    Dèiero, pèiero, à Iuro. Prònuba innuba, à Nubo.
Semisopitus, à sopitus, Maledicus, causidicus, veridicus, fatidicus, à Dico. Nihilum ex Ni, & hilum.

Horat. Stultitia ne erret, nihilum distauit an ira.   Serm. 1o

¶ Connubium à Nubo secundam syllabam habet communem.   Saty. 8a
Virg. Hectoris Andròmachæ Pyrrhin connubia seruas?   AEn. 3o
Idem. Connubio iungam stabili, propriamque dicabo.   AEn. 1o

De Præpositionum compositione.

Ab,	vt	Abeo.		Ob, vt	Obeo.
Ad,		Adoro.	BREVES	Per,	Pereo.
Ante,		Antefero.	SVNT	Re,	Refero.
Circū,		Circumago.		Sub,	Subeo.
In,		Inuro.		Super,	Superaddo.

Item, A, Græca præpositio, vt Adamas, àdytum, àtomus.
Iuuen. Circumagat madidas à tempestate cohortes.   Saty. vo
Virg. Talia voce refert. ô terque, quaterque beati.   AEn. 1o
Ouid. Immolat hunc Briareus, facta ex adamante securi.   Fast. 3o
Virg. Talibus ex adyto dictis Cumæa Sibylla.   AEn. 6o

Exceptio.

Refert, hoc est, interest, seu Necesse est, Re, habet longum.
Mart. Multum, crede mihi, refert à fonte bibatur;   Lib. 9e
    Qui fluit: an pigro cum stupet vnda lacu.
                                   Virg.

DE SYLLABARVM

Georg.2. Virg. *neque enim numero comprendere refert.*

Præpositiones longæ.

A, E, De, Di, Se, longæ sunt, vt Amitto, erumpo, deduco, divi-
dio, separo.

AEn.1. Virg. A missos longo socios sermone requirunt.
AEn.1. Idem. Deducunt socij naues, & littora complent.
AEn.1. Idem. Tergora diripiunt costis, & viscera nudant.

Exceptio.

Dirimo, & Disertus, Di, corripiunt.

AEn.5. Virg. Cede Deo dixitque, & prælia vocce dicenit.
Lib.6. Mart. Quod tam grande sophos clamat tibi turba togata,
Non tu Pomponi, cœna diserta tua est.

Pro, Præpositio.

Pro, præpositio breuis est apud Græcos, vt Propontis: longa apud Latinos, vt prouelo.

De Pót.4. Ouid. Misit in has siquas longa Propontis aquas.
AEn.3. Virg. Prouehimur portu, terræque, vrbesque recedunt.

Exceptio.

Corripe quæ fundus, reptis, fugióque, nepósque,
Et sari, sestus, fateor, farúmq. e creavunt.
Húc profugus spectat, cuiiunge profano, proteruus.
Húc proficiscor ades, properate, procella, profectò.
Túque propago genus: vitis propago recede.

AEn.1. Virgi. Tum breuiter Dido vultum demissa profatur.
Lib.1. Propert. Magnum iter ad doctas proficisci cogor Atheras.
Lib.1. Lucan. Ad Cinas, Mariósque venis? sternere profectò.
Lib.6. Idem. Quam prior affatus Pompeij ignara propago.
Georg.2. Virg. *pressos propaginis arcus.*

Appe-

DIMENSIONE. 144.
Appendix.

PRopino, procuro, primam habent communem: profundo rarissimè eandem producit.

E, in compositione.

SI prior pars compositi, E, vocali terminetur, ferè breuis est:
 vt Liquefacio, tepefacio, tremefacio, stupefacio, nefas.
Virg. Flammarumq́; globos, liquefactáq; voluere saxa?   Georg.
Idem.   atro tepefacta cruore   Aen. 9.
     Terra, torique madent.
Iuuen. Credebant hoc grande nefas, & morte piandum,   Saty. 13.
     Si iuuenis vetulo non assurrexerat.

Exceptio.

EXcipe Nequis, nequa, nequod, nequâ: nequitia: nequaquâ: ne-
 quicquâ: nequando: videlicet: veneficus: venefica.
Virg. Nequa meis est dictis mora: Iupiter hæc stat.   Aen. 12.
Ouid. Barbara narratur venisse venefica tecum.   In Ep.

I, vel Y, in compositis.

SI prior pars compositionis in I, vel Y, desinat, corripitur: vt
 Omnipotens, Causidicus, Palinùrus, Polydôrus.
Virg. Tum pater omnipotens, rerum cui summa potestas,   Aen. 10.
     Insit.
Mart. Carpere causidicus fertur mea carmina: qui sit   Lib. 5.
     Nescio: si sciero, væ tibi causidice.
Virg. Nudus in ignota Palinure iacebis arena.   Aen. 6.
Idem. Nam Polydôrus ego: &c.   Aen. 3.

Exceptio I.

I, Longum habent Ibidem, vbique: Idem, pronomen virile: bi-
                                                           gæ:

DE SYLLABARVM

gæ: quadrigæ: biduum: triduum: siquis, siqua, siquod: scilicet: ilicet: tibicen, meliphyllon: Trinacria.

Lib. 12.   Mart. Difficilis, facilis, iucundus, acerbus es idem.
Lib. 2.   Idem. Si totus tibi triduo legatur.
Aen. 5.   Virg. Trinacriæ mirata fremit, Troiæque iuuentus.
   Ouid. Parua necat morsu spatiosum vipera taurum.
Trist.   Idem. Siqua meis fuerint, vt erunt, vitiosa libellis,
Lbi.4o.   Excusata suo tempore lector habe.

Exceptio II.   (dianus, &c.

ITem cõposita ex Dies, vt meridies, meridior, quotidie, quotio
Lib. 3.   Mart. Inter tepentes post meridiem buxos
     Sedet.

Vbicunque.

VBicunque frequentius, I, habet breue.
Lib. 1.   Mart. Qui tecum cupis esse meos vbicunq; libellos.
Met.7.   Ouidius tamen produxit.   Seruor, vticũq; est.

Exceptio III.

SI, I, fixum non fuerit, sed pro genere, & casu mutetur, longũ erit: vt Quidam, quiuis, quilibet, tantidem.

Lib. 9.   Mart. Rumpitur inuidia quidam carissime Iuli,
     Quod me Roma legit: rumpitur inuidia.
   Ouid. Pollicitis diues quilibet esse potest.

O, in compositis.

O, in Græcis dictionibus priorem compositi partem claudens corripitur, vt Cymothoe, Carpòphorus, Argonauta.

   Mart. Sæcula Carpòphorum, Cæsar, si prisca tulissent:
Lib. 10.   Iam nullum monstris orbe fuisset opus.
Lib. 3.   Idem. Non nautas puto vos, sed Argonautas.

Ex-

DIMENSIONE. 145.
Exceptio.

Quæ per Omega scribuntur, longa sunt, Geòmetra: Lagòpus: nec plura facilè inuenias, quibus vtantur Latini.

Mart. *Si meus aurita gaudet lagòpode Flaccus.* — Lib. 3.

DE INCREMENTO SINGVLARI NOMINIS.

Quid sit Incrementum.

Si genitiuus singularis par fuerit nominatiuo, syllabarū numero, nullū erit incrementum: vt Musa, musæ, dominus, domini. Si lōgior fuerit, tū penultima genitiui incremētū erit, quæ in omnibus casib. vt illiusq́; numeri semper genitiui quātitatē seruat: vt Sermo, sermonis, sermoni, sermones, sermonibus, vbiq́; O, longū est.

¶ Præter Bobus, vbi O, producitur, quāuis in genitiuo singulari corripiatur Bouis.

Appendix.

Iter, supellex, & composita ex Caput, literis PS, finita, duplici augentur incremēto, itineris: supellectilis: biceps, bicipitis.

Incrementum primæ declinationis.

A, incremētum primæ declinationis longū est, vt Aulai, Pictai.

Virg. *Aulaï in medio libabant pocula Bacchi.* — Æn. 3.
Idem. *Diues equûm, diues pictai vestis, & auri.* — Æn. 9.

Incrementum secundæ declinationis.

E, I, V, incrementa secundæ declinationis corripiuntur: vt Miser, miseri, vir, viri, satur, saturi.

Virg. *Non ignara mali miseris succurrere disco.* — Idem. Æn. 10.

O a

DE INCREMENTO

Ibidem.   Idem. *Arma, virumq́; cano, Troiæ qui primus ab oris.*
Saty.1.   Persius.   *inter pocula quærunt*
             Romulidæ saturi, quid dia poëmata narrent.

Exceptio.

IBer, Iberi penultimam habet longam, & ex eo compositum Celtiber, Celtibèri.

Lib.4.   Lucan. *Intereà domitis Cæsar remeabat Ibèris.*
Lib.1.   Mart. *Vir Celtibèris non tacende gentibus.*

Incrementa tertiæ declinationis.

A.

A, Incrementum singulare tertiæ declinationis longum est: vt *Vectigal, Titan, pietas, pax, calcar, & Aiax.*

Fast.1.   Ouid. *Concitat iratus validos Titdras in arma.*
Aen.1.   Virg. *Hic pietatis honos? sic nos in sceptra reponis?*
Aen.7.   Idem. *Pars mihi pacis erit dextram tetigisse Tyranni.*

Exceptio I.

Corripe masculina in Al, & Ar: vt *Sal, Annibal, Amilcar.*

Par cum compositis, hepar, cum nectare, bacchar,
Cum vade, mas, & anas, queis iunges làrque, iubàrque.

Aen.1.   Virg. *Vela dabant læti, & spumas salis ære ruebant.*
Lib.2.   Silius. *Annibalem Fabio ducam spectante per Vrbem.*
Lib.3.   Idem. *Cui sæuùm arridens: Narrabis Amilcaris vnbris.*
Aen.5.   Virg. *Pergameũnque larem, & canæ penetralia Vestæ.*

Exceptio II.

ITem Græca in A, & A S: vt *poëma, stemma, Pallas: &* quæ consonantem habent ante S, vt *Trabs, Arabs.*

Et dro-

NOMINVM.

Et *dropax*, *anthrax*, *Atrax*, cum *smilace*, *climax*.
His *Atacem*, *pànacem*, *colacem*, *styracèmque*, *facèmque*,
Atque *àbacem*, *còracem*, *phylacem*, compostàque nectes.

Iuuen. Stemmata quid faciunt? quid prodest Pontice longo *Sary. 8.*
  Sanguine censeri?
Virg. Instar montis equum diuina Palladis arte *Aen. 2.*
  Ædificant.
Ouid. Nam modò thurilegos Arabas, modò suspicit Indos. *Fast. 4.*

E.

E, incrementum singulare tertiæ declinationis breue est, vt
 Degener, atq; *teres*, *puluis*, cum *funere*, *nex*, *grex*.
Ouid. Mille greges illi, totidémq; armenta per herbas *Met. 6.*
  Pascebant.

Exceptio I.

Genitiuus, Eris, penultimam habet longam, vt *Ren*, *renis*:
 Siren, *Sirenis*.
Ver, & *Iber*, *locuples*, *hæres*, *mercèsque*, *quièsque*,
Lex, *veruex*, *halec*, *seps*, *plebs*, *rex*, insuper *halex*.
Mart. Munera qui tibi dat locupleti, Gaure, senique, *Lib. 8.*
  Si sapis, & sentis, hic tibi ait, Morere.

Exceptio II.

Item peregrina in El, vt *Michaël*, & Græca in ER, & ES,
 vt *Crater*, *Rhamnes*, *tapes*: præter *aër*, & *æther*.
Virg. Cratèras magnos statuunt, & vina coronant. *Aen. 7.*
Idem.   simul ense superbum *Aen. 9.*
  Rhamnetem aggreditur, qui forte tapetibus altis
  Extructus, toto proflabat pectore somnum.

    O o 2   I, vel

DE INCREMENTO
I, vel Y.

I, vel Y, incrementum singulare tertiæ declinationis breue est, vt
Ordo, pugil, carmen, cespes, cum sanguine, princeps.
Et chlamys, atque Chalybs, pollex.

Georg. 1. Virg. India mittit ebur, molles sua thura Sabæi,
At Chalybes nudi ferrum.

Exceptio I.

GEnitiuus Inis, vel Ynis, à nominibus Græcis penultimam producit, vt Delphin, Phorcyn, salamis.

¶ Item Nesis, Nesîdis: gryphs, gryphis: vitex, vibtis,
Glis, gliris: dis: lis: Samnis: quibus adde Quirites.

Eclog. 8. Virg. Orpheus in syluis, inter delphîras Arion.
Aen. 8. Idem. Laomedontiaden Priamum Salamira petentem.
Aen. 6. Idem. Noctes, atque dies patet atri ianua Ditis.

Exceptio II.

NOmina Ix, vel Yx, syllaba finita, penultimam genitiui habent longam, vt Felix: bombyx, bombycis.

Aen. 3. Virg. Viuite felices, quibus est fortuna peracta
Iam sua.

Exceptio III.

I breue seruarunt histrix, cum fornice, varix,
Coxendixque, Cilix, chœnix, natrîxque calîxque,
At pie calyx Danaûm, nectes Erycémque, niuémque.
Sardonychi sociatur onyx, pix hæret vtrîque,
Et salices, silices, larices. Sit Bebryeis anceps.
Sed treuibus iunges, in Gis cùm patrius exit.
Coccyx, coccygis: mastix, mastigis amabit.

NOMINVM 147.

Lucan. *Armenios, Cilicàsque feros, Taurósque subegi.* — Lib. 2°.
Idem. *Nunc pice, nunc liquida rapuere incendia cera.* — Lib. 10.

O

O Incrementum singulare tertiæ declinationis longum est, vt, Vnio, Sol, Telamon, candor, vox, atque sacerdos.

Ouid. *Regia Solis erat sublimibus alta columnis.* — Met. 2a

Exceptio I.

Græca in On, quæ in obliquis habent O micròn, corripiuntur: vt Philèmon, Palæmon, sindon, Agamemnon, Iason, Amazon, & multa alia, quæ vsu sunt discenda.

Virg. *Pulsant, & pictis bellantur Amazones armis.* — Aen. 1°.

¶ Latini interdum N, literam omittunt, vt Macedo, Macedonis: Agamemno, Agamemnonis.

Statius. *Conclamant Danai, stimulátque Agamemno volentes.* — Theb. 11

¶ Quæ verò O mega scribuntur longa sunt, vt Simòn, agòn, Sidon, Solon, &c.

Exceptio II.

GEnitiuus in Oris, à nominibus Græcis, & Latinis neutris, præter Os, oris, penultimam habet breuem, vt Nestor, marmor, ebur, corpus: quibus adduntur memor, arbor, lepus, & ex Pus, podos composita, vt Tripus.

¶ Item, Bos, compos, & impos.

Ouid. *Qui licet eloquio fidum quoq; Nestora vincat.* — Met. 6°.
Virg. *Sic vos non vobis fertis aratra boues.* — In Epig.

Exceptio III.

Corripiuntur etiam Cappadox, præcox, & quæ consonantē habent ante, S, vt Scrobs, Æthiops, Dolops: præter Cyclops, Cercops, hydrops. — Mart.

DE INCREMENTO

Lib. 9.   Mart. *Cappadocum ſæuis Antiſtius occidit oris*
             Ruſticus: ô triſti crimine terra nocens!
Aen. 2.   Virg. *Hîc Dolopum manus, hîc ſæuus tendebat Achilles.*
Met. 1.   Ouid. *Tela reponuntur manibus fabricata Cyclopum.*

V.

V, *incrementum tertiæ declinationis breue eſt, ut,*
     Dux, Ligus, & pecus, intercus, cum præſule, turtur.

Ge. 18. 40   Virg. *Magnanimóſque duces, totiúſq; ordine gentis*
             Mores, & ſtudia, & populos, & prælia dicam.

Exceptio.

INterrogandi caſus Vdis, Vris, & Vtis, *à non initus in* Vs,
penultimam habent longam: ut Palus, paludis: tellus, tel-
luris: virtus, virtutis.   Item *fur, furis.*   (obliqui.
Quibus addenda ſunt Pollux, lux, & frugis, frugi, & cæteri

Eclog. 3.   Virg. *Quid domini faciunt, audent cùm talia fures?*
         Tibul. *Luce ſacra requieſcit humus, requieſcit arator.*

DE INCREMENTO PLVRALI
NOMINIS.

DE Nultima genitiui, vel datiui pluralis numeri dicitur in-
crementū plurale, cū uterq; caſus longior eſt nominatiuo
eiuſdem numeri: vt Muſæ, muſarum: Ambo, amborum, ambobus: Quis, quorum, quibus: Res, rerum, rebus.

Præceptum 1.

A, E, O, *incrementa multitudinis longa ſunt, vt Quarū: Harū:*
    Ambabus: Rerum, rebus: Horum: Quorum.

De Pōt. 4.   Ouid. *Cùm tamen à turba rerum requieuerit harum,*
             Ad vos manſuetas porriget ille manus.

Aen. 10.   Virg. *At Capys, & quorū melior ſententia n. ēti.*   Præ-

DE VERB. INCREM.

Præceptum 11.

I, & V, incrementa multitudinis communiuntur, ut Quibus, tribus, montibus, lacubus.

Virg. Montibus in nostris, solus tibi certet Amyntas.
Ouid. Præmia de lacubus proxima usta tuis.

DE VERBORVM INCREMENTO.

Quid sit Incrementum verbi.

SEcunda persona singularis modi Indicatiui, norma est, ad quam verborum incrementa diriguntur: cui si verbum sit æquale, nullum erit incrementum, ut Amant, amant, quia dissyllaba: ut, sicut Amas, quæ norma, & regula est incrementorum, nullum habet incrementum.

SI verbum longius sit una syllaba, unum habebit incrementum, ut Amamus, amatis, quorum penultima incrementum est: nam ultima nunquam dicitur incrementum.

SI duabus syllabis norma superetur, duo erunt incrementa, ut Amabatis, amabamus. Si tribus, tria, ut Amaueritis, amaueramus. Si denique quatuor, totidem erunt incrementa, ut Audietamini.

IN verbis deponentibus fingenda est vox actiua, ad quam verborum incrementa dirigantur.

VLtima syllaba, ut modò diximus, nunquam est incrementum: prima verò est, si norma ipsa sit monosyllaba, ut Das, Fles: Damus, datis, dabam, dare, & cætera dissyllaba vnum habent incrementum: eodem modo Flemus, fleuis, flebam, flere, &c.

Præceptum 1.

A, in omni verborum incremento producitur, ut Stabam, stares, properamus, docebamus, audietamini, &c.

Virg.

Ecloʒ. 10
Fast. 4.

DE VERBORVM

Aen. 2º Virg. Troiáq; nunc stares, Priamiq; arx alta maneres.
Met. 1º Ouid. Seriùs, aut citiùs metam properamus ad vnam.

Exceptio.

A primum duntaxat incrementum verbi Do, das, corripitur, vt Damus, dabunt, dare: ob quam causam pronuntiamus circundamus, circunlabunt, circundare: Vcrùndato, venirdare, & cætera, penultima breui.

Aen. 2º Virg. His lacrymis vitam damus, & miserescimus vlnò.
Met. 1º Ouid. Iussit, & ambitæ circundare littora terræ.

Præceptum II.

E, in omnibus verborum incrementis producitur, fielam, velar, lacereris, docerem, legerunt.

Fast. 1º Ouid. Flebat Aristæus, quod apes cum stirpe necatas
         Videret inceptos destituisse fauos.

Aen. 6º Virg. Sic equidem ducebam animo, rebarq; futurum.
Lib. 1º Mart. Dædale, Lucano cum sic lacereris ab vrso,
         Quàm cuperes pennas nunc habuisse tuas.

Exceptio I.

E ante R, breue est in quouis præsenti, & imperfecto tertiæ coniugationis, vt Cognoscere, legere, legerem, legeris, vel legere.
¶ Reris tamē, vel Rere, producitur, vt loquereris: prosequerere.

Eclog. 4º Virg. Incipe paruè puer risu cognoscere matrem.
Lib. 3º   Mart. Illud, laurigeros ageres cùm læta triumphos,
           Hoc tibi Roma caput, cùm loquereris, erat.

Trist. 1º Ouid. Tantæne te fallax cepere obliuia nostri,
           Afflictumque fuit tantus adire timor:
           Vt neque respiceres, nec solarere iacentem,
           Dure nec exequias prosequerere meas?

Ex•

INCREMENTO.

Exceptio II.

E, ante Ram, Rim, Ro, corripitur, vt Amaueram, amauerim: amauero: Feceram, fecerim, fecero.

De cæteris personis idem esto iudicium, Amaueris, amauerit, amauerimus, amaueritis: Fecerimus, feceritis.

Ouid. Fecerat exiguas iam Sol altissimus vmbras. *Met. 8.*

Exceptio III.

BEris, & Bere semper corripitur: vt Celebrāberis, vel celebrābere, mordēberis, vel mordēbere.

Virg. Semper honore meo, semper celebrābere donis. *Aen. 8.*
Ouid. Tu caue defendas, quànuis mordēbere dictis. *Trist. 2.*

Appendix.

POëtæ in præterito Indicatiui, E, literam ante Runt, syllabam pro suo iure interdum corripiunt.

Virg. Obstupui, steteruntá; comæ, & vox faucibus hæsit. *Aen. 10.*
Horar. Dij tibi diuitias dēderunt, artémá; fruendi. *Epist. Lib. 1.*
Silius. Terruerunt pauidos accensa Ceraunia nautas.

Præceptum III.

I, in quouis verborum incremento corripitur, vt Linquimus, amabimus, audiebamini.

Virg. Linquimus Ortygiæ portus, pelagōque volamus. *Aen. 3.*

Exceptio.

PEnultima præteriti in I V I, longa est, vt Petiui. Et primum incremētū quartæ coniugationis: vt Ibam, ibo, ito, subîmus, venîmus, reperîmus præsentis temporis.

Virg. Cessi, & sublato montem genitore petiui. *Aen. 2.*

P P *Idem.*

DE VERB. INCREM.

Aen. 6.   Idem. *Tu ne cede malis, sed contra audentior ito.*
Aen. 3.   Idem. *Iungimus hospitio dextras, & tecta subimus.*

¶ Hæc etiã I, lõgũ habēt, Nolito, nolite, nolim⁹, nolitis, velim⁹, velitis, sim⁹, sitis, & quæ ex ipsis cõponũtur, vt possim⁹, & c.

Meta. 1.   Ouid. *Et documenta damus, qua simus origine nati.*
De Põt. 4.   Idem. *Siquis, vt in populo, qui sitis, & vnde, requirat.*

Appendix I.

IMus, in præterito penultimam corripit, vt *venimus*, *reperimus*, *comperimus*.

Æneid.   Virg. *Non nos aut ferro Libycos populare penates*
Venimus, aut raptas ad littora vertere pradas.

Appendix II.

Tempora Coniunctiui modi syllabis Rimus, & Ritis finita habeant ne penultimam breuem, an longam,

Grammatici certant, & adhuc sub iudice lis est: no solum recẽtiores, sed etiã veteres. Diomedes enim docet præterirũ breue esse, futurũ vero lõgum. Probus vtrũq; longum esse affirmat. Quare cũ versus facies, Poëtas optimos imitaberis, qui Ri, syllabã modò corripiũt, modò producũt, prout versus postulat.

¶ Sin tibi aliquid recitandum erit, ne sermonem des auditoribus, consuetudini regionis seruies.

Præceptum IIII.

O, in verborum incremẽtis semper producitur: vt Facitôte
Met. 9.   Ouid. *Cùmq; loqui poterit: matrem facitote salutet.*

Præceptum V.

V, in verborũ incremẽtis vbiq; corripitur, vt Sum⁹, Possum⁹, Volum⁹.
Epist. 1.   Hor. *Nos numerus sumus, & fruges consumere nati.*
Ibidem.   Idẽ. *Si patriæ volum⁹, si nobis viuere cari.*

DE

DE VLTIMIS SYLLABIS.

Syllabæ, quæ vltimũ locũ tenent, partim Pósitione: vt Prudẽs, præter x: partim Diphthõgo: vt Musa: partim priuatis præ ceptionibus cognoscuntur, de quibus nunc agẽdũ est.

A, in fine.

A, finita longa sunt, vt Memora, contra, vltra, antea, triginta, quadraginta, quinquaginta, &c.

Virg. *Musa mihi causas memora, quo numine læso.* — Aen.1.
Idem. *Æolus hæc contra: Tuus ô Regina quid optes,* — Ibidem.
Explorare labor, mihi iussa capessere fas est.
Idem. *Triginta capitum fœtus enixa iacebit.* — Aen.3.

Exceptio.

Corripe Eia, ita, postea, quia.
Item casus omnes in A, vt Anchora, vela.
Præter ablatiuum, vt de prora: & vocatiuos Græcos, vt ô Ænea, ô Atla, Calitha, Palla.

Virg. *Non ita me experti Bitias, & Pandarus ingens.* — Aen.11.
Idem. *Anchora de prora iacitur: stant littore puppes.* — Aen.3.
Idem. *Tendunt vela Noti: fugimus spumantibus vndis.* — Ibidem.
Idem. *Non hæc ô Palla dederas promissa parenti.* — Aen.11.
Idem. *Quid miserum Ænea laceras? iam parce sepulto.* — Aen.3.

E, in fine.

E, litera finita corripiuntur, vt Nate, fuge, pore, pene, nempe.
Virg. *Heu fuge nate Dea, teq́; his, ait, eripe flammis.* — Aen.2.
Idem. *Pene simul tecum solatia rapta Menalca.* — Eclog.
Mart. *Lege nimis dura conuiuum scribere versus.* — Lib.9.
Cogis Stella: licet scribere, nempe malos.

Exceptio 1.

DE VLTIMIS

PRoluciitur omnia primæ, & quintæ declinationis, vt Anchisiades, ô Anchisiade, Calliope, :e, die, & quæ inde oriuntur, vt Quare, hodie: quibus adde Fame, cete, Tempe.

Aen. 6.   Virg. *Tros Anchisiade, facilis descensus Auerni.*
Aen. 9.   Idem. *Vos ô Calliope precor, aspirate carenti.*
Lib. 1.   Mart. *Non venias quare tam longo tempore Romam.*
Lib. 7.   Lucan. *Aut hodie Pompeius erit miserabile nomen.*
Aen. 6.   Virg. *Obijcit: ille fame rabida tria guttura pandens.*

Exceptio II.

ITem verba Imperatiui modi, numeri singularis, secundæ declinationis: vt Vide, habe.

Epist. 1.   Horat. *Vade, vide, caue, ne titubes mandataq; frangas.*
Lib. 1.   Mart. *Quæ tua sunt, tibi habe, quæ mea, redde mihi.*

C Aue, ferè corripitur.
    Ouid. *Tu caue defendas, quànuis mordebere dictis.*
Idem produxit alibi.

Met. 3.   *Nate caue, dum resq; sinit, tua corrige vota.*

S Vnt etiam longa monosyllaba, vt Me, te, se.
    Exceptis coniunctionibus encliticis, Que, ne, ve.
Et syllabicis adiectionibus Pte, Ce, Te, vt Suapte, hisce, tute.

Aen. 10.   Virg. *Tanta ne vos generis tenuit fiducia vestri?*
Epist. 1.   Horat. *Neue putes alium sapiente bonoq; beatum.*
Serm. 1.   Idem. *Hinc omnis pendet Lucilius hosce sequutus.*
Saty. 4.   Lucret. *Accipe præterea, que corpora tute necesse est*
Lib. 1.   *Confiteare.*

Exceptio III.

L Onga præterea sunt Ferè, ferme, ohe, & aduerbia à nominib'
secundæ declinationis profecta: vt Placidè, valdè, minimè,
sum nè: Præter Bene, & malè.

Saty. 6.   Iuue. *Nulla ferè causa est, in qua non fœmina litem*
       Mouerit.

                                                                            Idem

SYLLABIS. 151.

Idem. Mobilis, & varia est fermè natura malorum.   Saty.1.

Mart. Ohe iam satis est, ohe libelle.   Lib.4.

Idem. Excipe sollicitos placidè, nea dona libellos.   Lib.9.

Idem. Nil bene cùm facias, facis attamen omnia bellè.   Lib. 10.

Horat. Et malè tornatos incudi reddere versus.   In arte.

Appendix.

Facilè etiam, cùm est aduerbiũ, corripitur: nam adiectiua tertiæ declinationis, cùm in aduerbia transeũt, vltimam habent breuem, vt Sublimè, suauè, dilcè.

Virg. Cantantes sublimè ferent ad sidera cycni.   Eclog. 9.

Virg. Ipse sed in pratis aries iam suauè rubenti
    Murice.   Eclog. 4.

I, in fine.

I, vocali terminata longa sunt, vt Classi, fieri.

Virg. Sic fatur lacrymans, classíq; inmittit habenas.   Aen. 6.

Mart. Quàm vellem fieri meus libellus.   Lib.6.

Exceptio I.

Corripe Nisi, quasi, & Græca, quæ in I, vel Y exeunt, vt
    Palladi, Daphni, moly.

Ouid. Quid nisi Pierides, solatia frigida restant?   De Pon.

Mart. Cùm dixi ficus, rides quasi barbara verba.   Lib.1.

Stat. Palladi littoreæ celebrabat Scyros honorum
    Fortè diem.   Achil. 1.

Virg. Insere Daphni pyros: carpent tua poma nepotes.   Eclog. 9.

Ouid. Moly vocant Superi, nigra radice tenetur.   Met. 14.

Exceptio II.

Mihi, tibi, sibi, vltimam habent communem.

Ibi, vbi, Cui, cùm dissyllabum est, frequentiùs corripiuntur.

Virg. Post mihi non simili pœna commissa luetis.   AEn.1.

Idem. Extremum hunc Arethusa mihi concede laborem.   Eclog. 10.

Mart. Sed aerunt, cui seruiant leones.   Idem. Lib. 3.

DE VLTIMIS

Idem. Me legit omnis ibi senior, iuuenísq; puérq; ille M.
Horat. Reddit vbi Cererem tellus inarata quotannis.
Idem. Excipe sollicitos plac...o libellos.
O, finita ambigua sunt, vt Quando, vigilando, nolo.
Mart. Nolo mihi ponas rhombum, n...lum...ibl...
    Nolo boletos, ostrea nolo, tace.

Exceptio I.

EXcipiuntur Syllaba, vt O, docto: Datiuos, & ablatiuos vt
Item Græca quæ habent Omega, vt Androgeo, Athos, Clio,
Alecto, & cætera: vnde generantia, quib? accedit Ergô, pro causâ.
Virg. O lux Dardaniæ, spes ô fidissima Teucrum.
Idem. Inuadunt vrbem somno, vinóque sepultam.
Idem. Luctificam Alecto Dirarum ab sede sororum,
    Infernisq; ciet tenebris.

Exceptio II.

Item aduerbia à nominibus orta, vt Subitò, meritò, multò:
    quibus adduntur Adeò, ideo.
Hic rursus excipiuntur Modò, quomodo, cummodò, postmo-
    do, citò, imo: quibus accedunt Sero, ne, cio, do.
Mart. Mentiris iuuenem tinctis Lentine capillis:
    Tam subitò coruus, qui modò cycnus eras?
Idem. Non habet ergo aliud? non habet imò suum.

Exceptio III.

ADuerbium Serò, coniunctio Verò vltimam habent communem.
Mart. Pro meritis cælum tartis, Auguste, dederunt
    Alcidæ ciò dij: sed tibi serò dabunt.
Valer. Flac. sin verò preces, & dicta superbus
    Respuis.

V, in fine.

V, finita longa sunt, vt Manu, cornu, Panib?   Virg.

SYLLABIS 152.

Virg. Tela manu miseri iactabant irrita Teucri. — Aen. 3.
Idem. Iam cornu petat, & pedibus qui spargat arenam. — Aen. 9.
Ouid. Nec mora, curuauit cornu, neruóque sagittam
    Impulit. — Met. 11.
Virg. Quo res summa loco Panthu? quàm prendimus arcem? — Aen. 2.

B, D, T, in fine.

B, D, T, literis terminata corripiuntur: vt Ab, Quid, Audijt.
Virg. Tum pater Aeneas puppi sic fatur ab alta. — Aen. 9.
Idem. Quidquid id est, timeo Danaos, & dona ferentes. — Aen. de
Idem. Audijt & Triuiæ longè lacus, audijt amnis
    Sulphurea Nar albus aqua, fontésq; Velini. — Aen. 14

C, in fine.

C, litera finita longa sunt, vt Sic, Hoc, Hîc aduerbium.
Virg. Sic oculos, sic ille manus, sic ora ferebat. — Aen. 3.
Idem. Hoc Helymus facit, hoc ævi maturus Acestes. — Aen. 10.
Idem. Classibus hic locus, hîc acies certare solebant. — Aen. 2.

Exceptio I.

Corripe Donec, Nec.
Ouid. Donec eris felix, multos numerabis amicos. — Trist. 1.
Idem. Parue, nec inuideo, sine me liber ibis in Vrbem. — Ibid. 1.

Exceptio II.

Hic, pronomen virile, anceps est.
Virg. Hic vir, hic est, tibi quem promitti sæpius audis. — Aen. 6.
Idem. Est hic, est animus lucis contemptor, & istum. — Aen. 9.

Verbum Fac, tutiùs corripitur.
Ouid. Hos fac Armenios, hæc est Danaeia Persis. — Lib. 6.
Mart. Signa rariùs, aut semel fac illud.

L, in fine.

L, finita breuia sunt, vt Asdrubal, semel, vigil, simul, Cōsul.
Silius. Vertit terga citus damnatis Asdrubal ausis. — Lib. 17. Ho.

DE VLTIMIS

Epist. 1º   Horat. Quo semel est imbuta recens, seruabit odorem
               Testa diu.

Exceptio.

SAl, nil, Sol longa sunt.

ITem pleraque peregrina, vt Nabal, Daniel, Saul.

Sylu. 4.   Statius. Non sal, oxyporumve, caseusve.
Lib. 10.   Mart. Nil aliud video, quo te credamus amicum.
Met. 3.   Ouid. Vlterius spatium medio Sol altus habebat.

M, in fine.

M finita priscis tēporibus corripiebatur, req́; à sequēte vocali,
     vt modo fit, excipiebātur, quod etiā nūc in cōpositis verbis cer-
                                                                                                                                                                            (nitur.
Annal. 10.   Ennius. Insignita fere tum millia militum octo
             Dixit delectos, bellum tolerare potentes.

Saty. 10.   Iuuen. Quò te circumagas? quæ prima, aut vltima ponas?

N, in fine.

N, litera finita longa sunt, vt Sin, Titan, Siren, Salamin, A-
     ctæon, & cætera tertiæ declinationis, quæ in On exeūt.

Aen. 1º   Virg. Sin absumpta salus, & te pater optime Teucrūm.
Lib. 1.   Lucan. Vnde venit Titan, & nox vbi sydera condit.
Met. 3.   Ouid. Actæon ego sum, dominum cognoscite vestrum.

ITem accusatiuus Græcus nominum in AS, ES, E, vt Æreā,
     Anchisen, Calliopen.

GRæcus itidem genitiuus multitudinis cuiusuis declinationis,
     vt Cimmerion, epigrammaton.

Aen. 11º   Virg. Et jam um Ænean agnouit Turnus in armis.
Aen. 3.   Idem. Amitto Anchisen, hîc me pater optime fessum
            Deseris.
Lib. 4.   Tibul. Cimmerion etiam obscuras accessit ad oras.

Exceptio 1.

COrripe An, in, forsan, forsitā, tamen, attamen, viden.   Item

DE SYLLABIS. 153.

Item Ẽ ꝫ syllaba finita, quæ faciunt genitiuo Inis: vt Nomen, lumen, flumen, ignomen, porongo, poema.

Virg. Forsitan, & Priami fuerint quæ fata, requiras. Aen. 2
Idem. Hic tamẽ ille vrbem Pataui, sedesque locauit. Aen. 1
Stat. ferrumq; quod amens Theb. 10
  Ipsa dedi, viden, vt iugulo consumpserit ensem?
Ouid. Nomen Arionium Siculas impleuerat vrbes. Fast. 2

Exceptio I A.

Corripiuntur etiam Græca in On, quæ ad secundam nostram declinationem spectant, vt Pelion, Ilion, Erotion.

Ouid. Ilion, & Tenedos, Simoïsque, & Xanthus, & Ida. In Epist.
Mart. Pallida nec nigras horrecet Erotion vmbras. Lib. 6.
Omnes denig; accusandi casus, qui à nominib. vltimã breuẽ habẽtib. proficiscitur, vt Scorpio, Theti, Ityn, Maia, Ægina.
Lucan. Scorpion incendis cauda, chelaq; peruris. Lib. 1.
Ouid. Tanta g; nox animi est, Ityn huc accersite, dixit. Met. 7.
Stat. Nũ tue se iunxit raptam patrijs Ægeraal vndis. Theb. 7.

R, in fine.

R, Litera ymina a corripiuntur, vt Amilcar, semper, semiuir, cor, precor, Hector, turtur.
Silius. At senior Siculis exultat Amilcar in armis. Lib. 2.
Virg. Semper honos, nomenq; tuum, laudesq; manebunt. Aen. 1.
Lucan. Inseruisse manus impune, ac semiuir audes? Lib. 10
Ouid. Molle cor ad timidas sic habet ille preces. Trist. 5.
Iuuen. Tolle tuum, precor, Annibalem victumq; Syphacem. Saty. 6.
Ouid. Inferias dederat cum fratribus Hector inanes. Met. 12.
Virg. Nec gemere aëria cessabit turtur ab vlmo. Eclog. 1.

Exceptio.

Producito Cur, sar, far, Iber, Lar, Nar, ver, par cũ cõpositis, vt cõpar, dispar, & impar. Et Græca, quæ faciunt genitiuo Eris, vt Aer, æther, crater. Ho.

Qq

DE VLTIMIS

In Arte.	Horat. Descriptas seruare vices, operúmque colores Cur ego, si nequeo, ignoroq́; poëta salutor?
Lib. 5. Lib. 6.	Mart. Callidus effracta nummos fur auferet arca.
	Lucan. Si tibi durus Iber, aut si tibi terga dedisset Cantaber.
Serm. 2. Saty. 3. Æneid. 7.	Horat. Ludere par, impar, equitare in arundine longa.
	Virg. Largior hic campos æther et lumine vestit Purpureo.

Appendix.

CElliber á Martiale Lib. 10. corripitur.
Ducit ad auriferas quòd me Salo Celtiber oras.

As, in fine.

	AS, syllaba finita longa sunt: vt Æneas, Pallas, Pallatis: fas,
Æn. 10. Ibidem.	Virg. Æneas ignarus abest, ignarus & abst.
	Idem. Tela, manúsq́; sinit: hinc Pallas instat, & vrget.
Georg. 1.	Idem. Quippe etiam festis quædam exercere diebus Fas, & iura sinunt.
Saty. 15.	Iuuen. Credebant hoc grande nefas, & morte piandum, Si iuuenis vetulo non assurrexerat.

Exceptio.

	COrripe Græca quorū genitiuus exit in Ados, vt Arcas, Pal- las, Palladis.
	Item accusatiuos tertiæ declinationis non. in. m. C. a. oriun. vt Troas, delphînas, Heroas.
Met. 6.	Ouid. Pallas enim simulat, falsósq́; in tempora canos Addit.
Lib. 9.	Mart. Cum quibus Alcides, & pius Arcas erat.
In Epist.	Ouid. In te fingebam violentos Troas ituros.
Eclog. 4.	Virg. Permistos Heroas, & ipse videbitur illis.

Es, in fine.

	ES, syllaba terminata longa sunt, vt Anchises, locuples, quo- ties, octies, decies, tricies, & cæt.
Lib. 5.	Virg. Anchises alacris palmas vtrásq́; tetendit.

SYLLABIS. 154.

Mart. Orbus es, & locuples, & Bruto consule natus. — Lib. 11.
Idem. Dicere te lassum quoties ego *ciclo Quiriro*? — Lib. 10.
Idem. Vno nasceris octies manno. — Lib. 7.
Idem. Ægrotas vno decies, aut sæpius anno. — Eclog. 4.

Exceptio I.

Corripe nomina tertiæ declinationis, quæ crescunt in obliquis penultima breui, vt Diues, eques, hospes, pedes.
Virg. Insula diues opum, Priami dum regna manebant. — Aen. 8.
Idem. Obuius armato, ceu cùm pedes iret in hostem. — Aen. 6.
Præter Abies, aries, Ceres, paries, pes cum compositis, vt Cornipes, sonipes.
Virg. Populus in fluuiis, abies in montibus altis. — Eclog. 7.
Lucan. Non aries illis, non vlla est machina belli. — Lib. 8.
Virg. Flaua Ceres alto nequicquam spectat Olympo. — Georg. 1.
Ouid. Nec pes ire potest, intra quoque viscera saxum est. — Met. 6.
Virg. Stat sonipes, & frana ferox spumantia mandit. — Aen. 4.

Exceptio II.

Es, à verbo Sum, etiam breue est, & ex eo composita: vt Potes, ades: item Penes: Græca neutra in Es, vt Cacoëthes.
Prætereà nominandi, vocandiq́; casus Græcorum, vt Arcades, Troës.
Virg. Quisquis es, amissos iam hirc obliuiscere Graios. — Aen. 3.
Mart. Tu potes & patriæ i.i.es, & esse decus. — Lib. 6.
Horat. Quem penes arbitrium est, & vis, & norma loquendi. — In Arte.
Iuuen. tenet insanabile multos
   Scribendi cachoëtes, & ægro in corde senescit. — Saty. 1.
Virg. Ambo florentes ætatibus, Arcades ambo. — Eclog. 7.
Idem. Egressi optata potiuntur Troës arena. — Aen. 1.

Is, vel Ys, in fine.

IS, vel Ys, finita corripiuntur, vt Apis, inquis, ais, Thitis, Tiphys, Itys.   Ouid.

Q q 2

DE VLTIMIS

Met. III
Lib. 5.
Ouid. *Non apis inde tulit collectos sedula flores.*
Mart. *Nme st, in suis, idem: multò plus esse probabo.*
Persius. *Hunc ais? hunc dijs iratis, genioque sinistro.*
Stat. *Iam dudum tacito lustrat Thetis omnia visu.*
Virg. *Alter erit tum Tiphys, & altera quæ vehat Argo*
    Delectos Heroas.

Exceptio I.

Excipe casus omnes multitudinis: vt *Viris, armis, Musis,*
nobis, vobis. Quis, pro *quibus, omnes, vrbes.*

I Tem *Glis, Vis nomen*, & *verbum, Velis, Sis*, cum compositis: vt *Quanuis, nalis, adsis.*

¶ Et secūdas personas numeri singularis, modi Indicatiui
quartæ coniugationis: vt *Nescis, sentis.*

Virg. *Præsentemq́ue viris intentant omnia mortem.*
Lucan. *Plus illa vobis acie, quàm creditis, actum est.*
Virg. *   ô terq́ue; quaterque beati,*
    Quis ante ora patrum Troiæ sub mænibus altæ
    Contigit oppetere.

Idem. *Non ea vis animo, nec tanta superbia victis.*
Mart. *Iam satis est: non vis Afer auere, vale.*
Lucan. *Quanuis Hesperium mundi properemus in axem.*
Mart. *Nescis, heu nescis dominæ fastidia Romæ.*

Exceptio II.

LOnga præterea sunt, quorū genitiuus exit in *Inis, Enis, Itis,*
penultima longa, vt *Salamis, Simois, Samnis, lis.*

Ouid. *Hîc ibat Simois: hîc est Sigeia tellus.*
Horat. *Grammatici certant, & adhuc sub iudice lis est.*

Os, in fine.

OS, finita loga sūt, vt *Os, oris, erectos, Tros, Minos, Heros, A-*
thos, Androgeos, & cætera, quæ per O, scribūtur.   Ouid.

SYLLABIS. 155.

Ouid. *Os homini sublime dedit, cælumq́; videre*   Met.1.
    Iussit, & erectos ad sydera tollere vultus.
Virg. *Tros Anchisiade, facilis descensus Auerni.*   Aen. 6.
Idem. *Primus se Danaûm magna comitante caterua*   Aen. 2.
    Androgeos offert nobis, socia agmina credens.

Exceptio.

COripe *Os, ossis, compos, & impos: & Græca neutra, vt Chaos, melos, Argos.*
Virg. *Et Chaos, & Phlegethon loca nocte silentia latè.*   Aen. 6.
¶ Item *Os finita, quæ ad secundam Latinam declinationem trā-*
    seunt, vt Tyros, Arctos, Ilios.
Lucan. *Et Tyros instabilis, pretiosaq́; murice Sidon.*   Lib. 3.
Mart. *Nescia nec nostri nominis Arctos erat.*   Lib. 9.
OMnes deniq́; interrogādi casus, à quibuscunq́; rectis ꝓficis-
    cātur: vt Arcados, Pallados, Typhoëos, Tethyos, Tereos.
Ouid. *Arcados hinc sedes, & inhospita tecta Tyranni*   Met. 1.
    Ingredior.
Ouid. *Alta iacet vasti super ora Typhoëos Ætna.*   Fast. 4.
Lucan. *Tethyos vnda vagæ lunaribus æstuet horis.*   Lib. 6.

Vs, in fine.

VS, *syllaba terminata, breuia sunt: vt Littus, intus, sēsibus. Et*
    nominandi, vocādiq́; casus singularis quartæ declinatio-
    nis, vt Domus, manus.
Virg. *Heu fuge crudeles terras, fuge littus auarum.*   Aen. 3.
Idem. *Apparet domus intus, atria longa patescunt.*   Aen. 2.
Idem. *Hîc Dolopum manus, hîc sæuus tendebat Achilles.*   Ibidem.

Exceptio.

EXcipe monosyllaba, *vt Plus, rus, thus.*
Lucan. *Plus illa vobis acie, quàm credidis, actum est.*   Lib. 6.
¶ *Et quæ crescunt in obliquis penultima longa, vt Salus, tel-*
    lus, palus.   Et

DE SYLLABA

Et nomina quartæ declinationis, præter ea, quæ aric diæ os: vt
  Aditus, vultus.

Met. 1.   Ouid. Mox etiam fruges tellus inarata ferebat.
Met. 11.   Idem. Iuncta palus huic est, densis obsessa salictis.
Lib. 2.   Mart. Hos aditus Vrtem Martis habere decet.

DEnique Græca nomina, quorum genitiuus exit in Vntis: vt
  Opus, Amathus.

Et quæ ex Pus, podòs componuntur vt Tripus, Melampus.
Quæq; ex Oos contrahuntur: vt Panthus ex Pantheos.

¶ Item genitiuus à fœmininis in O, vt, Manto, Mantus: Clio,
  Clius: & cæt.

Aen. 10.   Virg. Est Amathus, est celsa mihi Paphus, atque Cythera.
Aen. 2.   Idem. Panthus Otriades, arcis, Phœbique sacerdos.
Aen. 10.   Idem. Fatidicæ Mantus, & Tusci filius amnis.

HVc etiam IESVS, sacro sanctum Domini, atque
  Redemptoris nostri nomen fl ectat.

Appendix.

VS finita non contracta, ab Os, syllaba profecta corripiuntur, vt Panphagus, Oribasus, polypus: quorū vltimū Æoles
  per Os scribunt, vnde à Latinis per Vs effertur, vltima brevi.

Met. 2.   Ouid. Pamphagus, & Dorceus, & Oribasus, Arcades omnes.
In Epod.   Horat. Polypus, an grauis hirsutis cubet hircus in alis.

DE SYLLABA COMMVNI.

COmmunis sylla, vt suprà diximus, est quæ modò brevis,
  modò longa apud Poëtas reperitur.

Præceptum 1. de syllaba communi.

ET diphthongus, & vocalis longa communes fiunt, cùm vocalem diuersæ dictionis præcedunt.

Breues.

Aen. 3.   Virg. Insulæ Ionio in magro, quas dira Celæno.   Id.m.

COMMVNI.

Idem. *Victor apud rapidum Simoënta, sub Ilio alto.* — Aen. 5.
Idem. *Credimus? an qui amant, ipsi sibi somnia fingunt?* — Eclog. 8.
Horat. *Si me amas, inquit, Paulum hic ades. Intereamsi* — Serm. 1.
  Aut valeo stare, aut noui ciuilia iura. — Saty. 9.
Propert. *Tu quoq; ô Eurition vino Centaure peristi.* — Lib. 20.

Longæ.

Virg. *Ante tibi Eoæ Atlantides abscondantur.* — Georg. 1.
Idem. *Stant & iuniperi, & castaneæ hirsutæ.* — Eclog. 7.
Idem. *Luneis, & clypeis, & fœmineo ululatu* — Aen. 4.
  Tecta fremunt.
Idem. *Et succus pecori, & lac subducitur agnis.* — Eclog. 8.
Iuuen. *Quis cœlum terris non misceat, & mare cœlo,* — Saty. 2.
  Si fur displiceat Verri? homicida Miloni?
Ouid. *O ego quantum egi: quàm v ista potentia nostra est!* — Met. 8.

Breues, & longæ in eodem versu.

Virg. *Glauco, & Panopeæ, & Inoö Melicertæ.* — Georg. 1.
Idem. *Ter sunt conati imponere Pelio Ossam.* — Eiusdem.

Præceptum II.

Monosyllaba breuia interdum à Poëtis, more Græcorum, producuntur.

Virg. *Limini ùq;, luxurúsq; dei totúsq; moueri.* — Aen. 9.
Iuuen. *Et animam, & mentem, cum qua dij nocte loquuntur.* — Saty. 6.

Præceptum III.

Syllaba breuis post quatuor primos pedes maximè secundum, & tertium relicta, nonnunquam à Poëtis producitur.

Syllaba breuis post primū pedē producta.

Virg. *Pectoribus inhians spirantia consulit exta.* — Aen. 4.
Idem. *Ortis? equidem & viuis concedere vellem.* — Aen. 6.
Iuuen. *Quis nescit? aut quis non videt vulnera pali?* — Saty. 9.
    Mar.

DE SYLLABIS

Aen.5. lib.813.	Mart.	Me fi, finus omnis, me manus omnis habet.
		Post secundum.
Aen.2.	Virg.	Hic primùm ex alto delubri culmine telis
		Nostrorum obruimur, oriturq́ue miserrima cædes.
Aen.5.	Idem.	Emicat Euryalus, & munere victor amici.
Aen.10.	Idem.	Nam tibi Tymbre caput Euandrius abstulit ensis.
Achil.3. lib.14.	Stat.	Nanque, anex Thetidi Phœbus prædixerat æuo.
	Mart.	Det tunicam, dives, rogo te præcingere possum.
lib.7.	Idem.	Maximus ille tuus Ouidi, Cæsonius hic est.
		Post tertium.
Aen.5.	Virg.	Ostentans artem pariter, arcúmq́ue sonantem.
Aen.3.	Idem.	Dant dehiscant graui a, gestúq́ue elephanto.
		Imperat ad naues ferri.
Aen.12.	Idem.	Congredior, fersacra pater, & concipe fœdus.
Achil.2.	Stat.	Ne tua det indignos Thetidi captiua nepotes.
		Post quartum.
Aen.10.	Virg.	Graius homo, infectos linquens profugus Hymenæos.
Eclog.6.	Idem.	Ille latus niueum molli fultus hyacintho.
Georg.2.	Idem.	Muneribus, tibi pampineo grauidus Autumno.

Admonitio.

His tribus præceptionibus, non insistis componendis, sed netis dis veterum Poëtarum carminibus, vtantur tyrones.

Præceptum IIII.

Vocalis breuis ante mutam, & liquidam eiusdē dictionis, vt supra dictum est, communis est in carmine, quanuis in soluta oratione semper corripiatur: vt Atlas, volucris, Cleopatra, Patroclus, lugubris, funebris.

Met.4.	Ouid.	Tempus Atla veniet, tua quo spoliabitur auro Arbor.
Aen.1.	Virg.	cithara crinitus Iopas

Pere

COMMVNI. 157.

Personat aurata, docuit quæ maximus Atlas.
Idem. Cùm tacet omnis ager, pecudes, pictæq́; volucres.   Aen. 4.
Idem. Assuetæ ripis volucres, & fluminis alueo.   Aen. 7.

Appendix.

Syllaba natura longa nunquàm corripitur, etiam si muta cum liquida sequatur, vt Aratrum, volutabrum, inuolucrum, salubris, & reliqua generis eiusdem.

Præceptum V.

VLtima syllaba versus communis est, siquidem breuis pro longa ponitur.

Virg. Gens inimica mihi Tyrrhenum nauigat æquor.   Aen. 10.
Idem. Nate patris summi, qui tela Typhoëa temnis.   Ibidem.
Sextus enim pes spondæus est, qui ex duabus longis constat,
Aut contrà longa pro breui.
Mart. Nobis non licet esse tam disertis,   Lib. 9.
Qui Musas colimus seueriores.
Vltimus nam que pes Choreus est: qui ex longa constat, & breui.

De Necessitate metrica.

LEx, necessitasq́; metri cogit Poëtas, breues aliquando producere, velut cùm sunt tres breues continuæ in carmine Heroico, quod in Italia, Priamide, Arabia, aliisq́; id gen⁰ vsu venit.

Virg. Ibitis Italiam, portusq́; intrare licebit.   Aen. 3.
Idem. Atq́; hic Priamiden laniatum corpore toto   Aen. 6.
Deiphobum vidit.
Propert. Et domus intactæ te tremit Arabiæ.   Lib. 2.
¶ Aut contrà longas corripere, vt cù breuis inter duas longas est.
Iuuen. Fugerunt trepidi vera, ac manifesta canentem   Saty. 2.
Stoicidæ.
Stoicidæ, dixit penultima breui necessitate metri constrictus neq́; enim hexametrum carmen Creticum recipit, qui ex longa breui, et longa constat.   R r   De

DE SYLL. COMMVNI.
De Licentia poëtica.

Poëtæ, quibus semper potestas fuit, vt inquit Horatius, quidlibet audendi, nulla coacti necessitate, syllabis interdum pro suo iure abutuntur. Tulerunt enim, Dederunt, & nonnulla alia eiusdem generis, penultima correpta efferunt.

Eclog. 4. Virg. Matri longa decem tulerunt fastidia menses.
Epist. 1. Horat. Dj tibi diuitias dederunt, artemq́; fruendi.

De Pedibus.

QVoniam de syllabis, iu breuibus, iu longis, iu communibus dictum est: superest, vt & de Pedibus, qui ex ipsis syllabis, & de Versu, qui ex Pedibus constat, breuiter dicamus.

Quid sit Pes.

PEs est pars versus, certo syllabarum numero atq́; ordine definita.

Pedes duarum syllabarum.

Spondeus constat ex duabus syllabis longis, vt Possunt, Omnes.
Pyrrhichius ex duabus breuibus, vt Furor, Ruit.
Choreus, seu, vt alij vocant, Trochæus ex longa, & breui, vt Arma, Vincor.
Iambus ex breui, & longa, vt Viros, Rogas.

Pedes trium syllabarum.

Molossus ex tribus longis, vt Æneas, Contendunt.
Trochæus siue Tribrachys ex tribus breuibus, vt Facere, Tumidus.
Dactylus ex longa, & duabus breuibus, vt Corpora, Traxit us.
Anapæstus ex duabus breuibus, & longa, vt Animos, Capiunt.
Bacchius ex breui, & duabus longis, vt Dolores, Parat ep.
Antibacchius ex duabus longis, & breui, vt Audisti, Maturis.
Creticus, seu Amphimacer ex longa, breui, & longa, vt Maximos, Audiunt.
Amphibrachys ex breui, longa, & breui, vt Cadebat, Poëma.

PE-

DE PEDIBVS.

Pedes quatuor syllabarum ex superioribus compositi.

Dispondeus constat ex duobus Spondeis, vt Oratores.
Proceleusmaticus ex duobus Pyrrhicbijs, vt Abiete.
Dichoreus ex duobus Choreis, vt Dimicare.
Diiambus ex duobus Iambis, vt Propinquitas.
Choriambus ex Choreo, & Iambo, vt Nobilitas.
Antipastus ex Iambo, & Choreo, vt Recusare.
Ionicus à maiore ex Spondeo, & Pyrrhichio, vt Calcaribus, Cantabimus. (cedamon.
Ionicus à minore ex Pyrrhichio, & Spondeo, vt Duneces, La-

Pæones.

PÆones quatuor sunt, omnes ex tribus breuibus, & vna longa constāt, hac lege, vt primus primam habeat longam, secundus secundam, tertius tertiam, quartus quartam.
Pæon I. ex Choreo, & Pyrrhichio, vt Aspicite, Temporibus.
Pæon II. ex Iambo, & Pyrrhichio, vt Potentia, Docebimus.
Pæon III. ex Pyrrhichio, & Choreo, vt Animatus, Moriamur.
Pæon IIII. ex Pyrrhichio, & Iabo, vt Calamitas, Obierāt.

Epitriti, seu Hippij totidem sunt, sed superioribus contrarij.

Epitritus I. ex Iabo, & Spōdeo, vt Repentirò Repugnavt.
Epitritus II. ex Choreo & Spōdeo, vt Cōditores, Cōprobarūt.
Epitritus III. ex Spondeo, & Iambo, vt Discordiæ, Cla- minueras. (nabamus.
Epitritus IIII. ex Spondeo, & Choreo, vt Fortunatus, Pug-

Pedes quinque syllabarum.

QVinque syllabarum pedes mustati sunt, præter Decimum, ora-

R r 2

DE VARIIS GENER.

oratoriæ compositioni maximè appositum: constat ex Iambo, & Cretico, vt Reipublicæ, Perhorrescerent.

De versu. (ligata.

Versus est, oratio certo genere, numero, atq́; ordine pedum al-

Carmen Hexametrum, siue Heroicum.

Hexametrum carmē cōstat sex pedibus, quorū quintus dactylus est, sextus spondeus, reliqui dactyli, vel spondei.

Aen. 2.   Virg. Vrbs antiqua ruit, multos dominata per annos.

Appendix.

Quintus pes nōnunquam spōdeus est: vnde versus Spōdaicus appellatur, quo vel rei alicuius grauitas, & amplitudo, vel ingens mœror, animiq́; angor, vel aliud declaratur.

Eclog. 4.   Virg. Cara Deûm soboles, magnū Iouis incrementum.
Aen. 2.   Idem. Constitit, atq́; oculis Phrygia agmina circunspexit.

Pentametrum carmen.

Pentametrū carmē, quod fere hexametrū comitatur, quinq́ pedes habet, quorū duo primi dactyli vel spōdei pro cuiusq́; arbitrio sunt, adit dacta syllaba lōga, quæ cæsura, vel semipes dicitur: cæteri perpetuo sunt dactyli quibus semipes itidem adiungitur, vt ex vtroq́; semipede quintus pes fiat: vel tertio loco est Spondeus, qui alterius verbi fine, alterius initio constat, deinde duo anapæsti.

Ouid.   Omnia sunt hominū tenui pendentia filo,
De Pōt. 4.   Et subito casu, quæ valuere, ruunt.

Senarius Iambicus, siue Trimeter Iambicus Acatalectus.

Senarius Iambicus, cùm purus est, & integer, omnibus in locis Iambos habet.

Epodō   Horat. Beatus ille, qui procul negotijs.
ode. 2.

Omnes

CARMINVM. 159.

Omnes sex pedes Iambi sunt, totidem enim pedes Senarius admittit, vnde & nomen inuenit.

Verùm, Tardior vt paulò, grauiorq; veniret ad aures, vt Horatius ait, primo, tertio, & quinto loco Spondeum, Dactylum, & Anapæstum recipit.

Omnibus etiam locis, præterquam sexto, Tribrachym potest recipere.

Horat. Pauidúmq; leporem, & aduenam laqueo gruem   *Ibidem*
    Iucunda captat præmia.

Dimetrum Iambicum Acatalectum.

Dimetrum Iambicum quatuor recipit pedes: secundo, et quarto loco Iambos: primo, & tertio Iambum, spondeum, dactylum, anapæstû: potest etiam in omnib? præter quartû, Tribrachym admittere.

Horat. Has inter epulas vt iuuat pastas oues   *Epod.*
    Videre properantes domum.

¶ Subscribitur hic versus interdum eleganter Senario Iambico.

Mart. Vir Celtiberis non tacende gentibus.   *Lib. 1.*
    Nostræq; laus Hispaniæ.

Scazon, siue Choliambus.

Scazon semper quinto loco habet Iambum, sexto verò spondeum: cæteris omnibus cum Senario Iambico conuenit.

Mart. Extemporalis factus est meus Rhetor.   *Lib. 4.*
    Calphurnium non scripsit, & salutauit.

Anapæsticum dimetrum Acatalectum.

Anapæsticum carmen, quo frequenter in choris vtitur Seneca, constat quatuor pedibus qui ere sunt dactyli, vel spondei, permistis anapæstis: ita tamen vt secundo, & quarto loco absit dactylus.

Senec. Lugeat æther, magni q; parens   *Hercul.*
    Ætheris alti tellusq; ferax,   *Furens.*
    Litúsq; ponti mobilis vnda.   Appen-

DE VARIIS GENER.

Appendix.

Secundus pes dictione terminat, qui si frequentissime est spondeus.

Glyconium.

Glyconium carmen constat spondeo, & duobus dactylis, quo Seneca interdum choros scribit.

    Tandem egia nobilis,
    Antiquis genus Inachi,
    Fratrum composuit nuas.

Asclepiacum.

Asclepiadeum carmen constat spondeo duobus choriambis, & pyrrichio: vel spondeo, dactylo, & syllaba longa: deinde duobus dactylis.

Horat. *Mecœnas atauis edite regibus.*
Carm. 1.

Phaleucium.

Phaleucium carmen quinque pedibus constat spondeo, dactylo, deinde tribus choreis.

Mart.   *Commendo tibi Quintiane nostros,*
Lib. 1.   *Nostros dicere si tamen libellos*
    Possum, quos recitet tuus Poëta.

Sapphicum carmen.

Versus Sapphicus quinq; pedes hoc ordine admittit, Choreu, spondeu, dactylu, deinde duos choreos: tertio cuiq; carmini fere nectitur Adonius, qui ex dactylo, & spondeo constat.

Horat. *Integer vitæ scelerisq; purus*
Carm. 1. *Non eget Mauri iaculis, nec arcu,*
    Nec venenatis grauida sagittis
      Fusce pharetra.
    Siue per Syrteis iter æstuosas,
    Siue facturus per inhospitalem
    Caucasum, vel quæ loca fabulosus
      Lambit Hydaspes.

DE

CARMINVM 160.
De carminum dimensione.

VErsus metimur. Pedibus, quibus metiendis non parum prodest Syllabæ communis, Necessitatis metricæ, Licentiæ poëticæ, Figurarumq́; cognitio.

Episynalœphe.

EPisynalœphe, quæ & Synecphonêsis, & Synæresis appellatur, est syllaba vna ex duabus facta: quod fit, cùm duæ vocales in vnam contrahuntur, vt Aluearia, eadem, alueo, eodem, osdem, aureis, ærei, denarijs.

Virg.	Seu lē ito fuerint aluearia vimine texta.	Georg.4o
Idem.	Vna, eadēm̄q́; via sanguis, animusq́; sequuntur.	Aen.10.
	Hîc E, & A, in vnam syllabam contrahuntur.	
Idem.	Assueta ripis volucres, & fluminis alueo.	Aen.7o
Idem.	Vna, eademq́; tulit partu, paribusq́; reuinxit.	Aen. 10.
	Serpentum spiris.	Lib.8.
	Hîc E, & O, vocales in vnam coalescunt.	
Idem.	Atria dependent lychni laquearibus aureis.	Lib.8.
Idem.	Pectora: nec miseró clypei mora profuit ærei.	Aen.8. Aen. 10.
	Hîc E, & I, in vnam syllabam coëunt.	
Mart.	Denarijs tribus inuitas, & manè togatum	Lib.9o.
	Obseruare iubes atria, Basse, tua.	
	Hîc Duplex ij in vnum contractum est.	

IDē accidit genitiuis Oilei, Achillei, Vlyssei, & datiuis, ablatiuisq́; Tereo, Typhoëo, & similib9, interdū & accusatiuo

Virg.	Vnius ob noxam, & furias Aiacis Oilei. (Typhoëa.	Aen.6.
Idem.	Littora Achæmenides, comes infelicis Vlyssei.	Aen.3o Aen.
Idem.	Inarime Iouis imperijs imposta Typhoëo.	Aen. 9.
Ouid.	Degeneras, scelus, & pietas in coniuge Tereo.	Metā6
Idem.	Nec quo centimanum deiecerit igne Typhoëa, Nunc armatur eo.	Metā 10

In

DE CARMINVM

Inprimis E, & I: in secundis E, & O, in vltimo E, & A, in vnam syllabam coalescunt.

INsuperiorū cōtractione, delectu, & autoritate opus est: at horū, Cui, huic, dii, diis, ij, ijdē, ijs, ijsdē vsq; adeo, omnibꝰ vti licet.

ITem aduerbiorum Deinde, dein, deinceps, delinc, & verbi Deest, deerat, deerant, deerit, deerunt, deesse, & eorum, quæ ex Semi componuntur, vt Semianimis, Semihomo.

Met. 11.	Ouid.	Iuncta palus huic est densis obsessa salictis.
Lib. 1.	Lucan.	Sed venient maiora metu: dij vota secundent.
Lib. 4.	Idem.	Ijdem, cùm fortes animos præcepta subissent, Optauere diem.
Lib. 1.	Idem.	Vsque adeò miserum est ciuili viuere bello!
Achil. 1.	Stat.	Deinc sociare choros, castisq; accedere sacris Hortantur.
Lib. 8.	Lucan.	Non vlli comitum sceleris præsagia deerant.
Lib. 8.	Mart.	Sint Mecœnates, non deerunt Flacce Marones.
Lib. 1.	Lucan.	Semianimes alij vastum subiere profundum.
Aen. 8.	Virg.	Semihominis Caci: facies qua dira tegebat.

(Sunt
HV etiā spectat Anteabulo, antehac, anteit, & siqua præterea

Lib. 3.	Mart.	Sum comes ipse tuus, tumidiq; anteambulo regis.
Lib. 6.	Lucan.	Plurimaq; humanis antehac incognita mensis.
Aen. 12.	Virg.	Qui candore niues anteirent, cursibus auras.

Synalœphe.

SYnalœphe est, cùm vocalis, aut diphthōgus præcedētis dictionis à sequēti excipitur, & quodāmodo absorbetur.

Aen. 4.	Virg.	Atq; ea diuersa penitus dum parte geruntur.
Aen. 2.	Idem.	Conticuêre omnes, intentiq; ora tenebant.
Aen. 2.	Idem.	clamorem ad sydera tollunt
Aen. 10.		Dardanidæ è muris: spes addita suscitat iras.

Exceptio.

O, Et

DIMENSIONE. 161.

O, Et Heu, sequente vocali, aut diphthongo, integra manet.
Virg. O pater ô hominum, Diuûmq́; æterna potestas. — Aen. 10
Stat. Heu vbi syderei vultus? vbi verba ligatis
    Imperfecta sonis? — Theb. 8

Appendix I.

Interdum nec vocalis, nec diphthongus, vt supra diximus,
   à sequente vocali excipitur.
Virg. Glauco, & Panopeæ, & Inoo Melicertæ. — Georg. 1
Idem. Posthabita coluisse Samo: hic illius arma. — Aen. 1

¶ Id quod multo rarius accidit, si vocalis breuis sit.

Virg. Et vera incessu patuit dea: ille vbi matrem. — Aen. 1

Appendix II.

Synalœphe nō solū in eodē carmine, sed in diuersis locū habet.
Virg. Et spumas miscēt argenti, viuaq́; sulphura,
   Idæásq́; pices. — Georg. 3
Idem. In, eritur verdex fœtu nucis arbutus horrida:
   Et steriles platani malos gessere valentes. — Georg. 2
Idem.   quibus orbis in oris
   Iactemur, doceas: ignari hominùmq́;, locorùmq́;
   Erramus. — Aen. 1

In his atque similibus locis vltima vocalis præcedentis versus excipitur, atque absorbetur à prima sequentis.

Ecthlipsis.

Ecthlipsis est, cùm M. littera simul cum vocali eliditur,
   propterseque item vocalem.
Virg. Italiam, Italiam primus conclamat Achates. — Aen. 3
Pers. O curas hominum, ô quantum est in rebus inane! — Satyr. 1

Appendix I.

Prisci M. literam cum vocali correpta seruabant.
  Lucret. Nam si tantundem est in lanæ glomere, quantum — Lib. 1

S   Cor-

DE CARMINVM

Corporum in plumbo est, tantundem pendet, e par est.
Corporum, dactylus est.

Ennius. *Insignita fere tum millia militum octo.*

Appendix II.

ECthlipsis etiam in diuersis carminibus locum habet.

Virg. *Iamq; iter emensi, turres, ac tecta Latinorum*
 Ardua cernebant iuuenes, muroseq; subibant.
Idem. *Aut dulcis musti Vulcano decoquit umorem,*
 Et foliis undam trepidi despumat aheni.

Appendix III.

PRisci Poëtæ, S, literam passim elidebāt: qñ ōd si deinde concurrerent vocales, prior a posteriore per Synalœpham excipiebatur.

Ennius. *Doctus, fidelis, suauis homo, facundus, suoque.*
 Contentus, atque beatus, scitus, secunda loquens in
 Tempore, commodus, & verborum vir paucorum.
Doctu, fecundu, su, dactyli sunt.
In secundo versu ex primo verbo extritur, s, deinde fit Synalœpha, sic content, Atque be.

RArissime apud posteros videas hanc literam extritam.
Cic. *Delphinus iacet haud nimio lustratus nitore.*
Alcinous. *Longe tertia primo quisquis secundus erit.*
Lustratus, & Quisquis, s, amittunt.

Diæresis, siue Dialysis.

DIæresis est, cùm syllaba vna in duas diuiditur, vt Auraï, trisyllabum: pro Aure disyllabo: sylua, euolu ā, euolu īs̄, disoluo, hei, persoluēd, suauis, iā apud Comicos disyllabū.

Virg.

DIMENSIONE. 162.

Virg.	Æthereum sensum, atque auraï simplicis ignem.	Aen. 6.
Horat.	Niuèsque deducunt Iouem: nunc mare, nunc sylua.	In Epod. Ode. 13.
Catul.	Condita quin veri pectoris euoluam.	Ad Ortul.
Ouid.	Debuerant fusos euoluisse suos.	In Epist.
Catul.	Pristina vota nouo munere dissoluo.	
Ouid.	Vita duta est vtenda, data est sine foenore nobis Mutua, nec certa persoluenda die.	Ad Liuiam
Mart.	Heu quàm bene nunc Papyriane.	Lib. 8. De Liuto
Virg.	Non lux, non cibus est si quis illi.	

Systole.

Systole est, cùm syllaba natura longa corripitur.

Virg.	Cùm subitò assurgens fluctu nimbosus Orion.	Aen. 1.
Idem.	Illæ autem, paribus quas fulgere cernis in armis.	Aen. 6.
Idem.	— instructo Marte videres.	Aen. 8.
Sil.	— Leucaten, alto ipse effulgere fluctus.	Lib.
Sil.	Terruerant pauidos accensa Ceraunia nautas.	Lib. 8.

Aut Positione longa, sed alteraq; consonante extrita,
	Obijcis, pro Obijcis, Abici, pro Abijcis.	
Lucan.	Conspicis Magno tumulum, mariéfq; vagantia.	Lib. 8. De Pont.
Ouid.	Turpe putas abici, quòd sim miserandus amicis.	

Ectasis, siue Diastole.

Ectasis est cùm aut syllaba natura breuis simpliciter producit
Virg.	Italiam fato profugus, Lauinaq; venit Littora.	Aen. 1.
Stat.	— seu castra subire Apparet: aut celsum crebris ariccibus vult Inclinare latus.	Theb. 10

DE CÆSVRA.

¶ Aut cùm eadem consonans geminatur, ut Relligio, relliquiæ, repperit, rettulit, reppulit.

Virg.   Relligione patrum, multos seruata per annos.
Aen. 3.   Idem.   Troas relliquias Danaûm, atq; in n.it is Achillei.
Aen. 2.   Idem.   Vir bonus, & sapiens, qualem vix repperit vnum.
Epist. 2.   Horat.   Rettulit acceptos, regale numisma, Philippos.
Lib. 1.   Lucan.   Reppulit à Libycis immensum Syrtibus æquor.

¶ Aut I, & V, vocales in consonantes mutantur.

Virg.   cuius apertum
Aen. 10.   Aduersi longa transuerberat abiete pectus.
Aen. 12.   Idem. Mœnia, quique imos pulsabant ariete muros.
Aen. 9.   Idem. Abietibus iuuenes patrijs, & montibus æquos.
Aen. 2.   Idem. Hærent parietibus scalæ, postesq; sub ipsos.
Lib. 4.   Sil. Arietat in primos, obicitq; immania membra.

IN his, & similibus locis I, vocalis fit consonans: itaque Ariete, ariete, Dactyli sunt.

Georg. 1.   Virg. Tenvia nec lanæ per cœlum vellera ferri.
Aen. 5.   Idem.   Genvia labant, vastos quatit æger anhelitus artus.

IN his V, vocalis in consonantem migrat: quare Tenvia dactylus est, itidem Genvia.

Hæc est Probi sentētia: sunt qui existimēt esse procœleusmaticū.

Nq; mirari debes, si vocales mutētur in consonantes: cū eadē literæ cōsonantes interdū in vocales vertātur, vi dissoluo pro dissoluo: & cætera, quæ per Diæresim in duas syllabas diuidūtur.

DE CÆSVRA.

SI pedes, maximè versus Heroici è singulis verbis constent, ineptum & insulsum fit carmen, ut

Aurea scribis carmina Iuli maxime ratum.

¶ Con-

DE CÆSVRA. 163.

¶ Contra, si verba concidantur, ita vt mutuo amplexu pedes alij ex alijs pendeant, pulcherrimus efficitur versus.

Virg. Semper honos, nomenq; tuum, laudesq; manebunt. — Aen. 1.
Idem. Non ignara mali miseris succurrere disco. — Ibidem.
Idem. Iustitiaq; dedit gentes frænare superbas. — Ibidem.
Idem. Ære ciere viros, Martemq; accendere cantu. — Aen. 6.

Syllaba, quæ ex dictione cæditur, ac post quemuis pedem relinquitur, vulgò Cæsura dicitur: cuius tanta est vis vt eius beneficio breuis syllaba producatur: est enim quoddam in ipsa diuisione verborum latens tempus: nam cùm moramur, atq; ad alias transimus, interuallum vnum spatiumq; lucratur.

Virg. Pectoribus inhians spirantia consulit exta. — Aen. 4.
Idem. Emicat Euryalus, & munere victor amici. — Aen. 5.
Idem. Vna eademq; via sanguis, animúsq; sequuntur. — Aen. 10.
Idem. Graius homo infectos linquens profugus hymenæos. — Ibidem.

Vides vt syllabæ natura breues post primum, secundum, tertium, & quartum pedem producatur? Id beneficio cæsuræ acceptum referent.

Appendix.

Anapæstici versus optimi putantur, si pedes singuli è singulis fiant verbis.

Seneca. Tertia misit buccina signum. — Thyest.
Idem. Nondum seræ nuntius horæ. — Ibidem.
Idem. Curuo breuius limite currens. — Ibidem.

Qui tamen perpauci sunt, si cum alijs conferantur.

Idem. Pectora longis hebetata malis.
    Iam sollicitas ponite curas:
    Fugiat mæror, fugiatq; pauor.

Nota illud præterea, Anapæsticum versum nonnunquam pedem anapæstum habere

DE CÆSVRA

De Penthemimeri, Hephthemimeri, &c.

VEteres Grammatici versum Heroicum in quatuor partes secant, quas sectiones siue cæsuras, appellant Penthemimerim: Trochaicā: Hephthemimerim: Bucolicā, siue Tetrapodiam.

PEnthemimeris, Latinè Semiquinaria, constat ex dictus pedibus, & syllaba, quæ dictionem claudat, vt

Aen. 8.	Virg.	Vt belli signum.
Aen. 10.	Idem.	Panditur interea.
Aen. 12.	Idem.	Turnus vt infractos.

TRochaica post duos pedes habet duas syllabas, longam & breuem, siue trochæum, qui dictionem terminet, vt

Eclog. 4.	Virg.	Non omnes arbusta.
Aen. 2.	Idem.	Infandum Regina.
Aen. 12.	Idem.	Excutiens ceruice.

HEphthemimeris, Latinè Semiseptinaria, continet tres pedes, & syllabam, quæ dictionem finiat.

Aen. 1.	Virg.	Talibus Ilioneus: cuncti.
Ibidem.	Idem.	Multa super Priamo rogitans,
Ibidem.	Idem.	Terram inter fluctus aperit:

BVcolica, seu Tetrapodia fit, si Semiseptenariæ duas breues adiunxeris, vt

Talibus Ilioneus: cuncti simul.
&, Multa super Priamo rogitans, super.
&, Terram inter fluctus aperit: surit.

Hanc tamen postremam aiunt propriam esse Bucolici carminis, qua Theocritus plurimum est vsus.

App.in

Appendix.

VErsus, qui Heroico nomine digni censentur, modò cæsuram
vnam habent, vt.
    Vt belli signum Laurenti Turnus ab arce.
    Panditur intereà domus omnipotentis Olympi.
    Turnus vt infractos aduerso Marte Latinos.
Omnes solam Semiquinariam habent.
Modò duas, vt
    Non omnes arbusta iuuant, humilésq́; myricæ.
    Infandum Regina iubes renouare dolorem.
    Excutiens ceruice toros, fixùmq́; latronis. &c.
Omnes Trochaica, & Semiseptenaria constant.
Modò tres, vt
    Talibus Ilioneus, cuncti simul ore fremebant.
    Multa super Priamo rogitans, super Hectore multa.
    Terram inter fluctus aperit: furit æstus arenis.
Omnes & Semiquinariam, & Semiseptenariam, & Bu-
colicam habent.

DE VERBIS POETICIS.

VErborum licentia liberiores multò sunt Poëtæ, quàm Oratores, quibus assiduè, accuratéq́; legendis, non solùm verba,
sed etiam cætera ornamenta iis, qui poëticè sint dicturi, erunt,
diligentissimè sunt obseruanda.

DE PATRONYMICIS NOMINIBVS.

PRopria item Poëtarum sunt, quæ à Grammaticis Patronymica vocantur, quod à patrum, maiorúmq́; nominibus facta
fi-

DE PATRONYMICIS

filium, aut filiam, nepotem, aut neptem, aut ex posteris aliquem significent.

Hæc ferè à Græcis nominibus fiunt, atq; vel in Des, vel As, vel Is, vel N: exeunt: quorum prima masculina sunt, & primæ declinationis, vt Pelides, Achilles Pelei filius.

In Epist.   Ouid. Pelides vtinam vitasset Apollinis arcus.

Æacides, Achilles Æaci nepos.

Æn. 10   Virg. Sæuus vbi Æacidæ telo iacet Hector, vbi ingens Sarpedon.

Æacides, Pyrrhus pronepos Æaci.

Æn. 3.   Idem. Coniugio Æacidæ Pyrrhi, sceptrisq; potitum.

Æacides, Pyrrhus Epirotarum rex, ab Æaco originem trahens.

Æn. 6.   Idem. Eruet ille Argos, Agamemnoniàsque Mycenas.
Ipsúmq; Æaciden, genus armipotentis Achillei.

Cætera fœminina sunt, & declinationis tertiæ, exceptis vltimis, quæ secundæ sunt Græcorum, vt Thestias, Althæa Thestij filia.

Met. 10   Ouid. Thestias haud aliter dubijs affectibus errat.

Thaumantias, Iris Thaumantis filia.

Æn. 9.   Virg. Ad quem sic roseo Thaumantias ore locuta est.

Æolis, Alcyone Æoli filia.

Met. 10.   Ouid. Æolis interea tantorum ignara malorum.

Atlantis, Atlantidis, Electra Atlantis filia.

Æn. 8.   Virg. Dardanus Iliacæ primus pater vrbis, & autor Electra, vt Graij perhibent, Atlantide cretus.

Nerine, Nerines, Galatêa filia Nerei.

Eclog. 7.   Idem. Nerine Galatêa, &c.

Appendix 1.

Patronymica non solùm à patribus, auis, proauis, abauis, atauis,

DE PATRONYMICIS.

atauis, tritauis, aliisq́; maioribus deducuntur, sed etiam à matribus, vt Iliades, Romulus ab Ilia: Philyrides, Chiron Centaurus, à Philyra: Latôis, idis, vel idos, Diana, hoc est Latona.

Ouid. Inuadunt, portaśq́; petunt, quas obijce firmo Clauserat Iliades.	Met. 14
Idem. Philyrides puerum cithara perfecit Achillem.	
Idem. Præteritas cessasse ferunt Latoidos aras.	Met. 7.

I Tem à fratribus, vt Pholônis, Io, seu Isis Pholônei soror: Phaëtontias, soror Phaëtontis.

Idem. Nec superum rector mala tanta Pholônidos vltrà Ferre potest.	Met. 1.
Virg. Tum Phaëtontiadas musco circundat amaræ Corticis.	Eclog. 6.

A Regibus præterea, & conditoribus, vt Romulidæ, Romani, à Romulo: Dardanidæ, Troiani, à Dardano: Æneadæ, ab Ænea: Cecropidæ, Athenienses, à Cecrope: ijdem Thesidæ, à Theseo.

Persius. ● interpocula quærunt Romulidæ saturi, quid dia poëmata narrent.	Saty. 1.
Virg. Dardanidæ magni, genus alto à sanguine Diuûm.	Aen. 10
Idem. Æneadásq́; meo nomen de nomine fingo.	Aen. 10.
Ouid. Phocus in interius spatium, pulchrosq́; recessus Cecropidas duxit.	Met. 7.
Virg. Præmiaq́; ingentes pagos, & compita circum Thesidæ posuère.	Georg. 2.

Appendix II.

MVlta à regionibus, vrbibus, montibus, fontib9 fluuijs, aliisq́; quæ rebus siũt, quæ formã quidẽ patronymicã habet, re autẽ vera gẽtilia sunt, aut pro possessiuis, adiectiuisq́; nominibus

T t ponũ

DE PATRONYMICIS.

ponuntur, vt Aſis, Libyſtis, Italis, Auſonis, Salmatis, Colchis, Sithonis, Theſſalis, Sicelis, Sicenis, Ilias, Troas Erymathis, Mænalis, Pieris, Tritonis, Pegaſis, Phaſis, Phœbas.

Met. 9. Ouid.   ○ celerique carina
Ægeas metiris aquas, & in Aſide terra
Mænia conſtituis.

Lib. 7. Sil. Ad quem Cymodoce Nympharum maxima natu
Italidum.

Aen. 5. Virg.   ○ occurrit Aceſtes
Horridus in iaculis, & pelle Libyſtidis vrſæ.

Faſt. 2. Ouid. Nomen Arionium Siculas impleuerat vrbes:
Captaq́; erat lyricis Auſonis ora ſonis.

Triſt. 1. Idem. Sarmatis eſt tellus, quam mea vela petunt.

In Epiſt. Idem. Nec vehit Actæas Sithonis vnda rates.

Aen. 1. Virg. Interea ad templum non æquæ Palladis ibant
Crinibus Iliades paſſis.

Met. 13. Ouid. Troades exclamant: obmutuit ille dolore.

Triſt. 1. Idem. Cùmq́; truci Borea Mænalis vrſa videt.

In Epiſt. Idem. Pegaſis Oenone Phrygijs celeberrima ſyluis.

Faſt. 3. Idem. Vectam frænatis per inane draconibus Ægeus
Credulus immerita Phaſida fouit ope.

Lib. 6. Lucan. Limine terrifico metuens conſiſtere Phœbas.

PATRONYMICA MASCV-
lina quo pacto formentur.

Præceptum I.

NOmina A, finita, aſſumunt Des ſyllabam, vt Ilia, Iliades.

AS, terminata aſſumunt De ſyllabam ante, s, vt Æneas, Æneades: Pherætias, Pherætiades.

Met. 8. Ouid. Cùmq́; Pherætiade, & Hyanteo Iolæo.

Ex-

DE PATRONYMICIS. 166
Exceptio.

A, Finita aliquando ipsū A, mutāt in I, vt Philyra, Philyrides.

A S terminata interdum I, ante A, aſſumunt: vt Amyntas, Amyntiades, Philippus Amyntæ filius.

Ouid. Aut vt Amyntiaden, & cæt. — In Ibin.

Æneides, Iulus Æneæ filius, fit à Græco Æneias, Æneiades, ſublato A, Æneides.

Virg. At ſz his ardentem dictis affatur Iulum: Aen. 9.
Si ſtatis Æneide, telis impunè Numanum
Oppetijſſe tuis.

Præceptum II.

E S, finita mutant Es, in Ades, vt Hippotes, Hippotades, Æolus Hippotæ filius.

Ouid. Clauſerat Hippotades æterno carcere ventos.   Met. 9.

Exceptio.

H Æc ſæpe I, ante A, admittunt, vt Archiſes, Archiſades: Laërtes, Laërtiades.

Virg. Æneas Archiſiades, & fidus Achates.   Aen. 6.
Ouid. Saxa moues gemitu, Laërtiadæſz precaris.   Met. 14.

Præceptum III.

N Ominū ſecundæ declinationis V s, finita, in genitiuo aſſumūt D es ſyllabā, penultima breui, vt Æacus, Æaci Æacides: ſic Priamides, Æolides, Tātalides, à Priamo, Æolo, Tantalo.

Virg. Miſenum Æoliden, quo non præſtantior alter.   Aen. 6.
Ouid. Priamidemſz Helenum rapta cum Pallade captum.   Met. 13.
Idem. Tantalides tu ſis, tu, Tereiſz puer.   In Ibin.

Exceptio I.

N Onnulla nomina habēt longam, vt Belides, Lycurgides, Amphiaraïdes.   T t 2   Virg.

DE PATRONYMICIS.

Aen. 2. Virg. *si forte tuas peruenit ad aures*
Belidæ nomen Palamedis.

In Ibin. Ouid. *Quíq; Licurgiden lacerauit ab arbore natum.*

Fast. 2. Idem. *Amphiaraides Naupacteo Acheloo*
Solue nefas, dixit: soluit & ille nefas.

Exceptio II.

QVæ à nominibus secundæ declinationis sunt, interdum etiam ante Des syllabam, A, literam recipiunt, maximè quæ in Ius, exeunt: vt Battus, Battiades: Asopus, Asopiades: Menœtius, Menœtiades: Thestius, Thestiades: Nauplius, Naupliades: hæc in Ius, posterius, I, genitiui mutant in A, Thestij, Testiades.

In Ibin. Ouid. *Nunc quo Battiades inimicum deuouet Ibin.*
Hoc ego deuoueo, teq́; tuósq́; modò.

Idem. *Huic Asopiades, petis irrita, dixit, & vrbi.*

Met 7.
In Epist. Idem. *Siue Menœtiaden falsis cecidisse sub armis.*

Met. 2. Idem. *ne titulos intercipe fœmina nostros.*
Thestiadæ clamant.

Met. 13. Idem. *Sed neque Naupliades facinus defendere tanti m.*

¶ Iapetionides ab Iapeto, pro Iapetides, lōgiùs à norma recessit.

Met. 4. Ouid. *Hic hominum cunctis ingenti corpore præstans*
Iapetionides Atlas fuit.

Præceptum IIII.

Genitiuus nominum in EVS, assumit Des syllabam, penultima longa: E, enim & I, vocales in I, longum, vel ei diphthongum contrahuntur: vel O, more Græcorum, vt à multis scribitur: vt Atreus, Atrei, Atrides, seu Atreides: sic Pelides, Alcides, Alchillides, Tlesides, Tydides, & sexcenta alia.   Ouid.

DE PATRONYMICIS. 167.

Ouid. Conuocat Atrides socios terrore pauentes. — Met. 18.
Virg. Te precor Alcide, cœptis ingentibus adsis. — Æn. 10.
Ouid. Pyrrhus Achilleides animosus imagine patris. — In Epist.

Appendix.

HÆc raris A ante Des syllabam habent.
Virg. Panthus Otriades arcis, Phœbiq́; sacerdos. — Æn. 2.

Præceptum V.

SI nomina sint tertiæ declinationis, patronymica fiunt à datiuo, addita Des syllaba, vt Agenor, Agenoris, Agenori, Agenorides, Cadmus filius Agenoris: Thestorides, Calchas filius Thestoris: Actorides, Patroclus nepos Actoris: Æsonides, Iason filius Æsonis.

Ouid. Donec Agenorides coniectum in guttura ferrum. — Met. 6.
Idem. — at veri prouidus augur
Thestorides vincemus ait. — Met. 12.
Idem. Reppulit Actorides sub imagine tutus Achillis
Troas ab arsuris cum defensore carinis. — Met. 18.
Valer. Flac. Aduolat Æsonides, montemq́; cadentis aceruet. — Lib. 6.

Exceptio.

NOmina As, finita, quorum genitiuus exit in Antis, A, literã ante Des syllabã petunt: vt Abas, Abantis, Abanti, Abantiades: sic Atlantiades, Pœantiades, Athamantiades, Dryantiades, & alia id genus.

Ouid. Victor Abantiades patrios cum coniuge muros
Intrat. — Met. 6.
Idem. Venit Atlantiades positis caducifer alis. — Met. 6.

EOdem ferè modo formantur, quæ à nominibus in On, fiunt: Telamon, Telamonis, Telamoni, Telamoniades: Amphitryoniades, Laomedontiades. ¶ A Sci-

DE PATRONYMICIS.

¶ A Scipione tamen non Scipioniades, sed Scipiades, imminuto verbo, nascitur.

Met. 13. Ouid. Nec Telamoniades etiam nunc hiscere quicquam
Audet.

Aen. 8. Virg. Interea cùm iam stabulis saturata moueret
Amphitryoniades armenta.

Ibidem. Idem. Laomedontiaden Priamum Salentina petentem.
Georg. 2. Idem. hæc Decios, Marios, magnósq́; Camillos
Scipiadas duros bello, & te maxime Cæsar.

Lib. 7. Sil. Heu vbi nunc Gracchi? aut vbi sunt nunc fulmina gentis
Scipiadæ?

PATRONYMICA FOEMININA
vnde formentur.

Præceptum 1.

PAtronymica foeminina, quæ in As, & Is, exeunt, fiunt à masculinis, De, syllaba sublata, vt Thestiades, Thestias Thestiadis: Æetiades, Æetias: Thaumantiades, Thaumantias: Phaëtontiades, Phaëtontias: Æolides, Æolis, Æolidis: Tantalides, Tantalis: Oebalides, Oebalis: Latoides, Latois: Dardanides, Dardanis, idis: Cecropides, Cecropis: Belides, Belis, idis.

Multa præterea sunt, quæ passim apud Poëtas leguntur.

Met. 7. Ouid. rapido fallax Æetias igni
Imponit purum laticem.
Met. 11. Idem. Talibus Æolidis dictis, lacrymísq́; moretur.
In epist. Idem. Aut ego Tantalidæ Tantalis vxor ero.
Met. 4. Idem. Assiduè repetunt, quas perdunt Belides, vndas.

Appendix 1.

QVædam tum in As, tum Is, exeunt, vt Æetias, et Æetis: Atlantias, & Atlantis.

Lib. 7. Val. Flac. nec me Æetis quin audiat opto.
Lib. 6. Idem. ingens Æetida perculit horror. Virg.

DE PATRONYMICIS. 163.

Virg. *Antè tibi Eoæ Atlantides abscondantur.* — Georg. 1.
Sil. *Vix̃ Atlantiadum rubefecerat ora sororum.* — Lib. 100.

Appendix II.

Fœminina, quæ à masculinis fiunt penultima longa in Eis, desinunt, soluta diphthongo, atq́; E, breui, in longum verso, vt Æneides, Æneis, Æneidos: Achileides, Achilleis, Achileidos: Theseides, Theseis, Theseidos.

Ouid. *Et tamen ille tuæ felix Æneidos autor.* — Trist. 2.
Stat. *Viue precor: nec tu diuinam Æneida tenta.* — Theb. 100.
Iuuenal. *Semperego auditor tantum? nunquamne reponam* — Saty. 1.
Vexatus toties rauci Theseide Codri?

Exceptio.

¶ Nunquam penultima manet breuis.
Ouid. *Res quoq; tanta fuit, quantæ subsistere summo* — De Pōto.
Æneidos vati, grande fuisset opus.

Præceptum II.

NE, finita à genitiuo fiunt addita Ne, syllaba, penultima longa, vt Neptunus Neptuni, Neptunine: sic Adrastine, Nerine, à genitiuis Adrasti, Nerei, E & I, mutatis in I, longum.
Quòd si primigenium, I, ante Os, habeat, mutabitur Os, in One, penultima producta, Acrisios, Acrisiône, Danæ Acrisij filia.

Catul. *Tène Thetis genuit pulcherrima Neptunine?* — Argon.

Appendix.

A Muliebri Acrisiône finxit Ouidius virile Acrisoniades.
Vertit in hunc harpen madefactam cæde Medusæ — Met. 6.
Acrisoniades, adigitq́; in pectus at ille & cæt.

De Metaplasmo.

PRopriũ itidẽ Poëtarũ est verbis, quibus Oratores vtũtur, aliquid

DE FIGVRIS POET.

quid interdum addere, vel detrahere: nonnunquā literas alias alijs permutare: aliquãdo è proprio loco in alienū transferre: quod quidē cū in soluta oratione vitiū sit, Barbarismusq́; nominetur, in carmine tamen nõ Barbarismo, sed Metaplasmo appellatur: datur enim venia Poëtis, quia pleriq́; coguntur metro seruire.

Metaplasmus verò dicitur, quòd vetus verborum forma, vel necessitate metri, vel ornandi poëmatis causa, à Poëtis in nouam figuram, faciemq́; sermonis mutetur.

Prothesis.

Litera, vel syllaba principio dictionis addita, vocatur prothesis, vt Gnatus, pro Natus: Tetulissem, pro Tulissem.

Andr. Terent. Eo pacto & gnati vitam, & consilium meum
Cognosces.

Ibidem. Idem. Nam pol, si id scissem, nunquàm huc tetulissem
pedem.

Epenthesis.

Epenthesis est, quum medio dictionis litera, aut syllaba interijcitur vt Relliquias, pro reliquias: Mauors, pro Mars: Nauita, pro nauta.

Aen. 1. Virg. Troas relliquias Danaum, atque immitis Achillei.

Aen. 9. Idem. Pecierat & viridi fetam Mauortis in antro
Procubuisse lupam.

Fast. 3. Ouid. Quid tibi cum gladio? dubiam rege nauita puppim.

Paràgoge, seu proparalepsis.

Paràgoge, seu Proparalepsis dicitur cū ex nema syllaba aliquid adiungitur vt Deluder, pro deludi: admittier pro admitti.

Andr. Terent. Vbi vis facilius passus sim, quàm in hac re me deludier.

Aen. 9. Virg.
  tum Nisus, & vnà
Euryalus & festina laetis admittier orant. Apta

DE FIGVRIS POET.

Aphæresis.

Litera, vel syllaba principio dictionis sub tracta, Aphæresis appellatur: vt Ruo, pro eruo: Temno, pro contemno.

Virg.   dabit ille ruinas   Aen. 12.
  Arboribus, stragem'q; satis, ruet omnia latè.

Syncope.

Syncope literam, vel syllabam è medio dictionis subtrahit vt Gvernaclo, pro gubernaculo: periclis, pro periculis: vixet, pro vixisset. extinxem, pro extinxissem.

Virg. Cum'q; gubernaclo liquidas proiecit in vndas   Aen. 6.
  Præcipitem.
Idem.   hic me pater optime fessum   Aen. 3.
  Deseris: heu tantis nequicquam erepte periclis.
Idem. Vixet, cui vitam Deus, aut sua dextra dedisset.   Aen. 11.
Idem.   gnatum'q; patrem'q;   Aen. 9.
  Cum genere extinxem, memet super ipsa dedissem.

Apocope.

Apocope fini dictionis aliquid detrahit, vt Tuguri, pro tugurij: Oti, pro otij.

Virg. Pauperis, & tuguri congestum cespite culmen.   Eclog. 1.
Idem. Illo Virgilium me tempore dulcis alebat   Georg. 4.
  Parthenope, studijs florentem ignobilis oti.

Antithesis.

Antithesis est literæ commutatio, vt Olli pro illi.
Virg. Olli cæruleus supra caput astitit imber.   Aen. 3.

Metathesis.   (Thymber.

Metathesis est literarum ordo immutatus, vt Thymbre, pro
Virg. Nam tibi Thymbre caput Euandrius abstulit ensis.   Aen. 10.

¶ Nisi quis putet, nominádi casu tū Thymber, tum Thyndrus dici, vt Euáder, & Euádrus.

V   Appre-

DE PROSODIA.
Appendix.

SYnalœphe, Episynalœphe, Diæresis, Ecthlipsis, Systole, Diastole sunt etiam Metaplasmi species, de quibus supra egimꝰ.

DE PROSODIA.

GRæci Prosodias, Latini Accentus, Tenores, & interdum Tonos vocant.

Accentꝰ rector est, ac moderator pronuntiationis: eo enim vel attollitur vel deiicitur vox, vel partim attollitur, partim deiicitur. Vnde ipsū nō immerito quidam vocis animam appellarūt.

Accentus tres.

TRes sūt tenores, Acutꝰ Grauis, Circūflexus. Acuto attollitur syllaba, graui deprimitur, vt Pŏpŭlŭs: antepenultima acuitur, penultima verò, et vltima deprimūtur gradatim, descendūt.

¶ Acuti nota è sinistra in dextram obliquè ascendit: Grauis à summo in dextram obliquè descendit.

Accētu Circunflexo partim attollitur, partim deiicitur syllaba, vt Romānus: eius nota ex acuto, & graui co stat: sonus hodie incertus est, siquidem Latinæ linguæ hospites, veterijs̄ʒ pronuntiationis ignari, eodem penitus sono tum acutas, tum flexas voces efferimus.

Acutus in penultima, vel antepenultima loci habet: Circunflexus in penultima tantùm: Grauis vbi vterq; abest.

Præceptum I.

Lib.1.c.2.5.
Int.12.c.10.

NVllius verbi Latini vltima syllaba, autore Quintiliano, aut acuitur, aut circunflectitur. Quare Pálam, ína, álias, & cætera id genus aduerbia, prima acuta sunt pronuntianda. Nec te moueat quòd vltinæ à typographis graui accētu notentur: id enim tantùm fit, vt aduerbia esse intelligas.

Præceptum II.

Dictio

DE PROSODIA. 170.

Dictio vnius syllabæ natura breuis, aut positione solùm longa acuitur, vt át, ást, fáx, dúx.

Præceptum III.

Dictio monosyllaba natura longa, aut positione simul & natura, flectitur, vt Môs, rôs, lûx.

Præceptum IIII.

In Dissyllabis prior natura longa, aut positione simul, & natura, flectitur, eum modo posterior sit breuis, vt Cæcus, cudit, æstus, mæstus, mâtris, frâtris. Alióquin acuitur, vt Aéstas, árma, fúror.

Præceptum V.

In polysyllabis semper obseruanda est penultima quæ flectitur si longa fuerit natura, aut natura simul, & positione eum modo vltima sit breuis vt Amîcus, affîigit, arâtri, palæstra, anapæst°. Alióquin acuitur vt Romános, victóres, Marcéllus.

Præceptum VI.

In polysyllabis semper acuitur antepenultima, si penultima sit breuis, vt Dóminus, Areópagus.

De præpositionum tono.

Præpositiones suis casibus præpositæ vt ait Quintil. lib. 1. cap. 5. vno, eodemq́; tenore simul cum ipsis efferuntur, ac si vna tantùm esset vox, vt per fórū, ab eo, ad Deum, præter mórem, contrà fœdus.

Vides, vt præpositiones graui tono pronuntientur?

DE GRÆCIS VERBIS.

Verba planè Græca Græco accētu pronūtiantur, vt Paralipoménon, penultima acuta. Lithóstrotos, acuta antepenultima. Kyrie eadem acuta. Eléison, verbum est quatuor syllabarum, cuius nō vltima, sed antepenultima acuitur.

V u 2   Appen-

DE VOCIBVS HEBRÆIS.
Appendix.

IN Græca lectione si duæ vocales concurrant, ne in carmine quidem eliditur prior, nisi in ipsis libris antè excussa per apostrophon fuerit. Quare cùm Kyrie eleison septem syllabis constet, totidemq́; vocalibus saluis, & integris scribatur, nulla prorsus est omittenda.

Kyrie eleison non solùm à Latinis, sed etiam à Græcis per septem vocales scribitur EG. cap. 33. Kyrie eleison màs. Si vltima vocalis prioris dictionis aut euphoniæ, aut ornatus causâ elidenda esset, eius absentiam Græci apostropho, vt solent, notassent.

DE HEBRAICIS VOCIBVS.

QVæ Hebræa omnino sunt, neque Latinitate donata, Hebræo tono pronuntiatur, vt Amén, Cherubím Seraphím, quæ vltima extrema, vt pleraque alia efferuntur.

Exceptio.

ABel, Caín, Lámech, Nóe, Abigáil, Beâl, Eder, Ephrátha, Ephráim, gomor, Isbóseth phase, Sibóleth, & quæ in E. zer, Sedec, Melec, Ai, exeunt, vt Eliézer, Melchisédec, Abimélec, Sarái, Sinái, Aisái, penultima acuta pronuntietur.

¶ Alia præterea sunt huius classis, quæ consultò prætermitto.

Appendix.

QVæ à Græcis, & Hebræis ad Latinos defecerunt, Latinorum norma metienda sunt, vt Idôlum media flexa, cùm à Græcis idolon, ante penultima acuta, pronuntietur.

Sára à Latinis priore acuta effertur, quia declinatur vt Musa, etsi ab Hebræis Sará posterior acuatur. Sed hæc hactenus.

LAVS DEO.

遊び紙

S. R.
BIBLIOTECA PÚBLICA E ARQUIVO DISTRITAL DE ÉVORA
(PORTUGAL)

Esteve exposto na Europália-89/Japão

遊び紙

裏表紙見返し

裏表紙

翻　　刻
edition

Criteria for the preparation of the text

1. The text is based on the copy (Reservados 63) in the Biblioteca Pública de Évora, Portugal, with written permission from the Library.
2. The appearances of the original, such as line breaks and page breaks, as well as the differences of typefaces (italic / upright roman, or sizes, etc.), positions and braces in the tables are not retained. Readers are advised to consult the accompanying facsimile for such information.
3. Suspected typographical errors in the original are corrected with * marks.
4. Abbreviations are expanded, marking the supplied part with italics : e.g. 'Plu*raliter*' for 'Plu.' and 'q*ue*' for ' q̃ ', with an exception of titles of the works by classical authors. Thus "Virg., Aen." is transcribed as "Virg*ilius*, Λen.", and not "Virg*ilius*, Aen*eis*.". This is to avoid expanding a simple "Gal." to a lengthy "*De bello* Gal*lico*".
5. Paragraph marks (¶) and punctuation in the declension / conjugation tables are ignored.
6. Latin spellings are retained as they are (e.g. tandiu instead of tamdiu), except for evident errors, and i / j, u / v alternations. Accent marks in Latin are retained only in the tables of declensions and interjections, and ignored otherwise.
7. Portuguese spellings are retained as they are, except for evident errors, with accents (e.g. amàra in pluperfect, and amarâ in future). No attempt is made to impose a consistent orthography in spellings. However, spellings in the original are occasionally modified for disambiguation : e.g. *ouue* (from *haver*) is replaced with *houue* in order to avoid confusion with *ouue* (from *ouvir*). Original *ram* endings for the future are modified to *rão*, and *rão* for the past are changed to *ram* only when a disambiguation is needed : e.g. *amarão* (plurperfect) is modified to *amaram* to avoid confusion with *amarão* (future), whereas *forão* (pluperfect) is not modified, as there is no **forão* for the future. *podera* (pluperfect) is modified to *pudera* to disambiguate it from *poderá* (future).
8. Japanese spellings are retained as they are, except for evident errors. N.B. the latinization (romanization) of Japanese of the Jesuit publications is significantly different from that of modern latinazation.
9. Japanese examples are followed by modern KANJI-KANA transliterations. The abbreviation 'A.' standing for Aruiua ("or") is represented simply as ' · ' in the KANJI/KANA transliteration : e.g. 'De arecaxi, Aruiua, gana' is transliterated as " であれかし・がな ", and not " であれかし、或いは、がな ".
10. Languages in bi- / tri lingual examples in Liber I are represented respectively :

Latin	**amare**	sc*ilicet* (sc.)
Portuguese	amar	p*o*rque (p̃que)
Japanese	*taixet*	A*ruiua* (A.)

3

翻刻凡例

1. 底本は、エボラ公共図書館（ポルトガル）蔵本（請求番号 Reservados 63）である。図書館より許諾を取得済。
2. 原本の改行・改頁、文字のフォント・サイズ、版面上の配置、及び表中の波括弧等は、翻刻に再現しない。これらに就ては影印編を参照されたい。
3. 原本の誤植は訂し、訂正済の箇所にアスタリスク * を付した。
4. 省記は開き、補足した部分をイタリックで示した。例えば、'Pl*uraliter*' は 'Pl.' を、'*que*' は 'q̃' を開いた表記である。但し、古典期作家の作品名は開かない。
5. 表の中のパラグラフマーク（¶）と句読点は、翻刻しない事がある。
6. ラテン語の綴りは、誤植を訂し、i / j, u / v の交替を整理した他は、原本通りとする。但し、アクセント・長音記号に就ては、表中のものと間投詞を除いて、無視する。
7. ポルトガル語の綴りは、誤植を訂した他は、アセントを含めて原本通りとし、特定の正書法による整理を行なわない。但し、動詞の活用形に誤解が生ずる可能性がある場合に限り、綴りを変更する。例：haver の活用形が *ouue* と記されている場合、ouvir の *ouue* と紛らわしいため、*houue* とする。過去の *ram* を *rão* と記したり、未来の *rão* を *ram* と記している例は、両形の可能性がある場合に限って、それぞれ *ram*、*rão* に改める。例：過去が *amarão* と表記される場合 *amaram* に改めるが、過去を *forão* と記すものは（未来形 *forão* が存在しないので）*foram* には改めない。
8. ローマ字日本語の綴りは、誤植を訂する他は、改めない。
9. ローマ字日本語には、仮名・漢字交じりの翻刻を加える。尚、「A.」は単に中黒（・）で示し、一々「或いは」と翻刻しない。
10. 第一部（Liber I）での言語交替は、次の様に示す。

    | ラテン語 | **amare** | ***scilicet*** | (sc.) |
    | ポルトガル語 | amar | po*rque* | (p̃que) |
    | 日本語 | *taixet* | A*ruiua* | (A.) |

Emmanuelis Aluari e societate Iesu de institutione grammatica libri tres. Coniugationibus accessit interpretatio Iapponica.

In collegio Amacusensi societatis Iesu cum facultate superiorum. Anno M. D. XCIIII.
[end of 1r]

Emmanuelis Aluari e societate Iesu de institutione grammatica liber primus

Praefatio

Iure optimo labor hic, qualiscumque est, frustra susceptus in tanta librorum multitudine videri posset, nisi singularis illa virtus, qua res paruae crescunt, sine qua maximae dilabuntur, nos tueretur. Etenim cum Patribus nostris illud in primis propositum sit, atque ob oculos perpetuo versetur, vt qui Societati Iesu, eiusdem Dei Opt. Max. beneficio, nomen dedimus, non solum in iis, quae propria ipsius sunt Instituti, verum etiam in rebus, quae minimi videntur esse momenti, concordissime viuamus, visum est ab aliquo nostrum Grammaticam artem scribendam esse, qua vbique terrarum, quoad eius fieri posset, nostri vterentur. Quod onus cum mihi esset impositum, id equidem non meis humeris (scio enim quam sim imbecillis) sed sanctae Obedientiae viribus fretus libenter suscepi. Nam ei, qui sponte sua sui iuris esse desiit, proprioque iudicio, atque voluntati propter Deum nuntium remisit, non tam inscitiae nota quam nec obedientis animi crimen pertimescendum est. Suscepto itaque onere, operam dedi, ne officio meo deessem, fontes ipsos adii, M. Varronis Romanorum omnium eruditissimi libros de Etymologia, atque Analogia, duodecim Fabii Quintiliani de Institutione Oratoria, qui mihi magnum adiumentum attulerunt, Auli [end of 2r] Gellii Noctium Atticarum vndeuiginti, Probi, Diomedis, Phocae, Donati, Prisciani institutiones Grammaticas, vt potui, perlegi, quorum postremus ante mille annos Iustiniani principis aetate Athenis floruit. Is praeter caeteros decem et octo libros scripsit, in quibus passim hominum doctissimorum testimoniis vtitur, quorum hodie aut nulla, aut perexigua extant vestigia. Est ille quidem sermone inornato et incompto sed multa, ac varia eruditione. Labitur interdum vt homo, maxime vbi Latina praecepta, vt Graecus ad Graecorum normam exigit, sed grauissimorum auctorum, quos tertio quoque verbo citat, praeclara, atque luculenta doctrina eius errata obteguntur penitus et obscurantur.

De rebus vel minimis, tenuissimisque, hoc est, primis elementis, qua fuit diligentia, testes locupletissimos M. Varronem, C. Caesarem, Plinium, atque alios quam plurimos producit. Nemo mihi quidem rem Grammaticam copiosius, nemo accuratius, aut tractasse, aut plures veterum Grammaticorum commentarios videtur peruolutasse. Quod ad recentiores attinet, eos potissimum euoluimus, qui nobis vsui essent futuri. Iactis ad hunc modum fundamentis ex vtrisque Grammatices praecepta delegimus, quae Terentii, Ciceronis, Caesaris, Liuii, Virgilii, Horatii, atque aliorum veterum testimoniis, pro nostra tenui, infirmaque parte confirmauimus. De his, si qui forte in hunc librum incidissent, breuiter putauimus admonendos. Reliquum est, quoniam librorum infinitus est numerus, scribendorum nullus est finis, vt conuenienter diuinis praeceptis congruenterque viuamus, ita enim fiet vt in libro vitae conscripti, Dei Opt. Max. conspectu, cui hoc opusculum dicamus, perpetuo fruamur. [end of 2v]

Auctoris carmen ad librum

Si quis te criticus docto perstrinxerit vngue,
Sint tibi censoris munera grata tui.
Grates laetus ages, toruos ne contrahe vultus,
Nec signa ingrati pectoris vlla dabis.
Si quid Aristarchus forsan laudauerit idem,
Lumina deiicies, occupet ora rubor.
Ne te mulceri flatu patiaris inani.
Debetur soli gloria vera Deo.

¶Idem ad christianum praeceptorem

Paucis te volo, Christiane doctor,
Aurem, quaeso, benignus admoueto.
Mores si doceas pios, pudicos,
Primum, dein monumenta purioris
Linguae, cum pietate copulata
Vera, te faciet beatioris
Vitae participem omnium magister.

Auctor lectori

Libros de Grammatica Institutione, quos nuper explanationibus illustratos edideram, compulsus sum, lector humanissime, nudos fere, ac luce priuatos, diligentius tamen correctos, denuo foras dare, tum ne scholiorum multitudine impedirentur tyrones, tum vt eis non solum ad diuites, sed etiam ad tenuiores (quorum multo maior semper fuit copia) aditus pateret. Quare te etiam, atque etiam rogo, vt eorum tenuitatem, vel nuditatem potius boni consulas. Vale. [end of 3r]

Admonitio

Cum iis, qui in Iapponia, latino idiomati operam impendunt, Patris Emmanuelis Aluari Grammatica Institutio necessaria sit in eaque verborum coniugationes Lusitana lingua huius insulae hominibus ignota vertantur, ne tyrones in ipso limine peregrini sermonis imperitiae taedio animum desponderent, Superioribus visum est, vt (ordine quo liber ab auctore editus est, nihil immutato) verborum coniugationibus Iapponicae voces apponerentur, aliquaq*ue* scholia praeceptoribus ad latinarum et Iapponicarum loquutionum vim facilius dignoscendam maxime conducentia, attexerentur. Vale.

Nominatiuus cum particulis Iapponicis, quae respondent casibus latinis

Numero sing*ulari*

Nominatiuo	Dominus	Aruji, aruiua, arujiua, ga, no, yori	主・主は、が、の、より
Genitiuo	Domini	Arujino, ga	主の、が
Datiuo	Domino	Arujini, ye	主に、へ
Accusatiuo	Dominum	Arujiuo	主を
Vocatiuo	ô Domine	Aruji, Aruiua, icani, aruji	主・如何に主
Ablatiuo	à Domino	Aruji yori, cara, ni	主より、から、に

Plur*aliter*

Nominatiuo	Domini	Aruji tachi, Aruiua, aruji tachi, ua, ga, etc.	主達・主達は、が
Genitiuo	Dominorum	Aruji tachino, ga	主達の、が
Datiuo	Dominis	Aruji tachini, ye	主達に、へ
Accusatiuo	Dominos	Aruji tachi uo	主達を
Vocatiuo	ô Domini	Aruji tachi, Aruiua, icani aruji tachi	主達・如何に主達
Ablatiuo	à Dominis	Aruji tachi yori, cara, ni	主達より、から、に

¶Particulae Iapponicae, quae[*1] numero plurali latino respondent, huiusmodi sunt *Tachi, xu, domo, ra* 達、衆、共、等．Item eiusdem nominis repetitio, vt *fitobito, cuniguni* 人々、国々．etc.
[end of 3v]

Prima nominum declinatio

¶**Musa,** nomen declinationis primae, generis foeminini, numeri singularis, sic declinabitur.

Nominatiuo	haec Musa
Genitiuo	Musae
Datiuo	Musae
Accusatiuo	Musam

1 Error in the Evora copy "qua" is corrected in the Angelica copy as "quae"

Vocatiuo	ô Musa
Ablatiuo	â Musa

Numero plurali

Nominatiuo	Musae
Genitiuo	Musarum
Datiuo	Musis
Accusatiuo	Musas
Vocatiuo	ô Musae
Ablatiuo	â Musis

¶Haec musa iucunda. Haec ferula acerba.

¶Paucis post diebus. **Haec musa dulcis. Haec ferula minax. Hic nauta vigilans. Hic poëta optimus.**

¶Assuescant pueri in ipso primo aditu, vestibuloque Grammaticae adiectiua nomina cum substantiuis copulare. Adiectiua ne multa sint, ne inepta, ne temere congesta, sint delecta, a bonis auctoribus petita, ad summum duo, vt **Puer verecundus, et ingeniosus.**

Secunda declinatio

Dominus, nomen declinationis secundae, generis masculini, numeri singularis, sic declinabitur.

Nominatiuo	hic Dominus
Genitiuo	Domini
Datiuo	Domino
Accusatiuo	Dominum
Vocatiuo	ô Domine
Ablatiuo	à Domino

Numero plurali

Nominatiuo	Domini
Genitiuo	Dominorum
Datiuo	Dominis
Accusatiuo	Dominos
Vocatiuo	ô Domini
Ablatiuo	à Dominis

¶**Hic Dominus iustus. Hic Dominus bonus.**

¶Aliquot post dies. **Hic Dominus prudens. Hic animus generosior. Haec populus procerissima.**

¶**Templum,** nomen declinationis secundae, generis neutri, numeri singularis, sic declinabitur.

Nominatiuo	hoc Templum
Genitiuo	Templi
Datiuo	Templo
Accusatiuo	Templum
Vocatiuo	ô Templum
Ablatiuo	à Templo

Numero plurali

Nominatiuo	Templa
Genitiuo	Templorum
Datiuo	Templis
Accusatiuo	Templa

Vocatiuo	ô Templa
Ablatiuo	à Templis

¶Hoc templum sanctissimum. Hoc ingenium eximium.

¶Suo tempore. Hoc templum ingens. Hoc ingenium illustre.

Tertia declinatio

¶**Sermo,** nomen declinationis tertiae, generis masculini, numeri singularis, sic declinabitur.

Nominatiuo	hic Sermo
Genitiuo	Sermonis
Datiuo	Sermoni
Accusatiuo	Sermonem
Vocatiuo	ô Sermo
Ablatiuo	à Sermone
Pluraliter Nominatiuo	Sermones
Genitiuo	Sermonum
Datiuo	Sermonibus
Accusatiuo	Sermones
Vocatiuo	ô Sermones
Ablatiuo	à Sermonibus

¶Hic sermo elegans. Hic sermo quotidianus.

¶Haec virtus admiranda. Haec oratio elegantior.

¶**Tempus,** nomen declinationis tertiae, generis neutri, numeri singularis, sic declinabitur.

Nominatiuo	hoc Tempus
Genitiuo	Temporis
Datiuo	Tempori
Accusatiuo	Tempus
Vocatiuo	ô Tempus
Ablatiuo	à Tempore
Pluraliter Nominatiuo	Tempora
Genitiuo	Temporum
Datiuo	Temporibus
Accusatiuo	Tempora
Vocatiuo	ô Tempora
Ablatiuo	à Temporibus

¶Hoc tempus breuius. Hoc tempus preciosum. Hoc tempus velox.

¶Hoc nomen celebre. Hoc flumen rapidum.

¶**Parens,** nomen declinationis tertiae, generis communis, numeri singularis, sic declinabitur.

Nominatiuo	hic et haec **Parens**
Genitiuo	**Parentis**
Datiuo	**Parenti**
Accusatiuo	**Parentem**
Vocatiuo	ô **Parens**
Ablatiuo	à **Parente**

Numero Plurali

Nominatiuo	**Parentes**
Genitiuo	**Parentum**
Datiuo	**Parentibus**
Accusatiuo	**Parentes**
Vocatiuo	ô **Parentes**
Ablatiuo	à **Parentibus**

¶**Hic, et haec ciuis. Hic, et haec hostis.**

¶His nominibus adduntur Adiectiua non coniunctim, sed separatim. **Hic ciuis Romanus: haec ciuis Romana.**

Quarta declinatio

¶**Sensus,** nomen declinationis quartae, generis masculini, numeri singularis, sic declinabitur.

Nominatiuo	hic **Sensus**
Genitiuo	**Sensus**
Datiuo	**Sensui**
Accusatiuo	**Sensum**
Vocatiuo	ô **Sensus**
Ablatiuo	à **Sensu**

Numero Plurali

Nominatiuo	**Sensus**
Genitiuo	**Sensuum**
Datiuo	**Sensibus**
Accusatiuo	**Sensus**

Vocatiuo	ô **Sensus**
Ablatiuo	à **Sensibus**

¶**Hic sensus hebes. Hic sensus tardus. Hic sensus tenuis. Haec anus delira.**

¶**Genu,** nomen declinationis quartae, generis neutri, numeri singularis, sic declinabitur.

Nominatiuo	hoc **Genu**
Genitiuo	**Genu**
Datiuo	**Genu**
Accusatiuo	**Genu**
Vocatiuo	ô **Genu**
Ablatiuo	à **Genu**

Numero Plurali

Nominatiuo	Genua
Genitiuo	Genuum
Datiuo	Genibus
Accusatiuo	Genua
Vocatiuo	ô Genua
Ablatiuo	à Genibus

¶Hoc genu flexum. Hoc genu tumens.

Quinta declinatio

¶**Dies,** nomen declinationis quintae, generis masculini, numeri singularis, sic declinabitur.

Nominatiuo	hic Dies
Genitiuo	Diei
Datiuo	Diei
Accusatiuo	Diem
Vocatiuo	ô Dies
Ablatiuo	à Die

Numero Plurali

Nominatiuo	Dies
Genitiuo	Dierum
Datiuo	Diebus
Accusatiuo	Dies
Vocatiuo	ô Dies
Ablatiuo	à Diebus

¶Hic dies laetissimus. Hic dies illustris. Haec res domestica. Haec res familiaris.

De nominum adiectiuorum declinationibus directis, et obliquis

¶**Bonus, bona, bonum,** nomen mobile declinationis primae, et secundae, numeri singularis, sic declinabitur.

Nominatiuo	Bonus, bona, bonum
Genitiuo	Boni, bonae, boni
Datiuo	Bono, bonae, bono
Accusatiuo	Bonum, bonam, bonum
Vocatiuo	ô Bone, bona, bonum
Ablatiuo	à Bono, bona, bono
Pluraliter Nominatiuo	Boni, bonae, bona
Genitiuo	Bonorum, bonarum, bonorum
Datiuo	Bonis

Accusatiuo	Bonos, bonas, bona
Vocatiuo	ô Boni, bonae, bona
Ablatiuo	à Bonis

¶Subiecta nomina eodem modo declinantur, nisi quod casus interrogandi syllabis, **ius**, dandi vero, **I** litera terminatur.

> Alter, altera, alterum: alterius, alteri.
> Alius, alia, aliud: alius, alii.
> Solus, sola, solum: solius, soli.
> Totus, tota, totum: totius, toti.
> Vnus, vna, vnum: vnius, vni.
> Vllus, vlla, vllum: vllius, vlli.
> Nullus, nulla, nullum: nullius, nulli.
> Vter, vtra, vtrum: vtrius, vtri.
> Neuter, neutra, neutrum: neutrius, neutri.
> Vterque, vtraque, vtriusque,
> Vterque, vtraque, vtrumque: vtriusque, vtrique.
> Alteruter, alterutra, alterutrum: alterutrius, alterutri.

Tertia nominum adiectiuorum declinatio

¶**Acer, acris, acre**, nomen adiectiuum, declinationis tertiae, numeri singularis, sic declinabitur.

Nominatiuo	hic Acer, haec acris, hoc acre
Genitiuo	Acris
Datiuo	Acri
Accusatiuo	Acrem, et acre
Vocatiuo	ô Acer, acris, et acre
Ablatiuo	ab Acri
Pluraliter Nominatiuo	Acres, et acria
Genitiuo	Acrium
Datiuo	Acribus
Accusatiuo	Acres, et acria
Vocatiuo	ô Acres, et acria
Abiatiuo	ab Acribus

¶**Breuis**, et **breue**, nomen adiectiuum, declinationis tertiae, numeri singularis, sic declinabitur.

Nominatiuo	hic, et haec Breuis, et hoc breue
Genitiuo	Breuis
Datiuo	Breui
Accusatiuo	Breuem, et breue
Vocatiuo	ô Breuis, et breue
Ablatiuo	à Breui

¶**Numero Plurali**

Nominatiuo	Breues, et breuia

Genitiuo	Breuium
Datiuo	Breuibus
Accusatiuo	Breues, et breuia
Vocatiuo	ô Breues, et breuia
Ablatiuo	à Breuibus

¶**Breuior**, et **breuius**, nomen comparatiuum, declinationis tertiae, numeri singularis, sic declinabitur.

Nominatiuo	hic, et haec Breuior, et hoc breuius
Genitiuo	Breuioris
Datiuo	Breuiori
Accusatiuo	Breuiorem, et breuius
Vocatiuo	ô Breuior, et breuius
Ablatiuo	à Breuiore, vel breuiori

Numero Plurali

Nominatiuo	Breuiores, et breuiora
Genitiuo	Breuiorum
Datiuo	Breuioribus
Accusatiuo	Breuiores, et breuiora
Vocatiuo	ô Breuiores, et breuiora
Ablatiuo	à Breuioribus

¶**Felix**, nomen adiectiuum, declinationis tertiae, generis omnis, numeri singularis, sic declinabitur.

Nominatiuo	hic, et haec, et hoc Felix
Genitiuo	Felicis
Datiuo	Felici
Accusatiuo	Felicem, et felix
Vocatiuo	ô Felix
Ablatiuo	â Felice, vel felici

Numero Plurali

Nominatiuo	Felices, et felicia
Genitiuo	Felicium
Datiuo	Felicibus
Accusatiuo	Felices, et felicia
Vocatiuo	ô Felices, et felicia
Ablatiuo	à Felicibus

Cum sextus casus nominum, quae literis **N**, et **S** terminantur, in **E**, vt Verrius Flaccus auctor grauissimus docet, fere exeat, cumque genitiuus multitudinis eorundem nominum raro ab Oratoribus imminuatur, siquidem **diligentium, elegantium, ingentium,** et alios id genus casus, plenos, non imminutos, **diligentum, elegantum,** etc., ferme vsurpant, in locum nominis **Prudens** substituimus **Felix,** ne imperitis errandi ansam daremus. Non negamus esse quaedam quorum ablatiuus etiam **I** litera finiatur, cuiusmodi sunt **ingens, recens, vehemens** : de quibus, atque participiis, quae eiusdem sunt positionis, fusius suo loco diximus. Hic enim tantum nobis admonendus fuit lector de hac exemplorum permutatione. **Felix** in primis placuit, quod eo Diomedes, et Donatus vsi fuerint.

Nomina anomala

Nominatiuo	haec Domus
Genitiuo	Domi, vel domus
Datiuo	Domui
Accusatiuo	Domum
Vocatiuo	ô Domus
Ablatiuo	à Domo
Pluraliter Nominatiuo	Domus
Genitiuo	Domorum, vel domuum
Datiuo	Domibus
Accusatiuo	Domos, vel domus
Vocatiuo	ô Domus
Ablatiuo	à Domibus

Pluraliter Nominatiuo	Duo, duae, duo
Genitiuo	Duorum, duarum, duorum
Datiuo	Duobus, duabus, duobus
Accusatiuo	Duos, vel duo, duas, duo
Vocatiuo	ô Duo, duae, duo
Ablatiuo	à Duobus, duabus, duobus

¶**Ambo** eodem modo declinatur.

Pluraliter Nominatiuo	Ambo, ambae, ambo
Genitiuo	Amborum, ambarum, amborum
Datiuo	Ambobus, ambabus, ambobus
Accusatiuo	Ambos, vel ambo, ambas, ambo
Vocatiuo	ô Ambo, ambae, ambo
Ablatiuo	ab Ambobus, ambabus, ambobus

De pronominum primitiuorum declinatione

¶**Ego,** pronomen personae primae, numeri singularis, sic declinabitur.

Nominatiuo	Ego
Genitiuo	Mei
Datiuo	Mihi, vel mi

Accusatiuo	Me
Ablatiuo	à Me
Pluraliter Nominatiuo	Nos
Genitiuo	**Nostrum, vel nostri**
Datiuo	**Nobis**
Accusatiuo	**Nos**
Ablatiuo	**à Nobis**

¶**Tu,** pronomen personae secundae, numeri singularis, sic declinabitur.

Nominatiuo	Tu
Genitiuo	Tui
Datiuo	Tibi
Accusatiuo	Te
Vocatiuo	ô Tu
Ablatiuo	à Te
Pluraliter Nominatiuo	Vos
Genitiuo	**Vestrum, vel vestri**
Datiuo	**Vobis**
Accusatiuo	**Vos**
Vocatiuo	ô Vos
Ablatiuo	**à Vobis**

¶**Sui,** pronomen personae tertiae, numeri vtriusque, sic declinabitur.

Genitiuo	Sui
Datiuo	Sibi
Accusatiuo	Se
Ablatiuo	à Se
Pluraliter Genitiuo	Sui
Datiuo	Sibi
Accusatiuo	Se
Ablatiuo	à Se

¶Pronomina **Hic, Iste, Ille, Ipse, Is, Idem,** quae aliqua ex parte primam, et secundam nominum adiectiuorum declinationem imitantur, sic declinantur.

Nominatiuo	Hic, haec, hoc
Genitiuo	Huius
Datiuo	Huic

Accusatiuo	Hunc, hanc, hoc
Ablatiuo	ab Hoc, hac, hoc

Numero Plurali

Nominatiuo	Hi, hae, haec
Genitiuo	Horum, harum, horum
Datiuo	His
Accusatiuo	Hos, has, haec

| Ablatiuo | ab His |

Numero singulari.

Nominatiuo	Iste, ista, istud
Genitiuo	Istius
Datiuo	Isti
Accusatiuo	Istum, istam, istud
Ablatiuo	ab Isto, ista, isto
Pluraliter Nominatiuo	Isti, istae, ista
Genitiuo	Istorum, istarum, istorum
Datiuo	Istis
Accusatiuo	Istos, istas, ista
Ablatiuo	ab Istis

Numero singulari.

Nominatiuo	Ille, illa, illud
Genitiuo	Illius
Datiuo	Illi
Accusatiuo	Illum, illam, illud
Ablatiuo	ab Illo, illa, illo
Pluraliter Nominatiuo	Illi, illae, illa
Genitiuo	Illorum, illarum, illorum
Datiuo	Illis
Accusatiuo	Illos, illas, illa
Ablatiuo	ab Illis

[9v]
Numero singulari.

Nominatiuo	Ipse, ipsa, ipsum
Genitiuo	Ipsius
Datiuo	Ipsi
Accusatiuo	Ipsum, ipsam, ipsum
Ablatiuo	ab Ipso, ipsa, ipso
Pluraliter Nominatiuo	Ipsi, ipsae, ipsa
Genitiuo	Ipsorum, ipsarum, ipsorum
Datiuo	Ipsis
Accusatiuo	Ipsos, ipsas, ipsa
Ablatiuo	ab Ipsis

Numero singulari.

Nominatiuo	Is, ea, id
Genitiuo	Eius
Datiuo	Ei
Accusatiuo	Eum, eam, id
Ablatiuo	ab Eo, ea, eo
Pluraliter Nominatiuo	Ii, eae, ea
Genitiuo	Eorum, earum, eorum
Datiuo	Eis, vel iis

| Accusatiuo | Eos, eas, ea |
| Ablatiuo | ab Eis, vel iis |

Numero singulari.

Nominatiuo	Idem, eadem, idem
Genitiuo	Eiusdem
Datiuo	Eidem
Accusatiuo	Eundem, eandem, idem
Ablatiuo	ab Eodem, eadem, eodem
Pluraliter Nomnatiuo	Iidem, eaedem, eadem

Genitiuo	Eorundem, earundem, eorundem
Datiuo	Eìsdem, vel iisdem
Accusatiuo	Eosdem, easdem, eadem
Ablatiuo	ab Eisdem vel iisdem

De pronominum deriuatiuorum declinatione

¶Meus, mea, meum : Tuus, tua, tuum : Suus, sua, suum : Noster, nostra, nostrum : Vester, vestra, vestrum declinantur vt nomina adiectiua primae, et secundae declinationis.

Numero singulari.

Nominatiuo	Meus, mea, meum
Genitiuo	Mei, meae, mei
Datiuo	Meo, meae, meo
Accusatiuo	Meum, meam, meum
Vocatiuo	ô Mi, mea, meum
Ablatiuo	à Meo, mea, meo
Pluraliter Nominatiuo	Mei, meae, mea
Genitiuo	Meorum, mearum, meorum
Datiuo	Meis
Accusatiuo	Meos, meas, mea
Vocatiuo	ô Mei, meae, mea
Ablatiuo	à Meis

¶Haec tria vocatiuo carent.

¶Tuus, tua, tuum : Suus, sua, suum : Vester, vestra, vestrum.

¶Noster, nostra, nostrum. Vocatiuo, ô Noster, nostra, nostrum. [10v]

¶Nostras et vestras, pronomina deriuatiua, omnis generis, declinantur vt nomina adiectiua tertiae declinationis.

Nominatiuo	Hic, et haec, et hoc Nostras
Genitiuo	Nostratis
Datiuo	Nostrati
Accusatiuo	Nostratem, et nostras
Vocatiuo	ô Nostras
Ablatiuo	à Nostrate, vel nostrati

17

Pluraliter Nominatiuo	Nostrates, et nostratia
Genitiuo	Nostratium
Datiuo	Nostratibus
Accusatiuo	Nostrates, et nostratia
Vocatiuo	ô Nostrates, et nostratia
Ablatiuo	à Nostratibus

¶**Hic,** et **haec,** et **hoc vestras** vocatiuo caret.

¶Prouocabulum, siue pronomen relatiuum **Qui, quae, quod,** sic declinabitur.

Numero singulari.

Nominatiuo	Qui, quae, quod
Genitiuo	Cuius
Datiuo	Cui
Accusatiuo	Quem, quam, quod
Ablatiuo	à Quo, vel qui, qua, vel qui, quo, vel qui
Pluraliter Nominatiuo	Qui, quae, quae
Genitiuo	Quorum, quarum, quorum
Datiuo	Quis, vel quibus
Accusatiuo	Quos, quas, quae
Ablatiuo	à Quis, vel quibus

[11r]

¶**Quis,** prouocabulum, siue pronomen interrogatiuum, siue infinitum, sic declinabitur.

Numero singulari.

Nominatiuo	Quis, vel qui, quae, quod, vel quid
Genitiuo	Cuius
Datiuo	Cui
Accusatiuo	Quem, quam, quod, vel quid
Ablatiuo	à Quo, qua, quo, vel qui
Pluraliter Nominatiuo	Qui, quae, quae
Genitiuo	Quorum, quarum, quorum
Datiuo	Quis, vel quibus
Accusatiuo	Quos, quas, quae
Ablatiuo	à Quis, vel quibus

¶Ablatiuus **Qui,** est omnis generis, quo vtimur postposita praepositione **Cum.** Teren*tius*, Heaut., **Quicum loquitur filius ?** Cic*ero* Sulpitio., lib. 4, Famil., **Nemo est omnium, quîcum potius mihi quam tecum communicandum putem.** Virg*ilius*, lib. II:

   Tunc sic expirans, Accam ex aequalibus vnam
   Alloquitur fida ante alias quae sola Camillae,
   Quicum partiri curas.

Composita ex prouocabulo, Quis, cum praecedit

Quisnam, quaenam, quodnam, vel quidnam: cuiusnam, cuinam.
Quispiam, quaepiam, quodpiam, vel quidpiam: cuiuspiam, cuipiam.

Quisquam, quaequam, quodquam, vel quidquam: cuiusquam, cuiquam.
Quisque, quaeque, quodque, vel quidque: cuiusque, cuique.
Quisquis, quidquid, cuiuscuius: cuicui, quenquem, quidquid, à quoquo. [11v]

Plural*iter*

Quiqui, quorumquorum, quibusquibus, quosquos, à quibusquibus.

Composita ex Quis, cum sequitur

Aliquis, aliqua, aliquod, vel aliquid: alicuius, alicui.
Ecquis, ecqua, vel ecquae, ecquod, vel ecquid: eccuius, eccui.
Nequis, nequa, nequod, vel nequid: necuius, necui.
Siquis, siqua, siquod, vel siquid: sicuius, sicui.

Composita ex prouocabulo Qui

Quicunque, quaecunque, quodcunque: cuiuscunque, cuicunque.
Quidam, quaedam, quoddam, vel quiddam: cuiusdam, cuidam.
Quilibet, quaelibet, quodlibet, vel quidlibet: cuiuslibet, cuilibet.
Quiuis, quaeuis, quoduis, vel quiduis: cuiusuis, cuiuis.

Quaedam ex supradictis rursus componuntur

Vnusquisque, vnaquaeque, vnumquodque, vel vnumquidque: vniuscuiusque, vnicuique.
Ecquisnam, ecquaenam, ecquodnam, vel ecquidnam. [12r]

De verborum coniugatione

¶Sum, verbum substantiuum modi indicatiui, temporis praesentis, numeri singularis, personae primae, sic declinabitur.

¶Modi indicatiui tempus praesens

Sum	Vare	*Dearu*, A*ruiua*, *yru*	である・いる	Eu sou: ou estou
Es	Nangi	*Dearu*, A*ruiua*, *yru*	である・いる	Tu es: ou estas
Est	Are	*Dearu*, A*ruiua*, *yru*	である・いる	Elle he: ou esta

Plurali numero

Sumus	Varera	*Dearu*, A*ruiua*, *yru*	である・いる	Nos somos: ou estamos
Estis	Nangira	*Dearu*, A*ruiua*, *yru*	である・いる	Vos sois: ou estais
Sunt	Arera	*Dearu*, A*ruiua*, *yru*	である・いる	Elles sam: ou estaõ

Praeteritum imperfectum

Eram	Vare	*Dearu*, A*ruiua*, deatta A*ruiua*, *yru*, *yta*	である・であった・いる、いた	Eu era: ou estaua
Eras	Nangi			Tu eras: ou estauas
Erat	Are			Elle era: ou estaua
Plural*iter* **Eramus**	Varera			Nos èramos: ou estauamos
Eratis	Nangira			Vos ereis: ou estaueis
Erant	Arera			Elles eraõ: ou estauaõ

Praeteritum perfectum

Fui	Vare	Deatta Aʀᴜɪᴜᴀ, yta	であった・いた	Eu fui: ou estiue
Fuisti	Nangi			Tu foste: ou estiueste
Fuit	Are			Elle foi: ou esteue
Pluraliter Fuimus	Varera			Nos fomos: ou estiuemos
Fuistis	Nangira			Vos fostes: ou estiuestes
Fuèrunt, vel fuère	Arera			Elles foram: ou estiueraõ

Praeteritum plusquam perfectum

Fueram	Vare	Deatta, Deatte atta, Aʀᴜɪᴜᴀ, yta, yte atta	であった．であってあった・いた、いてあった	Eu fora: ou estiuera
Fueras	Nangi			Tu foras: ou estiueras
Fuerat	Are			Elle fora: ou estiuera
Pluraliter Fueramus	Varera			Nos foramos: ou estiueramos
Fueratis	Nangira			Vos foreis: ou estiuereis
Fuerant	Arera			Elles foram: ou estiuèram

Futurum

Ero	Vare	Dearŏzu, Aʀᴜɪᴜᴀ, Iyôzu	であらうず・いようず	Eu serei: ou estarei
Eris	Nangi			Tu seras: ou estaras
Erit	Are			Elle serà: ou estara
Pluraliter Erimus	Varera			Nos seremos: ou estaremos
Eritis	Nangira			Vos sereis: ou estareis
Erunt	Arera			Elles serão: ou estarão

¶Si quis de Varronis sententia volet futurum perfectum, siue exactum adiungere, sic in Iapponicum conuertat licebit, **Fuero,** Iap*ponice* Mŏfaya de arŏzu Aʀᴜɪᴜᴀ, atte arŏzu まうはや〜であらうず・あってあらうず. Lus*itanice*: la eu entam serei, ou estarei.

¶Huic verbo Substantiuo **Sum,** haec fere verba Iapponica respondent, *Aru, gozaru, naru, yru, voru, voriaru, vogiaru, maximasu, sŏrŏ, fanberu, nari* ある、ござる、なる、いる、おる、おりゃる、おぢゃる、まします、さうらう、はんべる、なり. etc. Et ex his ea, quibus particulae *Ni, Nite, De* に、にて、で, praeponuntur, vt *Nitearu, gozaru* にてある、ござる. etc. Aliqua circa indicatiuum, et reliquos modos hic possent adnotari, quae in prima verborum coniugatione reperientur diffuse.

Imperatiui modi tempus praesens

Es, vel esto	Nangi	Nite are, nare, Aʀᴜɪᴜᴀ, iyo. Nite areto, nareto, Aʀᴜɪᴜᴀ, iyoto	にてあれ、なれ・いよ．にてあれと、なれと・いよと	See tu: ou està
Sit	Are			Seja elle: ou esteja

Pluraliter **Simus**	Varera	Dearŏzu, Aʀᴜɪᴜᴀ, iyôzu. Niteare, nare, Aʀᴜɪᴜᴀ, iyo. Nite areto, nareto, Aʀᴜɪᴜᴀ, iyoto	であらうず・いようず．にてあれ、なれ・いよ．にてあれと、なれと・いよと	Sejamos nos: ou estejamos
Este, vel estote	Nangira			Sede vos: ou estai
Sint	Arera			Sejam elles: ou estejam

¶Vtimur particula, *To* と．in tertia persona imperatiui, quia communiter caret propria voce Iapponica.

¶Futurum, siue modus mandatiuus

Esto tu, vel eris	Nangi	*Nite arubexi, Tarubexi,* A<small>RUIUA</small> *ybexi*	にてあるべし、たるべし・いべし	Seras tu: ou estaras
Esto ille, vel erit	Are			Serà elle: ou estarà
Pl*uraliter* **Estote, vel eritis**	Nangira			Sereis vos: ou estareis
Sunto, vel erunt	Arera			Serão elles: ou estarão

Optatiui modi tempus praesens, et imperfectum

Vtinam essem	Vare	*Auare de arecaxi,* A<small>RUIUA</small>, *gana,* A<small>RUIUA</small>, *iyocaxi*	あわれ…であれかし・がな・いよかし	Oxala fora eu, ou fosse:Estiuera, ou estiuesse
Esses	Nangi			Foras tu, ou fosses: Estiueras, ou estiuesses
Esset	Are			Fora elle ou fosse: Estiuera, ou estiuesse
Pl*uraliter* **Vtinam essemus**	Varera			Oxala foramos nos, ou fossemos: Estiueramos, ou estiuessemos
Essetis	Nangira			Foreis vos: ou fosseis
Essent	Arera			Foram elles, ou fossem: Estiueram, ou estiuessem

Praeteritum perfectum

Vtinam fuerim	Vare	*Deattarŏniua, deattaraba yocarŏmonouo,* A<small>RUIUA</small>, *Ytarŏniua, Ytaraba yocarŏmonouo*	であったらうには、であったらば良からうものを・居たらうには、居たらば良からうものを	Queira Deos q*ue* fosse eu: ou estiuesse
Fueris	Nangi			Que fosses tu: ou estiuesses
Fuerit	Are			Que fosse elle: ou estiuesse
Pl*uraliter* **Vtinam fuerimus**	Varera			Queira Deos q*ue* fossemos nos: ou estiuessemos
Fueritis	Nangira			Que fosseis vos: ou estiuesseis
Fuerint	Arera			Que fossem elles: ou estiuessem

Praeteritum plusquam perfectum

Vtinam fuissem	Vare	*Hà deattarŏniua,* A<small>RUIUA</small>, *de attaraba yocarŏmonouo,* A<small>RUIUA</small>, *dearŏzuru monouo,* A<small>RUIUA</small>, *yteattarŏniua, yte attaraba yocarŏmonouo*	ああ、であったらうには・であったらば良からうものを・であらうずるものを・居てあったらうには、居てあったらば良からうものを	Prouuera a Deos q*ue* fora eu, ou estiuera
Fuisses	Nangi			Que foras tu: ou estiueras
Fuisset	Are			Que fora elle: ou estiuera
Pl*uraliter* **Vtinam fuissemus**	Varera			Prouuera a Deos q*ue* foramos nos: ou estiueramos
Fuissetis	Nangira			Que foreis vos, ou estiuereis
Fuissent	Arera			Que forão elles, ou Estiuerão

Futurum

Vtinam sim	Vare	*De arecaxi*, A*ʀᴜɪᴜᴀ*, *gana*	であれかし・がな	Praza a Deos q*ue* seja eu: ou esteja
Sis	Nangi			Que sejas tu: ou estejas
Sit	Are			Que seja elle: ou esteja
Pl*uraliter* Vtinam simus	Varera			Praza a Deos q*ue* sejamos nos: ou estejamos
Sitis	Nangira			Que sejais vos: ou estejais
Sint	Arera			Que sejão elles: ou estejam

Coniunctiui modi tempus praesens

Cum sim	Vare	*De areba, Dearuni,* A*ʀᴜɪᴜᴀ*, *Yreba, Yruni*	であれば、であるに・居れば、居るに	Como eu sou: ou sendo eu
Sis	Nangi			Como tu es: ou sendo tu
Sit	Are			Como elle he: ou sendo elle
Pl*uraliter* Cum simus	Varera			Como nos somos: ou sendo nos
Sitis	Nangira			Como vos sois: ou sendo vos
Sint	Arera			Como elles sam: ou sendo elles

Praeteritum imperfectum

Cum essem	Vare	*De areba, Deattareba, Dearutocoroni,* A*ʀᴜɪᴜᴀ*, *Yreba, Yruni, Ytareba, Ytatorcoroni*	であれば、であったれば、である処に・居れば、居るに、居たれば、居た処に	Como eu era: ou sendo eu
Esses	Nangi			Como tu eras: ou sendo tu
Esset	Are			Como elle era: ou sendo elle
Pl*uraliter* Cum essemus	Varera			Como nos èramos: ou sendo nos
Essetis	Nangira			Como vos ereis: ou sendo vos
Essent	Arera			Como elles eram: ou sendo elles

Praeteritum perfectum

Cum fuerim	Vare	*Deattareba, Deattani,* A*ʀᴜɪᴜᴀ*, *Ytareba, Ytani*	であれば、であったに・居たれば、居たに	Como eu fui: ou sendo eu
Fueris	Nangi			Como tu foste: ou sendo tu
Fuerit	Are			Como elle foi: ou sendo elle
Pl*uraliter* Cum fuerimus	Varera			Como nos fomos: ou sendo nos
Fueritis	Nangira			Como vos fostes, ou sendo vos
Fuerint	Arera			Como elles foram, ou sendo elles

Praeteritum plusquam perfectum

Cum fuissem	Vare	Deatte attareba, Deatte attani, Deattareba, Aruiua, Yte attareba, Yte attani	であってあったれば、であってあったに、であったれば・居てあったれば、居てあったに	Como eu fora: ou sendo eu
Fuisses	Nangi			Como tu foras: ou sendo tu
Fuisset	Are			Como elle fora, ou sendo elle
Pluraliter Cum fuissemus	Varera			Como nos foramos: ou sendo nos
Fuissetis	Nangira			Como vos foreis: ou sendo vos
Fuissent	Arera			Como elles foram, ou sendo elles

Futurum

Cum fuero	Vare	Deattarŏtoqi, Dearŏtoqi, Aruiua, Ytarŏtoqi, Iyôtoqi, Yte cara, etc.	であったらう時、であらう時・居たらう時、居よう時、居てから	Como eu for: ou estiuer
Fueris	Nangi			Tu fores: ou estiueres
Fuerit	Are			Elle for: ou estiuer
Pluraliter Cum fuerimus	Varera			Como nos formos: ou estiuer*mos
Fueritis	Nangira			Vos fordes: ou estiuerdes
Fuerint	Arera			Elles forem: ou estiuerem

¶Particulae *De* で et *Nite* にて, alicui nomini substantiuo, aut adiectiuo sociatae, praesentis, aut imperfecti coniunctiui vim habent, vt *Mutçuno cunino nuxi nite daimiŏ nari* 陸奥の国の主にて大名なり, *Cŏnaru muxade xinareta* 功なる武者で死なれた, etc. Illa vox, *Deatte* であって, vel, *yte* 居て omnibus coniunctiui temporibus inseruit: et saepe reddi non potest nisi per coniunctiuum, siue iungatur particulis *Cara* から, *yori* より, *nochi* 後, siue non: vt *Buxini natte asayŭ qizzucai itasu* 武士になって朝夕気遣い致す: **cum miles sim**, etc. *Qixoua saburaide gozatte cayôno cotouo vôxeraruruca*? 貴所は侍でござってかやうの事を仰せらるるか? **cum sis nobilis**, etc. *Miua fininde atte, qixoni cŏriocuuo yeitasananda* 身は貧人であって、貴所に合力をえ致さなんだ: **cum essem pauper**, etc. *Mayeua sucoximo biŏjadeua nŏte, niuacani vazzurŏte xinareta* 前は少しも病者ではなうて、俄に患うて死なれた: **Cum antea nunquiam aegrotus fuisset**, etc. *Buxini natte, buxino yacuni ataru cotouo qeico itasŏzu* 武士になって、武士の役に当たる事を稽古致さうず: **Cum**, vel, **postquam miles fuero**, etc.

Coniunctiuus cum particula, Quanuis

Praesens	Quanuis sum	Dearedomo, de aritomo	であれども、でありとも	Posto que eu seja
Praeteritum imperfectum	Quanuis essem	De aredomo, de attaredomo	であれども、であったれども	Posto que eu fora ou fosse, etc.
Praeteritum Perfectum	Quanuis fuerim	Deattaredomo, Deattaritomo	であったれども、であったりとも	
Praeteritum Plusquam perfectum	Quanuis fuissem	Deattaredomo, deatte attaritomo, dearŏzuredomo	であったれども、であってあったりとも、であらうずれども	

Coniunctiuus cum particula, Si

Praesens	Si sim	*De araba, dearuni voiteua,* A<small>RUIUA</small>, *Yba*	であらば、である に於いては・居ば	Se eu for
Praeteritum imperfectum	Si Essem	*Dearaba, deattaraba*	であらば、であったらば	Se eu fora, ou fosse, etc.
Praeteritum Perfectum	Si Fuerim	*Deattaraba*	であったらば	
Praeteritum Plusquam perfectum	Si Fuissem	*Deatte attaraba*	であってあったらば	
Futurum	Si Fuero	*Dearaba, deattaraba*	であらば、であったらば	

¶**De modo potentiali, et permissiuo, siue concessiuo**

¶Modus Coniunctiuus, Potentialis, Permissiuus siue concessiuus quinque habent tempora atque easdem fere voces, significationes tamen longe diuersas, vnde apertissime intelligimus modorum diuersitatem praecipue ex significationis dissimilitudine proficisci, quod idem in nominum casibus videre licet. Nam quanuis nominatiuus, et vocatiuus multitudinis, Datiuus itidem, et Ablatiuus, voce similes sint, diuersi tamen sunt casus: alia enim nominandi, alia vocandi, alia dandi, alia auferendi est significatio. Quare vt casus, quanuis voce simillimi, a grammaticis tamen propter significationis dissimilitudinem distincti sunt, ita hi tres modi mihi necessario videntur separandi. Quid attinet, dixerit quispiam, tandiu pueros in verborum declinatione detinere atque remorari ? Non est contemnenda mora, quae fructus afferat vberrimos. Quoties in explicandis auctoribus haerebit ludimagister, nisi hos modos discernat eorumque vim, ac naturam penitus internoscat? Cuinam modo haec, atque alia quam plurima loca adscribet ? [15v]

>Terent*ius*, Andr. **Bonus vir hic est.** S. **hic vir sit bonus ?** Plaut*us* Amphi. **Vir ego tuus sim ?** Crassus in Philippum apud Cic*ero*, 3, de Orat. **Ego te Consulem putem, cum me non putes Senatorem?** Quint*ilianus* lib. 1, c. 9: **Frangas citius, quam corrigas, quae in prauum induruerunt.** Cic*ero*, Pro Rab. Perd. Reo. **Tu denique Labiene quid faceres tali in re ac tempore?** Terent*ius*, Andr. **Diceret, quid feci?** Sallust*ius*, in Catil. **Sed confecto praelio, tum verò cerneres, quanta audacia, quantaque vis animi fuisset in exercitu Catilinae.** Virg*ilius*, Aen., 9:
>>**Vnus homo et vestris ô ciues vndique septus**
>>**Aggeribus, tantas strages impunè per vrbem**
>>**Ediderit? Iuuenum primos tot miserit Orco ?**
>
>Cic*ero*, Cornificio, lib. 12, Famil., **Plura scripsissem, nisi tui festinarent.** Sueto, in Vesp., c. 8, **Maluissem obuluisses allium.** Virg*ilius*, Aen., 4,
>>**Faces in castra tulissem,**
>>**Implessemque foros flammis, genitumque, patremque,**
>>**Cum genere extinxem, memet super ipsa dedissem.**
>
>Cic*ero* in Orat, **Pomeridianas quadrigas, quam postmeridianas libentiùs dixerim.** Plin*ius*, lib. 8, c. 48, **Nec facilè dixerim, qua id aetate coeperit.** Haec sanè potentiali adscribenda facilè iudicabit, qui eius naturam penitus perspectam, cognitamque habuerit. Quae vero subiiciam, quo pacto permissiuo, siue concessiuo esse attribuenda intelliget, qui eius nomen

ac vim prorsus ignorauerit ? Cic*ero*, 2, Acad., **Haec si vobis non probamus, sint falsa sanè, inuidiosa sanè non sunt.** Terent*ius*, Adelph., **Profundat, perdat, pereat, nihil ad me attinet.** Cic*ero*, 3, Ver., **Malus ciuis, improbus consul, seditiosus homo Cn. Carbo fuit, fuerit aliis, tibi quando esse coepit?** Virg*ilius*, Aen., 4,
Verum anceps pugnae fuerat fortuna, fuisset.
Cic*ero*, 2, Acad., **Age, restitero Peripateticis,** etc. **Sustinuero Epicureos,** etc. **Diodoro quid faciam Stoico, quem a puero audiui?**
Quae cum ita sint, praeceptores vehementer rogamus, vt saltem primas personas (licet primae permissiui modi parum sint vsitatae) suos auditores memoriae mandare patiantur. [16r]

¶Modi potentialis tempus praesens

	Sim?	*Dearŏca? Aʀᴜɪᴜᴀ, iyôca?*	であらうか・居ようか	Que seja eu? que hei eu de ser? serei eu?
Praeteritum imperfectum	Essem	*Dearŏzu, Aʀᴜɪᴜᴀ, Iyôzu*	であらうず・居ようず	Seria eu, fora: ou pu*dera ser
Praeteritum perfectum	Fuerim	*Dearŏzu, Aʀᴜɪᴜᴀ, deattacotomo arŏzu*	であらうず・であった事もあらうず	Pude eu ser
Praeteritum Plusquam perfectum	Fuissem	*Dearŏzu, deattçurŏ de attacotomo arŏzu*	であらうず、であっつらう、であった事もあらうず	Fora eu: ou pu*dera ser
*Fut*urum	Fuerim	*Dearŏzu, dearucotomo arŏzu dearimo xôzu*	であらうず、である事もあらうず、でありもせうず	Seria eu: serei, poderei eu ser

¶Haec voces praesentis temporis (*Dearŏca?* であらうか *iyôzuca?* 居ようずか) cum interrogatione sunt pronuntiandae. Plaut*us* Amph. **Vir ego tuus sim?** *Vareua nangiga votto dearŏca!* 我は汝が夫であらうか

¶Modi permissiui siue concessiui tempus praesens

	Sim	*Dearebatore, demo araba are*	であればとて、でもあらばあれ	Seja: dou-lhe que seja: mas que seja
Praeteritum imperfectum	Essem	*Deattemo, deattaritomo*	であっても、であったりとも	Fora: dou-lhe que fora: mas que fora
Praeteritum Perfectum	Fuerim	*Deattarebatote, deattaritomo, deattamade*	であったればとて、であったりとも、であったまで	Fosse: dou-lhe que fosse, mas que fosse
Praeteritum Plusquam perfectum	Fuissem	*Deattaritomo, deattareba tote, deattaraba attamadeyo*	であったりとも、であったればとて、であったらばあったまでよ	Fora: dou-lhe q*ue* fora, mas q*ue* fora
*Fut*urum	Fuero	*Dearŏtomo, deattaraba are, dearitomo, deattarŏzurebatote*	であらうとも、であったらばあれ、でありとも、であったらうずればとて	Dou-lhe q*ue* venha: ou chegue a ser

¶Huc spectant hae loquutiones, *Samo araba are* さもあらばあれ, *tarenitemo are* 誰にてもあれ,

samo are さもあれ, *fito nitemo are* 人にてもあれ, *taredemo are* 誰でもあれ, etc. [16v]

Infiniti modi tempus praesens

| Esse | Vare
Nangi
Are
Varera
Nangira
Arera | *De aru coto, Dearuto, A<small>RUIUA</small>, Yru coto, Yruto* | である事、で
あると・居る
事、居ると | Ser, ou que sou, es, he, somos, sois, sam |

Praeteritum imperfectum

| Esse | Vare
Nangi
Are
Varera
Nangira
Arera | *Dearu coto, A<small>RUIUA</small>, deattacoto, A<small>RUIUA</small> to, Yru coto, A<small>RUIUA</small>, to, Ytacoto, A<small>RUIUA</small>, to* | である事・で
あった事・と、
居る事・と、
居た事・と | Ser: ou que era, eras, era, èramos, ereis, eram |

Praeteritum Perfectum

| Fuisse | Vare
Nangi
Are
Varera
Nangira
Arera | *Deatta coto, A<small>RUIUA</small>, to, Yru coto, A<small>RUIUA</small>, to* | であった事・
と、居る事・
と | Que fui, foste, foi, fomos fostes, forão |

Praeteritum Plusquam perfectum

| Fuisse | Vare
Nangi
Are
Varera
Nangira
Arera | *Deatta coto, A<small>RUIUA</small>, to, Yru coto, A<small>RUIUA</small>, to* | であった事・
と、居る事・
と | Que fora, foras, fora, foramos, foreis, forão |

¶ Fut*urum*

| **Fore, vel** *futurum*, *futuram*, *futurum* **esse** | Vare
Nangi
Are | *dearŏ coto, A<small>RUIUA</small>, to, iyô*zuru coto, A<small>RUIUA</small>, to* | であらう事・
と、居ようず
る事・と | Que ei, has ha de ser: ou que serei, seras, sera |

[17r]

| Pluraliter **Fore, vel** *futuros, futuras, futura* **esse** | Varera
Nangira
Arera | *idem* | | Que hauemos, haueis, hão de ser: ou q*ue* seremos, sereis, serão |

| **Futurum,** *futuram,* *futurum* **fuisse** | Vare
Nangi
Are | *dearŏ coto, iyô*zu coto, A<small>RUIUA</small>, to* | であらう事、居
ようず事・と | Que houuera, houueras, houuera de ser |
| Pluraliter **Futuros,** *futuras, futura* **fuisse** | Varera
Nangira
Arera | | | Que houueramos, houuereis, houu*eram de ser |

Participium futuri temporis

| **Futurum,** *futura,* *futurum* | | *Dearŏmono, A<small>RUIUA</small>, fito, A<small>RUIUA</small>, iyô*zuru mono, A<small>RUIUA</small>, fito* | であらうもの・
人、居ようず
るもの・人 | O que ha ou houuer der ser |

26

Prima coniugatio

Amo, verbum actiuum, modi indicatiui temporis praesentis, numeri singularis, personae primae, sic coniugabitur

Indicatiui modi tempus praesens

Amo	Vare	Taixetni vomô	大切に思う	Eu amo
Amas	Nangi			Tu amas
Amat	Are			Elle ama
Pluraliter **Amamus**	Varera			Nos amamos
Amatis	Nangira			Vos amais
Amant	Arera			Elles amão

[17v]

Praeteritum imperfectum

Amabam	Vare	Taixetnivomô, A*RUIUA*, Taixetni vomôta	大切に思う・大切に思うた	Eu amaua
Amabas	Nangi			Tu amauas
Amabat	Are			Elle amaua
Pluraliter **Amabamus**	Varera			Nos amauamos
Amabatis	Nangira			Vos amaueis
Amabant	Arera			Elles amauam

Amas, **s** mutata in **bam**, fit **amabam**, sic **docebam**.

Praeteritum perfectum

Amaui	Vare	Tai*xetnivomôta, A*RUIUA*, Taixetni vomôte aru	大切に思うた・大切に思うてある	Eu amei: ou tenho amado
Amauisti	Nangi			Tu amaste
Amauit	Are			Elle amou
Pluraliter **Amauimus**	Varera			Nos amamos
Amauistis	Nangira			Vos amastes
Amauerunt, vel, amauere	Arera			Elles amàram

Praeteritum plusquam perfectum

Amàueram	Vare	Taixetni vomôta, Taixetni vomôte atta	大切に思うた、大切に思うてあった	Eu amàra, ou tinha amado
Amaueras	Nangi			Tu amàras
Amauerat	Are			Elle amàra
Pluraliter **Amaueràmus**	Varera			Nos amaramos
Amaueràtis	Nangira			Vos amareis
Amauerant	Arera			Elles amàram

Amaui, **i**, in **e** et addita **ram**, fit **amaueram**, sic in caeteris coniugationibus.

Futurum

Amabo	Vare	Taixetni vomouŏzu	大切に思わうず	Eu amarei
Amabis	Nangi			Tu amaràs
Amabit	Are			Elle amarâ
Pluraliter Amabimus	Varera			Nos amaremos
Amabitis	Nangira			Vos amareis
Amabunt	Arera			Elles amarão

Ama, s, in **bo,** fit **amabo,** sic **docebo.**

¶In omnibus fere modis habent Iapponii tres voces tantum distinctas, scilicet praesentis, praeteriti perfecti, et futuri: reliqua vero tempora ex [18r] his supplent vna eademque voce omnibus tam singularis quam pluralis numeri personis inseruiente quae iuxta pronomen, cui adhaeret numerum et personam sortitur: vt *Vare vomô* 我思う, *Nangi vomô* 汝思う, *Are vomô* あれ思う, *Varera vomô* 我等思う, *Nangira vomô* 汝等思う, *Arera vomô* あれ等思う.

¶Voces praeterea quasdam habent, ex quibus omnium verborum tempora, ac modi deriuantur, quas quidem radices verborum licebit nuncupare: vt *Vomoi* 思い, *yomi* 読み, *ague* 上げ: hae autem interdum, aut nomina verbalia sunt, aut cum verbis coniugatis compositae ipsum actionis modum significant, aut vnum tantum verbum constituunt cuius modi sunt *fiqisaqu* 引き裂く, scindo, dilacero: *fumitçuquru* 踏み付くる, pedibus calco: et alia prope infinita, interdum infiniti sunt modi maxime verbis, *Tai* たい, *fajimari* 始まり, et aliis id genus praepositae, vt suo loco dicetur. *Yomitai* 読みたい, **volo legere** : *Caqi fajimeta* 書き始めた, **coepi scribere** : cum tamen ad coniugationem spectant eiusdem fere temporis ac modi erunt cum primo subsequente verbo coniugato in Iapponica oratione collocato. Rongo, lib 8. *Cunxiniua mitçuno vosore ari, tenmeiuo vosore, taijinuo vosore, xeijinno cotouo vosoru* 君士には三つの畏あり、天命を畏れ、大人を畏れ、聖人の言を畏る. Quod item obseruandum est in verbis negatiuis, quae sillaba, *Zu* ず desinunt, horum exempla passim occurrunt.

Imperatiui modi tempus praesens

Ama, vel, amato	Nangi	*Vomoye*	思え	Ama tu
Amet	Are	*Vomoyeto*	思えと	Ame elle
Pluraliter **Amemus**	Varera	*Vomouŏzu*	思わうず	Amemos nos
Amate, vel, amatote	Nangira	*Vomoye*	思え	Amai vos
Ament	Arera	*Vomoyeto*	思えと	Amem elles

Amas, s, ablata, fit **ama,** eodem modo, **doce, audi.**

Futurum, vel potius modus mandatiuus, siue legitimus, hoc est quo praecipue mandata, praecepta, legesque dantur

Amato tu, vel, amabis	Nangi	Vomô bexi	思うべし	Amaràs tu
Amato ille, vel, amabit	Are			Amarà elle
Pluraliter **Amatote**, vel, amabitis	Nangira			Amareis vos
Amanto, vel, amabunt	Arera			Amaràm elles

Amat, addita **o**, fit **amato**, sic in caeteris coniugationibus. [18v]

Circa voces Iapponicas imperatiui illud imprimis adnotabis, *Vomoye* 思え, *Agueyo* 上げよ, *Yome* 読め, fere nunquam primis personis adhaerere, sed secundis duntaxat: im tertiis vtimur eisdem cum particula *To* と, vt *Vomoyeto* 思えと: deinde futurum indicatiui omnibus personis inseruit, vt,

Yza saraba namida curaben fototoguisu いざさらば、涙比べん、ほとどぎす,

Varemo vqiyoni neuo nomizo naqu 我も憂き世に、音をのみぞ啼く.

Hoc est, **Agè lachrymas conferamus**, etc. Cum vero prohibemus, **ne facias, ne feceris, ne dixeris**, eleganter vtimur futuro negatiuo indicatiui, vt *Subecarazu* すべからず, *yŭbecarazu* 言うべからず, *suru coro arubecarazu* する事あるべからず: deinde propriis vocibus *Suruna* するな, *suru coto nacare* する事勿かれ, *xezare* せざれ, *yuazare* 言わざれ, etc.

Optatiui modi tempus praesens, et imperfectum

Vtinam amarem	Vare	Auare vomoyecaxi, Aruiua, gana	あわれ思えかし・がな	Oxala amara eu, ou amasse
Amares	Nangi			Amaras tu, ou amasses
Amaret	Are			Amara elle, ou amasse
Pluraliter **Vtinam amaremus**	Varera			Oxala amaramos nos, ou amassemos
Amaretis	Nangira			Amareis vos, ou amasseis
Amarent	Arera			Amaram elles, ou amassem

Ama, addita **rem**, ab eadem persona imperatiua fiunt **docerem, legerem, audirem**.

Praeteritum perfectum

Vtinam amàuerim	Vare	Vomôtarŏniua, Aruiua, Vomôtaraba yocarŏ monouo	思うたらうには・思うたらばよからうものを	Queira Deos que tenha eu amado, ou oxala amasse eu
Amaueris	Nangi			Que ten*has tu amado
Amauerit	Are			Que tenha elle amado
Pluraliter **Vtinam amauèrimus**	Varera			Queira Deos que tenhamos nos amado
Amauèritis	Nangira			Que tenhais vos amado
Amauerint	Arera			Que tenham elles amado

Amaui, **i** in **e** et addita **rim**, sic in caeteris.

Praeteritum plusquam perfectum

Vtinam amauissem	Vare	Aa vomouŏzuru monouo, Vomôte attaraba yocarŏ monouo	ああ思わうずるものを、思うてあったらばよからうものを	Prouuera a Deos que amara eu: ou tiuera amado
Amauisses	Nangi			Que amaras tu
Amauisset	Are			Que amara elle
Pluraliter Vtinam amauissemus	Varera			Prouuera a Deos que amaramos nos
Amauissetis	Nangira			Que amareis vos
Amauissent	Arera			Que amàram elles

Amaui, addita **s** et **sem,** sic in caeteris.

Futurum

Vtinam amem	Vare	Vomoye caxi, ARUIUA, gana	思えかし・がな	Praza a Deos que ame eu
Ames	Nangi			Que ames tu
Amet	Are			Que ame elle
Pluraliter Vtinam amemus	Varera			Praza a Deos que amemos nos
Ametis	Nangira			Que ameis vos
Ament	Arera			Que amem elles

Amo, o, in **em.**

¶Modus optatiuus Iapponicus nullas habet proprias voces praeterquam futurum, vt *Vomoyecaxi* 思えかし. quae etiam praesenti inseruit, reliqua vero tempora per quasdam circuitiones redduntur; particula nanque, *Caxi* かし. nunquam se ad praeteritum extendit, vt exemplis patebit, vt, **aiunt tres tantum obiisse, vtinam non obierint plures** : Lus*itanice* sic, Queira Deos que não morressem mais, oxala não morressem mais ; Iap*ponice* Sic, *Condono caxxenni sannia bacari vchijini itaitato mŏsu, sono vye xinazumba* [19v] *yocarŏzu monouo* 今度の合戦に三人計討ち死に致いたと申す、その上死なずんばよからうずものを. **Dicitur abiisse ille, qui tibi molestus erat vtinam abierit.** Lus*itanice* Queira Deos que seja ja ido. Iap*ponice Indarŏniua,* vel, *indaraba yocarŏmonouo* いんだらうには・いんだらばよからうものを. etc.

¶Aduerbia illa **vtinam,** etc. vertunt Iapponii per particulas, *Negauacuua* 願わくは. *coinegauacuua* 希わくは, *auare* あわれ, *Aa* ああ, *caxi* かし, *gana* がな, *mogana* もがな, *monouo* ものを : quarum primae quatuor verbis praeponuntur, reliquae vero eisdem semper postponuntur.

Auare tada vqitoqi tçururu tomomogana あわれただ、憂き時連るる、友もがな.
Fitono nasaqeua yoni arixi fodo 人の情けは、世にありし程.
Nagaqi yono curuxiqi cotouo vomoyecaxi 永き世の、苦しき事を思えかし.
Carino yadorini nani naguequran 仮の宿りに、何嘆くらん.

¶Locutio illa *Vomôte arecaxi* 思うてあれかし. futuri est quae Lus*itanice,* sic redditur, Oxala eu entam ja tenha amado.

De modo coniunctiuo

¶Coniunctiuus modus duntaxat apud latinos quinque temporibus totidemque vocibus distinctis constat. Graeci enim praesenti, et imperfecto vocem vnam tantum, perfecto itidem vnam, et plusquam perfecto tribuunt. Hebraei, Chaldei, et Syri cum coniunctiuo careant, eum ex indicatiuo adhibitis certis particulis, vel, ex infinito praefixis certis literis, seu praepositionibus supplent, quos etiam Arabes imitati sunt; Iapponii vero tria tantum tempora distincta habent, totidemque voces, scilicet, Praesens, praeteritum perfectum, et futurum, caetera tempora ex his supplent: Praesens vt *Vomoyeba* 思えば, perfectum, *Vomôtaraba* 思うたらば, futurum *Vomouŏ*zureba* 思わうずれば, quod parum est in vsu, sed eius loco aliis vocibus vtuntur. Praeterea habent etiam Iapponii alium coniunctiuum proprium quem conditionalem iure vocare possumus, his particulis, si, et nisi praepositis coniunctiuo latino, vt *Vomoyeba* 思えば, *vomouazumba* 思わずんば. Porro coniunctiuus Latinus accedente particula **cum** in Iapponicum conuertitur per vocem, *Yeba* えば, vt *Vomoyeba* 思えば: deinde per quasdam particulas quae indicatiui vocibus postpositae respondent coniunctiuo latino quales, sunt *Toqi* 時, [20r] *aidani* 間に, *tocoroni* 処に, etc. Vt *Vomô toqi* 思う時, *vomôni* 思うに, *vomôtocoroni* 思う処に: vt *Curofuneno monogat*ARI 黒船の物語. *Voqino catauo nagamuru vorifuxi, asafi saxivataru* 沖の方を眺むる折節、朝日差し渡る: **Cum conspicaretur altum, etc.**

¶Item per voces *Vomôte* 思うて, adhibitis particulis *Yori* より, *cara* から, *nochi* 後, aut etiam sine illis, vt *Tabete*, vel *tabetecara, maitta* 食べて(食べてから)参った, **cum comederim, vel, cum postquam, vel**[2], **vbi comedissem veni** : *Sono qiŏuo narŏte cayaita* その経を習うて返いた, **cum didicissem librum,** etc. *Qiŏuo caite, vatasŏzu:* 経を書いて渡さうず, **cum scripsero,** etc. *Mexiuo tabete, mairŏzu* 飯を食べて参らうず. **cum, vel postquam, manducauero,** etc.

Coniuctiui modi tempus praesens

Cum amem	Vare	Vomoyeba, Vomôni	思えば、思うに	Como eu amo, ou amando eu
Ames	Nangi			Como tu amas
Amet	Are			Como elle ama
Pluraliter **Cum amemus**	Varera			Como nos amamos
Ametis	Nangira			Como vos amais
Ament	Arera			Como elles amam

Praeteritum imperfectum

Cum amarem	Vare	Vomoyeba, Vomôni, Vomôtareba	思えば、思うに、思うたれば	Como eu amaua, ou amando eu
Amares	Nangi			Como tu amauas
Amaret	Are			Como elle amaua
Pluraliter **Cum amaremus**	Varera			Como nos amauamos
Amaretis	Nangira			Como vos amaueis
Amarent	Arera			Como elles amauam

Praeteritum perfectum

Cum amauerim	Vare	Vomôtareba, ARUIUA, Vomôtani	思うたれば・思うたに	Como eu amei, ou tenho amado, ou amando eu, ou tendo amado
Amaueris	Nangi			Como tu amaste
Amauerit	Are			Como elle amou

2 Error in the Angelica copy "postquam vbi, , [sic] l, comedissem" is corrected in the Evora copy.

[20v]

Pluraliter **Cum amauerimus**	Varera			Como nos amamos
Amaueritis	Nangira			Como vos amastes
Amauerint	Arera			Como elles amaram

Praeteritum plusquam perfectum

Cum amauissem	Vare	*Vomôte attareba, Vomôte attani, Vomôtareba*	思うてあったれば、思うてあったに、思うたれば	Como eu amara, ou tinha amado: ou amando eu, ou tendo amado
Amauisses	Nangi			Como tu amaras
Amauisset	Are			Como elle amara
Pluraliter **Cum amauissemus**	Varera			Como nos amaramos
Amauissetis	Nangira			Como vos amareis
Amauissent	Arera			Como elles amaram

Futurum

Cum amauero	Vare	*Vomôtarŏ toqi, Vomouŏ toqi, Vomôte cara, Aruiua, nochi*	思うたらうとき、思わうとき、思うてから・後	Como eu amar, ou tiuer amado
Amaueris	Nangi			Como tu amares
Amauerit	Are			Como elle amar
Pluraliter **Amauerimus**	Varera			Como nos amaremos
Amaueritis	Nangira			Como vos amardes
Amauerint	Arera			Como elles amarem

Amaui, i in e et addita ro, eodem modo in caeteris.

¶Coniuunctiuum latinum cum particulis **Vt**, et **Ne**, reddunt Iapponii per imperatiuum, addita particula, *To* と, **vt sancitum est, vt omnes Kalendis Octobris conuenirent** : *Tçuitachiniua mina atçumaretono gojŏ nari* 朔日には皆集まれとの御諚なり. **Praecepit necui diceret**, *Tagon surunato mŏxi tçuqerareta* 他言するなと申し付けられた. Item per indicatiuum cum particulis, *Yŏni* 様に, vel, *tame* 為: **Cura, vt valeas**: *Qenagueni naru yŏni mesarei* 健気になる様にめされい. **Vide ne cadas**: *Corobanu yŏni mesarei* 転ばぬ様にめされい: **Scribo hoc, vt bene intelligas**: *Yoqu gattenno tameni coreuo caqu* よく合点の為にこれを書く. Item cum verbis desiderandi, rogandi, petendi, etc. vtuntur optatiuo, vt **rogo te ad me diuertas hodie**: *Connichi vaga tocoroye guioyni caqerareyocaxi* 今日我が処へ御意に掛けられよかし, vel *caqerareyo caxito zonzuru* 掛けられよかしと存ずる. Item per verba petendi, et participium syllaba *Te* て, vel [21r] *De* で, finitum, **peto vt legas**, *yôde cudasarei* 読うで下されい, *caite curei* 書いて呉れい, *vomŏxiatte tamôre* お申しあって給うれ. Denique in aliquibus locutionibus vtuntur Iapponii indicatiuo pro coniunctiuo. **Nemo est, qui te non diligat, laudet**: **nemo est, qui te odio habeat**: *Sonatauo taixetni vomouanu monoua nai* そなたを大切に思わぬ者は無い: *fomenu fitoua*[3] *nai* 褒めぬ人は無い, *nicumu fitoua*[4] *nai* 憎む人は無い, etc.

¶**Coniunctiuus cum particula Quanuis**

Pra*esens*	**Quanuis amem**	*Vomoyedomo, vomôtomo*	思えども、思うとも	Posto que eu ame

---

3 "ua" is an interpolation existent only in the Evora copy.

4 "ua" id.

Praeteritum imperfectum	Quanuis amarem	Vomoydemo, Aʀᴜɪᴜᴀ, vomôtaredomo	思えども・思うたれども	Posto que eu amara: ou amasse
Praeteritum Perfectum	Quanuis amauerim	Vomôtaredomo, Aʀᴜɪᴜᴀ, vomôtaritomo	思うたれども・思うたりとも	Posto que eu tenha amado
Praeteritum Plusquam perfectum	Quanuis amauissem	Vomôte attaredomo, Aʀᴜɪᴜᴀ vomôtaritomo	思ってあれども・思うたりとも	Posto que eu tiuera amado
Futurum	Quanuis amauero	Vomoŭzuredomo Aʀᴜɪᴜᴀ, vomouŏtomo, Aʀᴜɪᴜᴀ, vomôtaritomo	思わうずれども・思わうとも・思うたりとも	Posto que eu tiuer amado

¶Coniunctiuus cum particula Si

Praesens

| **Si Amem** | Vare | Vomouaba, vomônaraba, vomônivoiteua | 思わば、思うならば、思うに於いては | Se eu amar |

Praeteritum imperfectum

| **Si amarem** | Vare | Vomouaba, vomôtaraba | 思わば、思うたらば | Se eu amasse: ou amara etc. |

Praeteritum perfectum

| **Si amauerim** | Vare | vomôtaraba | 思うたらば | |

Praeteritum plusquam perfectum

| **Si amauissem** | Vare | Vomôte attaraba | 思うてあったらば | |

Futurum

| **Si amauero** | Vare | Vomouaba, vomônaraba, vomôtaraba | 思わば、思うならば、思うたらば | |

¶Quorsum, inquies, coniunctiuum pueris inculcas? Primum vt intelligant, esse huius etiam modi proprias voces Iapponicas, adhibitis nonnullis particulis, deinde vt Iapponicum sermonem in latinum conuertant.

¶Haec vox, **Quanuis,** apud Iappones explicatur per particulas, *Domo* ども, et *Tomo* とも, etc. est tamen discrimen: nam *Domo* ども magis proprie videtur respondere particulae, **Quanuis,** et fere subintelligitur aduerbium tamen, quod in latina lingua exprimi debet: idem etiam itelligendum est de particulis *Ga* が, et *Vo* を, cum pro *Domo* ども vsurpantur, vt *Mairŏzuruuo* 参らうずるを, *cacŏzuruga* 書かうずるが, id est *Mairŏzuredomo* 参らうずれども, *cacŏzuredomo* 書かうずれども, etc.

¶Particulae, *Vo* を, *tomo* とも, *toyŭtomo* と言うとも, *tomama* とまま, *rebatote* ればとて, et vox *Vomôtemo* 思うても, licet coniunctiuo cum particula **Quanuis** vt plurimum respondeant, maxime interueniente particula, *Tatoi* 縦い, magis tamen proprie ad permissiuum spectare videntur, vt Feiqe 平家 lib. 1. *Tatoi Quambacunaritomo Qiyomoriga atariuoba fabacarŏzuru cotogia* 縦い関白なりと

も清盛が辺りをば憚らうずる事ぢゃ. Idem, lib. 4. *Mizzuno soconi xizzumaraxeraretarebatote, nai fitouo goranjerareô cotoua catacarŏzu* 水の底に沈まらせられたればとて、無い人を御覧ぜられう事は難からうず. Morte monog*atari* モルテ物語 *Tonono goxucqe mexebatote, sore icasama cocoroatemo gozarŏzu, sonatano xucqeua nanigotozo*？殿の御出家めせばとて、それ如何様心宛てもござらうず、そなたの出家は何事ぞ

¶**Potentialis modi tempus praesens**

| Amem | Vare | *Vomoŭca?* | 思わうか | Que ame eu? q*ue* hei de amar? amarei eu? |

Praeteritum im*perfectum*

| Amarem | Vare | *Vomoŭzu* | 思わうず | Amaria ou amara, ou pu*dera amar |

Praeteritum perfectum

| Amauerim | Vare | *Vomoŭzu, vomôta cotomo arŏzu, vomôtçurŏ* | 思わうず、思うた事もあらうず、思うつらう | Pude eu amar |

Praeteritum plusquam perfectum

| Amauissem | Vare | *Vomoŭzu, vomôta cotomo arŏzu, vomôtçurŏ* | 思わうず、思うた事もあらうず、思うつらう | Amara eu: ou pu*dera ter amado |

F*uturum*

| Amauerim | Vare | *Vomoŭzu, vomô cotomo arŏzu* | 思わうず、思う事もあらうず | Amaria eu, amarei poderei eu amar |

¶Haec vox Iapponica praesentis temporis cum interrogatione vsurpatur, ob quam causam interrogationis notam adiecimus: Cic*ero*, 3, de Orat. **Ego te consulem putem?** *Sonatauo xugodaito vomoŭca?* そなたを守護代と思わうか Interdum etiam sine interrogatione vtimur, Quint*ilianus* lib. 6., cap. 5, **Videas plerosque ira percitos,** *Amatano fito xinyno fonouoni moyuruuo mibexi* 数多の人嗔恚の炎に燃ゆるを見べし.

¶Illa vox futuri indicatiui, *Vomoŭzu* 思わうず maxime est in vsu pro praeterito potentiali, cuius exempla passim occurrunt vt, Qiacu monog*atari* 客物語 *Gozaiqiŏ giŭno vocotodomo sazo iroirono cotoga gozarŏzu* 御在京中の御事どもさぞ色々の事がござらうず.

¶**Permissiui, siue concessiui modi tempus praesens**

| Amem | Vare | *Vomoimoxei, vomoyebatote, vomôtemo, vomôtotemo, vomoye* | 思いもせい、思えばとて、思うても、思うとても、思え | Ame, dou lhe q*ue* ame, mas que ame |

Praeteritum im*perfectum*

| Amarem | Vare | *Vomôtemo, vomôtaritomo* | 思うても、思うたりとも | Amara, dou lhe que amàra, mas q*ue* amara |

Praeteritum perfectum

| Amuerim | Vare | *Vomôtarebatote, vomôtaritomo* | 思うたればとて、思うたりとも | Amasse, dou lhe que amasse, mas q*ue* amasse |

Praeteritum plus*quam perfectum*

| Amauissem | Vare | *Vomôte attarebatote, A*ʀᴜɪᴜᴀ, *vomôtaritomo* | 思うてあったればとて・思うたりとも | Amara, dou lhe que amara, mas q*ue* tiuera amado |

[22v]
Fut*urum*

| Amauero | Vare | *Vomouŏtomo, vomôtaritono, vomouŏzurebatote* | 思わうとも、思うたりとも、思わうずればとて | Dou lhe q*ue* venha ou chegue a amar |

De modo infinito

¶Modus coniunctiuus, atque infinitus praeter caeteros tyronibus in compositione negotium exhibet, quoniam igitur de eo egimus, superest, vt de hoc nonnulla etiam dicamus. Infinitus apud Iapponios nullas proprias voces habet, praeter participium syllaba *Te* て, vel, *De* で, terminatum (si forte participium est) quod etiam Gerundio in **Do,** inseruit, vt *Vomôte* 思うて, *yôde* 読うで, *aguete* 上げて, etc. Cum igitur non sint propriae voces infiniti, ex indicatiuo supplentur, additis particulis, *Coto* 事, *to* と, *yoxi* 由, *gui* 儀, *dan* 段, *mune* 旨, *va* は, *vo* を et aliae multae, vt exemplis patefiet. Feiqe 平家 lib. 1, *Bujen*[5]*no Camidono conya yamivchini xeraretamŏ beqi yoxi tçutaye vqetamauaru* 豊前 *[備前] の守殿今夜闇討ちにせられ給うべき由伝え承る*. **Audiui interficiendum esse,** etc. *Goxeibainasarubeqi mune vôxe idasare soro* 御成敗なさるべき旨仰せ出され候. **dixit se eum interfecturum esse.**

¶*Xixó dexiuo vtçuua nicumuni arazu, yocaraximenga tame nari* 師匠弟子を打つは憎むに非ず、良からしめんが為なり: vel, *vtçu cotoua* 打つ事は: sic etiam *Vomôua yasui, qiqhua cataxi* 思うは易い、聞くは難し, *tadaima forobinzuruuomo cayerimizu*: 只今滅びんずるをも顧みず, *yavchino Orationo jibun, tomoxibino naiga xinjinno tameniua nauo yoi* 夜中のオラショの時分、灯の無いが信心の為には尚良い. Sic etiam dicimus *Qiqugayoi* 聞くがよい, *qijtaga varui* 聞いたが悪い, *mairuga maxigia* 参るがましぢゃ: **Bonum est, est audire,** etc. Feiqe 平家 lib. 1, *Muxino coyegoye vramurumo auare nari* 虫の声々恨むるも哀れなり: *Cayŏni vôxerarurumo,* vel *cotozo auarenari* かやうに仰せらるるも・事ぞ哀れなり: *vramurucotomo, soxirumo varui cotogia* 恨む事も誹るも悪い事ぢゃ. *Meuo aqurumo, fusagumo cochino mamade gozaru* 目を開くるも、塞ぐもこちの侭でござる. **Oculos aperire,** et **claudere nostra est libertate.** Feiqe. 平家 Lib. 1, *Xisonno quando, riô*no cumoni noboru yoriua nauo sumiyaca nari* 子孫の官途、竜の雲に昇るよりは尚速やかなり. Sic etiam, *Mairuyoriua, mairanuua maxi* 参るよりは参らぬはまし: *caquyoriua cacanuga tevye de gozaru* 書くよりは書かぬが手上でござる: **melius est non scribere, quam scribere,** etc.

¶Item per has particulas *Caimo nai* かいも無い, *mademonai* 迄も無い *voyobanu* 及ばぬ, *yŏnigozaru* 様にござる, *guena* げな: vt *aguru caimonai* 上ぐるかいも無い, *mŏsu mademonai* 申す迄も無い, *caquni voyobanu* 書くに及ばぬ, *itasu yŏni gozaru* 致す様にござる, *yomuguena* 読むげな, **videtur facere, legere,** etc.

¶Item radices verborum proprie infinito respondent praesertim cum verbis volendi, discendi,

---

5 "Bujen": "Bijen" is expected.

incipiendi, vt **Cupio ad te scribere,** *Sonatani fumiuo* [23r] *cacŏ*[6] *to zonzuru* そなたに文を書かうと存ずる: **Incipio legere,** *yomi fajimuru* 読み始むる: **Disco legere,** *yomi narŏ* 読み習う: deinde cum his verbis *Canuru* 兼ぬる, *yenu* 得ぬ, *sŏna,* vel *sŏni zonzuru* さうな、さうに存ずる, *yomi canuru* 読み兼ぬる, *yecacanu,* vel *caqiyenu* え書かぬ、書き得ぬ: **non possum scribere**: *Yomisŏna* 読みさうな, **videtur legere,** etc.

¶Aliquando vtuntur Iapponii suo optatiuo, vt **malo te esse doctum, quam diuitem**: *Buguenxato narŏ yoriua, gacuxŏni narareyo caxito zonzuru* 分限者と成らうよりは、学匠に成られよかしと存ずる. **Cupio, vel, volo te literas amare**: *gacumonni sucareicaxito zonzuru* 学文に好かれいかしと存ずる. Item in aliis locutionibus: **Doleo me non scripsisse ad patrem tuum**: **Non possum non facere,** etc. vtuntur participio negatiuo vt *Fumiuo cacaide cuyaxŭ gozuru,* vel, *meiuacuni zonzuru,* 文を書かいで悔しうござる、迷惑に存ずる, *xeide canauanu* せいでかなわぬ, *mairaide canauanu* 参らいでかなわぬ, *mairŏdegozaru* 参らうでござる, **dicit se iturum,** etc.

¶Quod vero attinet ad gerundia, et supina, ea ex indicatiuo cum quibusdam particulis supplentur, praeter gerundium in **Do,** quod habet vocem illam *vomôte* 思うて: gerundio igitur in **Di** inseruiunt voces praesentis, et futuri indicatiui, cum sequitur aliquod nomen susbstantiuum, quae oratio magis relatiua dicenda erit, vt **non est tempus scribendi** *Cacu jibun degozaranu* 書く時分でござらぬ. Huic etiam gerundio respondent interdium haec duo nomina substantiua verborum radicibus adiuncta, *s*cilicet *Yŏ* 様, *sama* 様, vt *caqiyŏ* 書き様, *mŏxiyŏ* 申し様, *cuiyŏ* 食い様, *inisama* 寝に様, *nesama* 寝様, *voqisama* 起き様, etc. **Modus scribendi, tempus dormiendi** etc. Radix tamen, quae priori nomini iungitur potius habet vim, nominis, quam verbi, qua de causa genitiuo gaudet, vt *Yorozzuno te atarino monono i*yyŏ* 万の手当たりの物の言い様, *vosacazzuqino vomaraxeyŏ* お杯のおまらせ様. **Sum defessus scribendo,** *Cacuni cutabireta,* vel, *monouo caite cutabireta* 書くにくたびれた、物を書いてくたびれた. **Vocor ad scribendum,** *monouo caqu tameni yobaruru* 物を書くために呼ばるる. **Eo scriptum,** *Monouo caqini mairu* 物を書きに参る.

¶**Supinum in, V,** redditur aut per radicem passiuae vocis, vt *Vomovare yasui* 思われ易い, **facile cogitatu**: aut per radicem actiuae vocis iunctam cum his adiectiuis *Yasui* 易い, *yoi* 良い, pro *Yasui* 易い, *gatai* 難い, *nicui* にくい, vt *caqi yasui* 書き易い, **facile scriptu**: *Yomiyasui* 読み易い, **facile lectu**: *Xinicui* しにくい, **difficile factu,** *Mŏxigatai* 申し難い, **difficile dictu.**

¶**Cum vero dicimus latine, Mirabile visu, horribile dictu,** Iapponice sic forte reddi licebit: *Miteua fuxiguina, yŭteua vosoroxij* 見ては不思議な、言うては怖ろしい, vel, *mirumo* [23v] *fuxiguina, yŭteua vosoroxij* 見るも不思議な、言うては怖ろしい, vel, *mirumo fixiguina, yŭmo vosoroxij* 見るも不思議な、言うも怖ろしい, etc.

¶Cum igitur in his duobus modis tanta insit vtilitas, atque ex eorum cognitione bona pars syntaxeos pendeat (nunquam enim turpius quam in modorum, temporumque structura labuntur tyrones) curabit quam diligentissime magister vt, quotidie inter declinanda verba

---

6 The Angelica copy "caquto" may be a confusion with the infinitive (supra). The Evora copy "caquŏto" seems to have failed to correct this.

breues in latinum orationes conuertant, meminerit tamen, pingui vt aiunt, Minerua exercendos esse, ne taedio affecti literis nuntium remittant, sed latina potius oratiuncula recreati, ad maiores progressus alliciantur et excitentur.

Infinitiui modi tempus praesens

| Amare | Vare Nangi Are Varera Nangira Arera | Vomôcoto, Aʀᴜɪᴜᴀ, Vomôto | 思う事・思うと | Amar: ou que amo, amas, ama, amamos, amais, amam |

Amas addita, **re**, fit **amare**, sic **docere, legere, audire.**

Praeteritum **imperfectum**

| Amare | Vare Nangi Are Varera Nangira Arera | Vomô coto, Aʀᴜɪᴜᴀ, to, Vomôta coto, Aʀᴜɪᴜᴀ, to | 思う事・と、思うた事・と | Amar: ou que amaua, amauas, amaua, amauamos, amaueis, amaua, amauaõ |

Praeteritum **perfectum**

| Amauisse | Vare Nangi Are Varera Nangira Arera | Vomôta coto, Aʀᴜɪᴜᴀ, to | 思うた事・と | Ter amado: ou que amei, amaste, amou, amamos, amastes, amaram: ou que tenho, tens, tem amado, temos, tendes, tem amado |

Amaui, addita, **s**, et **ss**, fit **amauisse** : sic **docuisse, legisse, audiuisse.** [24r]

Praeteritum **plusquam perfectum**

| Amauisse | Vare Nangi Are Varera Nangira Arera | Vomôte atta coto, Aʀᴜɪᴜᴀ, to | 思うてあった事・と | Ter amado: ou que amara, amaras, amara: amàramos, amareis, amàram: ou que tinha, tinhas, tinha amado, tinhamos, tinheis, thinham amado |

F**uturum**

| Amaturum, am, um esse | Vare Nangi Are | Vomouŏzuru coto, Aʀᴜɪᴜᴀ, to | 思わうずる事・と | Que hei, has, ha de amar: ou que amarei, amaras, amara |
| Plur*aliter* Amaturos, as, a esse | Varera Nangira Arera | | | Que auemos, aueis, ham de amar: ou que amaremos, amareis, amaram |

| Amaturum, am, um fuisse | Vare Nangi Are | Vomouŏzu coto, Aʀᴜɪᴜᴀ, to | 思わうず事・と | Que houuera, houueras, houuera de amar |
| Plur*aliter* Amaturos, as, a fuisse | Varera Nangira Arera | | | Que houueramos, houuereis, houuèram de amar |

¶Sunt qui futurum infiniti modi non solum accusandi sed etiam nominandi casu efferant sic,

37

Amaturus, vel, **Amaturum esse,** neque immerito: siquidem infinitum esse vtrumque casum admittit. **Videor ne tibi aliquando amaturus esse literas? Putas me aliquando amaturum esse literas?** *Vareua tçuini gacumonni suqimaraxôto vomoiaruca?* 我は終に学文に好きまらせうと思いあるか Nos tamen veteres Grammaticos secuti, accusandi casu tanquam proprio infiniti fuimus contenti, si quis vero et nominandi addiderit, minime displicebit.

Gerundia

Amandi		*Vomô,* A*ruiua,* *vomouŏzu*	思う・思わうず	De amar
Amando		*Vomôni, vomôte,* A*ruiua,* *vomouarete*	思うに、思うて・思われて	Em amar, de amar, amando, e sendo amado
Amandum		*Vomouŏtame, Vomouŏzuru tame,* A*ruiua, tote,* A*ruiua, vomouaruru tameni*	思わうため、思わうずるため・とて・思わるるために	A amar: pera amar a ser, e pera ser amado

Amans, amantis, tis in **di, do, dum**: eodem modo in caeteris coniugationibus.

Supina

| Amatum | | *Vomoini,* A*ruiua, vomô tameni* | 思いに・思う為に | A amar: pera amar |
| Amatu | | *Vomoi,* A*ruiua,* *vomouare* | 思い・思われ | De ser amado: pera se amar |

Participia declinationis actiuae, temporis praesentis, et imperfecti

| Amans, amantis | | *Vomô fito,* A*ruiua, mono,* A*ruiua, Vomôte* | | O que ama, e amaua |

Amabam, bam mutata in **ns,** sic in caeteris.

Futuri

| Amaturus, a, um | | *Vomouŏzu fito,* A*ruiua, mono, vomouŏzuru tame,* A*ruiua, vomouŏto suru,* A*ruiua, itaita fito, vomouŏzuruni,* A*ruia, tocoroni* | 思わうずる人・物、思わうずる為・思わうとする・致いた人、思わうずるに・処に | O que ha, ou houuer de amar, pera amar |

Amatum, m, mutata in **rus,** caetera eodem modo.

¶Formauimus hoc participium a priore supino propter verba neutra, quae posteriore carent: Doceant praeceptores pueros, participia futuri temporis tam actiua, quam passiua etiam verbo substantiuo coniungere, ne semper verbo debeo, quod illis familiarissimum est, vtantur: **sum amaturus, es amaturus,** etc. Pro **debeo amare, debes amare,** etc. **Amaturus eram, eras,** pro **debebam, debebas amare,** etc. **Amandus sum, es,** pro **debeo, debes amari. Amandus eram, eras,** etc. pro **debebam, debebas amari.**

¶Locutio illa, qua participia redduntur, *Vomô fito,* vel, *mono* 思う人、物 ad relatiuum potius, quam ad participium spectat.

¶Circuitio illa *Vomouŏzuruni,* vel *tocoroni* 思わうずるに・処に respondet participio futuri cum coniungitur verbo substantiuo, *Teiqinno vŏraini. Guanzanno tçuideuo motte isogui mŏsubeqino tocoroni, fitobito nenobino asobini carimoyouosaruruno aida, vomoi nagara yenninsu* 庭訓の往来に、元三の次でを以て急ぎ申すべきの処に、人々子の日の遊びに駆り催さるるの間、思い乍ら延引す*, id est* **Cum essem scripturus,** vel, **cum deberem scribere.**

Amor verbum passiuum, sic declinabitur

Indicatiui modi tempus praesens

Amor	Vare	*Taixetni vomouaruru*	大切に思わる る	Eu sou amado
Amaris, vel, amare	Nangi			Tu es amado
Amatur	Are			Elle he amado
Plur*aliter* **Amamur**	Varera			Nos somos amados
Amamini	Nangira			Vos sois amados
Amantur	Arera			Elles sam amados

Amo, addi **r,** caetera eodem modo.

Praeteritum imperfectum

Amabar	Vare	*Vomouaruru,* A*ruiua Vomouareta*	思わるる・思 われた	Eu era amado
Amaberis, vel, *ama*bare	Nangi			Tu eras amado
Amabatur	Are			Elle era amado
Plur*aliter* **Amabamur**	Varera			Nos eramos amados
Amabamini	Nangira			Vos ereis amados
Amabantur	Arera			Elles eram amados

Amabam, m mutata in, **r,** sic in caeteris.

Praeteritum perfectum

Amatus, amata, amatum sum, vel, fui	Vare, etc.	*Vomouareta,* A*ruiua, Vomouarete aru*	思われた・思 われてある	Eu fui amado
Amatus, ta, tum es, vel, fuisti				Tu foste amado
Amatus, ta, tum est, vel, fuit				Elle foi amado
Plur*aliter* **Amati, amatae, amata sumus, vel, fuimus**				Nos fomos amados
Amati, tae, ta estis, vel, fuistis				Vos fostes amados
Amati, tae, ta sunt, fuerunt, vel, fuere				Elles foram amados

Amatu, addita **s** : sic in caeteris. [25v]

39

Praeteritum plusquam perfectum

Amatus, amata, amatum eram, vel, fueram	Vare, etc.	*Vomouarete atta*	思われてあった	Ja eu era, ou fora amado
Amatus, ta, tum eras vel fueras				Tu eras, ou foras amado
Amatus, ta, tum erat vel fuerat				Elle era, ou fora amado
Pluraliter **Amati, amatae, amata eramus, vel, fueramus**				Ja nos eramos, ou foramos amados
Amati, tae, ta eratis, vel, fueratis				Vos ereis, ou foreis amados
Amati, tae, ta erant, vel, fuerant				Elles eram, ou foram amados

Futurum

Amabor	Vare	*Vomouareôzu*	思われうず	Eu serei amado
Amaberis, vel *ama*bere	Nangi			Tu seras amado
Amabitur	Are			Elle sera amado
Pluraliter **Amabimur**	Varera			Nos seremos amados
Amabimini	Nangira			Vos sereis amados
Amabuntur	Arera			Elles seram amados

Amabo, addita, r, sic **docebor.**

Imperatiui praesens

Amare, vel, amator	Nangi	*Vomouarei ARUIUA, Vomouareyo*	思われい・思われよ	Se tu amado
Ametur	Are	*Vomouareyoto*	思われよと	Seja elle amado
Pluraliter **Amemur**	Varera	*Vomouareô*	思われう	Sejamos nos amados
Amemini, vel, ameminor	Na*n*gira	*Vomouareyo*	思われよ	Sede vos amados
Amentur	Arera	*Vomouareyoto*	思われよと	Sejam elles amados

Ama, addita re. amato, **addita,** r : **sic in caeteris.**

Futurum, siue modus mandatiuus

Amator tu, amaberis, vel, amabere	Nangi	*Vomouarubexi*	思わるべし	Seras tu amado
Amator ille, vel, amabitur	Are			Sera elle amado
Pluraliter **Amaminor, vel, amabimini**	Na*n*gira	*Vomouarubexi*	思わるべし	Sereis vos amados
Amantor, vel, amabuntur	Arera			Seram elles amados

Optatiui modi tempus praesens, et imperfectum

Vtinam amarer	Vare	*Auare vomouareyocaxi, A*ʀᴜɪᴜᴀ*, gana*	あわれ思われ よかし・がな	Oxala fora eu, ou fosse amado
Amareris, vel, amarere	Nangi			Foras tu, ou fosses amado
Amaretur	Are			Fora elle, ou fosse amado
Plu*raliter* Vtinam amaremur	Varera			Oxala foramos nos, ou fossemos amados
Amaremini	Nangira			Foreis vos, ou fosseis amados
Amarentur	Arera			Foram elles, ou fossem amados

Amarem, m, in r : sic in caeteris.

Praeteritum perfectum

Vtinam amatus, amata, amatum sim, vel, fuerim	Vare, etc.	*Vomouaretarŏniua, Vomouaretaraba yocarŏ monouo*	思われたらう には、思われ たらばよから うものを	Queira Deos q*ue* fosse eu amado
Amatus, ta, tum, sis, vel, fueris				Que fosses tu amado
Amatus, ta, tum, sit, vel, fuerit				Que fosse elle amado
Plu*raliter* Vtinam amati, amatae, amata simus, vel, fuerimus				Queira Deos q*ue* fossemos nos amados
Amati, tae, ta, sitis, vel, fueritis				Que fosseis vos amados
Amati, tae, ta, sint, vel, fuerint				Que fossem elles amados

Praeteritum plusquam perfectum

Vtinam Amatus, amata, amatum seem, vel, fuissem	Vare, etc.	*Vomouareô*zuru monouo vomouarete attaraba yocarŏ monouo*	思われうずる ものを、思わ れてあったら ばよからうも のを	Prouuera a Deos q*ue* fora eu amado
Amatus, ta, tum esses vel fuisses				Que foras tu amado
Amatus, ta, tum esset vel fuisset				Que fora elle amado
Plu*raliter* Vtinam amati, amatae, amata essemus, vel, fuissemus				Prouuera a Deos q*ue* foramos nos amados
Amati, tae, ta essetis, vel, fuissetis				Que foreis vos amados
Amati, tae, ta essent, vel, fuissent				Que foram elles amados

Futurum

Vtinam Amer	Vare	*Vomouareyo caxi, A<small>RUIUA</small>, gana*	思われよかし・がな	Praza a Deos q*ue* seja eu amado
Ameris, vel, amere	Nangi			Que sejas tu amado
Ametur	Are			Que seja elle amado
<small>Pluraliter</small> Vtinam amemur	Varera			Praza a Deos q*ue* sejamos nos amados
Amemini	Nangira			Que sejais vos amados
Amentur	Arera			Que sejam elles amados

Amem, m, in r, sic in caeteris.

Coniunctiui modi tempus praesens

Cum amer	Vare	*Vomouarureba, A<small>RUIUA</small>, Vomouaruruni*	思わるれば・思わるるに	Como eu sou amado: ou sendo eu amado
Ameris, vel, amere	Nangi			Como tu es amado
Ametur	Are			Como elle he amado
<small>Pluraliter</small> Cum amemur	Varera			Como nos somos amados
Amemini	Nangira			Como vos sois amados
Amentur	Arera			Como elles sam amados

Praeteritum imperfectum

Cum amarer	Vare	*Vomouarureba, Vomouaruru tocoroni, Vomouaretareba*	思わるれば、思わるる処に、思われたれば	Como eu era amado: ou sendo eu amado
Amareris, vel, *ama*rere	Nangi			Como tu eras amado
Amaretur	Are			Como elle era amado
<small>Pluraliter</small> Cum amaremur	Varera			Como nos eramos amados
Amaremini	Nangira			Como vos ereis amados
Amarentur	Arera			Como elles eram amados

Praeteritum perfectum

Cum amatus, ta, tum sim, vel, fuerim	Vare, etc.	*Vomouaretareba, Vomouaretani*	思われたれば、思われたに	Como eu fui amado: ou sendo eu amado
Amatus, ta, tum sis, vel, fueris				Como tu foste amado
Amatus, ta, tum sit, vel, fuerit				Como elle foi amado
<small>Pluraliter</small> Cum amati, tae, ta simus, vel, fuerimus				Como nos fomos amados
Amati, tae, ta sitis, vel, fueritis				Como vos fostes amados
Amati, tae, ta sint, vel, fuerint				Como elles foram amados

Praeteritum plusquam perfectum

Cum amatus, amata, amatum, essem, vel, fuissem	Vare, etc.	Vomouarete attareba, Vomouarete attani, vomouaretareba	思われてあったれば、思われてあったに、思われたれば	Como eu ja era, ou fora amado: ou sendo amado
Amatus, ta, tum esses, vel, fuisses				Como tu ja eras, ou foras amado
Amatus, ta, tum esset, vel, fuisset				Como elle ja era, ou fora amado
Pluraliter Cum amati, amatae, amata, essemus, vel, fuissemus				Como nos ja eramos, ou foramos amados
Amati, tae, ta essetis, vel, fuissetis				Como vos ja ereis, ou foreis amados
Amati, tae, ta essent, vel, fuissent				Como elles ja eram, ou foram amados

[27v]
Futurum

Cum amatus, amata, amatum ero, vel, fuero	Vare, etc.	Vomouareô toqi, vomouarete cara, Aʀᴜɪᴜᴀ, nochi	思われう時、思われてから・後	Como eu for amado
Amatus, ta, tum eris, vel, fueris				Tu fores amado
Amatus, ta, tum erit, vel, fuerit				Elle for amado
Pluraliter Cum amati, amtae, amata erimus, vel, fuerimus				Como nos foremos amados
Amati, tae, ta eritis vel fueritis				Vos fordes* amados
Amati, tae, ta erunt vel fuerint				Elles forem amados

¶Coniunctiuus cum particula, Quanuis

Praesens

Quanuis Amer	Vare	Vomouaruredomo, vomouarurutomo	思わるれども、思わるるとも	Posto que eu seja amado

Praeteritum imperfectum

Quanuis amarer	Vare	Vomouaruredomo, vomouaretaredomo	思わるれども、思われたれども	Posto que eu fora, ou fosse amado

Praeteritum perfectum

Quanuis amatus, ta, tum sim, vel, fuerim	Vare	Vomouaretaredomo, vomouaretaritomo	思われたれども、思われたりとも	

Praeteritum plusq*uam perfectum*

| Qua*n*uis, amatus, ta, tum essem, vel, fuissem | Vare | *Vomouarete attare domo, vomouaretaritomo* | 思われてあったれども、思われたりとも |

Fut*urum*

| Qua*n*uis, amatus, ta, tum ero, vel, fuero | Vare | *Vomouareôtomo, vomouaretaritomo, vomouareôzuredomo* | 思われうとも、思われたりとも、思われうずれども |

¶ Coniunctiuus cum particula, Si, tempus praesens

| Si amer | Vare | *Vomouareba, vomouaruruni voiteua* | 思われば、思わるるに於いては | Se eu for amado |

P*r*aeteritum im*perfectum*

| Si amarer | Vare | *Vomouaretareba, Aruiua, Vomouareba* | 思われたれば・思われば | Se eu fosse, ou fora amado etc. |

P*r*aeteritum *perfectum*

| Si amatus, ta, tum, sim, vel, fuerim | Vare | *Vomouaretareba* | 思われたれば |

P*r*aeteritum plusq*uam perfectum*

| Si amatus, ta, tum, essem, vel, fuissem | Vare | *Vomouarete attaraba* | 思われてあったらば |

Fut*urum*

| Si amatus, ta, tum, ero, vel, fuero | Vare | *Vomouareba, Vomouareônaraba, Vomouaretaraba* | 思われば、思われうならば、思われたらば |

¶Potentialis modi tempus praesens

| Amer | Vare | *Vo̽mouareôca?* | 思われうか | Que seja eu amado? q*ue* hei eu de ser amado? serei eu amado? |

P*r*aeteritum im*perfectum*

| Amarer | Vare | *Vomouareôzu* | 思われうず | Seria eu, ou fora, ou pu*dera ser amado |

P*r*aeteritum *perfectum*

| Amatus, ta, tum sim, vel, fuerim | Vare | *Vomouareôzu, vomouareta cotomo arŏzu, vomouaretçurŏ* | 思われうず、思われた事もあらうず、思われつらう | Pude eu ser amado |

P*r*aeteritum plusq*uam perfectum*

| Amatus, ta, tum essem, vel, fuissem | Vare | *Vomouareôzu, vomouareta cotomoarŏzu* | 思われうず、思われた事もあらうず | Fora eu, ou pudera ser amado |

Fut*urum*

| Amatus, ta, tum sim, vel, fuerim | Vare | *Vomouareôzu, vomouarurucotomo arŏzu* | 思われうず、思わるる事もあらうず | Seria eu, serei, poderei eu ser amado |

¶Permissiui, siue concessiui modi tempus praesens

| Amer | | Vomouaremo xei, vomouarurebatote, vomouaretemo, vomouarurutotemo | 思われもせい、思わるればとて、思われても、思わるるとても | Seja amado, dou-lhe que seja, mas que seja amado |

Praeteritum imperfectum

| Amarer | | Vomouaretemo, vomouaretaritomo | 思われても、思われたりとも | Fora amado, dou-lhe que fora, mas que fora amado |

Praeteritum perfectum

| Amatus, ta, tum, sim, vel, fuerim | | Vomouaretarebatote, vomouaretaritomo | 思われたればとて、思われたりとも | Fosse amado, dou-lhe que fosse, mas que fosse amado |

Praeteritum plusquam perfectum

| Amatus, ta, tum, essem, vel, fuissem | | Vomouarete attarebatote, vomouare taritomo | 思われてあったればとて、思われたりとも | Fora amado, dou-lhe que fora, mas que fora amado |

Futurum

| Amatus, ta, tum, fuero | | Vomouareôzureba tote, Vomouareôtomo, vomouaretaritomo | 思われうずればとて、思われうとも、思われたりとも | Dou-lhe que venha, ou chegue a ser amado |

Infiniti modi tempus praesens

| Amari | Vare Nangi Are Varera Nangira Arera | Vomouarurucoto, A*RUIUA*, to | 思わるる事・と | Ser amado, ou que sou, es, he, somos, sois, saõ amados |

Amare, e, in, i : sic doceri, audiri. [29r]

Praeteritum imperfectum

| Amari | Vare Nangi Are Varera Nangira Arera | Vomouarurucoto, A*RUIUA*, to, vomouareta coto, A*RUIUA*, to | 思わるる事・と、思われた事・と | Ser amado: ou que era, eras, era, eramos, ereis, eraõ amados |

Praeteritum perfectum

| Amatum, am, tum, esse, vel, fuisse | Vare Nangi Are | Vomouareta coto, A*RUIUA*, to | 思われた事・と | Que fui, foste, foi amado |
| Pluraliter Amatos, tas, ta, esse, vel, fuisse | Varera Nangira Arera | | | Que fomos, fostes, foram amados |

Praeteritum plusquam perfectum

| Amatum, am, tum, esse, vel, fuisse | Vare Nangi Are | Vomouarete atta coto, A*RUIUA*, to | 思われてあった事・と | Que era, ou fora, eras, ou foras, era, ou fora amado |
| Amatos, as, ta, esse, vel, fuisse | Varera Nangira Arera | | | Que eramos, ou foramos, ereis, ou foreis, eraõ, ou foram amados |

Fut*urum*

Amatum iri, vel, amandum, am, um esse	Vare Nangi Are	*Vomouareô coto, A*RUIUA*, to*	思われう事・と	Que hei, has, ha de ser amado: ou q*ue* serei, seras, sera amado
Amatum iri, amandos, as, a, esse	Varera Nangira Arera			Que hauemos, haueis, haõ de ser amados: ou q*ue* seremos, sereis, serão amados

[29v]

Amandum, am, um, fuisse	Vare Nangi Are Varera Nangira Arera	*Vomouareô coto, A*RUIUA*, to*	思われう事・と	Que houuera, houueras, houuera de ser amado
Amandos, as, a fuisse				Que houueramos, houuereis, houueram de ser amados

¶Participia praeteriti temporis

Amatus, ta, tum		*Vomouaruru mono, A*RUIUA*, vomouareta fito, A*RUIUA*, vomouarete*	思わるる物・思われた人・思われて	Cousa amada

Amatu, addita, s : caetera eodem modo.

Futuri

Amandus, a, um		*Vomouareôzuru mono, A*RUIUA*, fito, A*RUIUA*, vomouareôzuruni, A*RUIUA*, tocoroni*	思われうずる物・人・思われうずるに・処に	Cousa q*ue* ha, ou houuer de ser amada

Amans, amantis, tis in dus, da, dum, sic in caeteris.

¶Participiis praeteriti temporibus abundant Iapponii quae non solum a verbis actiuis, sed etiam a neutris, et passiuis deducunt: vt *Vomôte* 思うて，*vomouarete* 思われて，*maitte* 参って，*modotte* 戻って，*aruite* 歩いて quibus etiam abundant Lusitani praesertim in passiuis et neutris: vt Amado *[7], ido *[8], vindo, tornando, andando etc. **Abiectus, contemptus et despectus a caeteris in tuam tutelam se contulit,** *Xoninni sute iyaximerarete vocagouo auoguitatematçuru* 諸人に捨て卑しめられて御加護を仰ぎ奉る．[30r]

---

7 Error in the Angelica copy "Amando" (not passive, but active) is corrected in the Evora copy as "Amado".

8 "indo" in the Angelica copy is replaced with "ido" in the Evora copy. L72 ("Arte Grande") : "Participiis praeteriti temporibus abundant Lusitanii ... Ido, vindo, tornado, andado" (36[1]V).

46

Secunda coniugatio

Doceo, verbum actiuum, modi indicatiui, temporis praesentis, numeri singularis, personae primae, coniugationis secundae, sic declinabitur

Indicatiui praesens

Doceo, doces, docet	Vare, etc.	*Voxiyuru*	教ゆる	Eu ensino, etc.
Pluraliter Docemus, docetis, docent				

Praeteritum imperfectum

Docebam, docebas, docebat	Vare	*Voxiyuru, voxiyeta*	教ゆる、教えた	Eu ensinaua
Pluraliter Docebamus, docebatis, docebant				

Praeteritum perfectum

Docui, docuisti, docuit	Vare	*Voxiyeta, voxiyete aru*	教えた、教えてある	Eu ensinei, ou tenho ensinado
Pluraliter Docuimus, docuistis, docuerunt				

Praeteritum plusquam perfectum

Docueram, docueras, docuerat	Vare, etc.	*Voxiyeta, voxiyete atta*	教えた、教えてあった	Eu ensinara, ou tinha ensinado
Pluraliter Docueramus, docueratis, docuerant				

Futurum

Docebo, docebis, docebit	Vare, etc.	*Voxiyôzu*	教ようず	Eu ensinarei
Pluraliter Docebimus, docebitis, docebunt				

Imperatiui praesens

Doce, vel, doceto	Nangi	*Voxiyei. Voxiyeito*	教えい、教えいと	Ensina tu
Doceat	Are			Ensine elle

[30v]

Pluraliter Doceamus	Varera	*Voxiyôzu. Voxiyei. Voxiyeito*	教ようず、教えい、教えいと	Ensinemos nos
Docete, vel docetote	Nangira			Ensinai vos
Doceant	Arera			Ensinem elles

Futurum, siue modus mandatiuus

Doceto tu, vel, docebis	Nangi	*Voxiyubexi*	教ゆべし	Ensinaras tu
Doceto ille, vel, docebit	Are			Ensinara elle
Pluraliter Docetote, vel, docebitis	Nangira			Ensinareis vos
Docento, vel, docebunt	Arera			Ensinaraõ elles

Optatioui praesens, et imperfectum

Vtinam docerem, doceres, doceret	Vare	*Auare voxiyei caxi, Aruiua, gana*	あわれ教えいかし・がな	Oxala ensinara eu, ou ensinasse
Pluraliter Vtinam doceremus, doceretis, docerent				

Praeteritum perfectum

Vtinam docuerim, docueris, docuerit	Vare	*Voxiyetarŏniua, Aruiua, Voxiyetaraba yocarŏ monouo*	教えたらうには・教えたらばよからうものを	Queira Deos que tenha eu ensinado
Pluraliter Vtinam docuerimus, docueritis, docuerint				

Praeteritum plusquam perfectum

Vtinam docuissem, docuisses, docuisset	Vare	*Aa voxiyôzuru monouo, Aa voxiyete attaraba yocarŏ monouo*	ああ教ようずるものを、ああ教えてあったらばよからうものを	Prouuera a Deos que ensinara eu, ou tiuera ensinado
Pluraliter Vtinam docuissemus, docuissetis, docuissent				

Futurum

Vtinam doceam, doceas, doceat	Vare, etc.	*Voxiyeicaxi, Aruiua, gana*	教えいかし・がな	Praza a Deos que ensine eu
Pluraliter Vtinam doceamus, doceatis, doceant				

Doceo, o, in am, sic legam, audiam

Coniunctiui praesens

Cum doceam, doceas, doceat	Vare, etc.	Voxiyureba, Voxiyuruni	教えゆれば、教ゆるに	Como eu ensino: ou ensinando eu
Cum doceamus, doceatis, doceant				

Praeteritum imperfectum

Cum docerem, doceres, doceret	Vare, etc.	Voxiyureba, voxiyuruni, voxiyetareba	教ゆれば、教ゆるに、教えたれば	Como eu ensinaua, ou ensinando eu
Pluraliter Cum doceremus, doceretis, docerent				

Praeteritum perfectum

Cum docuerim, docueris, docuerit	Vare	Voxiyetareba, voxiyetani	教えたれば、教えたに	Como eu ensinei, ou tenho ensinado
Pluraliter Cum docuerimus, docueritis, docuerint				

Praeteritum plusquam perfectum

Cum docuissem, docuisses, docuisset	Vare	Voxiyete attareba, voxiyete attani, voxiyetareba	教えてあったれば、教えてあったに、教えたれば	Como eu ensinara, ou tinha ensinado
Pluraliter Cum docuissemus, docuissetis, docuissent				

Futurum

Cum docuero, docueris, docuerit	Vare	Voxiyetarŏ toqi, voxiyôtoqi, voxiyetecara, Aruiua, nochi	教えたらう時、教よう時、教えてから・後	Como eu ensinar, ou tiuer ensinado
Pluraliter Cum docuerimus, docueritis, docuerint				

¶Coniunctiuus cum particula Quanuis

¶Praesens

Quanuis doceam	Vare, etc.	Voxiyuredomo, voxiyurutomo	教ゆれども、教ゆるとも	Posto que eu ensine

Praeteritum imperfectum

Quanuis docerem	Vare	Voxiyuredomo, Voxiyetaredomo	教ゆれども、教えたれども	Posto que eu ensinara, ou ensinasse

Praeteritum perfectum

Quanuis docuerim	Vare	Voxiyetaredomo, voxiyetaritomo	教えたれども、教えたりとも	Posto que eu tenha ensinado

Praeteritum plus*quam perfectum*

Quanuis docuissem	Vare	*Voxiyete attaredomo, voxiyetaritomo*	教えてあったれども、教えたりとも	Posto q*ue* eu tiuera ensinado

Fut*urum*

Quanuis docuero	Vare	*Voxiyôzuredomo, voxiyôtomo, voxiyetaritomo*	教ようずれども、教ようとも、教えたりとも	Posto q*ue* eu tiuer ensinado

¶Coniunctiuus cum Particula Si

¶Prae*sens*

Si doceam	Vare	*Voxiyureba, voxiyurunaraba, voxiyuni voiteua*	教ゆれば、教ゆるならば、教ゆるに於いては	Se eu ensinar

Praeteritum imp*erfectum*

Si docerem	Vare	*Voxiyeba, voxiyetaraba*	教えば、教えたらば	Se eu ensinara, ou ensinasse etc.

Praeteritum per*fectum*

Si docuerim	Vare	*Voxiyetaraba*	教えたらば	

Praeteritum plus*quam perfectum*

Si docuissem	Vare	*Voxiyete attaraba*	教えてあったらば	

Fut*urum*

Si docuero	Vare	*Voxiyeba, voxiyuru naraba, voxiyetaraba*	教えば、教ゆるならば、教えたらば	

Potentialis modi praesens

Doceam?	Vare	*Voxiyôca?*	教ようか	Que ensine eu? q*ue* hei eu de ensinar? ensinarei eu?

Praeteritum imp*erfectum*

Docerem	Vare	*Voxiyôzu*	教ようず	Ensinaria eu, ensinara, ou pu*dera ensinar

Praeteritum per*fectum*

Docuerim	Vare	*Voxiyôzu, voxiyeta cotomo arŏzu, voxiyetçurŏ*	教ようず、教えた事もあらうず、教えつらう	Pude eu ensinar

Praeteritum plus*quam perfectum*

Docuissem	Vare	*Voxiyôzu, voxiyeta cotomo arŏzu*	教ようず、教えた事もあらうず	Ensinaria eu, ou pu*dera ter ensinado

Fut*urum*

Docuerim	Vare	*Voxiyôzu, voxiyuru cotomo arŏzu*	教ようず、教ゆる事もあらうず	Ensinaria eu, ensinarei, poderei eu ensinar

Permissiui, siue concessiui praesens

| Doceam | Vare | Voxiyemo xei, voxiyurebatote, voxiyetemo, voxiyurutotemo, voxiyei | 教えもせい、教ゆればとて、教えても、教ゆるとても、教えい | Ensine, dou-lhe que ensine, mas que ensine |

Praeteritum imperfectum

| Docerem | Vare | Voxiyetemo, Voxiyetaritomo | 教えても、教えたりとも | Ensinara, dou-lhe que ensinara, mas que ensinara |

Praeteritum perfectum

| Docuerim | Vare | Voxiyetarebatote, voxiyetaritomo | 教えたればとて、教えたりとも | Ensinasse, dou-lhe que ensinasse, mas que ensinasse |

Praeteritum plusquam perfectum

| Docuissem | Vare | Voxiyete attarebatote, voxiyetaritomo | 教えてあったればとて、教えたりとも | Ensinara, dou-lhe que ensinara, mas que tiuera ensinado |

Futurum

| Docuero | Vare | Voxiyôtomo, Voxietaritomo, voxiyôzurebatote | 教えようとも、教えたりとも、教えようずればとて | Dou-lhe que venha, ou chegue a ensinar |

Infiniti modi tempus praesens

| Docere | Vare Nangi Are Varera Nangira Arera | Voxiyuru coto, Aruiua, to | 教ゆる事・と | Ensinar: ou que ensino, ensinas, ensina, ensinamos, ensinais, ensinam |

Praeteritum imperfectum

| Docere | Vare Nangi Are Varera Nangira Arera | Voxiyuru coto, Aruiua, to, Aruiua, voxiyeta coto, Aruiua, to | 教ゆる事・と・教えた事・と | Ensinar: ou que ensinaua, ensinauas, ensinaua, ensinauamos, ensinaueis, ensinauam |

Praeteritum perfectum

| Docuisse | Vare Nangi Are Varera Nangira Arera | Voxiyeta coto, Aruiua, to | 教えた事・と | Ter ensinado: ou que ensinei, ensinaste, ensinou, ensinamos, ensinastes, ensinaram*: ou que tenho, tens, tem, ensinado, temos, tendes, tem ensinado |

Praeteritum plus*quam perfectum*

| Docuisse | Vare Nangi Are Varera Nangira Arera | *Voxiyete atta coto,* A*RUIUA, to* | 教えてあった事・と | Ter ensinado: ou q*ue* ensinara, ensinareis, ensinara, ensinaremos, ensinareis, ensinaram*: ou q*ue* tinha, tinhas, tinha ensinado, tinhamos, tinheis, tinhaõ ensinado |

Fut*urum*

| **Docturum, am, um, esse** | Vare Nangi Are | *Voxiyôzuru coto,* A*RUIUA, to* | 教ようずる事・と | Que hei, has, ha de ensinar: ou q*ue* ensinarei, ensinaras, ensinara |
| Pluraliter **Docturos, as, a, esse** | Varera Nangira Arera | | | Que hauemos, haueis, haõ de ensinar: ou q*ue* ensinaremos, ensinareis, ensinaram |

Fut*urum*

| **Docturum, am, um fuisse** | Vare Nangi Are | *Voxiyôzuru coto,* A*RUIUA, to* | 教ようずる事・と | Que houuera, houueras, houuera de ensinar |
| Pluraliter **Docturos, as, a fuisse** | Varera Nangira Arera | | | Que houueramos, houuereis, houueraõ de ensinar |

Gerundia

Docendi		*Voxiyuru, voxiyôzu*	教ゆる、教ようず	De ensinar
Docendo		*Voxiyuruni, voxiyete, voxiyerarete*	教ゆるに、教えて、教えられて	Em ensinar, de ensinar, ensinando, e sendo ensinado
Docendum		*Voxiyuru tame, voxiyôzurutame,* A*RUIUA, tote, voxiyeraruru tame*	教ゆるため、教ようずるため・とて、教えらるるため	A ensinar, pera ensinar, a ser, e pera ser ensinado

Supina

| Doctum | | *Voxiyeni, voxiyuru tameni* | 教えに、教ゆるために | A ensinar, pera ensinar |
| Doctu | | *Voxiye, voxiyerare* | 教え、教えられ | De ser ensinado, pera se ensinar |

¶Participia declinationis actiuae, temporis praesentis et imperfecti

| Docens, entis | | *Voxiyuru fito,* A*RUIUA, mono, Voxiyete* | 教ゆる人・物、教えて | O q*ue* ensina, e ensinaua |

Futuri

| Docturus, a, um | | *Voxiyôzuru fito,* A*RUIUA, mono, Voxiyôzuru tame, voxiyôtosuru,* A*RUIUA, itaita fito, Voxiyôzuruni,* A*RUIUA, tocoroni* | 教ようずる人・物、教ようずるため、教ようとする・致いた人、教ようずるに・処に | O q*ue* ha, ou houuer de ensinar |

Doceor, verbu*m passiuu*m, sic declinabitur

Indicatiui tempus praesens

Doceor, doceris, vel, docere, docetur	Vare	*Voxiyeraruru*	教えらるる	Eu sou ensinado
Pluraliter **Docemur, docemini, docentur**				

Praeteritum imperfectum

Docebar, docebaris, vel, docebare, docebatur		*Voxiyeraruru, Voxiyerareta*	教えらるる、教えられた	Eu era ensinado
Pluraliter **Docebamur, docebamini, docebantur**				

Praeteritum perfectum

Doctus, a, um, sum, vel, fui, es, vel, fuisti, est, vel, fuit	Vare, etc.	*Voxiyerareta, Voxiyerarete aru*	教えられた、教えられてある	Eu fui ensinado
Pluraliter **Docti, ae, a, sumus, vel, fuimus, estis, vel, fuistis, sunt, fuerunt, vel, fuere**				

Praeteritum plusquam perfectum

Doctus, a, um, eram, vel, fueram, eras, vel, fueras, erat, vel, fuerat	Vare	*Voxiyerarete atta*	教えられてあった	Ja eu era ou fora ensinado
Pluraliter **Docti, ae, a, eramus, vel, fueramus, eratis, vel, fueratis, erant, vel, fuerant**				

Futurum

Docebor, doceberis, vel, docebere, docebitur	Vare, etc.	*Voxiyerareôzu*	教えられうず	Eu serei ensinado
Pluraliter **docebimur, docebimini, docebuntur**				

Imperatiui tempus praesens

Docere, vel, docetor	Nangi	*Voxiyerare, A<small>RUIUA</small>, voxiyerareyo*	教えられ・教えられよ	Se tu ensinado
Doceatur	Are	*Voxiyerareito*	教えられいと	Seja elle ensinado
Doceamur	Varera	*Voxiyerareô*	教えられう	Sejamos nos ensinados
Docemini, vel, doceminor	Nang*ira*	*Voxiyerareyo*	教えられよ	Sede vos ensinados
Doceantur	Arera	*Voxiyerareyoto*	教えられよと	Sejaõ elles ensinados

Futurum siue modus mandatiuus

Docetor tu doceberis, vel, docebere	Nangi	*Voxiyerarubexi*	教えらるべし	Seras tu ensinado
Docetor ille, vel, docebitur	Are			Sera elle ensinado
Plur*aliter* Doceminor, vel, docebimini	Nangira			Sereis vos ensinados
Docentor, vel, docebuntur	Arera			Seraõ elles ensinados

[34v]

Optatiui praesens, et imperfectum

Vtinam docerer, docereris, vel, docerere, doceretur	Vare, etc.	*Auare voxiyerareyocaxi, A<small>RUIUA</small>, gana*	あわれ教えられよかし・がな	Oxala fora eu, ou fosse ensinado
Plur*aliter* Vtinam doceremur, doceremini, docerentur				

Praeteritum perfectum

Vtinam doctus, a, um sim, vel, fuerim, sis, vel, fueris, sit, vel, fuerit	Vare	*Voxiyeraretarŏniua, Voxiyeraretanaraba yocarŏmonouo*	教えられたうには、教えられたならばよからうものを	Queira Deos q*ue* fosse eu ensinado
Plur*aliter* Vtinam docti, ae, a, simus, vel, fuerimus, sitis, vel, fueritis, sint, vel, fuerint				

Praeteritum plusquam perfectum

Vtinam doctus, a, um essem, vel, fuissem, esses, vel, fuisses, esset, vel, fuisset	Vare	*Aa voxiyereôzuru monouo, Voxiyerarete attaraba yocarŏmonouo*	ああ教えられうずるものを、教えられてあったらばよからうものを	Prouuera a Deos que fora eu ensinado
Pluraliter **Vtinam docti, ae, a, essemus, vel, fuissemus, essetis, vel, fuissetis, essent, vel, fuissent**				

Futurum

Vtinam docear, docearis, vel, doceare, doceatur	Vare, etc.	*Voxiyerareyocaxi,* A<small>RUIUA</small>, *gana*	教えられよかし・がな	Praza a Deos que seja eu ensinado
Pluraliter **Vtinam doceamur, doceamini, doceantur**				

Doceam, m in r : sic legar, audiar.

Coniunctiui tempus praesens

Cum docear, docearis vel doceare, doceatur		*Voxiyerarureba, Voxiyeraruruni*	教えらるれば、教えらるるに	Como eu sou ensinado, ou sendo eu ensinado
Pluraliter **Cum doceamur, doceamini, doceantur**				

Praeteritum imperfectum

Cum docerer, docereris, vel, docerere, doceretur	Vare, etc.	*Voxiyerarureba, voxiyeraruni, voxiyeraretareba*	教えらるれば、教えらるるに、教えられたれば	Como eu era ensinado, ou sendo eu ensinado
Pluraliter **Cum doceremur, doceremini, docerentur**				

Praeteritum perfectum

Cum doctus, a, um sim vel fuerim, sis vel fueris, sit vel fuerit	Vare, etc.	*Voxiyeraretareba, voxiyeraretani*	教えられたれば、教えられたに	Como eu fui ensinado, ou sendo eu ensinado
Pluraliter Cum docti, ae, a simus, vel, fuerimus, sitis, vel, fueritis, sint, vel, fuerint				

Praeteritum plusquam perfectum

Cum doctus, a, um, essem, vel, fuissem, esses, vel, fuisses, esset, vel, fuisset	Vare, etc.	*Voxiyerarete attareba, voxiyerarete attani, voxiyeraretareba*	教えられてあったれば、教えられてあったに、教えられたれば	Como eu ja era, ou fora ensinado, ou sendo eu ensinado
Pluraliter Cum docti, ae, a, essemus, vel, fuissemus, essetis, vel, fuissetis, essent, vel, fuissent				

Futurum

Cum doctus, a, um, ero, vel, fuero, eris, vel, fueris, erit, vel, fuerit	Vare, etc.	*Voxiyerareô toqi, voxiyerarete cara,* A<small>RUIUA</small>, *nochi*	教えられう時、教えられてから・後	Como eu for ensinado
Pluraliter Cum docti, ae, a, erimus, vel, fuerimus, eritis, vel, fueritis, erint vel fuerint				

[35v]

Coniunctiuus cum particula Quanuis

Praesens

Quanuis docear	Vare	*Voxiyeraruredomo voxiyerarurutomo*	教えらるれども、教えらるるとも	Posto que eu seja ensinado

Praeteritum imperfectum

Quanuis docerrer	Vare	*Voxiyeraruredomo, voxiyeraretaredomo*	教えらるれども、教えられたれども	Posto que eu fora, ou fosse ensinado

Praeteritum perfectum

Quanuis doctus, a, um sim vel fuerim	Vare	*Voxiyeraretaredomo voxiyeraretaritomo*	教えられたれども、教えられたりとも

Praeteritum plusq*uam perfectum*

Quanuis doctus, a, um esse vel fuissem	Vare	*Voxiyerarete attaredomo voxiyeraretaritomo*	教えられてあったれども，教えられたりとも

Fut*urum*

Quanuis doctus, a, um ero vel fuero	Vare	*Voxiyerareôzuredomo voxiyerareôtomo voxiyeraretaritomo*	教えられうずれども，教えられうとも，教えられたりとも

¶ Coniunctiuus cum particula Si

Preas*ens*

Si docear	Vare	*Voxiyerareba, Voxiyeraruruniuoiteua*	教えられば，教えらるるに於いては	Se eu for ensinado

Praeteritum imp*erfectum*

Si docerer	Vare	*Voxiyeraretaraba voxiyerareba*	教えられたらば，教えられば	Se eu fosse, ou fora ensinado

Praeteritum p*erfectum*

Si doctus, a, um, sim vel fuerim	Vare	*Voxiyeraretaraba*	教えられたらば

Praeteritum plusq*uam perfectum*

Si doctus, a, um, esse vel fuissem	Vare	*Voxiyerarete attaraba*	教えられてあったらば

Fut*urum*

Si doctus, a, um, ero vel fuero		*Voxiyerareba, Voxiyerareô naraba, Voxiyeraretaraba*	教えられば，教えられうならば，教えられたらば

Potentialis tempus praesens

Docear?	Vare	*Voxiyerareôca ?*	教えられうか	Que seja eu ensinado? q*ue* hei eu de ser ensinado ? serei eu ensinado ?

Praeteritum imp*erfectum*

Docerer	Vare	*Voxiyerareôzu*	教えられうず	Seria eu, fora, ou pu*dera ser ensinado

Praeteritum p*erfectum*

Doctus, a, um sim vel fuerim	Vare	*Voxiyerareôzu, voxiyerareta cotomo arŏzu, voxiyeraretçurŏ*	教えられうず，教えられた事もあらうず，教えられつらう	Pude eu ser ensinado

Praeteritum plusq*uam perfectum*

Doctus, a, um esse vel fuissem	Vare	*Voxiyerareôzu, Voxiyerareta cotomo arŏzu*	教えられうず，教えられた事もあらうず	Fora eu ou pu*dera ser ensinado

Fut*urum*

Doctus, a, um sim vel fuerim	Vare	*Voxiyerareôzu, voxiyeraruru cotomo arŏzu*	教えられうず，教えらるる事もあらうず	Seria eu serei, poderei eu ser ensinado

Permissiui siue concessiui praesens

| Docear | Vare | *Voxiyeraremoxei, voxiyerarurebatote voxiyeraretemo voxiyerarurutotemo* | 教えられもせい、教えらるればとて、教えられても、教えらるるとても | Seja ensinado, dou-lhe q*ue* seja, mas que seja ensinado |

Pr*ae*teritum im*per*fectum

| Docerer | Vare | *Voxiyeraretemo voxiyeraretaritomo* | 教えられても、教えられたりとも | Fora ensinado, dou-lhe q*ue* fora, mas q*ue* fora ensinado |

Pr*ae*teritum per*fec*tum

| Doctus, a, um sim vel fuerim | Vare | *Voxiyeraretarebatote voxiyeraretaritomo* | 教えられたればとて、教えられたりとも | Fosse ensinado dou-lhe q*ue* fosse mas q*ue* fosse ensinado |

Pr*ae*teritum plusq*uam* perfectum

| Doctus, a, um essem vel fuissem | Vare | *Voxiyerarete attarebatote voxiyeraretaritomo* | 教えられてあったらばとて、教えられたりとも | Fora ensinado dou-lhe q*ue* fora mas q*ue* fora ensinado |

Fut*urum*

| Doctus, a, um, fuero | Vare | *Voxiyerareôtomo voxiyeraretaritomo voxiyerareôzurebatote* | 教えられうとも、教えられたりとも、教えられうずればとて | Dou-lhe q*ue* venha eu, ou chegue a ser ensinado |

Infiniti tempus praesens

| Doceri | Vare, Varera, Nangi, Nangira, Are, Arera | *Voxiyerarurucoto* A*ruiua, to* | 教えらるる事・と | Ser ensinado, ou q*ue* sou es, he, somos, sois, são ensinados |

Pr*ae*teritum im*per*fectum

| Doceri | Vare, Varera, Nangi, Nangira, Are, Arera | *voxiyerarurucoto,* A*ruiua, to, voxiyeraretacoto,* A*ruiua, to* | 教えらるる事・と、教えられた事・と | Ser ensinado: ou q*ue* era, eras, era, eramos, ereis, erão ensinados |

Pr*ae*teritum perfectum

| Doctum, am, um esse vel fuisse | Vare Nangi Are | *voxiyeraretacoto,* A*ruiua, to* | 教えられた事・と | Que fui, foste, foi ensinado |
| Pl*uraliter* Doctos, as, a esse vel fuisse | Varera Nangira Arera | | | Que fomos, fostes, forão ensinados.- |

Pr*ae*teritum plusq*uam* perfectum

| Doctum, am, um esse vel fuisse | Vare Nangi Are | *voxiyerarete atta coto,* A*ruiua, to* | 教えられてあった事・と | Que era, ou fora, eras, ou foras, era, ou fora ensinado |
| Pl*uraliter* Doctos, as, a esse vel fuisse | Varera Nangira Arera | | | Que eramos, ou foramos, ereis, ou foreis, erão, ou foram ensinados |

Fut*urum*

Doctum iri vel docendum, am um esse	Vare Nangi Are	*Voxiyerareô coto,* A*ruiua*, *to*	教えられう事・と	Que hei, has, ha de ser ensinado: ou q*ue* serei, seràs, serà ensinado
Plur*aliter* Doctum iri vel docendos,as, a, esse	Varera Nangira Arera			Que hauemos, haueis, haõ de ser ensinados: ou q*ue* seremos, sereis seraõ ensinados

Docendum, am, um fuisse	Vare Nangi Are	*Voxiyerareôcoto,* A*ruiua*, *to*	教えられう事・と	Que houuera, houueras houuera de ser ensinado
Plur*aliter* Docendos, as, a fuisse	Varera Nangira Arera	*Idem*		Que houueramos houuereis, houueraõ de ser ensinados

Participia praeteriti temporibus

Doctus, a, um		*Voxiyerarurumono, voxiyerareta fito, voxiyerarete*	教えらるる者，教えられた人，教えられて	Cousa ensinada

Futuri

Docendus, a, um		*Voxiyerareôzuru mono,* A*ruiua*, *fito, voxiyerareôzuruni,* A*ruiua*, *tocoroni*	教えられうずる者・人，教えられうずるに・処に	cousa que ha, ou houuer de ser ensinada

Tertia coniugatio

Lego, verbum actiuum, modi indicatiui,

temporis praesentis, numeri singularis, personae primae,

coniugationis tertiae, sic declinabitur

Indicatiui praesens

Lego, legis, legit	Vare, etc.	*Yomu*	読む	Eu leo, etc.
Plur*aliter* Legimus, legitis, legunt				

Pr*a*eteritum im*perfectum*

Legebam, legebas, legebat	Vare, etc.	*Yomu,* A*ruiua*, *yôda*	読む・読うだ	Eu lia
Plur*aliter* Legebamus, legebatis, legebant				

Praeteritum perf*ectum*

Legi, legisti, legit	Vare, etc.	*Yôda,* A*ruiua*, *yôde aru*	読うだ・読うである	Eu lii, ou tenho lido
Plur*aliter* Legimus, legistis, legerunt vel legere				

Praeteritum plusquam perfectum

Legeram, legeras, legerat	Vare, etc.	Yôda, Aʀᴜɪᴜᴀ. Yôde atta	読うだ・読う であった	Eu lèra, ou tinha lido
Pluraliter **Legeramus, legeratis, legerant**				

Fut*urum*

Legam, leges, leget	Vare, etc.	Yomŏzu	読まうず	Eu lerei
Pluraliter **Legemus, legetis, legent**				

Imperatiui praesens

Lege vel legito	Nangi	Yome	読め	Lee tu
Legat	Are	Yometo	読めと	Lea elle
Pluraliter **Legamus**	Varera	Yomŏzu	読まうず	Leamos nos
Legite vel legitote	Nangira	Yome	読め	Lede vos
Legant	Arera	Yometo	読めと	Leam elles

Futurum, siue modus mandatiuus

Legito tu, vel leges	Nangi	Yomu bexi	読むべし	Leras tu
Legito ille, vel leget	Are			Lerà elle
Pluraliter **Legitote, vel legetis**	Nangira			Lereis vos
Legunto, vel legent	Arera			Leraõ elles

Optatiui praesens, et imperfectum

Vtinam legerem, legeres, legeret	Vare	Auare yomecaxi Aʀᴜɪᴜᴀ, gana	あわれ読めか し・がな	Oxala lera eu ou lesse
Pluraliter **Vtinam legeremus, legeretis, legerent**				

[38v]
Praeteritum perfectum

Vtinam legerim, legeris, legerit	Vare	Yôdarŏniua, Yôdaraba yocarŏmonouo	読うだらば, よ からうものを	Queira Deos que tenha eu lido
Pluraliter **Vtinam legerimus, legeritis, legerint**				

Praeteritum plus*quam perfectum*

| Vtinam legissem, legisses, legisset
 Pluraliter Vtinam legissemus, legissetis, legissent | Vare | Aâ yomŏzuru monouo, Aʀᴜɪᴜᴀ, yôdeattaraba yocarŏmonouo | ああ読まうずる、ものを・読うであったらば、よからうものを | Prouuera à Deos que lera eu ou tiuera lido |

Fut*urum*

| Vtinam legam, legas, legat
 Pluraliter Vtinam legamus, legatis, legant | Vare, etc. | Yomecaxi, Aʀᴜɪᴜᴀ, gana | 読めかし・がな | Praza a Deos que lea eu |

Coniunctiui praesens

| Cum legam, legas, legat
 Pluraliter Cum legamus, legatis, legant | Vare, etc. | Yomeba, Yomuni | 読めば、,読むに | Como eu leo, ou lendo eu |

Praeteritum imp*erfectum*

| Cum legerem, legeres, legeret
 Pluraliter Cum legeremus, legeretis, legerent | Vare | Yomeba, yomuni, yôdareba | 読めば、読むに、読うだれば | Como eu lia, ou lendo eu |

Praeteritum perfectum

| Cum legerim, legeris, legerit
 Pluraliter Cum legerimus, legeritis, legerint | Vare | Yôdareba, Yôdani | 読うだれば、,読うだに | Como eu lii, ou tenho lido |

Praeteritum plus*quam perfectum*

| Cum legissem, legisses, legisset
 Pluraliter Cum legissemus, legissetis, legissent | Vare | Yôdeattareba, yôdeattani, yôdareba | 読うであったれば、読うであったに、読うだれば | Como eu lera, ou tinha lido |

Futuro

| Cum legero, legeris, legerit
 Pluraliter Cum legerimus, legeritis, legerint | Vare, etc. | Yôdarŏtoqi, yomŏtoqi, yôdecara, Aʀᴜɪᴜᴀ, nochi | 読うだらうとき、読まうとき、読うでから・のち | Como eu ler, ou tiuer lido |

¶Coninuctiuus cum particula Quanuis

Quanuis legam	Vare, etc.	Yomedomo, yomutomo	読めども、読むとも	Posto que eu lea

Praeteritum imperfectum

Quanuis legerem	Vare	Yomedomo, yôdaredomo	読めども、うだれども	Posto que eu lera, ou lesse

Praeteritum perfectum

Quanuis legerim	Vare	Yôdaredomo, yôdaritomo	読うだれども、読うだりとも	Posto que eu tenha lido

Praeteritum plusquam perfectum

Quanuis legissem	Vare	Yôde attaredomo yôdaritomo	読うであったれども、読うだりとも	Posto que eu tiuera lido

Futurum

Quanuis legero	Vare	Yomŏzuredomo, yomŏtomo, yôdaritomo	読まうずれども、読まうとも、読うだりとも	Posto que eu tiuer lido

Coninuctiuus cum particula Si

Preasens

Si legam	Vare	Yomaba, yomunaraba, yomuni voiteua	読まば、読むならば、読むに於いては	Se eu ler

Praeteritum imperfectum

Si legerem	Vare	Yomaba, yôdaraba	読まば、読うだらば	Se eu lera, ou lesse

Praeteritum perfectum

Si legerim		Yôdaraba	読うだらば	

Praeteritum plusquam perfectum

Si legissem		Yôdeattaraba	読うであったらば	

Futurum

Si legero	Vare	Yomaba, yomunaraba, yôdaraba	読まば、読むならば、読うだらば	

Potentialis modi praesens

Legam?	Vare	Yomŏca?	読まうか？	Que lea eu? que hei eu de ler? lerei eu?

Praeteritum imperfectum

Legerem	Vare	Yomŏzu	読まうず、	Leria eu, lera, ou pudera ler

Praeteritum perfectum

Legerim	Vare	Yomŏzu, yôda cotomo arŏzu, Yôzzurŏ	読まうず、, 読うだこともあらうず、, 読うづらう	Pude eu ler

Praeteritum plusquam perfectum

Legissem	Vare	Yomŏzu, yôda cotomo arŏzu	読まうず、読うだことも、あらうず	Lera eu, ou pu*dera ter lido

Futurum

| Legerim | Vare | Yomŏzu, Yomu cotomo arŏzu | 読まうず、,読むことも,あらうず | Leria eu, lerei, poderei eu ler |

Permissiui, siue concessiui praesens

| Legam | Vare | Yomimo xei, yomebatote, yôdemo, yomutotemo, yome | 読みもせい、読めばとて、読うでも、よむとても、読め | Lea, dou-lhe que lea, mas que lea |

Praeteritum imperfectum

| Legerem | Vare | Yôdemo, yôdaritomo | 読うでも、読うだりとも | Lera, dou-lhe que lera, mas que lera |

Praeteritum perfectum

| Legerim | Vare | Yôdarebatote, yôdaritomo | 読うだればとて、読うだりとも | Lesse, dou-lhe que lesse mas que lesse |

Praeteritum plusquam perfectum

| Legissem | Vare | Yôde attarebatote, yôdaritomo | 読うであったればとて、読うだりとも | Lera, dou-lhe que lera mas que tiuera lido |

Futurum

| Legero | Vare | Yomŏtomo yôdaritomo yomŏzurebatote | 読まうとも、読うだりとも、読まうずればとて | Dou-lhe que venha ou chegue a ler |

[40r]

Infiniti modi tempus praesens

| Legere | Vare Nangi Are Varera Nangira Arera | Yomu coto A*RUIUA*, to | 読む事・と | Ler, ou que leo, lees, lee lemos, ledes, lem |

Praeteritum imperfectum

| Legere | Vare Nangi Are Varera Nangira Arera | Yomu coto, A*RUIUA*, to, yôda coto, A*RUIUA*, to | 読む事・と、読うだ、事・と | Ler, ou que lia, lias, lia, liamos, lieis, liam |

Praeteritum perfectum

| Legisse | Vare Nangi Are Varera Nangira Arera | Yôda coto, A*RUIUA*, to | 読うだ事・と | Ter lido, ou que lii, leste, leo, lemos, lestes, lerão, ou que tenho, tens, tem lido, temos, tendes, tem lido |

Praeteritum plusquam perfectum

| Legisse | Vare Nangi Are Varera Nangira Arera | Yôdeattacoto, A*RUIUA*, to | 読うであった事・と | Ter lido, ou que lera, leras, lera, lêramos, lereis, leram, ou que Tinha, tinhas, tinha lido, tinhamos, tinheis, tinhaõ lido |

Fut*urum*

| Lecturum, am, um esse
Plu*raliter* **Lecturos, as, a esse** | Vare Nangi Are Varera Nangira Arera | Yomŏzurucoto, A*RUIUA*, to | 読まうずる事・と | Que hei, has, ha de ler, ou que lerei, leras, lera Que auemos, aueis, haõ de ler, ou que leremos, lereis, leraõ |

Fut*urum*

| Lecturum, am, um fuisse Lecturos, as, a fuisse | Vare Nangi Are Varera Nangira Arera | Yomŏzuru coto, A*RUIUA*, to | 読まうずる事・と | Que houuera, houueras, houuera de ler Plu*raliter* Que houueramos, houuereis, houueraõ de ler |

[40v]

Gerundia

Legendi		Yomu, A*RUIUA*, yomŏzu	読む・読まうず	De ler
Legendo		Yomuni, yôde, yomarete	読むに、読うで、読まれて	Em ler, de ler, lendo e sendo lido
Legendum		Yomu tame, yomŏzuru tame, A*RUIUA*, tote, yomarurutame	読むため、読まうずるため・とて、読まるるため	A ler, pera ler, a ser, e pera ser lido

Supina

| Lectum | | Yomini, yomutameni | 読むに、読むために | A ler, pera ler |
| Lectu | | Yomi, A*RUIUA*, yomare | 読み・読まれ | De ser lido, pera se ler |

Participia declinationis actiuae, temporis praesentis et imperfecti

| Legens, entis | | Yomu fito, A*RUIUA*, mono, yôde | 読む人・者、読うで | O que lee, e lia |

Futurm

| Lecturus, a, um | | Yomŏzurufito, mono, yomŏzurutame, yomŏto suru A*RUIUA*, itaita fito, yomŏzuruni, A*RUIUA*, tocoroni | 読まうずる人・者、読まうずるため、読まうとする・致いた、人、読まうずるに・処に | O que ha, ou houuer de ler |

Legor verbum passiuum sic declinabitur

Indicatiui tempus praesens

Legor, legeris vel legere, legitur	Vare, etc.	*Yomaruru*	読まるる	Eu sou lido
Pluraliter **Legimur, legimini, leguntur**				

Praeteritum. imperfectum

Legebar, legebaris vel legebare, legebatur		*Yomaruru*, Aʀᴜɪᴜᴀ, *yomareta*	読まるる・読まれた	Eu era lido
Pluraliter **Legebamur, legebamini, legebantur**				

Praeteritum. perfectum

Lectus, a, um sum vel fui, es vel fuisti, est vel fuit	Vare, etc.	*Yomareta*, Aʀᴜɪᴜᴀ *yomarete aru*	読まれた・読まれてある	Eu fui lido
Pluraliter **Lecti, ae, a sumus vel fuimus, estis vel fuistis, sunt, fuerunt vel fuere**				

Praeteritum. plusquam perfectum

Lectus, a, um eram vel fueram, eras vel fueras, erat vel fuerat	Vare, etc.	*Yomarete atta*	読まれて、あった	Ja eu era, ou fora lido
Pluraliter **Lecti, ae, a eramus vel fueramus, eratis vel fueratis, erant vel fuerant**				

Fut*urum*

Legar, legeris vel legere, legetur	Vare, etc.	*Yomareôzu*	読まれうず	Eu serei lido
Pluraliter **Legemur, legemini, legentur**				

Imperatiui tempus praesens

Legere vel legitor	Nangi	*Yomarei*, Aʀᴜɪᴜᴀ. *Yomareyo*	読まれい・読まれよ	Se tu lido
Legatur	Are	*Yomareito*	読まれいと	Seja elle lido
Pluraliter **Legamur**	Varera	*Yomareô*	読まれう	Sejamos nos lidos

Legimini vel legiminor	Nangira	*Yomareyo*	読まれよ	Sede vos lidos
Legantur	Arera	*Yomareyoto*	読まれよと	Sejaõ elles lidos

Futurum siue modus mandatiuus

Legitor tu, legeris vel legere	Nangi	*Yomarubexi*	読まるべし	Seras tu lido
Legitor ille vel legetur	Are			Sera elle lido

[41v]

Pluraliter Legiminor vel legemini	Nangira	*Yomarubexi*	読まるべし	Sereis vos lidos
Leguntor vel legentur	Arera			Seraõ elles lidos

Optatiui tempus praesens et imperfectum

Vtinam legerer, legereris vel legerere, legeretur		*Auare yomareyo caxi, Aruiua, gana*	あわれ、読まれよ、かし・がな	Oxala fora eu, ou fosse lido
Pluraliter Vtinam legeremur, legeremini, legerentur				

Praeteritum perfectum

Vtinam lectus, a, um sim vel fuerim, sis vel fueris, sit vel fuerit	Vare	*Yomaretarŏniua, yomareta naraba yocarŏmonouo*	には、読まれた、ならば、よからうものを	Queira Deos que fosse eu lido
Pluraliter Vtinam lecti, ae, a simus vel fuerimus, sitis vel fueritis, sint vel fuerint				

Praeteritum plusquam perfectum

Vtinam lectus, a, um essem vel fuissem, esses vel fuisses, esset vel fuisset	Vare	*Aa yomareôzurumo nouo, yomarete attaraba yocarŏmonouo*	ああ、読まれうずるも、のを、読まれて、あったらば、よからうものを	Prouuera à Deos que fora eu lido
Pluraliter Vtinam lecti, ae, a essemus vel fuissemus, essetis vel fuissetis, essent vel fuissent				

Fut*urum*

V*tinam* legar, legaris vel legare, legatur	V*are*	*Yomareyocaxi,* A*RUIUA, gana*	読まれよかし・がな	Praza a Deos que seja eu lido
Plu*raliter* V*tinam* legamur, legamini, legantur				

Coniunctiui tempus praesens

Cum legar, legaris vel legare, legatur	V*are*	*Yomarureba, yomaruruni*	読まるれば、読まるるに	Como eu sou lido ou sendo eu lido
Plu*raliter* Cum legamur, legamini, legantur				

P*raeteritum* im*perfectum*

Cum legerer, legereris vel legerere, legeretur		*Yomarureba, yomaruruni, yomaretareba*	読まるれば、読まるるに、読まれたれば	Como eu era lido: ou sendo eu lido
Plu*raliter* Cum legeremur, legeremini, legeruntur				

P*raeteritum* per*fectum*

Cum lectus, a, um sim vel fuerim, sis vel fueris, sit vel fuerit	V*are*, etc.	*Yomaretareba, yomaretani*	読まれたれば、読まれたに	Como eu fui lido, ou sendo eu lido
Plu*raliter* Cum lecti, ae, a simus vel fuerimus, sitis vel fueritis, sint vel fuerint				

P*raeteritum* plusq*uam* per*fectum*

Cum lectus, a, um essem vel fuissem, esses vel fuisses, esset vel fuisset	V*are*, etc.	*Yomarete attareba, Yomarete attani, yomaretareba*	読まれてあったれば、読まれてあったに、読まれたれば	Como eu ja era, ou fora lido, ou sendo eu lido
Plu*raliter* Cum lecti, ae, a essemus vel fuissemus, essetis vel fuissetis, essent vel fuissent				

Futurum

Cum lectus, a, um ero vel fuero, eris vel fueris, erit vel fuerit	Vare, etc.	*Yomareôtoqi, yomaretecara,* A_{RUIUA}, *nochi*	読まれうとき、読まれてから・のち	Como eu for lido
P*luraliter* **Cum lecti, ae, a erimus vel fuerimus, eritis vel fueritis, erunt vel fuerint**				

Coniunctiuus cum particula Quanuis

Quanuis legar	Vare	*Yomaruredomo, yomarurutomo*	読まるれども、読まるるとも	Posto que eu seja lido

P*raeteritum* imp*erfectum*

Quanuis legerer	Vare	*Yomaruredomo, yomaretaredomo*	読まるれども、読まれたれども	Posto que eu fora ou fosse lido

P*raeteritum* perf*ectum*

Quanuis lectus, a, um sim, vel, fuerim		*Yomaretaredomo yomaretaritomo*	読まれたれども、読まれたりとも	

[42v]
P*raeteritum* plusqu*am* perf*ectum*

Quanuis Lectus, a, um essem vel fuisse	Vare	*Yomarete attaredomo, yomaretaritomo*	読まれてあったれども、読まれたりとも	

F*ut*urum

Quanuis lectus, a, um ero, vel fuero	Vare	*Yomareôzuredomo, yomareôtomo, yomaretaritomo*	読まれうずれども、読まれうとも、読まれたりとも	

Coniunctiuus cum particula si

Preasens

Si legar	Vare	*Yomareba,* A_{RUIUA}, *Yomaruruni voiteua*	読まれば・,読まるるに於いては	Se eu for lido

P*raeteritum* imp*erfectum*

Si legerer	Vare	*Yomaretaraba, yomareba*	読まれたらば、読まれば	Se eu fosse, ou fora lido

P*raeteritum* perf*ectum*

Si lectus, a, um sim vel fuerim	Vare	*Yomaretaraba*	読まれたらば	

P*raeteritum* plusqu*am perfectum*

Si lectus, a, um essem, vel fuissem	Vare	*Yomarete attaraba*	読まれてあったらば	

F*ut*urum

Si lectus, a, um ero, vel fuero	Vare	*Yomareba, yomareô naraba, yomaretaraba*	読まれば、読まれうならば、読まれたらば	

Potentialis modi tempus praesens

Legar?	Vare	*Yomareôca?*	読まれうか？	Que seja eu lido? Que hei eu de ser lido? Serei eu lido?

Praeteritum imperfectum

Legerer	Vare	*Yomareôzu*	読まれうず	Seria eu, fora, ou pu*dera ser lido

Praeteritum perfectum

Lectus, a, um sim vel fuerim	Vare	*Yomareôzu, yomareta cotomo arŏzu, yomaretçurŏ*	読まれうず、読まれたことも、あらうず、読まれつらう	Pude eu ser lido

Praeteritum plusquam perfectum

Lectus, a, um essem vel fuissem	Vare	*Yomareôzu, yomareta cotomo arŏzu*	読まれうず、読まれたことも、あらうず	Fora eu, ou pu*dera ser lido

Futurum

Lectus, a, um, sim vel fuerim	Vare	*Yomareôzu, yomaruru cotomo arŏzu*	読まれうず、読まるることも、あらうず	Seria eu serei, poderei eu ser lido

Permissiui, siue concessiui tempus praesens

Legar	Vare	*Yomaremo xei, yomarurebatote, yomaretemo, yomarurutotemo*	読まれもせい、読まるればとて、読まれても、読まるるとても	Seja lido, dou-lhe que seja, mas que seja lido

Praeteritum imperfectum

Legerer	Vare	*Yomaretemo, yomaretaritomo*	読まれても、読まれたりとも	Fora lido, dou-lhe que fora, mas que fora lido

Praeteritum perfectum

Lectus, a, um sim vel fuerim	Vare	*Yomaretarebatote, yomaretaritomo*	読まれたればとて、読まれたりとも	Fosse lido, dou-lhe que fosse, mas que fosse lido

Praeteritum plusquam perfectum

Lectus, a, um essem vel fuissem	Vare	*Yomarete attarebatote, yomaretaritomo*	読まれてあったればとて、読まれたりとも	Fora lido, dou-lhe que fora, mas que fora lido

Futurum

Lectus, a, um fuero	Vare	*Yomareôtomo, yomaretaritomo, yomareôzurebatote*	読まれうとも、読まれたりとも、読まれうずればとて	Dou-lhe que venha, ou chegue a ser lido

Infiniti tempus praesens

Legi	Nangi, Nangira Are, Arera	*Yomaruru coto, Aruiua, to*	読まるる、事・と	Ser lido, ou que sou, es, he, somos, sois, saõ lidos

Praeteritum imp*erfectum*

| Legi | Nangi, Nangira Are, Arera | *Yomaruru coto*, A*ruiua*, *to, Yomareta coto*, A*ruiua, to* | 読まるる､事･と､､読まれた､事･と | Ser lido, ou que era, eras, era, eramos, ereis, eraõ lidos |

Praeteritum per*fectum*

| **Lectum, am, um esse vel fuisse** | Vare, Nangi, Are | *Yomareta coto*, A*ruiua*, *to* | 読まれた事･と | Que fui, foste, foy lido |
| Plur*aliter* **Lectos, as, a, esse vel fuisse** | Varera, Nangira, Arera | | | Que fomos, fostes, foraõ lidos |

Praeteritum plus*quam* per*fectum*

| **Lectum, am, um esse vel fuisse** | Vare, Nangi, Are | *Yomarete atta coto*, A*ruiua, to* | 読まれてあった事･と | Que era, ou fora, eras, ou foras, era, ou fora lido |
| Plur*aliter* **Lectos, as, a, esse vel fuisse** | Varera, Nangira, Arera | | | Que eramos, ou foramos ereis, ou foreis, eraõ, ou foraõ lidos |

Fut*urum*

| **Lectum iri, vel legendum, am, um esse** | Vare, Nangi, Are | *Yomareô coto*, A*ruiua*, *to* | 読まれう事･と | Que hei, has, hà de ser ser lido, ou que serei, seràs, serà lido |
| Plur*aliter* **Lectum iri, vel legendos, as, a esse** | Varera, Nangira, Arera | | | Que hauemos, haueis, haõ de ser lidos, ou que seremos, sereis, seraõ lidos |

| **Legendum, am, um fuisse** | Vare, Nangi, Are | *Yomareô coto*, A*ruiua*, *to* | 読まれう事･と | Que houuera, houueras, houuera de ser lido |
| Plur*aliter* **Legendos, as, a fuisse** | Varera, Nangira, Arera | | | Que houueramos, houuereis, houueraõ de ser lidos |

Participia praeteriti temporis

| Lectus, a, um | | *Yomarurumono*, A*ruiua*, *yomareta fito*, A*ruiua*, *yomarete* | 読まるるもの･読まれた人･読まれて | Cousa lida |

Futuri

| Legendus, a, um | | *Yomareôzuru mono*, A*ruiua* *fito*, *yomareôzuruni*, A*ruiua*, *tocoroni* | 読まれうずる者･人､読まれうずるに･処に | Cousa que ha, ou houuer de ser lida |

Quarta coniugatio

Audio, verbum actiuum, modi indicatiui, temporis praesentis, numeri singularis, personae primae, coniugationis quartae sic declinabatur

Indicatiui praesens

Audio, audis, audit	Vare, etc.	*Qiqu*	聞く	Eu ouço, etc.
Pluraliter **Audimus, auditis, audiunt**				

Praeteritum imperfectum

Audiebam, audiebas, audiebat	Vare	*Qiqu,* A*RUIUA*, *qijta*	聞く・聞いた	Eu ouuia
Pluraliter **Audiebamus, audiebatis, audiebant**				

Praeteritum perfectum

Audiui, audiuisti, audiuit	Vare, etc.	*Qijta,* A*RUIUA*, *qijtearu*	聞いた・聞いてある	Eu ouui, ou tenho ouuido
Pluraliter **Audiuimus, audiuistis, audiuerunt vel audiuere**				

Praeteritum plusquam perfectum

Audiueram, audiueras, audiuerat	Vare	*Qijta,* A*RUIUA*, *qijteatta*	聞いた・聞いてあった	Eu ouuira, ou tinha ouuido
Pluraliter **Audiueramus, audiueratis, audiuerant**				

Futurum

Audiam, audies, audiet	Vare	*Qicŏzu*	聞かうず	Eu ouuirei
Pluraliter **Audiemus, audietis, audient**				

Imperatiui praesens

Audi vel audito	Nangi	*Qiqe*	聞け	Ouue tu
Audiat	Are	*Qiqeto*	聞けと	Ouça elle
Audiamus	Varera	*Qicŏzu*	聞かうず	Ouçamos nos
Audite vel auditote	Nangira	*Qiqe*	聞け	Ouui vos
Audiant	Arera	*Qiqeto*	聞けと	Ouçaõ elles

[44v]
Futurum, siue modus mandatiuus

Audito tu vel audies	Nangi	*Qiqubexi*	聞くべし	Ouuiras tu
Audito ille vel audiet	Are			Ouuira elle
Pluraliter **Auditote vel audietis**	Nangira			Ouuireis vos
Audiunto vel audient	Arera			Ouuirão elles

Optatiui modi tempus praesens et imperfectum

Vtinam audirem, audires, audiret	Vare	*Auare qiqecaxi,* A<small>RUIUA</small>, *gana*	あわれ、聞けかし・がな	Oxala ouuira eu, ou ouuisse
Pluraliter **Vtinam audiremus, audiretis, audirent**				

Praeteritum perfectum

Vtinam audiuerim, audiueris, audiuerit		*Qijtarŏniua, qijtaraba, yocarŏ monouo*	聞いたらうには、聞いたらば、よからうものを	Queira Deos que tenha eu ouuido
Pluraliter **Vtinam audiuerimus, audiueritis, audiuerint**				

Praeteritum plusquam perfectum

Vtinam audiuissem, audiuisses, audiuisset		*Aà qicŏzuru monouo, Qijte attaraba yocarŏ monouo*	ああ聞かうずるものを、聞いてあったらばよからうものを	Prouuera à Deos que ouuira eu ou tiuera ouuido
Pluraliter **Vtinam audiuissemus, audiuissetis, audiuissent**				

Futurum

Vtinam audiam, audias, audiat	Vare, etc.	*Qiqecaxi,* A<small>RUIUA</small>, *gana*	聞けかし・がな	Praza a Deos que ouça eu
Pluraliter **Vtinam audiamus, audiatis, audiant**				

Coniunctiui modi tempus praesens

Cum audiam, audias, audiat	Vare, etc.	*Qiqeba, qiquni*	聞けば、聞くに	Como eu ouço, ou ouuindo eu
Pluraliter **Cum audiamus, audiatis, audiant**				

Praeteritum imperfectum

Cum audirem, audires, audiret Pluraliter Cum audiremus, audiretis, audirent	Vare, etc.	Qiqeba, qiquni, qijtareba	聞けば、聞くに、聞いたれば	Como eu ouuia, ou ouuindo eu

Praeteritum perfectum

Cum audiuerim, audiueris, audiuerit Pluraliter Cum audiuerimus, audiueritis, audiuerint	Vare	Qijtareba, qijtani	聞いたれば、聞いたに	Como eu ouui, ou tenho ouuido

Praeteritum plusquam perfectum

Cum audiuissem, audiuisses, audiuisset Pluraliter Cum audiuissemus, audiuissetis, audiuissent	Vare	Qijte attareba, qijte attani, qijtareba	聞いてあったれば、聞いて、あったに、聞いたれば	Como eu ouuira, ou tinha ouuido

Futurum

Cum audiuero, audiueris, audiuerit Pluraliter Cum audiuerimus, audiueritis, audiuerint	Vare	Qijtarŏtoqi, qicŏtoqi, qijte cara, Aruiua, nochi	聞いたらうとき、聞かうとき、聞いてから・のち	Como eu ouuir, ou tiuer ouuido

Coniunctiuus cum particula Quanuis

Quanuis audiam	Vare	Qiqedomo, Aruiua, qiqutomo	聞けども・聞くとも	Posto que eu ouça

Praeteritum imperfectum

Quanuis audirem	Vare	Qiqedomo, qijtaredomo	聞けども、聞いたれども	Posto que eu ouuira, ou ouuisse

Praeteritum perfectum

Quanuis audiuerim	Vare	Qijtaredomo, qijtaritomo	聞いたれども、聞いたりとも	Posto que eu tenha ouuido

Praeteritum plusquam perfectum

Quanuis audiuissem	Vare	Qijte attaredomo, qijtaritomo	聞いてあったれども、聞いたりとも	Posto que eu tiuera ouuido

Futurum

Quanuis audiuero	Vare	Qicŏzuredomo qicŏtomo, qijtaritomo	聞かうずれども、聞かうとも、聞いたりとも	Posto que eu tiuer ouuido

Coniunctiuus cum particula Si

Si audiam	Vare	Qicaba, qiqunaraba, qiquni voiteua	聞かば、聞くならば、聞くに於いては	Se eu ouuir

Praeteritum imperfectum

Si audirem	Vare	Qicaba, qijtaraba	聞かば,聞いたらば	Se eu ouuira, ou ouuisse

Praeteritum perfectum

Si audiuerim	Vare	Qijtaraba	聞いたらば

Praeteritum plusquam perfectum

Si audiuissem	Vare	Qijte attaraba	聞いてあったらば

Futurum

Si audiuero	Vare	Qicaba, qiqunaraba, qijtaraba	聞かば,聞くならば,聞いたらば

Potentialis modi praesens

Audiam?	Vare	Qicŏca?	聞かうか?	Que ouça eu? Que hei eu de ouuir? Ouuirei eu?

Praeteritum imperfectum

Audirem	Vare	Qicŏzu	聞かうず	Ouuiria eu, ouuira, ou pu*dera ouuir

Praeteritum perfectum

Audiuerim	Vare	Qicŏzu qijta cotomo arŏzu, qijtçurŏ	聞かうず,聞いた事も、あらうず,聞いつらう	Pude eu ouuir

Praeteritum plusquam perfectum

Audiuissem	Vare	Qicŏzu, qijta cotomo arŏzu	聞かうず,聞いた事も、あらうず	Ouuiria eu, ou pu*dera ter ouuido

Futurum

Audiuerim	Vare	Qicŏzu, qiqu cotomo arŏzu	聞かうず,聞く事も、あらうず	Ouuiria eu, ouuirei, poderei eu ouuir

Permissiui, siue concessiui praesens

Audiam	Vare	Qiqimoxei, qiqebatote, qijtemo, qiqutotemo, qiqe	聞きもせい,聞けばとて,聞いても,聞くとても,聞け	Ouça, dou-lhe que ouça, mas que ouça

Praeteritum imperfectum

Audirem	Vare	Qijtemo, qijtaritomo	聞いても,聞いたりとも	Ouuira, dou-lhe que ouuira mas que ouuira

Praeteritum perfectum

Audiuerim	Vare	Qijtarebatote, qijtaritomo	聞いたればとて,聞いたりとも	Ouuisse, dou-lhe que ouuisse, mas que ouuisse

Praeteritum plusquam perfectum

Audiuissem	Vare	Qijte attarebatote, qijtaritomo	聞いてあったればとて,聞いたりとも	Ouuira, dou-lhe que ouuira, mas que tiuera ouuido

Fut*urum*

Audiuero	Vare	Qicŏtomo, qijtaritomo, qicŏzurebatote	聞かうとも,聞いたりとも,聞かうずればとて	Dou-lhe que venha, ou chegue a ouuir

Infiniti tempus praesens

Audire	Vare, Varera, Na*n*gi, Na*n*gira, Are, Arera	Qiqu coto, A*RUIUA*, to	聞く事・と	Ouuir, ou q*ue* ouço, ouues, ouue, ouuimos, ouuis, ouuem

Praeteritum im*perfectum*

Audire	Vare, Varera, Na*n*gi, Na*n*gira, Are, Arera	Qiqu coto, A*RUIUA*, to, qijta coto, A*RUIUA*, to	聞く事・と,聞いた事・と	Ouuir, ou q*ue* ouuia, ouuias, ouuia, ouuiamos, ouuieis, ouuiam

Praeteritum per*fectum*

Audiuisse	Vare, Varera, Na*n*gi, Na*n*gira, Are, Arera	Qijta coto, A*RUIUA*, to	聞いた事・と	Ter ouuido, ou q*ue* ouui, ouuiste, ouuio, ouuimos, ouuistes, ouuiraõ, ou que tenho, tens, tem ouuido, temos, tendes, tem ouuido

Praeteritum plusq*uam per*****fectum**

Audiuisse	Vare, Varera, Na*n*gi, Na*n*gira, Are, Arera	Qiite atta coto, A*RUIUA*, to	聞いてあった事・と	Ter ouuido, ou que ouuira, ouuiras, ouuira, ouuiramos, ouuireis, ouuiraõ, ou que tinha, tinhas, tinha ouuido, tinhamos, tinheis, tinhaõ ouuido

Fut*urum*

Auditurum, am, um esse	Vare Na*n*gi Are	Qicŏzuru coto, A*RUIUA*, to	聞かうずる事・と	Que hei, has, ha de ouuir, ou que ouuirei, ouuirás, ouuirá
Plur*aliter* **Audituros, as, a esse**	Varera Na*n*gira Arera			Que hauemos, haueis, ham de ouuir, ou que ouuiremos, ouuireis, ouuiraõ

Fut*urum*

Auditurum, am, um fuisse	Vare Na*n*gi Are	Qicŏzuru coto, A*RUIUA*, to	聞かうずる・と	Que houuera, houueras, houuera de ouuir
Audituros, as, a fuisse	Varera Na*n*gira Arera			Que houueramos, houuereis, houueraõ de ouuir

Gerundia

Audiendi		Qiqu, A*RUIUA*, qicŏzu	聞く・聞かうず	De ouuir

Audiendo		Qiquni, A*ʀᴜɪᴜᴀ*, qijte, A*ʀᴜɪᴜᴀ*, qicarete	聞くに・聞いて・聞かれて	Em ouuir, de ouuir, ouuindo e sendo ouuido
Audiendum		Qiqu tame, qicŏzurutame, A*ʀᴜɪᴜᴀ*, tote, qicaruru tameni	聞くため, 聞かうずるため・とて, 聞かるるために	A ouuir, pera ouuir, a ser, pera ser ouuido

Supina

Auditum		Qiqini, A*ʀᴜɪᴜᴀ*, qiqu tameni	聞くに・聞くために	A ouuir, pera ouuir
Auditu		Qiqi, qicare	聞き・聞かれ	De ser ouuido, pera se ouuir

Participia declinationis actiuae, temporibus praesentis et imperfecti

Audiens, entis		Qiqu fito, A*ʀᴜɪᴜᴀ*, mono, A*ʀᴜɪᴜᴀ*, qiqite	聞く人・者・聞きて	O q*ue* ouue e ouuia

Futurum

Auditurus, a, um		Qicŏzuru fito, a, mono, qicŏzuru tame, qicŏto suru, A*ʀᴜɪᴜᴀ*, itaita fito, qicŏzuruni, A*ʀᴜɪᴜᴀ*, tocoroni	聞かうずる人・者, 聞かうずるため, 聞かうとする・致いた人, 聞かうずるに・処に	O que ha, ou ouuer de ouuir

Audior, verbum passiuum, sic declinabitur

Indicatiui praesens

Audior, audiris vel audire, auditur	Vare	Quicaruru	聞かるる	Eu sou ouuido
Audimur, audimini, audiuntur				

Praeteritum imperfectum

Audiebar, audiebaris vel audiebare, audiebatur		Quicaruru A*ʀᴜɪᴜᴀ*, qicareta	聞かるる・聞かれた	Eu era ouuido
Plur*aliter* Audiebamur, audiebamini, audiebantur				

Praeteritum perfectum

Auditus, a, um sum vel fui, es vel fuisti, est vel fuit	Vare, etc.	Qicareta, A*ʀᴜɪᴜᴀ*, qicaretearu	聞かれた・聞かれたる	Eu fui ouuido
Plur*aliter* Auditi, ae, a sumus vel fuimus, estis vel fuistis, sunt, fuerunt vel fuere				

Praeteritum plus*quam perfectum*

Auditus, a, um eram vel fueram, eras vel fueras, erat vel fuerat	Vare, etc.	Qicarete atta	聞かれてあった	Ia eu era, ou fora ouuido
Pl*uraliter* Auditi, ae, a eramus vel fueramus, eratis vel fueratis, erant vel fuerant				

Fut*urum*

Audiar, audieris vel audiere, audietur		Qicareôzu	聞かれうず	Eu serei ouuido
Pl*uraliter* Audiemur, audiemini, audientur				

Imperatiui praesens

Audire vel auditor	Nangi	Qicarei, A*RUIUA*, qicareyo	聞かれい・聞かれよ	Se tu ouuido
Audiatur	Are	Qicareito	聞かれいと	Seja elle ouuido
Audiamur	Varera	Qicareyo	聞かれよ	Sejamos nos ouuidos
Audimini vel audiminor	Nangira	Qicareyo	聞かれよ	Sede vos ouuidos
Audiantur	Arera	Qicareyo to	聞かれよと	Sejam elles ouuidos

Futurum, siue modus mandatiuus

Auditor tu, audieris vel audiere	Nangi	Qicarubexi	聞かるべし	Seras tu ouuido
Auditor ille vel audietur	Are			Sera elle ouuido
Pl*uraliter* Audiminor vel audiemini	Nangira	Qicarubexi	聞かるべし	Sereis vos ouuidos
Audiuntor vel audientur	Arera			Serão elles ouuidos

Optatiui praesens et imperfectum

Vtinam audirer, audireris vel audirere, audiretur	Vare, etc.	Auare qicareyocaxi, A*RUIUA*, gana	あわれ、聞かれよかし・がな	Oxala fora eu, ou fosse ouuido
Pl*uraliter* Vtinam audiremur, audiremini, audirentur				

Praeteritum per*fectum*

Vtinam auditus, a, um sim vel fuerim, sis vel fueris, sit vel fuerit	Vare	Qicaretarŏniua, qicareta naraba yocarŏ monouo	聞かれたらうには、聞かれたならば、よからうものを	Queira Deos que fosse eu ouuido
Pl*uraliter* Vtinam auditi, ae, a simus vel fuerimus, sitis vel fueritis, sint vel fuerint				

Praeteritum plusqu*am* per*fectum*

Vtinam auditus, a, um essem vel fuissem, esses vel fuisses, esset vel fuisset	Vare	Aà qicareô zuru monouo, qicarete attaraba yocarŏ monouo	ああ聞かれうずるものを、聞かれて、あったらば、よからうものを	Prouuera a Deos que fora eu ouuido
Pl*uraliter* Vtinam auditi, ae, a essemus vel fuissemus, essetis vel fuissetis, essent vel fuissent				

Fut*urum*

Vtinam aiidiar, audiaris vel audiare, audiatur	Vare, etc.	Qicareyocaxi, A*RUIUA*, gana	聞かれよかし・がな	Praza a Deos que seja eu ouuido
Pl*uraliter* Vtinam audiamur, audiamini, audiantur				

Coniunctiui praesens

Cum audiar, audiaris vel audiare, audiatur	Vare, etc.	Qicarureba, qicaruruni	聞かるれば、聞かるるに	Como eu sou ouuido, ou sendo eu ouuido
Pl*uraliter* Cum audiamur, audiamini, audiantur				

Praeteritum im*perfectum*

Cum audirer, audireris vel audirere, audiretur		Qicarureba, qicaruruni, qicaretareba	聞かるれば、聞かるるに、聞かれたれば	Como eu era ouuido, ou sendo eu ouuido
Pl*uraliter* Cum audiremur, audiremini, audirentur				

*Pr*aeteritum per*fectum*

Cum auditus, a, um sim vel fuerim, sis vel fueris, sit vel fuerit	Vare	Qicaretareba, qicaretani	聞かれたれば、聞かれたに	Como eu fui ouuido, ou sendo eu ouuido
Pl*uraliter* Cum auditi, ae, a simus vel fuerimus, sitis vel fueritis, sint vel fuerint				

*Pr*aeteritum plusqu*am* per*fectum*

Cum auditus, a, um essem vel fuissem, esses vel fuisses, esset vel fuisset	Vare	Qicarete attareba, qicareteattani, qicaretareba	聞かれてあったれば、聞かれてあったに、聞かれたれば	Como eu ja era, ou fora ouuido, ou sendo eu ouuido
Pl*uraliter* Cum auditi, ae, a essemus vel fuissemus, essetis vel fuissetis, essent vel fuissent				

Fut*urum*

Cum auditus, a, um ero vel fuero, eris vel fueris, erit vel fuerit	Vare, etc.	Qicareôtoqi, qicaretecara, A*RUIUA*, nochi	聞かれうとき、聞かれたから・のち	Como eu for ouuido
Pl*uraliter* Cum auditi, ae, a erimus vel fuerimus, eritis vel fueritis, erunt vel fuerint				

¶Coniunctiuus cum particula Quanuis

Quanuis audiar	Vare	Qicaruredomo, qicarurutomo	聞かるれども、聞かるるとも	Posto q*u*e eu seja ouuido

*Pr*aeteritum imp*er*f*ectum*

Quanuis audirer	Vare	Qicaruredomo, qicaretaredomo	聞かるれども、聞かれたれども	Posto que eu fora, ou fosse ouuido

*Pr*aeteritum per*fectum*

Quanuis auditus, a, um sim, vel, fuerim	Vare	Qicaretaredomo, qicaretaritomo	聞かれたれども、聞かれたりとも	

*Pr*aeteritum plusqu*am* per*fectum*

Quanuis auditus, a, um essem, vel, fuissem	Vare	Qicarete attaredomo, qicaretaritomo	聞かれてあったれども、聞かれたりとも	

| Quanuis auditus, a, um ero, vel, fuero | Vare | Qicareôzuredomo, qicareôtomo, qicaretaritomo | 聞かれうずれども、聞かれうとも、聞かれたりとも | |

¶Coniunctiuus cum particula Si

| Si audiar | Vare | Qicareba, qicaruruni voiteua | 聞かれば、聞かるるに於いては | Se eu for ouuido |

Praeteritum imperfectum

| Si audirer | Vare | Qicaretaraba, qicareba | 聞かれたらば、聞かれば | Se eu fosse, ou fora ouuido |

Praeteritum perfectum

| Si auditus, a, um sim, vel, fuerim | Vare | Qicaretaraba | 聞かれたらば | |

Praeteritum plusquam perfectum

| Si auditus, a, um essem, vel, fuissem | Vare | Qicarete attaraba | 聞かれてあったらば | |

Futurum

| Si auditus, a, um ero, vel, fuero | Vare | Qicareba, qicareô naraba, qicaretaraba | 聞かれば、聞かれうならば、聞かれたらば | |

Potentialis modi praesens

| Audiar | Vare | Qicareôca? | 聞かれうか？ | Que seja eu ouuido? Que hei de ser ouuido? Serei eu ouuido? |

Praeteritum imperfectum

| Audirer | Vare | Qicareôzu | 聞かれうず | Seria eu, fora, ou pu*dera ser ouuido |

[49v]

Praeteritum perfectum

| Auditus, a, um sim vel fuerim | Vare | Qicareôzu, qicareta cotomo arŏzu, qicaretçurŏ | 聞かれうず、聞かれたことも、あらうず、聞かれつらう | Pude eu ser ouuido |

Praeteritum plusquam perfectum

| Auditus, a, um essem vel fuissem | Vare | Qicareôzu, qicaretacotomo arŏzu | 聞かれうず、聞かれた事も、あらうず | Fora eu: ou pu*dera ser ouuido |

Futurum

| Auditus, a, um sim vel fuerim | Vare | Qicareôzu, qicaruru cotomo arŏzu | 聞かれうず、聞かるる事も、あらうず | Seria eu, serei, poderei eu ser ouuido |

Permissiui, siue concessiui praesens

| Audiar | Vare | Qicaremoxei, qicarurebatote, qicaretemo, qicarurutotemo | 聞かれもせい、聞かるればとて、聞かれても、聞かるるとても | Seja ouuido, dou-lhe que seja, mas que seja ouuido |

Praeteritum imperfectum

| Audirer | Vare | Qicaretemo, qicaretaritomo | 聞かれても、聞かれたりとも | Fora ouuido, dou-lhe que fora, mas que fora ouuido |

Praeteritum **perfectum**

Auditus, a, um sim vel fuerim	Vare	Qicaretarebatote, qicaretaritomo	聞かれたれば とて，聞かれた りとも	Fosse ouuido, dou-lhe que fosse, mas que fosse ouuido

Praeteritum **plusq***uam perfectum*

Auditus, a, um essem vel fuissem	Vare	Qicarete attarebatote, qicaretaritomo	聞かれてあっ たればとて，聞 かれたりとも	Fora ouuido, dou-lhe que fora, mas que fora ouuido

[50r]
F**ut***urum*

Auditus, a, um fuero	Vare	Qicareôtomo, qicaretaritomo qicareôzurebatote	聞かれうとも， 聞かれたりと も、聞かれう ずればとて	Dou-lhe que venha, ou chegue a ser ouuido

Infiniti praesens

Audiri	Vare Na*n*gi Are Varera Nangira Arera	Qicaruru, A*RUIUA*, to	聞かるる事・ と	Ser ouuido, ou que sou, es, he, somos, sois, saõ ouuidos

Praeteritum **im***perfectum*

Audiri	Vare Nangi Are Varera Na*n*gira Arera	Qicaruru coto, A*RUIUA*, to, qicareta coto, A*RUIUA*, to	聞かるる事・ と、聞かれた 事・と	Ser ouuido, ou que era, eras, era, eramos, ereis, eraõ ouuidos

Praeteritum **perfec***tum*

Auditum, am, um esse vel fuisse	Vare Nangi Are	Qicareta coto, A*RUIUA*, to	聞かれた事・ と	Que fui, foste foi ouuido
Plur*aliter* **Auditos, as, a esse vel fuisse**	Varera Na*n*gira Arera			Que somos, fostes, foraõ ouuidos

Praeteritum **plusq***uam perfectum*

Auditum, am, um esse vel fuisse	Vare Na*n*gi Are	Qicarete atta coto, A*RUIUA*, to	聞かれてあっ た事・と	Que era, ou fora, eras, ou foras, era, ou fora ouuido
Plur*aliter* **Auditos, as, a, esse vel fuisse**	Varera Na*n*gira Arera			Que eramos, ou foramos, ereis, ou foreis, eraõ, ou foraõ ouuidos

[50v]
F**ut***urum*

Auditum iri, vel audiendum, am, um esse	Vare Nangi Are	Qicareô coto, A*RUIUA*, to	聞かれう事・ と	Que hei, has, ha de ser ouuido, ou que serei, seràs, serà ouuido
Plur*aliter* **Auditum iri, vel audiendos, as, a esse**	Varera Nangira Arera			Que hauemos, haueis, haõ de ser ouuidos, ou que seremos, sereis, seraõ ouuidos

81

Audiendum, am, um fuisse	Vare Nangi Are	Qicareô coto, Aʀᴜɪᴜᴀ, to	聞かれう事・と	Que houuera, houueras, houuera de ser ouuido
Pluraliter Audiendos, as, a fuisse	Varera Nangira Arera			Que houueramos houuereis, houueram de ser ouuidos

Participia praeteriti temporis

Auditus, a, um		Qicarurumono, qicareta fito, qicarete	聞かるるもの、聞かれた人、聞かれて	Cousa ouuida

Futuri

Audiendus, a, um		Qicareôzuru mono, Aʀᴜɪᴜᴀ, fito, qicareôzuruni, Aʀᴜɪᴜᴀ, tocoroni	聞かれうずるもの・人、聞かれうずるに・処に	Cousa que ha, ou houuer de ser ouuida

¶Videas plerosque, etiam cum aliquantulum progressi fuerint, declinatione verborum quae supinis, aut praeteritis carent, maxime cum ad infinitum modum ventum est, ita perturbari vt in hac re prorsus peregrini, atque hospites esse videantur. Ne igitur adolescentes declinatione semper tyrones sint, verba subiecimus quae ipsis negotium solent facessere: quorum unum diligens magister singulis, aut alternis diebus curabit declinandum.

¶Quae verba supinis carent, deficiunt etiam participiis futuri in **Rus,** et praeteriti temporis: item praeteritis perfectis et plusquam perfectis passiuis omnium modorum ac futuro passiuo coniunctiui modi: praeterea futuro infinito tam agendi quam patiendi, quod ex voce simili supino et infinito **iri** suppletur, cuiusmodi sunt, quae sequuntur:

    Nulla supina Mico, Strido, seu Strideo gignunt,
    Lugeo, cum Sileo, Fulget, cum Luceo, Friget,
    Vrgeo, cum Sorbet, Turget, Conniuet et Alget,
    Flaueo, cum Timeo, Paueo, cum Ferueo, Liuet,
    Congruo, cum Sapio, Lambo, cum Respuo, Linquo,
    Ingruo, cum Batuo, Posco Metuoque Pluoque
    Et Dispesco, Luo, Scando, Compesco, Fatisco,
    Hisco, Scabo, Sugo, Nolo, cum Prodigo, Dego.
    Annuo cum sociis {Rᴇɴᴜᴏ, ɪɴɴᴜᴏ.}, Vado, cum Gliscere, Vergo,
    Disco, Tremo, Satago, Ferio, queis adde Refello,
    Ambigo, Sterto, Rudo, Psallo, cum Cernere, Sido,
    Et Vescor, Liquor, Medeor, Reminiscor et Ango,
    Et Volo, Malo, Furit, Praeque {Pʀᴀᴇᴄᴇʟʟᴏ, Aɴᴛᴇᴄᴇʟʟᴏ.} Ante, Excellere, Ringor,
    Et quod Poscit vi, modo sit neutrale secundae,
    Vt Studeo, Emineo, exceptis quae suggeret vsus,
    Quaeque fere gignit Meditor, quaeque inchoo verbum.

¶Quae praeteritis carent, non solum omnibus, quae diximus, deficiunt, sed etiam iis, quae a praeteritis fiunt. Itaque **Vescor** tantum habet praesens et praeteritum imperfectum omnium modorum et quae inde formantur, nimirum futurum indicatiui, imperatiui et optatiui modi, et Participium in **NS**, et gerundia, quae ab eo formantur. Sunt nonnulla, quae ne haec quidem omnia habent, quae ludimagister pro sua eruditione diligenter considerabit. Porro quae praeteritis carent, separatim collecta inuenies in praeteritorum ac supinorum vestibulo.

¶De natura ac significatione verborum tum deponentium, tum communium, suis locis egimus copiose. Hic tantum admonendi sunt pueri participia, quae in **Dus** exeunt et futurum infinitum, quod inde suppletur, siue a deponentibus, siue communibus oriantur, patiendi duntaxat significatione usurpari. Reliqua omnia tempora, siue participia, siue participialia verborum deponentium, agendi solum significatione contenta esse. Communium vero futurum infinitum, quod ex voce in **Tum** finita et infinito **iri** suppletur et posterius supinum semper patiendi modo usurpari. At participia praeteriti temporis, et reliqua, quae eorum adminiculo supplentur, tum agere, tum pati significare. Item gerundia in **Dum** et **Do**, caetera omnia agendi habere significationem. [52r]

Declinatio verbi deponentis

Indicatiui praesens

Vtor, vteris vel vtere, vtitur	Vare, etc.	*Tçucŏ*	使う	Eu vso etc.
Pluraliter **Vtimur, vtimini, vtuntur**				

Praeteritum **imperfectum**

Vtebar, vtebaris vel vtebare, vtebatur	Vare, etc.	*Tçucŏ*, A_{RUIUA}, *tçucŏta*	使う・使うた	Eu vsaua
Pluraliter **Vtebamur, vtebamini, vtebantur**				

Praeteritum **perfectum**

Vsus, a, um sum vel fui, es, vel, fuisti, est vel fuit	Vare, etc.	*Tçucŏta*, A_{RUIUA}, *tçucŏtearu*	使うた・使うてある	Eu vsei, ou tenho vsado
Pluraliter **Vsi, ae, a sumus vel fuimus, estis vel fuistis, sunt, fuerunt vel fuere**				

Praeteritum plusquam perfectum

Vsus, a, um eram vel fueram, eras vel fueras, erat vel fuerat	Vare, etc.	Tçucŏta, Aʀᴜɪᴜᴀ, tçucŏte atta	使うた・使うてあった	Eu vsara, ou tinha vsado
Pluraliter Vsi, ae, a eramus vel fueramus, eratis vel fueratis, erant vel fuerant				

Futurum

Vtar, vteris vel vtere, vtetur	Vare, etc.	Tçucauŏzu	使わうず	Eu vsarei
Pluraliter Vtemur, vtemini, vtentur				

Imperatiui praesens

Vtere vel vtitor	Nangi	Tçucaye	使え	Vsa tu
Vtatur	Are	Tçucayeto	使えと	Vse elle
Vtamur	Varera	Tçucauŏzu	使わうず	Vsemos nos
Vtimini vel vtiminor	Nangira	Tçucaye	使え	Vsai vos
Vtantur	Arera	Tçucayeto	使えと	Vsem elles

[52v]

Modus mandatiuus

Vtitor tu, vteris vel vtere	Nangi	Tçucŏbexi	使うべし	Vsaràs tu
Vtitor ille vel vtetur	Are			Vsarà elle
Pluraliter Vtiminor vel vtemini	Nangira			Vsareis vos
Vtuntor, vel vtentur	Arera			Vsaraõ elles

Optatiui praesens et imperfectum

Vtinam vterer, vtereris vel vterere, vteretur		Auare tçucayecaxi	あわれ使えかし	Oxala vsara eu, ou vsasse
Pluraliter Vtinam vteremur, vteremini, vterentur				

Praeteritum perfectum

Vtinam vsus, a, um sim vel fuerim, sis vel fueris, sit vel fuerit, etc.	Vare	Tçucŏtarŏ niua	使うたらう、には	Queira Deos que tenha eu vsado, ou oxala vsasse eu

84

Praeteritum plus*quam perfectum*

Vtinam vsus, a, um essem vel fuissem, esses vel fuisses, esset vel fuisset, etc.	Vare	Aa tçucauŏzuru monouo	ああ使わうずるものを	Prouuera a Deos que vsara eu, ou tiuera vsado

Fut*urum*

Vtinam vtar, vtaris vel vtare, vtatur	Vare	Tçucaye caxi	使えかし	Praza a Deos que vse eu
Pl*uraliter* Vtinam vtamur, vtamini, vtantur				

Coniunctiui praesens

Cum vtar, vtaris vel vtare, vtatur	Vare	Tçucayeba	使えば	Como eu vso, ou vsando eu
Pl*uraliter* Cum Vtamur, vtamini, vtantur				

[53r]

Praeteritum im*perfectum*

Cum vterer, vtereris vel vterere, vteretur		Tçucayeba, tçucŏtareba	使えば、使うたれば	Como eu vsaua, ou vsando eu
Pl*uraliter* Cum vteremur, vteremini, vterentur				

Praeteritum perfectum

Cum vsus, a, um sim vel fuerim, sis vel fueris, sit vel fuerit, etc.	Vare etc.	Tçucŏtareba	使うたれば	Como eu vsei ou tenho vsado: vsando eu ou tendo vsado

Praeteritum plus*quam perfectum*

Cum vsus, a, um essem vel fuissem, esses vel fuisses, esset vel fuisset, etc.	Vare	Tçucŏte attareba	使うてあったれば	Como eu vsara, ou tinha vsado: vsando eu ou tendo vsado

Fut*urum*

Cum vsus, a, um ero vel fuero, eris vel fueris, erit vel fuerit, etc.	Vare	Tçucauŏ toqi	使わうとき	Como eu vsar ou tiuer vsado

¶Coniunctiuus cum particula Quanuis

Pr*a*es*ens*

Quanuis vtar, vatris, vel, vtare vtantur, etc.	Vare, etc.	Tçucayedomo, A*RUIUA*, tçucŏtomo	使えども・使うとも	Posto que eu vse

Praeteritum im*perfectum*

Quanuis, vtere, vtereris, vterere vteretur, etc.	Vare, etc.	Tçucayedomo, tçucŏtaredomo	使えども・使うたれども	Ainda q*u*e eu vsara, ou vsasse

*Pr*a*eteritum* perf*ectum*

Quinuis vsus, a, um, sim, vel, fuerim sis, vel, fueris, sit, vel, fuerit, etc.	Vare, etc.	Tçucŏtaredomo, A*RUIUA*, tçucŏtaritomo	使うたれども・使うたりとも	Posto q*u*e eu tenha vsado

[53v]
*Pr*a*eteritum* plusq*uam perfectum*

Quanuis, vsus, a, um, essem, vel, fuissem esses, vel, fuisses, esset, vel, fuisset	Vare	Tçucŏte attaredomo, A*RUIUA*, tçucŏtaritomo	使うて、あったれども・使うたりとも	Posto que eu tiuera vsado

Fut*urum*

Quanuis, vsus, a, um, erro, vel, fuero eris, vel, fueris, erit, vel, fuerit, etc.	Vare	Tçucauŏzuredomo, A*RUIUA*, tçucauŏtomo	使わうずれども・使わうとも	

Inifiniti praesens

Vti	Vare, etc.	Tçucŏ coto A*RUIUA*, to	使う事・と	Vsar, ou que vso vsas, etc.

*Pr*a*eteritum* im*perfectum*

Vti	Vare, etc.	Tçucŏ coto, A*RUIUA*, tçucŏta coto, A*RUIUA*, to	使う事・使うた事・と	Vsar, ou que vsam, vsauas, etc.

*Pr*a*eteritum* perf*ectum*

Vsum, am, um esse vel fuisse	Vare, etc.	Tçucŏta coto, A*RUIUA*, to	使うた、事・と	Ter vsado ou q*u*e vsei, vsaste vsou
Plur*aliter* Vsos, as, a esse vel fuisse				Ter vsado: ou q*u*e vsamos, vsastes, vsaram

*Pr*a*eteritum* plusq*uam perfectum*

Vsum, am, um esse vel fuisse	Vare, etc.	Tçucŏte atta coto, A*RUIUA*, to	使うてあった事・と	Ter vsado ou q*u*e vsara, vsaras, vsara
Plur*aliter* Vsos, as, a esse vel fuisse				Ter vsado ou q*u*e vsaramos, vsareis, vsaram

[54r]
Fut*urum*

Vsurum, am, um, esse	Vare, etc.	Tçucauŏzuru coto, A*RUIUA*, to	使わうずる事・と	Que hei, has, ha de vsar: ou q*u*e vsarei, vsaràs vsarà
Plur*aliter* Vsuros, as, a, esse				Que hauemos, haueis, haõ de vsar: ou que vsaremos vsareis, vsaràm

86

Vsurum, am, um fuisse	Vare, etc.	Tçucauŏzuru coto, Aʀᴜɪᴜᴀ. to	使わうずる事・と	Que houuera, houueras, houuera de vsar
Pluraliter **Vsuros, as a fuisse**				Que houueramos, houuereis, houuerão de vsar

Gerundia

Vtendi		Tçucŏ, Aʀᴜɪᴜᴀ, tçucauŏzu	使う・使わうず	De vsar
Vtendo		Tçucŏni, Aʀᴜɪᴜᴀ, tçucŏte	使うに・使うて	Em vsar, de vsar, vsando
Vtendum		Tçucŏtame, Aʀᴜɪᴜᴀ, tçucanŏzuru tame	使うため・使わうずるため	A vsar, pera vsar

Supinum

Vsum		Tçucaini, tçucŏtameni	使いに、使うために	A vsar, pera vsar

¶Participium praesens et imperfectum

Vtens, entis		Tçucŏfito, Aʀᴜɪᴜᴀ, mono, Aʀᴜɪᴜᴀ, tçucŏte	使う人・もの・使うて	O que vsa, e vsam

Futuri actiui

Vsurus, a, um		Tçucauŏzuru fito, Aʀᴜɪᴜᴀ, mono Aʀᴜɪᴜᴀ, tçucauŏzuru tame	使わうずる人・者・使わうずるため	O que ha, ou houuer de vsar, pera vsar

Praeteriti

Vsus, a, um		Tçucŏta mono, Aʀᴜɪᴜᴀ, fito, tçucŏte	使うた者・人、使うて	Cousa que vsou

Futuri Passiui

Vtendus, a, um		Tçucauareôzuru mono, Aʀᴜɪᴜᴀ, fito	使われうずるもの・人	Cousa que ha: ou houuer de ser vsada

Declinatio verbi communis

Indicatiui praesens

Dimetior, dimetiris vel dimetire, dimetitur	Vare, etc.	Facaru	計る	Eu traço
Pluraliter **Dimetimur, dimetimini, dimetiuntur**				

Praeteritum imperfectum

Dimetiebar, dimetiebaris vel dimetiebare, dimetiebatur	Vare	Facaru, Aʀᴜɪᴜᴀ, facatta	計る・計った	Eu traçaua
Pluraliter **Dimetiebamur, dimetiebamini, dimetiebantur**				

Praeteritum per*fectum*

Dimensus, a, um sum vel fui, es, vel, fuisti, est vel fuit	Vare, etc.	*Facatta, A_{RUIUA}, facarareta*	計った・計られた	Eu traçei e fui traçado
Pluraliter Dimensi, ae, a sumus vel fuimus, estis, vel, fuistis, sunt, fuerunt, vel, fuere				

Praeteritum plusquam per*fectum*

| Dimensus, a, um eram vel fueram, eras vel fueras, erat vel fuerat. ae, a eramus vel fueramus, eratis vel fueratis, erant vel fuerant | Vare, etc. | *Facatta, A_{RUIUA}, facatte aru, facarareta, A_{RUIUA}. facararete atta* | 計った・計ってある , 計られた・計られてあった | Eu traçara, e fora traçado |

[55r]
Fut*urum*

Dimetiar, dimetieris, vel, dimetiere, dimetietur	Vare, etc.	*Facarŏzu*	計らうず	Eu traçarei
Pluraliter Dimetiemur, dimetiemini, dimetientur				

Imperatiui praesens

Dimetire vel dimetitor	Nangi	*Facare*	計れ	Traça tu
Dimetiatur	Are	*Facareto*	計れと	Traçe elle
Pluraliter Dimetiamur	Varera	*Facarŏzu*	計らうず	Traçemos nos
Dimetimini, vel, dimetiminor	Nangira	*Facare*	計れ	Traçai vos
Dimetiantur	Arera	*Facareto*	計れと	Traçem elles

Modus mandatiuus

Dimetitor tu, vel dimetieris, vel, dimetiere	Nangi Are Nangira Arera	*Facaru bexi*	計るべし	Traçaràs tu
Dimetitor ille, vel, dimetietur	Nangi			Traçarà olle
Pluraliter Dimetiminor, vel, dimetiemini	Are			Traçareis vos
Dimetiuntor, vel, dimetientur	Nangira Arera			Traçaraõ elles

Optatiui praesens et imperfectum

Vtinam dimetirer, dimetireris, vel, dimetirere, dimetiretur	Vare	Auare facare caxi	あわれ計れかし	Oxala traçara eu, ou traçasse
Pluraliter **Vtinam dimetiremur, dimetiremini, dimetirentur**				

Praeteritum perfectum

Vtinam dimensus, a, um sim vel fuerim, sis vel fueris, sit vel fuerit	Vare, etc.	Facattarŏniua, facararetarŏniua	計ったらうには、計られたらうには	Queira Deos que tenha eu traçado: ou que fosse eu traçado
Pluraliter **Vtinam dimensi, ae, a simus vel fuerimus, sitis vel fueritis, sint vel fuerint**				

Praeteritum plusquam perfectum

Vtinam dimensus, a, um essem vel fuissem, esses, vel, fuisses, esset, vel, fuisset	Vare	Aa facarŏzuru monouo, Aa facarareôzuru monouo	ああ計らうずるものを、ああ計られうずるものを	Prouuera a Deos que traçara eu: e fora traçado
Pluraliter **Vtinam dimensi, ae, a essemus vel fuissemus, essetis vel fuissetis, essent, vel, fuissent**				

Futurum

Vtinam dimetiar, dimetiaris vel dimetiare, dimetiatur	Vare, etc.	Facarecaxi	計れかし	Praza a Deos que traçe eu
Pluraliter **Vtinam dimetiamur, dimetiamini, dimetiantur**				

Coniunctiui praesens

Cum dimetiar, dimetiaris vel dimetiare, dimetiatur	Vare, etc.	*Facareba*	計れば	Como eu traço, ou traçando eu
Pluraliter **Cum dimetiamur, dimetiamini, dimetiantur**				

Praeteritum imperfectum

Cum dimetirer, dimetireris vel dimetirere, dimetiretur	Vare, etc.	*Facareba, facattareba*	計れば,計ったれば	Como eu traçaua ou traçando eu
Pluraliter **Cum dimetiremur, dimetiremini, dimetirentur**				

Praeteritum perfectum

Cum dimensus, a, um sim vel fuerim, sis vel fueris, sit vel fuerit	Vare	*Facattareba, A<small>RUIUA</small>, facararetareba*	計ったれば・計られたれば	Como eu tracei: e fui traçado
Pluraliter **Cum dimensi, ae, a simus vel fuerimus, sitis vel fueritis, sint vel fuerint**				

Praeteritum plusquam perfectum

Cum dimensus, a, um essem vel fuissem, esses vel fuisses, esset vel fuisset	Vare	*Facatte attareba, A<small>RUIUA</small>, facattareba, A<small>RUIUA</small>, facaratete attareba, A<small>RUIUA</small>, facararetareba*	計ってあったれば・計ったれば・計られてあったれば・計られたれば	Como eu traçara e fora traçado
Pluraliter **Cum dimensi, ae, a essemus vel fuissemus, essetis vel fuissetis, essent vel fuissent**				

Fut*urum*

Cum dimensus, a, um ero vel fuero, eris vel fueris, erit vel fuerit	Vare	*Facarŏ toqi*, A<small>RUIUA</small>, *facarareô toqi*	計らうとき・計られうとき	Como eu traçar: e for traçado
Pl*uraliter* Cum dimensi, ae, a erimus vel fuerimus, eritis, vel, fueritis, erunt, vel, fuerint				

¶Coniunctiuus cum particula Quanuis

dimetiar	Vare, etc.	*Facaredomo*, A<small>RUIUA</small>, *facarutomo*	計れども・計るとも	Posto q*ue* eu traçe

Pr*ae*terit*um* imp*er*fect*um*

Quanuis dimetirer	Vare, etc.	*Facaredomo*, A<small>RUIUA</small>, *facattaredomo*	計れども・計ったれども	Posto que eu traçara, ou traçasse

Pr*ae*terit*um* perfect*um*

Quanuis dimensus, a, um, sim, vel	Vare, etc.	*Facattaredomo*, A<small>RUIUA</small>, *facattaritomo*	計ったれども・計ったりとも	Posto q*ue* eu tenho traçado

Pr*ae*terit*um* plusq*uam* perfect*um*

Quanuis dimensus, a, um, essem, vel, fuissem	Vare, etc.	*Facatte attaredomo*, A<small>RUIUA</small>, *facattaritomo*	計ってあったれども・計ったりとも	Posto q*ue* eu tiuera traçado

Fut*urum*

Quanuis dimensus a, um, erro, vel fuero	Vare, etc.	*Facarŏzuredomo, facarŏtomo*, A<small>RUIUA</small>, *facarareôzuredomo facarareôtomo*	計らうずれども、計らうとも・計られうずれども、計られうとも	

Infiniti praesens

Dimetiri	Vare, etc.	*Facaru coto*, A<small>RUIUA</small>, *to*	計る事・と	Traçar ou q*ue* traço, traças, etc.

Pr*ae*terit*um* imp*er*fect*um*

Dimetiri	Vare, etc.	*Facaru coto*, A<small>RUIUA</small>, *to, facatta coto*, A<small>RUIUA</small>, *to*	計る事・と, 計った事・と	Traçar: ou q*ue* traçaua, traçauas, etc.

Pr*ae*terit*um* perfect*um*

Dimensum, am, um esse vel fuisse	Vare, etc.	*Facattacoto*, A<small>RUIUA</small>, *to*, A<small>RUIUA</small>, *facarareta coto*, A<small>RUIUA</small>, *to*	計った事・と・計られた事・と	Ter traçado ou que tracei e fui traçado, fostes, etc.
Pl*uraliter* Dimensos, as, a esse vel fuisse				Ter traçado, ou que traçamos, e fomos traçados fostes etc.

91

Praeteritum plus*quam perfectum*

Dimensum, am, um esse vel fuisse	Vare, etc.	*Facatte attacoto Aʀᴜɪᴜᴀ, to, facararere atta coto, Aʀᴜɪᴜᴀ, to*	計ってあった事・と、計られてあった事・と	Ter traçado: ou que traçara, e fora traçado, foras, etc.
Dimensos, as, a esse vel fuisse				Ter traçado: ou que traçaramos e foramos traçados foreis, etc.

Fut*urum* acti*uum*

Dimensurum, am, um esse	Vare, etc.	*Facarŏzuru coto, Aʀᴜɪᴜᴀ, to*	計らうずる事・と	Que hei de traçar, ou que traçarei, etc.
Plur*aliter* Dimensuros, as, a, esse etc.				Que hauemos, de traçar, ou que traçaremos

Fut*urum* passi*uum*

Dimensum iri, vel, dimetiendum, am, um esse	Vare, etc.	*Facarareôzurucoto, Aʀᴜɪᴜᴀ, to*	計られうずる事・と	Que hei de ser traçado: ou que serei traçado, seras, etc
Plur*aliter* Dimensum iri, vel dimetiendos, as, a esse etc.				Que hauemos de ser traçados ou que seremos traçados, sereis

Dimensurum, am, um fuisse	Vare, etc.	*Facarŏzuru coto, Aʀᴜɪᴜᴀ, to*	計らうずる事・と	Que houuera houuera, houuera de traçar
Plur*aliter* Dimensuros, as, a fuisse		*Idem*		Que houueramos, houuereis, houuerāo de traçar

Dimetiendum, am, um fuisse	Vare	*Facarareôzuru coto, Aʀᴜɪᴜᴀ, to*	計られうずる事・と	Que houuera houueras, houuera de ser traçado
Plur*aliter* Dimetiendos, as, a fuisse				Que houueramos, houuereis, houueram de ser traçados

Gerundia

Dimetiendi		*Facaru*	計る	De traçar
Dimetiendo		*Facaruni, Aʀᴜɪᴜᴀ, facatte, Aʀᴜɪᴜᴀ, facararete*	計るに・計って・計られて	Em traçar de traçar traçando e sendo traçado
Dimetiendum		*Facarutame, Aʀᴜɪᴜᴀ, tote, Aʀᴜɪᴜᴀ, facarararu tameni*	計るため・とて・計らるるために	A traçar, pera traçar, a ser, pera ser traçado

Supina

Dimensum		*Facaruni, Aʀᴜɪᴜᴀ, facaru tameni*	計るに・計るために	A traçar, pera traçar
Dimensu		*Facari, Aʀᴜɪᴜᴀ, facarare*	計り・計られ	De ser traçado, pera se traçar

Participia praesentis et imperfecti

Dimetiens, entis		*Facaru fito, Aʀᴜɪᴜᴀ, mono, Aʀᴜɪᴜᴀ, facatte*	計る人・者・計って	O que traça e traçaua

Futuri actiui

| | Dimensurus, a, um | | *Facarŏzuru fito,* A*ʀᴜɪᴜᴀ*, *mono, facarŏzuru tame, etc.* | 計らうずる人・者、計らうずるため | O que ha, ou houuer de traçar, pera traçar |

[57v]
Praeteriti

| | Dimensus, a, um | | *Facattamoto,* A*ʀᴜɪᴜᴀ, fito, facatte, facararetamono,* A*ʀᴜɪᴜᴀ, fito, facararete* | 計った者・人、計って、諮られた者・人、計られて | Cousa que traçou: ou foi traçado |

Futuri passiui

| | Dimetiendus, a, um | | *Facarareôzuru mono,* A*ʀᴜɪᴜᴀ, fito* | 計られうずる者・人 | Cousa que ha, ou houuer de ser traçada |

Verbum, Sum, et quae ex eo componuntur, haec habent, cum significant comedere

¶Indic*atiui* Praesens

		Es, est
	Pass*siuum*	Estur

Imperatiui praesens

| | | Es, vel, esto |

Fut*urum*

| | | Esto tu, Esto ille |

Opt*atiui* praes*ens* et imp*erf*ect*um*

		Vtinam Essem, esses, esset
	Plur*aliter*	Vtinam Essemus, essetis, essent

Coniunct*iui* Imperf*ectum*

		Cum Essem, esses, esset
	Plur*aliter*	Cum essemus, essetis, essent

Infin*itiui* praes*ens* et imp*erfectum*

| | | Esse |

¶Indic*atiui* praes*ens*

| | | Comes, comest |

Imperatiui

| | | Comesto tu, comesto ille |

¶Opt*atiui* praes*ens* et imperf*ectum*

		Vtinam comessem, comesses, comesset
	Plur*aliter*	Vtinam comessemus, comessetis, comessent

¶Coniunct*iui* Imperf*ectum*

		Cum comessem comesses, comesset
	Plur*aliter*	Cum comessemus, comessetis, comessent

[58r]
¶Infiniti praes*ens* et imp*erfectum*

| | | Comesse |

Ex **est**, in tertia persona indicatiui tantum reperitur.

93

¶ Eo, Is

¶ Indicatiui praesens

	Eo, is, it
Pluraliter	Imus, itis, eunt
Praeteritum imperfectum	Ibam, ibas, ibat
Pluraliter	Ibamus, ibatis, ibant
Praeteritum perfectum	iui, iuisti, etc.
Plusquam perfectum	iueram, iueras, etc.
Futurum	Ibo, ibis, ibit
Pluraliter	Ibimus, ibitis, ibunt

¶ Imperatiui praesens

	I vel ito: eat
Pluraliter	Eamus: ite vel itote: eant
Futurum	Ito tu vel ibis: Ito ille vel ibit
Pluraliter	Itote vel ibitis, eunto, vel ibunt

Optatiui praesens et imperfectum

	Vtinam irem, ires, etc.
Perfectum	Vtinam iuerim, iueris, etc.
Plusquam perfectum	Vtinam iuissem, iuisses, etc.
Futurum	Vtinam eam, eas, eat
Pluraliter	Vtinam eamus, eatis, eant

Coniunctiui praesens

	Cum eam, eas, eat
Pluraliter	Cum eamus, eatis, eant
Imperfectum	Cum irem, ires, etc.
Perfectum	Cum iuerim, iueris, etc.
Plusquam perfectum	Cum iuissem, iuisses, etc.
Futurum	Cum iuero, iueris, etc.

Infiniti praesens et imperfectum

	Ire
Praeteritum perfectum et Plusquam perfectum	Iuisse

Gerundia

	Eundi, eundo, eundum

Supinum

	Itum

¶ Participium praesens et imperfectum

	Iens, euntis
Futuri	Iturus, a, um

¶Memini, Noui, Odi, Coepi

Indicatiui praesens et perfectum

Memini, meministi, etc.	Vare	Vomoiidasu, Aʀᴜɪᴜᴀ, vomoi idaita	思い出す・思い出いた	Eu me lembro e lembrei

Praeteritum imperfectum et plusquam perfectum

Memineram, memineras, etc.	Vare	Vomoi idaita, Aʀᴜɪᴜᴀ, vomoiidaite atta	思い出いた・思い出てあった	Eu me lembraua, e lembrara

Imperatiui praesens et futurum

Memento tu vel memineris, etc.	Nangi	Vomoiidaxe, Aʀᴜɪᴜᴀ, vomoiidasu bexi	思い出せ・思い出すべし	Lembra-te tu: ou lembrar-te-has
Meminerit	Are	Vomoiidaxeto, Aʀᴜɪᴜᴀ, vomoiidatu bexi	思い出せと・思い出すべし	
Pluraliter Meminerimus	Varera	Vomoiidasŏzu	思い出さうず	
Mementote, vel, memineritis	Nangira	Vomoiidaxe Aʀᴜɪᴜᴀ, vomoiidasu bexi	思いだせ・思い出すべし	
Meminerint	Arera	Vomoiidaxeto, Aʀᴜɪᴜᴀ, vomoiidasu bexi	思い出せと・思い出すべし	

Optatiui praesens et perfectum

Vtinam meminerim, memineris, meminerit, etc.	Vare, etc.	Auare vomoiidaxecaxi, Aʀᴜɪᴜᴀ, vomoi idaitarŏniua	あわれ思い出せかし・思い出いたらうには	Queira Deos que me tenha eu lembrado, ou oxala me lembrasse eu

Praeteritum imperfectum et plusquam perfectum

Vtinam meminissem, meminisses, meminisset, etc.	Vare, etc.	Auare vomoi idaxecaxi, Aa vomoiidasŏzuru monouo	あわれ思い出せかし、ああ思い出さうずるものを	Prouuera a Deos que me lembrara eu, e tiuera lembrado

Coniunctiui praesens et perfectum

Cum meminerim, memineris, meminerit, etc.	Vare, etc.	Vomoiidaxeba, Aʀᴜɪᴜᴀ, vomoi idaitareba	思い出せば・思い出いたれば	Como eu me lembro, e lembrei

Praeteritum imperfectum et plusquam perfectum

Cum meminissem, meminisses, meminisset, etc.	Vare, etc.	Vomoi idaitareba vomoi idaite attareba	思い出いたれば、思い出いてあったれば	Como eu me lembraua e lembrara

Futurum

Cum meminero, memineris, etc.	Vare	Vomoiidasŏtoqi	思い出さうとき	Como eu me lembrar, e tiuer lembrado

Infiniti praesens et perfectum

Meminisse	Vare, etc.	Vomoiidasu coto vomoiidaita coto, Aʀᴜɪᴜᴀ, to	思い出す事、思い出いた事・と	Lembrar-se, ou que me lembro, e lembrei, etc.

Praeteritum imperfectum et plusquam perfectum

Meminisse	Vare, etc.	Vomoiidaita coto, Aʀᴜɪᴜᴀ, vomoi idate atta coto Aʀᴜɪᴜᴀ, to	思い出いた事・思い出いてあった事・と	Ter-se lembrado ou que me lembraua lembrara etc.

[59v]
¶Noui

Indicatiui praesens et perfectum

Noui, nouisti, nouit	Vare, etc.	Mixiru, A<small>RUIUA</small>, mixitta	見知る・見知った	Eu conheço e conheci
Pluraliter Nouimus, nouistis, nouerunt vel nouere				

Praeteritum imperfectum et plusquam perfectum

Noueram, noueras, etc.	Vare, etc.	Mixitta, A<small>RUIUA</small>, mixitte atta	見知った・見知ってあった	Eu conhecia e conhecera

Imperatiuus modus

Noueris	Nangi	Mixire A<small>RUIUA</small>, mixiru bexi	見知れ・見知るべし	Conheçe tu, e conheçeràs, etc.
Nouerit	Are	Mixireto A<small>RUIUA</small>, mixiru bexi	見知れと・見知るべし	
Pluraliter Nouerimus	Varera	Mixirŏzu A<small>RUIUA</small>, mixiru bexi	見知らうず・見知るべし	
Noueritis	Nangira	Mixire, A<small>RUIUA</small>, mixiru bexi	見知れ・見知るべし	
Nouerint	Arera	Mixireto, A<small>RUIUA</small>, mixiru bexi	見知れと・見知るべし	

Optatiui praesens et perfectum

Vtinam nouerim, noueris, etc.	Vare, etc.	Auare mixirecaxi A<small>RUIUA</small>, mixittarŏniua	あわれ見知れかし・見知ったらうには	Queira Deos que tenha eu conhecido, ou oxala conhecesse eu

[60r]
Praeteritum imperfectum et plusquam perfectum

Vtinam nouissem, nouisses, etc.	Vare	Auare mixire caxi, A<small>RUIUA</small>, mixirŏzuru monouo	あわれ見知れかし・見知らうずるものを	Prouuera a Deos que conhecera eu, e tiuera conhecido

Coniunctiui praesens et perfectum

Cum nouerim, noueris, etc.	Vare, etc.	Mixireba, A<small>RUIUA</small>, mixittareba	見知れば・見知ったれば	Como eu conheço e conheci

Praeteritum imperfectum et plusquam perfectum

Cum nouissem, nouisses, etc.	Vare, etc.	Mixittareba, mixitte attareba	見知ったれば、見知ってあったれば	Como eu conhecia, conhecera

Futurum

Cum nouero, noueris, etc.	Vare, etc.	Mixirŏ toqi	見知らうとき	Como eu conhecer, e tiuer conhecido

Infiniti praesens, imperfectum, perfectum et plusquam perfectum

Nouisse	Vare, etc.	Mixiru coto mixitta coto, mixitte atta coto, A<small>RUIUA</small>, to	見知る事、見知った事、見知ってあった事・と	Conhecer, e ter conhecido, etc.

[60v]

ODI

Indicatiui praesens et perfectum

Odi, odisti, odit Pluraliter **Odimus, odistis, oderunt vel odere**	Vare, etc.	Nicumu, Aʀᴜɪᴜᴀ, nicunda	憎む・憎んだ	Eu aborreço e aborreci

¶Prisci etiam, osus sum, pro odi, vsi sunt, vt suo loco diximus.

Praeteritum imperfectum et plusquam perfectum

Oderam, oderas, etc.	Vare, etc.	Nicunda, nicunde atta	憎んだ、憎んであった	Eu aborrecia e aborrecera

Imperatiuus modus

Oderis	Nangi	Nicume, nicumu bexi	憎め、憎むべし、	Aborrece tu, e aborreceras, etc.
Oderit	Are	Nicumeto, Aʀᴜɪᴜᴀ, nicumu bexi	憎めと・憎むべし、	
Pluraliter **Oderimus**	Varera	Nicumŏzu	憎まうず、	
Oderitis	Nangira	Nicume, Aʀᴜɪᴜᴀ, nicumu bexi	憎め・憎むべし、	
Oderint	Arera	Nicumeto, Aʀᴜɪᴜᴀ, nicumu bexi	憎めと・憎むべし	

Optatiui praesens et perfectum

Vtinam oderim, oderis, etc.	Vare, etc.	Auare nicume caxi: nicun darŏniua	あわれ憎めかし、憎んだらうには	Queira Deos que tenha eu aborrecido ou oxala aborrecesse eu

Praeteritum imperfectum et plusquam perfectum

Vtinam odissem, odisses, etc.	Vare	Auare nicume caxi, Aa nicumŏzuru monouo	あわれ憎めかし、ああ憎まうずるものを	Prouuera a Deos que aborrecera eu, ou tiuera aborrecido

Coniunctiui praesens et perfectum

Cum oderim, oderis, etc.	Vare, etc.	Nicumeba, nicundareba	憎めば、憎んだれば	Como eu aborreço e aborreci

Praeteritum imperfectum et plusquam perfectum

Cum odissem, odisses, etc.	Vare, etc.	Nicundareba nicunde attareba	憎んだれば、憎んであったれば	Como eu aborrecia, e aborrecera

Futurum

Cum odero, oderis, etc.	Vare, etc.	Nicumŏ toqi	憎まうとき	Como eu aborrecer, ou tiuer aborrecido

Infiniti praesens, imperfectum, perfectum et plusquam perfectum

Odisse	Vare, etc.	Nicumu coto, nicunda coto, nicunde atta coto, Aʀᴜɪᴜᴀ, to	憎む事、憎んだ事、憎んであった事・と	Aborrecer e ter aborrecido

Coepi

Indicatiui praet*eritum* perf*ectum* tantum

Coepi vel coeptus sum, coepisti, coepit	Vare, etc.	*Fajimeta*	始めた	Eu comecei etc.
Plur*aliter* **Coepimus, coepistis, coeperunt vel coepere**				

Praet. Plusq*uam perfectum*

Coeperam, coeperas, etc.	Vare	*Faijmete*	始めて	Eu começara

Imperatiui praesens

Coeperis	Vare	*Fajimeyo*	始めよ	Começa tu, etc.
Coeperit	Nangi	*Fajimeyoto*	始めよと	
Plur*aliter* **Coeperimus**	Are	*Fajimeôzu*	始めうず	
Coeperitis	Varera	*Fajimeyo*	始めよ	
Coeperint	Nangira Arera	*Fajimeyoto*	始めよと	

Optatiui praeteritum perfectum

Vtinam coeperim, coeperis, etc.	Vare	*Fajimetarŏ niua*	始めたらうには	Queira Deos q*ue* tenha eu começado

Praeteritum plusq*uam* perf*ectum*

Vtinam coepissem, coepisses, etc.	V*are*	*Aa fajimeôzuru monouo*	ああ始めうずるものを	Prouuera a Deos q*ue* começara eu

Coniunctiui praeteritum perfectum

Cum coeperim, coeperis, etc.	Vare, etc.	*Fajimetareba*	始めたれば	Como eu comecei

Praeteritum Plusq*uam perfectum*

Cum coepissem, coepisses, etc.	Vare	*Fajimete attareba*	始めてあったれば	Como eu começara

Fut*urum*

Cum coepero, coeperis, etc.	Vare, etc.	*Fajimeô toqi*	始めうとき	Como eu começar

Infiniti perf*ectum* et plusq*uam* perf*ectum*

Coepisse etc.	Vare, etc.	*Fajimeta coto, fajimete atta coto, A*ruiua*, to*	始めた事、始めてあった事・と	Ter começado
Coeptum, am, um esse vel fuisse etc.	Vare, etc.	*Fajimerareta coto, fajime rarete atta coto, A*ruiua*, to*	始められた事、始められてあった事・と	Que fui foste, foi começado

Fut*urum*

| Coepturum, am, um esse | Vare, etc. | Fajimeôzuru coto, A*RUIUA*, to | 始めうずる事・と | Que hei de começar, ou que começarei, etc. |

| Coepturum, am, um fuisse | Vare, etc. | Fajimeôzuru coto, A*RUIUA*, to | 始めうずる事・と | Que houuera de começar |

Supinum

| Coeptum | | Fajimeni, fajimurutameni | 始めに、始むるために | A começar pera começar |

Participium futuri

| Coepturus, a, um | | Fajimeôzuru fito, A*RUIUA*, mono fajimeôzuru tame | 始めうずる人・者、始めうずるため | O que ha, ou houuer de começar, pera começar |

Participium praeteriti

| Coeptus, a, um | | Fajimeraretamono, A*RUIUA*, fito, A*RUIUA*, fajimerarete | 始められたもの・人・始められて | Cousa que foi começada |

De verbis anomalis

Possum

¶Indicatiui modi

Praesens		Possum, potes, potest
	Pluraliter	Possumus, potestis, possunt
P*raeteritum* imp*erfectum*		Poteram, poteras, poterat
	Pluraliter	Poteramus, poteratis, poterant
P*raeteritum* perf*ectum*		Potui, potuisti, potuit
	Pluraliter	Potuimus, potuistis, potuerunt vel potuere
P*raeteritum* plusq*uam* perfectum		Potueram, potueras, potuerat
	Pluraliter	Potueramus, potueratis, potuerant
Fut*urum*		Potero, poteris, poterit
	Pluraliter	Poterimus, poteritis, poterunt

¶Imperatiui modi praesens

| | Fac possis |

¶Optatiui modi praesens et imperfectum

		Vtinam possem, posses, posset
	Pluraliter	Vtinam possemus, possetis, possent
Perf*ectum*		Vtinam potuerim, potueris, potuerit
	Pluraliter	Vtinam potuerimus, potueritis, potuerint
Plusq*uam* perfectum		Vtinam potuissem, potuisses, potuisset
	Pluraliter	Vtinam potuissemus, potuissetis, potuissent
Fut*urum*		Vtinam possim, possis, possit

99

| | | Pluraliter | Vtinam possimus, possitis, possint |

¶Coniunctiui modi praesens

		Cum possim, possis, possit
	Pluraliter	Cum possimus, possitis, possint
Imperfectum		Cum possem, posses, posset
	Pluraliter	Cum possemus, possetis, possent
Perfect		Cum potuerim, potueris, potuerit
	Pluraliter	Cum potuerimus, potueritis, potuerint
Plusquam perfectum		Cum potuissent, potuisses, potuisset

[63r]

	Pluraliter	Cum potuissemus, potuissetis, potuissent
Futurum		Cum potuero, potueris, potuerit
		Cum potuerimus, potueritis, potuerint

¶Infinitiui modi praesens et imperfectum

	Posse
Perfectum et plusquam	Potuisse

Fero

¶Indicatiui modi praesens actiuum

		Fero, fers, fert
	Pluraliter	Ferimus, fertis, ferunt
Passiuum		Feror, ferris vel ferre, fertur
	Pluraliter	Ferimur, ferimini, feruntur
Imperfectum		Ferebam, ferebas, etc. (vt Legebam) Ferebar, ferebaris, etc.
Perfectum		Tuli, tulisti, etc. Latus, a, um, sum vel fui, es vel fuisti, etc.
Plusquam perfectum		Tuleram, tuleras, etc. Latus, a, um, eram vel fueram, eras vel fueras, etc.
Futurum		Feram, feres, etc. (vt Legam, leges) Ferar, fereris vel ferere, etc.

¶Imperatiui modi praesens

		Fer vel ferto, ferat
	Pluraliter	Feramus, ferte vel fertote, ferant
Passiuum		Ferre vel fertor, feratur
	Pluraliter	Feramur, ferimini vel feriminor, ferantur

¶Futurum siue modus mandatiuus

		Ferto tu vel feres, ferto ille vel feret

[63v]

	Pluraliter	Fertote vel feretis, ferunto vel ferent
		Fertor tu, fereris vel ferere, fertor ille vel feretur
		Feriminor vel feremini, feruntor vel ferentur

¶Optatiui praesens et imperfectum

	Vtinam ferrem, ferres, ferret
Pluraliter	Vtinam ferremus, ferretis, ferrent
Passiuum	Vtinam ferrer, ferreris vel ferrere, ferretur
Pluraliter	Ferremur, ferremini, ferrentur
Perfectum	Vtinam tulerim, tuleris, etc. Latus, a, um sim vel fuerim, sis vel fueris, etc.
Plusquam perfectum	Vtinam tulissem, tulisses, etc. Latus, a, um essem vel fuissem, esses vel fuisses, etc.
Futurum	Vtinam feram, feras, ferat, etc. Ferar, feraris vel ferare, feratur, etc.

¶Coniunctiui praesens

	Cum feram, feras, ferat, etc. Ferar, feraris vel ferare, feratur, etc.
Imperfectum	Cum ferremus, ferretis, ferrent
Pluraliter	Cum ferrer, ferreris vel ferrere, ferretur
Passiuum	Cum ferremur, ferremini, ferrentur
Pluraliter	Cum tulerim, tuleris, etc. Latus, a, um sim vel fuerim, sis vel fueris, etc.
Perfectum	Cum tulissem, tulisses, etc. Latus, a, um essem vel fuissem, esses vel fuisses, etc.
Plusquam perfectum	Cum tulero, tuleris, etc. Latus, a, um ero vel fuero, eris vel fueris, etc.
Futurum	

¶Infiniti praesens et imperfectum

	Ferre, ferri
Perfectum et Plusquam perfectum	Tulisse. Latum, am, um esse vel fuisse
Futurum	Laturum, am, um esse. Latum iri vel ferendum esse
Gerundia	Ferendi, ferendo, ferendum
Supina	Latum, latu
Participia praesentis	Ferens
Futuri	Laturus, a, um
Participia praeteriti	Latus, a, um
Futuri	Ferendus, a, um

Volo, vis

¶Indicatiui modi praesens

	Volo, vis, vult
Pluraliter	Volumus, vultis, volunt
Imperfectum	Volebam, volebas, volebat
Pluraliter	Volebamus, volebatis, volebant
Perfectum	Volui, voluisti, voluit
Pluraliter	Voluimus, voluistis, voluerunt vel voluere
Plusquam perfectum	Volueram, volueras, etc.

Fut*urum*	Volam, voles, volet
Plu*raliter*	Volemus, voletis, volent

¶ Imperatiui praesens

¶ Optatiui praesens et imperfectum

	Vtinam vellem, velles, vellet
Plu*raliter*	Vtinam vellemus, velletis, vellent
Perfect*um*	Vtinam voluerim, volueris, etc.

[64v]

Plusqu*am perfectum*	Vtinam voluissem, voluisses, etc.
Fut*urum*	Vtinam velim, velis, velit
Plu*raliter*	Vtinam velimus, velitis, velint

¶ Coniunctiui praesens

	Cum velim, velis, velit
Plu*raliter*	Cum velimus, velitis, velint
Imp*erfectum*	Cum vellem, velles, vellet
Plu*raliter*	Cum vellemus, velletis, vellent
Perfect*um*	Cum voluerim, volueris, voluerit, etc.
Plusqu*am perfectum*	Cum voluissem, voluisses, voluisset, etc.
Fut*urum*	Cum voluero, volueris, voluerit, etc.

¶ Infiniti praesens et imperfectum

	Velle
Praet. perf. et Plusqu*am perfectum*	Voluisse
Participium temporis praesentis	Volens, entis

Nolo

Indicatiui praesens	Nolo, nonuis, nonuult
Plu*raliter*	Nolumus, nonuultis, nolunt
Imp*erfectum*	Nolebam, nolebas, nolebat, etc.
Perfect*um*	Nolui, noluisti, noluit
Plu*raliter*	Noluimus, noluistis, noluerunt vel noluere
Plusqu*am perfectum*	Nolueram, nolueras, noluerat, etc.
Fut*urum*	Nolam, noles, nolet
Plu*raliter*	Nolemus, noletis, nolent

¶ Imperatiui praesens

	Noli vel nolito, nolit

[65r]

Plu*raliter*	Nolimus, nolite vel nolitote, nolint
Fut*urum*	Nolito tu, nolito ille
Plu*raliter*	Nolitote, nolunto

¶Optatiui praesens et imperfectum

		Vtinam nollem, nolles, nollet
	Pluraliter	Vtinam nollemus, nolletis, nollent
Perfectum		Vtinam noluerim, etc.
Plusquam perfectum		Vtinam noluissem, etc.
Futurum		Vtinam nolim, nolis, nolit
	Pluraliter	Vtinam nolimus, nolitis, nolint

¶Coniunctiui praesens

		Cum nolim, nolis, nolit
	Pluraliter	Cum nolimus, nolitis, nolint
Imperfectum		Cum nollem, nolles, nollet
	Pluraliter	Cum nollemus, nolletis, nollent
Perfectum		Cum noluerim, etc.
Plusquam perfectum		Cum noluissem, etc.
Futurum		Cum noluero, nolueris, noluerit, etc.

¶Infinitiui praesens et imperfectum

	Nolle
Perfectum et Plusquam perfectum	Noluisse
Participium praesentis	Nolens

Malo

¶Indicatiui praesens

		Malo, mauis, mauult
	Pluraliter	Malumus, mauultis, malunt
Imperfectum		Malebam, etc.
Perfectum		Malui, etc.
Plusquam perfectum		Malueram, etc.

¶Imperatiui praesens

	Fac malis

¶Optatiui praesens et imperfectum

		Vtinam mallem, malles, mallet
	Pluraliter	Vtinam mallemus, malletis, mallent
Perfectum		Vtinam maluerim, etc.
Plusquam perfectum		Vtinam maluissem, etc.
Futurum		Vtinam malim, malis, malit
	Pluraliter	Vtinam malimus, malitis, malint

¶Coniunctiui praesens

		Cum malim, malis, malit
	Pluraliter	Cum malimus, malitis, malint
Imperfectum		Cum mallem, malles, mallet
	Pluraliter	Cum mallemus, malletis, mallent
Praeteritum perfectum		Cum maluerim, etc.
Plusquam perfectum		Cum maluissem, etc.
Futurum		Cum maluero, malueris, maluerit, etc.

¶Infinitiui praesens et imperfectum

	Malle
Perfectum et Plusquam perfectum	Maluisse

Edo, es, est

Indicatiui praesens	Edo, edis vel es, edit vel est
Imperatiui praesens	Ede vel es
Futurum siue modus mandatiuus	Edito tu vel esto. Edito ille vel esto
Optatiui praesens	Vtinam ederem vel essem, esses, esset
Pluraliter	Vtinam essemus, essetis, essent

Coniunctiui imperfectum	Cum ederem vel essem, esses, esset
Pluraliter	Cum essemus, essetis, essent
Infinitiui praesens et imperfectum	Edere vel esse
Indicatiui modi praesens passiuum	Editur vel estur
Indicatiui praesens	Comedo, comedis vel comes, comedit vel comest
Imperatiui futurum siue modus mandatiuus	Comedito tu vel comesto, ille comedito vel comesto
Optatiui praesens et imperfectum	Vtinam comederem vel comessem, comesses, comesset
Pluraliter	Vtinam comessemus, comessetis, comessent
Coniunctiui imperfectum	Cum comederem vel comessem, comesses, comesset
Pluraliter	Cum comessemus, comessetis, comessent
Infiniti praesens et imperfectum	Comedere vel comesse

Fio

¶Indicatiui praesens

		Fio, fis, fit
	Pluraliter	Fimus, fitis, fiunt
Imperfectum		Fiebam, fiebas, fiebat
	Pluraliter	Fiebamus, fiebatis, fiebant
Perfectum		Factus, a, um sum vel fui, etc.
Plusquam perfectum		Factus, a, um eram vel fueram, etc.

[66v]

Fut*urum*	Fiam, fies, fiet
Plur*aliter*	Fiemus, fietis, fient

¶**Imperatiui praesens**

	Fac, fias, fiat
Plur*aliter*	Fiamus, fiatis, fiant

¶**Optatiui praesens et imperfectum**

		Vtinam fierem, fieres, fieret
	Plur*aliter*	Vtinam fieremus, fieretis, fierent
Per*fectum*		Vtinam factus, a, um sim vel fuerim, etc.
Plusqu*am perfectum*		Factus, a, um essem vel fuissem, etc.
Fut*urum*		Vtinam fiam, fias, fiat
	Plur*aliter*	Vtinam fiamus, fiatis, fiant

¶**Coniunctiui modi praesens**

		Cum fiam, fias, fiat
	Plur*aliter*	Cum fiamus, fiatis, fiant
Imper*fectum*		Cum fierem, fieres, fieret
	Plur*aliter*	Cum fieremus, fieretis, fierent
Per*fectum*		Cum factus, a, um sim vel fuerim, etc.
Plusqu*am perfectum*		Cum factus, a, um essem vel fuissem, etc.
Fut*urum*		Cum factus, a, um ero vel fuero, etc.

¶**Infiniti praesens et imperfectum**

	Fieri
Per*fectum* et Plusqu*am perfectum*	Factum, am, um esse vel fuisse
Fut*urum*	Factum iri vel faciendum esse

Participia

Praet*eritum*	Factus, a, um
Fut*urum*	Faciendus, a, um

Dic, Duc, Fac

	Dic, duc, fac

E, literam cum compositis amiserunt, vt Praedic, deduc, calefac.

Exceptio

Composita tamen ex verbo **Facio,** quae **A** in **I,** mutant, **E,** seruant, vt Confice, perfice.

¶**Futurum priscum in Asso et Esso**

Apud priscos futurum coniunctiui primae coniugationis in syllabas **Asso** desinebat, vt **Amasso, interrogasso, indicasso,** pro Amauero, etc.

Plautus Amphitryone, **Si me irritassis, hodie lumbifragium hinc auferes.**

¶Secundae vero coniugationis in **Esso**, vt **Prohibesso**, Cic*ero* 3, de Legibus, **Magistratus Nec obdientem, vt noxium ciuem mulcta, vinculis, verboribus coencento, nipar maior vt potestas, populusque prohibessit, ad quos prouocatio est.**

De verbis Defectiuis

Coepi, Memini, Noui, Odi

Coepi, Memini, Noui, Odi praeteritum habent et quae ab eo Deducuntur.

Exceptio

Memini etiam secundam personam imperatiui modi vtriusque numeri habet, **Memento, mementote.**

Inquam

¶**Indicatiui praesens**

		Inquam, inquis, inquit
	Pl*ur*aliter	Inquimus, inquiunt
Prae*teritum* Imperf*ectum*		Inquiebat
Perf*ectum*		Inquisti
Fut*urum*		Inquies, inquiet

¶**Imperatiui praesens**

	Inque vel inquito

Aio

¶**Indicatiui praesens**

		Aio, ais, ait
	Pl*ur*aliter	Aiunt
Imperf*ectum*		Aiebam, aiebas, aiebat
	Pl*ur*aliter	Aiebatis, aiebant

¶**Imperatiui Praesens**

	Ai

¶**Optatiui futurum et praesens coniuncitiui**

	Aias, aiat
Participium	Aiens, entis

¶**Optatiui praesens et imperf*ectum* et coniunctiui Imperf*ectum***

		Forem, fores, foret
	Pl*ur*aliter	Forent, pro essem, esses, etc.

¶Fut*urum* Infiniti **Fore**, pro futurum esse.

¶ **Faxo, futurum Indicatiui pro** faciam.

¶Quaeso, quaesumus, primam habet personam vtriusque numeri praesentis indicatiui.

¶Aue, auete, auere; salue, saluete, saluere, secundam personam imperatiui vtriusque numeri et praesens infinitum habent.

¶Cedo, da, vel dic, secunda est imperatiui.

¶Infit, tertia persona indicatiui pro **incipit vel inquit**.

¶Ouat, tertiam personam habet indicatiui et participium Ouans, ouantis.

¶Defit, defieri, **tertiam habet indicatiui et praesens infiniti**.

Quae sequuntur ad futurum optatiui vel praesens vel futurum coniunctiui aut certe ad praesens vel futurum modi potentialis pertinent.

		Faxim, faxis, faxit
	Plur*aliter*	Faxitis, faxint

¶Ausim, ausis, ausit

¶Edim, comedim, pro edam, comedam [68r]

¶Duis, duit, duint, pro des, det, dent, aut dederis, dederit, dederint

¶Perduint pro perdant

De Verborum impersonalium declinatione

Poenitet verbum defectiuum impersonale, actiuae declinationis, sic declinabitur

¶Indicatiui modi praesens

	Poenitet
Imper*fectum*	Poenitebat
Per*fectum*	Poenituit
Plusqu*am perfectum*	Poenituerat
Fut*urum*	Poenitebit

¶Imperatiui modi praesens

	Poeniteat

¶Optatiui modi praesens et imperf*ectum*

	Vtinam poeniteret
Per*fectum*	Poenituerit
Plusqu*am perfectum*	Poenituisset
Fut*urum*	Poeniteat

¶Coniunctiui modi praesens

	Cum poeniteat
Imper*fectum*	Poeniteret

Perfectum	Poenituerit
Plusquam perfectum	Poenituisset
Futurum	Poenituerit

¶Infiniti modi praesens et imperfectum

	Poenitere
Perfectum et Plusquam perfectum	Poenituisse

¶Gerundia

¶Participium praesentis temporis

Pugnatur verbum defectiuum, impersonale, passiuae declinationis, sic declinabitur

¶Indicatiui modi Praesens

	Pugnatur
Imperfectum	Pugnabatur
Perfectum	Pugnatum est vel fuit
Plusquam perfectum	Pugnatum erat vel fuerat
Futurum	Pugnabitur

¶Imperatiui modi praesens

	Pugnetur

¶Optatiui modi praesens et imperfectum

	Vtinam pugnaretur
Perfectum	Pugnatum sit vel fuerit
Plusquam perfectum	Pugnatum esset vel fuisset
Futurum	Pugnetur

¶Coniunctiui modi praesens

	Cum pugnetur
Imperfectum	Pugnaretur
Perfectum	Pugnatum sit vel fuerit
Plusquam perfectum	Pugnatum esset vel fuisset
Futurum	Pugnatum erit vel fuerit

¶Infiniti modi praesens et imperfectum

	Pugnari
Perfectum et Plusquam perfectum	Pugnatum esse vel fuisse
Futurum	Pugnatum iri

¶Verba impersonalia passiuae declinationis varie redduntur Iapponice et Lusitane. Cicero ad Lentulum, lib. 1, **Laboratur vehementer, in clinata res est** : *Vôqini nangui xeraruru*, 大きに難義せらるる，Trabalha-se fortemente, etc.; Liuius, 1, Ab Vrbe condita, **Pestilentia laboratum est,** *Yacubiŏga*[9] *fayatta* 疫病がはやった，Ouue Peste ; Idem, lib. 4, **Siccitate eo anno plurimum laboratum est,** *Cotono focano fideride atta* 殊のほかの日照りであった，Ouue grande seca ; Cic*ero*, 5, Tuscul., **Primo die est a nobis de ea disputatum.** Idem, pro Quint., **Ad me ventum est,** Liu*ius*, 1, Ab Vrb., **Ad Ianiculum forte ventum erat.**

¶Haec et alia sexcenta longe aliter in Iapponicum, et Lusitanum sunt conuertenda. Quare nunc satis habeant tyrones, si intelligant, esse verba, quae tertiam tantum personam habeant: suo loco germanam eorum significationem cognoscent. Quae actiuae sunt declinationis, non minus laboriose redduntur: addenda enim sunt pronomina, vt recte vertantur. **Poenitet me scelerum meorum,** *Acuguiŏga cuyaxij* 悪行が悔やしい，Pesa me de meus peccados. **Pudet me vitae ante actae.** *Fazzucaxiqiua coxicatano cŏxeqi nari* 恥づかしきは来し方の行跡なり，Corro me da vida passada. Siquis tamen haec in Iapponicum, aut Lusitanum volet conuertere, periculum faciet in verbo **Pugnatur,** *Tatacauaruru* 戦わるる，Peleja-se. **Pugnabatur,** *Tatacauareta* 戦われた，Pelejaua-se, etc. **Poenitet,** *Cuyamu* 悔やむ，Pesa-me. **Poenitebat,** *Cuyŏda* 悔やうだ，Pesaua-me, etc. [69v]

Rudimenta, siue de octo partibus orationis

Literae, quibus vtuntur Latini, sunt tres et viginti, A, Be, Ce, De, E, Ef, Ge, Ha, I, Kappa, El, Em, En, O, Pe, Qu, Er, Es, Te, V, Ix, Ypsilon, Zeta.

Literae diuiduntur in vocales et consonantes. Vocales sunt sex, A, E, I, O, V, Ypsilon, quarum vltima tantum in dictionibus Graecis locum habet, vt Hieronymus, Dionysius.

Caeterae appellantur consonantes, quod vocalibus iunctae simul sonent.

Syllaba fit ex literis, vna vel pluribus, vt A, le, as.

Syllaba quae fit ex duabus vocalibus, vocatur diphthongus. Diphthongi sunt sex, ae, au, ei, eu, oe, yi: vt praemium, aurum, omneis, Europa, poena, Harpyia.

Dictio fit ex syllabis, vt Aleas: interdum fit ex vna syllaba, vt Mors.

Oratio fit ex dictionibus, vt Aleas fuge : Mortem meditare.

---

9 "ga" is an interpolation existent only in the Evora copy.

Partes orationis

Partes orationis sunt octo: Nomen, Pronomen, Verbum, Participium, Praepositio, Aduerbium, Interiectio, Coniunctio.

Harum quattuor nomen, pronomen, verbum, participium [70r] declinantur; reliquae Praepositio, Aduerbium, Interiectio, Coniunctio declinationis sunt expertes.

De nomine

Nomen est pars Orationis, quae casus habet, neque tempora adsignificat.

Nomen proprium est, quod res proprias, atque certas significat, vt Romulus, Roma.

Appellatiuum est, quod res communes, atque incertas significat, vt rex, oppidum.

Collectiuum est, quod numero singulari significat multitudinem, vt populus, gens, turba.

Substantiuum nomen est, quod per se in oratione esse potest, vt Dux imperat, miles obtemperat.

Adiectiuum est, quod in oratione esse non potest sine substantiuo aperte, vel occulte. Aperte, vt Dux prudens, si strenuos milites, dictoque audientes habeat, facile hostes superabit. Occulte, vt Qui tertiana laborant, non vescuntur bubula. Hoc est, tertiana febri, bubula carne.

Adiectiuum nomen vel habet tres formas, vt bonus, bona, bonum : vel duas, vt breuis et breue: vel vnam, vt prudens, felix.

Varia adiectiuorum genera

Interrogatiuum nomen est, quo de re aliqua quaerimus, vt quis? vter? quantus?

Interrogatiuum substantiae est, cui respondemus per nomen substantiuum, vel pronomen demonstratiuum, vt quis, quae, quod ; vter, vtra, vtrum. Quis hic loquitur? Dauus, ille.

Interrogatiuum accidentis est, cui respondemus per nomen adiectiuum, [70v] vt quantus, qualis, quot, quotus, cuias. Qualis fuit Hector? Fortis, magnanimus.

Relatiuum est, quod nomen antecedens in memoriam reducit: id duplex est, substantiae et accidentis.

Relatiuum substantiae est, quod nomen substantiuum in memoriam reducit, vt qui, quae, quod. Lego Ciceronem, qui fuit eloquentissimus Romanorum.

Relatiuum accidentis est, quod in memoriam reducit nomen adiectiuum, vt quantus, qualis, quot. Cicero fuit eloquens, qualis fuit Hortensius.

Redditiua sunt, tantus, talis, tot, totidem, quae relatiuis Quantus, Qualis, Quot, ante vel post reddentur, vt Quales in republica principes sunt, tales reliqui solent esse ciues. Cura, vt talis sis, qualis haberi cupis. Quot homines, tot sententiae. Totidem ad te literas dedi, quot tu ad me misisti.

Quis vel qui, quae, quod : Vter, vtra, vtrum : Quantus, qualis, et caetera interrogatiua quando ponuntur post verba Audio, video, scio, intelligo, nescio et alia eiusdem significationis, appellantur infinita, vt Nescio quis sit. Audio quid dicas. Ignoro quantus, aut qualis sit.

Possessiuum nomen est, quod aut rem possessam, aut ad aliquid pertinentem significat, vt Equus regius, miles Pompeianus.

Patrium nomen est, quod patriam indicat, vt Romanus, Atheniensis.

Gentile nomen est, quod gentem, vel nationem indicat, vt Italus, Graecus.

Partitiuum nomen est, quod aut vnum ex multis significat, aut multa sigillatim.

Vnum ex multis significant quidam, aliquis, quispiam, quisquam, [71r] vllus, nonnullus, quiuis, quilibet, quae etiam particularia vocantur.

Quae multa sigillatim significant, fere sunt vniuersalia, vt omnis, cunctus, quicunque, nemo, nullus.

Nomen numerale est, quod numerum significat, cuius variae sunt species.

Cardinale est, quod numerum absolute significat, vt vnus, duo, tres.

Ordinale nomen est, quod numerum ordine digestum significat, aut vltimum ex eo numero, vt primus, secundus, tertius.

Distributiua siue diuisiua nomina sunt, quae distributionem, seu diuisionem significant, quibus fere vtuntur oratores numero multitudinis, vt singuli, bini, terni, quaterni. Victores redite domum bini, aut terni, ad summum quaterni, cauete ne singuli eatis. Heus tu dato victoribus quaterna mala, victis singula, ne animis concidant. Quaterna, id est, vnicuique quattuor. Singula, hoc est, cuique vnum.

De nominibus positiuis, comparatiuis et superlatiuis

Nomen positiuum, siue absolutum est, quod rem absolute, simpliciterque significat, vt magnus, paruus.

Comparatiuum est, quod rem vel attollit, vel deprimit, vt Maior, minor.

Superlatiuum est, quod rem vel in summo loco, vel infimo collocat, vt maximus, minimus. [71v] Nomina comparatiua et superlatiua fiunt a nominibus adiectiuis, quibus aduerbia magis et minus recte adiungi possunt, vt iustus, fortis.

Appendix

¶Nomina substantiua, pronomina, item interrogatiua, relatiua, infinita, redditiua, possessiua, partitiua, numeralia, patria, gentilia et quae materiam adsignificant, vt aureus, argenteus, cedrinus : ad haec frugifer, almus, mediocris, omnipotens, medius, modicus, hesternus, fugitiuus, errabundus, moribundus et nonnulla alia neque comparatiua, neque superlatiua pariunt.

A quo casu formentur Comparatiua et Superlatiua

Comparatiua fiunt a casu, i, litera finito, addita syllaba, or, superlatiua vero addita litera s, et syllaba simus, vt Iustus, iusti, iustior, iustissimus ; fortis, forti, fortior, fortissimus.

Exceptio I

Positiua er syllaba terminata, gignunt superlatiua, addito rimus, vt tener, tenerrimus ; saluber, saluberrimus.

Exceptio II

Facilis, gracilis, humilis, imbecillis, similis, superlatiua pariunt, syllaba is, mutata in limus, facillimus, gracillimus, humillimus, imbecillimus et imbecillissimus, simillimus. Sueto*nius* in Nerone cap. 51, Fuit gracillimis cruribus. Imbecillimus et imbecillissimus inuenies in Comment. primae editionis.

Exceptio III

Nomina, quae ante vs, syllabam vocalem habent, raro comparatiua aut superlatiua gignunt, vt idoneus, noxius, arduus. Piissimus tamen et strenuissimus et nonnulla alia apud probatos auctores leguntur.

Exceptio IIII

A nominibus ex verbis facio, dico, volo compositis comparatiua in entior, superlatiua in entissimus exeunt, vt magnificus, magnificentior, magnificentissimus. Maledicus, maledicentior, maledicentissimus. Beneuolus, beneuolentior, beneuolentissimus.

Anomala siue inaequalia

Bonus, melior, optimus
Malus, peior, pessimus
Magnus, maior, maximus
Paruus, minor, minimus
Multum, plus, plurimum

De pronomine

Pronomen est, quod loco nominis positum, certam, finitamque personam adsignificat.

Pronomina partim sunt primitiua, partim deriuatiua.

Primitiua, siue primigenia dicuntur, quae prima sunt, et a se orta, vt ego, tu, sui, hic, iste, ille, ipse, is.

Deriuatiua, vel potius deriuata sunt, quae ex aliis oriuntur, vt Meus, tuus, suus, noster, vester, nostras, vestras.

Ex his demonstratiua sunt, quae rem demonstrant, vt ego, tu, hic, iste, ille, ipse, is.

Horum quinque hic, iste, ille, ipse, is et ex eo compositum idem, relatiua dicuntur, cum rem antecedentem in memoriam reducunt, vt Virgilius carmina composuit, idemque ipse ea cecinit.

Possessiua sunt, quae possessionem significant, vt meus, tuus, suus, noster, vester.

Gentilia, siue patria sunt, quae non solum gentem vel patriam, sed etiam partes sectamue adsignificant, vt nostras, vestras.

Reciproca duo sunt, vnum primitiuum, nimirum sui, alterum deriuatiuum suus.

De verbo

Verbum est pars orationis, quae modos, et tempora habet neque in casus declinatur.

Verbum duplex est, personale, et impersonale.

Personale est, quod omnes personas vtriusque numeri habet, vt Amo, amas, amat. Plu*raliter* Amamus, amatis, amant.

Impersonale est, quod prima, et secunda persona vtriusque numeri, et tertia multitudinis fere priuatur: vnde et nomen traxit. Id duplex est, alterum actiuae declinationis, vt pudet, poenitet : alterum passiuae, vt pugnatur, curritur.

Verbum personale diuiditur in quinque genera, actiuum, passiuum, neutrum, commune, deponens.

Actiuum est, quod litera, o, finitum, passiuum fit addita litera, r, vt amo, amor.

Passiuum est, quod syllaba, or, finitum, actiuum fit, r, litera abiecta, vt amor, amo.

Neutrum est, quod m, vel o , literis, finitum ex se passiuum personale non gignit, vt sum, sto, seruio : neque enim dicitur stor, aut seruior . Commune est, quod or, syllaba tantum finitum, actiui simul, et passiui significationem habet, praecipue participium praeteriti temporis, et quae eius adminiculo supplentur, vt [73r] Experior, complector, expertus sum vel fui : nam praesens et imperfectum, et quae inde fiunt, fere actionem significant.

Deponens est, quod, or, syllaba tantum finitum actiui, vel neutri significationem habet, vt sequor, vtor, morior.

De variis verborum formis

Inchoatiuum verbum est, quod rem quidem inchoatam, sed ad finem, perfectionemque tendentem significat, vt calesco, id est, calidus fio : frigesco, frigidus fio.

Perfectum est, quod rem perfectam, absolutamque significat, vt Caleo, frigeo.

Meditatiuum verbum est, quod assiduam alicuius rei meditationem significat, vt esurio, coenaturio : qui enim esurit ac coenaturit, nihil aliud quam cibum, coenamque meditatur.

Frequentatiuum, siue iteratiuum est, quod rei frequentationem iterationemque significat, vt rogito, as, lectito, scriptito.

Diminutiuum, vel potius diminutum est, quod minus quam id, a quo ortum est, significat, vt sorbillo, a sorbeo.

De participio

Participium est pars orationis, quae tum casus, tum tempora habet.

Participia praesentis temporis, in ans vel ens, exeunt ac ab omni verborum genere nascuntur, exceptis passiuis, vt Amans, seruiens, complectens, vtens.

Praeteriti temporis in tus, sus, xus, desinunt ac fiunt a verbis passiuis, communibus et deponentibus, vt amatus, complexus, vsus. Vnum in vus, reperitur, mortuus videlicet a morior. [73v]

Participia futuri tum in rus, tum in dus, exeunt.

In rus, oriuntur ab omni genere verborum, exceptis passiuis, vt amaturus, seruiturus, amplexurus, vsurus.

In dus, fiunt a passiuis, et communibus, vt amandus, complectendus. Interdum etiam a deponentibus, quae aliquando fuerunt communia, vt sequendus a sequor, vlciscendus ab vlciscor.

Participia praesentis temporis fiunt a prima persona praeteriti imperfecti, syllaba bam, vel bar, mutata in ns, vt amabam, amans ; complectebar, complectens.

Participia in dus fiunt a genitiuis participiorum praesentis temporis, tis, syllaba mutata in dus, da, dum, vt amans, amantis, amandus, a, um ; complectens, complectentis, complectendus, a, um.

Participio praesentis temporis, gerundiis et futuro, in dus carent verba, quae praeterito imperfecto deficiunt, vt odi, coepi, noui, memini.

Participia praeteriti temporis fiunt a posteriore supino, addita litera, s, vt amatu, amatus ; complexu, complexus.

Participia futuri in rus, fiunt a priore supino, m litera versa in rus, vt amatum, amaturus ; seruitum, seruiturus.

De praepositione

Praepositio est pars orationis, quae caeteris partibus, aut separata, aut coniuncta fere praeponitur: Separata, vt Non sum apud me prae iracundia. Coniuncta, vt Praestat millies mori, quam Deum vel leuissime offendere.

Accusatiuo seruiunt

Ad, apud, ante, aduersus vel aduersum, cis, citra, circiter, [74r] circa, circum, contra, erga, extra, intra, inter, infra, iuxta, ob, penes, per, pone, post, praeter, prope, propter, secundum, secus, supra, trans, versus, vltra, vsque.

Ablatiuo gaudent

A, ab, abs, absque, cum, coram, clam, de, e, ex, prae, pro, procul, palam, sine, tenus : quarum vltima fere genitiuum amat, cum vocabulo multitudinis adhaeret, vt cumarum tenus, lumborum tenus ; alioquin ablatiuum, vt Pectore tenus, ore tenus.

¶Accusatiuum vel ablatiuum pro varia significatione postulant in, sub, super.

Subter

Subter apud oratores accusatiuum habet, apud poetas etiam ablatiuum.

¶Praepositiones, quae tantum coniunctae praeponuntur, sunt am, con, di, dis, re, se ; vt ambigo, confero, dinumero, disputo, repeto, seiungo.

De aduerbio

Aduerbium est pars orationis, quae vocibus addita earum significationem explanat ac definit; vt Raro loquitur, bene peritus, vehementer iratus, parum diligenter.

¶Aduerbiorum varia sunt genera et significationes

    Optandi, vt Vtinam, O vtinam, O si.
    Vocandi, vt O, heus, eho.
    Interrogandi, vt Cur?, quare?, quid ita?, quamobrem?
    Respondendi affirmate, vt Etiam, ita, maxime, quid ni?
    Confirmandi, vt Profecto, sane, certe.
    Negandi, vt Non, nequaquam, minime, haud, haudquaquam. [74v]
    Dubitandi, vt Forsan, forsitan, fortassis, fortasse.
    Hortandi, vt Eia, age, agedum, agite.
    Prohibendi, vt Ne.
    Demonstrandi, vt En, ecce.
    Eligendi, vt Potius, imo.
    Comparandi, vt Magis, minus, fortius.
    Congregandi, vt Simul, una, pariter.
    Separandi, vt Seorsum, separatim.
    Intendendi, vt Acriter, studiose, vehementer.
    Remittendi, vt Segniter, remisse, oscitanter.
    Temporis, vt Hodie, cras, perendie, heri, nudius tertius.
    Loci, vt Hic, huc, hac, horsum.
    Numeri, vt Semel, bis, ter, saepe, centies, millies.
    Ordinis, vt Primum, deinde, postremo.
    Euentus, vt Forte, fortuito.
    Similitudinis, vt Sicut, sicuti, vt, vti.
    Diuersitatis, vt Aliter, secus.
    Qualitatis, vt Prudenter, perite, eleganter.
    Quantitatis, vt Parum, multum, satis, nimium.

De interiectione

Interiectio est pars orationis, quae varios animi affectus indicat.

Interiectionum variae sunt formae et significationes

    Laudantis, et aliquando exuitantis, vt Euge.
    Exultantis, et interdum insultantis, vt Vah.
    Laetantis, vt Euax.
    Dolentis, et ingemiscentis, vt Ah, heu, hei.
    Suspirantis, vt Ah, ah. [75r]
    Lugentis, vt Hoi, hei.
    Eiulantis, vt Oh, oh, oh, oh.

Admirantis, vt Papae, ô, vah.

Admirantis et interdum ironiae, vt Hui.

Irridentis, vt O, O praeclarum custodem ouium, vt Aiunt, lupum.

Exclamantis, vt Pro, ô.

Silentium indicentis, vt St.

Timentis, vt Hei.

Deprehendentis aliquid ex improuiso, vt Atat.

Praesagientis malum, vel miserantis, vel minantis, vt Vae.

Reiicientis cum fastidio, vt Apage, apagesis.

Stomachantis, siue indignantis, vt Malum.

Execrantis, vt Nefas, infandum.

De coniunctione

Coniunctio est pars orationis, annectens, ordinansque sententiam.

¶Coniunctionum species, siue significationes variae sunt

Copulatiuae, vt Ac, atque, et, que, et caet*era*.

Disiunctiuae, vt Vel, ve, siue, seu, aut, ne.

Aduersatiuae, vt Etsi, tametsi, quamquam, quanuis, etc.

Collectiuae, siue illatiuae, siue rationales, vt Ergo, igitur, quare, quocirca, quapropter, itaque, etc.

Causales, vt Nam, nanque, siquidem, quia, quoniam, enim, etenim, quod, propterea quod, etc.

Expletiuae, vt Quidem, equidem, etc.

¶Coniunctiones partim sunt praepositiuae, partim subiunctiuae, partim mediae

Praepositiuae, siue principes sunt, quae in oratione praeeunt, vt [75v] Aut, ac, atque, at, ast, vel, nec, neque, nisi, seu, siue, etc.

Subiunctiuae, siue subditae quae subeunt, vt Que, ve, ne, quidem, quoque, autem, vero, enim.

Communes, siue mediae, quae et praeeunt et subeunt, vt Ergo, igitur, itaque, equidem, etc.

De Accidentibus, siue Attributis partium orationis

Sunt quaedam, quae partes orationis comitantur, vt numerus, casus, genus, declinatio, modus, tempus, persona, figura, species, quae accidentia, siue attributa partium orationis vocantur.

Numeri nominum, pronominum, verborum et participiorum sunt duo, singularis, vt musa, ego, amo, amans : Plur*aliter*, vt Musae, nos, amamus, amantes.

Casus nominum, participiorum et nonnullorum pronominum sunt sex, nominatiuus, genitiuus, datiuus, accusatiuus, vocatiuus, ablatiuus.

Nomen, pronomen, participium tria habent genera praecipua, masculinum, siue virile, cui praeponitur pronomen hic, vt hic dominus, meus, doctus : foemininum, siue muliebre, cui praeponitur pronomen haec, vt haec ancilla, mea, docta : neutrum, cui praeponitur, pronomen hoc, vt hoc mancipium, meum, doctum.

Ex his tribus generibus nascuntur duo alia, commune duorum et commune trium. Commune duorum est, cui praeponuntur pronomina hic et haec, vt hic et haec parens ; commune trium, siue omne, cui praeponuntur pronomina hic, haec, hoc, vt hic et haec et hoc prudens, nostras, amans. [76r]

Declinationes, siue Formae nominum sunt quinque

Prima, cuius genitiuus terminatur ae diphthongo: vt musa, musae.

Secunda, cuius genitiuus terminatur litera, i : vt dominus, domini.

Tertia, cuius genitiuus terminatur syllaba, is : vt sermo, sermonis.

Quarta, cuius genitiuus terminatur syllaba, us : vt sensus, sensus.

Quinta, cuius genitiuus terminatur literis e, et i, separatis, vt dies, diei.

Pronomina meus, tuus, suus, noster, vester ad primam et secundam nominum declinationem spectant: nostras, vestras ad tertiam: caetera peculiares habent formas.

Participia, quae in ans et ens exeunt, ad tertiam declinationem pertinent, vt amans, docens, etc. Reliqua ad primam et secundam, vt amaturus, a, um ; amandus, amanda, amandum, etc.

¶Declinationes, siue coniugationes verborum sunt quattuor

Prima, cuius secunda persona praesentis indicatiui exit in as, vt amo, amas, amare.

Secunda in es, longum, vt doceo, doces, docere.

Tertia in is, breue et infinitum in ere, vt lego, legis, legere.

Quarta in is, longum et infinitum in ire, vt audio, audis, audire.

Modi verborum triti, ac communes sunt quinque, indicatiuus, imperatiuus, optatiuus, coniunctiuus, infinitus. [76v]

Tempora verborum sunt quinque, praesens, siue instans, praeteritum imperfectum, praeteritum perfectum, praeteritum plusquam perfectum, futurum.

Personae pronominum sunt tres, prima ego, secunda tu, reliqua pronomina tertiae sunt personae, praeter ipse, ipsa, ipsum, quod cuiusuis est personae; item prouocabulum qui, quae, quod.

Personae verborum sunt tres, prima, vt Amo, secundam, vt Amas, tertia, vt Amat.

Nomina et participia (exceptis vocatiuis) incertae sunt personae, sicut et verba infinita: eam enim induunt personam, cuius est verbi cui adhaerent, vt Ego *Marcus* Tullius defendi rempublicam adolescens, non deseram senex. Cupio te audire.

Vocandi casus, quoniam secundis personis tantum adhaerent, solum sunt secundae personae.

Figurae nominum, pronominum, verborum, participiorum, praepositionum, aduerbiorum, coniunctionum duae sunt.

Simplex, vt prudens, is, amo, amans, abs, prudenter, Enim.

Composita, vt imprudens, idem, adamo, adamans, absque, imprudenter, etenim.

Species nominum, pronominum, verborum, aduerbiorum sunt duae: primitiua, vt Pater, tu, caleo, clam : Deriuatiua, vt Paternus, tuus, a, um, calesco, clanculum. [77r]

Praecepta aliquot de Constructione tyronibus ediscenda

praeceptum primum
Substantiuum nomen concordat cum adiectiuo in genere, numero et casu, vt Puer ingeniosus. Memoria infirma. Ingenium tardum.

Praeceptum II
Relatiuum qui, quae, quod cohaeret cum antecedente in genere et numero, vt Non est dicendus puer ingenuus, qui verecundiam non amet. Accepi tuas literas, quae mihi iucundissimae fuerunt. Legi tuum epigramma, quod mihi mirandum in modum placuit.

III
Verbum personale finiti modi postulat ante se nominatiuum eiusdem numeri et personae, vt Ego lugeo. Tu rides. Praeceptor docet. Nos legimus. Vos scribitis. Aleatores vapulant.

IIII
Verbum infiniti modi ante se accusatiuum habet, vt Gaudeo te bene valere. Doleo parentes tuos aegrotare. Laetor fratrem tuum saluum, et incolumem venisse.

V
Verbum substantiuum non solum ante, sed etiam post se nominatiuum petit, vt Parsimonia est magnum vectigal. Auus tuus fuit vir doctus. Verecundia est maximum ornamentum pueritiae. [77v]

VI
Omnem verbum personale finiti modi potest vtrinque habere nominatiuum pertinentem ad eandem rem, vt Hic vocatur Paulus. Ille viuit miserrimus. Boni moriuntur laeti.

VII
Quotiescunque duo nomina substantiua ad res diuersas pertinentia in oratione ponuntur sine coniunctione, alterum erit genitiui casus, vt Libertus Pompeii. Epistola Ciceronis. Camen Virgilii.

VIII
Verbum actiuum post se accusandi casum postulat, vt Pueri ingenui amant literas. Frater tuus legit Ciceronem diligenter.

IX

Verbum passiuum post se ablatiuum desiderat, cum praepositione a vel ab, vt Literae amantur a pueris ingenuis. Cicero legitur a fratre tuo diligenter.

X

Quoduis verbum admittit praepositionem cum suo casu, vt Fui in templo. Eo in gymnasium. Sedeo in scamno.

XI

Omne verbum et multa nomina datiuum habere possunt eius rei, cui damnum aliquod, vel commodum datur, vt Laboras aliis, mihi soli es ociosus. Catilina fuit perniciosus reipublicae. Senes non sibi, sed filiis, aut nepotibus arbores serunt.

XII

Temporis continuatio in accusatiuo, vel ablatiuo ponitur, frequentius tamen in accusatiuo, vt Pater tuus vixit [78r] quinquaginta annos, vel quinquaginta annis. Dedi operam Diomedi tres annos, vel tribus annis. Scripsi duas horas, vel duabus horis.

XIII

Cuicunque verbo potest addi ablatiuus significans Pretium, vt Emi librum decem denariis. Vendidisti atramentarium tribus sestertiis. Vel Instrumentum, vt Scribo calamo. Percutior ferula. Vel Causam, vt Seruus tuus interiit fame. Tabesco dolore.

XIIII

Gerundia, supina et participia postulant post se casus verborum a quibus oriuntur, vt Scribo literas. Tempus est scribendi literas. Eo scriptum literas. Sum scripturus literas.

De generibus nominum, quae ex significatione cognoscuntur

Quae maribus solum tribuuntur mascula sunto.
    Mascula censentur specie depicta virili:
    Et quibus appositum tantum tribuisse virile,
    Credibile est veteres, latro ceu praesul et hospes. {Vt Cato, vir, leo.} {Vt Mars, Boreas.}
    Foemineum dices quod foemina sola reposcit.
    Iungito foemineis muliebri praedita forma.
    Quaeque adiectiuum tantum muliebre requirunt. {Vt mulier, equa.} {Vt Pallas, Syrinx.} {Vt operae,
        custodiae.}
    Quae neutro apposito gaudent, neutralia sunto. {Vt animal} [78v]
    Est commune duum sexum quod claudit vtrunque.
    Articulo gemino, veluti bos, fortis, et hostis.
    Antistes, iuuenis, vates, patruelis, et infans.

Affinis, miles cum ciue, cliente, sacerdos
Et comes atque canis, sus, dux auctorque parensque,
Municipi coniux, adolescens, augur adhaerent.
Catul*lus*, Carmine Nupt., Cernitis innuptae iuuenes?, etc.
Quintil*ius*, lib. 6, de Peroratione, Tum ille, alioqui vir facundus, inopinatae rei casu obmutuit et infantem suam frigidissime reportauit.
Persius, {Saty. 6}, ... Age, si mihi nulla, Iam reliqua ex amitis, patruelis nulla, proneptis, Nulla manet patrui.
Est commune trium, generi quod conuenit omni. {Vt prudens, felix.}
Pro maribus pugnant menses, fluuiique minaces. {Vt October, Tagus.}
Insula foeminea, vrbs, regio cum naue, poesis. {Vt Cyprus, Carthago, Aegyptus, Pristis, Aeneis.}
Foeminea est arbor. Foliis oleaster amaris. {Vt pinus, cupressus.}
Mas est. Hoc acer atque siler, cum subere robur.
Vm neutris iunges, hominum si propria demas.
A, plurale, genus neutrum sibi poscit vbique. {Vt Bactra, Susa.}
Nomen in i, maribus, si sit plurale, reserua. {Vt Puteoli, liberi.}
Trade notas neutri et vocem pro nomine sumptam.
Et verbum quoduis nuda pro voce repostum. [79r]

De generibus nominum, quae ex positione cognoscuntur

Foemineum, A, primae est, veluti panthera, sagitta.
Adria mas esto, cui iunge cometa, planeta.
Hic mamona petit; pascha hoc, cui iungito manna.
Nomen in A, ternae neutrum est, ceu stigma, toreuma.
E Latiale petit neutrum, velut acre, monile.
Foemineum est aloe Rhodopeque et caetera Graeca.
I neutris tribue. {Vt Sinapi} O maribus finita dabuntur. {vt Pugio.}
Est Io, foemineum, fuerit si corporis expers. {Vt Lectio, oratio.}
Cui caro iungatur, coenatio, portio quodque
Desinit in Do, Go. {vt Dulcedo, Imago.} Neutris adscribito pondo.
Harpago, cudo, ordo mas, vdo, cardo ligoque.
V, C, D, da neutris, velut id, cum lacte geluque.
L, T, {vt Tribunal, caput.} sit neutrum. Hic mugil, sal solque reposcunt.
An, in, On, {vt Paean, delphin, agon.} mas. Haec sindon et suauis aedunt.
Queis adde alcyonem. Neutris da cuncta secundae. {vt Ilion, Pelion.}
En, {vt Carmen, lumen.} dabitur neutris. Sed hymen, ren mascula sunto.
Et splen atque lien, atagen cum pectine, lichen.
Postulat Ar neutrum, ceu parcum, nectare, bacchar.
Er, {vt Imber, vte.} maribus dona. Laber hoc cum tubere poscit.
Vber, iter, spinter, laser, cicer atque pauauer,
Ver, siser, atque piper cum verbere, necte cadauer.
Or, {vt Dolor, honor} maribus seruit. Muliebris demitur arbor.

Accedunt neutris cor, ador cumque aequore, marmor.

Exigit, Vr, neutrum. {vt Fulgur, sulphur.} Hic furfur, cum vulture, turtur. [79v]

Foemineum, As. {vt Tempestas, lampas.} Neutrum vas vasis fasque nefasque.

Mascula sunt elephas, adamas, as atque tiaras.

Cum reliquis cunctis flectit quae prima Pelasgum. {vt Pharias, mamonas.}

Esto nomen in Es, {vt Compes, moles.} muliebre. Sed esto virile

Limes, pes, fomes, termes, cum palmite trames,

Bes, gurges, merges, poples, cum cespite vepres,

Et paries stipesque meri nomenque diei.

Acinaces, is, masculini generis, huc spectat, quanuis apud Graecos primae sit declinationis, acinacis, u. Sunt et alia huius generis, vt Orestes, is, Pylades, is, neque video cur acinacis per I literam sit scribendum, cum Graeco per H, scribatur, quod in E longum solet mutari. In sexto tamen casu E, corripitur, quia apud Latinos tertiae est declinationis. Valer*ius* Flac*cus*, lib. 6, Insignis manicis, insignis acinace dextro.

His Graecum primae, vel ternae iungito nomen. {vt Aromatites, lebes}

Hippomanes neutris, panaces, cacoethes adhaerent.

Plinius, lib. 5, cap. 4, Panaces ipso nomine omnium malorum remedia promittit, numerosum, et diis inuentoribus adscriptum. Solaecophanes his tribus addi potest.

Is dato foemineis. {vt Nauis, clauis.} Maribus da piscis, aqualis,

Anguis, tum fustis, tum callis, follis et ensis,

Mensis cum vecti, torris, glis, postis et orbis,

Et sanguis, cenchris, collis cum vomere, cassis,

Mugilis atque lapis, vermis cum fasce, canalis,

Vnguis, tum cucumis, tum caulis, puluis et axis, [80r]

Nis, quoque finitum, ceu panis, et asse {vt Vigessis, centussis.} creata.

Mascula in Os {vt Ros, flos.} sunto. Dos, cos muliebris et arbos.

Da chaos atque meos neutris, Os, Argos eposque.

Nomen in vs {vt Sensus, rogus.} mas est seu quartae siue secundae.

Porticus atque tribus, muliebris acusque manusque,

Aluus, humus, vannus, colus, Idus, carbasus addes,

Et domus et ficus pomum; mas morbus habetur.

Plurima in Os, Graeca Ausonii fecere Latina:

Quae maribus partim, vt Prologus, paradisus, adhaerent:

Partim foemineis veluti diphthongus, eremus.

In neutris numera virus pelagusque profundum.

Postulat Vs, {vt Pecus, pecoris.} neutrum quoties id tertia flectit.

Hic lepus et mus. Pus Graecum, compositaque {vt Chytropus, tripus} iunges.

Sit tibi foemineum lagopus herba, volucris.

Lagopus nomen herbae, siue auis foemineum est, quanuis ex pus, componatur.

Mart*ialis*, lib. 7, Si meus aurita gaudet lagopode Flaccus.

Plinius, lib. 10, cap. 48, de Lagopode aue, Non extra terram eam vesci facile, quando nec viua mansuescit et corpus occisae statim marcescit.

Idem, lib. 26, cap. 8, de Lagopode herba, Lagopus sistit aluum e vino pota.

Est miliebre palus, subscuis, pulcherrima virtus,

Atque salus, pecudisque pecus, quibus additur incus.

Quaeque, sibi seruus iuuenisque senesque iugarunt. {Seruitus, iuuentus, senectus.}
Aes tibi sit neutrum. Laus, fraus muliebria sunto.
S, dato foemineis, si consona ponitur ante. [80v]
Esto virile rudens, fons, pons, seps, laethifer anguis,
Mons, dens atque chalybs, assis, {vt Quadrans, triens.} quibus addito partes.
Et polysyllaba ps. {vt Hydrops, merops.} Forceps dematur adunca.
X, dato foemineis. {vt Sandyx, celox.} Sed Eryx, grex mascula sunto,
Et spadix, bombyx vermis cum fornice, phoenix,
Atque calix, coccyx et oryx varixque calyxque,
Praeterea voluox, quincunx septunxque deunxque.
Sescunx legitur, 32, Pandect. Sescuncia tamen pro eodem vsitatius videtur.
Ax, ex finitum polysyllabon, {vt Thorax, pollex.} esto virile.
Foemineum thomex, alex cum smilace, fornax,
Et forfex, vibex, carex, adiunge supellex.
Atriplex neutrum est. Plin*ius*, lib. 20, cap. 20,
Mobile fit fixum si fixum mente subaudis:
Vnde genus capit, vt Sonipes oriensque Tonansque,
Mobile fit neutrum ni fixum mente subaudis.
Respicimus fines, non significata frequenter,
Zeugma, Reate ideo petit hoc cum Tybure, Caere,
Hoc Praeneste, Hispal. Sulmo hic vberrimus vndis.
Martius hic Narbo braccatae gloria gentis.
Haec damnata diu Romanis Allia fastis.
Hippo foeminini est generis. Plin*ius*, lib. 6, cap. 34, Vtraque Hippo. Silius, lib. 3, virili genere vsus est, Tum Vaga et antiquis dilectus regibus Hippo.
Martialis, lib. 8, epigr. 71 dixit muliebri genere Narbo, Quem pulcherrima iam redire Narbo. [81r]
Dicti patria Narbo Votieni, Ad leges iubes annuosque fasces.
Respicit interdum nomen generale poeta:
Vnde sibi merito genus inferiora capessunt:
Sic volucrem sequitur bubo, sic flumen lader.

De nominibus incerti generis

Haec modo foemineis, maribus modo iuncta videbis,
Grossus, adeps, atomus, limax cum torque, phaselus,
Scrobs, serpens, finis cum corbe diesque rubusque
Postulat hic, aut hoc merito Nar, vulgus et Anxur.

Nomina masculina apud oratores, quibus poetae interdum etiam genere muliebri vtuntur

Mascula bubo, specus, cortex cum pumice, puluis
Et calx, pars, pedis atque silex cum margo, palumbes:
Proferet haec caute iuuenis muliebria vates.

Nomina fere foeminina apud oratores, et interim masculina praecipue apud poetas

Est muliebre animans, volucris cum stirpe, cupido,
Sardonychem comitatur onyx, grus, clunis, et ales,
Cum talpa, lintercum dama lynxque penusque:
Haec maribus tribues cinget cum tempora laurus.
Hunc iubarem, hunc frontem, hunc pinum nimiumque vetusta,
Pacuuii proauis atauisque vtenda relinque. [81v]

De genere epicoeno

Articulo sexum quae complectuntur vtrunque
Vno, epicoena vocant Graii: promiscua nostri. {vt Hic lepus, haec vulpes.}

De nominum declinatione

Nomina composita fere instar simplicium declinantur.

In compositis rectus tantum casus declinatur, vt Tribunus plebis, tribuni plebis, tribuno plebis, tribunum plebis, etc.

Huc spectant senatus consultum iurisperitus, pater familias atque alia eiusdem generis.

¶Si nomen ex duobus rectis copuletur, vterque declinabitur: vt Respublica, iusiurandum: reipublicae, rempublicam, etc. Excipitur alteruter, cuius posterior tantum pars declinatur, excepto genitiuo singulari, qui vtroque modo declinatur, alterutrius, et alterius vtrius.

Nomina neutra tres casus habent similes, nominandi, accusandi, et vocandi: qui numero multitudinis, A, litera terminantur, praeter ambo et duo.

Vocatiuus singularis quartae et quintae declinationis similis est nominatiuo: sensus, ô sensus; dies, ô dies.

Nominatiuus et vocatiuus multitudinis similes sunt, Musae, ô Musae; virtutes, ô virtutes.

Datiuus, et ablatiuus numeri pluralis similes sunt, Musis, a Musis: virtutibus, a virtutibus.

Prima declinatio

Primae declinationis nomina in A, As, Es exeunt

[82r]

Quae, A, litera terminantur, tum Graeca, tum Latina sunt, vt Maia, Aegina, victoria, familia.

Quae in As et Es syllabas exeunt, Graeca tantum sunt, vt Aeneas, Anchises et declinantur hoc modo.

Nominatiuo Aeneas, genitiuo Aeneae, datiuo Aeneae, accusatiuo Aenean, vocatiuo ô Aenea, ablatiuo ab Aenea.

Nominatiuo Anchises, genitiuo Anchisae, datiuo Anchisae, accusatiuo Anchisen, vocatiuo ô Anchise, ablatiuo ab Anchise.

Numero multitudinis omnino cum Latinis nominibus primi ordinis consentiunt.

¶Priscis temporibus genitiuus singularis Latinus etiam in As syllabam terminabatur, vnde etiam nunc dicitur pater familias, mater familias, filius familias.

¶Aulai, pictai et his similes interrogandi casus interdum apud poetas leguntur pro aulae, pictae. Virg*ilius*, lib. 9, Diues equum, diues pictai vestis et auri.

¶A Maia, Aegina et aliis huiusmodi Graecis nominibus foemininis accusatiuus per AN syllabam aliquando apud poetas exit, vt Maian, Aeginan.

Vocatiuus similis est nominatiuo, ô Musa, ô Maia.

¶Graeca, s, literam deponunt, ô Aenea, ô Anchise.

Datiuus multitudinis, Is, syllaba finitur, praeter duabus, ambabus et deabus et nonnulla alia eiusdem exitus quae etiam a viris doctis, sexus discernendi gratia, vsurpantur.

Nomina E litera finita secundae declinationis Graecorum sic declinantur

Nominatiuo musice, genitiuo musices, datiuo musice, accusatiuo [82v] musicen, vocatiuo ô musice, ablatiuo a musice.

Numero Plurali Latinam declinationem sequuntur.

Ad hunc modum declinantur Mastiche, Grammatice, Rhetorice, Dialectice, Arithmetice, Libye, quorum vltima vocalis si in A literam mutetur, Latine declinantur, vt Grammatica, grammaticae, etc.

Secunda declinatio

Latina nomina secundae declinationis in syllabas Er, Ir, Vr, Vs, Vm exeunt, vt Faber, vir, satur, populus, praemium. Graeca in Os, On, Eus, vt Delos, Androgeos, Pelion, Tydeus.

Genitiuus fere aequalis est nominatiuo syllabarum numero, vt Populus populi: praeter Iber Iberi: Celtiber Celtiberi: armiger armigeri: signifer signiferi: Liber Liberi: Treuir, Treuiri: satur saturi et nonnulla alia.

¶Poetae aliquando alterum, I, omittunt

Virg*ilius*, Eclog., 1, Nec spes libertatis erat, nec cura peculi. Androgeos, non solum Androgei, sed etiam Androgeo, more Attico, facit genitiuo.

Idem, Aenei., 6, In foribus lethum Androgeo.

Accusatiuus a Graecis in Os, s, literam mutat in, n, vt Delos, Delon; Menelaos, Menelaon; Athos, Athon vel Atho, more Attico. Vocatiuus similis est nominatiuo, ô vir, ô Deus.

Exceptio I

Caetera nomina, Vs, syllaba finita mutant, Vs in E. populus, ô popule; fluuius, ô fluuie; tabellarius, ô tabellarie. [83r]

Praeter filius, et nomina propria in Ius, quae Vs syllabam deponunt, ô Fili, ô Antoni, ô Pompei.

Cicero ad Octauium, Quantum te, popule Romane, de me fefellit opinio!

Exceptio II
Graeca quae in Eus, et Vs, diphthongum exeunt, deponunt, s, vocatiui, Tydeus, ô Tydeu: Panthus, ô Panthu.

Appendix I
Graeca, Eus, syllaba finita etiam genitiuo faciunt, Eos et accusatiuo, Ea, maxime apud poetas, sed tunc ad tertiam declinationem spectant, vt Tydeus, Tydeos, Tydea: Tereus, Tereos, Terea.

Appendix II
Vocatiuus Graecorum nominum, quae, Os, in, Vs, mutant, etiam in, E, literam exit, vt Timotheus, Pamphilus, ô Timothee, Pamphile: Antaeus, Thymbraeus, Ptolomaeus, ô Antaee, Thymbraee, Ptolomaee.

Appendix III
Latini interdum vel euphoniae causa, vel Atticos imitantes, vocatiuum faciunt similem nominatiuo, ô populus, ô fluuius, ô meus.

Liuius, 1, Ab Vrb., audi tu, populus Albanus.

Virg*ilius*, Aenei., 6, Proiicie tela manu, sanguis meus.

Idem, Aen., 8, Corniger Hesperidum fluuius regnator aquarum. Adsis ô tandem.

¶Nominatiuus multitudinis, I, litera terminatur, vt Captiui, dei vel dii. [83v]

Priscis temporibus ei, diphthongo terminabatur, vt Captiuei. Datiuus pluralis, Is, syllaba finitur, vt Captiuis, deis vel diis.

Tertia declinatio

Et si tertiae declinationis quamplurimae sunt positiones, genitiuus tamen in, Is, syllabam exit, qui nominatiuo modo est aequalis numero syllabarum, vt Nauis nauis; modo vna syllaba longior, vt Turbo turbinis: vnedo vnedonis: modo duabus, vt, Iter itineris: biceps bicipitis: supellex supellectilis.

O
Macedo Macedonis: Anio Anienis: Nerio Nerienis.

N
Babylon Babylonis: Palaemon Palaemonis: Xenophon Xenophontis.

R
Lar Laris: hepar hepatis: acer aceris: Mulciber Mulciberis: iecur iecoris vel iocinoris.

AS
Calchas Calchantis: hic Pallas Pallantis: haec Pallas Palladis.

ES
Chremes Chremetis vel Chremis: Laches Lachetis vel Lachis.

IS
Simois Simoentis: Pyrois Pyroentis: Charybdis Charybdis: Paris Paridis.

OS
Rhinoceros Rhinocerotis: Tros Trois: Minos Minois: heros herois.

VS
Melampus Melampodis: Opus Opuntis: Amathus Amathuntis.

YS
Capys Capyis: Cotys Cotyis: chlamys chlamydis [84r]

NS
Lens lendis: lens lentis: frons frondis: frons frontis: Aruns Aruntis.

PS
Auceps aucupis: anceps ancipitis: stirps stirpis.

RS
Lars Lartis, rex Veientium: concors concordis.

X
Astyanax Astyanactis: arx arcis: merx mercis: veruex veruecis: lynx lyncis.

Genitiuus Graecus in os
Graeco genitiuo, Os, syllaba finito interdum vtuntur Latini: vt Metamorphosis Metamorphoseos: Decapolis Decapoleos: Tanis Taneos: Tethys Tethyos: Erymanthis Erymanthidos.

Graecus genitiuus in vs
Manto, Callisto, Alecto, Calypso et caetera id genus Graeca fere, Vs, faciunt genitiuo, vt Mantus, Calypsus.

Accusatiuus
Accusatiuus exit in, Em, vt Sermonem.

Exceptio I
Buris, cucumis, peluis, rauis, securis, sitis, tussis, vis in im exeunt.

Exceptio II
Febris, clauis, nauis, puppis, restis, turris, in In, vel Im, terminantur. [84v]

Accusatiuus Graecus
Graecus accusatiuus in, A, exit, vt Hectora, Calchanta, aera, aethera.

Exceptio I
Graeca, O, litera finita habent accusatiuum similem nominatiuo, vt Manto, Calypso, Alecto.

Exceptio II

Graeca, Is, syllaba finita, quae apud Latinos genitiuum habent similem nominatiuo, hoc est, quorum genitiuus apud Graecos in Os, exit, nulla praecedente consonante, accusatiuo faciunt in Graece, vel Im, Latine, vt Charybdis Charybdin vel Charybdim.

Ys finita frequentius in, yn, quam in, ym, exeunt, vt Tethys Tethyn: Cotys Cotyn: Halys Halyn vel Halym.

Quae vero genitiuo crescunt neque accentum habent in vltima, in In, vel Im, vel Em, exeunt, vt Paris Paridis, Parin vel Parim vel Paridem: Iris Iridis, Irin vel Irim vel Iridem: Isis Isidis, Isin vel Isim vel Isidem, quae etiam in, A, apud Graecos exeunt, vt Parida, etc.

Vocatiuus

Vocatiuus similis est nominatiuo, ô sermo, haec Pallas, ô Pallas, ô Socrates, ô Chremes, ô Achilles, ô Heros, ô chlamys ô Socrate, Chreme, Achille, Vlysse, etiam in vsu sunt.

Exceptio

Graeca quae in, Is vel Ys, exeunt neque habent accentum in vltima apud Graecos, deponunt, s, nominatiui, ô Moeri, Iri, Pari, [85r]

Tethy. Et apud poetas foeminina in, Is, quorum genitiuus exit in Dis, quanuis accentum habeant in vltima, ô Amarylli, Tindari, Oebali.

Item propria in, As, quorum genitiuus exit in Antis, apud eosdem poetas deponunt, S, ô Palla, ô Chalca.

Praeterea quae ante, s, habent diphthongum, fere, S, literam abiiciunt, vt Tydeus, Melampus: ô Tydeu, Melampu.

Quae omnia apud Atticos vocatiuum habent similem nominatiuo, ô Paris et caetera, quos interdum imitantur Latini.

Ablatiuus

Ablatiuus exit in, E, a teste, duce, hospite, paupere, pubere, sospite.

Exceptio I

¶Nomina, quorum accusatiuus exit in, In vel Im, neutra in Al, Ar, E, nomina mensium, adiectiuum cuius neutrum, E, litera terminatur, I, postulant, vt Charybdi, siti, animali, calcari, monili, Septembri, breui.

Quibus accedunt pluri, strigili, canali, memori.

Par, nectar, hepar, iubar, E, contenta sunt: item gausape, Soracte, Praeneste, Reate et caetera, locorum propria huius positionis, si tamen huc spectant, sunt enim pleraque declinationis expertia.

Exceptio II

I vel E, petunt caetera adiectiua et substantiua, quorum accusatiuus in, Em vel Im, desinit, vt A felice vel felici, ingente vel ingenti, naue vel naui. [85v] Quibus addes amnis, ignis, imber, supellex, vectis.

Appendix I

Substantiua, Is, syllaba finita quae ex adiectiuis facta sunt, fere In, I, exeunt, vt Familiaris, annalis, bipennis, triremis, affinis, a familiari, annali. Volucris tamen et rudis volucre, rude faciunt. Sin vero propria sint, E, tantum postulant, vt Martialis, Iuuenalis, a Martiale, Iuuenale. Haec imitantur et alia, vt Felix, clemens, melior.

Appendix II

Pleraque adiectiua, quae in literas, Ns, exeunt, fere, E, contenta sunt, vt Prudens, imprudens, a prudente, imprudente.

Participia in, E, exeunt, vt Absente, praesente, audiente. Cic*ero*, In Verrem, lib. 3, Illa deos hominesque implorante: iste infanti pupillae fortunas patrias ademit.

Plin*ius*, lib. 3, cap. 1, Baetica a flumine eam mediam secante cognominata cunctas prouinciarum diuiti cultu et quodam quasi fertili ac puecliari nitore praecedit. Interdum etiam in I, sed tunc fere in nomina transeunt.

Comparatiua nomina multo vsitatius in, E, literam quam in I, exeunt, vt Superiore, faciliore, vberiore.

Casus multitudinis

Nominatiuus pluralis exit in Es, vt Sermones, delphines, Troes.

Genitiuus pluralis

Genitiuus multitudinis in Vm, syllabam exit, vt Iuuenum, [86r] canum, vatum, maiorum, minorum. Eodem modo caetera comparatiua.

Exceptio

In Ium, exeunt quaecunque literis, Ns, finiuntur, vt Serpentium, praesentium.

Item, S, litera terminata, quae genitiuo non crescunt, vt Collis, collium: clades, cladium: et quorum ablatiuus in, I, aut, E, vel, I, exit, vt Diocesium, Syrtium, animalium, plurium, nauium, felicium.

Quibus adde Samnitium, lintrium, cohortium, vtrium, ventrium, fornacium.

Ad haec monosyllaba, quae in duas consonantes exeunt, vt Trabs, seps, pars, arx, merx, trabium, sepium, partium, arcium, etc.

Quibus accedunt, As, glis, lis, mus, nix, nox, os ossis, fauces faucium et siqua alia sunt a viris doctis vsurpata.

Hinc rursus excipiuntur parens, degener, inops, memor, supplex, vetus, vber, lynx et alia, quorum genitiuus exit in Vm, quae, progrediente tempore rerum omnium magister vsus te sine fastidio docebit.

Genitiuus Graecus

Genitiuus Graecus exit in, on, per, O, magnum, vt Epigrammaton, haereseon.

Datiuus pluralis

Datiuus in Ibus exit, vt Sermonibus. Bos tamen bobus aut bubus facit. [86v]

Graeca a neutris in A, in Is, syllabam frequentius exeunt, vt Peripetasmatis, emblematis, poematis et poematibus, diplomatis, diplomatibus.

Accusatiuus pluralis

Accusatiuus multitudinis in, Es, syllabam exit, vt Sermones: exit et in, Is vel Eis, cum genitiuus certorum nominum desinit in Ium, vt Omnis, vrbis, vel omneis, vrbeis. Vter alteri sit praeferendus, iudicabunt aures.

Casus plurales

Casus plurales nominandi, accusandi et vocandi neutri generis In, A, desinunt, si ablatiuus in, E, tantum exit, vt Tempora: sin vero, I, aut, E, vel I, terminetur, tunc in Ia desinent, vt Vectigalia, ingentia. Praeter comparatiua, item vetus, plus, quae in, A, exeunt, maiora, vetera, plura. Aplustre aplustria et aplustra facit.

Graecus accusatiuus

Accusatiuus Graecus in, As, desinit, vt Delphinas, Troas, crateras. Virg*ilius*, Eclog. 8, Orpheus in syluis, inter delphinas Arion.

Quarta declinatio

Genitiuus singularis quartae declinationis exit in, Vs, syllabam, vt senatus, anus.

Prisci senatuis, anuis dicebant, apud quos etiam, I, litera hic casus terminabatur, vt Ornati, tumulti, vnde Terent more prisco eius anuis causa dixit, et nihil ornati, nihil tumulti. [87r]

Datiuus in vi, exit, vt Senatui, anui: priscis seculis etiam in, v, exibat, vnde Virgilis, Aenei. 1, Parce metu Cytherea. Datiuus multitudinis in Ibus, exit, vt Sensibus.

Exceptio

Arcus, artus, lacus, partus, specus, tribus in, vbus, exeunt, lacubus, specubus, tribubus. Portus in, ibus et vbus. Questibus a queror multo vsitatius est, quam questubus.

Quinta declinatio

Casus interrogandi singularis, quintae declinationis in Ei, literas diuisas exit, vt Diei.

Apud antiquos in Es, siue E, exibat. Vnde Virg*ilius*, Georg., 1, Libra dies somnique pares vbi fecerit horas. Et Ouidius, Metamorph., 3. Prima fide vocisque ratae tentamina sumpsit.

Exiit et in duplex ii. Virg*ilius*, Aenei., 1, Munera laetitiamque dii.

Casus interrogandi, dandi sextusque multitudinis, praeter rerum, rebus, dierum, diebus, inusitati sunt.

Cicero non est ausus specierum, speciebus dicere, non tamen negat posse Latine dici.

Syncope

Omnium ferme declinationum interrogandi casus multitudinis interdum maxime a poetis imminuuntur, quam imminutionem Graeci syncopen vocant.

Primae

Caelicolum, Aeneadum, Ausonidum, Troiugenum, etc., pro caelicolarum, Aeneadarum, etc.

Secundae

Liberum, nummum, sestertium, fabrum, deum, etc., pro Liberorum, nummorum, etc.

Tertiae

Cladum, caedum, veprum, caelestum, agrestum, potentum, furentum, Macedum, pro cladium, caedium, veprium, caelestium, agrestium, potentium, furentium, Macedonum: quae et alia eiusdem generis non facile apud oratores reperientur.

Appendix I

Genitiuus imminutus a nominibus substantiuis, As, syllaba finitis vsitatior est quam plenus, vt Ciuitatum quam ciuitatium.

Appendix II

Quidam genitiui tum pleni, tum imminuti sunt vsitati, etiam apud oratores, vt Apium et apum, serpentium et serpentum, Quiritium et Quiritum, optimatium et optimatum, locupletium et locupletum.

Quartae

Currum, passum pro curruum, passuum.

Anomala, siue inaequalia

Anomala, siue inaequalia vocantur, quae aut numero, aut genere, aut declinatione, aut casu, aut aliquo alio attributo deficiunt.

Numero inaequalia

Quaedam singulari numero tantum declinantur, vt Nemo, pontus, lutum et pleraque eorum, quae metimur, aut ponderamus, vt Triticum, oleum, aurum, ferrum.

Quaedam plurali solum, vt Cani, canorum: Penates, Penatium: castra: Calendae.

Genere inaequalia

Quaedam singulari numero sunt masculina, plurali neutra, vt sibilus, sibila: balteus, baltea.

Quaedam singulari foeminina, plurali neutra, vt Carbasus, carbasa.

Quaedam singulari neutra, plurali masculina, vt Argos, Argi, Argorum.

Declinatione inaequalia

Vas, vasis singulari numero est tertiae declinationis, plurali secundae, vt Vasa, vasorum, vasis. Iugerum, iugeri contra numero singulari secundi est ordinis, plurali tertii, iugera, iugerum, iugeribus. Interdum et iugeris genitiuo singulari et iugere ablatiuo legitur.

Casu inaequalia

Quaedam non declinantur in casus, vt Frugi, nihil, pondo, quod numerum pluralem tantum habet cum libram significat: item quattuor, quinque et caetera vsque ad centum, quae aptota siue monoptota appellantur.

Quaedam vocatiuo carent, cuiusmodi sunt interrogatiua, vt Quis, qualis: relatiua, vt Qui, quae, quod: negatiua, vt [88v] Nemo, nullus: partitiua pleraque, vt Quidam, vllus, alius.

Pronomina etiam, praeter tu, meus, noster, nostras, ferme vocandi casu destituuntur.

Quaedam nominandi, interrogandi et accusandi casum tantum habent, vt Tantundem, tantidem.

Quaedam nominatiuum et vocatiuum, vt Iupiter, expes.

Quaedam obliquos tantum, vt Iouis, loui, louem, loue.

Quaedam tres solum obliquos, opis, opem, ab ope.

Quaedam duos, vt Repetundarum, ab his repetundis.

Quaedam vnum, vt Inficias, sponte, natu.

De Verborum praeteritis et supinis

    Simplicium leges ferme coniuncta sequuntur. {vt Lego, perlego.}
    Hinc pauca excipiam, memori quae mente repones.
    Cum geminat primam simplex, composta priorem. {vt Tendo, tetendi: extendo, extendi.}
    Praeteriti amittunt, praeter praecurro, repungo,
    Quaeque sibi gignunt sto, do, cum poscere disco.
    Praeteritis quaecunque carent, spoliato supinis,
    Vt glisco, vergo, ferio, cum polleo vado.
    Ambigo, cum satago quaeso, quibus hisco, fatisco,
    Et furit et moeret, tum aueo, tum ringoret aio,
    Et vescor, liquor, medeor, reminiscor adauge.
    Insuper a verbo seu nomine nata, tepesco,
    Mitesco veluti, quorum de nomine lis est:
    Aut certe capiunt a verbis vnde trahuntur.
    Adde, quibus nomen vehemens meditatio fecit. {vt Coenaturio, dicturio.} [89r]
    Esurit excepto. Veterum monumenta reuolue.

Prima coniugatio

    Praeteritum primae facit aui atumque supinum:
    Vt neco: nam necui, nectum sibi pignora seruant. {vt Eneco, aui, atum: et enecui, enectum.}

At cubui, domui, crepui vetuique supina. {Cubo: domo: crepo, veto, tono, sono.}
Dant in itum, vt Cubitum: haec tonui sonuique sequuntur.
M, cubo cum recipit, tantum tibi tertia flectect:
Ast id praeteritis expungitur atque supinis. {vt Discumbo, discubui, discubitum. Mico: frisco: seco: lauo.}
Dimicat aui, atum. Micui nil amplius optat.
A fricui frictum, a secui deducito sectum.
A laui lotum aut lautum, nec sperne lauatum.
Ex lauo compositum, ceu diluo, tertia poscit.
Potatum a poto seu potum flectito. Iuui
A iuuo tantum, vel capies a prole supinum.
Dat plicui, plicitum, compositum {vt Explico.} poscit vtrunque.
Supplicat aui, atum genitumque {vt Duplico, triplico.} ex nomine solum.
Ex do compositum variabit tertia. {vt Vendo, condo, praeter.}
Quae venum, circum pessumque satisque crearunt. {Venundo, circundo, pessundo, satisdo.}
Do dedit atque datum, verum didit omne ditumque
Exigit, vt Vendo, trado, quod tertia flectit.
A sto flecte steti, statum, stiti at inde profecta
Atque stitum cupiunt, multo sed crebrius atum.

Secunda coniugatio

Altera praeteritis dat, vi, dat itumque supinis,
Vt moneo, taceo, gignit sed torreo tostum.
Sorbeo cum sociis {vt Exorbeo, absorbeo.} dat, vi, tamen absque supino. [89v]
A doceo doctum, a teneo deducito tentum.
Censeo fert censum, mistum tibi misceo donat.
Quod dat, vi, neutrum, {vt Horreo, egeo.} timeoque carento supinis.
Poscit itum valeo, careo placeoque doletque,
Et iaceo, caleo, noceo cum pareo iunges.
Dant di, sum, video, sedeo, cum prandeo, verum
S, geminat sessum, stridi {Strideo.} nil postulat vltra.
Mordeo praeterito geminato, flecte momordi,
Morsum, sic spondet, tondet, sic pendeo flectes.
Dat mansi, mansum, {Maneo.} minui sed praeminet optat,
Prominet, Immineo, simul eminet absque supino.
Haereo dat si, sum, cum suadet, mulcet et ardet,
Tergeo, cum mulget, ridet, sed torqueo tortum.
S, iussi, iussum {Iubeo.} geminant, Indulgeo si, tum.
Vigeo, si, tantum, cum fulget, turget et alget.
Lugeo fert luxi, iampridem quaero supinum.
Luceo duntaxat luxi, sic frigeo frixi.
Augeo praeterito facit auxi auctumque supino.
Eui, etum, vieo, flet, net, {Fleo: neo.} cum deleo quaeque.
A pleo nascuntur, repleo, ceu, suppleo, complet.
Ciuisume citum, {Cieo} quartae sed pignora redde.

¶Conciere interdum etiam secundae declinationis legitur: Liuius, I, ab Vrbe, Elatum domo Lucretiae corpus in forum deferunt, concientque miraculo (vt fit) rei nouae atque indignitate homines.

    Nunc oleo dat vi, dat itum, sic pignora {vt Oboleo, suboleo.} patris.
    Quae seruant sensum. Eui, etum fert caetera proles. {vt Obsoleo.}
    Ast aboleuit itum dat, fert adoleuit adultum. {Adoleo.}
    Ex veo fit vi, tum, moueo foueoque fatentur.
    A caueo cautum, a faueo deducito fautum.
    Vi, neutrum tantum poscit, ceu flaueo, liuet,
    Et paueo, feruet, conniui hoc postulat et xi. {Conniueo.}
    Audeo nunc ausus, gauisus gaudeo poscit,
    Et solitus soleo, solui tibi, Crispe, placebat.

Tertia coniugatio

    Postulat, in spicio, aut licio quod desinit, exi,
    Ectum, vt Conspicio, allicio, tamen elicit optat {Elicio.}
    Elicui, elicitum, a feci deducito factum. {Facio.}
    A ieci iactum: dat fodi, s, duplice fossum. {Fodio, Iacio.}
    Vult fugi fugitum, sapui sapiiue, nec vltra. {Fugio.}
    Progreditur sapio: cupio iui gignit et itum.
    Dat capio cepi, captum, sed coepio priscum
    Fert coepi, coeptum, a rapui deducito raptum. {Rapio.}
    Dat peperi partum aut paritum, sint pignora quartae. {Pario.}
    Dant cussi, cussum cutio finita {vt Excutio, discutio} : parente
    Vteris quassi, quassum, {Quatio.} si legeris vsquam.
    Rite vo poscit vi ac vtum, sit diluo testis.
    A ruo dic ruitum, sed vtum dant pignora tantum. {vt Diruo, obruo.}
    A struxi structum, a fluxi deducito fluxum. {Struo, fluo.}
    Congruo nulla, luo, metuoque pluoque supina,
    Annuo cum sociis, {vt Renuo, innuo.} batuo, ingruo, respuo gignunt.
    Bo, dat bi, dat itum. {vt Bibo.} Scabo, lambo carento supinis.
    A scripsi scriptum, a nupsi deducito nuptum. {Scribo, nubo.}
    Ici fert ictum, a duxi depromito ductum. {Ico, duco.}
    A parsi parsum, geminat quoque parco peperci.
    Vinco cupit vici, victum, a dixi exige dictum. {Dico.}
    Sco vel, tumque petit, ceu nosco, quiesco, suesco.
    Dat gnitus agnosco, cognosco iungitur illi.
    Dat pasco pastum, conquexi linque vetustis. {Conquinisco.}
    Vt disco didici tantum, sic posco poposci.
    Dispesco dat vi, pariter compescere solum.
    Do, di, sum gignit, veluti defendere, cudo.
    N, tamen amittunt fundo, cum scindere, findo.
    S, geminat fissum ac scissum, dat pandere passum.
    Tundo petit tutudi, tunsum, sed pignora {Retundo, retusum.} tusum.

Sume cado, cecidi, casum, cape caecto cecidi,
Caesum: dat tentum vel tensum tendo tetendi.
Pedo pepedit habet, pensum fert pendo pependi.
Tum rudo, tum sido, tum strido carento supinis.
Dant si sum claudo, laedo cum rodere, trudo,
Diuido cum plaudo, rado cum ludere, vasi,
Ac vasum a vado capiunt sibi pignora tantum. {vt Inuado.}
Cedo petit cessi, cessum facit inde supino.
Dat xi, ctum Go et Guo, vt Plango, extinguo supinis.
N, tamen abiiciunt stringo cum pingere, fingo.
Tango cupit tetigi, tactum, egi ago poscit et actum.
Sume pago {Pago priscum est.} pepigi pactum cape pangere panxi.
Vel pegi pactum, gaudent composta {Impegi, compegi.} secundo.
Dat legi lectum, fregi dat frangere, fractum.
Negligit exi, ectum, cum intelligo, diligo poscit.
Prodigo, cum dego, sugo, priuato supinis.
Dat pungo pupugi, punctum, dant pignora {vt Expungo.} ferme.
Punxi. Vult si, sum spargo, cum mergere, tergo.
Dant xi, xum figo, frigo, caret ango supinis.
A traxi tractum, a vexi deducito vectum. {Traho: veho.}
Meio facit minxi, mictum, nec plura require.
Lo, luit, atque litum: colo cultum, consulo gignit {vt Molo.}
Consultum, occulit occultum, ast alo poscit et altum.
Ante caret cello, {Antecello.} praecello, excello supinis.
Praeteritum duplex perculsi, perculit optat
Percello, perculsum, haud plura require supina.
Dat pello pepuli, pulsum: vult fallo fefelli,
Falsum. A velli vel vulsi deducito vulsim. {Vello.}
Sublatum tollo nunc tantum, ac sustulit optat.
Sallo facit salli, salsum: dat psallere psalli.
Malo, volo, nolo, cum psallo carento supinis.
Mo per, ui, dat itum: tremo flectitur absque supino. {vt Vomo.}
Dant psi, ptum, demo promo, cum sumere, como.
Emi fert emptum, {Emo.} premo pressi, s, duplice, pressum.
Dat posui positum, {Pono.} genitum genuisse {Gigno.} reposcit.
Dat cecini cantum, cinui dant pignora, {vt Concinui, concentum.} centum.
A sino fit siui atque situm: dat sternere straui,
Ac stratum: spreui, spretum dat spernere: cerno
Creui, sed cretum capiunt sibi pignora {Decreui, decretum.} solum.
Dat tempsi, temptum temno, si legeris vsquam.
Lini vel liui leuiue litumque trisulcum
Fert lino. Po, psi ptumque petit, ceu scalpere, carpo.
A strepui strepitum, a rupi deducito ruptum. {Strepo, rumpo.}
Linquo sibi liqui, cupiunt sibi pignora {vt Rellinquo.} lictum.

Dat coxi coctum, tero triui poscit et itum. {Coquo.}
A gero fit gessi, gestum, dat curro cucurri,
Cursum, quaesitum quaero, quaesiuit habeto.
Ferre tuli latumque, vro dabit vssit et vstum. {Fero.}
Praeteritum verri a verro est versumque supinum.
A sero fit seui atque satum, vi rustica proles. {vt Obsero, circunsero.}
Fert et itum, dat vi, ertum aliena a rure propago. {vt Exero, desero.}
So, siui, situmque petit: dat visere visi. {vt Capesso, facesso.}
Ac visum: incesso incessi, tamen absque supino.
Pinsitus ac pistus pinsusque a pinsuit exit.
Xi, xum dant plecto, cum flecto, nectere, pecto.
Dant quoque pecto xui nectoque. Peto iuit et itum.
Stertuit a sterto tantum: meto messuit optat.
Ac messum, s, gemino: misi dat mitto supinum
S, duplici missum: a verti deducito versum. {Verto.}
Sisto stiti, statum actiuum, neutrale sequetur
Sto verbum: vnde stiti atque stitum sibi pignora {vt Resisto, insisto} sument.
A vixi victum, a volui deflecte volutum. {Viuo, voluo.}
Texui amat texo ac textum: soluique solutum. {Soluo.}

De praeteritis et supinis quartae coniugationis

Iui, itum, vt Polio, fastidio, quarta requirit.
Fert veni, ventum venio, sepelire sepultum. {Sepelio.}
Singultum singultit amat: {Singultio, amicio.} dat amixit amictum.
Et pario natum {vt Aperso, operio.} per, vi, flectatur et ertum.
Comperio reperitque petit Ri, poscit et ertum. {Reperio.}
Sancio dat sanxi, sanctum, simul optat et itum.
Sentio vult si, sum: sepsi dat sepio, septum.
Hausi fert haustum: {Haurio.} dat vinxi vincio, vinctum.
Farcio dat farsi, fartum: vult fulcio fulsi,
Ac fultum: sarsi, sartum dat sarcio verbum.
Veneo fert venum quod ferme veniit optat. {Salio.}
Dat salui saltu: proles {vt Insilio.} sibi vendicat vltum.

De praeteritis et supinis verborum deponentium

Ex or finitis actiuam fingito vocem,
Vt vereor, vereo, veritum fluet inde supinum.
Praeteritumque simul veritus sum: caetera fingi
Hac ratione queunt. Pauca excipienda memento.
A reor esto ratus: nanciscor nactus habeto.
Orsus ab ordiri deducitur: vsus ab vtor.
Vult fateor fassus, proficiscor sume profectus,
Metiri mensus gignit: pactusque paciscor.
Comque miniscor amat commentum, adipiscor adeptum.
Vultus ab vlciscor venit: expergiscor habebit

Experrectus: at oblitum obliuiscor adoptat.
Da labor lapsus: misereri funde misertus.
Fert vtus loquor, atque sequor: queror accipe questus.
Dat nitor nixus nisusque: gradi accipe gressus.
Redde fruor fruitus: morior tibi mortuus haeret.
Nascor amat natus: tandem fert ortus oriri.
In tribus extremis per, iturus, flecte futurum.
Dat patior passum, inuisum mortalibus aegris. [92v]

De octo partium orationis constructione

Liber II

De constructione intransitiua

Verbum personale finiti modi antecedit nominatiuus aperte, vel occulte, eiusdem numeri et personae.

Cicero, Terentiae, {Lib. 14.} Si vales bene est, ego quidem valeo.

Terentius in Eunucho, Quis hic loquitur? Idem, ibidem, Quid stamus? Cur non imus hinc?

Appendix I

Prima et secunda persona fere non explicantur, nisi cum diuersa studia significamus.

Auctor ad Herenium, {Lib. 4.} Ego capitis mei periculo patriam liberaui, vos liberi sine periculo esse non curatis?

¶Aut cum plus significamus, quam dicimus.

Idem, {ibidem.} Tu istud ausus es dicere?

Cicero, in Verrem, {Lib. 5.} Tu innocentior quam Metellus? Tu, plus significat, quam verbum ipsum per se declarat.

Appendix II

Verbum infinitum interdum partes nominatiui agit.

Cicero, in Oratore, Oportere perfectionem declarat officii.

Terentius {in Heautontim.} Non est mentiri meum.

¶Item verbum cum suo casu. Cicero, Ad Marium, {Lib. 7.} Vacare culpa, magnum est solatium. [93r]

Brutus ad Atticum, {Lib. Epist. ad Brut.} Dolet mihi, quod tu non stomacharis.

Appendix III

Voces copulatae saepius verbum plurale desiderant. Cicero, Ad Attic, {Lib. 12} Hic nobiscum sunt Nicias et Valerius.

¶Interdum singulari contentae sunt.

Idem, De Senectute, Mens et ratio et consilium in senibus est.

¶Nonnunquam omittitur coniunctio.

Idem, Ad Q. Fratrem, {Lib. 1} Frons, oculi, vultus persaepe mentiuntur, oratio vero saepissime.

Appendix IIII
Verbum plurale nobiliorem personam sequitur.

Prima nobilior est, quam secunda et tertia:

secunda tertiae anteponitur.

Cic*ero*, Ad Terentiam, {Lib. 14} Si tu et Tullia, lux nostra, valetis, ego et suauissimus Cicero valemus.

Verbum infinitum
Verbum personale infiniti modi postulat ante se accusandi casum.

Cic*ero*, Ad Atticum, {Lib. 15} Hunc quidem nimbum cito transiisse laetor. Teren*tius*, in Adelphis, Saluum te aduenire gaudemus.

De adiectiuis et substantiuis
Nomina adiectiua, pronomina et participa cohaerent cum suis substantiuis genere, numero et casu.

Cic*ero*, in Verrem, {Lib. 6} Erat hyems summa, tempestas perfrigida, imber maximus.

Teren*tius*, in Eunuc., Ille bonus vir nusquam apparet.

Curtius, {Lib. 6} Parua saepe scintilla comtempta magnum excitauit incendium. [93v]

Appendix I
Substantiua coniuncta fere adiectiuum multitudinis requirunt.

Liuius, {Belli Punici, 4} Hippocrates et Epicides nati Carthagine, sed oriundi ab Syracusis.

¶Quod si adiectiuum singularis sit numeri, cum viciniore substantiuo, genere, numero et casu consentiet.

Cicero, De Petitione Consulatus, Multorum arrogantia, multorum contumacia, multorum superbia, multorum odia ac molestia perferenda est.

Teren*tius*, in Eunu., Viden otium et cibus quid faciat alienus?

Appendix II
Adiectiuum plurale praestantius genus sibi vendicat. Virile praestantius est muliebri et neutro.

Teren*tius*, in Andr., Domus, vxor, liberi inuenti, inuito patre.

Liuius, {Bel. Macedonico, 7} Decem ingenui, decem virgines, patrimi omnes, matrimique adhibiti.

Idem, {Ab Vrb., 1} Concilia populi, exercitus vocati.

Virgilius, {Aenel., 7} Caesosque reportant.

Almonem puerum foedatique ora Galesi.

¶Neutrum muliebri praefertur, praecipue cum de rebus inanimatis sermo est.

Sallustius, {IN CATIL.} His genus, aetas, eloquentia propeparia fuere.

Idem, {IBIDEM.} Diuitiae, decus, gloria in oculis sita sunt.

Appendix III

Cum substantiuis rerum inanimatarum plerunque iungitur neutrum multitudinis.

Liuius, {BELLO MAC., 7} Ira et auaritia imperio potentiora erant. [94r]

Idem, {BEL. MAC., 5} Formiis portam murumque de coelo tacta, nuntiatum est.

Idem, {AB VRB., 1} Iam ludi Latinaeque instaurata erant.

Relatiua

Relatiuum Qui, quae, quod concordat cum antecedente in genere et numero.

Cicero, Ad Tironem, {LIB. 16} Nemo nos amat, qui te non diligat.

Idem, Ad Terentiam, {LIB. 14} Accepi ab Aristocrito tres epistolas, quas lacrymis prope deleui.

Idem, Ad Attic., {LIB. 3} O te ferreum, qui illius periculis non moueris!

¶Item pronomina Hic, Iste, Ille, Ipse, Is et Idem, cum fiunt Relatiua.

Idem, ad eundem, {LIB. 2} Eunti mihi Antium venit obuiam tuus puer, is mihi literas abs te et commentarium consulatus mei Graece scriptum reddidit.

Appendix I

Relatiuum Qui, quae, quod, quum antecedenti praeponitur, cum eodem genere, numero et casu perquam venuste cohaeret.

Cicero, Pro Sylla, Quae prima innocentis mihi defensio est oblata, suscepi.

Idem, Ad Atti., {LIB. 9} Quos cum Matio pueros et Trebatio miseram, epistolam mihi attulerunt.

Idem, in Prima Tusculana, Quam quisque norit artem, in hac se exerceat.

Idem, Ad Attic, {LIB. 12} Quibus de rebus ad me scripsisti, quoniam ipse venio, coram videbimus.

¶Quod si inter duo substantiua ponatur, cum alterutro consentire [94v] poterit, etiam si alterum proprium sit.

Sallustius, {CATIL.} Est locus in carcere, quod Tullianum appellatur.

Curtius, {LIB. 3} Darius ad eum locum, quem Amanicas Pylas vocant, peruenit.

Appendix II

Quantus, qualis et caetera id genus nomina, cum relatiua fiunt, non cum antecedente sed cum consequente substantiuo genere numero et casu consentiunt.

Cicero, Ad Cassium., {LIB. 12} Dixi de te, quae potui, tanta contentione, quantum forum est.

Idem, in Bruto, Vtinam in Tiberio Graccho Caioque Carbone talis mens ad rempublicam bene gerendam fuisset, quale ingenium ad bene dicendum fuit.

Appendix III Nominatiuo et verbo, adiectiuo et substantiuo, relatiuo et

antecedenti communis

Nominatiuus, et verbum, adiectiuum et substantiuum, relatiuum et antecedens interdum, maxime apud historicos et poetas, sensu et significatione consentiunt, quanuis voce discrepent.

Virgil*ius*, {Aen., 1} Pars in frusta secant veribusque trementia figunt.

Liu*ius*, {Bel. Mace. 7} Pars in iuueniles lusus versi, pars vescentes sub vmbra, quidam somno etiam strati.

Teren*tius*, in Andr., Vbi illic est scelus, qui me perdidit?

Substantiua continuata

Substantiua continuata, quae ad eandem rem spectant, casu concordant, quanuis genere et numero aliquando dissentiant. [95r]

{Lib.1} Marcus Tullius Cicero Publio Lentulo proconsuli salutem plurimam dicit.

Caesar, {Bel. Gallic., 1} Gallos ab Aquitanis Garumna flumen diuidit.

Plinius ad Caninium, {Lib. 1, Epist.} Quid agit Comum, tuae meaeque deliciae?

Vtrinque nominandi casus

Omne verbum personale finiti modi vtrinque nominatiuum habere potest, cum vtrunque nomen ad eandem rem pertinet: cuiusmodi maxime est verbum substantiuum, vocatiuum, et alia quam plurima.

Teren*tius*, in Phormione, Senectus ipsa est morbus.

Ci*cero*, De Offic., {Lib. 2} De amicitia alio libro dictum est, qui inscribitur Laelius.

Sallustius, {Catil.} Virtus clara aeternaque habetur.

Ci*cero*, Ad Atti., {Lib. 3} Ego viuo miserrimus.

Idem, in M. Antonium, {Philip., 2} Defendi rempublicam adolescens, non deseram senex.

Nominatiuus post verbum infinitum

Verbum personale inifiniti modi post se nominatiuum petit, cum res ad nominatiuum praecedentis verbi pertinet.

Ci*cero*, De Natura Deor., {Lib. 1} Nolo esse longior.

Idem, Pro Marcello, Malim videri nimis timidus quam parum prudens.

Teren*tius* in Adelphis, Pater esse disce ab aliis, qui vere sciunt.

Ibidem, Meditor esse affabilis.

Appendix I

Si verba puto, aio, refero, et alia eiusdem significationis infinitum praecedant, durior efficitur oratio. [95v]

Lucanus, {Lib. 9} Vtque fidem vidit sceleris, tutumque putauit: Iam bonus esse socer, lacrymas non sponte cadentes Effudit gemitusque expressit pectore laeto. Orator dixisset se bonum esse socerum.

Appendix II

At si accusatiuus antecessit, et sequatur necesse est.

Cic*ero*, in Catilinam, {Orat. 1} Cupio, P*atres* C*onscripti*, me esse clementem, cupio in tantis reipublicae periculis non dissolutum videri.

Idem, in Bruto, Ego me Phidiam esse mallem, quam vel optimum fabrum tignarium.

Appendix III

Infinitum esse, accedente verbo licet, dandi, vel accusandi casum post se postulat.

Cic*ero*, {Tuscul., 1} Licuit esse otioso Themistocli, licuit Epaminondae.

Idem, Ad Att., {Lib. 1} Mihi negligenti esse non licet.

Idem, Pro Flacco, Cur his per te frui libertate, cur denique esse liberos non liceat?

Idem, Pro Cornelio Balbo, Quod si ciui Romano licet esse Gaditanum siue exilio, siue reiectione huius ciuitatis, etc.

Interrogationis atque responsionis consensus

Interrogatio et responsio casu consentiunt.

Cui praeceptori dedisti operam? Platoni.

Cuius est haec oratio? Ciceronis.

Quem existimas fuisse principem oratorum?

Demosthenem. Quo morbo fuisti impeditus? Assidua febricula. [96r]

De constructione transitiua nominis

Genitiuus post nomen substantiuum

Quotiescunque duo nomina substantiua rerum diuersarum in oratione continuantur, alterum erit genitiui casus.

Cic*ero*, In Pisonem, Supplicium est poena peccati.

Idem, Ad Caelium, {Lib. 2} Mirum me desiderium tenet vrbis.

Idem, De Amicitia, Maximum ornamentum amicitiae tollit qui ex ea tollit verecundiam.

Appendix

Adiectiua cum substantiue ponuntur, more substantiuorum construuntur.

Cic*ero*, De Senect., Tantum cibi et potionis adhibendum, vt reficiantur vires, non opprimantur.

Idem, In Verr., {Lib. 5} Sicilia tota, si vna voce loqueretur, hoc diceret: Quod auri, quod argenti, quod ornamentorum in meis vrbibus, sedibus, delubris fuit, id mihi tu, C. Verres, eripuisti atque abstulisti.

Pompeius ad Marcellum et Lentulum, {Lib. 8, Ad Attic.} Vos hortor, vt quodcunque militum contrahere poteritis, contrahatis.

Genitiuus vel ablatiuus post nomen substantiuum

Substantiua, cum ad laudem vel vituperationem referuntur, genitiuo vel ablatiuo gaudent.

Cic*ero*, Ad Marcellum, {Lib. 4} Neque te monere audeo praestanti prudentia virum, neque confirmare maximi animi hominem virumque fortissimum. [96v]

Plinius, {Lib. 7, c. 2} Choromandorum gentem, vocat Tauron syluestrem, sine voce, stridoris horrendi, hirtis corporibus, oculis glaucis, dentibus caninis.

Genitiuus post nomen adiectiuum

Adiectiua quae scientiam, communionem, copiam et his contraria significant, cum genitiuo iunguntur, vt Peritus, ignarus, particeps, expers, plenus, inanis.

Cic*ero*, in Bruto, Fabius pictor et iuris et literarum et antiquitatis bene peritus fuit.

Ex eodem, {De Orat., 2} Antonius omnis eruditionis expers atque ignarus fuit.

Idem, De Finib., {Lib. 5} Virtutes ita copulatae connexaeque sunt, vt omnes omnium participes sint.

Idem, Ad Papirium, {Lib. 9} Stultorum plena sunt omnia.

Ex eodem, {De Orat., 1} Omnia plena consiliorum, inania verborum videmus.

¶Item quaedam in Ax, Ius, Idus et Osus.

Philosophus tenax recti, nullius culpae conscius, auidus virtutis, studiosus literarum.

Quibus adde memor, immemor, securus, vt Memor beneficii, immemor iniuriae, securus rumorum.

Quintilianus, {Lib. 1, c. 13} Tenacissimi sumus eorum, quae rudibus annis percipimus.

Cic*ero*, In M. Anton., {Philip., 2} Huius rei ne posteritas quidem omnium seculorum immemor erit.

Idem, Ad C. Antonium, {Lib. 5} Cum T. Pomponius homo omnium meorum in te studiorum conscius, tui cupidus, nostri amantissimus ad te proficisceretur, aliquid mihi scribendum putaui. [97r]

Partitiua

Partitiua genitiuo multitudinis gaudent.

Cic*ero*, De Natura Deorum, {Lib. 1} Elephanto belluarum nulla prudentior.

Idem, De Senectute, Minus habeo virium quam vestrum vteruis.

Idem, Ad Quintum Frat., {Lib. 2} Domus vtriusque nostrum aedificatur strenue.

¶Item numeralia nomina.

Liu*ius*, {Ab Vrb., 1} Imperium summum Romae habebit qui primus vestrum, ô iuuenes, osculum matri tulerit.

Curt*ius*, {Lib. 8} Octoginta Macedonum interfecerunt.

Idem, ibidem, Nolo singulos vestrum excitare.

¶Denique quaecunque adiectiua partitionem significant, interrogandi casum possunt admittere.

Cic*ero*, De Senect., Multae etiam istarum arborum mea manu sunt satae.

Liu*ius*, {Bel. Mac., 1} Macedonum fere omnibus et quibusdam Andriorum, vt manerent, persuasit.

Curt*ius*, {Lib. 10} Cum paucis amicorum ad Leonatum peruenit.

Plin*ius*, {Lib. 8, c. 48} Lanarum nigrae nullum colorem bibunt.

Superlatiua

Si multa eiusdem generis comparentur, vtendum est superlatiuo cum genitiuo plurali.

Cic*ero*, {5, Tusc.} Theophrastus elegantissimus omnium philosophorum et eruditissimus non magnopere reprehenditur, cum tria genera dicit bonorum.

Plin*ius*, {Lib. 33, c. 1} Demosthenes summus oratorum Graeciae.

Appendix I

Tam superlatiua quam partitiua etiam genitiuo singulari qui multitudinem significet, coniunguntur.

Cic*ero*, Pro Quint., Habet aduersarium P. Quintius verbo Sex. Naeuium, re vera huiusce aetatis homines disertissimos, ornatissimos nostrae ciuitatis.

Idem, Pro Rabir., Posthumo, Virum vnum totius Graeciae facile doctissimum Platonem in maximis periculis insidiisque versatum esse accepimus. An quisquam Clodiae gentis cum Pompeio Magno conferendus est?

Appendix II

Tum superlatiua nomina, tum partitiua quae cum suis substantiuis casu cohaerent, et genere et numero consentiunt.

Cic*ero*, De Nat. Deor., {Lib. 2} , Indus, qui est omnium fluminum maximus, non aqua solum agros laetificat, sed eos etiam conserit.

Plin*ius*, {Lib. 18, c. 1} , Hordeum frugum omnium mollissimum est.

Pomponius Mela, {Lib. 2, c. 7} , Famam habet ob Cereris templum Enna Praecipua montium.

¶Quod si nullum sit substantiuum, cum genitiuo, quod attinet ad genus, consentient.

Liu*ius*, {Ab Vrb., 1} , Summi infimique Gabinorum Sext. Tarquinium dono deum sibi missum credere.

Quintil, {Lib. 9, c. 4} , Equidem Ciceronem sequar, nam is eminentissimos Graecorum est sequutus.

Plin*ius*, {Lib. 22, c. 25} , Sapientissima animalium esse constat quae fruge vescantur.

Idem, {Lib. 10, c. 52} , Quorum alia sunt candida, vt Columbis, perdicibus, alia pallida, vt Aquaticis, etc.

Appendix III

Genitiuus tam superlatiui quam partitiui in ablatiuum cum Praepositione, E, vel Ex, vel De, mutari potest.

Cicero, Pro Cluent., Ex his omnibus natu minimus P. Saturninus in eadem sententia fuit.

Idem, Pro Sex. Roscio, Audacissimus ego ex omnibus? Minime.

Idem, Ad Tironem, {Lib. 16} , De tuis innumerabilibus in me officiis erit hoc gratissimum.

Idem, In M. Anton., {Philip. 10} , Permitto, vt de tribus Antoniis eligas, quem velis.

Quintilianus, {Declam., 6} , Timui, nequem ex meis viderem.

Mutatur interdum genitiuus superlatiui in accusatiuum cum praepositione, inter vel ante.

Cicero, pro Q. Rosc, Rectum putabat pro eorum se honestate pugnare, propter quos ipse honestissimus intersuos numerabatur.

Seneca, {Lib. 2} , Controuers., Ille Croesus inter reges opulentissimus ad tomenta, post terga vinctis manibus ductus est.

Pompon. Mela, {Lib. 2, cap. 2} , Gentem sui nominis alluit Boristhenes inter Scythiae amnes amoenissimus.

Liuius, {Ab Vrb., I} , Multitudini gratior fuit quam patribus, longe ante alios acceptissimus militum animis.

Appendix IIII

Superlatiua praeter proprium casum admittunt etiam casum suae positionis.

Cicero, De Claris Oratoribus, Fuit Sextus Aelius iuris quidem ciuilis [98v] omnium peritissimus. Omnium superlatiui, iuris ciuilis positiui casus est.

¶Admittunt et genitiuum partitionis more nominum vnde formantur.

Plinius, {Lib. 9, c. 51} , Plurimi piscium tribus mensibus, Aprili, Maio, Iunio pariunt.

Genitiuus vel datiuus post nomen

Nomina, quae similitudinem, aut dissimilitudinem significant, interrogandi, vel dandi casu exigunt.

Terentius, in Eun., Domini similis, et caetera.

Cicero, De Fin., {Lib. 5} , Non video, cur non potuerit patri similis esse filius.

Idem, In M. Anton., {Philip. 2} , Antonius saturauit se sanguine dissimillimorum sui ciuium.

Idem, de Clar. Orat., Nihil tam dissimile, quam Cotta Sulpitio.

¶Item, communis, proprius.

Cicero, De Senect., Id quidem non proprium senectutis est vitium, sed commune valetudinis.

Idem, pro Q. Rosc., Quid tam commune, quam spiritus viuis, terra mortuis, mare fluctuantibus, littus eiectis?

Plinius, {Lib. 7, c. 15} , Caesari proprium et peculiare sit, praeter supradicta clementiae insigne.

Datiuus post nomen

Nomina, quibus Commodum, Voluptas, Gratia, Fauor, Aequalitas, Fidelitas et his contraria significantur, datiuum poscunt, vt consul salutaris, perniciosus reipublicae: Iucundus, Molestus, Gratus, Inuisus, Propitius, Infestus ciuibus: [99r]

Fidus, Infidus imperio: Par, Impar tanto oneri.

Cic*ero*, Ad Caecinam, {Lib. 6} , Erat meum consilium cum fidele Pompeio, tum salutare vtrique.

Idem, Ad Atti., {Lib. 12} , O gratas tuas mihi iucundasque literas!

¶Item verbalia in bilis, vt Amabilis, formidabilis, optabilis.

Cic*ero*, In M. Anton., {Philip. 7} , Pax praesertim ciuilis, quanquam omnibus bonis, mihi tamen in primis fuit optabilis.

¶Praeterea, Conscius, Consentaneus, Supplex, Obuius, Obnoxius, Peruius et nonnulla quae ex praepositione Con, componuntur, vt Concors, Concolor, Confinis, Conterminus.

Cic*ero*, {2, Tusc.} , Mihi conscius sum, nunquam me nimis cupidum fuisse.

Idem, In M. Anton., {Philip. 9} , Sulpitii mors consentanea vitae fuit, sanctissime honestissimeque actae.

Cic*ero*, Atti, {Lib. 6} , Volent mihi obuiae literae tuae.

Teren*tius*, Adelph., Fratri aedes fient peruiae.

Plin*ius*, {Lib. 12, c. 8} , Contermina Indis gens Arriana appellatur.

Datiuus vel accusatiuus cum praepositione Ad post nomen

Accommodatus, Appositus, Aptus, Idoneus, Habilis, Vtilis, Inutilis, Natus huic rei vel Ad hanc rem.

Cic*ero*, In Pis., Ille gurges atque helluo natus abdomini suo, non laudi atque gloriae, omneis fortunis, multos fama vitaque priuauit.

Idem, De Claris Orat., Cn. Pompeius vir ad omnia summa natus. [99v]

Accusatiuus vel ablatiuus post nomen

Adiectiua, quibus generalis dimensio significatur, accusatiuum vel ablatiuum casum postulant, qui certam mensuram significet.

Liu*ius*, {Bel. Mac., 7} , Fossam sex cubitis altam, duodecim latam, cum duxisset, extra duplex vallum fossae circundedit.

Columella, {Lib. 5, c. 3} , Esto ager longus pedes mille et ducentos, latus pedes centum viginti.

Ablatiuus post nomen

Extorris, nudus, dignus, contentus, inanis, Atque refertus, inops, locuples, alienus, onustus, Immunis, plenus, cassus diuesque potensque, Tum fretus, vacuus, tum captus, praeditus, orbus, Indignus, liber, viduus sibi iure Latinum Assumunt casum, vt Summo vir dignus honore.

Opus

Opus, nomen adiectiuum accedente verbo substantiuo, ablatiuum postulat.

Terent*ius*, in Andr., Nihil isthac opus est arte ad hanc rem quam paro.

Cic*ero*, Ad Atti., {Lib. 10} , Apud Terentiam gratia opus est nobis et tua auctoritate.

¶Saepe etiam cum substantiuis more adiectiuorum consentit, neque tamen in casus declinatur.

Idem, Ad Curionem, {Lib. 2} , Dux nobis et auctor opus est.

Idem, Ad Tironem, {Lib. 16} , Is omnia pollicitus est, quae tibi opus essent.

Idem, Ad Atti., {Lib. 6} , Dices, nummos mihi opus esse ad apparatum triumphi. [100r]

Liu*ius*, {Bel. Pun., 10} , Scipio ad comparanda ea quae opus erant, tempus habuit.

Adiectiua diuersitatis et numeralia ordinis ablatiuum cum praepositione, A, vel Ab, admittunt.

Cic*ero*, {Acad., 4} , Certa cum illo, qui a te totus diuersus est.

Idem, Ad Atti., {Lib. 6} , Nauigationis labor alienus ab aetate nostra.

Idem, { Acad., 4} , Post autem conficta a Carneade, qui est quartus ab Arcesila.

Hirtius, {Bel. Alex.} , Imperio et potentia secundus a rege.

Item Securus, Liber, Vacuus, Purus, Nudus, Inops, Orbus, Extorris.

Cic*ero*, In Verrem, {Lib. 4} , His quidem temporibus in omni orbe terrarum vacui, expertes, soluti ac liberi fuerunt ab omni sumptu, molestia, munere.

Idem, pro Domo Sua, Tam inops aut ego eram ab amicis, aut nuda respublica a magistratibus?

Comparatiua

Comparatiuo vtimur cum ablatiuo quando vel plura diuersi generis comparantur.

Cic*ero*, In Catil., {Orat. 1} , Luce sunt clariora nobis tua consilia.

Curtius, {Lib. 9} , Maiora sunt praemiis pericula.

¶Vel cum duo eiusdem, aut diuersi generis conferuntur.

Cic*ero* Ad Octauium, Quae non posterior dies acerbior priore? Et quae non insequens hora antecedente calamitosior populo Romano illuxit?

Virtus multo pretiosior*[10] est auro.

Appendix I

Ablatiuus comparatiui, intercedente coniunctione, quam, mutari potest in casum verbo congruentem. [100v]

Cic*ero*, In Verr., {Lib. 5} , Tu innocentior quam Metellus?

Idem, Ad Atti., {Lib. 14} , Nemo vnquam nec poeta nec orator fuit, qui quenquam meliorem quam se arbitraretur.

---

10 Error in the Evora copy "retpiosior" is corrected in the Angelica copy as "pretiosior".

Liu*ius*, {Bel. Pun., 10} , Melior certiorque est tuta pax, quam sperata victoria.

Teren*tius*, in Phorm., Ego hominem callidiorem vidi neminem, quam Phormionem.

Appendix II
Comparatiua, quemadmodum et caetera adiectiua, cum partitionem adsignificant, genitiuum desiderant.

Liu*ius*, {Ab Vrb., 3} , In hanc sententiam vt discederetur, iuniores patrum euincebant. Horatius, in Arte, O maior iuuenum.

¶Auctores tamen saepius ablatiuo vtuntur cum praepositione, E, vel Ex.

Cic*ero*, Atti., {Lib. 16} , Ante scripta epistola ex duabus tuis, prior mihi legi coepta est.

Plin*ius*, Ad Caninium, {Lib. 3} , Minorem ex duobus liberis amisit.

Appendix III
Praeter suum casum, admittunt comparatiua ablatiuum significantem excessum.

Hercules fuit procerior te cubito.

Cur*tius*, {Lib. 5} , Turres denis pedibus, quam murus, altioris sunt.

¶Item casum suae positionis.

Cic*ero*, {Ad Plancum} , Mihi nemo est amicior nec iucundior nec carior Attico.

¶Denique hos ablatiuos, Opinione, Spe, Aequo, Iusto, Solito, Dicto.

Cic*ero*, De Claris Orat., Opinione ego omnium maiorem coepi dolorem.

Liu*ius*, {Bel. Pun., 5} , Reate saxum visum volitare, sol rubere solito magis, sanguineoque similis.
[101r]

Ablatiuus significans laudem, vituperationem, partem
Pleraque adiectiua ablatiuum postulant significantem laudem, vituperationem vel partem.

Cicero, De Petitione Consulatus, Non erit difficile certamen cum iis competitoribus qui nequaquam sunt tam genere insignes, quam vitiis nobiles.

Cicero, De Orat., {Lib. 1} , Sunt quidam aut ita lingua haesitantes aut ita voce absoni aut ita vultu motuque corporis vasti et agrestes, vt etiam si ingeniis aut arte valeant, tamen in oratorum numerum venire non possint.

Idem, In Verr., {Lib. 3} , Ob ius dicendum M. Octauium Ligurem, hominem ornatissimum loco, ordine, nomine, virtute, ingenio, copiis poscere pecuniam non dubitauit.

Sallust*ius*, {Bel. Catil.} , Ex altera parte C. Antonius pedibus aeger, quod praelio adesse nequibat, M. Petreio Legato exercitum permiitit.

Appendix
Ablatiuum partis frequenter in accusatiuum mutant poetae.

Virg*ilius*, {Aen., 1} , Os humerosque deo similis.

Horat, {Epist. 1} , Excepto quod non simul esses, caetera laetus.

¶Item historici sed rarius.

Liu*ius*, {Bel. Pun., 1} , Phalarica est Saguntinis missile telum, hastili oblongo, et caetera tereti, praeterquam ad extremum.

Pomp. Mela, {Lib. 3, c. 1} , Sarmatae totum braccati corpus, et nisi qua vident, ora etiam vestiti.

De constructione transitiua verbi

Genitiuus post verbum

Sum genitiuum petit, cum possessionem significat.

Cic*ero*, Ad Caelium, {Lib. 2} , Iam me Pompeii totum esse scis.

¶Aut ad aliquid pertinere.

Idem, in Anton., {Philip. 12} , Cuiusuis hominis est errare, nullius, nisi insipientis, perseuerare in errore.

Idem, de Offi., {Lib. 2} , Adolescentis est, maiores natu vereri.

¶Item haec duo, interest et refert.

Idem, de Finibus, Interest omnium recte facere.

Quintil*ianus*, {Lib. 9, c. 4} , Plurimum refert compositionis quae quibus anteponas.

Exceptio

Interest tamen, et refert hos ablatiuos habent, Mea, Tua, Sua, Nostra, Vestra.

Cic*ero*, Tironi, {Lib. 16} , Et tua et mea maxime interest te valere.

Ter*entius* in Hecyra, Tua quod nihil refert, percontari desinas.

Cic*ero*, pro Cluent., Hic sua putat interesse, se re ipsa et gesto negotio, non lege defendi.

Idem, pro Sylla., Vestra enim, qui cum summa elegantia atque integritate vixistis, hoc maxime interest.

¶Cuia vel cuius interest pereleganter dicitur.

Cicero, pro Vareno, Ea caedes, si potissimum crimini datur, detur ei, cuia interfuit, non ei cuia nihil interfuit.

Idem, in M. Anton., {Philip. 1} , Quis enim est hodie, cuius intersit istam legem manere?

Verbum, est, pro ablatiuis Mea, Tua, Sua, Nostra, Vestra [102r] habet, Meum, Tuum, Suum, Nostrum, Vestrum.

Cic*ero*, de Fin., {Lib. 2} , Si memoria forte defecerit, tuum est, vt suggeras.

Idem, Cecinae, {Lib. 6} , Puto esse meum quid sentiam exponere.

Ouidius, {Fast., 4} , Nulla mora est operi: vestrum est dare, vincere nostrum.

Appendix

Magnum, paruum, tantum, quantum iunguntur in genitiuo cum verbis interest et refert.

Cic*ero*, Ad Tironem, {Lib. 16} , Magni ad honorem nostrum interest, quam primum me ad vrbem

147

venire.

Idem, Atti., {Lib. 2} , Permagni nostra interest te esse Romae.

Idem, Ad Q. Frat., {Lib. 1} , Parui refert, abs te ipso ius dici.

Pompeius Lentulo, {Epist. ad Atti, 8} , Scio quanti reipublicae intersit omneis copias in vnum locum primo quoque tempore conuenire.

Caetera huiusmodi per aduerbium adduntur, vt Plurimum interest, Maxime refert, Nihil interest.

Cic*ero*, {1, Tusc.} , Theodori quidem nihil interest, humine, an sublime putrescat.

Idem, Ad Luceium, {Lib. 5} , Equidem ad nostram laudem non multum video interesse, sed ad properationem meam quiddam interest, non te expectare.

Misereor, satago genitiuum casum asciscunt.

Cic*ero*, Atti., {Lib. 4} , Qui misereri mei debent, non desinunt inuidere.

Teren*tius*, Heaut., Clinia rerum suarum satagit.

¶Misereor interdum dandi casum postulat.

Seneca, {Lib. 1} , Controuersiarum, Misereor tibi puella.

¶Obliuiscor, Recordor, Reminiscor, Memini pro Recordor, tum genitiuum, tum accusatiuum postulant. [102v]

Cic*ero*, {3, Tusc.} , Est proprium stultitiae, aliorum vitia cernere, obliuisci suorum.

Idem, in M. Anton., {Philip. 8} , Omnia obliuiscor, in gratiam redeo.

Teren*tius*, Eunuch., Faciam, vt mei semper memineris.

Cic*ero*, de Senect., Omnia, quae curant senes, meminerunt.

¶Memini, pro mentionem facio, cum genitiuo, vel ablatiuo et praepositione, De iungitur.

Quintil*ianus*, {Lib. 11, c. 2} , Neque omnino huius rei meminit vsquam poeta.

Idem, ibidem, De quibus multi meminerunt.

Datiuus post verbum

Sum, modo datiuum vnum habet.

Cic*ero*, Atti., {Lib. 6} , Sed nunciant, melius esse ei.

Teren*tius*, Adelph., Natura tu illi pateres, consiliis ego.

¶Modo duos.

Cic*ero*, Atti., {Lib. 6} , Respondebo primum postremae tuae paginae, quae mihi magnae molestiae fuit.

Verba, quae auxilium, Adulationem, Commodum, Incommodum, Fauorem, Studium significant, dandi casum postulant, vt Auxilior, Adulor, Commodo, Incommodo: Faueo tibi: studeo philosophiae.

Cic*ero*, in Verr., {Lib. 6} , Homini iam perdito et collum in laqueum inserenti subuenisti.

Idem, de Orat., {Lib. 1} , Cum ita balbus esset Demosthenes, vt eius ipsius artis cui studeret, primam literam non posset dicere, perfecit meditando, vt nemo planius eo locutus putaretur.

Exceptio

Incumbo cum ad studium refertur accusatiuum cum praepositione, [103r] In, postulat, vt Incumbo in studium philosophiae, literarum, etc.

Cic*ero*, de Orat., {Lib. 1} , Quam obrem pergite, vt facitis, adolescentes, atque in id studium in quo estis, incumbite.

Idem, Ad Atti., {Lib. 16} , Nunc, mi Attice, tota mente incumbe in hanc curam, magna enim res est

¶Vel Ad.

Idem, ad Plancum, {Lib. 10} , Mi Plance, incumbe toto pectore ad laudem.

Idem, in Catil., {Orat. 4} , Quare, Patres Conscripti, incumbite ad salutem reipublicae, circunspicite omnes procellas quae impendent.

Appendix I

Iubeo tibi ne venias, hoc est praecipio tibi.

Caes., {Bel. Ciul., 3} , Militibus suis iussit, nequi eorum violarentur. Iubeo cum accusatiuo, significat decernere, statuere, creare.

Cic*ero*, de Legib., {Lib. 1} , Lex iubetea quae facienda sunt, prohibetque contraria.

Idem, pro Cornel., Populus Romanus legem iussit de ciuitate tribuenda.

Idem, {Philip. 2} , Cum primum Caesar ostendisset se Dolabellam consulem esse iussurum. Id est creaturum.

Appendix II

Consulo tibi, hoc est, prospicio tibi, non consilium do.

Cic*ero*, in Catil., {Orat. 4} , Consulite vobis, prospicite patriae.

¶Consulo te, id est consilium a te peto.

Cic*ero*, in Verr., {Lib. 2} , Nunc ego, iudices, iam vos consulo quid mihi faciendum putetis, id enim consilii mihi profecto taciti dabitis, quod egomet mihi necessario capiendum intelligo.

Datiuo item adhaerent composita ex verbo sum et quae [103v] Obsequium, Obedientiam, Submissionem, Repugnantiam significant, vt Prosum, Obsequor, Obtempero, Seruio, Repugno tibi.

Cic*ero*, De Off. {Lib. 2} , Contemnuntur ii qui, nec sibi, nec alteri prosunt (vt dicitur) in quibus nullus labor, nulla industria, nulla cura est.

Idem, Pro Sylla, Ego vero quibus omamentis aduersor tuis? Aut cui dignitati vestrae repugno?

Dandi praeterea casum desiderant, quae euentum significant, vt Accidit, Cadit, Contingit, Euenit, Obuenit, Obtingit.

Cic*ero*, Ad Q. Frat., {Lib. 1} , A te mihi omnia semper honesta et iucunda ceciderunt.

Idem, in Verr., {Lib. 4} , Sorte prouincia Sicilia Verri obuenit.

Idem, de Offic., {Lib. 1} , Quod cuique obtigit, id quisque teneat.

Item libet, licet, liquet, expedit et quae sunt generis eiusdem.

Teren*tius*, Adelph., Facite, quod vobis libet.

Ci*cero*, de Orat., {Lib. 2} , Si tibi id minus libebit, non te vrgebo.

Idem, in Verr., {Lib. 7} , Non mihi idem licet, quod iis, qui nobili genere nati sunt.

Idem, Acad., {Lib. 4} , Si habes, quod tibi liqueat, neque respondes, superbis.

Multa denique ex verbis neutris et praepositionibus Ad, Con, In, Inter, Ob, Prae, Sub dandi casum sibi assumunt, vt Assurgo, Consentio, Immineo, Illachrymo, Interuenio, Obuersor, Praeluceo, Succumbo.

Ci*cero*, pro Sestio, Mihi ante oculos obuersatur reipublicae dignitas.

Idem, in Sallust., Ego meis maioribus virtute mea praeluxi.

Idem, Brut., {Lib. 11} , Te obsecro vt in perpetuum rempublicam dominatu regio liberes, vt principiis consentiant exitus. [104r]

Datiuus, vel accusatiuus post verbum

Antecedo, Anteeo, Antesto, Anteuerto, Attendo, Praesto, Praecurro, Praeeo, Praestolor, Incessit, Illudo dandi vel accusandi casum admittunt.

    Ci*cero*, De Fin., {Lib. 4} , virtus tantum praestat caeteris rebus, vt dici vix possit.
    Liu*ius*, Bel. {Mac., 7} , Robore nauium et virtute militum Romani Rhodios praestabant.

Interdico

Interdico singulare est, nam praeter datiuum ablatiuum habet.

    Caesar, { Bel. Gal., 1} , Posteaquam in vulgus militum relatum est, qua arrogantia in colloquio Ariouistus vsus, omni Gallia Romanis interdixisset, multo maior alacritas studiumque pugnandi maius exercitui iniectum est.

¶Item accusatiuum.

    Liu*ius*, Bel. Mac., 4, Foeminis duntaxat vsum purpurae interdicemus?

Ablatiuus post verbum

Sum ablatiuum petit significantem laudem vel vituperationem.

    Ci*cero*, Lentulo, {Lib. 1} , Tu fac animo forti magnoque sis.
    Idem post reditum ad Quirites, Bona valetudo iucundior est eis qui e graui morbo recreati sunt, quam qui nunquam aegro corpore fuerunt.
    Idem, contra Rullum, Quem vestrum tam tardo ingenio fore putauit?
    Idem, in Bruto, Summo iste quidem ingenio dicitur fuisse.

Appendix

Sum, interdum genitiuum habet, etiam cum laus, vel vituperatio significatur. [104v]

    Ci*cero*, pro Sest., Nimium me timidum nullius animi, nullius consilii fuisse confiteor.
    Idem, ad Octau., Antonius, vir maximi animi, vtinam etiam sapientis consilii fuisset.
    Plinius, ad Clementem, {Lib. 4} , Erat puer acris ingenii, sed ambigui.

Ablatiuus

His Egeo, Indigeo, Careo, Vaco, Victito, Vescor, Viuo, Supersedeo, Potior, Delector, Abundo, Mano, Redundo, Fluo, Scateo, Fruor atque Laboro. Glorior, Oblector, Laetor, quibus addito Nitor, Consto, Pluit, Valeo, Possum, Sto, Fungor et Vtor, Quem Graii ignorant casum, tribuere Latini.

> Cic*ero*, Q. Frat., {Lib. 3} , Incredibile est, mi frater, quam egeam tempore.
> Idem, Offic., {Lib. 1} , Nihil honestum esse potest, quod iustitia vacat.
> Plin*ius*, {Lib. 6, c. 3} , Pars quaedam Aethiopum locustis tantum viuit, fumo et sale duratis.
> Cic*ero*, pro Sex. Rosc., Commoda, quibus vtimur, lucemque qua fruimur, spiritumque quem ducimus, a Deo nobis dari atque impertiri videmus.
> Liu*ius*, {Ab Vrbe, 1} , Nuntiatum est regi patribusque in monte Albano lapidibus pluisse.

¶Quibus adde periclitor.

> Quintil*ianus*, {Lib. 6, c. 1} , Si aut statu periclitari aut opinione litigator videtur

Appendix I

Egeo, Indigeo, Potior etiam casum interrogandi admittunt.

> Cic*ero*, Atti., {Lib. 7} , Egeo consilii, quod optimum factu videbitur, facies.
> Idem, in Anton., {Philip. 6} , Hoc bellum indiget celeritatis.
> Idem, Lent., {Lib. 1} , Otium nobis exoptandum est, quod ii qui potiuntur rerum, praestaturi videntur.

Appendix II

Potior, Vescor, Fungor, Pluit, non recusant accusandi casum.

> Cic*ero*, {Tusc., 1} , Ego doleam, si ad decem millia annorum gentem aliquam vrbem nostram potituram putem?
> Plin*ius*, {Lib. 10, c. 3} , Aues nonnullae vescunturea, quae rapuere pedibus. Terent*ius*, Adelph., Neque boni, Neque liberalis functus officium est viri.
> Liu*ius*, {Lib. 2, dec. 5} , In area Vulcani et Concordiae sanguinem pluit.

Appendix III

Neutra saepe ablatiuum admittunt significantem partem.

> Cic*ero*, de Orat., {Lib. 2} , Equidem et in vobis anima duertere soleo et in me ipso saepissime experior, vt exalbescam in principiis dicendi et tota mente atque omnibus artubus contremiscam.
> Idem, ad Q. Frat., {Lib. 1} , Si tibi bellum aliquod magnum et periculosum administranti prorogatum imperium viderem, tremerem animo.

¶Hoc genere loquendi frequentius vtuntur poetae, qui ablatiuum etiam in accusatiuum mutare consueuerunt.

> Horat*ius*, {Epist., 1} , ... Animoque et corpore torpet.
> Idem, {Serm., 2, saty. 7} , ... Tremis ossa pauore.
> Virg*ilius*, {Georg. 3} , Stare loco nescit, micat auribus et tremit artus.

De constructione verbi actiui

Verbum actiuum, vel potius accusatiuum verbum, cuiuscunque, id demum positionis sit, post se accusandi casum postulat.

Vt Deum cole. Imitare diuos.

> Amplectere virtutem. Noui animi tui moderationem.
> Non decet ingenuum puerum scurrilis iocus.
> Heu quam miseram vitam viuunt auari!
> Cic*ero*, ad Atti., {Lib. 9} , Ingrati animi crimen horreo.
> Idem, ad eundem, lib. 14, Amariorem me senectus facit, stomachor omnia.

Appendix
Haec tria postrema et similia tantisper actiua censentur, dum accusandi casum sibi vendicant.

Genitiuus praeter accusatiuum

Verba Accusandi, Absoluendi, Damnandi, potisimum Accuso, Accerso vel Arcesso, Arguo, Alligo, Astringo, Coarguo, Defero, Incuso, Infamo, Insimulo, Postulo, Absoluo, Damno, Condemno, Conuinco praeter accusatiuum, genitiuum admittunt, qui poenam, crimenue certum, aut incertum significet.

> Cic*ero*, pro Caio Rab., An non intelligis primum, quos homines et quales viros mortuos summi sceleris arguas?
> Auctor ad Heren., {Lib. 2} , Caius Caecilius iudex absoluit iniuriarum eum, qui Lucium poetam in scena nominatim laeserat.
> Idem, {Lib. 4} , Maiores nostri siquam vnius peccati mulierem damnabant, [106r] simplici iudicio multorum maleficiorum conuictam putabant.
> Cic*ero*, pro C. Rab., Ciuem Romanum capitis condemnare cogit.
> Terent*ius*, Eun., Hic furti se alligat.
> Plautus, Poenul., Homo furti se astringit.

Appendix
Genitiuus criminis, maxime cum his verbis Accuso, Arguo, Defero, Postulo, Appello, Absoluo, Damno, Comdemno, in ablatiuum cum praepositione, De, mutari potest.

> Cic*ero*, Atti., {Lib. 1} , Non committam post hac, vt me accusare de epistolarum negligentia possis.
> Liu*ius*, Bel. {Pun., 6} , Blactius de proditione Dasium appellabat.

Exceptio
Hoc tamen nomen, Crimen, ablatiuo sine praepositione effertur.

> Cic*ero*, Curioni, {Lib. 2} , Si iniquus es in me, iudex, condemnabo eodem ego te crimine.

Dicimus etiam capite aliquem damnare, punire, plectere.

> Auctor ad Heren., {Lib. 4} , Eum vos iurati capite damnastis.
> Suetonius, in Othone, {cap. 1} , Ausus est milites quosdem capite punire.
> Marcellus, {Pandect, 48} , Capite plecti debent vel in insulam deportari.

Appendix II

Absoluo, Libero, Alligo, Astringo, Multo, Obligo, Obstringo, quemadmodum suapte natura ablatiuum petunt, ita et ablatiuum significantem poenam, crimenue sine praepositione admittunt.

>   Liu*ius*, {Ab Vrb., 1} , Ego me, etsi peccato absoluo, supplicio non libero.
>   Cic*ero*, de Orat., {Lib. 1} , Vitia hominum atque fraudes damnis, ignominiis, vinculis, verberibus, exiliis, morte mucltantur.

Admoneo, Commoneo, Commonefacio, genitiuum habent cum accusatiuo.

>   Quintil, {Lib. 1, c. 5} , Grammaticos sui officii commonemus.
>   Auctor ad Heren., {Lib. 4} , Cum ipse te veteris amicitiae commone faceret, commotus es?

¶Item Miseret, Miserescit, Piget, Paenitet, Pudet, Taedet.

>   Plautus, Trinumo., Miseret te aliorum, tui te nec miseret, nec pudet.
>   Teren*tius*, Heaut., Inopis nunc te miserescat mei.
>   Cic*ero*, pro Planc., Vide quam me verbi tui paeniteat.
>   Teren*tius*, Adelph., Fratris me quidem pudet pigetque.
>   Cic*ero*, in Pisonem, {Lib. 1} , Crasse pudet me tui.
>   Idem, Atti., Quid quaeris? taedet omnes nos vitae.

Verba aestimandi

Verba aestimandi, praesertim Aestimo, Duco, Facio, Habeo, Pendo, Puto, praeter accusatiuum, hos fere genitiuos assumunt, Magni, maximi, pluris, plurimi, parui, minoris, minimi, tanti, tantidem, quanti, quanticunque.

>   Cic*ero*, Atti., {Lib. 8} , Ego pro Pompeio libenter emori possum, facio pluris omnium hominum neminem.
>   Teren*tius*, Andr., Merito te semper maximi feci Chreme.
>   Idem, Heaut., Tu illum nunquam ostendisti quanti penderes.

Appendix I

Dicimus etiam magno, permagno, paruo et magno pretio aestimare.

>   Cic*ero*, de Fin., {Lib. 3} , Nae ego istam gloriosam memorabilemque, virtutem non magno aestimandam putem.
>   Idem, in Verr., {Lib. 3} , Tu ista permagno aestimas?
>   Valer*ius* Max*imus*, {Lib. 5, c. 4} , Magno vbique pretio virtus aestimatur.
>   Senec*a*, {De Benefi., 1} , Nisi forte paruo te aestimas.

Appendix II

Nauci, flocci, pili, assis, teruntii, nihili cum verbo facio iunguntur.

>   Cic*ero*, de Fin., {Lib. 3} , Eum nihili facit. Dicimus etiam. Tuas minas huius non facio.
>   Flocci, nihili tuas fortunas pendo.
>   Non assis, non flocci te aestimo.
>   Pro nihilo habeo, puto, duco diuitias omnes prae virtute.
>   Non nihilo bonam valetudinem aestimo.

Appendix III

Sum, pro aestimor, genitiuos magni, maximi, pluris, plurimi caeterosque admittit.

>   Cic*ero*, pro. Sest., Quis Carthaginiensium pluris fuit Annibale, consilio, virtute, rebus

gestis?

Idem, ad Cassium, lib. 15, Magni erunt mihi tuae literae.

Singularia

Aequi bonique vel aequi boni facio, boni consulo singularia sunt.

> Terent*ius*, Heaut., ... * Equidem istuc Chreme, aequi bonique facio.
>
> Cic*ero*, Ad Atti., {Lib. 7} , Tranquillissimus animus meus totum istuc aequi boni facit. Seneca, {Epist. 12.7} , Hanc coqui ac pistoris moram boni consulo.
>
> Idem, {de Benefi., 1} , Hoc munus rogo qualecunque est, boni consulas. [107v]

Datiuus cum accusatiuo

Verba dandi, reddendi, committendi, promittendi, declarandi, anteponendi, postponendi, praeter accusatiuum, datiuum exigunt.

> Cic*ero*, pro Planc., Salutem tibi iidem dare possunt, qui mihi Reddiderunt.
>
> Terent*ius*, Andr., Facile omnes, cum valemus, recta consilia aegrotis damus.
>
> Idem, Eunuch., Ego me tuae commendo et committo fidei.
>
> Cic*ero*, in Ant., {Philip.10} , Graecia tendit dexteram Italiae suumque ei praesidium pollicetur.
>
> Idem, Atti, {Lib. 10} , Meas cogitationes explicaui tibi superioribus literis.
>
> Idem, in Parti., {Lib. 10} , Ista tua studia vel maximis meis occupationibus anteferrem libenter.
>
> Plin*ius*, {Lib. 13, cap. I.19} , Cyrenaica regio loton suae postposuit paliuro.

Appendix I

> Verbum mutuo non est huius loci, non enim dicimus Mutuaui
>
> tibi pecunias:
>
> Mutuasti mihi centum numos, sed
>
> Dedi tibi pecunias mutuas,
>
> Dedisti mihi mutuos centum numos,
>
> Dedisti mihi mutuum frumentum.
>
> Cic*ero*, Atti, {Lib. 11} , Egeo rebus omnibus, quod is quoque in angustiis est, qui cum sumus, cui magnam dedimus pecuniam mutuam.
>
> Terent*ius*, Heaut., Huic drachmarum argenti mille dederat mutuum.

Appendix II

> Alia praeterea sunt huius ordinis, vt Facio tibi iniuriam:
>
> Facio tibi fidem, [108r]
>
> Ago vobis maximas gratias,
>
> Interdixisti nobis vsum purpurae,
>
> Minor, minitor tibi mortem, tormenta,
>
> Mitto tibi, et ad te, literas.
>
> Vatinius, ad Cic*ero*, {Lib. 5} , Omnia mihi dura imperas.
>
> Sulpitius, ad eundem, {Lib. 4} , Quae aliis tute praecipere soles, ea tute tibi subiice.
>
> Cic*ero*, Atti, {Lib. 13} , Tu quod ipse tibi suaseris, idem mihi persuasum putato.
>
> Idem, ad eundem, {Lib. 14} , Hoc velim tibi penitus persuadeas.
>
> Ad eundem, {Lib. 10} , Te tibi persuadere volo, mihi neminem esse te cariorem.

Appendix III

Multa denique composita ex actiuis et praepositione Ad, In, Ob, Prae, Sub, praeter datiuum, etiam accusandi casum postulant.

> Cic*ero*, Atti., {Lib. 3} , Inimici mei mea mihi, non me ipsum ademerunt.
> Idem, ad eundem, {Lib. 10} , Vereor ne Pompeio quid oneris imponam.
> Idem, in Anton., {Philip. 3} , Antonius ignobilitatem obiicit C. Caesaris filio.
> Idem de Vniuersitate, Praefecit Deus animum, vt dominum et imperatorem obedienti corpori.
> Idem, pro Muraena, Nolite mihi subtrahere vicarium meae diligentiae.

Appendix IIII

> Habeo tibi fidem, id est, Credo, vsitatissimum elegantissimumque Est.
> Adhibeo tibi fidem in eadem re dubium controuersumque est.

Gemini datiui praeter accusatiuum

> Sunt, quibus geminus datiuus praeter accusatiuum apponitur,
> Do tibi hoc laudi, vitio, culpae, crimini, pignori, foenori.
> Vertis id mihi vitio, stultitiae. [108v]

Ducis honoris, gloriae, laudi, vitio, damno.

> Cic*ero*, pro Sex. Rosc., Profecto te intelliges, inopia criminum, summam laudem Sext. Roscio vitio et culpae dedisse.
> Plaut*us*, Epidico, Quis erit, vitio qui id non vertat tibi?
> Ter*entius*, Adelph., ... Tu nunc tibi.
> Id laudi ducis, quod tum fecisti inopia.

Geminus accusatiuus post verbum

Moneo, Doceo, cum compositis, item Flagito, Posco, Reposco, Rogo, Interrogo, Celo duos accusandi casus admittunt.

> Cic*ero*, Atti., {Lib. 14} , Id ipsum, quod me mones, quatriduo ante ad eum scripseram.
> Idem, ad eundem, {Lib. 9} , Illud me praeclare admones, cum illum videro, ne nimis indulgenter et cum grauitate potius loquar.
> Idem, ad Trebatium, {Lib. 7], Silii causam te docui.
> Idem, ad Q. Frat., {Lib. 1} , Hoc te ita rogo, vt maiore studio rogare non possim.

Appendix

Moneo, Admoneo, Commoneo, Doceo, Edoceo, Erudio te de hac re, id est Commonefacio, certiorem facio.

> Cic*ero*, Atti., {Lib. 11.} Extremum est, quod te orem, cum Camillo communices, vt Terentiam moneatis de testamento.
> Sallust*ius*, {Catil.} , Senatum edocet de itinere hostium.
> Cic*ero*, ad Caelium, {Lib. 2.} Obuiae mihi, velim, sint tuae literae, quae me erudiant de omni republica.

¶Interrogo, celo eandem praepositionem admittunt.

> Idem, in Partit., Sic ego te vicissim iisdem de rebus interrogem.

Idem, ad Trebat., {Lib. 7.} Bassus noster me de hoc libro celauit. [109r]
¶Celo etiam datiuo gaudet maxime voce passiua.

Terent*ius*, Phorm., Si hoc celetur patri, in metu sum.

Ablatiuus praeter accusatiuum

Induo, Insterno, Vestio, Exuo, Calceo, Cingo et his similia ablatiuum praeter accusatiuum sibi asciscunt.

Cic*ero*, de Nat. Deor., {Lib. 2.} Oculos natura membranis tenuissimis vestiuit et sepsit.
Ibidem, {Lib. 3.} Diligentius vrbem religione, quam ipsis moenibus cingitis.
Item implendi verba, onerandi, liberandi et his contraria.
Cic*ero*, de Vniuer., Cum constituisset Deus bonis omnibus explere mundum, mali nihil admiscere.
Idem, in Anton., {Philip. 2}, Omnibus eum contumeliis onerasti.
Idem, in Verr., {Lib. 6.} Apollonium omni argento spoliasti.
Idem, in Catil., {Orat. 1}, Magno me metu liberabis, dummodo inter me atque te murus intersit.
Idem, de Offi., {Lib. 2.} Numquid se obstrinxit scelere, si quis tyrannum occidit?
¶Multa praeterea priuandi.

Cic*ero*, Atti., {Lib. 9.} Aegritudo me somno priuat.

Terent*ius*, Phorm., Emunxi argento senes.

Ablatiuus cum praepositione A vel Ab praeter accusatiuum

Verba petendi, percontandi praeter accusatiuum fere ablatiuum cum praepositione, A, vel Ab, postulant, vt Posco, Reposco, Flagito, Efflagito, Postulo, Deprecor, Peto, Contendo, Exigo, Percontor, Quaero, Sciscitor. [109v]

Cic*ero*, in Verr., {Lib. 1.} Nihil est, quod minus ferendum sit, quam rationem ab altero vitae reposcere eum, qui non possit suae reddere.
Idem, Figulo, {Lib. 4.} Quid acta vita, quid studia tua a te flagitent, videbis.
Idem, de Orat., {Lib. 2.} Quo facilius id a te exigam, quod peto, nihil tibi a me postulanti recusabo.
Idem, pro Sylla, Quam multorum hic vitam est a L. Sylla deprecatus?
¶Quaero, percontor, sciscitor a te, vel ex te.

Cic*ero*, in Vatinium, Quaero illud etiam ex te, quod priuatus admisisti.
Idem, de Nat. Deor., {Lib. 1.} Epicuri ex Velleio sciscitabar sententiam.
Auctor, ad Heren., {Lib. 1.} Ab aduersariis percontatur accusator, quid futurum sit.
Multa praeterea verba auferendi, remouendi, abstinendi, accipiendi, praeter accusatiuum ablatiuum etiam casum cum praepositione, A vel Ab, admittunt.

Cic*ero*, pro Domo sua, Clodius pecunias consulares a senatu abstulit.
Idem, pro Milone, Ego Clodii furorem a ceruicibus vestris repuli.
Cic*ero*, de Finib., {Lib. 2.} Astinet se ab iniuria.
Cic*ero*, pro Flac., O morem praeclarum disciplinamque, quam a maioribus accepimus, si quidem teneremus.

¶Foeneror, mutuor abs te pecuniam.

    Cicero, 2, Tusc., A viris virtus est nomen mutuata.

¶Intelligendi verba praepositionem Ex, recipiunt, quae interdum imitantur nonnulla ex iis, quae modo commemorauimus.

    Cicero, pro Caelio, {Lib. 2.} Ea certissima putabo, quae ex te cognoro.
    Idem, de Senect., Poma ex arboribus, si cruda sunt, vi auelluntur, si matura et cocta decidunt [110r]

Varia constructio

Quaedam modo datiuum, modo ablatiuum cum praepositione habent praeter accusatiuum, vt Furor, Surripio, Eripio, Aufero.

    Cicero, Atti., {Lib. 2.} Si ego tuum ante legissem, furatum me abs te esse diceres.
    Plinius, {Lib. 12. cap. 14} , Nemo furatur alteri.

Induo, dono, impertio, aspergo datiuum vel ablatiuum sine praepositione habent.

    Cicero, pro Sex. Rosc., Non pauca suis aditoribus large effuseque donabat.
    Idem, pro Cornel., Eum Pompeius ciuitate donauit.

Verbum passiuum

Verbum passiuum, ablatiuum cum praepositione, A, vel Ab, postulat post se, qui ex nominatiuo verbi actiui fit.

    Cicero, de Nat. Deor., {Lib. 1.} Nihil est virtute amabilius, quam qui adeptus est, vbicunque erit gentium, a nobis diligetur.
    Idem, ad Caecinam, {Lib. 6.} Liber tuus et lectus est et legitur a me diligenter et custoditur diligentissime.
    Idem, Atti, {Lib. 3.} An tu existimas ab vllo malle me legi probarique, quam a te ?

Verba passiua, quae tempora sine personis habent, hoc est praecipuis personis prima et secunda

Sunt verba passiua quae tertia persona contenta sunt, haec praecedit nominatiuus, si actiua sequatur accusatiuus, vt Dormio totam hyemem. [110v]

    Martialis, {Lib. 13.} Tota mihi domitur hyems.
    Nunc tertiam viuo aetatem.
    Ouidius, {Metam., 12} , Nunc tertia viuitur aetas.

Quod si in actiuis lateat accusatiuus, latebit etiam in passiuis nominatiuus.

    Caesar, {Bel. Gal.,} 4, Nostri milites amplius quattuor horas fortissime pugnauerunt.
    A nostris militibus amplius horis quattuor fortissime pugnatum est.

¶Interdum vterque casus apparet.

Plautus, in Pseudolo, Priusquam istam pugnam pugnabo, ego etiam prius dabo aliam pugnam.

    Cicero, pro Muraena, Ex omnibus pugnis, quae sunt innumerabiles, vel acerrima mihi videtur illa quae cum rege commissa est et summa contentione pugnata.
    Sallustius, in Iugurth., Quae negotia multo magis, quam praelium male pugnatum a suis, regem terrebant.

Post se ablatiuum singularis vel pluralis numeri, cum praepositione, A vel Ab, exigunt.

Cic*ero*, ad Ampium, Nihil est a me inseruitum temporis causam.

Idem, Lentulo, {Lib. 2.} Eius oratione vehementer ab omnibus reclamatum est.

¶His casus saepe numero tacetur.

Plaut*us*, in Pseud., {Lib. I.} Quid agitur? P. Statur hic ad hunc modum.

Idem, in Persa, Quid agitur? Viuitur.

Verba communia

Verba communia, passiua significatione, passiuorum more sextum casum interdum admittunt.

> Cic*ero*, ad Nepotem, {Apud Prisc., 8} , Hoc restiterat etiam, vt a te fictis aggrederer donis.
> Idem, de Senect, Mirari se non modo diligentiam, sed etiam solertiam eius, a quo essent illa dimensa et descripta.
> Varro, {Apud Prisc., 8} , Ab amicis hortaretur.
> Liu*ius*, {Lib. 7. dec. 4} , Omnis ora maritima ab Achaeis depopulata erat.
> Idem, {Lib. 5. dec. 5} , Amicum ab ipso per tot casus expertum.
> Seneca, {Epist 92} , Infirmiores a validioribus tuebantur.
> Verrius Flaccus, {Apud Prisc., 8} , Seuitiaque eorum ab omnibus abominaretur.
> Hirtius, {de Bel. Afri.} , Caius interim Virgilius postquam terra marique clausus, se nihil proficere intellexit, Regem vagum, a suis desertum, ab omnibus aspernari.

Nonnunquam datiuum pro ablatiuo habent.

> Terent*ius*, Phorm., Meditata sunt mihi omnia mea incommoda.

Admonitio

Tyrones, maxime praesenti tempore et imperfecto, a verbis communibus significatione passiua, quoad eius fieri poterit, abstinebunt. Haec enim testimonia non tam eorum causa, quam in veteranorum gratiam allata sunt, quibus pro sua prudentia et eruditione, an sit vtendum, iudicabunt.

Neutropassiua

Vapulo, veneo, fio, vt passionem significant, ita passiuorum more construuntur.

Malo a parentibus vapulare, quam assentatoribus aures patefacere.

> Cic*ero*, ad Tironem, {Lib. 16.} Quantam diligentiam in valetudinem tuam contuleris, tanti me fieri a te iudicabo.
> Quintil*ianus*, {Lib. 12. c. 1} , Fabricius respondit, a ciue se spoliari malle, quam ab hoste venire.

Appendix

Fio eleganter cum ablatiuo iungitur sine praepositione, sed alia significatione.

> Terent*ius*, Andr., Nunc primum audio, quid illo factum sit.
> Ibidem, Quid me fiet?
> Idem, Heaut., Tu fortasse, quid me fiat, parui pendis.
> Cic*ero*, ad Terent*ius*, {Lib. 14.} Quid puero misero fiet?
> Ibidem, Quid Tulliola mea fiet?

¶Participium, futurus eodem sensu eundem casum postulat.

Teren*tius*, Heaut., Quid me futurum censes?
¶Et cum datiuo.

Cic*ero*, in Anton., Philip. 2, Vide quaeso, Antoni, quid tibi futurum sit.

Communes omnium verborum constructiones

Hactenus de propria atque priuata verborum constructione dictum sit. Deinceps de communi omnibus dicendum erit.

Genitiuus communis

Propria pagorum, castellorum, vrbium, primae vel secundae declinationis ponuntur in genitiuo post quoduis verbum, si interrogatio fiat per aduerbium, Vbi.

Cic*ero*, Atti., {Lib. 4.} Egnatius Romae est.
Idem, ad Q. Frat., {Lib. 2.} Accepi literas tuas datas Placentiae.
Idem, Atti., {Lib. 6.} Veteranos, quiqui Casilini et Calatiae sunt, perduxit ad suam sententiam.

Propria sequuntur appellatiua quattuor, Humi, Belli, Militiae, Domi, quorum postremo adiungi possunt adiectiua Meae, Tuae, Suae, Nostrae, Vestrae, Alienae.

Cic*ero*, {5, Tusc.} , Theodori nihil interest, humine an sublime putrescat.
Idem, de Offic., {Lib. 2.} Quibuscunque rebus vel belli vel domi poterunt, Rempublicam augeant.
Sallust*ius*, {in Catil} ., Domi militiaeque boni mores colebantur.
Cic*ero*, ad Marcellum, {Lib. 4.} Nonne mauis sine periculo domi tuae esse, quam cum periculo alienae?

Si propria tamen fuerint tertiae declinationis, vel pluralis numeri, sexto casu vtendum est.

Cic*ero*, de Diuinat., {Lib. 1.} Babylone paucis post diebus Alexander est mortuus.
Idem, Tironi, {Lib. 16.} Si statim nauiges, nos Leucade consequere.
Idem, Sulpitio, {Lib. 13.} Commendo tibi maiorem in modum domum eius, quae est Sicyone.
Idem, Atti., {Lib. 16.} Malo cum timore domi esse, quam sine timore Athenis tuis.
Idem, ad eundem, {Lib. 9.} Lentulum nostrum scis Puteolis esse.
Idem, pro Cornel., Vnum obiicitur, natum esse Gadibus, quod nemo negat.

Appendix

Datiuo Ruri vel ablatiuo Rure vtimur, cum huius est loci. Plaut*us*, Bacchid., Si illi sunt virgae ruri, at mihi tergum domi est.

Liu*ius*, {Lib. 8. decad. 4} , Morientem rure eo ipso die sepelirise iussisse ferunt.

Si vero per aduerbium quo, fiat interrogatio, accusandi casu efferuntur, cuiuscunque sint declinationis ac numeri, vt Quo is? Romam, Brundusium, Carthaginem, Athenas, Delphos, Gades, Rus, Domum.

Cic*ero*, Atti., {Lib. 14.} Epistolas Catinam, Taurominum, Syracusas commodius mittere potero.

Plinius, {Lib. 7.} c. 16, Suessam Pometiam illa tempestate florentissimam deportata est.

Terent*ius*, Heaut., Domum reuertor moestus.

Idem, Eun., Rus ibo.

Cic*ero*, pro Archia, Eum domum suam receperunt.

Si per Vnde, vel Qua, fiat interrogatio, ablatiuo vtemur. Vnde redis? Roma, Carthagine, Athenis, Delphis, Gadibus, Rure, Domo.

Qua iter fecisti? Roma, Brundusio, etc.

Cic*ero*, Atti., {Lib. 5.} Accepi Roma sine tua epistola fasciculum literarum.

Idem, Atti., {Lib. 16.} Hac superre scribam ad te Regio.

Terent*ius*, Eunu., Video rure redeuntem senem.

Cic*ero*, ad Atti., {Lib. 5.} Iter Laodicea faciebam, cum has literas dabam in castra.

Appendix

Propria saepe praepositionem accipiunt, maxime si quaestio fit per Vnde aut Quo.

Cic*ero*, Atti., {Lib. 9.} A Brundusio nulla adhuc fama venerat.

Idem, ad eundem, {Lib. 8.} Nauis et in Caieta parata est nobis, et Brundusii.

Idem, de Senect., Adolescentulus miles profectus sum ad Capuam.

Liu*ius*, {Bel. Pun., 1} , Interim ab Roma legatos venisse, nuntiatum est.

Caesar, {Bel. Ciuil., 2} , Complures praeterea naues longas in Hispali faciendas curauit.

Plinius, ad Calestrium, {Lib. 7.} Proconsul prouinciam Baeticam per Ticinum est petiturus.

Nomina insularum, regionum, prouinciarum, caeterorum denique [113r] locorum praepositionem fere desiderant.

Cic*ero*, in Verr., {Lib. 4.} Ex Sicilia in Africam gradus imperii factus est Romanis.

Idem, Atti., {Lib. 9.} Promitto tibi, si valebit, tegulam illum nullam in Italia relicturum.

Idem, ad eundem, {Lib. 14.} Nonis quintilis veni in Puteolanum.

Idem, ad eundem, {Lib. 13.} Ego in Tusculano te expecto.

Appendix I

Propriis maiorum locorum interdum detrahitur praepositio, praecipue a poetis et Historicis.

Virg*ilius*, {Aenei., 3} , Ibitis Italiam portusque intrare licebit.

Liu*ius*, {Bel. Mac., 7} , Ingressi rursus iter per Chersonesum, Hellespontum perueniunt.

Tacitus, {Lib. 2.} Germanicus Aegyptum proficiscitur.

Idem, {ibidem} , Germanicus Aegypto remeans.

Valer*rius* Max*imus*, {Lib. 4. c. 1} , M. Bibulus duos egregiae indolis filios suos a Gabinianis militibus Aegypti occisos cognouit.

Caesar, {Bel. Ciu., 3} , Caesar cum audisset Pompeium Cypri visum, etc.

Cic*ero*, pro Domo sua, M. Cato inuisus, quasi per beneficium, Cyprum relegatur.

Appendix II

Certa appellatiua ablatiuo sine praepositione eleganter efferuntur, qua alioquin accusatiuo cum praepositione per efferenda essent.

Cic*ero*, Atti, {Lib. 5.} Nunc iter conficiebamus aestuosa et puluerulenta via.

Idem, in Verr., {Lib. 2.} Multae mihi a C. Verre insidiae terra marique factae sunt.

Idem, pro Planc., Iter a Vibone Brundusium terra petere contendi. [113v]

Vagandi verbum hanc in primis elegantiam sibi vendicat.

Idem, in M. Anton., Philip. 10, Nunc tota Asia vagatur, volitat vt rex.

Idem, ad Atti, {Lib. 14.} Quem quidem ego spero iam tuto vel solum tota vrbe vagari posse.
Idem, pro Fonteio, Hi contra vagantur laeti atque erecti passim toto foro.

Datiuus communis

Quoduis verbum admittit datiuum eius personae, in cuius gratiam, commodum, vel incommodum aliquid fit.

Plautus, Milit., Tibi aras, tibi occas, tibi seris, tibi eidem metis.
Cicero, Atti., {Lib. 2.} Libros tuos caue cuiquam tradas, nobis eos, quemadmodum scribis, conserua.
Liuius, {Ab Vrb., 2} , Magno illi ea cunctatio stetit.

Accusatiuus communis temporis

Tempus accusatiuo, vel ablatiuo casu effertur, si per quandiu fiat interrogatio, vt Quandiu regnauit Romulus? Septem et triginta annos vel annis.

Liuius, {Ab Vrb., 1} , Romulus septem et triginta regnauit annos.
Suetonius, {In Calig., cap. 59} , Vixit annis viginti nouem, imperauit triennio et decem mensibus diebusque octo.

Sin vero per quando fiat, ablatiuo vtemur, vt Quando datum est tibi hoc negotium? Anno superiore.

Cicero, de Arusp., Negotium magistratibus est datum anno superiore.
Idem, {5, Tusc.} , Heroicis etiam aetatibus Vlyssem et Nestorem accepimus et fuisse et habitos esse sapientes.

Accusatiuus communis spatii

Cuiuis verbo apponi potest accusatiuus, qui distantiam loci significet. [114r]

Cicero, ad Tironem, {Lib. 16.} Is locus est citra Leucadem stadia viginti.
Idem, Atti., {Lib. 13.} Cubitum nullum assiduo cursu processit.
Idem, pro Deiot., Negat se a te pedem discessisse.
Liuius, {Bel. Mac., 7} , Mille et ducentos passus ibi latitudo patet.
Idem, {ibidem} , Duo millia ferme et quingentos passus ab hoste posuerunt castra.
Cicero, pro Sest., Edixit vt ab vrbe abesset millia passuum ducenta.

Interdum ablatiuo vtuntur scriptores.

Caesar, {Bel. Gal., 1} , Eo die castra promouit et millibus passuum sex a Caesaris castris sub monte consedit.
Idem, {ibidem} , Ab exploratoribus certior factus est, Ariouisti copias a nostris millibus passuum quattuor et viginti abesse.

Ablatiuus absolutus

Quibus libet verbis addi potest ablatiuus absolute positus.

Cicero, Atti., {Lib. 5.} Quod auctore te velle coepi, adiutore assequar.
Idem, ad eundem, {Lib. 14.} Scripsi haec ad te, apposita secunda mensa.
Idem, de Leg., {Lib. 3.} Nobilium vita victuque mutato mores mutari ciuitatum puto.
Idem, de Clar. Orat., Ego cautius posthac historiam te audiente attingam.

Ablatiuus instrumenti, causae, modi actionis

Quaeuis verba ablatiuum admittunt, significantem Instrumentum.

>Terent*ius*, Adelph., Hisce oculis egomet vidi.
>Cic*ero*, in Vatinium, Cum illud iter Hispaniense pedibus fere confici soleat.
>Idem, in Verr., {Lib. 7.} Sex lictores circunsistunt valentissimi, caedunt acerrime virgis.

Aut Causam propter quam aliquid fit.

>Idem, ad Q. Frat, Vestra culpa haec acciderunt.
>Idem, in Bruto, {Lib. 2.} Vereor ne amore videar plura, quam fuerint in illo, dicere.
>Terent*ius*, Adelph., Dolore ac miseria tabescit.
>Plin*ius*, {Lib. 10. c. 73} , In Africa magna pars ferarum aestate non bibunt, inopia imbrium.

Aut Modum quo aliquid fit.

>Cicero, pro Milone, Quonam modo id factum ferret ciuitas?
>Idem, de Senect., Sapientissimus quisque, aequissimo animo moritur, stultissimus iniquissimo.
>Idem, pro Flac., Pacem maritimam summa virtute atque incredibili celeritate confecit.

Modus actionis praepositionem, Cum, interdum desiderat.

>Idem, de Offic., {Lib. 1.} Ira procul absit, cum qua nihil recte fieri, nihil considerate potest.
>Idem, de Orat., {Lib. 3.} Cum febri domum rediit dieque septimo est lateris dolore consumptus.

Ablatiuus excessus

Cuiuis verbo adiungi potest ablatiuus rei, qua excessus significatur.

>Cic*ero*, de Clar. Orat., Scipio omnes sale facetiisque superabat.
>Idem, de Orat., {Lib. 2.} Lepore et humanitate omnibus praestitit Socrates.
>Terent*ius*, Phorm., Incredibile est, quantum herum anteeo sapientia.
>Sallust*ius*, {Iugurth.} , Quum omnes gloria anteiret, omnibus tamen carus erat.

Ablatiuus pretii

>Quaelibet verba ablatiuum admittunt significantem pretium,
>vt, Senatus tritici modium tribus denariis aestimauit.
>Magno has aedes aedificaui.
>Donatus docet literas mina in singulos menses.
>Mina valet centum drachmis Atticis.
>Secalis modius proximo anno temis sestertiis fuit, summum quaternis.
>Cic*ero*, in Verr., {Lib. 7.} Haec quae vel vita redimi recte possunt, aestimare pecunia non queo.
>Terent*ius*, in Andr., Vix drachmis opsonatus est decem.
>Cic*ero*, in Verr., {Lib. 5.} Doceas oportet aliquo in loco Siciliae Praetore Verre temis denariis tritici modium fuisse.
>Plinius, {Lib. 7. c. 30} , Viginti talentis vnam orationem Isocrates vendidit.
>Liu*ius*, {Bel. Pun., 3} , Multorum sanguine et vulneribus ea Poenis victoria stetit.
>Idem, {Ab Vrb., 2} , Magno illi ea cunctatio stetit.

Exceptio

His tamen genitiuis exceptis tanti, tantidem, quanti, quanticunque, pluris, minoris.

Cicero, de Offic., {Lib. 3.} Emit homo cupidus tanti, quanti voluit.

Idem, {ibidem} , Vendo meum non pluris, quam caeteri, fortasse etiam minoris.

Idem, in Verr., {Lib. 5.} Quanti frumentum sit, considera, video esse binis sestertiis.

Sene*ca*, {Lib. 5. Controuers.} , Tantidem redemi patrem, quanti a te redemptus sum.

Appendix

Genitiui tanti, quanti, quanticunque, minoris in ablatiuum transeunt, si addantur substantiua.

Liu*ius*, {Bel. Pun., 2} , Hic miles magis placuit, cum pretio minori redimendi captiuos copia fieret. [115v]

Constructio verbi infiniti

Verba infinita eosdem post se casus postulant, quos finita.

Cicero, Tironi, {Lib. 16.} Malo te paulo post valentem, quam statim imbecillum videre.

Idem, ad Q. Frat, {Lib. 3.} Quod scribis te a Caesare quotidie plus diligi, immortaliter gaudeo.

Idem, ad Atti., {Lib. 7.} Vellem te in principio audiuisse amicissime me admonentem.

Praeteritum perfectum passiuum et plusquam perfectum ex infinito esse vel fuisse atque participio praeteriti temporis supplentur, mutatis numeris et generibus pro re, de qua agitur.

Cicero, in Anton., {Philip. 2} , P. Clodium meo consilio interfectum esse dixisti.

Idem, pro Cluent., Iniuriam ab huius familia factam esse dixisti. Verbum interdum omittitur.

Idem, pro Mil., Negant intueri lucem fas esse ei, qui a se hominem occisum fateatur.

Futurum infinitum actiuum

Fore, futurum infinitum, tantum in vsu est, iungiturque cum omnibus generibus et vtroque numero.

Cicero, ad Len., {Lib. 1.} Vehementer confidit his literis, se apud te gratiosum fore.

Idem, ad eundem, {ibidem} , Spero nobis hanc coniunctionem voluptati fore.

Idem, Atti., {Lib. 8.} Nihil arbitror fore, quod reprehendas.

Idem, ad eundem, {Lib. 7.} Dionysio, dum existimabam vagos nos fore, nolui molestus esse.

Caetera, quibus prisci vsi sunt, iam exoleuerunt, pro quibus infinito esse vel fuisse, prout oratio postulat et participio in Rus vtimur. [116r]

Cic*ero*, Atti., {Lib. 6.} Illum eum futurum esse puto, qui esse debet.

Idem, de Orat, {Lib. 1.} Vere mihi hoc videor esse dicturus.

Idem, in M. Anton., {Philip. 2} Idse facturum esse asseuerauit.

Idem, in Verr., {Lib. 3.} Non moleste fero, me laboris mei, vos virtutis vestrae fructum esse laturos.

Idem, ad Marcel., {Lib. 4.} Eum magis communem censemus in victoria futurum fuisse, quam incertis in rebus fuisset?

Idem, in M. Anton., {Philip. 8} , Dixit aliam sententiam se dicturum fuisse.

Infinitum esse frequenter desideratur.

Cic*ero*, Atti, {Lib. 8.} Ego bellum foedisimum futurum puto.

Idem, ad Terentiam, {Lib. 14.} Celerius opinione venturus dicitur.

Idem, ad Atti., {Lib. 9.} Vix spero hunc mihi veniam daturum.

Idem, ad Appium, {Lib. 3.} Scribit meas literas maximum apud te pondus habituras.

Futurum infinitum passiuum

Futurum passiuum ex infinito Iri et voce simili supino in Vm, constat, vt amatum iri, doctum iri, violatum iri, occisum iri, omnibusque generibus atque vtrique numero attribuitur.

>Cic*ero*, Ad Atti, {Lib. 2.} Pompeius affirmat non esse periculum, adiurat, addit etiam se prius occisum iri ab eo quam me violatum iri.
>Idem, ad eundem, {Lib. 15.} Brutum, vt scribis, visum iri a me puto.
>Idem, de Diuinat., {Lib. 1.} Vaticinatus est madefactum iri minus triginta diebus Graeciam sanguine.
>Teren*tius*, in prol. Hecyrae, Interea rumor venit, datum iri gladiatores.
>Quintil*ianus*, {Lib. 9. c. 2} , Reus parricidii, quod fratrem occidisset, damnatum iri videbitur.
>Plaut*us*, in Rudente, Mihi istaec videtur praeda praedatum irier. [116v]

Ratio supplendi futurum infinitum, maxime cum verba supinis carent

Fore vt, futurum vt, verbis spero, puto, affirmo, suspicor et his similibus iuncta, eleganter futurum infinitum tam agendi quam patiendi modi supplent.

>Cic*ero*, Tusc., 1, Spero fore, vt contingat id nobis.
>Idem, ad Atti., {Lib. 16.} Nunquam putaui fore vt ad te supplex venirem.
>Idem, Lentulo, {Lib. 1.} Valde suspicor fore, vt infringatur hominum improbitas.
>Senec., {Proem. 2, Controu.} , Scio futurum, vt auditis eius sententiis, cupiatis multas audire.
>Idem, {Lib. 2. Controuers.} , Nunquam putaui futurum, vt pater meus liberos odisset.

¶Hac circuitione subuenitur verbis, quae supinis carent, vt Puto fore, vt breui his incommodis medeare:

>Affirmo fore, vt paucis diebus orationem pro Marcello ediscas:
>Suspicor fore, vt iuri ciuili potius, quam philosophiae studeas:
>Polliceor fore, vt non multo post intimis sensibus angaris,
>quando saluberrima parentis consilia negligis.

Circuitio ex praeterito et futuro mista

Circuitio illa futurum fuisse, ex praeterito et futuro mista non minimum orationi affert ornamentum.

>Caes., {Bel. Ciu., 3} , Nisi eo ipso tempore quidam nuntii de Caesaris victoria per dispositos equites essent allati, existimabant plerique, futurum fuisse, vt oppidum amitteretur.

¶Haec quidem circuitio necessaria est, cum verba supinis destituuntur, vt affirmabant omnes futurum fuisse, vt frater tuus [117r] breui literas Graecas disceret, nisi lateris dolore consumptus fuisset.

Infinita cum quibus verbis copulentur

Verbis coepi, soleo, debeo, cupio adduntur infinita multisque aliis, maxime iis, quibus voluntas explicari solet.

Cic*ero*, pro Rosc. Com., Qui mentiri solet, peierare consueuit. Idem, Tironi, {Lib. 16.} Omnes cupimus, ego in primis, quam primum te videre.

Appendix

Amphibolia, accusatiui geminatione facta, soluitur ablatiuo, vt Milonem audiui occidisse Clodium, ambigua est oratio, dubium enim est, vter ab altero fuerit occisus.

Muta alterum accusatiuum in ablatiuum sic, A Milone audiui occisum esse Clodium, sublata est omnis dubitatio.

Gerundia

Gerundia, quae passionem non significant, casus suorum verborum admittunt, vt tempus obliuiscendi iniurarum, ignoscendi inimicis, coercendi cupiditates, abstinendi maledictis.

Gerundia in Di

Gerundiis in Di, adduntur substantiua tempus, causa, studium, finis et caetera eiusdem generis.

Cic*ero*, de Senect., Equidem efferor studio, patres vestros, quos colui et dilexi, videndi.
Idem, Atti., {Lib. 19.} Sitiam aut finis omnino deplorandi, aut moderatio.
¶Item nonnulla adiectiua, vt Peritus, imperitus, cupidus, insuetus nauigandi, ignarus dicendi.

Cic*ero*, de Orat., {Lib. 2.} Sum cupidus te audiendi. [117v]

Appendix

Gerundia in Di, interdum genitiuum multitudinis pro accusatiuo admittunt.

Cic*ero*, de Diuin., {Lib. 2.} Doleo, tantam stoicos nostros epicureis irridendi sui facultatem dedisse.
Plaut*us*, Capt., Nominandi tibi istorum erit magis, quam edundi copia.

In Dum

Gerundiis in Dum, praeponuntur praepositiones Ad, Ob, Inter.

Cic*ero*, {5, Tuscul.} , Conturbatus animus non est aptus ad exequendum munus suum.
Idem, in Verr., {Lib. 4.} Quanto illud flagitiosius, improbius, indignius, eum, a quo pecuniam ob absoluendum acceperis, condemnare?
Liu*ius*, {Ab Vrb., 2} , Ipse inter spoliandum corpus hostis, veruto percussus, interprimam curationem expirauit.
¶Praeponitur et ante, sed rarius.

Virg*ilius*, {Georg., 3} , ... Nanque ante domandum
Ingentes tollunt animos.

In Do

Gerundia in Do, modo sine praepositione, in oratione adhibentur.

Cic*ero*, Atti., {Lib. 13.} Plorando defessus sum.
Modo praepositiones maxime A, Ab, De, In assumunt.

Idem, 3, Tusc., Ab inuidendo autem recte inuidentia dici potesi.
Idem, Curioni, {Lib. 2.} Etenim quis est tam in scribendo impiger, quam ego?
Idem, ad Atti., {Lib. 9.} Tu quid cogites de transeundo in Epirum, scire sane velim.

¶Nonnunquam E vel Ex, Cum, Pro.

> Plaut*us*, Aulul., Heus senex pro vapulando hercle abs te mercedem petam. [118r]
> Quint*ilianus*, {Lib. 1. c. 5} , Scribendi ratio coniuncta cum loquendo est.

Gerundia passiua

Gerundia, quae passionem significant, nullum post se casum admittunt.

> Quint*ilianus*, {Lib. 2. c. 3} , Memoria excolendo, sicutalia omnia, augetur.
> Plin*ius*, {Lib. 3. c. 15} , Rubens ferrum non est habile tundendo.
> Idem, {Lib. 31. c. 6.} Bituminata, aut nitrosa vtilis est bibendo.
> Sallust*ius*, {Iugurth.} , Pauca supra repetam, quo ad cognoscendum omnia illustria magis magisque in aperto sint.

Ratio variandi gerundia

Gerundia, quae accusatiuo casu gaudent, fere elegantius more adiectiuorum ad hunc modum efferuntur.

Pompeius studiosus fuit rempublicam defendendi ciuesque seruandi:

Pompeius studiosus fuit reipublicae defendendae, ciuiumque seruandorum: Ita vt gerundii casus maneat seruato tamen genere ac numero accusatiui.

> Cic*ero*, in Anton., {Philip. 4} Princeps vestrae libertatis defendendae semper fui.
> Idem, Curioni, {Lib. 2.} Hoc, quicquid attigi, non feci inflammandi tui causa, sed testificandi amoris mei.
> Liu*ius*, {Ab Vrb., 2} , Interiecto deinde haud magno spatio, quod vulneribus curandis supolendoque exercitui satis esset.
> Cic*ero*, Appio, {Lib. 3.} Animum tuum promptum et alacrem perspexi ad defendendam rempublicam.
> Idem, Trebonio, {Lib. 13.} Omne desiderium literis mittendis accipiendisque leniam.
> Liu*ius*, {Ab Vrb., 7} , Praelia de occupando ponte crebra erant. [118v]

Participiale verbum in Dum

Verbum participiale in Dum, accedente verbo substantiuo, datiuum postulat omnibus verbis communem.

> Liu*ius*, {Bel. Pun., 1} , Hic vobis vincendum, aut moriendum, milites est.

¶Praeter datiuum communem, etiam casum sui verbi admittit.

> Cic*ero*, {Tusc., 2} , Tuo tibi iudicio est vtendum.
> Tibi, casus est communis: tuo iudicio proprius est verbi.

Appendix

Si tamen casus verbi fuerit accusatiuus, mutabitur participiale actiuum in passiuum hoc modo,

Petendum est tibi pacem, petenda est tibi pax. Timendum est nobis poenas aeternas, timendae sunt nobis poenae aeternae.

¶Prisci etiam actiuo vsi sunt, cum accusatiuo.

> Lucret, {Lib. 5.} Aeternas quoniam poenas in morte timendum.
> Veteres imitatus est Virgilius, {Lib. 12.} ... Alia arma Latinis Quaerenda, aut pacem Troiano ab rege petendum.

Supina in Vm

Supina in Vm, amant verba, quae motum adsignificant.

> Teren*ius*, Phorm., Percontatum ibo.
> Idem, Heaut., Abi deambulatum.
> Liu*ius*, {Ab Vrb., 2}, Carolianus damnatus absens in Volscos exulatum abiit.
> Ante se nullum, post se suorum verborum casus habent.
> Caesar, {Bel. Gal., 1}, Legatos ad Caesarem mittunt rogatum auxilium.
> Teren*tius*, Phorm., Me vltro accusatum aduenit.
> Idem, Eunu., Nutricem accersitum iit.

Supina in V

Supina in V, fere passiuae significationis sunt sine casu Adhaerentque, nominibus adiectiuis.

[119r]

> Cic*ero*, Atti., {Lib. 7.} Quod optimum factu videbitur, facies.
> Idem, in Anton., {Philip. 2} O rem non modo visu foedam, sed etiam auditu.

Participia

Participia eosdem casus habent, quos verba, a quibus proficiscuntur.

Pueri victoriam reportaturi, non delectantur duodecim scruporum ludo.

> Liu*ius*, {Ab. Vrb., 1}, Ancus ingenti praeda potitus, Romam redit.
> Cic*ero*, in Pis., Abiectum, contemptum, despectum a caeteris, a te ipso desperatum et relictum, adulantem omneis videre te volui, vidi.
> Cic*ero*, Lent., {Lib. 1.} Totus est nunc ab iis a quibus tuendus fuerat, derelictus.

Appendix I

Participia passiua praeteriti et futuri temporis, maxime cum fiunt nomina, etiam datiuo gaudent.

> Cic*ero*, de Senect., Sperare videor Scipionis amicitiam et Laelii notam posteritati fore.
> Teren*tius*, Andr., Restat Chremes, qui mihi exorandus est.

Appendix II

Exosus, Perosus, Pertaesus accusatiuum petunt.

> Curtius, {Lib. 8.} Persarum te vestis et disciplina delectat, patrios mores exosus es.
> Liu*ius*, {Ab Vrb., 3}, Plebs consulum nomen haud secus, quam regum perosa erat.
> Sueto*nius*, in Caes., {cap. 7}, Quasi pertaesus ignauiam suam, quod nihil dum a se memorabile actum esset.

Participia facta nomina

Participia in Ans, Ens, interrogandi casu gaudent, cum fiunt nomina. [119v]

> Teren*tius*, Phorm., Herus liberalis est et fugitans litium.
> Cic*ero*, Atti., {Lib. 9.} Boni ciues amantes patriae.
> Sallust*ius*, {Bel. Catil.}, Corpus patiens inediae, vigiliae, algoris, supra quam cuiquam credibile est.
> Cic*ero*, ad Q. Frat., {Lib. 1.} Fert grauiter homo et mei amantissimus et suae dignitatis retinens, se apud te neque, amicitia neque iure valuisse.

¶Nonnulla etiam praeteriti temporis, vt Consultus, doctus.

>   Cic*ero*, in Anto., {Philip. 9} Neque enim ille magis iuris consultus, quam iustitiae fuit.
>   Horat*ius*, {Carm. 3, Ode 8} , Docte sermonis vtriusque linguae.
>   Sallust*ius*, {Bel. Catil.} , Alieni appetens, profusus sui.
>   Liu*ius*, {Bel. Mac., 10} , Seruitutis indignitatisque, homines expertos aduersus notum malum irritatos esse.

Appendix I

Participia praesentis praeteritique temporis, cum nominum naturam induunt, more eorum comparantur.

>   Cic*ero*, Lent., {Lib. 1.} A me nullum tempus praetermittitur de tuis rebus et agendi et cogitandi vtorque, ad omnia Quinto Selicio, quo neque prudentiorem quenquam ex tuis, neque fide maiore esse iudico, neque amantiorem tui.
>   Idem, Tironi, {Lib. 16.} Cum commode et per valetudinem et per anni tempus nauigare poteris, ad nos amantissimos tui veni.
>   Idem, Atti., {Lib. 6.} Nihil illo regno spoliatius, nihil rege egentius.
>   Idem, in Verr., {Lib. 5.} Haec tu omnium mortalium profligatissime ac perditissime, cum scires, cum tanto periculo tuo fieri paterere atque concederes?

Appendix II

Participiis futuri temporis, addito verbo substantiuo eleganter [120r] vtimur pro Debere vel Oportere.

Sum expectaturus fratrem.

>   Terent*ius*, Phorm., Frater est expectandus mihi. Eram habiturus heri orationem. Habenda mihi erat heri oratio.
>   Cic*ero*, pro Fonteio, Orandus erit nobis amicus meus Pletorius, vt suos nouos clientes a bello faciendo deterreat.

Constructio transitiua pronominis

Genitiuus post demonstratiua pronomina

Pronomina demonstratiua, cum substantiue ponuntur, patrium casum admittunt.

>   Cic*ero*, ad Caelium, {Lib. 2.} Hoc ad te literarum dedi.
>   Idem, de Orat., {Lib. 2.} Quoniam id temporis est, surgendum censeo.
>   Idem, Atti., {Lib. 1.} Res est eodem loci, quo reliquisti.

Appendix

Pronomen idem, cum datiuo apud poetas reperitur.

>   Horat*ius*, in Arte poetica, Inuitum qui seruat, idem facit occidenti.

¶Oratores vero sic loquuntur.

>   Cic*ero*, de Offic., {Lib. 2.} Peripatetici quondam iidem erant qui Academici.
>   Ex eodem, in Orat., Sit igitur hoc cognitum, numeros oratorios eosdem esse qui sunt poetici.
>   Idem, de Nat. Deor., {Lib. 2.} Dianam et Lunam eandem esse putant. [120v]

Genitiuus post possessiua

Possessiua Meus, Tuus, Suus, Noster, Vester, loco genitiuorum Mis, Tis, Sis, Nostrum, Vestrum, posita genitiuum postulant.

> Cicero, ad Marcell., {Lib. 15.} Moleste fero me consulem tuum studium adolescentis perspexisse, te meum, cum id aetatis sim, perspicere non posse.
> Idem, in M. Anton., {Philip. 2} Tuum hominis simplicis pectus vidimus.
> Idem, Atti., {Lib. 2.} Non debes mirari non posse me tanto dolori resistere, solius enim meum peccatum corrigi non potest.
> Horatius, {Serm. 1, Saty. 4} , ... Cum mea nemo Scripta legat vulgo recitare timentis.

Genitiui Mei, Tui, Sui, Nostri, Vestri

Verba, participia et nomina adiectiua, quae patrium casum postulant, genitiuis Mei, Tui, Sui, Nostri, Vestri gaudent.

> Cicero, Atti., {Lib. 3.} Te oro, vt quibus in rebus mei tui indigebunt, nostris miseriis ne desis.
> Idem, pro Rab. Posth., Equitem Romanum veterem amicum suum studiosum, amantem, obseruantem sui, labentem excepit.
> Idem, in Catil., {Orat. 4} , Habetis ducem memorem vestri, oblitum sui.
> Caes. ad Cicero, {ad Att., 4, lib. 9.} Nihil enim malo quam et me mei similem esse et illos sui.

Exceptio I

Interest tamen et refert ablatiuos Mea, Tua, Sua, Nostra, Vestra sibi vendicarunt, quibus ablatiuis addi possunt genitiui Vnius, Solius, Ipsius caeterique qui possessiuis adduntur, Mea vnius interest, Tua solius refert, Nostra ipsorum interest vitia extirpare.

Tua rempublicam administrantis interest semper vigilare. [121r]

Exceptio II

Nomina numeralia, partitiua, comparatiua et superlatiua genitiuos Nostrum, Vestrum exigunt.

> Liuius, {Ab Vrb., 1} , Imperium summum Romae habebit, qui vestrum primus, ô iuuenes, osculum matri tulerit.
> Curtius, {Lib. 8.} Nolo singulos vestrum excitare.
> Cicero, ad Q. Frat., {Lib. 2.} Domus vtriusque nostrum aedificatur egregie.
> Idem, contra Rull., {Orat. 2} , Omnibus vobis, aut maiori vestrum parti. Maximus natu vestrum.

Pronomina post substantiua

Possessiua Meus, Tuus, Suus, Noster, Vester cohaerent cum substantiuis genere, numero, casu, cum possessio, vel actio significatur, vt Liber meus, ager tuus, studium nostrum, labor vester.

Exceptio

At si substantiua significent partem aliquam generalem corporis siue animi, cuiusmodi sunt Pars, Dimidium, Aliquid, genitiuis primitiuorum vtemur, vt Nullam partem mei amisi, hoc est non amisi manum, pedem, memoriam.

Amisistine quicquam tui?

> Cicero, de Finib., {Lib. 5.} Cui proposita est conseruatio sui, necesse est huic partes quoque,

sui cariores esse, quo perfectiores sint.
Terentius, Adelph., Tetigine tui quicquam?
Quintilianus, {Lib. 7. c. 3.} Minimam partem mei habent.

Appendix

Substantiua, quibus ambigua est significatio, vt Caritas, amor, memoria, desiderium, cura itemque caetera, si possessionem actionemue significent, possessiuis adhaerescunt, vt Amor meus [121v] desiderium meum, quo amo desideroque.

Sin passionem significent, genitiuos mei, tui, sui, nostri, vestri flagitant, vt amor mei, desiderium mei, quo amor desiderorque.

> Cicero, Atti., {Lib. 7.} Dionysium flagrantem desiderio tui misi ad te.
> Idem, ad eundem, {Lib. 1.} Auiam tuam scito desiderio tui mortuam esse.
> Idem, ad Planc., {Lib. 10.} Me impulit tui caritas.
> Idem, ad Q. Frat., {Lib. 1.} Nunc decedens relinque, quaeso, quam iucundissimam memoriam tui.
> Quintilianus, Declam. 6, Postquam mei cura discesserat, Matrem, inquit, tibi per haec merita commendo.

¶Aliquando vtrunque coniungitur.

> Cicero, Atti., {Lib. 13.} Nicias te, vt debet, amat vehementerque tua sui memoria delectatur.
> Idem, Cornificio, {Lib. 12.} Grata mihi est vehementer memoria nostri tua.

Reciproca Sui, Sibi, Se

Reciproco Sui, Sibi, Se vtimur, cum tertia persona transit in se ipsam, vt Caesar recordatur sui, indulget sibi, amat se, loquitur secum.

> Cicero, de Finib., {Lib. 5.} Eorum est haec querela qui sibi cari sunt seseque diligunt.
> Idem, de Nat. Deor., {Lib. 1.} Ipse sibi displicet.

¶Et accedente altero verbo, vt Marcellus te, Caesar, precatur, vt miserearis sui, ignoscas sibi, se in fidem tuam suscipias, ne se hostem existimes.

> Cicero in Orat., Ne ipse quidem sua tanta eloquentia mihi persuasisset, vt se dimitterem.
> Idem, pro Sext. Rosc., Hunc sibi ex animo scrupulum, qui se dies [122r] noctesque, stimulat ac pungit, vt euellatis, postulat.
> Idem, Atti., {Lib. 5.} Qui etiam a me petierit, vt secum et apud se essem quotidie.

Reciprocum suus

Reciproco suus, vtimur, cum tertia persona transit in rem a se possessam, vt Cicero recordatur Tironis liberti sui, indulget liberis suis, defendit suos clientes, scripsit hanc epistolam manu sua.

> Cicero in Verr., {Lib. 3.} Aiebat multa sibi opus esse, multa canibus suis.
> Idem, de Orat., {Lib. 2.} Si ferae partus suos diligunt, qua nos in liberos nostros indulgentia esse debemus?

¶Et accedente altero verbo, vt, Timet Pompeius, ne a suis veteranis deseratur.

Rogat te Caesar, vt suas partes sequaris.

Appendix

Vtimur praeterea reciproco suus, cum res possessa in possessorem transit.

>Cicero, Atti., {Lib. 9.} Vlciscentur illum mores sui.
>Idem, de Arusp., Sua concio risit hominem.
>Idem, pro Sest., Hunc sui ciues e ciuitate eiecerunt.
>Idem, Atti., {Lib. 10.} Indulsit illi quidem suus pater semper.

Praepositionum constructio

Verba absoluta et intransitiua, praepositionum beneficio, in casus transeunt.

>Cicero, de Orat., {Lib. 2.} Cum etiam tum in lecto Crassus esset et apud eum
>Sulpitius sederet, Antonius autem inambularet cum Cotta in porticu, repente eo Quintus Catulus senex cum Caio Iulio fratre venit.

Transitiua, praeter proprium casum, etiam praepositiones cum suis casibus admittunt.

>Cicero, de Amic., Nihil est amabilius virtute, nihil quod magis alliciat homines ad diligendum, quippecum propter virtutem et probitatem eos etiam, quos nunquam vidimus, quodam modo diligamus.

Verba composita saepe casum praepositionis habent.

>Cicero, de Finib., {Lib. 5.} Cur ipse Pythagoras et Aegyptum lustrauit et Persarum magos adiit?
>Idem, ad Q. Frat., {Lib. 3.} Cum subito bonus imperator noctu vrbem hostium inuasisset, in senatum se non committebat.

¶Et repetita praepositione.

>Idem, in Verr., {Lib. 3.} Caeteri haeredes adeunt ad Verrem.
>Idem, in Anton., {Philip. 11} In Galliam inuasit Antonius, in Asiam Dolabella, in alienam vterque prouinciam.

Hanc repetitionem amant multa verba composita ex praepositionibus A, ab, ad, con, de, e, ex, in.

>Idem, de Amic., Tu velim a me animum parum per auertas, Laelium loqui ipsum putes.
>Idem, ad Q. Frat., {Lib. 3.} Abduco equidem me ab omni reipublicae cura.

Casus praepositionum

Accusatiuo seruiunt ad, apud, ante, aduersus vel aduersum, cis, citra, circiter, circa, circum, contra, erga, extra, intra, inter, infra, iuxta, ob, penes, per, pone, post, prope, propter, praeter, secundum, supra, secus, trans, vltra, versus, vsque.

>Cicero, in Brut., In pratulo, prope Platonis statuam, consedimus.
>Idem, Atti., {Lib. 12.} Secundum te, nihil est mihi amicius solitudine.
>Idem, in Verr., {Lib. 4.} Erant acceptae pecuniae a Caio Verrutio, sic tamen vt vsque alterum R, literae constarent integrae, reliquae omnes essent in litura.

Versus

Versus suo casui postponitur.

>Cicero, Atti., {Lib. 16.} Verti me a Minturnis Arpinum versus.
>Sulpitius, Ciceroni, {Lib. 4.} Ex Asia rediens, cum ab Aegina Megaram versus nauigarem,

coepi regiones circumcirca prospicere.

Ablatiuo gaudent A, ab, abs, absque, cum, coram, clam, de, e, ex, pro, prae, procul, palam, sine.

>Cicero, in Pis., Mihi vero ipsi coram genero meo, propinquo tuo, quae dicere ausus es?
>Idem, Atti., {Lib. 15.} Paulo clam iis eam vidi.
>Terentius, Heaut., Prae iracundia, Menedeme, non sum apud me.
>Liuius, {Ab Vrb., 6} , Rem creditori palam populo soluit.
>Idem, {Bel. Mac., 7} , Haud procul occasu solis redeundi in castra tempus erat.

Tenus

Tenus, quemadmodum versus, postponitur atque fere patrium casum desiderat, si nomen sit multitudinis.

>Cicero, in Arato, ... Et Cepheus conditur ante lumborum tenus.
>Caelius, Ciceroni, {Lib. 8.} Rumores illi de comitiis Cumarum tenus caluerunt.

¶Sin singulare sit nomen, ablatiuo gaudet.

>Liuius, {Bel. Pun., 6} , Adeo nudauerat vada, vt alibi vmbilico tenus aqua esset, alibi genua vix superaret. [123v]

A, Ab, Abs

A consonantibus praeponitur.

>Cicero in Anton., {Philip. 3} Antonius a fronte, a tergo, a lateribus tenetur.

¶Ab vocalibus.

>Idem, Atti., {Lib. 1.} Cura et effice vt ab omnibus et laudemur et amemur.

¶Et nonnullis consonantibus.

>Idem, pro Cluent., Ab nullo ille liberalius quam a Cluentio tractatus est.
>Idem, Atti., {Lib. 5.} Rex ab Senatu appellatus est.

Praecipue L, R et I: vt ab legatis, ab Romanis, ab loue. Abs, T et interdum, Q.

>Terentius, Andr., O Daue itane contemnor abs te?
>Idem, Adelph., Abs quiuis homine beneficium accipere gratum est.

In, Sub, Super

In, sub, super modo accusatiuum, modo ablatiuum pro varia significatione postulant.

In cum verbis motus accusatiuum amat.

>Cicero in Catil., {Orat. 1} , Egredere ex vrbe, Catilina, in exilium proficiscere.

¶Item pro erga, contra, ad, pro, per, vt Brutus fuit pius in patriam, crudelis in liberos.

>Olera, et pisciculos minutos fero obolo in coenam.
>Commodaui tibi librum in horam, diem, mensem, annum.
>Cicero, in Catil., {Inuect. 1} , Crescit in dies singulos hostium numerus.

Cum vero quies aut aliquid fieri in loco significatur, ablatiuo gaudet: vt Sum in templo: Deambulo in foro.

>Idem, ad Atti., {Lib. 12.} In hac solitudine careo omnium colloquio.

¶Et cum ponitur pro Inter: [124r]

>Cicero, de Amicit., Hoc primum sentio, nisi in bonis amicitiam esse non posse.

Sub

Sub fere accusandi casum postulat pro Circiter, per, paulo ante, denique cum tempus adsignificat, vt Sub vesperum, sub noctem, sub lucis ortum, sub idem tempus haec gesta sunt.

> Caesar, {Bel. Ciuil., 1} , Pompeius sub noctem naues soluit.
> Liu*ius*, {Bel. Pun., 2} , Sub equestris finem certaminis, coorta est peditum pugna.

¶Item pro post.

> Cic*ero*, Planco, {Lib. 10.} Sub eas literas statim recitatae sunt tuae.

¶Et cum verbis motus, vt Clodius se sub scalas tabernae librariae coniecit.

Nix sub aspectum et tactum cadit.

¶Cum verbis quietis ablatiuum petit, vt Consedimus sub vmbra platani.

Sub nomine pacis bellum latet.

Super

Super accusatiuo seruit, cum praepositioni subter contraria est, maxime cum motus significatur, vt Sedeo super saxum. Tegula cecidit super caput.

¶Item cum significat inter.

Vt Super coenam occisus est.

¶Praeter, Super caetera scelera hoc etiam facinus commisisti.

¶Vltra: Erant super mille imperatores imperante Augusto.

¶Ablatiuo adiungitur, cum pro De ponitur.

> Cic*ero*, Atti., {Lib. 16.} Hac super re scribam ad te Regio.

¶Et interdum cum verbo quietis, maxime apud poetas.

> Virg*ilius*, {Eclog. 1} , Hic tamen hac mecum poteris requiescere nocte Fronde super viridi.

Subter

Subter ferme accusandi casum poscit, siue quietis seu motus verbis adiungatur.

> Cic*ero*, {Tusc., 1} , Plato iram in pectore, cupiditatem subter praecordia locauit.

Praepositio versa in aduerbium

Praepositio quum casu priuatur, in aduerbium migrat.

> Cic*ero*, Atti., {Lib. 4.} Tu aduentare ac prope adesse iam debes.
> Idem, pro Flac., Multis post annis pecunia recuperata est.
> Idem, de Nat. Deor., {Lib. 2.} Sensibus et animo ea, quae extra sunt, percipimus.

Praepositiones aliis praepositionibus praepositae

Praepositiones nonnunquam aliis praepositionibus praeponuntur.

> Cic*ero*, ad Atti., {Lib. 2.} Ibi esse volo vsque ad pridie Kalendas Maias.
> Idem, ad eundem, {Lib. 3.} De Q. fratre nuntii nobis tristes nec varii venerunt ex ante diem Nonas Iunias vsque ad pridie Kalendas Septembris.

Vsque tamen fere alteram praepositionem desiderat.

> Idem, in Verr., {Lib. 7.} Maximis in laudibus vsque ad summam senectutem summa cum

gloria vixit.

Teren*tius*, Eun., Ex Aethiopia est vsque haec.

Cic*ero*, de Nat. Deor., {Lib. 1.} Vsque a Thalete enumerasti sententias philosophorum.

¶Nisi praeponatur nominibus oppidorum.

Cic*ero*, in Verr., {Lib. 6.} Sacerdotes vsque Ennam profecti sunt.

Teren*tius*, Adelph., Miletum vsque obsecro. [125r]

De constructione constructio aduerbii

Nominatiuus post aduerbium

En, Ecce nominandi, seu accusandi casum admittunt.

Cic*ero*, pro Deiot., En crimen, en causa.
Plau*tus*, Amph., En tectum, en tegulas, en obductas fores.
Cic*ero*, in Verr., {Lib. 6.} Ecce noua turba atque rixa.
Idem, de Finib., {Lib. 2.} Ecce miserum hominem, si dolor summum malum est.

Genitiuus post aduerbium

Satis, abunde, affatim, parum, instar, partim, ergo pro causa, genitiuum casum postulant.

Teren*tius*, Phorm., Satis iam verborum est.
Cic*ero*, de Clar., Plato mihi vnus instar est omnium.
Liu*ius*, {Bel. Mac., 7} , Victoriae naualis ergo, in vnum diem supplicatio decreta est.

Aduerbia superlatiua

Item aduerbia superlatiua a nominibus orta.

Cic*ero*, de Clar. Orat., Maxime omnium nobilium graecis literis studuit.
Idem, ibidem, Saepissime audio, illum omnium fere Oratorum latine loqui elegantissime.

Aduerbia loci

Vbi, vbinam, vbicunque, vbiuis, quouis, quoquo, nusquam, genitiuos Terrarum, Gentium eleganter admittunt.

Cic*ero*, Atti., {Lib. 5.} Quid ageres, vbi terrarum esses, ne suspicabar quidem.
Teren*tius*, Adel., Fratrem nusquam inuenio gentium.

Dicitur et longe gentium.

Cic*ero*, Atti., {Lib. 3.} Tu longe gentium abes.

Huc spectant aduerbia, Eo, Huc. [125v]

Liu*ius*, {Bel. Pun., 5} , Eo consuetudinis adducta res erat, vt quocunque noctis tempore sibilo dedisset signum, porta aperiretur.
Senec., {Lib. 5. Controuer.} , Eo scelerum peruentum est, vt parricidae pater adsit.
Cur*tius*, {Lib. 6.} Huc enim malorum ventum est, vt verba mea eodem tempore et Alexandro excusem et Antiphani.

Pridie et postridie

Pridie et postridie et genitiuum et accusatiuum casum petunt.

Cicero, Atti., {Lib. 11.} Pridie eius diei venit.

Idem, Appio, {Lib. 3.} Pridie Nonas Iunii cum essem Brundusii, etc.

Caesar, {Bel. Gal., I.} , Postridie eius diei Caesar praesidio vtrisque castris, quod satis esse visum est, reliquit.

Cicero, Atti., {Lib. 16.} Postridie ludos Apollinares.

Datiuus post aduerbium

Quaedam dandi casum petunt more eorum, vnde deducuntur, vt congruenter conuenienterque naturae viuere.

>Dicere conuenienter rationi.
>
>Obuiam alicui ire, procedere, prodire.
>
>Nam congruens, conueniens, obuius datiuo gaudent.
>
>Cicero, de Finib., {Lib. 2.} Non quaero quid dicat, sed quid conuenienter rationi possit et sententiae suae dicere.
>
>Idem, {Philip. 2} Caesari ex Hispania redeunti obuiam longissime processisti.
>
>Plinius, {Lib. 7. c. 30.} Platoni sapientiae antistiti Dionysius tyrannus vittatam nauem misit obuiam.

Accusatiuus post aduerbium

Propius, proxime accusandi casum exigunt.

>Cicero, Epist. ad Octau., Cur castra longius aduersariorum castris et propius vrbem mouentur?
>
>Idem, in M. Anton., {Philip. 10} Brutus operam dat, vt cum suis copiis quam proxime Italiam sit.

Abhinc

Abhinc, verbis praeteriti temporis iunctum accusatiuum, seu ablatiuum postulat.

>Cicero, in Verr., {Lib. 4.} Horum pater abhinc duos et viginti annos est mortuus.
>
>Idem, pro Quint. Ros., Quo tempore? Abhinc annis quindecim.

Ablatiuus post aduerbium

Comparatiua ablatiuo gaudent.

>Cicero, {de Inuent.} , Lachryma nihil citius arescit.
>
>Idem, ad Curionem, {Lib. 2.} Nemo est, qui tibi sapientius suadere possit te ipso.
>
>Terentius, Hecyr., Dies triginta, aut plus eo, in naui fui.
>
>Idem, Heaut., Annos sexaginta natus es, aut plus eo, vt coniicio.

Aduerbia loci

Aduerbia, quibus interrogamus, sunt haec, vbi, vnde, quo, qua, quorsum.

Hic, istic, illic et caetera

Ad interrogationem vbi, redduntur haec, hic, istic, illic, ibi, inibi, ibidem, alibi, alicubi, vbique, vtrobique, vbilibet, vbiuis, vbicunque, passim, vulgo, intus, foris, nusquam, longe, peregre.

Item supra, subter, infra, ante, post, extra, cum fiunt aduerbia.

Cicero, ad Torquatum, {Lib. 6.} Nemo est, quin vbiuis, quam ibi, vbi est, esse malit.

Hinc, istinc et caetera

Ad vnde redduntur haec, hinc, istinc, illinc, inde, indidem, aliunde, vndelibet, vndeuis, vndique, vndecunque, vndequaque, alicunde, vtrinque, eminus, cominus, superne, inferne, peregre, intus, foris. [126v]

Terentius, Heaut., Vide ne quo hinc abeas longius.

Huc, istuc et caetera

Ad quo redduntur haec, huc, istuc, eo, illuc, eodem, illo, aliquo, alio, neutro, vtroque, quoquo, quocunque, quouis, quolibet, intro, foras, peregre, longe, nusquam.

Terentius, Hecyr., Abi Parmeno intro, ac me venisse nuntia.

Hac, istac et caetera

Ad qua redduntur haec, hac, istac, illac, aliqua, qualibet, quacunque.

Terentius, Eun., Plenus rimarum sum, hac atque illac perfluo.

Horsum, istorsum et caetera

Ad quorsum, id est quem locum versus, redduntur haec, horsum, istorsum, illorsum, aliorsum, deorsum, sursum, dextrorsum, sinistrorsum, laeuorsum, prorsum, rursum, introrsum vel introrsus, retrorsum vel retrorsus, quoquouersum vel quoquouersus.

Terentius, Phorm., Horsum pergunt.
Idem, ibidem, Sex ego te totos, Panneno, hos menses quietum reddam, Ne sursum, deorsum cursites.

Vt pro postquam, quomodo

Vt pro postquam indicatiuum petit.

Cicero, Atti., {Lib. 7.} Vt ab vrbe discessi, nullum praetermisi diem, quin aliquid ad te literarum darem.

¶Item pro quomodo cum quadam admiratione.

Idem, ad eundem, {Lib. 7.} Cneus noster, ô rem miseram et incredibilem, vt totus iacet!
Terentius, Eun., Vt falsus est animi. [127r]

Vt

Post has voces, adeo, ita, sic, tam, talis, tantus, tot, fere, nunquam ponitur quod, sed vt, cum subiunctiuo.

Cicero, pro Rab., Adeone hospes huiusce vrbis, adeone ignarus es disciplinae consuetudinisque, nostrae, vt haec nescias?
Idem, Tusc., 1, Non sum ita hebes, vt ista dicam.

Antequam

Antequam tum indicatiuis, tum coniunctiuis iungitur.

Terentius, Andr., Experiri omnia certum est, antequam pereo.
Cicero, pro Muraen., Antequam pro Muraena dicere instituo, pro me ipso pauca dicam.
Idem, in M. Anton., {Philip. 1} Antequam de Republica, Patres Conscripti, dicam ea, quae dicenda hoc tempore arbitror, exponam vobis breuiter consilium et profectionis et

reuersionis meae.

Priusquam

Priusquam, iisdem modis gaudet.

> Cicero in M. Anton., {Philip. 1} Priusquam de republica dicere incipio, pauca querar de hesterna M. Antonii iniuria.
> Idem, pro Mil., Praeclare vixero, siquid mihi acciderit, priusquam hoc tantum mali videro.
> Sallustius, {Bel. Catil.}, Priusquam incipias, consulto, et vbi consulueris, mature facto opus est.

Ne, vetandi

Ne subiunctiuum petit cum aliquid prohibemus.

> Terentius, Eun., Ne post conferas culpam in me.
> Liuius, {Bel. Pun., 10}, Ne tot annorum felicitatem in vnius horae dederis discrimen.

¶Petit et imperatiuum maxime apud poetas.

> Plautus, Persa, Abi, ne iura, satis credo.
> Virgilius, {Aenei. 7}, Ne fugite hospitium, neue ignorate Latinos.

Nae

Nae, hoc est profecto, pronominibus praepositum indicatiuum, vel coniunctiuum petit.

> Terentius, Adelph., Nae ego homo sum infelix.
> Cicero in Anton., {Philip. 1} Nae tu, si id fecisses, melius famae tuae consuluisses.
> Idem, {Tusc., 1}, Nae ille vir sapiens laetius ex his tenebris in lucem illam excesserit.

Per, perquam, etc.

Per, perquam, sane, valde, oppido, imprimis, cumprimis, apprime, admodum, vehementer et alia id genus fere positiuis gaudent.

> Cicero, de Finib., {Lib. 3.} Haec quidem est perfacilis et perexpedita defensio.
> Idem, de Orat., {Lib. 2.} Quod mihi quidem perquam puerile videri solet.
> Idem, ad Terentius, {Lib. 14.} Sin ad nos pertinerent, seruirent praeterquam oppido pauci.
> Idem, in Verr., {Lib. 3.} Philodamus erat imprimis inter suos copiosus.
> Idem, in eundem, {Ibidem}, C. Mustius homo cumprimis honestus.

Quam, affectibus seruiens

Quam, cum admirationi, commiserationi atque interrogationi cum admiratione permistae seruit, positiuis iungitur, vt Quam multi auaritiae student!

Heu quam fallaces sunt hominum spes, quam inanes cogitationes!

> Cicero, de Amicit., Quam multa, quae nostra causa nunquam faceremus, facimus causa amicorum!
> Quintilianus, {Lib. 12. cap. 11}, Quam multa, imo pene omnia tradit Varro!

Quam, pro Quantum

Quam, pro Quantum, positiuis praeponitur.

> Cicero, Trebatio, {Lib. 7.} Quam sint morosi, quia amant, vel ex hoc intelligi potest. Quam gratum hoc munus fere patri tuo arbitraris? Nescis quam sint stulti, qui suis cupiditatibus seruiunt.

Exceptio

Quam, pro quantum, cum verbo possum iunctum superlatiuis adiungitur.

> Cic*ero*, Catoni, {Lib. 15.} Quam potui maximis itineribus ad Amantum exercitum duxi.
> Idem, de Nat. Deor., {Lib. 2.} Aues nidos construunt eosque, quam possunt mollissime substernunt.

Quam vt

Quam vt, eleganter comparatiua sequitur.

> Cic*ero*, de Orat., {Lib. 3.} Hoc altius est, quam vt nos humi strati suspicere possimus.

Quam, pro valde

Quam, pro valde, superlatiuis elegantissime adiungitur.

> Cic*ero*, Valerio, {Lib. 13.} Vehementer te rogo vt cures, vt ex hac commendatione mihi Cuspius quam maximas, quam primum, quam saepissime gratias agat.

Tam, quam

Tam et quam positiua frequentissime superlatiua rarius, comparatiua rarissime copulant.

> Cic*ero* in Orat., Nemo orator tam multa, ne in Graeco quidem otio scripsit, quam multa sunt nostra. [128v]
> Sallust*ius*, {Iugurth.} , Quam quisque pessime fecit, tam maxime tutus est.
> Terent*ius*, Heaut., Nanque adolescens quam minima in spe situs erit, Tam facillime patris pacem in leges conficiet suas.
> Cic*ero* pro Deiot., Per dexteram te istam oro, quam regi Deiotaro hospes hospiti porrexisti, istam, inquam, dexteram non tam in bellis et in praeliis quam in promissis et fide firmiorem.

¶Ponitur interdum, Tam, separatim cum superlatiuo.

> Cic*ero* in Anton., {Philip. 12} Nondum erat vestris tam grauissimis tamque multis iudiciis, ignominiisque concisus.

Aduerbia in Vm

Aduerbia in Vm, positiuis gaudent, vt Parum, multum, nimium, tantum, quantum, aliquantum.

> Cic*ero*, Atti., {Lib. 10.} Parum firma sunt, quae de fratre meo scribis.
> Idem, in Rull., Socer huius vir multum bonus est.
> Idem, de Finib., {Lib. 2.} In rebus apertissimis nimium longi sumus.

Aduerbia O, finita

Paulo, nimio, aliquanto, tanto, eo, quo, multo, hoc pro tanto, comparatiuo adhaerent.

> Cic*ero*, de Offic., {Lib. 1.} Quanto superiores sumus, tanto nos submissius geramus.
> Cic*ero*, de Amic., Nec vero corpori solum subueniendum est, sed etiam menti atque animo multo magis.
> Plancus, Ciceroni, {Lib. 10.} Certe hoc malus habes testimonium amoris mei, quo maturius tibi quam caeteris consilia mea volui esse nota.
> Luceius, Ciceroni, {Lib. 5.} Ego valeo, sicut soleo, paulo tamen etiam deterius quam soleo.

Appendix

Multo etiam superlatiuis additur. [129r]

Cicero in Verr., {Lib. 1.} Cum omnis arrogantia odiosa est, tum illa ingenii atque eloquentiae multo molestissima.
¶Item Longe pro Valde.

Cicero in Bruto, Longe post natos homines improbissimus C. Seruilius, sed peracutus, etc.
¶Facile, cum (sine dubio, sine controuersia) significat, superlatiuis gaudet, aut iis, quae eorum vim habent.

> Idem, pro Rabirio Posth., Virum vnum, totius Graeciae facile doctissinium Platonem in maximis periculis insidiisque versatum esse accepimus.
> Idem, pro Sext. Rosc., Non solum sui municipii, verum etiam eius vicinitatis facile primus.
> Idem, pro Cluentio, Regionis illius et vicinitatis virtute, existimatione, nobilitate facile princeps.
> Quintilianus, {Lib. 10. c. 1.} In affectibus vero tum omnibus mirus, tum in iis, qui miseratione constant, facile praecipuus.

Interiectionis constructio

O

O tribus casibus adiungitur, Nominandi:

> Terentius, Phorm., O vir fortis atque amicus.

Accusandi:

> Cicero, Terentiae, {Lib. 14.} O me perditum, o me afflictum.

Vocandi:

> Terentius, Andr., O Daue, itane contemnor abs te?

Heu, Pro

Heu, et Pro modo nominandi, vel potius vocandi, casum postulant.

> Virgilius, Aen., 6, Heu pietas, heu prisca fides. [129v]

Liuius, {Bel. Pun., 2} , Tantum (pro dolor) degenerauimus a parentibus nostris. Modo accusandi:

> Cicero in M. Anton., {Philip. 7} Heu me miserum, cur Senatum cogor, quem semper laudaui, reprehendere?
> Idem, In Verr., {Lib. 5.} Pro deum hominumque fidem.

Hei, Ve

Hei, ve, datiuo gaudent.

> Terentius, Heaut., Hei misero mihi.
> Idem, Andr., Ve misero mihi.

Coniunctionis constructio

Coniunctiones copulatiuae et disiunctiuae, cum ad idem verbum referuntur, similes casus connectunt.

> Cicero in Anton., {Philip. 12} Quis non doleat interitum talis et viri et ciuis?
> Sallustius, {Bel. Catil.} , Diuitiarum et formae gloria fluxa atque fragilis est.
> Cicero, de Senect., Quid de pratorum viriditate aut arborum ordinibus aut vinearum

oliuetorumque specie dicam?

Quam, Nisi, An, Praeterquam

Quam, Nisi, An, Praeterquam eosdem itidem casus copulant.

>Cic*ero*, Atti, {Lib. 3.} An existimas, ab vllo malle me legi probarique quam a te?
>Idem, pro Sest., Quem vnquam senatus ciuem, nisi me, nationibus exteris commendauit?
>Idem, de Orat., {Lib. 3.} Refert etiam qui audiant, Senatus an Populus an Iudices.
>Idem, in Catil., {Inuect. 3} , Pro tantis rebus nullum a vobis praemium postulo, praeterquam huius diei memoriam sempiternam.

Exceptio

Aliquando huic constructioni certa dictionum proprietas obstat, vt Fui Romae, et Athenis.

>Aut Brundusii aut Sulmone mortuus est.
>Emistine librum centusse, an minoris?
>Malim Panormi quam Syracussis esse.

Etsi, Tametsi, Quanquam

Etsi, Tametsi, Quanquam in principio statim sententiae indicatiuum postulant.

>Cic*ero*, pro Mil., Et si vereor iudices, etc.
>Idem, Lent., {Lib. 1.} Tametsi nihil mihi fuit optatius.
>Idem, Planco, {Lib. 10.} Quanquam gratiarum actionem a te non desiderabam.

¶Alibi etiam subiunctiuum admittunt.

>Quint*ilianus*, {Lib. 1. c. 3.} Caedi vero discentes, quanquam receptum sit et Chrysippus non improbet, minime velim.

Etiamsi, Quanuis, Licet, Vt pro Quanuis

Etiamsi, Quanuis, Licet, pro Quanuis, subiunctiuo gaudent. Cic*ero*, de Amicit., Omnia breuia tolerabilia esse debent, etiamsi maxima sint.

>Idem, in Anton., {Philip. 2} Homines quanuis in rebus turbidis sint, tamen si homines sunt, interdum animis relaxantur.
>Idem, post Redit. in Senat., Tantus vester consensus de salute mea fuit, vt, licet corpus abesset meum, dignitas in patriam reuertisset.
>Idem, pro Quint., Vt summa haberem caetera, temporis quidem certe vix satis habui.

Ne causalis

Ne causalis coniunctiuum amat.

>Teren*tius*, Andr., Hei vereor, ne quid Andria apportet mali.
>Idem, Eunuch., Nunc metuo fratrem, ne intus sit.
>Idem, Andr., ... Tum autem hoc timet, ne se deseras.

Vt pro Ne

Vt post verba Vereor, Timeo, Metuo eleganter ponitur pro Ne.

>Teren*tius*, Phorm., At vereor, vt placari possit.
>Cic*ero*, de Orat., {Lib. 1.} Sed illa duo, Crasse, vereor, vt tibi possim concedere.
>Idem, ad Teren*tius*, {Lib. 14.} Omnes labores te excipere video, timeo vt sustineas.
>Teren*tius*, Andr., Perii, metuo vt substet hospes.

Ne non, pro Ne

Post eadem verba, Ne Non, etiam pro Ne, ponitur.

>Cic*ero*, Atti., {L*ib*. 7.} Si manet, vereor ne exercitum firmum habere non possit.
>Ad eundem, {L*ib*. 9.} Timeo ne non impetrem.
>Idem, pro Milone, Cur igitur hos manu misit? Metuebat scilicet, ne indicaretur, ne dolorem perferre non posset.

Appendix

Si tertiam addideris negationem, te omni metu liberum significabis.

>Idem, in Verr., {L*ib*. 6.} Non vereor ne hoc officium meum P. Seruilio non Probem, hoc est Non dubito, quin hoc officium meum P. Seruilio sim probaturus.

Vt Ne pro Ne

Vt Ne, peruenuste ponitur pro Ne.

>Cic*ero* in Verr., {L*ib*. 3.} Impetrant, vt ne iurent.
>Idem, ad Q. Frat., {L*ib*. 3.} Opera daturut iudicia ne fiant.
>Idem, Bruto, {L*ib*. 13.} Semper animaduerti studiose te operam dare vt ne quid meorum tibi esset ignotum. [131r]

Ni, Nisi, Si

Ni, Nisi, Si, tum indicatiuum, tum coniunctiuum amant.

>Teren*tius*, Andr., Mirum ni domi est.
>Idem, Phorm., Ni nossem causam, crederem vera hunc loqui.
>Cic*ero* in Verr., {L*ib*. 4.} Ni restituissent statuas, vehementer his minatur.

Nisi

>Idem, de Amicit., Ortum quidem amicitiae videtis, nisi quid adhuc forte vultis.
>Ibidem, Nisi immortalitatem optare vellet, quid non est adeptus, quod homini fas esset optare?

Si

Teren*tius*, Andr., Si illum relinquo, eius vitae timeo, sin opitulor, huius minas.

>Ibidem, Si id facis, hodie postremum me vides.
>Cic*ero*, Atti., {L*ib*. 13.} Si hortos inspexeris, dederis mihi quod ad te scribam, sin minus, scribam tamen aliquid.
>Idem, ad eundem, {L*ib*. 2.} Expeditus facito vt sis, si inclamaro, vt accurras.

Quod, causalis

Quod, cum causam, ac rationem reddit, tam indicatiuo, quam coniunctiuo gaudet.

>Cic*ero*, Atti., {L*ib*. 2.} Fecisti mihi pergratum, quod Serapionis librum ad me misisti.
>Idem, ad eundem, {L*ib*. 3.} Vtinam illum diem videam, cum tibi gratias agam, quod me viuere coegisti.
>Ad eundem, {L*ib*. 9.} Admiratus sum, quod ad me tua manu scripsisses.
>Idem, de Diuin., {L*ib*. 2.} Vetus autem illud Catonis admodum scitum est, qui mirari se aiebat, quod non rideret aruspex, aruspicem cum videret. [131v]

Appendix

Verbum videor coniunctionem quod refugit. Ne ergo dixeris Videtur mihi quod sum doctus, quod es doctus, quod ille est vir doctus, sed Videor mihi esse doctus, Videris mihi esse doctus, Ille sibi videtur esse vir doctus. Et numero multitudinis eodem modo, Videmur nobis esse docti,

Videmini vobis esse docti, Illi videntur sibi esse viri docti.

> Cic*ero*, Atti., {L<small>IB</small>. 9.} Amens mihi fuisse videor.
> Idem, ad eundem, {L<small>IB</small>. 2.} Relegatus mihi videor, postea quam in Formiano sum.
> Idem, in M. Anton., {P<small>HILIP</small>. 2} Nescio quid turbatus mihi esse videris.
> Teren*tius*, Andr., Subtristis visus est esse aliquantulum mihi.
> Cic*ero*, ad Atti., {L<small>IB</small>. 9.} Sol excidisse mihi e mundo videtur.
> Liu*ius*, Bel. Pun., 8, Nae tibi, P. Corneli, cum ex alto Africam conspexeris, ludus et iocus fuisse Hispaniae tuae videbuntur.

Quia

Quia pro quod vtrunque modum admittit.

> Cic*ero*, de Amicit., Recordatione nostrae amicitiae sic fruor, vt beate vixisse videar, quia cum Scipione vixerim.
> Idem, de Finib., {L<small>IB</small>. 1.} Neque quisquam est, qui dolorem ipsum, quia dolor sit, amet.
> Idem, in Verr., {L<small>IB</small>. 6.} Quarta autem est vrbs, quae, quia postrema aedificata est, Neapolis nominatur. [132r]

De figurata constructione

Oratio tres virtutes habere debet, vt Emendata, vt Dilucida, vt Ornata sit, quibus virtutibus totidem vitia contraria sunt. Nam emendatae barbara, dilucidae obscura, ornatae inornata aduersatur.

Barbarae orationis vitia

Duo sunt vitia, quibus oratio barbara atque rustica efficitur, soloecismus et barbarismus, quae, qui pure ac emendate loqui volet, omni contentione, velis, vt ita dicam remisque fugiet.

Quid sit soloecismus et quot modis fiat

Soloecismus constructionis atque emendatae orationis, de qua hactenus egimus, hostis infestissimus, est vitiosa partium orationis compositio.

Is fit quattuor modis, adiectione, cum aliquid orationi contra praecepta grammaticae adiicitur, vt Scribo cum calamo, Ludo cum pila.

Detractione, cum aliquid eodem modo detrahitur, vt Eo forum, Redeo agro. Ne hoc fecit pro Ne hoc quidem fecit.

Transmutatione, cum partium orationis ordo turbatur, vt Quoque ego. Enim hoc voluit. Autem non habuit.

Immutatione, cum pars vna orationis pro alia ponitur, vt Stulti graue ferunt res aduersas, graue pro grauiter, nomen pro aduerbio.

Fiunt soloecismi etiam per caeteras orationis partes.

Item per ea quae cognata sunt, id est eiusdem generis ac partis, vt Eo intus, Sum intro, Quid huc agis?, Quando hic venisti?, Scripsit ne Cicero hanc orationem, aut Hortensius?, aut, pro An. Non feceris cuiquam iniuriam, pro Ne. Eo apud forum.

Denique fiunt et per ea quae partibus orationis accidunt.

Per genera, vt Sapientes laeto fronte res aduersas ferunt.

Per casus, vt Quo is? Romae. Venio Brundusii.

Per numeros, Si vnum ad te vocans dicas, venite.

Per personas, Si quempiam honoris causa ita alloquaris, sedeat, accedat: pro sede, accede.

Per modos, vt Peto a te vt mihi opem fers.

Per genera verborum, vt Mox reddam, pro redibo, ponitur enim actiuum pro neutro.

Appendix

Fuerunt, vt ait Quintilianus, {Lib. 1.} qui adiectionis vitium, pleonasmon, detractionis, eclipsin, transmutationis, anastrophen appellarint, negantes haec vitia species esse soloecismi.

Quid sit figurata constructio

Cum apud viros doctos et qui pure loquendi laude floruerunt, aliquid legerimus, quod Grammaticorum legibus repugnare videatur, non continuo existimabimus, eos Soloecismum fecisse, cum ipsorum auctoritate testimoniisque soleant Grammatici ipsi sua praecepta confirmare. Nam sunt quaedam, quae faciem quidem soloecismi habent, vitiosa tamen non sunt. Hoc nouum loquendi genus Figura verborum aut sermonis, aut orationis, siue vt Graeci loquuntur, schema lexeos appellatur. Est enim Figura noua loquendi ratio a trito et vulgari sermone remota, quae fere ratione aliqua nititur.

Enallage

Enallage figura est, cum pars vna orationis pro alia ponitur.

>Cicero, Atti., {Lib. I.} 13, Quam turpis est assentatio, cum viuere ipsum turpe sit nobis!
>Idem, ad eundem, {Lib. 12.} Philotimus non modo nullus venit, sed ne per literas quidem aut per nuntium certiorem facit me.
>Terentius, Andr., Ita facto opus est.

Fit etiam enallage per attributa partium orationis.

Per casus:

>Cicero, pro Sext. Rosc., Duo isti sunt Titi Roscii, quorum alteri Capitoni cognomen est.

Per numeros:

>Plinius, {Lib. 10.} cap. 73, In Africa magna pars ferarum aestate non bibunt, inopia imbrium.

Per modos:

>Terentius, Andr., Si te aequo animo ferre accipiet, negligentem feceris.

Cicero, Atti., {Lib. 2.} Respiraro, si te videro.
Per tempora:

Idem, Verr., {Lib. 3.} Vnum ostende in tabulis aut tuis, aut patris tui, emptum esse, vicisti.

Eclipsis

Eclipsis figura est, cum id quod in orationem deest, foris Omnino petendum est.

Cicero, ad Atti., {Lib. 15.} Ego, si Tiro, ad me, cogito in Tusculanum.
Idem, in Verr., {Lib. 5.} Ridere conuiuae, calumniari ipse a Pronius.
Idem, Atti., {Lib. 13.} Quid mihi auctor es? Aduolone, an maneo?
Idem, pro Planc., Pro vno filio duo patres deprecamur.

Zeugma

Zeugma figura est cum id, quod in oratione desideratur, e proximo assumitur manente eodem genere, numero, casu caeterisque attributis. [133v]

Cicero, in vltimo Paradoxo, Nulla possessio, nulla vis auri pluris quam virtus aestimanda est.
Idem, pro C. Rabyr., Virtus et honestas et pudor cum consulibus esse cogebat.

Syllepsis

Syllepsis est cum id, quod in oratione deest, e proximo assumitur mutato tamen genere, aut numero, aut casu, aut aliquo e caeteris accidentibus.

Cicero in Verr., {Lib. 6.} Risus populi atque admiratio omnium facta est.
Liuius, {Bel. Mac., 7} , Nulla expeditio, nullum equestre praelium sine me factum est.
Cicero, ad Q. Frat., {Lib. 2.} Ille timore, ego risu corrui.
Liuius, {Bel. Mac., 7} , Nemo miles Romanus magis assiduus in castris vestris fuit, quam ego fratresque mei.
Idem, ibidem, Pater, ego fratresque mei non in Asia tantum, sed etiam procul ab domo, Aetolico bello, terra marique pro vobis arma tulimus.

Prolepsis

Prolepsis est, cum dictio aliqua totum significans praecessit, quae rursus in partibus intelligitur neque explicatur, vt Duo reges Romam auxerunt, Romulus bello, Numa pace.

Liuius, {Ab Vrb., 1} , Ita duo deinceps reges, alius alia via, ille bello, hic pace ciuitatem auxerunt.
Sallustius, {Bel. Cati., 1} , Exercitus hostium duo, vnus ab vrbe, alter a Gallia obstant.

Archaismus

Archaismus constructio est, qua prisca vetustas potissimum vsa fuit.

Terentius, Eun., Nescio quid profecto absente nobis turbatum est domi.
Idem, ibidem, Eiiciunda est hercle haec animi mollities, nimis me indulgeo. [134r]
Plautus, Milit., Iura te non nociturum esse hominem de hac re neminem.
Cicero in Verr., {Lib. 5.} Hanc sibi rem praesidio sperant futurum.

Hellenismus

Hellenismus est constructio, quae Graeci sermonis leges, non Latini obseruat.

Luceius, ad Ciceronem, {Lib. 5.} Si solitudine delectaris, cum scribas et agas aliquid eorum, quorum consueuisti, gaudeo.

Virg*ilius*, {Eclog. 5} , Montibus in nostris solus tibi certet Amyntas.
Idem, {Eclog. 3} , Triste lupus stabulis, maturis frugibus imbres.
Idem, {Ibidem} , Dulce satis humor, depulsis arbutus hoedis.
Idem, {Aen., 1} , Os humerosque deo similis.
Idem, {Aen., 2} , Haec fatus, latos humeros subiectaque colla, Veste super fuluique insternor pelle leonis.

De barbarismo

Barbarismus est dictio, aut omnino barbara: aut Latina quidem, sed vitiosa scripto, vel pronuntiatione.

Barbara omnino et peregrina, vt Perla pro Vnione, Auiso pro admoneo et alia generis eiusdem.

¶Latina dictio, vitiosa fit pluribus modis.

Per genera, vt Gladia pro Gladii.

Per numeros, vt Scopa pro Scopae, Tritica pro Triticum.

Per declinationem, vt Fames, famei pro Famis, Vasibus pro Vasis.

Per coniugationem, vt Staui pro Steti, Legebo pro Legam, Veneraui pro Veneratus sum.

Diuisione, cum diuidimus coniuncta, vt Syluae, dissoluo quattuor Syllabarum pro Syluae, dissoluo trium. [134v]

Complexione, cum diuisa coniungimus, vt Phaethon pro Phaethon.

Adiectione literae, vt Relliquiae, gemino l pro simplici, Alituum pro Alitum.

Syllabae, vt Dicier pro Dici, Mauors pro Mars.

Aspirationis, vt Hinsidiae, cum scribendum sit sine aspiratione.

Temporis, cum syllabae breui, quae vnum habet tempus, additur alterum, vt fiat longa, vt Italia prima longa pro breui.

Detractione literae, vt Peculi pro Peculii.

Syllabae, vt Temnere pro Contemnere.

Aspirationis, vt Odie pro Hodie.

Temporis, cum syllabae longae, quae duo habet tempora, vnum detrahitur, vt fiat breuis, vt Vnius, affligit media breui pro longa.

Immutatione, cum litera vna aut syllaba pro alia ponitur, vt olli pro illi.

Transmutatione, cum litera aut syllaba e suo loco in alienum transfertur, vt Interpetror pro interpretor.

Fiunt denique barbarismi tenore, cum accentu alio pro alio vtimur, vt si praepositiones a suis casibus separemus easque tenore acuto vel inflexo pronuntiemus, vt, Ad eum, ab illo, a quibus, circum littora, cum graui accentu dissimulata distinctione simul cum suis casibus pronuntiandae sint, tanquam si vna esset vox.

Admonitio

Puer, cum leget apud Virgilium:

{Eclog. 1,} Nec spes libertatis erat nec cura peculi.
Aut., {Aen., 1}, Troas relliquias Danaum atque immitis Achilli.
Aut., {Aen., 11}, Alituum pecudumque genus sopor altus habebat.
Aut., {Aen. 1}, Italiam fato profugus Lauinaque venit Littora. [135r]
Aut., {Ibidem}, Vnius ob noxam et furias Aiacis Oilei?

Cum haec, inquam et similia leget, ne putet, principem poetarum barbarismum fecisse. Multa enim poetis permittuntur, quae caeteris scriptoribus denegantur. Neque miretur, si apud M. Tullium, oratorum principem, Liberum, Sestertium, Cognoram, Norunt aliasque id genus verborum imminutiones offenderit, neque enim barbarissimi sunt detractione siquidem a consuetudine, certissima loquendi regula, impetratum est, vt etiam oratoribus sic loqui liceret.

Obscurae orationis vitia

Verba inusitata et a consuetudine quotidiani sermonis remota obscuritatem et tenebras orationi afferunt, vt si quis Oppido pro valde, dicat, aueriuncare pro aueriere.

Eandem obscurat vitium, quod a Graecis acyron, a Latinis improprium dicitur, vt Sperare pro timere.

Virg*ilius*, Aen., 4, Hunc ego si potui tantum sperare dolorem.

Item Ambiguitas, quae Amphibolia Graece appellatur idque vel in vno verbo, vt Taurus animal sit an mons, an signum in coelo, an nomen hominis, an radix arboris, nisi distinctum, non intelligetur.

Vel in sermone, vt Audiui, Chremetem percussisse Demeam.

Obscuratur praeterea oratio, cum sermoni deest aliquid, quo minus plenus sit, Miosis, hoc est, Diminutio.

Vel contra, cum inani verborum turba atque copiosa loquacitate obruitur oratio, perissologiam vocant.

Impeditur denique sermo, quo minus dilucidus sit, si longa parenthesis interiiciatur aut si verba confusa permistaque longius traiiciantur. [135v]

Horat*ius*, 1 Serm., saty. 5, Nanque pila, lippis inimicum et ludere crudis.

Rectus enim ordo est. Nanque pila ludere inimicum est lippis et crudis, quod vitium Synchysis vel Hyperbaton obscurum, hoc est confusa ac perturbata verborum transgressio vocatur. Si haec vitia vitabimus, dilucida erit oratio.

Appendix

Cum orationis structura decoris gratia variatur, neglecto simplici sermonis ordine, non vitium est, sed virtus, quae Hyperbaton appellatur, id est transgressio verborum.

Cic*ero*, pro Cluent., Animaduerti, iudices, omnem accusatoris orationem in duas diuisam esse partes.

In duas partes diuisam esse, simplex erat ordo, sed durus et incomptus.

Hyperbati aliquot species

Hyperbati siue transgressionis aliquot sunt species.

Anastrophe est duorum verborum ordo praeposterus, vt Mecum, Tecum, Secum, Nobiscum, Quibus de rebus.

Anastrophe illa, Vrbem, quam statuo, vestra est, Eunuchum, quem dedisti nobis, quas turbas dedit! Pro Quam vrbem statuo: Quem Eunuchum dedisti nobis admodum dura est.

Tmesis est cum verbum compositum diuiditur aliqua dictione interposita.

>Cicero, Atti., {Lib. 5.} Per mihi gratum erit, si id curaris ad me perferendum.
>Idem, de Senect., Omnia memoria tenebat, non domestica solum, sed etiam externa bella.

Eiusdem generis sunt illa, Rem vero publicam penitus amisimus. Praeclarum est pro patria reque publica mortem oppetere. [136r]

Parenthesis est breuis sensus, sermoni, antequam absoluatur, interiectus.

>Cicero in M. Anton., {Philip. 3} O praeclarum custodem ouium, vt aiunt, lupum.
>Liuius, Bel. Pun., 2, Tantum, pro dolor, degenerauimus a parentibus nostris.

Inornatae orationis vitia

Cacophaton est obscoenum dictum, siue id vno verbo, siue pluribus, siue deformi literarum concursu fiat.

Tapinosis est, qua rei magnitudo, vel dignitas minuitur, vt si quis parricidam, hominem nequam vocet.

Tautologia est eiusdem verbi aut sermonis iteratio, verbi, vt Nam cuius rationis ratio non extat, ei rationi ratio non est fidem habere. Sermonis vt Ibant, qua poterant, qua non poterant, non ibant.

Vitanda est et nimia eiusdem literae assiduitas, vt Quidquam quisquam cuiquam, quod conuenit neget?

¶Macrologia est longior quam oporteat sermo.

>Liuius, {Ab Vrb., 8} , Legati, non impetrata pace, retro domum, vnde venerant, abierunt.

Pleonasmus est vitium, cum superuacuis verbis oneratur oratio, vt Ego meis oculis vidi, satis est enim vidi.

Cauendum etiam diligenter est, ne consonantes aspere concurrant, vt S, vltima cum X proxima, vt Exercitus Xerxis.

Durior etiam fit concursus si vtraque se ipsam sequatur, vt Ars studiorum, Rex Xerxes.

Vitandi et crebri vocalium concursus, quae vastam et hiantem orationem reddunt, vt Baccae aeneae amoenissimae impendebant.

Viro optimo obtemperasti olim.

Illud quoque vitium est si multae voces eiusdem exitus in vnum locum congerantur, vt Flentes, plorantes, lacrymantes, obtestantes. [136v]

Et, si verbi prioris vltimae syllabae sint primae sequentis, vt O fortunatam natam me consule

Romam!

Appendix

Si quando puer apud graues Oratores aliquid offenderit, quod superuacaneum atque otiosum esse videatur, ne id sine causa factum esse putet.

Adduntur enim interdum quaedam, affirmationis gratia.

    Terent*ius*, Adelph., Hisce oculis egomet vidi.
    Virg*ilius*, {Aen., 4} , ... Vocemque his auribus hausi.

Adduntur et alia, quae aut Consuetudine, aut Auctoritate, aut Vetustate, aut Necessitate denique excusantur.

    Cic*ero*, Ad Atti., {Lib. 5.} Vbi terrarum esses, ne suspicabar quidem.
    Idem, ad eundem, {Lib. 3.} Longe gentium abes.
    Ad eundem, {Lib. 9.} A Brundusio nulla adhuc fama venerat.
    Idem, de Senect., {Lib. 3.} Adolescentulus miles profectus sum ad Capuam.
    Idem, in Verr., {Lib. 3.} Caeteri haeredes adeunt ad Verrem.
    Idem, ad Q. Frat., {Lib. 3.} Diem scito esse nullum, quo die non dicam pro reo.
    Idem, in Verr., {Lib. 3.} Impetrant vt ne iurent.
    Idem, Marcello, {Lib. 15.} Frater tuus quanti me faciat semperque fecerit, esse hominem, qui ignoret, arbitror neminem. [137r]

De grammatica institutione Liber III

De Syllabarum dimensione

Syllabae fiunt vel ex vna, vel pluribus literis: vt I, e, runt.

Literae partim sunt vocales, partim consonantes. Vocales sunt sex: A, E, I, O, V, Y.

Ex vocalibus fiunt sex diphthongi: AE, AU, EI, EU, OE, YI, vt Praemium, aurum, hei, Europa, poena, Harpyia.

In diphthongis A, O, Y semper sunt principes, I et V semper subditae, E et praeit et subit.

Consonantes in mutas et semiuocales diuiduntur.

Mutae sunt octo, B, C, D, G, K, P, Q, T.

Semiuocales itidem octo, F, L, M, N, R, S, X, Z. Ex quibus quattuor sunt liquidae: L, M, N, R.

M, tamen et N, raro liquescunt idque in Graecis tantum dictionibus, vt Tecmessa, Cycnus.

¶Duae, X et Z, sunt duplices, hoc est valent duas consonantes, X, CS vel GS: vt Dux, rex.

Veteres Z per duplex, SS reddebant, vt Massa, patrisso, petisso.

F, praeposita liquidis L et R, vim habet mutae.

S, quanuis immunis ac sui iuris sit (neque enim inter liquidas, aut duplices numeratur) interdum tamen liquescit, vt suo loco dicemus.

H, sit ne litera, an aspirationis nota, dubium controuersumque est.

I, inter duas vocales posita consonans est atque duplex I valet: vt maior, peior. Veteres I geminabant, maiior, aiio, Maiia. [137v]

I, et V, cum vocalibus praeponuntur easque comprimunt, fiunt consonantes, vt Ianua, iecur, coniicio, iocus, iudex: vates, velox, vita, vox, vultus.

Iota Graecorum nunquam est consonans, quare in Iason, iambus, iaspis et caeteris, quae plane sunt Graeca, prima vocalis est.

Iod apud Hebraeos semper consonans est cum vocalibus praeponitur, vt Iesus, Ioannes, Iacobus. Itaque qui haec atque alia eiusdem generis nomina per I, consonantem efferunt, optime quidem pronuntiant, qui vero per vocalem, Graecos imitantur.

V, post Q, literam semper liquescit, vt Quare, quaero, quia, etc. At post G et S, modo liquescit, vt Lingua, langueo, anguis, extinguo, suadeo, suauis. Modo integra est suamque vim retinet, vt Exiguus, suus.

Literae liquescunt, cum vim roburque vocalis aut consonantis amittunt

Syllabae partim breues, partim longae, partim communes

Syllabae, quas temporibus metimur, aut sunt breues, aut longae, aut communes.

Tempus est spatium interuallumque, quo syllaba pronuntiatur.

Syllaba breuis ex vno tempore atque spatio constat, vt At, sed. Longa ex duobus, vt Ah, En.

Communis est, quae in versu tum breuis, tum longa esse potest, quales sunt priores in Atlas, Cyclops, mediae in tenebrae, latebrae, pharetra.

Nulla vocalis apud Latinos perpetuo breuis aut longa est.

Apud Graecos, epsilon, et o micron, quae, e, et o, breue valent, perpetuo sunt breues, vt Origenes, Timotheus, Herodotus, Macedones.

H, eta, et omega, quae E, et O longum valent, semper sunt longae, vt Eremus, Idolum. [138r]

Praecepta vniuersa de syllabarum breuitate ac longitudine

Primum de vocali ante vocalem

Vocalis ante vocalem in Latinis dictionibus breuis est, vt Puer, fuit, ruit.

>Vir*gilius*, {Aen., 12.} Disce puer virtutem ex me verumque laborem.
>Idem, {Aen., 1.} Lucus in vrbe fuit media laetissimus vmbra.
>Idem, {Aen., 2.} Vrbs antiqua ruit multos dominata per annos.

Exceptio I
Fio, i, habet longum, nisi sequatur R, vt Fiebam, fiam.

> Iuuenalis, {Saty., 2}, Fient ista palam, cupient et in acta referri.

¶Sin R, sequatur, breue est, vt Fierem, fieri, confieri.

> Virg*ilius*, {Aen., 4.} ... Nunc qua ratione, quod instat Confieri possit, paucis (aduerte) docebo.

Exceptio II
Interrogandi ac dandi casus quintae declinationis E, ante I, producunt, vt Diei, speciei, praeter rei, spei, fidei.

> Horat*ius*, Serm. 1, saty. 9, Ventum erat ad Vestae, quarta iam parte diei Praeterita.

Exceptio III
Genitiuus in Ius habet I longum in soluta oratione, in carmine tum breue, tum longum, vt Vnius, illius, praeter alterius, quod vbique I habet breue, alius vero longum.

> Virg*ilius*, {Aen., 1.} Vnius ob noxam et furias Aiacis Oilei.
> Horat*ius*, {Epist. 1}, Nullius addictus iurare in verba magistri.

Exceptio IIII
Ohe, priorem habet communem. [138v]

> Martialis, {Lib. 4.} Ohe iam satis est, ohe libelle.

¶Cai, Pompei, Vultei et si qui sunt similes vocandi casus, penultimam habent longam.

> Martial*is*, {Lib. 4.} Quod peto da, Cai, non peto consilium.
> Ouid*ius*, de Ponto, 4, Accipe, Pompei, deductum carmen ab illo, Debitor est vitae qui tibi, Sexte, suae.

Appendix I
Aer, chorea, platea, Cytherea, elegia, Darius et alia huius generis, quae vocalem ante vocalem longam habent, Graeca sunt.

> Ouid*ius*, {Meta., 1}, Terra feras cepit, volucres agitabilis aer.
> Idem, {Ibidem, 8}, Saepe sub hac Dryades festas duxere choreas.
> Virg*ilius*, {Aen., 1.} Parce metu, Cytherea, manent immota tuorum ... Fata tibi.

Chorea, platea interdum a poetis corripiuntur.

> Virg*ilius*, {Aen., 6.} Pars pedibus plaudunt choreas et carmina dicunt.
> Horat*ius*, {Epist. 1}, Purae sunt plateae, nihil vt meditantibus obstet.

Nonnunquam soluta diphthongo epsilon in E longum mutatur, vt Cytherea, Cythereia, Elegea, Elegeia.

> Ouid*ius*, {Meta., 4}, Exigit indicii memorem Cythereia poenam.
> Idem, Eleg., {Lib. 3.} Flebilis indignos elegeia solue capillos.

Appendix II
Idea, Andreas, philosophia, symphonia, etymologia, orthographia et alia quam plurima vocalem ante vocalem corripiunt, licet eadem nomina acuta penultima multi viri docti more Graecorum pronuntient.

Horat*ius* {In Arte}, Vt Graias intermensas symphonia discors.

Praeceptum II de Diphthongis

Diphthongus longa est tam in Graecis quam in Latinis dictionibus, [139r] vt Aeneas, Meliboeus, praemium, laus.

    Virg*ilius*, {Aen., 1.} Miratur molem, Aeneas, magalia quondam.
    Idem, {Eclog. 1} , O Meliboee, deus nobis haec otia fecit.
    Idem, {Aen., 1.} En Priamus, sunt hic etiam sua praemia laudi.

Exceptio

Praepositio prae, composita cum vocalem praecedit, breuis est, vt Praeuro, praeustus.

    Virg*ilius*, {Aen., 7.} Stipitibus duris agitur sudibusue praeustis.

Praeceptum III. de positione

Vocalis ante duas consonantes, vel vnam duplicem eiusdem dictionis, longa est positione, vt Terra, Araxes, gaza, maiora, Troia.

    Virg*ilius*, {Aen., 3.} Terra procul vastis colitur Mauortia campis.
    Lucan*us*, {Lib. 1.} Sub iuga iam Seres, iam barbarus isset Araxes.
    Virg*ilius*, {Aen., 1.} Arma virum tabulaeque et Troia gaza per vndas.
    Idem, {Eclog. 4} , Sicelides Musae, paulo maiora canamus.
    Idem, {Aen., 2.} Hostis habet muros, ruit alto a culmine Troia.

Appendix I

Si altera consonans fuerit in fine praecedentis dictionis, altera in principio sequentis, vocalis nihilo minus longa erit, vt at pius, A, longum est, positione duarum consonantium, T, et P, quanuis sint in diuersis dictionibus.

    Virg*ilius*, {Aen., 1.} At pius Aeneas per noctem plurima voluens.

Appendix II

Si vtraque consonans, aut duplex fuerit in principio sequentis dictionis fere nihil praecedentem vocalem breuem iuuabit.

    Ouid*ius*, {Met., 2} , ... Sedebat [139v]
    In solio Phoebus claris lucente smaragdis.
    Virg*ilius*, {Aen., 6.} Phoebe, graues Troiae semper miserate labores.
    Idem, {Aen., 3.} Iam medio apparet fluctu nemorosa Zacynthos.
    Lucan*us*, {Lib. 2.} Talis fama canit tumidum super aequora Xerxem Construxisse vias.

Lucente, Phoebe, nemorosa, aequora vltimas habent breues, licet duae consonantes aut vna duplex sit in principio sequentium dictionum.

Exceptio I. de Liquescentibus

Vocalis breuis ante mutam et liquidam eiusdem dictionis in carmine communis est, at in soluta oratione perpetuo corripitur, vt volucris, Cyclops.

    Ouid*ius*, {Meta., 13} , Et primo similis volucri, mox vera volucris.
    Virg*ilius*, {Aen., 3.} Ignarique viae Cyclopum allabimur oris.
    Idem, {ibidem} , ... Vastosque ab rupe Cyclopas Prospicio.

Appendix I

Vocalis ante F et liquidas frequentissime corripitur, vt Reflecto, refluo, reflo, reflagito, refringo, refraeno.

> Virg*ilius*, {Aen., 2.} Nec prius amissam respexi animumque reflexi.
> Ouid*ius*, {Met., 5} , Inque caput crescit longosque reflectitur vngues.
> Idem, {In Epist.} , Illa refraenat aquas obliquaque flumina sistit.
> Horat*ius*, {Serm. 1, Sat. 4} , ... Postquam discordlia tetra Belli ferratos postes portasque refregit.

¶Interdum etiam producitur, vt Refloreo apud Silium:

> {Lib. 15, } Celsus ceu prima reflorescente iuuenta. Ibat Consul ouans. [140r]

Appendix II

Abluo, obruo, subleuo, adnitor et caetera ex iisdem praepositionibus composita nunquam primam corripiunt, necesse est enim vt muta et liquida ad sequentem vocalem spectent, vt Tenebrae, funebris, lugubris. In abluo et caeteris muta ad praecedentem vocalem pertinet.

Appendix III

M, et N raro liquescunt, idque in Graecis dictionibus duntaxat, vt Tecmessa, Cycnus, Terapnae, ichneumon.

> Silius, {Lib. 8.} Ecce interprimos Terapnaeo a sanguine Clausi.
> Martialis, {Lib. 7.} Delectat Marium si perniciosus ichneumon.

Exceptio II

I, inter duas vocales in compositis biiugus, quadriiugus simplex consonans est, non duplex, quare merito praecedens vocalis corripitur.

> Virg*ilius*, {Aen., 10.} Interea biiugis infert se Lucagus albis.
> Idem, {Georg., 3} , Centum quadriiugos agitabo ad flumina currus.

Praeceptum IIII de praeteritis dissyllabis

Praeterita dissyllaba habent priorem longam, vt Vidi, veni.

> Virg*ilius*, {Aen., 2.} Quos vbi confertos audere in praelia vidi.
> Idem, {Ibidem} , Venit summa dies et ineluctabile tempus ... Dardaniae.

Exceptio

Sto, do, scindo, fero rapiunt bibo, findo priores.

> Mart*ialis*, {Lib. 1.} Dixit et ardentes auido bibit ore fauillas.
> Lucan*us*, {Lib. 3.} Aut scidit et medias fecit sibi littora terras.
> Virg*ilius*, {Lib. 9.} ... Liquefacto tempora plumbo Diffidit et multa porrectum extendit arena.
> [140v]

Appendix

Compositum abscidi habet penultimam communem.

> Lucan*us*, {Lib. 3.} Abscidit impulsu venturum adiuta vetustas.
> Idem, {Lib. 4.} Abscidit nostrae multum sors inuida laudi.
> Idem, {Lib. 6.} Illa comam laeua morienti abscidit ephebo.
> Mart*ialis*, {Lib. 3.} Abscidit vultus ensis vterque sacros.

Praeceptum V. de Praeteritis geminantibus primam syllabam

Cum prima syllaba praeteriti geminatur, eadem et secunda breuis est, nisi obstent duae consonantes: vt Tetigi, peperi, cecini.

    Virg*ilius*, {Georg., 4} , Tityre, te patulae cecini sub tegmine fagi.

Exceptio

Excipiuntur Cecidi a Caedo, Pepedi a Pedo in quibus secunda longa est, vt et in iis, in quibus duae consonantes sequuntur, vt Cucurri, tetendi.

    Iuue*nalis*, {Saty. 3} , Ebrios, ac petulans, qui nullum forte cecidit, Dat poenas.

Praeceptum VI. de Supinis dissyllabis

Supina duarum syllabarum habent priorem longam, vt Visum, motum.

    Virg*ilius*, {Aen., 6.} Terribiles visu formae letumque laborque.
    Idem, {Aen., 1.} Quos ego sed motos praestate componere fluctus.

Exceptio

At Reor (Ratum), atque sero (satum), do (datum), iunge ciere (citum), linoque (litum).

Ire (itum) ruoque (rutum), queo (quitum), siui (situm), rapuere priores.

    Virg*ilius*, {Aen., 2.} Nos abii serati et vento petiisse Mycenas.
    Idem, {Ibidem} , At non ille, satum quo te mentiris, Achilles ... Talis in hoste fuit Priamo.
    Vale*rius* Flac*cus*, {Lib. 4.} Vulnus et extrema sonuit cita cuspide cassis.
    Ouid*ius*, {Meta, 2} , Hic situs est Phaeton, currus auriga paterni.

Appendix I

Citum a cieo secundae declinationis priorem breuem habet, vnde concitus, excitus penultima breui.

    Virg*ilius*, {Aen., 12.} Altior insurgens et cursu concitus heros.
    Ouid*ius*, de Inuidia, {Meta., 2} , Nec fruitur somno vigilantibus excita curis.

Citum vero a cio quarti ordinis priorem producit, vnde concitus, excitus penultima longa.

    Lucan*us*, {Lib. 5.} Vnde ruunt toto concita pericula mundo.
    Idem, {Lib. 1.} Rupta quies populis stratisque excita iuuentus.

Appendix II

Ruo nunc facit ruitum supino, priscis seculis rutum fecit, vnde extant composita dirutum, erutum, obrutum.

    Ouid*ius*, {Epist.} , Diruta sunt aliis, vni mihi Pergama restant.
    Virg*ilius*, {Aen., 11.} Nec mihi cum Teucris vllum post eruta bellum ... Pergama.

Appendix III

Statum videtur priorem habere communem, inde enim status, vs et status, a, um priore breui oriuntur et composita, quae per I efferuntur, ipsum corripiunt, vt Praestitum.

    Ouid*ius*, {Fast., 4} , Hic status in caelo multos permansit in annos.
    Idem, {Fast., 1} , Musa, quid a fastis non stata sacra petis?

¶Inde etiam staturus, constaturus et quae per a efferuntur, eandem producunt. [141v]

    Lucan*us*, {Lib. 3.} Tunc res immenso placuit statura labore.
    Martial*is*, {Lib. 10.} Constatura fuit Megalensis purpura centum.

Praeceptum VII de Supinis polysyllabis

Supina in tum polysyllaba, praecedente V, habent penultimam longam, vt Solutum, argutum, indutum, etc.

    Virg*ilius*, {Aen., 9.} Lumina rara micant, somno vinoque soluti ... Procubuere.
¶Item in tum a praeteritis in Vi per V consonantem, vt Cupiui, cupitum, petiui, petitum.

    Ouid*ius*, Trist., 4, Exul eram requiesque mihi, non fama petita est.

Exceptio
Agnoui tamen et cognoui, agnitum, cognitum penultimam breuem habent.

    Ouid*ius*, {Trist., 3} , Idque recens praestas nec longo cognitus vsu.

Praeceptum VIII

Supina in Itum, a praeteris in Vi per V vocalem, habent penultimam breuem, vt Monui, monitum, tacui, tacitum.

    Virg*ilius*, {Aen., 6.} Discite iustitiam moniti et non temnere diuos.
    Idem, {Aen., 6.} Quis te, magne Cato, tacitum, aut te, Cosse, relinquat?

Praeceptum IX de Deriuatis

Deriuata sequuntur naturam eorum, a quibus deriuantur, vt Legebam, legam, lege, legito, prima breui, quia oriuntur a praesenti lego, legis, cuius prior itidem breuis est.

Legeram, legissem, legero, legisse, prima longa, quia a praeterito legi nascuntur, cuius prior etiam longa est.

Aratrum, simulacrum, ambulacrum, lauacrum, volutabrum, inuolucrum, penultima longa, quia a supinis aratum, simulatum, [142r] ambulatum, lauatum, volutatum, inuolutum deducuntur, quorum penultima similiter longa est.

Reditus, exitus, introitus penultima correpta, quia supina, vnde fiunt, eandem habent breuem.

Exceptio
Multa, quae suae originis naturam non sequuntur, vsu assiduaque poetarum lectione sunt discenda, cuiusmodi sunt fomes, mobilis, laterna, regula, quae primam habent longam, cum verba foueo, moueo, lateo, rego, a quibus proficiscuntur, eandem corripiant.

Contra lucerna, arista, sopor, vadum primam corripiunt, cum verba, luceo, areo, sopio, vado, a quibus declinantur, eandem producant.

Praeceptum X de Compositione

Composita breuitatem vel longitudinem simplicium sequuntur.
In perlego, relego, E, ante G, breuis est, quia in simplici lego etiam corripitur.

In praeterito perlegi, relegi producitur, quia in simplici legi, itidem longa est.

Attigi, concidi, diffidi, ebibi, rescidi, I, literam habent breuem, quia in simplicibus eadem vocalis corripitur, tetigi, cecidi a cado, etc.

Oblitum, insitum, circundatum, desitum penultimam ob eandem causam habent breuem, nam a litum fit oblitum, etc.

Appendix

Quantitas simplicium seruatur in compositis, quanuis vocales mutentur, sic concido, excido, incido, occido, recido a cado penultimam corripiunt, eligo, seligo a lego. [142v]

Contra concido, excido, incido, occido, recido a caedo eandem producunt, sic allido, collido a laedo, exquiro, requiro a quaero, obedio, obedis ab audio.

>   Virg*ilius*, {Aen., 12.} Occidit occideritque sinas cum nomine Troia.
>   Iuuen*alis*, {Saty., 7} , Occidit miseros crambe repetita magistros.

Haec a simplicibus longis orta corripiuntur: Deiero, peiero a iuro. Pronuba, innuba, a nubo.

Semisopitus a sopitus, maledicus, causidicus, veridicus, fatidicus, a dico, nihilum ex ni et hilum.

>   Horat*ius*, {Serm. 2, Saty. 3} , Stultitia ne erret nihilum distauit an ira.

¶Connubium a nubo secundam syllabam habet communem.

>   Virg*ilius*, {Aen., 3.} Hectoris Andromachae, Pyrrhin connubia seruas?
>   Idem, {Aen., 1.} Connubio iungam stabili propriamque dicabo.

De Praepositionum compositione

b Ab, vt Abeo. Ad, vt Adoro. Ante, vt Antefero. Circum, vt Circumago. In, vt Inuro. Ob, vt Obeo. Per, vt Pereo. Re, vt Refero. Sub, vt Subeo. Super, vt Superaddo. Breues sunt b

Item, A, Graeca praepositio, vt Adamas, adytum, atomus.

>   Iuuen*alis*, {Saty. 7} , Circum agat madidas a tempestate cohortes.
>   Virg*ilius*, {Aen., 1.} Talia voce refert, ô terque quaterque beati.
>   Ouid*ius*, {Fast., 3} , Immolat hunc Briareus, facta ex adamante securi.
>   Virg*ilius*, {Aen., 6.} Talibus ex adyto dictis Cumaea Sibylla.

Exceptio

Refert, hoc est, interest, seu necesse est, Re habet longum.

>   Mart*ialis*, {Lib. 9.} Multum, crede mihi, refert a fonte bibatur.
>   Qui fluit: an pigro cum stupet vnda lacu. [143r]
>   Virg*ilius*, {Georg., 2} , ... Neque enim numero comprendere refert.

Praepositiones longae

A, E, De, Di, Se longae sunt, vt Amitto, erumpo, deduco, diripio, separo.

>   Virg*ilius*, {Aen., 1.} Amissos longo socios sermone requirunt.
>   Idem, {Aen., 3.} Deducunt socii naues et littora complent.
>   Idem, {Aen., 1.} Tergora diripiunt costis et viscera nudant.

Exceptio

Dirimo, et disertus, di compiunt.

Virg*ilius*, {Aen., 5.} Cede deo. Dixitque et praelia voce diremit.

Mart*ialis*, {Lib. 6.} Quod tam grande sophos clamat tibi turba togata, Non tu, Pomponi, coena diserta tua est.

Pro, Praepositio

Pro praepositio breuis est apud Graecos, vt Propontis, longa apud Latinos, vt Proueho.

Ouid*ius*, de Pont., 4, Misit in has siquos longa Propontis aquas.

Virg*ilius*, {Aen., 3.} Prouehimur portu terraeque vrbesque recedunt.

Exceptio

Corripe quae fundus, neptis fugioque neposque, Et fati, festus, fateor fanumque crearunt.

Huc profugus spectat, cui iunge profano, proteruus,

Huc proficiscor ades, properate procella, profecto.

Tuque propago genus, vitis propago recede.

Virg*ilius*, {Aen., 1.} Tum breuiter Dido vultum demissa profatur.

Propert., {Lib. 3.} Magnum iterad doctas proficisci cogor Athenas.

Lucan*us*, {Lib. 1.} Ad Cinnas Mariosque venis? Sternere profecto.

Idem, {Lib. 6.} Quam prior affatur Pompeii ignara propago.

Virg*ilius*, Georg., 2, ... Pressos propaginis arcus. [143v]

Appendix

Propino, procuro, primam habent communem, profundo rarissime eandem producit.

E in compositione

Si prior pars compositi, E, vocali terminetur, fere breuis est, vt liquefacio, tepefacio, tremefacio, stupefacio, nefas.

Virg*ilius*, Georg., 1, Flammarumque globos liquefactaque voluere saxa?

Idem, {Aen., 9.} ... Atro tepefacta cruore Terra torique madent

Iuuen*alis*, {Sat. 13} , Credebant hoc grande nefas et morte piandum, Si iuuenis vetulo non assurrexerat.

Exceptio

Excipe nequis, nequa, nequod, nequam, nequitia, nequaquam, nequicquam, nequando, videlicet, veneficus, venefica.

Virg*ilius*, {Aen., 12.} Nequa meis esto dictis mora, lupiter hac stat.

Ouid*ius* {In Epist.} , Barbara narratur venisse venefica tecum.

I, vel Y, in compositis

Si prior pars compositionis in, I vel Y, desinat, corripitur, vt Omnipotens, Causidicus, Palinurus, Polydorus.

Virg*ilius*, {Aen., 10.} Tum pater omnipotens, rerum cui summa potestas, Infit.

Mart*ialis*, {Lib. 5.} Carpere causidicus fertur mea carmina, quisit Nescio, si sciero, vae tibi, causidice.

Virg*ilius*, {Aen. 5.} nudus in ignota, Patinure, iacebis arena.

Idem, {Aen. 3.} Nam Polydorus ego, etc.

Exceptio I

I, longum habent ibidem, vbique, idem, pronomen virile, bigae: [144r] quadrigae, biduum, triduum: siquis, siqua, siquod: scilicet, ilicet: tibicen, meliphytton: Trinacria.

>   Mart*ialis*, {Lib. 12.} Difficilis, facilis, iucundus, acerbus es idem.
>   Idem, {Lib. 2.} Si totus tibi triduo legatur.
>   Virg*ilius*, {Aen., 5.} Trinacriae mirata fremit Troiaeque iuuentus.
>   Ouid*ius*, Parua necat morsu spatiosum vipera taurum.
>   Idem, Trist., {Lib. 4.} Si qua meis fuerint, vt erunt, vitiosa libellis Excusata suo tempore, lector, habe.

Exceptio II

Item composita ex dies vt Meridies, meridior, quotidie, quotidianus, etc.

>   Mart*ialis*, {Lib. 3.} Inter tepentes post meridiem buxos Sedet.

Vbicunque

Vbincunque frequentius, I, habet breue.

>   Mart*ialis*, {Lib. 1.} Qui tecum cupis esse meos vbicunque libellos.
>   Ouidius, {Met. 7} , Tamen produxit, Seryor, vbicunque est.

Exceptio III

Si, I, fixum non fuerit, sed pro genere et casu mutetur, longum erit, vt Quidam, quiuis, quilibet, tantidem.

>   Mart*ialis*, {Lib. 9.} Rumpitur inuidia quidam, carissime Iuli, Quodme Roma legit: rumpitur inuidia.
>   Ouid*ius*, Pollicitis diues quilibet esse potest.

O, in Compositis

O, in Graecis dictionibus priorem compositi partem claudens corripitur, vt Cymothoe, Carpophorus, Argonauta.

>   Mart*ialis*, {Lib. 1.} Saecula Carpophorum, Caesar, si prisca tulissent, Iam nullum monstris orbe fuisset opus.
>   Idem, {Lib. 3.} Non nautas puto vos, sed Argonautas. [144v]

Exceptio

Quae per Omega scribuntur, longa sunt, Geometra, Lagopus, nec plura facile inuenias, quibus vtantur Latini.

>   Mart*ialis*, {Lib. 7.} Si meus aurita gaudet lagopode Flaccus.

De incremento singulari nominis

Quid sit incrementum

Si genitiuus singularis par fuerit nominatiuo, syllabarum numero, nullum erit incrementum, vt Musa Musae, dominus domini. Sin longior fuerit, tum penultima genitiui incrementum erit, quae in omnibus casibus vtriusque numeri semper genitiui quantitatem seruat, vt Sermo, sermonis, sermoni, sermones, sermonibus, vbique O, longum est.

¶Praeter bobus, vbi O, producitur, quanuis in genitiuo singulari corripiatur bouis.

Appendix

Iter, supellex et composita ex caput, literis PS finita duplici augentur incremento, itineris: supellectilis: biceps, bicipitis.

Incrementum primae declinationis

A, incrementum primae declinationis longum est, vt Aulai, pictai.

> Virg*ilius*, {Aen., 3.} Aulai in medio libabant pocula Bacchi.
> Idem, {Aen., 9.} Diues equum, diues pictai vestis et auri.

Incrementum secundae declinationis

E, I, V, incrementa secundae declinationis corripiuntur, vt Miser miseri, vir viri, satur saturi.

> Virg*ilius*, {Aen., 1.} Non ignara mali miseris succurrere disco.
> Idem, {ibidem}, Arma virumque cano, Troiae qui primus ab oris.
> Persius, {sat. 1}, ... Inter pocula quaerunt Romulidae saturi quid dia poemata narrent.

Exceptio

Iber Iberi penultimam habet longam et ex eo compositum Celtiber Celtiberi.

> Lucan*us*, {Lib. 4.} Interea domitis Caesar remeabat Iberis.
> Mart*ialis*, {Lib. 1.} Vir Celtiberis non tacende gentibus.

Incrementa tertiae declinationis. A

A, incrementum singulare tertiae declinationis longum est, vt Vectigal, Titan, pietas, pax, calcar et Aiax.

> Ouid*ius*, Fast., 3, Concitat iratus validos Titanas in arma.
> Virg*ilius*, {Aen., 1.} Hic pietatis honos? Sic nos in sceptra reponis?
> Idem, {Aen., 7.} Pars mihi pacis erit dextram tetigisse Tyranni.

Exceptio I

Corripe masculina in Al et Ar, vt Sal, Annibal, Amilcar.

Par cum compositis, hepar cum nectare, bacchar, Cum vade, mas et anas, queis iunges larque iubarque.

> Virg*ilius*, {Aen., 1.} Vela dabant laeti et spumas salis aere ruebant.
> Silius, {Lib. 8.} Annibalem Fabio ducam spectante per Vrbem.
> Idem, {Lib. 1.} Cui saeuum arridens, Narrabis Amilcaris vmbris.
> Virg*ilius*, {Aen., 5.} Pergameumque Larem et canae penetralia Vestae.

Exceptio II

Item Graeca in A et As, vt Poema, stemma, Pallas et quae consonantem habent ante S, vt Trabs, Arabs.

Et dropax, anthrax, Atrax cum smilace, climax.

His Atacem, panacem, colacem styracemque facemque, Atque abacem, coracem, phylacem compostaque nectes.

> Iuuen*alis*, {Saty. 8} , Stemmata quid faciunt? Quid prodest Pontice longo Sanguine censeri?
> Virg*ilius*, {Aen., 2.} Instar montis equum diuina Palladis arte Aedificant.
> Ouid*ius*, Fast., 4, Nam modo thurilegos Arabas, modo suspicit Indos.

E

E, incrementum singulare tertiae declinationis breue est, vt Degener atque teres, puluis, cum funere, nex, grex.

> Ouid*ius*, {Metam., 4} , Mille greges illi totidemque armenta per herbas Pascebant.

Exceptio I

Genitiuus, enis, penultimam habet tongam, vt Ren renis: Siren Sirenis.

Ver et Iber, locuples, haeres mercesque quiesque, Lex, veruex, haleo, seps, plebs, rex, insuper halex.

> Mart*ialis*, {Lib. 8.} Munera qui tibi dat locupleti, Gaure, senique, Si sapis et sentis, hic tibi ait, Morere.

Exceptio II

Item peregrina in El, vt Michael, et Graeca in Er et Es, vt crater, Rhamnes, tapes, praeter aer et aether.

> Virg*ilius*, {Aen., 7.} Crateras magnos statuunt et vina coronant.
> Idem, {Aen., 9.} ... Simulense superbum Rhamnetem aggreditur, qui forte tapetibus altis Extructus, toto proflabat pectore somnum. [146r]

I, vel Y

I, vel Y, incrementum singulare tertiae declinationis breue est, vt Ordo, pugil, carmen, cespes cum sanguine, princeps.

Et chlamys atque Chalybs, pollex ...

> Virg*ilius*, Georg., 1, India mittit ebur, molles sua thura Sabaei, At Chalybes nudi ferrum.

Exceptio I

Genitiuus Inis vel Ynis a nominibus Graecis penultimam producit, vt Delphin, Phorcyn, Salamis.

¶Item Nesis Nesidis: Gryps Gryphis: vibex vibicis, Glis gliris: dis, lis: Samnis, quibus adde Quiritem.

> Virg*ilius*, {Eclo., 8} , Orpheus in syluis, inter delphinas Arion.
> Idem, {Aen., 8.} Laomedontiaden Priamum Salamina petentem.
> Idem, {Aen., 6.} Noctes atque dies patet atri ianua Ditis.

Exceptio II

Nomina Ix, vel Yx, syllaba finita penultimam genitiui habent longam, vt Felix, bombyx bombycis.

> Virg*ilius*, {Aen., 1.} Viuite felices, quibus est fortuna peracta ... Iam sua.

Exceptio III

> I, breue seruarunt histrix cum fomice, varix,

Coxendixque, Citix, choenix natrixque catixque,
Atque calyx Danaum, nectes Erycemque niuemque,
Sardonychi sociatur onyx, pix haeret vtrique,
Et salices, filices, larices.
Sit Bebrycis anceps.
Sed breuibus iunges in Gis cum patrius exit,
Coccyx coccygis, mastix mastigis amabit. [146v]
Lucan*us*, {Lib. 2.} Armenios Cilicasque feros Taurosque subegi.
Idem, {Lib. 3.} Nunc pice, nunc liquida rapuere incendia cera.

O

O, incrementum singulare tertiae declinationis longum est, vt Vnio, Sol, Telamon, candor, vox atque sacerdos.

Ouid*ius*, {Met., 2} , Regia Solis erat sublimibus alta columnis.

Exceptio I

Graeca in On, quae in obliquis habent O micron, corripiuntur, vt Philemon, Palaemon, sindon, Agamemnon, Iason, Amazon et multa alia, quae vsu sunt discenda.

Virg*ilius*, {Aen., 11.} Pulsant et pictis bellantur Amazones armis.

¶Latini interdum N literam amittunt, vt Macedo Macedonis, Agamemno Agamemnonis.

Statius, {Theb., 11} , Conclamant Danai stimulatque Agamemno volentes.

¶Quae vero per omega scribuntur, longa sunt, vt Simon, agon, Sidon, Solon, etc.

Exceptio II

Genitiuus in Oris a nominibus Graecis et Latinis neutris, praeter Os oris, penultimam habet breuem, vt Nestor, marmor, ebur, corpus, quibus adduntur memor, arbor, lepus et ex pus podos, composita, vt Tripus.

¶Item Bos, compos et impos.

Ouid*ius*, {Met., 13} , Qui licet eloquio fidum quoque, Nestora vincat.
Virg*ilius*, {In Epigr.} , Sic vos non vobis fertis aratra boues.

Exceptio III

Corripiuntur etiam Cappadox, praecox et quae consonantem habent ante, S, vt Scrobs, Aethiops, Dolops, praeter Cyclops, Cercops, hydrops. [147r]

Mart*ialis*, {Lib. 9.} Cappadocum saeuis Antistius occidit oris Rusticus: ô tristi crimine terra nocens!
Virg*ilius*, {Aen., 2.} Hic Dolopum manus, hic saeuus tendebat Achilles.
Ouid*ius*, {Met., 1} , Tela reponuntur manibus fabricata Cyclopum.

V

V, incrementum tertiae declinationis breue est, vt Dux, Ligus et pecus, intercus cum praesule, turtur

Virg*ilius*, Georg., 4, Magnanimosque duces totiusque ordine gentis Mores et studia et populos et praelia dicam.

Exceptio

Interrogandi casus Vdis, Vris et Vtis, a nominibus in Vs, penultimam habent longam, palus paludis, tellus telluris, virtus virtutis. Item fur furis.

Quibus addenda sunt Pollux, lux et frugis, frugi et caeteri obliqui.

> Virg*ilius*, Eclog., 3, Quid domini facient, audent cum talia fures?
> Tibul*lus*, Luce sacra requiescit humus, requiescit arator.

De incremento plurali nominis

Penultima genitiui vel datiui pluralis numeri dicitur incrementum plurale, cum vterque, casus longior est nominatiuo eiusdem numeri, vt Musae Musarum, ambo amborum, ambobus, qui, quorum, quibus, res, rerum, rebus.

Praeceptum I

A, E, O, incrementa multitudinis longa sunt, vt Quarum: Harum: Ambabus: Rerum, rebus: Horum: Quorum.

> Ouid*ius*, de Pont., 4, Cum tamen a turba rerum requieuerit harum, Ad vos mansuetas porriget ille manus.
> Virg*ilius*, {Aen., 1.} At Capys et quorum melior sententia menti. [147v]

Praeceptum II

I et V, incrementa multitudinis corripiuntur, vt Quibus, tribus, montibus, lacubus.

> Virg*ilius*, {Eclog., 5} , Montibus in nostris solus tibi certet Amyntas.
> Ouid*ius*, {Fast., 4} , Praemia de lacubus proxima musta tuis.

De verborum incremento

Quid sit incrementum verbi

Secunda persona singularis modi indicatiui norma est, ad quam verborum incrementa diriguntur, cui si verbum sit aequale, nullum erit incrementum, vt amat, amant, quia dissyllaba sunt, sicut amas, quae norma et regula est incrementorum, nullum habet incrementum.

Sin verbum longius sit vna syllaba, vnum habebit incrementum, vt amamus, amatis, quorum penultima incrementum est, nam vltima nunquam dicitur incrementum.

Si duabus syllabis norma superetur, duo erunt incrementa, vt Amabatis, amabamus. Si tribus, tria, vt Amaueritis, amaueramus. Si denique quattuor, totidem erunt incrementa, vt Audiebamini.

In verbis deponentibus fingenda est vox actiua, ad quam verborum incrementa dirigantur.

Vltima syllaba, vt modo diximus, nunquam est incrementum, prima vero est si norma ipsa sit monosyllaba, vt Das, Fles: Damus, datis, dabam, dare et caetera dissyllaba vnum habent incrementum: Eodem modo Flemus, fletis, flebam, flere, etc.

Praeceptum I

A, in omni verborum incremento producitur, vt Stabam, stares, properamus, docebamus, audiebamini, etc. [148r]

> Virg*ilius*, {Aen., 2.} Troiaque nunc stares Priamique arx alta maneres.
> Ouid*ius*, {Met., 10} , Serius, aut citius metam properamus ad vnam.

Exceptio

A primum duntaxat incrementum verbi Do, das, corripitur, vt damus, dabunt, dare, ob quam causam pronuntiamus circundamus, circundabunt, circundare, venundabo, venundare et caetera, penultima breui.

> Virg*ilius*, {Aen., 2.} His lacrymis vitam damus et miserescimus vltro.
> Ouid*ius*, {Met., 1} , Iussit et ambitae circundare littora terrae.

Praeceptum II

E, in omnibus verborum incrementis producitur, fiebam, rebar, lacereris, docerem, legerunt.

> Ouid*ius*, Fast., 1, Flebat Aristaeus, quod apes cum stirpe necatas ... Viderat inceptos destituisse fauos.
> Virg*ilius*, {Aen., 6.} Sic equidem ducebam animo rebarque futurum.
> Mart*ialis*, {Lib. 1.} Daedale, Lucano cum sic lacereris ab vrso, ... Quam cuperes pennas nunc habuisse tuas!

Exceptio I

E, ante R, breue est in quouis praesenti et imperfecto tertiae coniugationis, vt Cognoscerem, legerem, legeremus, legeris vel legere.

¶Reris tamen vel rere, producitur, vt Loquereris, prosequerere.

> Virg*ilius*, Eclog., 4, Incipe, parue puer, risu cognoscere matrem.
> Mart*ialis*, {Lib. 3.} Illud laurigeros ageres cum laeta triumphos, Hoc tibi, Roma, caput, cum loquereris, erat.
> Ouid*ius*, Trist., 1, Tantane te fallax cepere obliuia nostri, Afflictumque fuit tantus adire timor: Vt neque respiceres nec solarere iacentem Dure, nec exequias prosequerere meas? [148v]

Exceptio II

E, ante Ram, Rim, Ro corripitur, vt Amaueram, amauerim, amauero, feceram, fecerim, fecero. De caeteris personis idem esto iudicium, amaueris, amauerit, amauerimus, amaueritis, fecerimus, feceritis.

> Ouid*ius*, {Met., 3} , Fecerat exiguas iam sol altissimus vmbras.

Exceptio III

Beris et bere, semper corripitur, vt Celebraberis vel celebrabere, mordeberis vel mordebere.

> Virg*ilius*, {Aen., 8.} Semper honore meo, semper celebrabere donis.
> Ouid*ius*, {Trist., 1} , Tu caue defendas, quanuis mordebere dictis.

Appendix

Poetae in praeterito indicatiui, E, literam ante Runt, syllabam pro suo iure interdum corripiunt.

Virg*ilius*, {Aen., 3.} Obstupui, steteruntque, comae et vox faucibus haesit
Horat*ius*, {Epist. 1} , Dii tibi diuitias dederunt artemque fruendi.
Silius, {Lib. 8.} Terruerunt pauidos accensa Ceraunia nautas.

Praeceptum III

I, in quouis verborum incremento corripitur, vt Linquimus, amabimus, audiebamini.

Virg*ilius*, {Aen., 3.} Linquimus Ortygiae portus pelagoque volamus.

Exceptio

Penultima praeteriti in IVI longa est, vt Petiui. Et primum incrementum quartae coniugationis, vt Ibam, ibo, ito, subimus, venimus, reperimus praesentis temporis.

Virg*ilius*, {Aen., 2.} Cessi et sublato montem genitore petiui.
Idem, {Aen., 6.} Tu ne cede malis, sed contra audentior ito.
Idem, {Aen.} , Imagimus hospitio dextras et tecta subimus.

¶Haec etiam I, longum habent, Nolito, nolite, nolimus, nolitis, velimus, velitis, simus, sitis et quae ex ipsis componuntur, vt Possimus, etc.

Ouid*ius*, Met., 1, Et documenta damus, qua simus origine nati.
Idem, De Pont., 4, Siquis, vt in populo, qui sitis et vnde, requirat.

Appendix I

Imus in praeterito penultimam corripit, vt Venimus, reperimus, comperimus.

Virg*ilius*, {Aen., 1.} Non nos aut ferro Libycos populare penates Venimus, aut raptas ad littora vertere praedas.

Appendix II

Tempora coniunctiui modi syllabis Rimus et Ritis finita habeant ne penultimam breuem, an longam.

Grammatici certant, et adhuc sub iudice lis est: non solum recentiores, sed etiam veteres. Diomedes enim docet praeteritum breue esse, futurum vero longum. Probus vnumque: longum esse affirmat. Quare cum versus facies, poetas optimos imitaberis, qui Ri, syllabam modo corripiunt, modo producunt, prout versus postulat.

¶Sin tibi aliquid recitandum erit, ne sermonem des auditoribus, consuetudini regionis seruies.

Praeceptum IIII

O, in verborum incrementis semper producitur, vt Facitote.

Ouid*ius*, {Met., 9} , Cumque, loqui poterit, matrem facitote salutet.

Pr aeceptum V.

V, in verborum incrementis vbique corripitur, vt Sumus, Possumus, Volumus.

Horat*ius*, {Epist., 1.} , Nos numerus sumus et fruges consumere nati.
Idem, {Ibidem.} Si patriae volumus, si nobis viuere cari.

De vltimis syllabis

Syllabae, quae vltimum locum tenent, partim positione, vt Prudens, praecox, partim diphthongo, vt Musae, partim priuatis praeceptionibus cognoscuntur, de quibus nunc agendum est.

A in fine

A finita longa sunt, vt Memora, contra, vltra, antea, triginta, quadraginta, quinquaginta, etc.

> Virg*ilius*, {Aen., 1.} Musa, mihi causas memora, quo numine laeso.
> Idem, {ibidem} , Aeolus haec contra, Tuus, o regina, quid optes Explorare labor, mihi iussa capessere fas est.
> Idem, {Aen., 8.} Triginta capitum foetus enixa iacebit.

Exceptio

Corripe eia, ita, postea, quia.

Item casus omnes in A, vt Anchora, vela.

Praeter ablatiuum, vt de prora: et vocatiuos Graecos, vt ô Aenea, ô Atla, Calcha, Palla.

> Virg*ilius*, {Aen., 11.} Non ita me experti Bitias et Pandarus ingens.
> Idem, {Aen., 3.} Anchora de prora iacitur, stant littore puppes.
> Idem, {ibidem} , Tendunt vela Noti, fugimus spumantibus vndis.
> Idem, {Aen., 11.} Non haec, ô Palla, dederas promissa parenti.
> Idem, {Aen., 3.} Quid miserum, Aenea, laceras? Iam parce sepulto.

E in fine

E, litera finita corripiuntur, vt Nate, fuge, pone, pene, nempe.

> Virg*ilius*, {Aen., 2.} Heu fuge, nate dea, teque his, ait, eripe flammis.
> Idem, {Eclog. 9} , Pene simul tecum solatia rapta, Menalca.
> Mart*ialis*, {Lib. 9.} Lege nimis dura conuiuam scribere versus Cogis Stella, licet scribere nempe malos.

Exceptio I

Producuntur omnia primae et quintae declinationis, vt Anchisiades, ô Anchisiade, Calliope, re, die et quae inde oriuntur, vt quare, hodie, quibus adde fame, cete, Tempe.

> Virg*ilius*, {Aen., 6.} Tros Anchisiade, facilis descensus Auerni.
> Idem, {Aen., 9.} Vos, ô Calliope, precor, aspirate canenti.
> Mart*ialis*, {Lib. 10.} Non venias quare tam longo tempore Romam.
> Lucan*us*, {Lib. 7.} Aut hodie Pompeius erit miserabile nomen.
> Virg*ilius*, {Aen., 6.} Obiicit, ille fame rabida tria guttura pandens.

Exceptio II

Item verba imperatiui modi numeri singularis, secundae declinationis, vt vide, habe.

> Horat*ius*, Epist. 1, Vade, vide, caue, ne titubes mandataque frangas.
> Mart*ialis*, {Lib. 10.} Quae tua sunt, tibi habe, quae mea, redde mihi.

Caue, fere corripitur.

> Ouid*ius*, {Trist., 1} , Tu caue defendas, quanuis mordebere dictis.
> Idem, {Met, 2} , produxit alibi. Nate, caue, dum resque sinit, tua corrige vota.

Sunt etiam longa monosyllaba, vt Me, Te, Se, exceptis coniunctionibus encliticis Que, Ne, Ve, et syllabicis adiectionibus Pte, Ce, Te, vt Suapte, hisce, tute.

> Virg*ilius*, {Aen., 1.} Tantane vos generis tenuit fiducia vestri?

Horat*ius*, {Epist. 1} , Neue putes alium sapiente bonoque beatum.
Horat*ius*, {Serm. 1, Sat. 4} , Hinc omnis pendet Lucilius hosce sequutus.
Lucret., Saty 4, {Lib. 1.} Accipe praeterea, quae corpora tute necesse est Confiteare.

Exceptio III

Longa praeterea sunt fere, ferme, ohe et aduerbia a nominibus secundae declinationis profecta, vt Placide, valde, minime, summe, praeter bene et male.

Iuuen*alis*, {Saty. 6} , Nulla fere causa est, in qua non foemina litem Mouerit.
Idem, {Saty. 13} , Mobilis et varia est ferme natura malorum.
Mart*ialis*, {Lib. 4.} Ohe, iam satis est, ohe, libelle.
Idem, {Lib. 9.} Excipe sollicitos placide, mea dona, libellos.
Idem, {Lib. 2.} Nil bene cum facias, facis attamen omnia belle.
Horat*ius* {In Arte} , Et male tomatos incudi reddere versus.

Appendix

Facile etiam, cum est aduerbium, corripitur, nam adiectiua tertiae declinationis, cum in aduerbia transeunt, vltimam habent breuem, vt Sublime, suaue, dulce.

Virg*ilius*, Eclog. 9, Cantantes sublime ferent ad sidera cycni.
Virg*ilius*, Eclog. 4, Ipse sed in pratis aries iam suaue rubenti Murice.

I in fine

I, vocali terminata longa sunt, vt Classi, fieri.

Virg*ilius*, {Aen., 6.} Sic fatur lacrymans classique immittit habenas.
Mart*ialis*, {Lib. 8.} Quam vellem fieri meus libellus.

Exceptio I

Corripe nisi, quasi et Graeca, quae in I, vel Y, exeunt, vt Palladi, Daphni, moly.

Ouid*ius*, {De Pont., 4} , Quid nisi Pierides, solatia frigida restant?
Mart*ialis*, {Lib. 1.} Cum dixi ficus, rides quasi barbara verba.
Stat*ius*, {Achil., 1} , Palladi littoreae celebrabat Scyros honorum Forte diem.
Virg*ilius*, {Eclog. 9} , Insere, Daphni, pyros, carpent tua poma ne potes.
Ouid*ius*, {Met., 14} , Moly vocant superi, nigra radice tenetur.

Exceptio II

Mihi, tibi, sibi vltimam habent communem. Ibi, vbi, cui cum dissylabum est, frequentius corripiuntur.

Virg*ilius*, {Aen., 1.} Post mihi non simili poena commissa luetis.
Idem, {Eclog. 10} , Extremum hunc, Arethusa, mihi concede laborem.
Mart*ialis*, {Lib. 1.} Sed norunt, cui seruiant leones.
Idem, {Lib. 2.} Me legit omnis ibi senior iuuenisque, puerque.
Horat*ius*, {In Epod.} , Reddit vbi Cererem tellus inarata quot annis.

O, in fine

O, finita ambigua sunt, vt Quando, vigilando, nolo.

Mart*ialis*, {Lib. 5.} Nolo mihi ponas hombum nullumue bilibrem, Nolo boletos, ostrea nolo, tace.

Exceptio I

Excipe monosyllaba, vt O, do, sto: datiuos et ablatiuos, vt Somno, tuo.

Item Graeca quae habent Omega, vt Androgeo, Atho, Clio, Alecto et caetera eiusdem generis, quibus accedit ergo pro causa.

> Virg*ilius*, {Aen., 2.} O lux Dardaniae, spes ô fidissima Teucrum.
> Idem, {Ibidem} , Inuadunt vrbem somno vinoque sepultam.
> Idem, {Aen., 7.} Luctificam Alecto Dirarum ab sede sororum Infernisque ciet tenebris.

Exceptio II

Item aduerbia a nominibus orta, vt Subito, merito, multo, quibus adduntur adeo, ideo.

Hinc rursus excipiuntur modo, quomodo, dummodo, postmodo, cito, imo, quibus accedunt scio, nescio, duo.

> Mart*ialis*, {Lib. 5.} Mentiris iuuenem tinctis, Lentine, capillis, Tam subito coruus, qui modo cycnus eras?
> Idem, {Lib. 6.} Non habet ergo aliud? Non habet imo suum.

Exceptio III

Aduerbium sero, coniunctio vero vltimam habent communem.

> Mart*ialis*, {Lib. 5.} Pro meritis coelum tantis, Auguste, dederunt Alcidae cito dii, sed tibi sero dabunt.
> Vale*rius* Flac*cus*, {Lib. 5.} ... Sin vero preces et dicta superbus Respuerit.

V, in fine

V, finita longa sunt, vt Manu, comu, Panthu. [151v]

> Virg*ilius*, {Aen., 2.} Tela manu miseri iactabant irrita Teucri.
> Idem, {Aen., 9.} Iam cornu petat et pedibus qui spargat arenam.
> Ouid*ius*, {Met., 11} , Nec mora, curuauit cornu neruoque sagittam Impulit.
> Virg*ilius*, {Aen., 2.} Quo res summa loco, Panthu? Quam prendimus arcem?

B, D, T, in fine

B, D, T, literis terminata corripiuntur, Vt Ab, Quid, Audiit.

> Virg*ilius*, {Aen., 8.} Tum pater Aeneas puppi sic fatur ab alta.
> Idem, {Aen., 2.} Quidquid id est, timeo Danaos et dona ferentes.
> Idem, {Aen., 8.} Audiit et Triuiae longe lacus, audii tamnis Sulphurea Nar albus aqua fontesque Velini.

C, in fine

C, litera finita longa sunt, vt Sic, hoc, hic aduerbium.

> Virg*ilius*, {Aen., 3.} Sic oculos, sic ille manus, sic ora ferebat.
> Idem, {Aen., 3.} Hoc Helymus facit, hoc aeui maturus Accetes.
> Idem, {Aen., 2.} Classibus hic locus, hic acies certare solebant.

Exceptio I

Corripe Donec, Nec.

> Ouid*ius*, {Trist., 1} , Donec eris felix, multos numerabis amicos.
> Idem, {Ibidem} , Parue, nec inuideo, sine me, liber, ibis in vrbem.

Exceptio II

Hic, pronomen virie anceps est.

> Virg*ius*, {Aen., 6.} Hic vir, hic est, tibi quem promitti saepius audis.
> Idem, {Aen., 9.} Est hic, est animus lucis contemptor, et istum.

Verbum fac, tutius corripitur.

> Ouid*ius*, Hos fac Armenios, haec est Danaeia Persis.
> Mart*ialis*, {Lib. 5.} Signa rarius aut semel fac illud.

L, in fine

L, finita breuia sunt, vt Asdrubal, semel, vigil, simul, consul.

> Silius, {Lib. 17.} Vertit terga citus damnatis Asdrubal ausis. [152r]
> Horat*ius*, {Epist. 1} , Quo semel est imbuta recens, seruabit odorem Testa diu.

Exceptio

Sal, Nil, Sol longa sunt.

Item pleraque peregrina, vt Nabal, Daniel, Saul.

> Statius, {Silu., 4} , Non sal oxyporumue caseusue.
> Mart*ialis*, {Lib. 10.} Nil aliud video, quo te credamus amicum.
> Ouid*ius*, {Met., 2} , Vlterius spatium medio sol altus habebat.

M, in fine

M, finita priscis temporibus corripiebantur, neque a sequenti vocali, vt modo fit, excipiebantur, quod etiam nunc in compositis verbis cernitur.

> Ennius, {Annal., 10} , Insignita fere tum millia militum octo Duxit delectos bellum tolerare potentes.
> Iuuen*alis*, {Saty. 9} , Quo te circum agas? Quae prima aut vltima ponas?

N, in fine

N, litera finita longa sunt, vt Sin, Titan, Siren, Salamin, Actaeon et caetera tertiae declinationis, quae in On exeunt.

> Virg*ius*, {Aen., 1.} Sin absumpta salus et te, pater optime Teucrim.
> Lucan*us*, {Lib. 1.} Vnde venit Titan et nox vbi sydera condit.
> Ouid*ius*, {Met., 3} , Actaeon ego sum, dominum cognoscite vestrum.

Item accusatiuus Graecus nominum in As, Es, E, vt Aenean, Anchisen, Calliopen.

Graecus itidem genitiuus multitudinis cuiusuis declinationis, vt Cimmerion, epigrammaton.

> Virg*ius*, {Aen., 11.} Et saeuum Aenean agnouit Turnus in armis.
> Idem, {Aen., 3.} Amitto Anchisen, hic me pater optime fessum Deseris.
> Tibul*lus*, {Lib. 4.} Cimmerion etiam obscuras accessit ad oras.

Exceptio I

Corripe An, in, forsan, forsitan, tamen, attamen, viden. [152v]

Item en syllaba finita, quae faciunt genitiuo Inis, vt Nomen, lumen, flumen.

> Virg*ius*, {Aen., 2.} Forsitan et Priami fuerint quae fata requiras.
> Idem, {Aen. 1.} Hic tamen ille vrbem Pataui sedesque locauit.
> Stat*ius*, {Theb., 3} , ... Ferrumque, quod amens Ipsa dedi, viden vt iugulo consumpserit ensem?

Ouid*ius*, {Fast., 2} , Nomen Arionium Siculas impleuerat vrbes.

Exceptio II

Corripiuntur etiam Graeca in On, quae ad secundam nostram declinationem spectant, vt Pelion, Ilion, Erotion.

Ouid*ius*, in Epist., Ilion et Tenedos Simoisque et Xanthus, et Ida.
Mart*ialis*, {Lib. 5.} Pallida nec nigras borrescat Erotion vmbras.

Omnes denique accusandi casus, qui a nominibus vltimam breuem habentibus proficiscuntur, vt Scorpion, Thetin, Ityn, Maian, Aegihan.

Lucan*us*, {Lib. 1.} Scorpion incendis cauda chelasque peruris.
Ouid*ius*, Met., 7, Tantaque nox animi est, Ityn huc accersite, dixit.
Stat*ius*, Theb., 7, Nanque ferunt raptam patriis Aeginan ab vndis.

R, in fine

R, litera terminata corripiuntur, vt Amilcar, semper, semiuir, cor, precor, Hector, turtur.

Sil*ius*, {Lib. 2.} At senior Siculis exultat Amilcar in armis.
Virg*ilius*, {Aen., 1.} Semper honos nomenque tuum laudesque manebunt.
Lucan*us*, {Lib. 8.} Inseruisse manus, impure ac semiuir, audes?
Ouid*ius*, {Trist., 5} , Molle cor ad timidas sic habet ille preces.
Iuuen*alis*, {Saty. 6} , Tolle tuum, precor, Annibalem victumque Syphacem.
Ouid*ius*, {Met, 12} , Inferias dederat cum fratribus Hector inanes.
Virg*ilius*, {Eclog. 1} , Nec gemere aeria cessabit turtur ab vlmo.

Exceptio

Producito Cur, Far, Fur, Iber, Lar, Nar, ver, par cum compositis, vt Compar, dispar et impar. Et Graeca quae faciunt genitiuo Eris, vt Aer, aether, crater. [153r]

Horat*ius*, {In Arte.} , Descriptas seruare vices operumque colores Cur ego, si nequeo ignoroque, poeta salutor?
Mart*ialis*, {Lib. 5.} Callidus effracta nummos fur auferet arca.
Lucan*us*, {Lib. 6.} Si tibi durus Iber, autsi tibi terga dedisset Cantaber.
Horat*ius*, {Serm. 2, Saty. 3} , Ludere par, impar, equitare in arundine longa.
Virg*ilius*, {Aen., 6.} Largior hic campos aether et lumine vestit Purpureo.

Appendix

Celtiber a Martiale {Lib. 10.} corripitur, Ducit ad auriferas quod me Salo Certiber oras.

As, in fine

As, syllaba finita longa sunt, vt Aeneas, Pallas Pallantis, fas, nefas.

Virg*ilius*, {Aen., 10.} Aeneas ignarus abest, ignarus et absit.
Idem, {Ibidem} , Tela manusque sinit, hinc Pallas instat et vrget.
Idem, {Georg. 1} , Quippe etiam festis quaedam exercere diebus Fas et iura sinunt.
Iuuen*alis*, {Saty. 13} , Credebant hoc grande nefas et morte piandum, Si iuuenis vetulo non assurrexerat.

Exceptio

Corripe Graeca, quorum genitiuus exit in adis, vt Arcas, Pallas Palladis.
Item accusatiuos tertiae declinationis nominum Graecorum, vt Troas, delphinas, heroas.

> Ouid*ius*, {Met., 6} , Pallas anum simulat, falsosque in tempora canos Addit.
> Mart*ialis*, {Lib. 9.} Cum quibus Alcides et pius Arcas erat.
> Ouid*ius* {In Epist.} , In te fingebam violentos Troas ituros.
> Virg*ilius*, {Eclog. 4} , Permistos heroas et ipse videbitur illis.

Es, in fine

Es, syllaba terminata longa sunt, vt Anchises, locuples, quoties, octies, decies, tricies, etc.

> Virg*ilius*, {Aen., 5.} Anchises alacris palmas vtrasque tetendit. [153v]
> Mart*ialis*, {Lib. 11.} Orbus es et locuples et Bruto consule natus.
> Idem, {Lib. 10.} Dicere te lassum quoties ego credo Quirino?
> Idem, {Lib. 8.} Vno nasceris octies in anno.
> Idem, {Lib. 12.} Aegrotas vno decies, aut saepius anno.

Exceptio I

Corripe nomina tertiae declinationis, quae crescunt in obliquis penultima breui, vt Diues, eques, hospes, pedes.

> Virg*ilius*, {Aen., 2.} Insula diues opum, Priami dum regna manebant.
> Idem, {Aen., 6.} Obuius armato, ceu cum pedes iret in hostem.

Praeter abies, aries, Ceres, paries, pes cum compositis, vt Cornipes, sonipes.

> Virg*ilius*, {Eclog. 7} , Populus in fluuiis, abies in montibus altis.
> Lucan*us*, {Lib. 8.} Non aries illis, non vlla est machina belli.
> Virg*ilius*, {Georg. 1} , Flaua Ceres alto nequicquam spectat Olympo.
> Ouid*ius*, {Met., 6} , Nec pes ire potest, intra quoque viscera saxum est.
> Virg*ilius*, {Aen., 4.} Stat sonipes et fraena ferox spumantia mandit.

Exceptio II

Es, a verbo sum, etiam breue est, et ex eo composita: vt Potes, ades, item penes, Graeca neutra in Es, vt Cacoethes. Praeterea nominandi vocandique casus Graecorum, vt Arcactes, Troes.

> Virg*ilius*, {Aen., 2.} Quisquis es, amissos iam hinc obliuiscere Graios.
> Mart*ialis*, {Lib. 6.} Tu potes et patriae miles et esse decus.
> Horat*ius*, {In Arte} , Quem penes arbitrium est et vis et norma loquendi.
> Iuuen*alis*, {Saty. 1} , ... Tenet insanabile multos Scribendi cacoethes, et aegro in corde senescit.
> Virg*ilius*, {Eclog. 7} , Ambo florentes aetatibus, Arcades ambo.
> Idem, {Aen., 1.} Egressi optata potiuntur Troes arena.

Is, vel Ys, in fine

Is vel Ys finita corripiuntur, vt Apis, inquis, ais, Thitis, Tiphys, Itys. [154r]

> Ouid*ius*, {Met., 13} , Non apis inde tulit collectos sedula flores.
> Mart*ialis*, {Lib. 5.} Non est, inquis, idem. Multo plus esse probabo.
> Persius, {Saty., 4} , Hunc ais? Hunc diis iratis genioque sinistro.
> Stat*ius*, {Achil., 1} , Iam dudum tacito lustrat Thetis omnia visu.
> Virg*ilius*, {Eclog. 4} , Altererit tum Tiphys et altera quae vehat Argo Delectos heroas.

Exceptio I

Excipe casus omnes multitudinis, vt Viris, armis, Musis, nobis, vobis, quis pro quibus, omnes, vrbes.

Item glis, vis, nomen et verbum, velis, sis, cum compositis, vt quanuis, nolis, adsis.

¶Et secundas personas numeri singularis modi indicatiui quartae coniugationis, vt nescis, sentis.

> Virg*ilius*, {Aen., 1.} Praesentemque viris intentant omniam mortem.
> Lucan*us*, {Lib. 1.} Plus illa vobis acie quam creditis, actum est.
> Virg*ilius*, {Aen. 1.} ... O terque quaterque beati Quis ante ora patrum Troiae sub moenibus altae Contigit oppetere.
> Idem, {Aen., 1.} Non ea vis animo nec tanta superbia victis.
> Mart*ialis*, {Lib. 9.} Iam satis est, non vis Afer auere, vale.
> Lucan*us*, {Lib. 3.} Quanuis Hesperium mundi properemus in axem.
> Mart*ialis*, {Lib. 1.} Nescis, heu nescis dominae fastidia Romae.

Exceptio II

Longa praeterea sunt, quorum genitiuus exit in inis, entis, itis penultima longa, vt Salamis, Simois, Samnis, lis.

> Ouid*ius*, {in Epist.} , Hac ibat Simois, hic est Sigeia tellus.
> Horat*ius*, {in Arte} , Grammatici certant et adhuc sub iudice lis est.

Os, in fine

Os, finita longa sunt, vt Os oris, erectos, Tros, Minos, heros, Athos, Androgeos, et caetera quae per O, scribuntur. [154v]

> Ouid*ius*, {Met., 1} , Os homini sublime dedit caelumque videre Iussit, et erectos ad sydera tollere vultus.
> Virg*ilius*, {Aen., 6.} Tros Anchisiade, facilis descensus Auemi.
> Idem, {Aen., 2.} Primus se Danaum magna comitante caterua Androgeos offert nobis, socia agmina credens.

Exceptio

Corripe os ossis, compos et impos et Graeca neutra, vt Chaos, melos, Argos.

> Virg*ilius*, {Aen. 6.} Et Chaos et Phlegethon loca nocte silentia late.

Item Os finita, quae ad secundam Latinam declinationem transeunt, vt Tyros, Arctos, Ilios.

> Lucan*us*, {Lib. 3.} Et Tyros instabilis pretiosaque murice Sidon.
> Mart*ialis*, {Lib. 9.} Nescia nec nostri nominis Arctos erat.

Omnes denique interrogandi casus a quibuscunque rectis proficiscantur, vt Arcados, Pallados, Typhoeos, Tethyos, Tereos.

> Ouid*ius*, {Met., 1} , Arcados hinc sedes et inhospita tecta Tyranni Ingredior.
> Ouid*ius*, {Fast., 4} , Alta iacet vasti super ora Typhoeos Aetna.
> Lucan*us*, {Lib. 1.} Tethyos vnda vagae lunaribus aestuet horis.

Vs, in fine

Vs, syllaba terminata breuia sunt, vt Littus, intus, sensibus. Et nominandi vocandique casus singulares quartae declinationis, vt domus, manus.

> Virg*ilius*, {Aen., 3.} Heu, fuge crudeles terras, fuge littus auarum.
> Idem, {Aen., 2.} Apparet domus intus, atria longa patescunt.
> Idem, {ibidem} , Hic Dolopum manus, hic saeuus tendebat Achilles.

Exceptio

Excipe monosyllaba, vt Plus, rus, thus.

>Luca*nus*, {Lib. 1.} Plus illa vobis acie, quam creditis, actum est.

¶Et quae crescunt in obliquis penultima longa, vt Salus, tellus, palus, [155r] et nomina quartae declinationis, praeter casus ante dictos, vt Aditus, vultus.

>Ouid*ius*, {Met., 1}, Mox etiam fruges tellus inarata ferebat.
>Idem, {Met., 11}, Iuncta palus huic est, densis obsessa salictis.
>Mart*ialis*, {Lib. 8.} Hos aditus vrbem Martis habere decet.

Denique Graeca nomina, quorum genitiuus exit in vntis, vt Opus, Amathus.

Et quae ex pous podos, componuntur, vt Tripus, Melampus. Quaeque ex Oos contrahuntur, vt Panthus ex Panthoos.

¶Item genitiuus a foemininis in O, vt Manto Mantus, Clio Clius, et caet*era*.

>Virg*ilius*, {Aen., 10.} Est Amathus, est celsa mihi Paphus atque Cythera.
>Idem, {Aen., 2.} Panthus Otriades, arcis Phoebique sacerdos.
>Idem, {Aen., 10.} Fatidicae Mantus et Tusci filius amnis.

Huc etiam Iesus, sacrosanctum Domini atque Redemptoris nostri nomen, spectat.

Appendix

Vs, finita non contracta, ab Os syllaba profecta, corripiuntur, vt Pamphagus, Oribasus, polypus, quorum vltimum Aeoles per os scribunt vnde a Latinis per Vs effertur vltima breui.

>Ouid*ius*, {Met., 3}, Pamphagus et Dorceus et Oribasus, Arcades omnes.
>Horat*ius*, {In Epod.}, Polypus an grauis hirsutis cubet hircus in alis.

De syllaba communi

Communis syllaba, vt supra diximus, est quae modo breuis, modo longa apud poetas reperitur.

Praeceptum I. de syllaba communi

Et diphthongus et vocalis longa communes fiunt, cum vocalem diuersae dictionis praecedunt.

Breues

>Virg*ilius*, {Aen., 3.} Insulae Ionio in magno, quas dira Celaeno. [155v]
>Idem, {Aen., 5.} Victor apud rapidum Simoenta sub Ilio alto.
>Idem, {Eclog. 8}, Credimus? An qui amant, ipsi sibi somnia fingunt?
>Horat*ius*, {Serm. 1, Saty. 9}, Si me amas, inquit, paulum hic ades. Interam, si Aut valeo stare aut noui ciuilia iura.
>Propert*ius*, {Lib. 2.} Tu quoque ô Eurition vino Centaure peristi.

Longae

>Virg*ilius*, {Georg., 1}, Ante tibi Eoae Atlantides abscondantur.
>Idem, {Eclog., 7}, Stant et iuniperi et castaneae hirsutae.
>Idem, {Aen., 4.} Lamentis gemituque et foemineo vlulatu Tecta fremunt.
>Idem, {Eclog. 3}, Et succus pecori et lac subducitur agnis.

Iuuen*alis*, {Saty. 2}, Quis coelum terris non misceat, et mare coelo, Si fur displiceat Verri? homicida Miloni?

Ouid*ius*, {Met., 2}, O ego quantum egi, quam vasta potentia nostra est!

Breues et longae in eodem versu

Virg*ilius*, {Georg. 1}, Glauco et Panopeae et Inoo Melicertae.

Idem, {ibidem}, Ter sunt conati imponere Pelio Ossam.

Praeceptum II

Monosyllaba breuia interdum a poetis, more Graecorum producuntur.

Virg*ilius*, {Aen., 3.} Liminaque laurusque dei totusque moueri.

Iuuen*alis*, {Saty. 6}, Et animam et mentem, cum qua dii nocte loquuntur.

Praeceptum III

Syllaba breuis post quattuor primos pedes, maxime secundum et tertium relicta, nonnunquam a poetis producitur.

Syllaba breuis post primum pedem producta

Virg*ilius*, {Aen., 4.} Pectoribus in hians spirantia consulit exta.

Idem, {Aen., 11.} Oratis? Equidem et viuis concedere vellem.

Iuuen*alis*, {Saty. 6}, Quis nescit? Aut quis non videt vulnera pali? [156r]

Mart*ialis*, {Lib. 6.} Meque sinus omnis, me manus omnis habet.

Post secundum

Virg*ilius*, {Aen., 2.} Hic primum ex alto delubri culmine telis Nostrorum obruimur oriturque miserrima caedes.

Idem, {Aen., 5.} Emicat Euryalus et munere victor amici.

Idem, {Aen., 10.} Nam tibi Thymbre caput Euandrius abstulit ensis.

Stat*ius*, {Achil., 2}, Nanque senex Thetidi Proteus praedixerat vdae.

Mart*ialis*, {Lib. 14.} Det tunicam diues, ego te praecingere possum.

Idem, {Lib. 7.} Maximus Ille tuus, Ouidi, Caesonius hic est.

Post tertium

Virg*ilius*, {Aen., 5.} Ostentans artem pariter arcumque sonantem.

Idem, {Aen., 3.} Dona dehinc auro grauia sectoque elephanto Imperat ad naues ferri.

Idem, {Aen., 12.} Congredior, fersacra pater et concipe foedus.

Stat*ius*, {Achil., 2}, Nequa det indignos Thetidi captiua nepotes.

Post quartum

Virg*ilius*, {Aen., 10.} Graius homo infectos linquens profugus hymenaeos.

Idem, {Eclog. 6}, Ille latus niueum molli fultus hyacintho.

Idem, {Georg. 2}, Muneribus, tibi pampineo grauidus autumno.

Admonitio

His tribus praeceptionibus non in suis componendis, sed metiendis veterum poetarum carminibus vtentur tyrones.

Praeceptum IIII

Vocalis breuis ante mutam et liquidam eiusdem dictionis, vt supra dictum est, communis est in carmine, quanuis in soluta oratione semper corripiatur, vt Atlas, volucris, Cleopatra, Patroclus, lugubris, funebris.

> Ouid*ius*, {Met., 4} , Tempus, Atla, veniet, tua quo spoliabitur auro Arbor.
> Virg*ilius*, {Aen., 1.} ... Cithara crinitus Iopas [156v]
> Personat aurata, docuit quae maximus Atlas.
> Idem, {Aen., 4.} Cum tacet omnis ager, pecudes pictaeque volucres.
> Idem, {Aen., 7.} Assuetae ripis volucres et fluminis alueo.

Appendix

Syllaba natura longa nunquam corripitur, etiam si muta cum liquida sequatur, vt Arutrum, volutabrum, inuolucrum, salubris et reliqua generis eiusdem.

Praeceptum V

Vltima syllaba versus communis est, siquidem breuis pro longa ponitur.

> Virg*ilius*, {Aen., 1.} Gens inimica mihi Tyrrhenum nauigat aequor.
> Idem, {Ibidem} , Nate patris summi, qui tela Typhoea temnis.

Sextus enim pes spondeum est, qui ex duabus longis constat, aut contra longa pro breui.

> Mart*ialis*, {Lib. 9.} Nobis non licet esse tam disertis, Qui Musas colimus seueriores.

Vltimus nanque pes Choreus est, qui ex longa constat et breui.

De necessitate metrica

Lex necessitasque metri cogit poetas, breues aliquando producere, velut cum sunt tres breues continuae in carmine heroico, quod in Italia, Priamide, Arabia aliisque id genus vsu venit.

> Virg*ilius*, {Aen., 3.} Ibitis Italiam portusque intrare licebit.
> Idem, {Aen., 6.} Atque hic Priamidem laniatum corpore toto Deiphobum vidit.
> Proper*tius*, {Lib. 2.} Et domus intactae te tremit Arabiae.

¶Aut contra longas corripere, vt cum breuis inter duas longas est.

> Iuuen*alis*, Saty. 2, Fugerunt trepidi vera ac manifesta canentem Stoicidae.

Stoicidae dixit penultima breui necessitate metri constrictus, neque enim hexametrum carmen creticum recipit, qui ex longa, breui et longa constat. [157r]

De licentia poetica

Poetae, quibus semper potestas fuit, vt inquit Horatius, quidlibet audendi, nulla coacti necessitate syllabis interdum pro suo iure abutuntur. Tulerunt enim, dederunt et nonnulla alia eiusdem generis, penultima correpta efferunt.

> Virg*ilius*, {Eclog. 4} , Matri longa decem tulerunt fastidia menses.
> Hora*tius*, {Epist. 1} , Dii tibi diuitias dederunt artemque fruendi.

De pedibus

Quoniam de syllabis tum breuibus, tum longis, tum communibus dictum est: superest vt Et de pedibus, qui ex ipsis syllabis et de versu, qui ex pedibus constat, breuiter dicamus.

Quid sit pes

Pes est pars versus certo syllabarum numero atque ordine definita.

Pedes duarum syllabarum

Spondeus constat ex duabus syllabis longis, vt Possunt, omnes. Pyrrhichius ex duabus breuibus, vt Furor, ruit.

Choreus, seu, vt alii vocant, trochaeus ex longa et breui, vt arma, vincor.

Iambus ex breui et longa, vt Viros, rogas.

Pedes trium syllabarum

Molossus ex tribus longis, vt Aeneas, contendunt.

Trochaeus siue tribrachys ex tribus breuibus, vt Facere, tumidus.

Dactylus ex longa et duabus breuibus, vt Corpora, traximus.

Anapaestus ex duabus breuibus et longa, vt Animos, capiunt.

Bacchius ex breui et duabus longis, vt Dolores, parabant.

Antibacchius ex duabus longis et breui, vt Audisse, maturus.

Creticus seu amphimacer ex longa, breui et longa, vt Maximos, audiunt.

Amphibrachys ex breui, longa et breui, vt Cadebat, poema. [157v]

Pedes quattuor syllabarum ex superioribus compositi

Dispondeus constat ex duobus spondeis, vt Oratores.

Proceleusmaticus ex duobus pyrrhichiis, vt Abiete.

Dichoreus ex duobus choreis, vt Dimicare.

Diiambus ex duobus iambis, vt Propinquitas.

Choriambus ex choreo et iambo, vt Nobilitas.

Antipastus ex iambo et choreo, vt Recusare.

Ionicus a maiore ex spondeo et pyrrhichio, vt Calcaribus, cantabimus.

Ionicus a minore ex pyrrhichio et spondeo, vt Diomedes, Lacedaemon.

Paeones

Paeones quattuor sunt, omnes ex tribus breuibus et vna longa constant, hac lege, vt primus primam habeat longam, secundus secundam, tertius tertiam, quartus quartam

Paeon I, ex Choreo et Pyrrhichio, vt Aspicite, Temporibus.

Paeon II, ex Iambo et Pyrrhichio, vt Potentia, Docebimus.

Paeon III, ex Pyrrhichio et Choreo, vt Animatus, Moriamur.

Paeon IIII, ex Pyrrhichio et Iambo, vt Calamitas, Obierant.

Epitriti, seu hippii, totidem sunt, sed superioribus contrarii

Epitritus I, ex Iambo et Spondeo, vt Repentino, Repugnarunt.

Epitritus II, ex Choreo et Spondeo, vt Conditores, Comprobarunt.

Epitritus III, ex Spondeo et Iambo, vt Discordiae, Clamaueras.

Epitritus IIII, ex Spondeo et Choreo, vt Fortunatus, Pugnabamus.

Pedes quinque syllabarum

Quinque syllabarum pedes inusitati sunt, praeter dochimum, [158r] oratoriae compositioni maxime appositum, constat ex iambo et cretico, vt Reipublicae, perhorrescerent.

De Verbu

Versus est oratio certo genere, numero atque ordine pedum alligata.

Carmen hexametrum siue heroicum

Hexametrum carmen constat sex pedibus, quorum quintus dactylus est, sextus spondeus, reliqui dactyli vel spondei.

> Virg*ilius*, {Aen., 2.} Vrbs antiqua ruit multos dominata per annos.

Appendix

Quintus pes nonnunquam spondeus est, vnde versus spondaicus appellatur, quo vel rei alicuius grauitas et amplitudo, vel ingens moeror animique angor, vel aliud declaratur.

> Virg*ilius*, {Eclog. 4} , Cara deum soboles, magnum Iouis incrementum.
> Idem, {Aen., 2.} Constitit atque oculis Phrygia agmina circunspexit.

Pentametrum carmen

Pentametrum carmen, quod fere hexametrum comitatur, quinque pedes habet, quorum duo primi dactyli vel spondei pro cuiusque arbitrio sunt, adiuncta syllaba longa, quae caesura vel semipes dicitur, caeteri perpetuo sunt dactyli, quibus semipes itidem adiungitur, vt ex vtroque semipede quintus pes fiat, vel tertio loco est spondeus qui alterius verbi fine, alterius initio constat, deinde duo anapaesti.

> Ouid*ius*, {de Ponto, 4} , Omnia sunt hominum tenui pendentia filo Et subito casu quae valuere ruunt.

Senarius iambicus siue trimeter iambicus acatalectus

Senarius iambicus cum purus est et integer, omnibus in locis iambos habet.

> Horat*ius*, {Epod., Ode 2} , Beatus ille, qui procul negotiis. [158v]

Omnes sex pedes iambi sunt, totidem enim pedes senarius admittit, vnde et nomen inuenit. Verum, Tardior vt Paulo grauiorque veniret ad aures, vt Horatius ait, primo, tertio et quinto loco spondeum, dactylum et anapaestum recipit.

215

Omnibus etiam locis praeterquam sexto tribrachym potest recipere.

Horat*ius*, {IBIDEM}, Pauidumque leporem et aduenam laqueo gruem Iucunda captat praemia.

Dimetrum iambicum acatalectum

Dimetrum iambicum quattuor recipit pedes, secundo et quarto loco iambos, primo et tertio iambum, spondeum, dactylum, anapaestum, potest etiam in omnibus praeter quartum tribrachym admitere.

Horat*ius*, {Epod.}, Has inter epulas vt iuuat pastas oues. Videre properantes domum. ¶Subscribitur hic versus interdum eleganter senario iambico.

Mart*ialis*, {Lib. 1.} Vir Celtiberis non tacende gentibus Nostraeque laus Hispaniae.

Scazon siue choliambus

Scazon semper quinto loco habet iambum, sexto vero spondeum, caeteris omnibus cum senario iambico consentit.

Mart*ialis*, {Lib. 5.} Extemporalis factus est meus rhetor. Calphumium non scripsit et salutauit.

Anapaesticum dimetrum acatalectum

Anapaesticum carmen, quo frequenter in choris vtitur Seneca, constat quattuor pedibus, qui fere sunt dactily vel spondei permistis anapaestis, ita tamen vt secundo et quarto loco absit dayctius.

Senec., {Hercul. Furent.}, Lugeat aether magnusque parens Aetheris alti tellusque ferax, Et vaga ponti mobilis vnda. [159r]

Appendix
Secundus pes dictionem terminat qui frequentissime est spondeus.

Glyconium

Glyconium carmen constat spondeo et duobus dactylis, quo Seneca interdum choros scribit.

{Thyest.} Tandem regia nobilis, Antiqui genus Inachi, Fratrum composuit minas.

Asclepiadeum

Asclepiadeum carmen constat spondeo, duobus choriambis et pyrrhichio, vel spondeo, dactylo et syllaba longa, deinde duobus dactylis.

Horat*ius*, {Carm. 1}, Mecoenas atauis edite regibus.

Phaleucium

Phaleucium carmen quinque pedibus constat, spondeo, dactylo, deinde tribus choreis.

Mart*ialis*, {Lib. 1.} Commendo tibi Quintiane nostros, Nostros dicere si tamen libellos Possum, quos recitat tuus poeta.

Sapphicum carmen

Versus sapphicus quinque pedes hoc ordine admittit, choreum, spondeum, dactylum, deinde duos choreos, tertio cuique carmini fere nectitur adonius, qui ex dactylo et spondeo constat.

> Hora*tius*, {Carm., 1} , Integer vitae scelerisque, purus Non eget Mauri iaculis nec arcu Nec venenatis grauida sagittis, Fusce pharetra.
> Siue per Syrteis iter aestuosas, Siue facturus per inhospitalem Caucasum, vel quae loca fabulosus Lambit Hydaspes. [159v]

De carminum dimensione

Versus metimur pedibus, quibus metiendis non parum prodest syllabae communis, necessitatis metricae, licentiae poeticae figurarumque cognitio.

Episynaloephe

Episynaloephe, quae et synecphonesis et synaeresis appellatur, est syllaba vna ex duabus facta, quod fit cum duae vocales in vnam contrahuntur, vt aluearia, eadem, alueo, eodem, eosdem, aureis, aerei, denariis.

> Virgi*lius*, {Georg., 4} , Seu lento fuerint aluearia vimine texta.
> Idem, {Aen., 10.} Vna eademque via sanguis animusque sequuntur.

Hic, E et A, in vnam syllabam contrahuntur.

> Idem, {Aen., 7.} Assuetae ripis volucres et fluminis alueo.
> Idem, {Aen., 12.} Vno eodemque tulit partu paribusque reuinxit. ... Serpentum spiris.

Hic, E et O, vocales in vnam coalescunt.

> Idem, {Aen., 1.} Atria, dependent Lychni laquearibus aureis.
> Idem, {Aen., 12.} Pectora, nec misero clypei mora profuit aerei.

Hic, E et I, in vnam syllabam coeunt.

> Mart*ialis*, {Lib. 9.} Denariis tribus inuitas et mane togatum ... Obseruare iubes atria, Basse, tua.

Hic duplex, Ii, in vnum contractum est.

Idem accidit genitiuis Oilei, Achillei, Vlyssei et datiuis ablatiuisque Tereo, Typhoeo et similibus, interdum et accusatiuo Typhoea.

> Virgi*lius*, {Aen., 1.} Vnius ob noxam et furias Aiacis Oilei.
> Idem, {Aen., 3.} Littora Achaemenides, comes infelicis Vlyssei.
> Idem, {Aen., 9.} Inarime Iouis imperiis imposta Typhoeo.
> Ouid*ius*, {Met., 6} , Degeneras, scelus et pietas in coniuge Tereo.
> Idem, {Met., 3} , Nec quo centimanum deiecerit igne Typhoeo, Nunc armatur eo. [160r]

In primis, E et I, in secundis E et O, in vltimo E et A, in vnam syllabam coalescunt

In superiorum contractione, delectu et auctoritate opus est, at horum cui, huic, dii, diis, ii, iidem, iis, iisdem, vsque adeo, omnibus vti licet.

Item aduerbiorum deinde, dein, deinceps, dehinc et verbi deest, deerat, deerant, deerit, deerunt, deesse et eorum quae ex semi componuntur, vt Semianimis, semihomo.

>   Ouid*ius*, {Met., 11} , Iuncta palus huic est densis obsessa salictis.
>   Lucan*us*, {Lib. 1.} Sed venient maiora metu, dii vota secundent.
>   Idem, {Lib. 4.} Iidem, cum fortes animos praecepta subissent, Optauere diem.
>   Idem, {Lib. 1.} Vsque adeo miserum est ciuili viuere bello?
>   Stat*ius*, {Achil., 1} , Dehinc sociare choros castisque accedere sacris Hortantur.
>   Lucan*us*, {Lib. 8.} Non vlli comitum sceleris praesagia deerant.
>   Mart*ialis*, {Lib. 8.} Sint Mecoenates, non deerunt, Flacce, Marones.
>   Lucan*us*, {Lib. 3.} Semianimes alii vastum subiere profundum.
>   Virg*ilius*, {Aen., 8.} Semihominis Caci, facies quam dira tegebat.

Huc etiam spectat anteambulo, antehac, anteit et si qua praeterea sunt.

>   Mart*ialis*, {Lib. 2.} Sum comes ipse tuus tumidique anteambulo regis.
>   Lucan*us*, {Lib. 6.} Plurimaque humanis antehac incognita mensis.
>   Virg*ilius*, {Aen., 12.} Qui candore niues anteirent, cursibus auras.

Synaloephe

Synaloephe est, cum vocalis, aut diphthongus praecedentis dictionis a sequenti excipitur et quodammodo absorbetur.

>   Virg*ilius*, {Aen., 9.} Atque ea diuersa penitus dum parte geruntur.
>   Idem, {Aen., 2.} Conticuere omnes intentique ora tenebant.
>   Idem, {Aen., 10.} ... Clamorem ad sydera tollunt Dardanidae e muris, spes addita suscitat iras.

Exceptio
[160v]

O, et Heu, sequente vocali, aut diphthongo integra manent.

>   Virg*ilius*, {Aen., 10.} O pater, ô hominum diuumque aeterna potestas!
>   Stat*ius*, Theb., 5, Heu vbi syderei vultus? Vbi verba ligatis Imperfecta sonis?

Appendix I

Interdum nec vocalis nec diphthongus, vt supra diximus, a sequente vocali excipitur.

>   Virg*ilius*, {Georg. 1} , Glauco et Panopeae et Inoo Melicertae.
>   Idem, {Aen., 1.} Posthabita coluisse Samo, hic illius arma.

¶Id quod multo rarius accidit, si vocalis breuis sit.

>   Virg*ilius*, {Aen., 1.} Et vera incessu patuit dea, ille vbi matrem.

Appendix II

Synaloephe non solum in eodem carmine, sed in diuersis locum habet.

>   Virg*ilius*, {Georg. 3} , Et spumas miscent argenti viuaque sulphura Ideasque pices.
>   Idem, {Georg. 2} , Inseritur vero ex foetu nucis arbutus horrida: Et steriles platani malos gessere valentes.
>   Idem, {Aen., 1.} ... quibus orbis in oris Iactemur, doceas, ignari hominumque locorumque Erramus.

In his atque similibus locis vltima vocalis praecedentis versus excipitur atque absorbetur a prima sequentis.

Ecthlipsis

Ecthlipsis est, cum M, litera simul cum vocali eliditur, propter sequentem vocalem.

>Virg*ilius*, {Aen., 3.} Italiam, Italiam primus conclamat Achates.
>Pers*ius*, {Saty. 1} , O curas hominumi, ô quantum est in rebus inane!

Appendix I

Prisci M, literam cum vocali correpta seruabant.

>Lucret*ius*, {Lib. 1.} Nam si tantundem est in lanae glomere, quantum

Corporum in plumbo est, tantundem pendere par est. Corporum dactylus est.

>Ennius, {Annal., 10} , Insignita fere tum millia militum octo.

Appendix II

Ecthlipsis etiam in diuersis carminibus locum habet.

>Virg*ilius*, {Aen., 7.} Iamque iter emensi turres ac tecta Latinorum Ardua cernebant iuuenes muroque subibant.
>Idem, {Georg. 1} , Aut dulcis musti Vulcano decoquit humorem Et foliis vndam tepidi despumat aheni.

Appendix III

Prisci poetae, S, literam passim elidebant, quod si deinde concurrerent vocales, prior a posteriore per synaloepham excipiebatur.

>Ennius, {Annal., 7} , Doctus, fidelis, suauis homo, facundus suoque. Contentus, atque beatus, scitus, secunda loquens in Tempore, commodus et verborum vir paucorum.

Doctu - fi: cundu - su, dactyli sunt.

In secundo versu ex primo verbo exteritur, s, deinde fit synaloepha sic content - atque - be.

Rarissime apud posteros videas hanc literam extritam.

>Cic*ero*, {In Arat.} , Delphinus iacet haud nimio lustratus nitore.
>Alcinous, Longe erit a primo quisquis secundus erit.

Lustratus et quisquis, s, amittunt.

Diaeresis siue dialysis

Diaeresis est, cum syllaba vna in duas diuiditur, vt aurai trissyllabum pro aurae dissyllabo, syluae, euoluam, euoluisse, dissoluo, heu, persoluendus, suauis, iam apud comicos dissylabum.

>Virg*ilius*, {Aen., 6.} Aethereum sensum atque aurai simplicis ignem.
>Horatius, {In Epod., ode 13} , Niuesque deducunt Iouem, nunc mare, nunc syluae.
>Catul*lus*, {Ad Ortul.} , Condita quin veri pectoris euoluam.
>Ouid*ius*, {In Epist.} , Debuerant fusos euoluisse suos.
>Catul*lus*, Pristina vota nouo munere dissoluo.
>Ouid*ius* {Ad Liuiam} , Vita data est vtenda, data est sine foenore nobis Mutua, nec certa persoluenda die.
>Mart*ialis*, {Lib. 8.} Heu quam bene nunc, Papyriane.
>Virg*ilius*, {De Liuore} , Non lux, non cibus est suauis illi.

Systole

Systole est, cum syllaba natura longa corripitur.

> Virg*ilius*, {Aen., 1.} Cum subito assurgens fluctu nimbosus Orion.
> Idem, {Aen., 6.} Illae autem, paribus quas fulgere cernis in armis.
> Idem, {Aen., 8.} ... totumque instructo Marte videres Feruere Leucaten auroque effulgere fluctus.
> Sil*ius*, {Lib. 8.} Terruerunt pauidos accensa Ceraunia nautas.

¶Aut positione longa, sed altera consonante extrita, vt Obicis pro obiicis, abici pro abiici.

> Lucan*us*, {Lib. 8.} Curobicis Magno tumulum manesque vagantes?
> Ouid*ius*, {de Pont., 2} , Turpeputas abici, quod sim miserandus amicis.

Ectasis siue diastole

Ectasis est, cum aut syllaba natura breuis simpliciter producitur.

> Virg*ilius*, {Aen., 1.} Italiam fato profugus Lauinaque venit Littora.
> Stat*ius*, {Theb., 2} , ... Seu castra subire Apparet: aut cessum crebris arietibus vrbis Inclinare latus. [162r]

¶Aut cum eadem consonans geminatur, vt Relligio, relliquiae, repperit, rettulit, reppulit.

> Virg*ilius*, {Aen., 2.} Relligione patrum multos seruata perannos.
> Idem, {Aen., 1.} Troas relliquias Danaum atque immittis Achillei.
> Idem, Vir bonus et sapiens, qualem vix repperit vnum.
> Horat*ius*, {Epist. 2} , Rettulit acceptos, regale numisma, Philippos.
> Lucan*us*, {Lib. 1.} Reppulit a Libycis immensum Syrtibus aequor.

¶Aut, I et V, vocales in consonantes mutantur.

> Virg*ilius*, {Aen., 11.} ... cuius apertum. Aduersi longa transuerberat abiete pectus.
> Idem, {Aen., 12.} Moenia, quique imos pulsabant ariete muros.
> Idem, {Aen., 9.} Abietibus iuuenes patriis et montibus aequos.
> Idem, {Aen., 2.} Haerent parietibus scalae postesque sub ipsos.
> Sil*ius*, {Lib. 4.} Arietat in primos obicitque immania membra.

In his et similibus locis, I, vocalis fit consonans, itaque abiete, ariete dactyli sunt.

> Virg*ilius*, {Georg. 1} , Tenuia nec lanae per coelum vellera ferri.
> Idem, {Aen., 5.} Genuia labant, vastos quatit aeger anhelitus artus.

In his V, vocalis in consonantem migrat, quare tenuia dactylus est, itidem genuia.

Haec est Probi sententia, sunt qui existiment esse proceleusmaticum.

Neque mirari debes si vocales mutentur in consonantes, cum eaedem literae consonantes interdum in vocales vertantur, vt Dissoluo pro dissoluo: et caetera, quae per diaeresim in duas syllabas diuiduntur.

De caesura

Si pedes, maxime versus heroici e singulis verbis constent, ineptum et insulsum fit carmen, vt

> Aurea scribis carmina, Iuli, maxime vatum. [162v]

¶Contra si verba concidantur ita vt mutuo amplexu pedes alii ex aliis pendeant, pulcherrimus efficitur versus.

> Virg*ilius*, {Aen., 1.} Semper honos nomenque tuum laudesque manebunt.
> Idem, {Ibidem} , Non ignara mali miseris succurrere disco.
> Idem, {Ibidem} , Iustitiaque dedit gentes fraenare superbas.
> Idem, {Aen., 6.} Aere ciere viros Martemque accendere cantu.

Syllaba, quae ex dictione caeditur, ac post quemuis pedem relinquitur, vulgo caesura dicitur, cuius tanta est vis vt eius beneficio breuis syllaba producatur, est enim quoddam in ipsa diuisione verborum latens tempus, nam dum moramur atque ad alias transimus, interuallum vnum spatiumque lucratur.

> Virg*ilius*, {Aen., 4.} Pectoribus inhians spirantia consulit exta.
> Idem, {Aen., 5.} Emicat Euryalus et munere victor amici.
> Idem, {Aen., 10.} Vna eademque via sanguis animusque sequuntur.
> Idem, {Ibidem} , Graius homo infectos linquens profugus hymenaeos.

Vides vt syllabae natura breues post primum, secundum, tertium et quartum pedem producantur? Id beneficium caesurae acceptum referunt.

Appendix

Anapaestici versus optimi putantur, si pedes singuli e singulis fiant verbis.

> Seneca, {Thyest.} , Tertia misit buccina signum.
> Idem, {Ibidem} , Nondum serae nuntius horae.
> Idem, {Ibidem} , Curuo breuius limite currens. Qui tamen per pauci sunt, si cum aliis conferantur.
> Idem, {Ibidem} , Pectora longis hebetata malis. Iam sollicitas ponite curas. Fugiat moeror fugiatque pauor.

Ne te illud praetereat anapaesticum versum nonnunquam pedem anapaestum habere nullum, id quod primi tres versiculi aperte docent.

De penthemimeri, hephthemimeri, etc.

Veteres grammatici versum heroicum in quattuor partes secant, quas sectiones siue caesuras appellant penthemimerim, trochaicam, hephthemimerim, bucolicam siue tetrapodiam.

Penthemimeris, Latine semiquinaria, constat ex duobus pedibus et syllaba, quae dictionem claudat, vt

> Virg*ilius*, {Aen., 8.} vt belli signum.
> Idem, {Aen., 10.} Panditur interea.
> Idem, {Aen., 12.} Turnus vt infractos.

Trochaica post duos pedes habet duas syllabas, longam et breuem, siue trochaeum, qui dictionem terminet, vt

> Virg*ilius*, {Eclog. 4} , Non omnes arbusta.
> Idem, {Aen. 2.} Infandum, regina.
> Idem, {Aen. 12.} Excutiens ceruice.

Hephthemimeris, Latine semiseptenaria, continet tres pedes et syllabam, quae dictionem finiat.

> Virg*ilius*, {Aen., 1.} Talibus Ilioneus, cuncti.
> Idem, {Ibidem} , Multa super Priamo rogitans.

Idem, {IBIDEM}, Terram interfluctus aperit.
Bucolica, seu tetrapodia fit, si semiseptenaria duas breues adiunxeris, vt

> Talibus Ilioneus, cuncti simul ...
> et Multa super Priamo rogitans, super ...
> et Terram inter fluctus aperit: furit ...

Hanc tamen postremam aiunt propriam esse bucolici carminis, qua Theocritus plurimum est vsus. [163v]

Appendix

Versus, qui heroico nomine digni censentur, modo caesuram vnam habent, vt

> Vt belli signum Laurenti Turnus ab arce.
> Panditur interea domus omnipotentis Olympi.
> Tumus vt infractos aduerso Marte Latinos.

Omnes solam semiquinariam habent:

Modo duas, vt

> Non omnes arbusta iuuant humilesque myricae.
> Infandum regina iubes renouare dolorem.
> Excutiens ceruice toros fixumque latronis, etc.

Omnes trochaica et semiseptenaria constant:

Modo tres, vt

> Talibus Ilioneus, cuncti simul ore fremebant.
> Multa super Priamo rogitans, super Hectore multa.
> Terram inter fluctus aperit, furit aestus arenis.

Omnes et semiquinariam et semiseptenariam et bucolicam habent.

De verbis poeticis

Verborum licentia liberiores multo sunt poetae quam oratores, quibus assidue accurateque legendis, non solum verba, sed etiam caetera ornamenta iis, qui poeticae studio tenentur, diligentissime sunt obseruanda.

De patronymicis nominibus

Propria item poetarum sunt quae a grammaticis patronymica vocantur, quod a patrum maiorumque nominibus facta [164r] filium, aut filiam, nepotem aut neptem, aut ex posteris aliquem significent.

Haec fere a Graecis nominibus fiunt, atque vel in Des vel As, vel Is vel Ne exeunt, quorum prima masculina sunt et primae declinationis, vt Pelides, Achilles Pelei filius.

> Ouid*ius* {IN EPIST.}, Pelides vtinam vitasset Apollinis arcus.

Aeacides, Achilles Aeaci nepos.

> Virg*ilius*, {AEN., 1.} Saeuus vbi Aeacidae telo iacet Hector, vbi ingens Sarpedon.

Aeacides, Pyrrhus pronepos Aeaci.

    Idem, {Aen., 3.} Coniugio Aeacidae Pyrrhi sceptrisque potitum.

Aeacides, Pyrrhus, Epirotarum rex ab Aeaco originem trahens.

    Idem, {Aen., 6.} Eruet ille Argos Agamemnoniasque Mycenas.

Ipsumque Aeaciden genus armipotentis Achillei.

Caetera foeminina sunt et declinationis tertiae, exceptis vltimis, quae secundae sunt Graecorum, vt Thestias, Althaea Thestii filia.

    Ouid*ius*, {Met., 8} , Thestias haud aliter dubiis affectibus errat.

Thaumantias, Iris Thaumantis filia.

    Virg*ilius*, {Aen., 9.} Ad quem sic roseo Thaumantias ore locuta est.

Aeolis, Alcyone Aeoli filia.

    Ouid*ius*, {Met., 11} , Aeolis interea tantorum ignara malorum.

Atlantis Atlantidis, Electra Atlantis filia.

    Virg*ilius*, {Aen., 8.} Dardanus Iliacae primus pater vrbis et auctor, Electra, vt Graii perhibent, Atlantide cretus.

Nerine Nerines, Galatea filia Nerei.

    Idem, {Eclog., 7} , Nerine Galatea, etc.

Appendix I

Patronymica non solum a patribus, auis, proauis, abauis, [164v] atauis, tritauis aliisque maioribus deducuntur, sed etiam a matribus, vt Iliades, Romulus ab Ilia, Philyrides, Chiron Centaurus a Philyra, Latois, idis vel idos, Diana, hoc est Latona.

    Ouid*ius*, {Met., 14} , Inuadunt portasque petunt, quas obiice firmo Clauserat Iliades.
    Idem, Philyrides puerum cithara perfecit Achillem.
    Idem, {Met, 7} , Praeteritas cessasse ferunt Latoidos aras.

Item a fratribus, vt Pholonis, Io, seu Isis, Pholonei soror. Phaetontias, soror Phaetontis.

    Idem, {Met., 1} , Nec superum rector mala tanta Pholonidos vltra Ferre potest.
    Virg*ilius*, {Eclog. 6} , Tum Phaetontiadas musco circundat amarae Corticis.

A regibus praeterea et conditoribus, vt Romulidae, Romani a Romulo, Dardanidae, Troiani a Dardano, Aeneadae ab Aenea, Cecropidae, Athenienses a Cecrope, iidem Thesidae a Theseo.

    Persius, {Saty. 1} ... interpocula quaerunt Romulidae saturi, quid dia poemata narrent.
    Virg*ilius*, {Aen., 5.} Dardanidae magni, genus alto a sanguine diuum.
    Idem, {Aen., 3.} Aeneadasque meo nomen de nomine fingo.
    Ouid*ius*, {Met., 7} , Phocus in interius spatium pulchrosque recessus Cecropidas duxit.
    Virg*ilius*, {Georg. 2} , Praemiaque ingentes pagos et compita circum Thesidae posuere.

Appendix II

Multa a regionibus, vrbibus, montibus, fontibus, fluuiis aliisque que rebus fiunt, quae formam quidem patronymicam habent, re autem vera gentilia sunt, aut pro possessiuis adiectiuisque nominibus [165r] ponuntur, vt Asis, Libystis, Italis, Ausonis, Salmatis, Colchis, Sithonis, Thessalis, Sicelis, Sidonis, Ilias, Troas, Erymanthis, Maenalis, Pieris, Tritonis, Pegasis, Phasis, Phoebas.

    Ouid*ius*, {Met., 9} , ... celerique carina Aegeas metiris aquas, et in Aside terra Moenia constituis.

Sil*ius*, {Lib. 7.} Ad quem Cymodoce Nympharum maxima natu Italidum.

Virg*ilius*, {Aen., 5.} ... occurrit Acestes Horridus in iaculis et pelle Libystidis vrsae.

Ouid*ius*, {Fast., 2} , Nomen Arionium Siculas impleuerat vrbes Captaque erat lyricis Ausonis ora sonis.

Idem, {Trist., 1} , Sarmatis est tellus, quam mea vela petunt.

Idem, {In Epist.} , Nec vehit Actaeas Sithonis vnda rates.

Virg*ilius*, {Aen., 1.} Interea ad templum non aequae Palladis ibant Crinibus Iliades passis.

Ouid*ius*, {Met., 13} , Troades exclamant, obmutuit ille dolore.

Idem, {Trist, 3} , Cumque truci Borea Maenalis vrsa videt.

Idem, {In Epist.} , Pegasis Oenone Phrygiis celeberrima syluis.

Idem, {Fast., 2} , Vectam fraenatis per inane draconibus Aegeus Credulus immerita Phasida fouit ope.

Lucan*us*, {Lib. 5.} Limine terrifico metuens consistere Phoebas.

Patronymica masculina quo pacto formentur

Praeceptum I

Nomina A, finita assumunt Des syllabam, vt Ilia Iliades.

As terminata assumunt De syllabam ante, s, vt Aeneas Aeneades: Pheraetias Pheraetiades.

Ouid*ius*, {Met. 8} , Cumque Pheraetiade et Hyanteo Iolao. [165v]

Exceptio

A, finita aliquando ipsum A, mutant in I, vt Philyra Philyrides.

As terminata interdum I ante A, assumunt, vt Amyntas, Amyntiades, Philippus Amyntae filius.

Ouid*ius* {In Ibid.} , Aut vt Amyntiaden, etc.

Aeneides, Iulus Aeneae filius, fit a Graeco Aeneias Aeniades, sublato A, Aeneides.

Virg*ilius*, {Aen., 9.} Atque his ardentem dictis affatur Iulum, Sit satis Aeneide, telis impune Numanum Oppetiisse tuis.

Praeceptum II

Es finita mutant Es in Ades, vt Hippotes Hippotades, Aeolus Hippotae filius.

Ouid*ius*, {Met., 4} , Clauserat Hippotades aeterno carcere ventos.

Exceptio

Haec saepe I, ante A, admittunt, vt Anchises Anchisiades, Laertes Laertiades.

Virg*ilius*, {Aen., 8.} Aeneas Anchisiades et fidus Achates.
Ouid*ius*, {Met., 13} , Saxa moues gemitu Laertiadaeque precaris.

Pracceptum III

Nomina secundae declinationis Vs finita in genitiuo assumunt Des syllabam penultima breui, vt Aeacus Aeaci Aeacides, sic Priamides, Aeolides, Tantalides, a Priamo, Aeolo, Tantalo.

Virg*ilius*, {Aen., 6.} Misenum Aeoliden, quo non praestantior alter.
Ouid*ius*, {Met., 13} , Priamidenque Helenum rapta cum Pallade captum.
Idem, {In Ibin.} , Tantalides tu sis, tu Tereique puer.

Exceptio I
Nonnulla penultimam habent longam, vt Belides, Lycurgides, Amphiaraides. [166r]

> Virg*ilius*, {Aen., 2.} ... si forte tuas peruenit ad aures Belidae nomen Palamedis ...
> Ouid*ius* {in ibid.} , Quique Lycurgiden lacerauit ab arbore natum.
> Idem, {Fast., 2} , Amphiaraides Naupacteo Acheloo Solue nefas dixit, soluit et ille nefas.

Exceptio II
Quae a nominibus secundae declinationis fiunt, interdum etiam ante Des syllabam, A, literam recipiunt, maxime quae in Ius exeunt, vt Battus Battiades: Asopus Asopiades: Menoetius Menoetiades: Thestius Thestiades: Nauplius Naupliades: haec in Ius posterius, I, genitiui mutant in A, Thestii Thestiades.

> Ouid*ius* {in ibid} , Nunc quo Battiades inimicum deuouet Ibin. Hoc ego deuoueo teque tuosque modo.
> Idem, {Met., 7} , Huic Asopiades petis irrita, dixit, et vrbi.
> Idem, {in Epist.} , Siue Menoetiaden falsis cecidisse sub armis.
> Idem, {Met., 8} , ... ne titulos intercipe, foemina, nostros, Thestiadae clamant.
> Idem, {Met., 13} , Sed neque Naupliades facinus defendere tantum.

¶Iapetionides ab Iapeto, pro Iapetides, longius a norma recessit.

> Ouid*ius*, {Met., 4} , Hic hominum cunctis ingenti corpore praestans Iapetionides Atlas fuit.

Praeceptum IIII
Genitiuus nominum in Eus, assumit Des, syllabam penultima longa, E enim et I, vocales in I, longum, vel Ei diphthongum contrahuntur: vel O, more Graecorum, vt a multis scribitur: vt Atreus Atrei Atrides, seu Atriedes: sic Pelides, Alcides, Achilleides, Thesides, Tydides et sexcenta alia. [166v]

> Ouid*ius*, {Met., 13} , Conuocat Atrides socios terrore pauentes.
> Virg*ilius*, {Aen., 10.} Te precor Alcide, coeptis ingentibus adsis.
> Ouid*ius* {in Epist.} , Pyrrhus Achilleides animosus imagine patris.

Appendix
Haec rarius A, ante Des, syllabam habent.

> Virg*ilius*, {Aen., 12.} Panthus Otriades arcis Phoebique sacerdos.

Praeceptum V
Si nomina sint tertiae declinationis, patronymica fiunt a datiuo addita Des syllaba, vt Agenor Agenoris, Agenori, Agenorides, Cadmus filius Agenoris, Thestorides, Calchas filius Thestoris: Actorides, Patroclus nepos Actoris: Aesonides, Iason filius Aesonis.

> Ouid*ius*, {Met., 3} , Donec Agenorides coniectum in guttura ferrum.
> Idem, {Met, 12} , ... at veri prouidus augur Thestorides vincemus ait.
> Idem, {Met., 13} , Reppulit Actorides sub imagine tutus Achillis. Troas ab arsuris cum defensore carinis.
> Vale*rius*, Flac*cus*, {Lib. 6.} Aduolat Aesonides mortemque cadentis aceruat

Exceptio

Nomina As finita, quorum genitiuus exit in Antis, A, literam ante Des, syllabam petunt, vt Abas Abantis, Abanti, Abantiades: sic Atlantiades, Paeantiades, Athamantiades, Dryantiades et alia id genus.

> Ouid*ius*, {Met., 5} , Victor Abantiades patrios cum coniuge muros Intrat.
> Idem, {Met., 8} , Venit Atlantiades positis caducifer alis.

Eodem fere modo formantur quae a nominibus in On fiunt: Telamon Telamonis, Telamoni, Telamoniades: Amphitryoniades Laomedontiades. [167r]

¶A Scipione tamen non Scipioniades, sed Scipiades imminuto verbo nascitur.

> Ouid*ius*, {Met., 13} , Nec Telamoniades etiam nunc hiscere quicquam Audet.
> Virg*ilius*, {Aen., 8.} Interea cum iam stabulis saturata moueret Amphitryoniades armenta.
> Idem, {Ibidem} , Laomedontiaden Priamum Salamina petentem.
> Idem, {Geor. 2} , ... haec Decios, Marios, magnosque Camillos Scipiades duros bello et te, maxime Caesar.
> Sil*ius*, {Lib. 7.} Heu vbi nunc Gracchi? Aut vbi sunt nunc fulmina gentis Scipiadae?

Patronymica foeminina unde formentur

Praeceptum I

Patronymica foeminina, quae in As et Is exeunt, fiunt a masculinis De syllaba sublata, vt Thestiades, Thestias Thestiadis, Aeetiades, Aeetias, Thaumantiades, Thaumantias: Phaetontiades, Phaetontias, Aeolides, Aeolis Aeolidis, Tantalides, Tantalis, Oebalides, Oebalis, Latoides, Latois, Dardanides, Dardanis, idis, Cecropides, Cecropis, Belides, Belis, idis.

Multa praeterea sunt, quae passim apud poetas leguntur.

> Ouid*ius*, {Met., 7} , ... rapido fallax Aeetias igni Imponit purum laticem.
> Idem, {Met., 11} , Talibus Aeolidis dictis lacrymisque mouetur.
> Idem, {In Epist.} , Aut ego Tantalidae Tantalis vxorero.
> Idem, {Met., 4} , Assidue repetunt, quas perdunt, Belides, vndas.

Appendix I

Quaedam tum in As, tum in Is exeunt, vt Aeetias et Aeetis: Atlantias et Atlantis.

> Val*erius* Flac*cus*, {Lib. 7.} ... nec me Aeetis quin audiat opto.
> Idem, {Lib. 6.} ... ingens Aeetida perculit horror. [167v]
> Virg*ilius*, {Georg. 1} , Ante tibi Eoae Atlantides abscondantur.
> Sil*ius*, {Lib. 16.} Vixque Atlantiadum rube fecerat ora sororum.

Appendix II

Foeminina, quae a masculinis fiunt penultima longa, in Eis, desinunt soluta diphthongo, atque, E, breui in longum verso, vt Aeneides, Aeneis, Aeneidos: Achilleides, Achilleis, Achilleidos: Theseides, Theseis, Theseidos.

> Ouid*ius*, {Trist., 2} , Et tamen ille tuae felix Aeneidos auctor.
> Stat*ius*, {Theb., 12} , Viue, precor, nec tu diuinam Aeneida tenta.
> Iuuenal*is*, {Sat. 1} , Semperego auditor tantum? Nunquamne reponam Vexatus toties rauci Theseide Codri?

Exceptio
Nonnunquam penultima manet breuis. Ouid*ius*, de Pont., 3, Res quoque tanta fuit quantae, subsistere summo Aeneidos vati, grande fuisset opus.

Praeceptum II
Ne, finita a genitiuo fiunt addita Ne syllaba penultima longa, vt Neptunus Neptuni, Neptunine, sic Adrastine, Nerine, a genitiuis Adrasti, Nerei, E et I, mutatis in I, longum.

Quod si primigenium, I, ante Os, habeat, mutabitur Os in One, penultima producta, vt Acrisios, Acrisione, Danae Acrisii filia.

> Catul*lus*, {Argon.} , Tene Thetis genuit pulcherrima Neptunine?

Appendix
A muliebri Acrisione finxit Ouidius virile Acrisioniades.

> {Met., 5} , Vertit in hunc harpen madefactam caede Medusae. Acrisioniades adigitque in pectus: at ille, et caet*era*.

De metaplasmo
Proprium itidem poetarum est verbis, quibus oratores vtuntur, aliquid [168r] interdum addere vel detrahere, nonnunquam literas alias aliis permutare, aliquando e proprio loco in alienum transferre: quod quidem cum in soluta oratione vitium sit barbarismusque nominetur, in carmine tamen non barbarismus, sed metaplasmus appellatur, datur enim venia poetis, quia plerunque coguntur metro seruire.

Metaplasmus vero dicitur, quod vetus verborum forma vel necessitate metri, vel ornandi poematis causa a poetis in nouam figuram faciemque sermonis mutetur.

Prothesis
Litera vel syllaba principio dictionis addita vocatur prothesis, vt gnatus pro natus, tetulissem pro tulissem.

> Teren*tius*, {Andr.} , Eo pacto et gnati vitam et consilium meum Cognosces.
> Idem, {ibidem} , Nam pol, si id scissem, nunquam huc tetulissem pedem.

Epenthesis
Epenthesis est, cum medio dictionis litera, aut syllaba interiicitur, vt relliquias pro reliquias, Mauors pro Mars, nauita pro nauta.

> Virg*ilius*, {Aen., 1.} Troas, relliquias Danaum atque immitis Achillei.
> Idem, {Aen., 8.} Fecerat et viridi foetam Mauortis in antro Procubuisse lupam.
> Ouid*ius*, {Fast., 2} , Quid tibi cum gladio? Dubiam rege nauita puppim.

Paragoge, seu proparalepsis
Paragoge seu proparalepsis dicitur cum extremae syllabae aliquid adiungitur, vt Deludier pro deludi, admittier pro admitti.

> Teren*tius*, {Andr.} , Vbiuis facilius passus sim quam in hac re me deludier.
> Virg*ilius*, {Aen., 9.} ... tum Nisus et vna Euryalus confestim alacres admittier orant. [168v]

Aphaeresis

Litera vel syllaba principio dictionis subtracta aphaeresis appellatur, vt Ruo pro eruo, temno pro contemno.

> Virg*ilius*, {Aen., 12.} ... dabit ille ruinas Arboribus stragemque satis, ruet omnia late.

Syncope

Syncope literam, vel syllabam e medio dictionis subtrahit, vt Gubernaclo pro gubernaculo, periclis pro periculis, vixet pro vixisset, extinxem pro extinxissem.

> Virg*ilius*, {Aen., 5.} Cumque gubernaclo liquidas proiecit in vndas Praecipitem.
> Idem, {Aen., 3.} ... hic me, pater optime, fessum Deseris: heu, tantis nequicquam erepte periclis.
> Idem, {Aen., 11.} Vixet, cui vitam Deus aut sua dextra dedisset.
> Idem, {Aen., 4.} ... gnatumque patremque Cum genere extinxem, memet super ipsa dedissem.

Apocope

Apocope fini dictionis aliquid detrahit, vt Tuguri pro tugurii, oti pro otii.

> Virg*ilius*, {Eclog. 1} , Pauperis et tuguri congestum cespite culmen.
> Idem, {Georg. 4} , Illo Virgilium me tempore dulcis alebat Parthenope, studiis florentem ignobilis oti.

Antithesis

Antithesis est literae commutatio, vt Olli pro illi.

> Virg*ilius*, {Aen., 5.} Olli caeruleus supra caput astitit imber.

Metathesis

Metathesis est literarum ordo immutatus, vt Thymbre pro Thymber.

> Virg*ilius*, {Aen., 10.} Nam tibi, Thymbre, caput Euandrius abstulit ensis.

¶Nisi quis putet nominandi casu tum Thymber, tum Tymbrus dici, vt Euander et Euandrus.

[169r]

Appendix

Synaloephe, episynaloephe, diaeresis, ecthlipsis, systole, diastole sunt etiam metaplasmi species, de quibus supra egimus.

De prosodia

Graeci prosodias, Latini accentus, tenores et interdum tonos vocant.

Accentus rector est ac moderator pronuntiationis, eo enim vel attollitur vel deiicitur vox, vel partim attollitur, partim deiicitur. Vnde ipsum non immerito quidam vocis animam appellarunt.

Accentus tres

Tres sunt tenores, acutus, grauis, circunflexus. Acuto attollitur syllaba, graui deprimitur, vt Populus: antepenultima acuitur, penultima vero et vltima deprimuntur gradatimque descendunt.

¶Acuti nota e sinistra in dextram oblique ascendit, grauis a summo in dextram oblique descendit.

Accentu circunflexo partim attollitur, partim deiicitur syllaba, vt Romanus, eius nota ex acuto et graui constat, sonus hodie incertus est, siquidem Latinae linguae hospites veterisque pronuntiationis ignari eodem penitus sono tum acutas, tum flexas voces efferimus.

Acutus in penultima vel antepenultima locum habet, circunflexus in penultima tantum, grauis vbi vterque abest.

Praeceptum I

Nullius verbi Latini vltima syllaba, auctore Quintiliano {Lib. 1. c. 5. et 12 c. 10} , aut acuitur, aut circunflectitur. Quare Palam, vna, alias, et caetera id genus aduerbia, prima acuta sunt pronuntianda. Nec te moueat quod vltimae a typographis graui accentu notentur: id enim tantum fit, vt aduerbia esse intelligas.

Praeceptum II
[169v]

Dictio vnius syllabae natura breuis, aut positione solum longa acuitur, vt At, ast, fax, dux

Praeceptum III

Dictio monosyllaba natura longa aut positione simul et natura flectitur, vt Mos, ros, lux.

Praeceptum IIII

In dissyllabis prior natura longa aut positione simul et natura flectitur, dummodo posterior sit breuis, vt Caecus, audit, aestus, moestus, matris, fratris. Alioquin acuitur, vt Aestas, arma, furor.

Praeceptum V

In polysyllabis semper obseruanda est penultima, quae flectitur, si longa fuerit natura aut natura simul et positione, dummodo vltima sit breuis, vt Amicus, affligit, aratrum, palaestra, anapaestus. Alioquin acuitur, vt Romanos, victores, Marcellus.

Praeceptum VI

In polysyllabis semper acuitur antepenultima, si penultima sit breuis, vt Dominus, Areopagus.

De praepositionum tono

Praepositiones suis casibus praepositae, vt ait Quintil*ianus* {Lib. 1. cap. 5} , vno eodemque tenore simul cum ipsis efferuntur, ac si vna tantum esset vox, vt per forum, ab eo, ad Deum, praeter morem, contra foedus.

Vides, vt praepositiones graui tono pronuntientur?

De Graecis verbis

Verba plane Graeca Graeco accentu pronuntiantur, vt Paralipomenon penultima acuta. Lithostrotos acuta antepenultima.

Kyrie eadem acuta. Eleison, verbum est quattuor syllabarum, cuius non vltima sed antepenultima acuitur. [170r]

Appendix

In Graeca lectione si duae vocales concurrant, ne in carmine quidem eliditur prior, nisi in ipsis libris ante extrita per apostrophon fuerit. Quare cum Kyrie Eleison septem syllabis constet totidemque vocalibus saluis et integris scribatur, nulla prorsus est omittenda.

> Kyrie Eleison non solum a Latinis, sed etiam a Graecis per septem vocales scribitur. {Es., cap. 33} , Kyrie Eleison emas. Si vltima vocalis prioris dictionis aut euphoniae aut ornatus causa elidenda esset, eius absentiam Graeci apostropho, vt Solent, notassent.

De Hebrae*is vocibus

Quae Hebraea omnino sunt neque Latinitate donata, Hebraeo tono pronuntiantur, vt Amen, cherubim, Seraphim, quae acuta extrema, vt Pleraque alia, efferuntur.

Exceptio

Abel, Cain, Lamech, Noe, Abigail, Baal, Eden, Ephratha, Ephraim, gomor, Isboseth, phase, Siboleth, et quae in Ezer, Sedec, Melec, Ai exeunt, vt Eliezer, Melchisedec, Abimelec, Sarai, Sinai, Abisai, penultima acuta pronuntiantur.

¶Alia praeterea sunt huius classis, quae consulto praetermitto.

Appendix

Quae a Graecis et Hebraeis ad Latinos defecerunt, Latinorum norma metienda sunt, vt idolum media flexa, cum a Graecis idolon, antepenultima acuta pronuntietur.

Sara a Latinis priore acuta effertur, quia declinatur vt Musa, cum ab Hebraeis Sara posterior acuatur. Sed haec hactenus.

Laus Deo [170v]

解　説

introduction

I Portuguese missionary work and inter-linguistic contact in the East

1. The Discoveries and Missionary Work

The Discoveries presented the Portuguese missionary grammarians (among others) with the problem of describing a great variety of languages whose structures were totally different from Portuguese and Latin. According to the data we refer to below, between the years 1549 and 1850 over fifty works were written that contained information about Asian native tongues. Coming from various genres or categories (treaties, grammar books, spelling books, dictionaries and letters, to mention only a few), these texts represent different areas of those languages, such as Phonology, Morphology, Syntax and Lexicon. The consequent practical study of these exotic languages has had a great theoretical impact on their description.

Precisely at that period of time the concept of a 'universal language' was being redefined, so as to be considered the universal law of all languages or, generally speaking, the principle of language organization. Before the Renaissance, the notion of a 'universal language' was conceived as the ideal language for communication, given by God to humankind and put into practice in common language, playing the role that Latin used to play in Mediaeval Europe. After the Diaspora a new concept of 'universal language' was developed, which was considered a system of abstract categories and laws that would give substance to the organization of common languages.

According to Matos, the discovery of the sea route to India was

> um acontecimento que acabou por "revolucionar" a história económico-social da Europa do ocidente e do mundo. A chegada dos Portugueses ao Industão – e as consequentes medidas, emanadas da Coroa, no sentido de se proceder à colonização e evangelização dos gentios – fez com que o Padroado passasse a ocupar, ali, um papel bastante preciso (Matos 1987: 2).
>
> [an accomplishment that turned out to be a 'revolution' which affected the social-economic History of Western Europe. The Portuguese arrival in Hindustan – and further orders given by the Crown concerning the colonization and evangelization of the Gentians – made the clergyman masters and commanders of that territory, in which priests played an invaluable role]

About five years later, thanks to «the brief *Romani Pontificis Circumspectio*» of July, 8th 1539, Pope Curia established the range limit of the Goa diocese – including the jurisdictional power of the Crown's clergymen – extending from the Cape of Good Hope in Southern Africa to India and China, including as well the islands, lands and other places discovered or yet to be discovered (*vide* Matos 1987: 3-4).

This is, *latu sensu*, the true action field of Portuguese missionary work in the East, which was soon to be extended and given even more power, specifically from that period on. Bearing such an idea in mind, one of the most relevant aspects of the missionary work (namely the one carried out by missionaries from the Society of Jesus) is the way the clergymen learnt the tongues of the newly-found tribes and also the way they taught them Portuguese. Former Portuguese grammarian and writer, João de Barros, presented his prediction about the language and how long it would endure in Oriental territories. In his prophetic words:

> as armas e padrões portugueses, postos em África e na Ásia, e em tantas mil ilhas fora da repartição das três partes da Terra, materiais são e pode-os o tempo gastar; pêro não gastará doutrina, costumes, linguagem que os Portugueses nestas terras deixarem (Barros 1971: 405).
> [there is no doubt that the Portuguese weaponry and stone pillars spread throughout Africa and Asia, not to mention so many islands standing outside the limits that divide Earth in three parts, are material and can be erased by Time. Nevertheless Time itself will not erase the religion, the traditions and the language left by the Portuguese in these lands]

In fact, this has taken place as far as language is concerned. In the 16th, 17th and 18th centuries in Asia it was possible to find dialects from a mixture of Portuguese and local languages which resulted in pidgins and creoles. This was because in the 15th and 16th centuries there was a need to use simple language with a reduced lexical field to establish the first commercial and religious contacts. Portuguese-based pidgin arose in the context of multilingual societies that needed to resort to this form of expression to communicate. Indeed, in Asia in the process of contacts between Europeans and local people from the coasts of India through Ceylon, Malacca, Indonesia and Macau, several Portuguese lexical-based creoles appeared: Portuguese-Malay Creole (Malacca, Kuala Lumpur and Singapore), the Creole spoken on some Indonesian islands (such as Java, Flores, Ternate, Ambon, Makassar and East Timor) and the Sino-Portuguese Creole of Macao and Hong Kong (Pereira, 2005: 198-199). We also find a number of lexical contributions from Portuguese in languages such as Konkani, Marathi, Sinhala, Tamil, Malay and other vernacular languages, and vice versa (*vide* Russell-Wood 1998: 293). Words with Portuguese influence can be found in Japanese, such as Bidor (glass) botan (button), kappa (cover), Kirishitan (Christian), Oranda (Holland), pan (bread), shabon (soap) and Tabako (tobacco), among many others. The Portuguese language received the Japanese words "biombo", "bonzo", "catana", "gueixa", "samurai", etc.

Such a phenomenon was only possible thanks to the missionaries. The importance of missionary work both in the spreading/learning of languages and in the creation of multi-language texts is due to the fact that these missionaries needed to expand the Christian Faith. Dictionaries and glossaries of Oriental languages are substantial proof of the missionary effort to interpret native tongues, besides being an eternal legacy of memories and activities generated by the intercultural gathering.

To use the words of Fonseca, these documents

> nasceram daquela necessidade e fundamentalmente de uma política de aprendizagem das línguas orientais do estado português que tinha como principais aliadas as entidades eclesiásticas. Para tal realizaram-se cinco Concílios Provinciais de Goa, celebrados com representantes superiores da Ordem Franciscana e da Companhia de Jesus, entre 1567 e 1606 (Fonseca 2007: 92-93).

> [were born from the needs and the politics concerning the learning of Oriental tongues of nations under Portuguese rule, which was deeply allied to ecclesiastic institutions. Thus, five Provincial Meetings of Goa took place and were celebrated in the presence of superior representatives of Franciscans (religious order) and of Society of Jesus, between 1567 and 1606.]

Thanks to the effort to learn native languages and to teach them to novice missionaries the first grammar books for these languages were created, and were written in the Latin alphabet. Indeed, some of those languages previously had only a spoken version. The arrival of typography, first to Goa (1556) then to Macau (1584-1588) and finally to Japan (1591), stimulated the publication and spread of schoolbooks, spelling books, dictionaries, catechisms, grammar books, letters, among others. The arrival of typography to these nations was not carried out by Portuguese Royal power. It was the missionary dynamics towards the expansion of Christian Faith that led to it (*vide* Fonseca 2007: 92-93).

2. The contact between languages according to missionary letters

The letters sent to Portugal and Spain, namely by missionaries from the Society of Jesus, are in fact very important historical documents, useful to our understanding of the knowledge missionaries had of the newly-found Oriental tongues, not to mention other important issues which for the time being we will exclude since they are unnecessary for the research we have in mind. Father Manuel Álvares, considering the publication value of some of these letters by the press, writes the following in his Prologue to the edition of the *Letters* in 1562:

> Como desta província de Portugal se têm de enviar para todos os colégios e casas da nossa Companhia as cartas que da Índia, Japão, China e outras partes orientais nos escrevem cada ano nossos padres e irmãos que lá andam ocupados na conversão da gentilidade: e não se possa satisfazer aos desejos de todos, se se houvessem de transladar à mão, por o número ser grande e por outras ocupações ordinárias, pareceu nele, senhor, ser conveniente imprimir algumas delas, muitas que vieram depois da última impressão, para que nós, com os trabalhos e frutos dos nossos, nos consolemos e animemos para semelhante empresa, e os favoreçamos com sacrifícios e orações; e os demais que as lerem participando deste universal consolo, lhes dêem este mesmo favor, com rogar ao Autor de todo o bem, que era

levar a cabo esta obra da manifestação da nossa santa fé, por seu serviço e em seu nome começada, e o lembrem e o glorifiquem, pois tem por bem nestes tempos trazer tantas almas ao grémio de sua santa igreja (Álvares 1562: fl. 2-2v).

[Since it is compulsory to send from these Portuguese Provinces to all the schools and houses of our Society (of Jesus) all the letters from India, Japan, China, among other Oriental parts, here is what our clergymen and brothers who worry their minds with the conversion of Gentians write to us every year: Since one cannot satisfy the wishes of all, and because it would have to be handwritten, not to mention the great number of them, it seemed wise to us (who also have other – many – ordinary tasks and occupations), Your Highness, that we should print some of the letters, many of which arrived after the last printing, so that we ourselves, with our works and good results, can take consolation for the sacrifices and prayers and also to invigorate our huge tasks; and to all those who should read the letters, being participants of such universal consolation, we ask the favor to give them their high esteem and their own prayers to Providence, and also to help carrying out this proof of our Holy Faith, in whose behalf it all started, and it is our most humble request that such favor is remembered and glorified, because nowadays it has meant well to bring those many souls to the home of our Holy Church.]

Having read these letters there is no doubt that for the press company the favorite area was Japan, and for this reason the letters were also known from that time on as *Japanese Letters*, with a significant number of editions for that epoch. The 1570 edition resulted in «a thousand copy books, a number that leads us to think that the editions were not always so small as we might predict» "tiragem de mil exemplares cada, número que nos pode levar a pensar que as tiragens nem sempre seriam tão pequenas quanto poderíamos supor" (Garcia 1993: 13).

Among these letters, there is a group that carries information about the languages. Father Henrique Henriques says in his *Letter from Cochin*, January, 12th 1551:

y trabajaremos todos los padres para que en pocos años los Christianos daquellas partes entiendam y creã los mistérios da la fe: porque hasta qui como la cosa yua por interpretes no saber daclarar las tales cosas. Y porque para se hazer fruto e nesta gente, es necessário entender la lengua los que al presente que somos quatro, el padre Paulo, el Hermano Baltazar, y el Hermano Ambrósio que aca tomaron en la Índia, & yo, trabajamos de aprender a leer y escreuir en malauar: lo que todo es muy trabajoso. Mas el Señor nos tiene ayudado mucho, especialmente en estar una arte hecha en malauar, por la qual aprenden los hermanos, de que se sigue aprender en poço tiempo y hablar derecho, ponendo las cosas en su lugar, como quer que sejam las conjuga-ciones & declinaciones y todos los tiempos (Cartas 1993: fl. 3-3v).

[And we, all priests, will work so that in a few years' time all those Christians understand and believe all mysteries of Faith: this is because so far we have needed interpreters due to these inhabitants' inability to understand such devotional issues. And because to get results among this people, it is necessary to understand the language we four have been presented with, Paulo, Hermano Baltazar and Hermano Ambrósio, who have taken responsibility for India, and myself, we will thus work to learn and write in Malabar, which is something very difficult to achieve. However, the Lord has helped us very much, especially because the Art and documents are all written in Malabar, which allows the brothers to learn quickly and to speak fluently, naming the things the way they should be, whatever the conjugation and declension and the verb tense may be.]

Father Baltazar Gago describes as follows the Japanese letters and alphabet:

> Neste tempo não tinhão letras: este princípio avera dous mil e duzentos annos. Dahi a muito tempo vierão as letras da China, que com dificuldade se aprendem, e o primeiro livro veo da China. Daqui tomarão huns caracteres e maneira de letra, com que se entendem muito mais facilmente que com as letras da China (Cartas 1993: I, fl. 100).
>
> [During that period, they did not have letters: we would have to wait around two thousand two hundred years. Then, the Chinese letters, being very hard to learn, appeared, as well as the first book, which was also Chinese. From that moment on, the Chinese started using some characters and handwriting with which they understood each other much easier than with the former letters.]

Father Lourenço Mexia, in 1584, gives us a more specific description:

> A lingoa he a mais grave, e copiosa que creo ha, porque em muitas cousas excede a grega, e latina, tem infinidade de vocabulos, e modos pera declarar a mesma cousa, e tem tanto que fazer em se aprender, que não somente os nossos que ha mais de vinte anos que la andão, mas os naturaes aprendem cousas novas. Tem outra cousa (que creo que se não acha em nenhuma lingoa) que se aprende a Reithorica e boa criação cõ ella. Não pode ninguem saber Japão que não saiba logo como ha de falar aos grandes, e aos pequenos, altos e baixos e o decoro que se ha de guardar com todos, e tem particulares verbos e nomes e modos de falar pera huns, e outros. Ja os nossos têm feito arte da Gramática e Calepino, ou Vocabulário, e começarão o Nisolio, ou tesauro. A lingoagem da escritura he mui diferente da pratica e assi huma, como a outra he mui varia, e abundante e cõ ser tão abundante em poucas palavras cõprendem muito. A letra he cousa infinita, nem se acha pessoa que a saiba toda, porque tem duas maneiras de A b c, e cada hum de mais de corenta letras, e cada letra tem muitas figuras: e alem disto tem letra de figuras como os Chins, que he cousa que nunca se acaba de aprender. E afora estas figuras tem outras proprias pera as mesmas cousas. Tem no escrever muito engenho, e artifício porque o que se não pode explicar na lingoa se declara na letra (Cartas 1993: II, fl. 123r).
>
> [This language is the greatest and most abundant I believe to exist because, in many aspects, it exceeds the Greek and Latin ones for it has a never-ending number of words and ways to refer the same things; plus, it implies such huge effort in learning that not only our brothers who have been living there for over twenty years, but even the native speakers are continuously learning new things. Moreover, this language has one other characteristic (which I find unique and exclusive and cannot be found in any other) which is one immediately learns rhetoric and politeness through its structures. There is not a soul that knows how to speak Japanese who does not immediately know how to address themselves both to the Powerful and the Poor, to High Society and Low society. Furthermore, the speakers are also aware of the *decorum* to be used with every one of those members of the society, since this is accomplished thanks to the fact that there are specific verbs, nouns and ways of speaking for each of those social classes. Bearing such things in mind, our people (the priests) have been working on the art of grammar and vocabulary (or Calepino) and have also started arranging the Nisolio (or thesaurus). The language used in writing is very different from the one used in everyday speech, however the first and the second are so rich and abundant that a few words can express a great amount of meanings. As to alphabet letters, they are never--ending and one cannot find any single native speaker who knows them all because for every letter – a, b, c – there are over forty versions and each one carries a lot of symbols or figures. For instance, the symbols to refer to the Chins are infinite. Plus, beside the variety of symbols, one can be

speaking about the same things and choose other symbols that are synonyms of the firstly used. This way of writing is very ingenious and artful because what cannot be explained through the semantics of language will be done by means of the alphabetical letters.]

The language learning process was of crucial importance to the conversion of the Japanese because, as Luiz Dalmeida put it, in November 1559:

> Todos estamos bem, louvado seja o Señor, e nos exercitamos em aprender a lingoa, para ajudar a estes christãos (Cartas 1993: I, fl. 62r).
>
> [We all are well, praised be the Lord, and we have been continuously practicing to learn the language, so that we can help these new Christians.]

Brother João Fernandez de Bungo confirms it when he writes:

> Tambem ensina as letras de Japaõ aos filhos dos Christãos, porque antes as aprendião nos mosteiros dos seus Bonzos, onde depois de aprenderem ficavão filhos do demonio, polos muitos maos costumes e vicios que os Bõzos ensinão aos moços que tem em seus mosteiros: e por impedir este mal ordenou o padre que todos os filhos dos christãos viessem aqui a casa aprender suas mesmas letras, pera que juntamente com ellas bebessem a Doutrina Christã (Cartas 1993: fl. 77).
>
> [Moreover we also teach this Japanese lettering to the children of these Christians because in times before they used to learn it in the Bonzos monasteries, which turned these youths into children of the Devil, due to the bad moral behaviour and addictions that the Bonzos taught the novices they raised in those monasteries: and so to prevent such evil, the Father has commanded that all the children of the Christians would come to our home to learn the already mentioned lettering and through it they would receive Christian Faith.]

There are other reports about priests who are completely fluent in Japanese:

> Antre os irmãos que vierão a Japão, da lingoa nenhum chegou ao irmão João Frz, nem me parece que o haverá por muitos que venhão. Mas este mancebo que anda comigo tem tanta graça no que diz, que rouba os corações daqueles com quem fala: tera agora vinte e dous anos, tem muita parte da sagrada escritura na memória (Cartas I, fl. 84).
>
> O irmão João Fernandez, porque sabe bem a língua de Japão se occupa em ensinar aos baptizados (Cartas 1993: fl. 101).
>
> [Among the brothers who came to Japan, no one has (or will in the future) excelled Brother João Frz. Nevertheless, this young man who accompanies me has such grace in what he says that he steals the hearts of those to whom he speaks: he must now be twenty-two years old and bears in his memory a great amount of the Holy Scripture; Brother João Fernandez, as he knows so well the Japanese language, has been occupying his time in teaching the baptized.]

In the letters there are references to some grammar textbooks and vocabulary books as well. Father Luís Fróis, in his October, 3rd 1564 letter says:

> Por em Japão até agora não aver arte conforme a ordem que tem a latina por onde se padecia detrimento no aprender da lingoa, determinou o irmão João Fernandez (por então ter algum vagar, e desposição pera se ocupar nisso) de a fazer com suas conjugações, praeteritos, sintaxi e mais regras necessárias cõ dous vocabulos por ordem do alfabeto hum que começa em Portugues, e outro na mesma lingoa. Gastou em compor isto seis ou sete meses, até que pela bondade de Deos lhe deu fim, não perdendo nada de suas pregações e exer-

cícios costumados, que foi huma das mais necessárias cousas que cá se avião mister, pera com a língoa se poder fazer fruito nas almas (Cartas 1993: I, fl. 146v-147).

[Because in Japan, so far, there seems to have been no Art similar to the Latin one, which has led us to great difficulty in learning Japanese, Brother João Fernandez has decided (having always been free and willing to do so) to learn the Art of this language as follows: he has taken the conjugations, verb tenses, Syntax and further linguistic rules and has analysed them in bilingual terms of comparison. In other words, the grammar rules have been applied to the Portuguese word / Japanese correspondent word pair. It took him six or seven months to do it until the moment God's Will put an end to it. Having achieved such purpose, our brother didn't forget his religious mission since he maintained his preaching and usual tasks, which were the things these people were in most need of so the language would have its fruits in these people's souls.]

Beyond these problematic issues, Father Luís Fróis, in his *History of Japan*, draws our attention once more to the linguistic textbooks and their crucial role in the study of the Japanese language. He writes about a Japanese doctor, baptized in 1560, who being

homem insigne na lingua de Japão [...] forão suas ajudas grande meio para se poder fazer a Arte na lingua de Japão e Vocabulario mui copiozo (Fróis [1560] 1976-84: I, 172/173).

[an illustrious speaker of the Japanese language [...] made his research an essential means to study and create Art throughout the Japanese language and its copious vocabulary.]

In 1563, it was Luís Fróis himself who started, in cooperation with João Fernandes, "a draft of the first Art documents ever made in Japan, and he did this by organizing all the conjugations, Syntax and a short list of vocabulary. However, because I was new in that land and had little information about the language, that draft was no more than a primary raw-material that could eventually give birth to Art and vocabulary, which were to be achieved only about twenty years later" (*vide* Fróis [1553] 1976-84, I, fl. 356-357).

Father Gaspar Coelho, in his 1582 yearly letter, has himself also referred to books belonging to the same genre, but he does not specify their authors:

A arte da lingoa de Japão, se aperfeiçoou este ano, e também se tem hum vocabulário e alguns tratados na lingoa de Japão. (Cartas 1993: II, fl. 28).

[The Art of the Japanese language has been improved during this year and we hold lists of vocabulary and some treaties in Japanese.]

As Garcia puts it, Jesuit epistolary «is a priceless historical legacy which, on the one hand, reflects the mentality and evangelic effort spread all over the world by the Europeans, and, on the other hand, it is one of the resources that so far has less been considered by all components of History, besides History of Religion (*vide* Garcia 1993: 13).

And we may add that this tendency to forgetfulness has even been extended to linguists themselves.

Introduction

3. Languages in contact

The first name to be considered is that of Father Henrique Henriques. He is said to have started his grammar of the Malabar language in 1548. According to our research of written documents, Father Henriques appears to have been fully prepared and indeed very proficient for his time. Thanks to his writings we know that all the Jesuit priests had already dedicated themselves to learning how to speak the language; nonetheless it was Father Henriques himself who normally helped them with the translation of the Sermons and revised and polished the religious prayers in Malabar language. According to Américo Cortez Pinto, to him we also owe a debt for the translation of the catechism of 'Christian Doctrine', printed in 1559, in Cochin (*vide* Pinto 1948: 381).

In his mission for Ternate, Father Francisco Vieira gives substantial proof of his knowledge of Malabar, the most spoken native tongue in Indonesia. Later on, as Father Henriques had done with the tongue spoken in Cochin, Father Lourenço Pires in Goa wrote the grammar of the Konkani language.

As far as Japan is concerned, the most prominent were Fathers Luís Fróis and João Rodrigues (Tcûzu).

In spite of the fact that there is not an exhaustive, discerning list of people who worked in inter-communication between Portuguese and other spoken and written Asian languages, it is possible nowadays to make a list that gives us an approximate idea of the dimension of that communication. According to Verdelho's catalogue (*O encontro do português com as línguas não europeias*, 2008: 26-27), which gathers information collected by Barbosa Machado (*Biblioteca Lusitana*), Francisco Rodrigues (*A formação intelectual do Jesuíta*), Inocêncio Silva (*Dicionário Bibliográfico Português*), Céu Fonseca (*Historiografia Linguística Portuguesa e Missionária*), Simão Cardoso (*Historiografia Gramatical*) as well as some of the already mentioned *Cartas*, we are now able to present the following list of names:

    Álvaro Semedo, Chinese language

    Antão de Proença, Tamil language

    António Barbosa, Annamese language

    António Saldanha, Konkani language

    Baltazar Gago, Canarese language

    Diogo Ribeiro, Canarese language

    Duarte Silva, Japanese language

    Francisco de Pina, Annamese language

    Francisco Peres, Malay language

    Gaspar Coelho, Japanese language

    Gaspar do Amaral, Annamese language

Gaspar Ferreira, Chinese language
Gaspar Luís , Annamese language
Gaspar Vilela, Japanese language
Henrique Henriques, Mayalam language
João Fernandes, Japanese language
João Rodrigues, Japanese language
Lourenço Peres, Konkani language
Lourenço Mexia, Japanese language
Luís Dalmeida, Japanese language
Manuel Barreto, Japanese language
Manuel Dias, Chinese language
Manuel Ferreira, Annamese language
Miguel de Almeida, Canarese language
Miguel Gaspar, Canarese language
Tomás Estêvão, Canarese language (cf. Verdelho 2008, 26-27).

4. The press as a means of contact between the languages

To compensate for the difficult task of getting books to the East in a period when books printed in Portugal had a limited number of editions, the first printer was installed in Goa in 1556. According to Cortez Pinto, also during this period of time another four of these printers were installed in Asia (*vide* Pinto 1948: 181).

In the mid-fifties, Bernard-Maître, a priest who participated in Lucien Febvre and Henri-Jean Martin's work, *L'apparition du livre* (Bernard-Maître 1958: 301), showed his conviction that the press had started working in Goa in 1557, in Macau in 1588 and in Nagasaki (Japan) in 1590.

Nowadays, thanks to the major contribution of Father Francisco de Sousa it is relatively easy to accept that the birth of Typography Art in India can be placed in 1556. In his words:

> Father Gonçalo Rodrigues was already in Goa, when four books arrived there coming from Portugal, in September, 13th 1556. In these caravels, Father João de Mesquita and Father André Guadàmez were also coming to Goa. Moreover, there also came our Brothers Gonçalo Cardoso, Francisco Lopez, Bertholameo Carrilho Castelhano, João de Bustamante (professional printer) and João Gonçalves: these last five priests were Father Balthazar Telles' nominees for the previous mission (Garcias 1936: 108).

This document furnishes substantial proof (having agreed with Father Cecílio Gomes Rodeles' research in 1912 (*vide* Rodeles 1912: 10) of the fact that the Society of Jesus is intimately

241

Introduction

connected to the implementation of typography in Goa and in other Portuguese-speaking areas in the East.

The 16th century editions that we know of (so far) were printed in the 'European' printing press in Goa and they are doubtless examples of the Portuguese policies and philosophy of action in these areas.

Here follows a list of works concerning India, which has been listed by Cadafaz de Matos (*vide* Matos 1987: 41-72):

1556 — *Conclusiones Philosophicas*. It is the oldest book printed in India.

1557 — *Doutrina Christã* by Father Francisco Xavier, from the Society of Jesus.

1560 — *Tratado em que se mostrava pela decisão dos concílios, e autho-ridade dos Santos Padres a Primazia da Igreja Romana contra os erros scismaticos dos Abexins*, Goa. (Treaty in which the Primacy of the Roman Church against the schismatic errors of the Abyssinian was shown by the decision of the councils and the authority of the Holy Fathers.)

1561 — *Compendio Espiritual da vida Cristãa*, tirado pelo primeiro arcebispo de Goa, D. Gaspar de Leão Pereira, Goa. (Spiritual Compendium of Christian life, composed by the first archbishop of Goa, D. Gaspar de Leão Pereira, Goa.

1563 — *Coloquios dos Simples, e drogas he cousas medicinais da Índia e assi dalguas frutas achadas nella onde Se tratãm alguas cousas tocantes amediçina, pratica, e outras cosas boas, para Saber cõpostos* pello Doutor Garcia Dorta, Goa. (Colloqium of the Simple, and drugs and medical things from India, and so from some fruits thought to be from where some things are treated regarding the medicine, practice and other good things, to know how to compose) by Doctor Garcia Dorta, Goa.

1565 — *TRATADO QVE fez mestre Hieronimo, medico do papa Benedicto, 13, cõtra os judeus: é que proua o Messias da ley ter vindo* (19). *Carta do primeiro Arcebispo de Goá a o pouo de Israel seguidor da ley de Moises, & do talmud por engano & malicia dos seus Rabis*, Goa. (Things of what Master Hyronimous did, doctor of Pope Benedict 13, against the Jews: It is what proves that the Messias of the law has come (19). Letter of the first Archbishop of Goa to the people of Israel, following Moses's law, & of the Talmud by mistake and malice of his Rabbis. Goa.)

1568 — *JESUS* (Brazão do Arcebispado de Goa) — *O PRIMEIRO CONCÍLIO Prouinçial çelebrado em Goa. No anno de 1568*. Goa. (JESUS (... of the Archbishop of Goa) – THE FIRST provincial COUNCIL celebrated in Goa in the year of 1568. Goa.)

1568 — *IESUS I CONSTITVCIONES do arcebispado de Goa Approuadas pello primeiro cõncilio prouincial* / Anno 1568. (IESUS I CONSTITVCIONES of the Archbishop of Goa, approved by the firstprovincial council / Year of 1568.)

1573 — *Desengano de perdidos em diálogo entre dois peregrinos, hum Christão e hum Turco, que se encontram entre Suez, e o Cairo, dividido em tres partes.* (Disillusion of the lost in the dialog between two pilgrims, one of them Christian and one of the Turkish, who meet between Suez and Cairo, divided into three parts.)

1578 — *DOCTRINA CHRISTIAM en Lingua Malauar Tamul* / Doctrina Cristã tresladada em lingua Tamul pello padre Anrique Anriquez da Copanhia de IESU, & pello padre Manoel de São Pedro. Cochim. (Christian doctrine, translated into the Tamil language by Father Henrique Henriques of the Society of Jesus and by Father Manuel de São Pedro. Cochim.)

1588 — *Oratio habita a Fara D. Martino Japonico,* etc., Goa. (Speech given by Fara, D. Marinho Japanese, etc. Goa.)

Also in Japan, from 1591 a group of Japanese texts and catechisms using the Latin alphabet, as well as Japanese Kana-Kanji script, started to be printed, aimed at the students of Japanese Jesuit schools. Here follows eight of those works, which were published before the Amakusa edition of the Alvares' grammar (1594).

1591? —Dochirina Kirishitan. Kazusa (Christian Doctrine).

1591 — Sanctos no Gosagueono Vchi Nuqigaqi. Kazusa (The Saints' Biography).

1592 — Doctrina Christana. Amakusa (Christian Doctrine).

1592 — Fides no Doxi. Amakusa (Introduction of the Symbol of the Faith by Luis de Granada).

1592? —Bauchizumono sazukeyo. Amakusa (Leaflet about baptism).

1592 to 1593 — Feiqe no Monogatari (Resumé of Heike's History), Esopo no Fabulas (Esop's Fables), Xixo Xixxo (Collection of proverbs). Amakusa,

5. Meta-linguistic texts

As far as the rest of the linguistic literature is concerned, whether it was published / printed or handwritten, there are many authors who present some accurate lists, such as David Lopes and Luís de Matos in *Expansão da Língua Portuguesa no Oriente,* and other authors who present diffuse, fragmentary information as in the case of Barbosa Machado (in *Biblioteca Lu-*

sitana), Inocência Silva (in *Dicionário Bibliográfico Português*) and Simão Cardoso (in *Historiografia Gramatical*), to name just a few of the most important ones. Cunha Rivara (1858 and 1868), Céu Fonseca (2006) and Toru Maruyama (1994 & 2004) have provided some systematization. Languages included are Bengali, Chinese, Concani (Canarim), Hindi, Japanese, Malay, Sinhalese, Tamil, Vietnamese, to name a few from Asia.

According to these surveys, the Portuguese language played a considerable role in the period between 1550 and 1850 for the linguistic study of these languages in continuous connection and interaction. This list is merely a fragmentary sign of the meta-linguistic work produced thanks to the partnership with the Portuguese language beyond the European border. Many of these texts (probably the majority of them) are nowadays still unknown by most investigators.

Among Portuguese missionaries, and later missionaries from other European countries, the Discoveries gave rise to the problem of describing various languages, each with totally different structures compared with Portuguese and Latin. This was, therefore, one of the most significant issues of the Portuguese Diaspora during the 15th century, and in fact this expansion has been reinforced by an inter-linguistic dialogue that still exists today.

It was the religious orders themselves, especially the Society of Jesus, which played the most important role in both the literacy campaign to thousands of people and the growth of awareness about a world that was linguistically diverse. The missionaries learnt these languages through assiduous study and, within a short period of time, they printed lists of vocabulary, grammar books, dictionaries, spelling books and even catechisms (…) which represent an extraordinary legacy for the history of culture and the history of languages in contact with each other.

This group of works that we have mentioned, although fragmentary, provides us with a panorama of the diverse production (handwritten or printed) of missionary linguistics entirely or partially studied by Portuguese missionaries and written exclusively in Portuguese. This Missionary Linguistics derived from inter-linguistic contact between the different languages of different peoples and nations. Much of this written work is yet to be studied and, to the shame of those who should be concerned about such works, some of the printed books are not yet catalogued nor is there even an idea of their whereabouts. Nevertheless, the available bibliography is, for the time being, sufficient to assess the dimensions of inter-linguistic contact, which encompasses the dictionary compilation of such distant languages as Malabo, Japanese and Konkani, to name but a few, and their interpretation, which implied the knowledge of other languages with different written traditions. All of this work was accomplished thanks to the generosity of missionaries (secular and religious ones), especially Jesuit, Franciscan, Dominican and Benedictine priests. We name a few of them, such as Henrique Henriques, S.J. (1536-1608), Tomás Estevão, S.J. (1549-1619), João Rodrigues (Tçuzu), S.J (1561-1633), among many others who fairly deserve to be remembered. The 'civilising' action of the missionaries, especially the Portuguese Jesuit missionaries

> quando recupera as línguas de recepção e as enriquece com a memória escrita, com a reflexão metalinguística e com a recolha do seu corpus lexical, configura um gesto de encontro bem mais elaborado e confraternal do que a guerra santa ou espírito de conquista, que desde o tempo do império romano era exercido com a crueldade elementar do dilema "parcere subiectis et debellare superbos" [poupar os fracos e abater os soberbos] enunciado por Virgílio (Eneida 4.853). (Verdelho 2008: 20).
>
> [when it recovers the reception languages and provides them with a written memory, or meta-linguistic reflection or even the gathering of its lexical corpus, shows a sign of more brotherly benevolence than the Holy War or the Conquest spirit, which, from the Roman Empire times was exercised with the dilemma of elementary cruelty 'parcere subiectis et debellare superbos' [spare the Weak and eliminate the Haughty and Superb], as stated by Virgil.]

II De Institutione Gammatica libri tres

1. Biographic note

Manuel Álvares was born in Ribeira Brava on Madeira Island, Portugal in 1526. All of his biographers affirm that he joined the Society of Jesus on July 4th, 1546, at the age of 20, and that he died in Évora on December 30th, 1583, at the age of 57. Therefore, it is supposed he was born in 1526, during an epoch in which birth registration in this diocese was not yet regular. That is why there is no respective data available in the parochial archive of Ribeira Brava, a fact we have had occasion to verify more than once. In 1538, Manuel Álvares received the sacral orders, called minors, from D. Ambrósio Brandão, the titular bishop of Rocina, who had come to the island temporarily to perform episcopal functions. Father António Franco tells the story that a sailing-ship en route to India entered port in Funchal and a man of the church from the Society of Jesus had gone ashore because of illness, and had been taken to hospital for treatment of the disease he had been seized with. Manuel Álvares went to see him as soon as he had received the news and heard reports about one of his former fellow students. Soon he left his father's home and joined the Jesuit congregation in 1546. He did not hesitate in dedicating himself to studies in Humanities at the Colégio de Jesus, which opened in Coimbra in the year 1547.

A teacher of Latin, Greek and Hebrew and beyond that an inspired Latin poet, he started to lecture in public lessons at S. Antão College in Lisbon. In 1555 he already belonged to the teaching staff of the Arts College in Coimbra, alongside the notable metaphysicist Pedro da Fonseca; who later became Rector.

Affable and simple of character, a little scrupulous and timid as a Superior, slow and meticulous at work, this man, whose motto was *Deus, ego, tertium gymnasium* (God, me and in third place school), became Rector of the Colégio do Espírito Santo and of the University of Évora, where he eventually died on December 30th, 1583. A man of singular erudition and diligence, as well as an indefatigable worker according to the information of a contemporary witness, a profound expert in the secrets of the Latin language, Manuel Álvares was appointed to compose a Latin Grammar, fulfilling a desire of the General of the Order, Diogo Laínez and of his successor Francisco de Borja, both of whom were looking for someone who would perform this task for the whole Order.

Álvares already happened to be producing a group of grammar works on his own initiative. Now, with the superiors' orders, there was no hesitation. He dedicated himself to his work with such persistence that he soon gave form to his famous method *De Institutione Grammatica libri tres* in 1572.

In the history of Humanities in Portugal, the year of 1572 is most noteworthy because of the impression, in Lisbon, of two works of great importance. In this year, the Lisbon printer António Gonçalves published Portugal's national epic poem *Os Lusiadas*, written by the great poet Luís de Camões (ca. 1524-ca. 1580). In the same year, the Coimbra and Lisbon based printer João da Barreira printed the Latin grammar *De institvtione grammatica libri tres*. While the publication of the two works in the same year may be considered to be a mere coincidence, it remains remarkable that both works were to acquire not only an essential role in Portuguese culture, but also in European culture of the following centuries.

2. De Institutione Grammatica libri tres

2.1 General considerations

For the Society of Jesus, the *De Institutione Grammatica libri tres* represented a great advance in the teaching of Latin. Until its appearance in 1572, teaching Latin within the congregation had been based on different manuals, some developed by other Jesuits, and, especially Despauterius' *Commentarii Grammatici*. The Society had proposed the composition of a text to Father Álvares, which would be superior to what was on offer. Thus, Álvares developed a teaching method that would satisfy the educational demands of the Jesuit schools and would overcome the objections that had been raised to other texts. In 1570, a preliminary version of the work on syntax was printed under the title *De octo partium orationis constructio*. Two years later, in 1572, *De Institutione Grammatica libri tres* was printed in João Barreiro's office in Lisbon.

When Manuel Álvares let his Latin Grammar go to press in three volumes the defective Latin language found itself revitalised in a more cultured ambience, both European and Portuguese, as well as in their respective pedagogic methodology.

Having become public, the textbooks quickly spread everywhere. At the end of the third quarter of the 16th century, namely until 1572, and in contrast to only two grammars written in Portuguese, 17-20 compendia of Latin grammars had been printed, and one other, the *Grammatices Rudimenta* by João de Barros is still in manuscript today: three editions by Pastrana, the last in 1522; the same number by Nebrija, in 1552, 1555 and 1565; two by Estêvão Cavaleiro, in 1505 and 1516; two by Clenardo from Braga in 1538, with 207 pages, and one from Coimbra in 1546 under João Vaseu's supervision; two by Jerónimo Cardoso in 1557 and 1562; one from D. Máxio de Sousa, leading Capitular of Santa Cruz in Coimbra, in 1535; two by Despauterius, in 1555 and 1561, the latter printed in Braga; one of the *Rudimenta Grammaticae* by an unknown author in 1553; and another by André de Resende which Barbosa Machado and Justino Mendes de Almeida have dated to 1540. But to 1599 the total increases to 26-29, including three editions by Álvares and a Comment by António Velez.

There was, thus, no lack of grammatical texts, but rather of method[1] (Torres, 1998: 178). Francisco Rodrigues asserts that Despauterius[2] had been adopted in the colleges of the Society of Jesus from the outset and that had still been in use when Manuel Álvares composed the book that made him immortal (Rodrigues 1931: 433). The first members of the Order had stud-

---

1 The strategy for teaching Latin approximated certain perspectives of modern methodologies for teaching foreign languages. At that time, Latin was studied as a language that would not benefit from recognition in the vernacular, as always happened in countries with Germanic languages. See the systemisation of this type of teaching in: James J. Murphy, *The teaching of Latin as a second language in the 12th century* in *Historiographia Linguistica* VII, 1/2, 1980, p.159-175. On pages 172-3 this teaching process is outlined in eight basic parameters:

A. The pupil started with sounds, not rules.

B. Meanings were taught before grammatical rules.

C. Syntax paralleled the "parts of speech".

D. A Christian motivation was presented to the student where possible but motivation also came from secular career objectives.

E. Memorization preceded understanding for the very young, and followed understanding for the older.

F. As students advanced, the distinctions between grammar, rhetoric, and dialetic were demonstrated by exercises (not merely by abstract statements). Corollary: dialetics and rethoric were elementary subjects in 12th century. This pattern changed when the dialectically-oriented university took over in 13th; this remains a story only partly told.

G. Writing skills and speaking skills were treated equally from the beginning, were used to reinforce each other, and were in turn reinforced by listening skills.

H. Models of good writing were presented from the outset.

2 Joannes de Apauxter (or de Apouter) was born in Ninove (Flanders) c. 1480. Master of Arts from the University of Leuven, he lectured at the College of Lis and in Comines, where he now lies at the local college church, today the parochial church. He was blind in one eye. Cf. Torres 1984: 179.

Introduction

ied with Álvares' grammar at the University of Paris. As proof of its good acceptance were the 531 editions from Europe to Asia and America, 26 in Portugal (including the 1974 facsimile edition with an introduction by J. Pereira da Costa), restatements and summaries in general use.[3]

The grammatical production was the cause of such joy that the pedagogic legislation of the Society of Jesus forthwith made the Ratio Studiorum applicable to the whole Order.[4]

Father Manuel Álvares' Grammar, published in the same year as Os Lusíadas (The Lusiad), 1572, is a fundamental part of the history of grammar in Portugal. Without having an idea of its value it would be difficult for us to assess its importance, its spread and significance to the Portuguese, European, Asian and South-American schools, from its initial publication to the present day.

2.2 *Ratio* and *Usus* (usage)

Manuel Álvares' grammar, which was the most widespread didactic text produced in Portugal in the 1599 edition, augmented and illustrated by António Velez, presents in the end a copious *index eorum quae in toto opere continentur*. It contains about 5 000 alphabetically ordered Latin entries, thus forming a veritable dictionary of fundamental Latin, learned and experienced in academic communication.

Such editorial success is due to the conjugation of two types of grammar in the same work, though with different weighting: the grammar of *usus* which takes into consideration the Latin language used at the colleges of the Order and at University (Latin had not been a language of communication for many centuries), and the grammar of *ratio*, which is partly a descriptive grammar with a didactic purpose, and partly a rational grammar, based on the philosophy that investigates "os princípios reguladores, os *vera principia*, capazes de sustentar toda a gama de construções reunidas nos textos" (Lozano-Guillén 1992: 49) [the regulatory principles, the vera principia, able to support the full range of constructions gathered in the texts]. As Scaliger suggested in *De Causis* (1540) and as Sanchez de las Brozas put into practice in *Minerva* (1587), the grammar from the 16th century – and even the quintessential "Latin grammar" – makes a compromise in the synthesis between *usus* and *ratio*, necessary criteria to scientifically support the whole grammatical doctrine. These criteria form the attempt of equilibrating the speculative theory of the modists and the philological work of the grammarians

---

3 About the history of the grammar as a didactic text and especially about its editorial success, compare Emilio Springhetti, S.J., *Storia e fortuna della Grammatica di Emmanuele Alvares, S.J.*, Humanitas, XII-XIV, Coimbra 1961-1962, pp. 283-303. It should be noted that 530 appear there, and 25 in Portugal.

4 (*Ibidem*: 94). Eis as palavras textuais da Ratio Studiorum: *Dabit (Provincialis) Operam ut nostri magistri utantur Grammatica Emmanuelis (Ratio Studiorum, Regula 23 Provincialis)*.

in the 15th century. Note that the grammar itself, "limita o seu campo de estudo a um objecto estritamente linguístico" (Lozano-Guillén 1992: 39) [limits their field of study to a strictly linguistic purpose].

More didactic than rationalist Father Manuel Álvares elaborates the *usus*, but with *usus* depending on *ratio*. There is no experience without reason, that is to say, what reason does not admit cannot be used (cf. Cardenas 1976: 16). The success and the multiple editions of this grammar over a period of almost three centuries, is undoubtedly due to its didactic character, presented with a rational which studies and describes the Latin language. With this grammar thousands, and even millions of young people all over the world have studied the Latin language, including illustrious names of Portuguese and foreign writers, such as James Joyce (1882-1941).[5]

A grammar to be ranked among the best works consulted in and about the epoch, would certainly result in a grammar of high scientific quantity at the level of its formal conception, the structuring of the materials (*ratio*) and its pedagogy (*usus*). In this regard, Amadeu Torres argues that Manuel Álvares plainly has to be placed in the field of *usus* rather than in the field of *ratio*, based on the phrases that to him seemed to be of value as delimiting coordinates (Torres 1984: 21-22):[6]

1. Não se esteja demasiado solícito em investigar as razões, porquanto mais do que a razão interessam a vontade e o uso dos melhores autores, vontade e uso preferíveis às leis de todos os gramáticos; [One should not be too solicitous about the investigation of reasons, because of more interest than reason are the will and the use of the best authors, both preferable to all the grammarians' laws.]

2. Contentem-se os jovens com o conhecimento da sintaxe e deixem a substância e o acidente aos dialécticos; [The young should be content with the knowledge of syntax and leave the substance and accident to the dialectic.]

3. E assim, na míngua de leis gramaticais seguras por parte dos peritos, observaremos e guardaremos diligentes o que espontânea e elegantemente nos disseram, a fim de o propormos

---

5 Cf. Ramalho 1980: 355.

6 "*Verum ne nimium sis solicitus de rationibus inuestigandis, interdum enim pro ratione est uoluntas atque usus doctissimorum hominum, quae pluris sunt facienda quam grammaticorum omnium leges*" (Álvares: 1572: 187);

"*Sint itaque contenti adolescentes syntaxeos cognitione; substantiam et accidens relinquant dialecticis*" (Álvares: 1572: 113);

"*Itaque cum uiri docti in Grammaticorum leges minime iurarint, obseruabimus atque colligemus diligenter quae sua sponte eleganter dixerunt,ut ea nobis ad imitandum proponamus, non ut ad Grammaticae normam et angustias dirigamus*" (Álvares: 1572: 187);

"*Superest igitur uidendum num orationis partes inter se consentiant,quemadmodum recta ratio Grammaticae postulat*» (Álvares: 1572: 193v).

à nossa imitação, sem necessidade do confronto com estreiteza da norma gramatical; [Hence, in want of reliable grammatical laws on the side of the adepts we will diligently observe and preserve what they told us spontaneously and elegantly, to propose it to our imitation, without the necessity of confronting the narrowness of the grammatical norm.]

4. Resta ver, pois, se as partes da oração se coadunam entre si, tal como exige o modo correcto (recta ratio) da gramática. [It then remains to be seen if the parts of the phrase align with each other as required by the correct mode (recta ratio) of the grammar.]

Amadeu Torres states that

> Manuel Álvares ocupa um lugar que se não é de equilíbrio, por causa da sua louvável tendência humanística para um dos lados, pode dizer-se situado inteligentemente entre a ratio e o usus (*Ibidem*: 22). [Manuel Álvares holds a position, which can be, if not of ballanced due to his laudable humanistic tendency to one of the sides, situated intelligently between ratio and usus.]

In a study about Álvares' Grammar, Emilio Springhetti also says:

> Non si può dire pure che la grammatica non abbia dati i suoi frutti di formazione umanistica: la Compagnia di Gesù, formata a questa scuola, ha formato tra i suoi membri e fuori di essa una schiera infinita di celebri umanisti, di scienziati che maneggiarono il latino con eleganza classica. L´esperienza di secoli ha dimostrato che il metodo alvaresiano è insuperabile nell´eficacia a formare eleganti latinisti (Springhetti 1961: 284).

Before Álvares, there had been many Latin grammatical compendia printed in Portugal. But the merit of such grammars left much to be desired because of the lack of systemization and incompletion.

A comprehensive work was required, which was both scientific and at the same time practice-oriented. Álvares' grammar met these requirements. That is why editions ensued in almost astronomical numbers: more than 14 translations and more than 500 editions in Portuguese, Spanish, French, Latin, English, German, Polish, Chinese, Bohemian, Croatian, Japanese, Hungarian and Illyrian. It surpassed all others, or at least remained at the level of the best, rivalling Élio António Nebrija's work in Spain and Mexico which was imposed by royal privilege, and outshone the most famous of all grammars in Europe, that by Despauterius of Brabant, which in about 400 editions reduced the complicated Medieval Grammar by Alexandre Villadieu to complete oblivion and pontificated for almost the entire 16th century, particularly in France and Belgium (cf. Freire 1993: 96).

Father Álvares' work was published in Mexico from the 1670's, which shows a significant appreciation in the use of the text in Jesuit schools. In respect to reprints of the work, the first one was realized in Mexico in 1579, and corresponds to the edition of Venice from 1570. Sometime later, in 1584, the work *De Institutione Grammatica libri tres* was published in the workshop of Peter Ochartes; in 1595, the third edition was released by the Office of Pedro Balli.

In Asia, the first edition was released in Japan, of which the facsimil is included here, printed by the press of the Society of Jesus in Amacusa in 1594, the year in which the complete edition in Mexico came out. Three centuries later in 1859 it was published in Shanghai China with a Chinese translation, under the title *Emmanuelis Alvares institutio grammatica ad sinenses alumnos accomodata*.

2.3 Sources

For his work Álvares consulted – as he tells us in the preface – established Latin grammarians such as Varro, Quintilian, Aulus Gellius, Probus, Diomedes, Focas, Donatus, Priscianus, always supporting their rules through such authors as Terence, Cicero, Caesar, Virgil, Tito Livius (Livy) and Horace; continuing in the preface, references are made to Homer, Hesiod, Plato, Aristotle, Theocritus, Strabo and many others, 43 altogether, in addition to those already mentioned.

Among the humanist grammarians there are present; Teodoro Gaza's Greek Grammar, the *Elegantiarum libri sex*, cited several times, Tomás Linacre's[7] *De emendanda constructione*, Guilherem Budé's *Comentarii linguae graecae*, dictionary references to Mário Nizoli's *Thesaurus Ciceronianus*, among others.

It seems to us, that although Álvares had gotten inspiration from Nebrija and also from Despauterius,[8] in our opinion he surpassed them.

3. Polemic on Álvares' Grammar

As we have seen, Padre Álvares' text was widely used in teaching the Latin language within the institution of the Society of Jesus.

However, it is necessary to point out the fact that its composition emerged as an "alternative" to various methodological problems raised by other texts used in the 16th century,

---

7 Erasmus admires and praises Linacre's eclecticism extensively:

Nivi virum(Thomam linacrum) undiquaque doctissimum, sed sic affectum erga Ciceronem, ut etiam si potuisse utrumlibet, prius habuisset esse Quintiliano similis quam Ciceroni. (..) Urbanitatem nusquam affectat, ab affectibus abstinet religiosius quam ullus Atticus, , breviloquentiam et elegantiam amat, ad docendum intentus. Aristotelem et Quintilianum studuit exprimere. Huic igitur viro per me quantum voles laudum tribuas licebit, tullianus didi non potest, qui studuerit Tullio esse dissimilis Cf. Desiderio Erasmo da Rotterdam, *Il Ciceroniano o dello stile megliore*, ed. de Angiolo Gambaro, Brescia, La Scuela Editrici, 1965, p. 236.

8 Elio António Nebrija (1444-1532) was the greatest Spanish grammarian of the 15th and 16th century. His most important works were *Intoductiones latinae* (1481), *Gramática de la lengua castellana* (1492) e *De rebus in Hispania gestis* (1545). Of Despauterius' (1480-1520) works, almost all of the editions that had been released in the course of time had disappeared. But for Álvares *Rudimenta, Prima pars, Syntaxis, prosodia, De figuris, Ars epistolica*, and *Orthographia* were important (cf. Torres 1984: 27 nota 22).

principally by Despauterius. The publication of *De Institutione Grammatica libri tres*, however, provoked different reactions, even within the Society. Father Francisco Costa from the Belgian province, for example, states that "Dificil grammaticam adhibendi Latinam Patris Álvares; desideratur Despauterius" (Lukács 1992: 602). The governor of the province of the Rhine, on the other hand, affirms that "Grammatica Latina herbipolensibus quae Despauterii non placet "(Lukács 1992: 549), in relation to Father Manuel Álvares' syntax. The grammar was built on the basis of the experience of the studious Jesuit professor from Madeira, who questioned the existing methods and who examined the sources of classic and contemporary grammar. One of its principal features is precisely to present the text as a progressive method for learning the Latin language according to the division proposed by the *Ratio Studiorum*: the morphology of the first book (nominal and verbal) was the one of "lower order" and "top" of the "lower classes", the second book (syntax and stylistics) for command at the "top" of the "lower classes" and for the middle class, and the third book (metric and rhetorical device) for the "highest class" of grammar.

Mainly in Portugal this proposition triggered an ardent, and at times extreme, polemic, on which we will give a brief survey.

Álvares' Art[9] occupied a position of compulsory reference in the learning of the Latin language, and became a symbol of Jesuit education. For almost two centuries, it was accepted as the one and only book of its kind because it was considered to be the best. In this respect, much has been written about Álvares' grammar; a representative example is Madureira Feijó with his explained Art, a work that serves as a gloss for Master Álvares' grammar, which translates, explains and exemplifies it";[10] as well many didactic texts that were produced by António Velez, José Soares, João Nunes Freire, António Franco, among others. They provide textual, shortened or extended translations of Álvares grammar.[11]

---

9 Art constitutes a metonymic designation of the manuals in the studies of liberal arts, especially of grammar and rhetoric. Art, from the Latin *Artem*, corresponds to the Greek form Téchê, which appears in the title of the first of all the occidental grammars: *Téchnê Gramatikê* by Dionysius Thrax, from the School of Alexandria, in the 2nd century B.C. In the Latin grammars the designation of art continues, amongst others, in Carísio, Diomedes and especially in Donatus. For its part, the designation of *Institutionem*, equally vulgarised in the rhetoric manuals from Quintilian's work (*De Institutione Oratoria*) on, served in the title of Prisican's grammatical work *Institutionum grammaticarum libri, XVIII*. Donatus and Prisician are the names of basic reference in the European grammatical tradition and, in consequence of this tradition, both the form *Ars* as *Institutio* appear alternately in the title of the major part of the European Latin grammars.

10 Cf. Feijó, 1732: 9 and 10 unnumbered.

11 *De Institutione Grammatica Libri Tres* is a work composed entirely in Latin. This might partly explain the ease with which it became international. On the other hand, this aspect will be seen as a point of criticism and one of the reasons for its prohibition; being written in Latin became an obstacle for its didactic

It might have been this parabibliographic excess that brought Verney to criticise Manuel Álvares' work, denouncing

> a incongruência pedagógica de uma gramática que, querendo ensinar a língua latina, exigia mais explicações para a própria gramática do que para aprender a própria língua latina (Verdelho 1982: 355). [the pedagogical incongruence of a grammar which – wanting to teach the Latin language – requires more explanations of the grammar itself that for the studying of the Latin language itself (Verdelho 1982: 355).]

Verney said:

> Quando entrei neste Reino e vi a quantidade de Cartapácios e Artes que eram necessárias para estudar sómente a Gramática, fiquei pasmado. (...) Sei, que em outras partes onde se explica a Gramática de Manuel Álvares, também lhe acrescentam algum livrinho; mas tantos como em Portugal, nunca vi.As declinações dos Nomes e dos Verbos estudam pela Gramática Latina; a esta se segue um catarpácio português de Rudimentos; depois outro, para Géneros e Pretéritos, muito bem comprido; a este um de Sintaxe, bem grande; depois um livro, a que chamam Chorro; e outro, a que chamam Prontuário, pelo qual se aprendem os escólios de nomes e Verbos; e não sei que mais livro há. E parece-lhe a V.P. pouca matéria de admiração, quando tudo aquilo se pode compreender em um livrinho em 12° e não mui grande? Depois disso, ouvi dizer que ocupavam seis e sete anos estudando Gramática, e que a maior parte destes discípulos, depois de todo esse tempo, não era capaz de explicar por si só as mais fáceis cartas de Cícero" (Verney 1949: 137). [When I entered this Realm and saw the quantity of Tomes and Arts that were necessary to study only the Grammar I was astonished. (...) I know that in other parts where Manuel Álvares´ Grammar is explained they also add a little book to it; but I have never seen so many as in Portugal. The declensions of the Nouns and the Verbs is studied by the Latin Grammar; it is followed by a Portuguese tome of rudiments; then another, for Genders and past tense, very long; to one about Syntax, quite sizeable; after that a book they call Chorro; and another they call Handbook by which they study the explanation of nouns and verbs; I do not know if there is another book. And it seems to V.P. there was little material for admiration, when all this can be understood in one little book in the 12th and not even very large? After that I heard that they spent six or seven years studying Grammar and after all that time the majority of these disciples were not able to explain even Cicero´s easiest letters].

Vicente Gomes de Moura also presents us with a summary, which in our opinion is quite conclusive about the controversy:

> Estas controvérsias entre Oratorianos e Alvaristas, como versavam sobre matérias de Gramática Latina, levaram ambos os partidos ao exame mais sério dos monumentos da língua, para provarem suas asserções; e puseram os leitores em circunstâncias de julgar da bondade, ou da imperfeição dos dois métodos e das doutrinas de ambas as escolas. Já no § 369 indicámos os defeitos do sistema Alvarístico; porém os seus antagonistas não tinham razão em menoscabarem uma Arte que orna a Literatura Portuguesa, mereceu a maior estima dos

---

use in Pombal's view.

About this topic, cf. António Salgado Júnior, *Luis António Verney-Verdadeiro Método de Estudar,* vol. I, Lisboa, 1949, pp. 135-138.

estrangeiros, e em que se acha um sistema prático de Gramática Latina, o mais acomodado para uso da mocidade; e bem assim em fazer cargo a seu Autor de defeitos, que a falta de monumentos ou de boas edições naquele século tornava inevitáveis" (Moura 1823: 356).

[These controversies between the Oratorians and Álvaristas as they handled the matter of Latin Grammar led both parties to a more serious examination of the monuments of the language to prove their assertions; and they put readers in the circumstances to judge the quality or imperfection of the two methods and the doctrines of both schools. Already in §369 we have identified the defects of Álvares´ system; his antagonists, though, were not right about belittling an Art that adorns the Portuguese Literature, which merited the highest esteem on the part of outsiders, and which is a practical system of Latin Grammar, the most practical for use by youth, as well as lading the defects onto the Author, defects that were inevitable because of the lack of worthy works or good editions in that century].

However, the Jesuits' teaching was increasing contested on the part of the Oratorians and the clergy in general, for institutional motives.

On the didactic level the defence took root, particularly

"with the notion of purity and correctness in Latin, with the value of reading iterary text instead of memorization, with the practice of oral debate and finally to the use of the mother tongue as the basis for teaching Latin" (Verdelho 1982: 356).

But it was not only at this level or on the scientific level that the work was censured; the prohibition was also political and constituted a deep cut in the Jesuit school, affecting one of the two most representative symbols on the Portuguese cultural horizon. Mentioning this we do not want to imply that the Pombaline Reform was not predicated on didactic and linguistic concerns, but rather the contrary, as we shall see. Aside from Molina's *Concordia*, no book has ever been the target of so many attacks as Álvares' grammar.

In the 17th century Gaspar Schopp, a grammarian and notable Latinist who maintained relations of animosity with the Jesuits, did not hesitate in granting Manuel Álvares primacy over the Spanish, French, German and Italian grammarians, whether ancient or modern, and J. Jorge Velch considered Álvares the first to liberate himself from the old relics and launch into wiser teachings.[12]

In the *Verdadeiro Método de Estudar*, the "barbadinho" enters the polemic against the Jesuits and impugns M. Álvares' Grammar for being entirely written in Latin. He believed that: "qualquer gramática de uma língua, que não é nacional, se deve explicar na língua que um homem sabe" (Verney 1949: 159) [any grammar of a language which is not national must be explained in language that a man knows].

Any good pedagogue nowadays would counter that languages should be learned from

---

12 Cf. Gasparii Sciopii, *Grammatica Philosophica*, Amstelodami, 1664, preliminary dissertation: "*inter quos ut verum fatear, Emmanueli Alvaro primas deberi animadverti*". Cf. J. Georgii Velchii, *Historia Critica Linguae Latinae*, IV, 16: "Qui veterum nugas reliquit et in saniora se convertit".

the beginning by speaking, writing and reading in the respective language. That would mean asking for an actualization beyond time, although Montaigne had already lived in seclusion in a castle to learn Latin, with tutors who only spoke to him in Latin, and even Cleonardus in Braga began lecturing to everyone in Latin, without pronouncing any word in Portuguese!

But, by *dato non concesso*, Verney ignored or pretended to ignore the purpose and rationale of Álvares' Grammar.

The Madeiran Jesuit's grammar addresses itself, through Francisco de Borja's will, to the whole Society of Jesus. And as such it should be composed in one international language, common to the Jesuits of diverse nationalities. This language was now Latin. It does not infer from the fact of being written completely in Latin that it was put into the beginners' hands without previous explanations in their vernacular. Verney himself read and published a remark made by Álvares for his masters, "no fim das declinações e dos verbos" (*Ibidem*: 142) [at the end of declensions and verbs]. There, Álvares specifically says that

> os rudimentos, os géneros, as declinações, as irregularidades, os pretéritos e supinos, bem como a sintaxe, quando vista da primeira vez, se devem explicar em vernáculo: patrio sermone tantum declaranda rudimenta, genera, declensiones, anomala, praeterita, supina... Quod etiam in syntaxi, quando ea primum explicatur, observandum est (*Ibidem*: 142).
> [the rudiments, genders, declensions, irregularities, the preterita and the supines as well as the syntax, when seen for the first time, should be explained in the vernacular.]

Verney says that "A Gramática latina para os portugueses deve ser em português" (*Ibidem*: 142) [the Latin Grammar for the Portuguese should be in Portuguese]. Álvares wrote his Grammar for the Company in general; obviously he had to compose it in Latin. But in the Jesuit master's thinking and practice was a latent belief that the Grammar should be written in Latin was usually done with the romance languages.

Around 1537, Cleonardus began to teach in Braga where the archbishop D. Rodrigo da Cunha had decided to found a Latin school,

> não uma vulgar escola qualquer, mas onde se aprendesse o latim com o maior êxito e brilho. O mestre anunciou que acolheria na sua escola toda a gente – até crianças que nunca tivessem ouvido uma palavra de latim, conquanto ele só falasse essa língua. E ou fosse pela novidade do projecto ou pela fama do mestre, começaram a concorrer pessoas de todas as categorias, a ponto de que já não havia lugar para os ouvintes. Misturavam-se sacerdotes com escravos negros, os pais com os filhos, pessoas já idosas com crianças que mal tinham ainda cinco anos. A ansiedade do rapazio era tão grande, que uma hora antes da lição já muitos estavam plantados diante das portas. Não devendo pronunciar uma palavra de português, as crianças lá papagueavam, como podiam, o latim... Tal foi o êxito do ensino de Clenardo, que por fim já os sapateiros batendo sola e os almocreves pela cidade, e em casa os criados de servir, todos cantavam – Heus puer – trechos dos diálogos latinos da escola! (Cerejeira 1926: 120-121).
> [not any ordinary school, but one where Latin was studied with much success and brilliance. The

master announced that he would receive anyone at his school – even children who had never heard a word of Latin, although he spoke only in that language. Be it either because of the novelty of the project or because of the master's fame, people of all categories began to compete to such an extent that there was not even space for the listeners any more. Priests intermingled with black slaves, parents with their sons and daughters, elderly with children who were barely five years old. The boys´ anxiety was so great that many were found waiting at the doors one hour before the lesson started. As they were not supposed to speak even one word in Portuguese the children there parroted in Latin as best they could. Such was the teaching success of Clenardus that in the end that even the cobblers beating the soles, the donkey drivers all over the town and at home the servants waiting at table, they all sang – Heus puer – snatches of the Latin dialogues from school!]

Even recently, in his book *L'Énseignement du Latin*, Michel Rousselet lamented that the professors imparted to their students that Latin is a language that is not spoken, hence the lack of interest they devoted to it (cf. Freire 1993: 99).

The International congresses of living Latin held in Lyon, Avignon, Strasbourg, Rome, Bucharest and even in Africa, in Senegal under the auspices of its President, ex-professor of classical languages, Leopold Senghor, had no other objective: to make the Latin language alive – written and spoken, if not internationally or as the language of the European Areopagus at least during lessons and among scholars. To some extent, Manuel Álvares anticipated in the pedagogy of our days by four centuries. To the contrary, Verney showed himself to be refractory towards the pedagogy of the epoch. If he, on the one hand, recognised that it was necessary to speak Latin to be scholarly, on the other hand recommending the knowing of Latin for women, he admonished that it was not necessary to speak it, one could be erudite without speaking.

In this, as in other cases, Verney follows Rollin who said: "Pour ce qui est de ces commencements, je n'hésite point à décider qu'il en faut presque écarter les enfants pour un travail pénible et peut utile" (Júnior 1949: 181).

It is true that in his famous *De Institutione Grammatica* Álvares insistently and from the very beginning recommends the graded, but constant Latin composition, as already stated above.

Verney's thesis disagrees with the pedagogy of the most distinguished Latinists of the epoch, amongst whom Pedro Perpinhão is an outstanding personality who specifically stipulates to compose something every day, even though the rules of elegance were not known yet: "aliquid etiam cotidie scribere et componere cogamur, quam vis artis adhuc expertes" (cf. Sringetti 1951: 83).

> Pugna igualmente com a experiência comprovada em recentes congressos de Latim Vivo em que aqueles que melhor dominavam o latim como língua viva, escrita e falada, se mostravam, segundo António Freire, apologistas convictos do tema latino (cf. Freire 1993: 100).
> [Contesting also with proven experience in recent congresses of living Latin were those who best mastered the Latin language as a living language, whether written or spoken, showed themselves to be, according to António Freire, apologists convinced of the Latin theme.]

Finally, Verney contends against the Prosody in Latin verses, at the end of Manuel Álvares' Grammar

> E qual é o estudante que entende os versos latinos das regras, principalmente sendo tão embrulhados como os do Padre Álvares? (Verney 1949: 142). [And what is the student who understands the Latin verses of the rules, especially being so wrapped up as Father Álvares?]

The respected archdeacon of Évora here fell into a misapprehension. Most of the verses he criticised for being of Father Manuel Álvares' authorship derive from the Portuguese Jesuit António Velez and the Italian Tursellini; other authors also criticise them, but at least they do not denounce them as "entangled", rather they admired their unsurpassable elegance.[13]

António Franco praises Velez, saying that he proceeded with such bravery that it is was a suspension to all those who understand the capacity, and in this matter, conforming to the opinion of those who understand, its cannot be expected who will win. They were still reminiscent of the mnemonic processes of medieval pedagogy – A. Freire comments (cf. Freire 1993: 101-102).

Another great controversy that happened over the Grammar of Álvares had as its protagonist António Pereira de Figueiredo,[14] from the Congregation of the Oratory. His development can be read in Assunção (1997), *A polémica à volta da gramática alvaresiana, e Freire* (1993), Huma--nismo Integral. [The controversy surrounding the alvaresiana grammar and Freire (1993), Integral Humanism.]

To evaluate the merit of Álvares' Grammar we might content ourselves with two current testimonies given by humanists who know how to appreciate the value of the work in the mitigating light of today's criticism, without letting themselves be influenced by the polemic that had developed around the famous Jesuit from Madeira. With the admiration of someone devoted to the studies of Álvares' method and particularly who prepared, on the basis of Álvares' methods, a Latin Grammar which Nicolau Firmino did not hesitate in classifying as the best of hundreds of Latin grammars examined by him as a humanist and bookseller, António Freire says about Father Álvares' Grammar:

> A Gramática do P. Manuel Álvares não só não foi ultrapassada nas linhas fundamentais do seu conteúdo doutrinário, mas no espírito dinâmico que a informa continua actual e propulsionadora de remoçadas experiências pedagógicas (Freire 1993: 95). [Father Manuel Álvares' Grammar not only has not been exceeded in the funamental lines of its doctrinal content, but in

---

13 G. Sciopii, *O.C.*, note 8, p. 26: "Omnem Prosodiae latinae rationem versibus quasi centum sexa-ginta idem Alvares ita explicuit, ut nihil praeterea desiderandum videatur".

14 António Pereira de Figueiredo (1725-1797) was one of the most erudite persons of his time: theologian, historian, Latinist, polemist, organist and composer, translator of the first Portuguese edition of *Vulgata*. For more information cf. Inocêncio Silva, *Diccionario Bibliographico portuguez*, Lisboa, 1848-1914, vol. I, pp. 223-231.

Introduction

the dynamic spirit which continues to inform current and rejuvenated driving force of educational experiences.]

Amadeu Torres dared to say that Álvares' Grammar

foi uma das melhores, se não a melhor, gramáticas latinas até hoje escrita em Portugal , émula condigna das mais conceituadas gramáticas humanísticas estrangeiras (Torres 1988: 21).[was one of the best if not the best, Latin grammars written in Portugal until today, a meritorious rival to the most distinguished humanistic grammars from abroad.]

Critics outside of the Order do not fail to emphasise the excellent results obtained by Álvares' method. Ranke testifies that in the early twentieth century, the Jesuits

obtinham resultados maravilhosos, e que os alunos aprendiam mais nas suas escolas em seis meses do que nas de outros em dois anos (Ranke 1900: 22)[15] [obtained wonderful results, and that students learned more in their schools in six months than two years in the others.]

At the same time the protestant Victor Naumann equally wrote:

Podemos chamar aos Jesuítas os mestres da língua latina do século XVII (Naumann: 1965: 75). [We can call the Jesuits the masters of Latin language of the 17th century.]

Moreover, Naumann testified that:

os colégios dos Jesuítas recolheram a herança do humanismo e enriqueceram-na ainda mais com a clareza das suas orientações pedagógicas (Ibibem: 103).[the Jesuits´ colleges gathered the heritage of humanism and enriched it even more with the clarity of their pedagogical orientations.]

And the Latin grammar of the Portuguese Jesuit contributed greatly to this.

4. The Amakusa edition (1594)

Amongst all the other editions of Álvares' grammar, the Amakusa edition (1594) merits special attention not only for being the first grammatical treatise to mention Japanese verbal paradigms in print, but for being the first adaptation of the Jesuit grammar outside of Europe,[16] having been created in a well defined missionary context.

4.1 Editions of the Álvares' grammar

Since the Italian Jesuit Emilio Springhetti's article (1961-1962), reference to a total of a worldwide number of 530 editions of Álvares' grammar has become something of a commonplace assertion.[17] While Springhetti consulted the bibliography of Jesuit works by Backer / Backer / Sommervogel (1890-1916)[18] as well as unnamed library sources, he couldn't, for in-

---

15 Ranke, *Die Römischen Päpste*, II, Leipzig, 1900, p. 22: „Man fand, daß die Jugend bei ihnen [den Jesuiten] in einem Halbjahr mehr lernen, als bei andern in zwei Jahren".

16 LUSODAT only refers one earlier print of one of Álvares linguistic works, namely the syntax *De constructione octo partivm orationis* (Mexico 1579), which is known to have had an independent editorial tradition since 1570/1571, being usually devoid of any vernacular contents.

17 Assunção (1997: 9) adds the most recent Portuguese edition (Álvares 1974) to the number mentioned by Springhetti.

18 Springhetti (1962-1963: 304) identifies the sources for his statistical overview as follows: «Questa statistica, compilata

stance, know the later bibliographical repertoire ACL (1983) that includes results deriving from research in Portuguese public libraries.[19]

In addition, recent research in library catalogs worldwide has lead to the establishment of a considerably higher number of editions – the recent virtual collection of bibliographical references LUSODAT[20] lists no fewer than 651 full or partial editions of Alvares' grammar from 1570 up to 1974. As impressive as this list of editions may be, it can, however, by no means be considered as being complete. Amongst other editions we know of, the online repertory does not only lack any reference to the grammar's first edition to be printed in Spain (Zaragoza, 1979), but also to what most recently has been identified as the first edition of what Springhetti (1961-1962: 291) identifies in a citation as the 'arte pequena sin comentos', that is, "the small grammar without comments", a term seemingly used by the grammarian himself in his Spanish correspondence with his superiors in Rome when corresponding about the edition published in 1573 (cf. Kemmler [in print], Kemmler [in preparation]).[21]

While most details concerning the 1572 *editio princeps* of Alvares' grammar are nowadays commonly known mainly due to the grammar's modern facsimile print (1974), the existence of an *editio princeps* of the 'arte pequena' with the same title has, until most recently, been unknown.[22] Both the author's reference to the uncommented version of the grammar and the existence of the formerly unknown copy of Álvares (1573) which is devoid of most of the explanatory texts called *escholio*,[23] show that the 1573 in fact must be viewed as the beginning of an independent tradition of the 'arte pequena'.

As a matter of fact, the terminology 'arte pequena' (smaller grammar), as opposed to the 1572 'arte grande' (larger grammar), was applied to Alvares' grammars by former Portuguese grammarians as we can see, for instance, in the case of the mid-eighteenth century manuscript

---

sul Sommervogel, op. cit. e su ricerche personali, è imperfetta e certamente suscettibile di notevole aumento».

19 Regarding to Springhetti's (1962-1963: 304) table it should be noted, finally, that the true calculation of all editions referred to in the Jesuit's article should lead to the correct number of 532 and not 530 editions.

20 http://www.ghtc.usp.br/lusodat.htm

21 Referring to Verdelho (1995: 458) as the source for the terminological distinction, Iken (2002: 57) coherently uses the terms 'arte maior' vs 'arte menor'. In accordance with his sources, Verdelho (1995) uses both terminological variations. If we consider the latin terms 'ars maior' vs 'ars minor' for the Roman grammarian Aelius Donatus' work, we cannot help but think that the use of the terms seems to be of no consequence, if the necessary coherence in its use is given.

22 Iken (2002: 60) refers to the existence of a 1573 edition without offering any further bibliographical details, other than that he found such a reference in Verdelho (1995). Doi (1933), Fukushima (1973, p.36), and Yamazawa (2006, 2008) assume that the Amakusa edition is based on an abridged version of the Alvares' grammar, but none of them name a specific edition. Gehl (2003) referes to the existence of two different streams of editions, i.e. ones for teachers and ones ('arte pequena') for students , but does not locate the 1573 (first) edition of the latter. Together with the corresponding bibliographical details, the existence of Álvares (1573) has first been made public in a note in Kemmler (in print).

23 The only known copy of this edition (1573, Lisbon) is conserved in the Biblioteca Geral da Universidade de Coimbra with a call number VT-18-7-3.

Alvares vindicado nas Notas, que proximamente se lhe oppozeram no prologo do Novo Methodo da Grammatica Latina.[24] In this as of yet unpublished manuscript concerning the 1750s polemics concerning Alvares' grammar, the first two chapters «Notas á arte do Padre Manuel Alvares e suas respostas» (fols. 2 r-50 r) and «Notas á arte pequena do dito Padre, e suas respostas» (fols. 50 v-57 r) are clearly dedicated to the two versions of the Jesuit grammar.

As we have been able to observe in the course of a preliminary observation, the Amakusa Latin grammar (1594) seems to share some similarities with the first edition of the 'arte pequena' (Lisbon, 1573). In the following, we will introduce the characteristics of the two editions in order to permit a comparison of the structure and of some of the contents of the two editions.[25]

4.2 The 'arte pequena' (Lisbon, 1573)

Since the formal establishment of literary censorship in Portugal since 1536, the publication licences printed together with the censored books have been offering insights in the history of Portuguese books. Thus, the first edition of the 'arte grande' is known to have been published as a result of the Inquisition licences dated September 9th, 1572. The respective entries show that the licensing process for the 'arte pequena' (smaller grammar), which carries the unchanged title *Emmanvelis Alvari e Societate Iesv de institvtione grammatica libri tres*, was concluded not even three months later:

> VI os tres liuros de Instituição Grammatica do padre Manoel Aluares da Companhia de Iesu, os quaes não tem cousa que contradiga aa fé, nem aos bons costumes, antes aproueitaram muito aos que estudão Latim & poesia. em Euora oje primeiro de Ianeiro 1573.
> [I have read these three books of Grammar by Father Manoel Alvares of the Jesuits,. They have nothing against the faith, have nothing against the good custom either, and instead shall profit those who study Latin and poetry very much. In Evora, today of the 1st of January, 1573.]
>
> Dom Afonso de Castelbranco.
>
> Aprovação do conselho Real do sancto officio. [Permit of the Royal Council of Inquisition]
>
> ¶ VIsta a censura podese imprimir esta arte. em Euora a cinco de Ianeiro. de 1573.
> [The censorship being settled, this grammar can be printed. In Evora, on the 5th of January, 1573]
>
> Manoel Gonçalves de Camara. , Manoel de Coadros.

Other than the date that shows the 1573 edition as having been licensed on January 1st, 1573, the only difference between the two grammar's licences is the substitution amongst the representatives of the Portuguese Royal Council of the Inquisition: where in the 1572 edition, the Jesuit Provincial Leão Henriques (1515-1589) signes as the second member, in the 1573 edition, the second signature belongs to Manuel de Quadros.

Amongst the other paratexts that are reproduced in the 1573 edition is the royal printing privilege dated September 14th, 1567 that gave the printer João da Barreira both permission and

---

24 The manuscript is in the Biblioteca Pública de Évora (call number Cod. CXIII/2-21), cf. Cardoso (1994: 131).

25 The subsequent sections are based on Kemmler & Assunção (in print), with a revision by authors of this facsimile.

the exclusive right to print all of the Coimbra Jesuit's college manuals during eight years (fols. [III - IV]). Of equal importance is the author's preface (1573: [V-VI]), which is the reproduction of the text of the initial edition (1572: [V-VII]).

There is, however, one key text that does not appear in the initial edition (1572). At least in the Portuguese tradition, the small text «*Auctor Lectori*» appears in all of the 'arte pequena' editions since its first edition in Lisbon, 1573. [26]

> Auctor Lectori. / LIbros de Grammatica Institutione, quos nuper explanationibus illustratos edideram, compulsus sum Lector humanissime nudos ferè, ac luce priuatos, diligentiùs tamen correctos denuo foras dare: tum ne scholiorum multitudine impedirentur tyrones, tum vt eis non solùm ad diuites, sed etiam ad tenuiores, (quorum multo maior semper fuit copia) aditus pateret. Quare te etiã, atque etiam rogo, vt eorum tenuitatem, vel nuditatem potiùs boni consulas. Vale.
>
> [Author to the reader. / The books on grammar instruction that I have published recently, illustrated with comments, I am compelled, most human reader, to re-publish almost naked and deprived of brightness – but rigorously reviewed – with the aim that, by one hand, beginners might not be impeded by the multitude of the scholia and the other, with them the access may not only be possible for the rich, but also for the most humble (of which there was always a much larger amount). Therefore, I urge you consider to esteem as good their humility and their nakedness. Bye.]

In this quite interesting paratext, the author complains of having been forced to reedit his grammar without the insightful comments of the *scholia*, the grammatical, critical, or explanatory comments that are so typical for the *editio princeps* of the 'arte grande'. In Alvares' perception, the elimination of most of the *scholia* turns the grammar 'almost naked and deprived of brightness', a fact which he explains with his superior's intention to prevent that the high number of *scholia* and thusly elevated price of the resulting book in format in 4.º might hinder or even prevent the access to the beginners or to poor scholars. [27]

As a matter of fact, it makes sense for this paratext to preface all of the editions of the 'arte pequena' in Portugal and abroad, as they explain the changes made in relation to the 'arte grande', which then could be understood as a sort of 'teacher's manual'.

4.3   Existent copies of the Amakusa (1594) edition

Without any licences, the Japanese edition *Emmanvelis Alvari e Societate Iesv de institvtione grammatica libri tres: Coniugationibus accessit interpretatio Iapponica* was published eleven years after the author's death, in 1594, by the Japanese Jesuit College of Amakusa.[28] Only two copies

---

26   As the grammar is of Portuguese origin, we have been consulting a considerable number of Portuguese editions from the 16th to 18th century. Similarly as in the first edition, the text doesn't appear in the last Portuguese edition of the 'arte grande' that had been reviewed and established by António Velês (Álvares 1699). All the later Portuguese editions, however, reproduce this paratext without considerable changes.

27   The 'arte pequena' of Lisbon (1573) edition is in 8.º

28   Amongst other scholars, Matos (1993: 164) maintains that there may have been a 1593 edition of the Amakusa grammar. However, as the author states that «um exemplar encontra-se na Biblioteca Angélica, de Roma, e outro na Biblio-

Introduction

of this edition are known to exist : one in the Bilioteca Pública de Évora, Portugal, and one in the Biblioteca Angelica, Rome, Italy.

The Amakusa (Japanese) edition is in a 4° format (22.7 x 15.7 cm in the Evora copy[29]), and occupies a total of 170 mostly paginated folios printed on a Japanese *torinoko*[30] paper. The Evora copy has a cover of calfskin-pasted board, with 4 raised cords. A paste-down and 2 fly-leaves of western paper are added on both sides of the cover respectively. A fragment of an unidentified incunabula of *Missa de nomine Iesu* (possibly *Missale ad usum insignis ecclesiæ eboracensis*) is used as a lining of the front cover. [31]

The Angelica copy also had a cover of calfskin-pasted board, but has recently been re-furbished, with fragments of the old cover pasted on the new modern cover, with 3 raised cords. A modern paste-down, and 2 contemporary fly-leaves of a very rough (probably Japanese) paper are added on both sides of the cover respectively. The paste-down used to contain a fragment of a printed leaf of *Guia do Pecador* (1599, Nagasaki) as a lining, but is currently detached, and has been replaced by a modern paste-down. On the beginning fly-leaf is a dedication "Anno Domi[...] 1605 / Petrus Antonius A[...] Iapp[...] / hūc librū dono dedit / Bibliothecae / A[...]ae / [......]" (*in the year of the Lord 1605, a Japanese Petrus Antonius A[raki?]*[32] *gave this books to the Augustine Library as a gift*). The last line of the dedication (which may have been a signature) is crossed out, and is illegible.

The two copies slightly differ, in correction of typographical errors : 3v (the Angelica copy corrects the error in the Evora copy), 20r (E corrects A), 23v (E and A are both in error), 30r (E corrects A), 100v (A corrects E). Occasional interpolations exist only in the Evora copy.

In accordance with the subtitle's announcement ("*Conjugationibus accessit interpretatio japonica*" [Japanese interpretation added to the conjugations]) the Japanese edition distinguishes itself from the 'simple' editions of the Álvares' grammar by the addition of the Japanese conjugations to the Latin and Portuguese conjugations that already were a part of the Portuguese editions of the 'arte grande' and the 'arte pequena'.

---

teca Pública de Évora», it seems fair to conclude that the indication on the title page M. D. XCIIII. (instead of a traditional M. D. XCIV) might have led to the misinterpretation.

29 The Angelica copy is slightly smaller, 21.0 x 15.0 cm, because it is (sometimes too) deeply trimmed during binding.

30 *Torinoko* is a specific type of Japanese paper with smooth surface, lustrous, thin, and quite resistant. The Jesuits in Japan used *torinoco* (so called in the Jesuit inventories) papers for their publications by Latin script (for publications in Japanese script, they used *minogami*, i.e. mulberry papers), in official records, and in correspondences to Rome.

31 On the front cover is a printed ticket "IV CENTENÁRIO / DA FUNDAÇÃO / DA UNIVERSIDADE / DE ÉVORA", attached on the occation of the exposition (1959) commemorating the 4th centenary of the University of Evora, in which the Amakusa edition was the 86th exhibit. On the fly-leaf of the back cover is pasted a card of the library saying "Esteve esposto na Europália 89 / Japão" ("This was exhibited in the Europalia [19]89 [Belgium/] Japan").

32 The paper is broken, and readable as "Am" or "Ar". In the former case "amicus" (a friend), and if the latter, the donator may be Petrus Antonius Arachius Iapponensis, i.e. Thomas Araki (? - 1646?), who is known to have studied in the Pontifical Roman Seminary to be ordained there.

4.4 Structure of the Lisbon (1573) and the Amakusa (1594) editions

Based on the assumption that the Lisbon edition (1573) and the Amakusa edition (1594) both belong to the tradition of the 'arte pequena', a look at the structure seems quite promising :

chapter titles	Lisbon 1573 (L73)	Amakusa 1594 (A94)
[title page]	[I]	[1]
[licences]	[II]	-
[blank page]		[1 v]
PRIVILEGIO Real.	[III-IV]	-
LIBER I.	[V-VIII], 1 r – 58 r	2 r – 92 v
PRÆFATIO.	[V-VI]	[2 r – 2 v]
Auctoris carmen ad Librum. / Idem Christianum præceptorem	[VII]	[3 r]
Auctor Lectori.	[VIII]	[3 r]
ADMONITIO.	-	[3 v]
[DE NOMINVM DECLINATIONE.]a)	1 r – 6 r	4 r – 8 v
[DE PRONOMINVM DECLINATIONE.]b)	6 r – 9 r	8 v – 12 r
DE VERBORVM CONIVGATIONE.	9 r – 30 r	12 v – 62 v
De verbis anomalis.	30 v – 34 v	62 v – 67 v
De uerbis Defectiuis.	34 v – 35 r	67 v – 68 v
De verborum Jmpersonalium declinatione,	35 v – 36 r	68 v – 69 v
RVDIMENTA siue de octo partibus Orationis,	36 v – 45 v	70 r – 78 v
DE GENERIBUVS nominum, quæ ex significatione cognoscuntur.	45 v – 48 r	78 v – 82 r
De nominum Declinatione,	48 v – 54 v	82 r – 89 r
DE VERBORVM præteritis et supinis.	55 r – 58 r	89 r – 92 v
DE OCTO PARTIVM ORATIONIS CONSTRVCTIONE LIBER II.	58 v – 104 v	93 r – 157 r
De Constructione Intransitiua.	58 v – 61 v	93 r – 96 r
De Constructione Transitiua nominis.	62 r – 67 r	96 v – 101 v
[DE CONSTRVCTIONE transitiua verbi.]c)	67 r – 71 r	102 r – 105 v
DE CONSTRVctione verbi activi.d)	71 r – 81 v	106 r – 115 v
CONSTRVCTIO VERBI INFINITI.e)	81 v – 86 v	116 r – 120 v
CONSTRVCTIO TRANSItiva PRONOMINIS.	86 v – 89 r	120 v – 122 v
PRÆPOSITIONVM CONSTRVCTIO.	89 r – 91 v	122 v – 125 r
CONSTRVCTIO ADVERBII.	92 r – 96 v	125 v – 129 v
Interiectionis Constructio.	96 v – 97 r	129 v – 130 r
CONIVNCTIONIS Constructio.	97 r – 99 v	130 r – 132 v
DE FIGVRATA constrvctione.	99 v – 104 v	132 v – 137 r
DE GRAMMATICA INSTITVTIONE LIBER III.	105 r – 148 v	137 v – 170 v
De Syllabarum dimensione.	105 r – 114 v	137 v – 145 r
DE INCREMENTo SINGVLARI nominis.	114 v – 118 r	145 r – 148 r
DE VERBORVM incremento.	118 v – 121 r	148 r – 149 v
DE VLTIMIS SYLLABIS.	121 r – 138 v	150 r – 162 v
DE CAESURA.	139 r – 140 r	162 v – 164 r
DE VERBIS POETICIS.	140 v	164 r
DE PATRONYMICIS nominibus.	140 v – 145 r	164 r – 168 r
[DE FIGURIS POET.]f)	145 r – 146 v	168 r – 169 v
DE PROSODIA.	147 r – 147 v	169 v – 170 r
DE GRÆCIS VERBIS.	148 r	170 r – 170 v
DE HABRÆIS VOCIBUS.	148 v	170 v
Errata: In quibus F, folium: A, paginam primam: B, secundam significat.	[I]	-

263

Introduction

From a structural point of view, it seems obvious that the two editions of Alvares' grammar are quite similar. Indeed, there is only a small number of significant divergences. As the Jesuit press in Japan didn't have to undergo the same censorship process as in Portugal, both the licence (L73 : [II]) and the royal privilege (L73 : [III-IV], void since 1575) didn't need to be reproduced in the Amakusa edition.

The page with the «ADMONITIO» (A94: 3v) is, however, a unique characteristic of the Japanese edition. The same can be said about the chapter «DE VERBORVM CONIVGATIONE» in which the Japanese edition adds the equivalents of the Latin and Portuguese conjugations in romanized Japanese.

Chapter titles and page headers of the both editions merit a special attention.

a) [DE NOMINVM DECLINATIONE] : Devoid of any proper chapter title, the grammar begins with the subchapter title «PRIMA NOMINUM DECLINATIO» (L73: 1r; A94: 4v), followed by the other declensions. The real title of the present chapter can only be found in the 'arte grande' (Lisbon 1572: 1r), whereas L73 (1v–2r) and A94 (4v–5r) only show the chapter title beginning with the first respective two page header.

b) [DE PRONOMINVM DECLINATIONE] : Lacking the proper title, the chapter begins with «De pronominum primitiuorum declinatione» (L73: 6r; A94: 8v). The original chapter title preceding the *scholia* can be found in A94 (7r), being, again, only mentioned after the first two page headers in L73 (5v–6r) and A94 (9v– 10r).

c) [DE CONSTRVCTIONE transitiua verbi] : Without any indication that this paragraph is dedicated to another one as the former, there is only the subchapter «Genitiuus post uerbum» (L73: 67r). The incorrect page header «DE CONSTR. INT. VERBI» that already can be observed in the corresponding headers of the chapter «DE CONSTRVCTIONE transitiua verbi» in the ‚arte grande' (Lisbon 1572: 125r), is coherently reproduced from L73 (67v–68r).

Unlike the L73 edition, A94 (102r) explicitly offers a chapter title «DE CONSTRVCTIONE TRANSITIUA VERBI» while correcting the page header «DE CONSTR. TRANSIT. VERBI» (A94: 102v – 103r) in relation to the two Lisbon editions (1572, 1573).

d) DE CONSTRVCTIONE VERBI ACTIVI : During five double pages A94 (112v–116r) offers the page header «DE CONSTR. COMMVNI OMNIVM VERBORVM» that differs from the headers «DE CONSTRVCTIONE VERBI ACTIVI» (Lisbon 1572: 133v – 159r) and «DE CONSTRVC, VERBI ACTIVI» (L73; 73v – 85r) of the Lisbon editions.

e) CONSTRVCTIO VERBI INFINITI : Notwithstanding the beginning of the chapter on L73 (81v), the page headers continue with the incorrect heading «DE CONSTRVC. VERBI ACTIVI» during the next four double pages (L73: 82v–85r). In this, L73 (the first edition of the 'arte pequena') coincides with the 1572 edition that shows the header «DE CONSTRVCTIONE VERBI ACTIVI» on several folios of this chapter (Lisbon 1572: 156r, 156v – 157r, 158v – 159r). One intermediate folio (Lisbon 1572: 157v – 158r) has the correct header «DE CON-

STRVCTIONE VERBI INFINITIVI» that can be found on the rest of the chapter's pages (Lisbon 1572: 159v – 169r).

Following one header «DE CONSTRVCTIONE VERBI INFINITVI» (A94: 116v – 117r), this chapter has also the headers «DE CONSTRVCTIONE GERVNDIORVM» (A94: 117v – 118r), «DE CONSTRVCTIONE GERVND. ET SVPIN» (A94: 118v – 119r) and «DE CONS-TRVCTIONE PARTICIPIORVM» (A94: 119v – 120r).

f) Just like in the first Lisbon editions (1572: 241v; 1573: 145r) the chapter *«DE FIGVRIS POETICIS» isn't separated in any way from the preceding chapter. Instead, the chapter begins with the subchapter title «De Metaplasmo», whereas the chapter title is merely indicated on the respective page headers (1572: 241v, 1573: 145v – 146v).

Likewise, what would be the corresponding chapter in A94 (168r) has no proper title but shows a similar heading «DE FIGVRIS POET.» (A94: 168r – 169r).

While the above table shows the structure of both editions to be the same, the most obvious dissimilarity resides in the pagination. As the Lisbon edition (L73) has [VIII] pages, followed by 148 folios and [I] page, the Amakusa edition (A94) occupies a total of 170 folios. Given that the grammar's text mostly is the same without significant changes, the obvious explication is to be found in the aforementioned chapter on verb conjugation. Whereas in L73 this chapter occupies 21 folios, in A94 there are 50 folios, thus accounting for a considerable part of difference in pagination. Another obvious reason is the difference in typographical composition. Whereas L73 normally uses a normal roman (upright) typeface for most of the text (using italics only for the small number of *scholia*, the Portuguese verb forms and form some chapter titles), in A94 the italic typeset[33] is the norm while the upright typeset is used mostly for chapter and subchapter titles, marginal comments, *scholia*, as well as the Portuguese and Japanese paradigms.[34]

Concerning the pagination, there are some typographical errors that need to be observed. In L73, folio 63 (between fols. 62 and 64) is incorrectly paginated as folio 93. Also, folio 69 (between 68 and 70) is incorrectly paginated as folio 66. While none of the former errors appears in A94, A94 folio 137 (between fols. 136 and 138) is incorrectly paginated as folio 157.

---

33 The italic set in the Amakusa edition is the first example of the metallic movable types created in Japan. All the foregoing movable types, Latin as well as Japanese KANA/KANJI ones, were ordered by the *Tensho* Delegation to Rome (1582 - 1590) during their stay in Europe. cf. Toyoshima(2010A), Toyoshima(2010B). The Amakusa edition continues to use the European movable types for the roman (upright) typefaces, as well as for capital letters.

34 There is also some variation in the writing of the chapter titles which we find to be insignificant. These cases include differences in the use of capital letters or small letters as well as the use of U / V, due to the apparent lack of capital letters in the italic set.

Introduction

4.5 Other evidences of the relationship between the 'arte pequena' and the Amakusa edition

Apart from the obvious similarities in the structure, several features that are non-existent in the 'arte grande' (Lisbon, 1572), support the relationship between the Amakusa edition (A94) and the 'arte pequena' (L73).

1. The small text «*Auctor Lectori*» exists both in A94 and L73, but not in the 'arte grande'.
2. Mention of potentials "*De modo potentiali et permissiuo, siue concessiuo*" appears after the conjunctive of *esse*, in L73 (fol. 12v) and A94 (15v), but not in the 'arte grande'.
3. The example of the adjective 3rd declension was *prudens* in the 'arte grande' (6v), but is substituted by *felix*, both in L73 (5r) and A94 (7v). This is to avoid confusion in genitive forms, and so is stated in the *scholion*. Although later editions of the 'arte grande' (e.g. Venice, 1575, Evora, 1599) also adopted *felix*, it was initiated in the first edition of the 'arte pequena' (L73).
4. In the Portuguese translation of the 2nd person plural of the future of passive conjunctive of *amare* is *Vos <u>fordes</u> amados* in L73 (20v) and A94 (28r), whereas *Vos <u>foreis</u> amados* in the 'arte grande' (35v).

4.6 Later editions of the 'arte pequena'

Although the first edition of the 'arte pequena' (L73) has similarities in the structure, it is not the only one direct source of the Amakusa edition (A94). Comparision with later editions of the 'arte pequena', such as the Lisbon 1578 edition (L78H, a Spanish adaptation) and the Lisbon 1583 edition (L83L, a Portuguese adaptation) shows that revisions were done after 1573, some of which are reflected in the Amakusa edition (A94).

1. The *scholion* on supinum is moved from 'Rudimenta' (L73, 40v) to a section after the verb *audire* (L78H:50r, A94:51v--52v).
2. The order of verbs in 'verba anomala' and deponens is *possum fero volo nolo malo fio eo coepi memini noui odi* is L73, but is *vtor dimetior edo eo memini noui odi coepi novi possum fero volo nolo malo edo fio inquam aio poenior pugnatur* in L78H and in A94.
3. The *scholion* 'Acinaces, is, masculini generis⋯' (L78H:76v, A94:80v) is missing in L73.
4. The *appendix* to the ablative of the third declension of noun is 'Substantiua, is, syllaba finita ⋯' in L78H:83v and in A94:86r, whereas it was 'Appelatiua, adiectiuis, similiale-ges ⋯' in L73:52r, as in L72:87r and V75:p.201 (the 'arte grande').
5. The quotation of Quintilianus in 'De prosodia - de praepositionum tono' (L72:243v, V75: p.522, L78H:194v, A94:170r) is missing in L73.

The Lisbon 1578 edition (L78H), published by António Ribeiro, is a Spanish adaptation of the 'arte pequena' (L73). Examples are given in Spanish, not in Portuguese, and thus may not be a direct source of the Amakusa edition (A94), where examples are given in Portuguese.

The Lisbon 1583 edition (L83L), published five years later by the same printer António

Ribeiro, is a Portuguese adaptation, and gives examples in Portuguese. However, this L83L cannot be a single direct source of the Amakusa edition (A94) either, as L83L has significant differences between L78H and A94.

Both L78H and L83L have, after the subsection of the conjunctives with *cum* for *esse* (e.g. *cum sim, cum sis, cum sit*), another subsection "coniunctiui propriae voces hispanae/lusitanae" (e.g. *quanuis sim, sis, sit*; Spanish : *Aunque yo sea, etc.*, Portuguese *Posto que eu seja, etc.*). These conjunctives with *quanuis* for *esse* do not exist in the original 'arte pequena' (L73), nor in the later Italian editions (like V88, V92) : Italian editions simply ignore these *quanuis* forms. As the Amakusa edition (A94) has these *quanuis* conjunctives for *esse* (15v), as well as for other verbs, they are not from the original 'arte pequena' of 1573 (L73), nor from the Italian sources, but probably from the Iberian sources.

L78H gives present, imperfective, perfective, pluperfect, and future forms for *esse* (19v), just like A94, whereas L83L gives only present and imperfective(17v), and cleary states that other tenses are not in use for the Portuguese languge :

> Perfecti & plusquamperfecti verbi Substantiui nullae sunt propriae voces Lusitanae. neque enim dicunt : *Posto que eu aja sido : Posto que eu houuera sido*. Pro quibus, iisdem temporibus Indicatiui modi vtuntur. Nam particulae, *Posto que; Ainda que* : etiam indicatiuum petunt : *Posto que fui: Posto que fora*. (18r) [No perfect and pluperfect forms of the verb of substance are genuine Portuguese. Nobody says *Posto que eu aja sido* .... Indicative of those tenses are used instead. These prticles *Posto que;*... call for indicative]

As for the conjunctive of *amare* (active), L78H gives a full list of present, imperfective, perfective, pluperfect and future (27v--28r), whereas L83L gives present, imperfective, perfective, and pluperfect, but ignores future, clearly stating that it is deliberately omitted (*praetermisi*) :

> Futurum praetermisi, quod semper eodem modo reddatur Lusitane, quacunque praecedente particula.(24v) [I omitted future, which is always translated in the same mood with a preceding particle in Portuguese.]

As for the conjunctive of *amare* passive, L78H also gives a full range of tenses (31v--32v), whereas L83L gives only present and imperfective, omitting others, and clearly states that the ommision is intentional :

> Perfecti et plusquamperf. propriis vocibus etiam destituuntur Lusitani : cum hae voces, circuitioque necessario à verbo substantiuo mutuanda sit. Vtemur ergo iis temporibus Indicatiui modi, sicut in verbo Substantiuo diximus. (29r) [Perfect and pluperfect forms are not in genuine usage of Portuguese, as these forms are necessarily periphrastic using a substantive verb. As is told in the (section of the) substantive verb, we use forms of the indicative mood for these tenses.]

The same thing goes for *docere* (active L83L:32v, passive L83L:33v), *legere* (active, L83L:35v, passive L83L:37v), and *audire* (active L83L:39v, passive L83L:42r), where no more statements

Introduction

are given. As the Amakusa Edition(A94) gives almost[35] all of the tenses that are listed in L78H, and omitted in L83L, the L83L cannot be the only one direct source of the Amakusa Edition.[36]

So far, we are unable to name one single direct source of the Amakusa Edition (A94).

This is not an exception in the Early Japanese Christian Mission Press publications by the Jesuits. The Jesuits in Japan had no problem in adapting Spanish sources into Japanese, as in the three translations of the works by Fray Luis de Granada[37], where the bases were taken in the Spanish originals, but evidences show that the versions in other languages (such as Latin) were also consulted and incorporated : i.e. there is no one single direct source for these Japanese editions, but several.

To summarize, the Amakusa edition is on the stream of the 'arte pequena' of the Alvares' grammar, which was initiated in 1573 (L73). The Amakusa edition is influenced by the subsequent revisions of the 'arte pequena', and may have incorporated several editions of adaptation for Spanish and Portuguese languages.

4.7 Innovations of the Amakusa edition

In relation to the Latin-Portuguese original of the 'arte pequena', it is quite obvious that the innovations of the 1594 Amakusa edition (A94) lie in the parts that are dedicated to the Japanese language. As suggested by the grammar's title, those innovations are mostly restricted to the chapter on verb conjugations. Without any equivalent in the original editions of the Jesuit grammar, there is, however, the following text in A94 (3v) that is solely dedicated to offering the Japanese students a notion of Latin vs. Japanese declension:

> ADMONITIO / CVM ijs, qui in Iapponia, latino idiomati operam impendunt, Patris Emmanuelis Aluari Grammatica institutio necessaria sit in eaque verborum coniugationes Lusitana lingua huius insulæ hominibus ignota vertātur, ne tyrones in ipso limine peregrini sermonis imperitiæ tædio animum desponderent, Superioribus visum est, vt (ordine quo liber ab auctore editus est, nihil immutato) verborum coniugationibus Iapponicæ voces apponerentur, aliqua que scholia præceptoribus ad latinarum, & Iapponicarum loquutionum vim faciliùs dignoscendam maximè conducentia, attexerentur. Vale.
>
> [Reminder : Since, to those who, in Japan, devote themselves in the Latin language, the Grammatical Method by Father Manuel Alvares is necessary, and in addition, the conjugations of verbs are translated in the Portuguese language, which is unfamiliar to the people of this island, in order not to let the beginners become weary with the first steps of this unexperienced foreign language, it appeared appropriate to the Superiors, to add (in the same order as by the author edited, and nothing

---

[35] The only one exception is the lack of the future for *esse* (*fuero*) with *Quanuis* (A94:15v).

[36] It is interesting that the Portuguese columns of A94 have full tenses for the active conjugations just as the Spanish L78H, but, for the passive conjugations and the substantive verb *esse*, have only present and imperfective columns and lack all others, just as the Portuguse L83L.

[37] *Fides no dŏxi* (1592) is a Japanese translation of the *Quinta parte de la introducción de la símbolo de la fe* by Fray Luis, *Guia do Pecador* (1599) is translated from the Spanish *Guia de pecadores*, and *Fides no qiŏ* (1611) is based on the *Primera parte de la introducción de la símbolo de la fe*. All of these works by Fray Luis had no Portuguese versions in this era.

Introduction

altered) Japanese words to the conjugations of verbs, as well as to attach instructor's notes (*scholia*), that encourage very much to recognize the meaning of Latin and Japanese expressions much easier. Bye]

In order to exemplify the difference in verbal paradigms, compare the present and imperfect tenses of the substantive verb ESSE (to be, Portuguese *ser* / *estar*) in both editions:

Sum verbum substantiuum modi indicatiui, temporis præsentis, numer singularis, persona primæ, sic declinabitur,

Modi indicatiui tempus presens.
SVM *Eu sou ou estou.*   Preteritū imperfectū,
Es, *Tu es.*   Eram, *Eu era ou estaua.*
Est, *Elle he.*   Eras, *Tu eras.*
    Plurali numero.   Erat, *Elle era.*
Sumus, *Nos somos.*   Pl. Eramus, *Nos eramos.*
Estis, *Vos sois.*   Eratis, *Vos ereis.*
Sunt. *Elles sam.*   Erant. *Elles eram.*

L73 (Lisbon, 1573): 9r

¶Modi indicatiui tempus præsens.

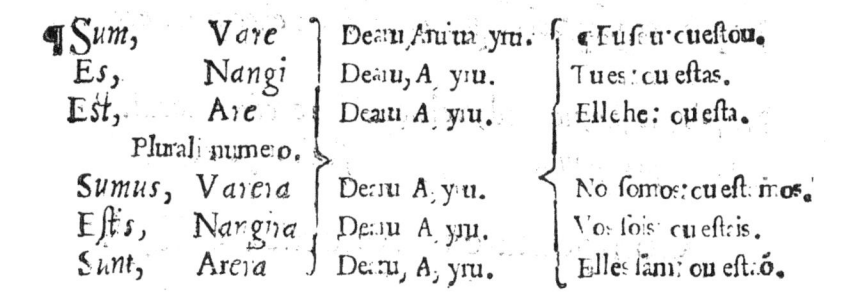

¶Sum, Vare   Deau, Aruru yru.   ¶Eu su, cu estou.
Es, Nangi   Deau, A yru.   Tu es, cu estas.
Est, Are   Deau A yru.   Elle he: cu esta.
    Plurali numero.
Sumus, Vareia   Deru A yru.   No somos: cu est. mos.
Ests, Nargna   Deru A yru.   Vos sois cu estris.
Sunt, Areia   Deru, A, yru.   Elles sam, ou estão.

A94 (Amakusa, 1594) : 12v.

Quite obviously, the innovation of the Amakusa edition is the introduction of the middle column that separates the Latin and the Portuguese conjugations. While L73 only offers samples of *ser*, except for the corresponding *estar* for the first person singular, A94 offers the whole conjugations of both *ser* / *estar* forms. Quite interestingly, there is also some orthographic variation as in 'eramos' ~ 'èramos', 'eram' ~ 'erão'.

Other than the trilingual verbal paradigms, during the same chapter the Amakusa edition shows the existence of some *scholia*, seemingly meant to take into consideration the Japanese linguistic reality in comparison to the Latin or Portuguese facts that are presented by the grammar.

Printed on the page's right margin (next to the bilingual paradigm) the following short text in L73 (9v) is the only *scholion* dedicated to the indicative tenses of the substantive verb to

Introduction

'survive' the transition from the 'arte grande' to the 'arte pequena':[38]

> Si quis de Varronis sententia volet futurum perfectum, siue exactum adiungere, sic in Lusitanum conuertat, licebit. Fuero: Ia então eu serei, ou estarey.

The Amakusa edition augments what seems to be a marginal note to a fully fledged scholion, dedicated mostly to considerations on Japanese equivalents of the Latin conjugation:

> ¶ SI quis de Varronis sententia volet futurum perfectum, siue exactum adiungere, sic in Iapponicum conuertat, licebit. Fuero: Mo faya de arŏzu. A, atte arŏzu. lus. Ia eu então serei, ou estarei.

> ¶ Huic verbo Substantiuo Sum, hæc feré verba Iapponica respondent, Aru, goza u, naru, yru, voru, voriaru, vogiaru, maximasu, sŏrŏ, fanberu, nari, &c. & ex his ea, quibus particulæ, Ni, Nite, De, præponuntur, vt Nite aru, gozaru, &c. Aliqua circa indicatiuum, & reliquos modos hîc possent adnotari, quæ in prima verborum coniugatione reperientur diffusè (Álvares 1594: 13 r).

Not only the change of position of the personal pronoun in the Portuguese sample phrase 'Ia eu então serei, ou estarei' but even more the above mentioned completion of the Portuguese paradigm of *estar* as well as the orthographical changes lead to believe that the editors of the Amakusa edition might have been a Portuguese native speakers or, at least, near native.

4.8   The 'arte pequena' tradition and the Amakusa edition(1594)

So far, we have shown that the 1594 Amakusa edition of Manuel Álvares' grammar was, indeed, elaborated on the base of the same grammar's tradition of the 'arte pequena' that was initiated in 1573. The structural similarities – and especially the idiosyncracies that are due to the omission of chapter titles together with the following *scholia* since Álvares (1573) – between the first Portuguese and the first Overseas edition of the Jesuit grammar's abbreviated version leave no doubt that that the editor of the Amakusa edition must have used an edition (or editions) of the Lisbon editions of the 'arte pequena'. As the 1594 edition was meant for use in Latin classes in a missionary context, the use of the concise grammar in a reduced format made sense – being, after all, why the Jesuit leadership had asked Álvares to prepare this edition.

True to the design of the Jesuit grammar, the editor of the Amakusa edition added the Japanese equivalents to the Latin and Portuguese verb paradigms as well as some changed or even new *scholia* that offer comments on the Japanese language. Next to this most valuable metalinguistic information on Japanese grammar, the orthographic variation of the grammar's Portuguese words (in relation to the editions printed in Lisbon) also might be an interesting study.

As a result of the above, it seems that some considerations on the Amakusa edition by

---

38   The original *scholion* can be found in Álvares (1974: 12r). The Portuguese sentence shows minor orthographic dissimilarities: «Ia entam eu serei, ou estarei».

past and present authors should be rethought, especially when only the 1572 Lisbon edition (the 'arte grande') is identified as the grammar's source, like, for instance in Otto Zwartjes recent book on Portuguese Missionary linguistics where the grammar in question is mentioned as follows:

> The Japanese Amakusa edition of the grammar of Álvares generally follows the same structure as the first edition of 1572; but there are some significant differences: the editors of the Japanese edition adapted the grammar for Japanese students, offering bilingual Latin-Japanese paradigms [...]. In the Amakusa edition, the grammar of Álvares is no longer a monolingual work designed simply for the teaching and learning of Latin (Zwartjes 2011: 100-101).

While it is true that the Amakusa edition follows the structure of the 1572 Lisbon edition, we have shown that the real affiliation should be seen with the 1573 edition (the 'arte pequena'). There seems, however, to be a misconception of the paradigms in the Álvares (1594) grammar. As we have seen, these are clearly trilingual (with Latin, Japanese and Portuguese), in the same way as the verb paradigms of the Lisbon editions are bilingual (with Latin and Portuguese). Sure enough, the number of Portuguese examples, and sample phrases and explanations dedicated to the Portuguese were lost in the course of the reduction of most of the *scholia* when the Álvares (1573) edition was prepared. Even so, the presence of the Portuguese language remains undeniable in the chapter *De verborvm coniugatione*.

Further studies linking the Amakusa edition with its true source inside the 'arte pequena' tradition seem to be quite promising. The same can be said in relation to similar editions of the Álvares grammar in other countries.

Bibliografic references

Primary sources

Álvares, Manuel (1572): EMMANVELIS / ALVARI È SO- / CIETATE IESV / DE INSTITVTIONE / GRAMMATICA / LIBRI TRES. // OLYSSIPONE. / Excudebat Ioannes Barrerius / Typographus Regius. / M. D. LXXII. (4°, [VIII] pp., 248 fols.) [Biblioteca nacional de Lisboa: RES. 1242 P]. (GRAMÁTICA LATINA: FACSÍMILE DA EDIÇÃO DE 1572, COM INTRODUÇÃO DO DR. J[OSÉ] PEREIRA DA COSTA. FUNCHAL: JUNTA GERAL DO DISTRITO AUTÓNOMO DO FUNCHAL., 1974)

Álvares, Manuel (1573): EMMANVELIS / ALVARI È SOCIE- / TATE IESV / DE INSTITVTIONE / GRAMMATICA / LIBRI TRES. // OLYSSIPONE. / Excudebat Ioannes Barrerius / Typographus Regius. / M. D. LXXIII. / Cum Priuilegio. (8°, [VIII] pp., 148 fols., [I] págs.) [Biblioteca geral da Universidade de Coimbra: VT-18-7-3].

Álvares, Manuel (1575): EMMANVELIS / ALVARI È / SOCIETATE / IESV, / De Institutione Grammatica /Libri Tres. // VENETIIS, / APVD IACOBVM VITALEM. / M. D. LXXV. (4°, 526 pp., Errata 1 pag.) [Editor's private copy]

Álvares, Manuel (1578): EMMANVELIS / ALVARI È / SOCIETATE / IESV, / DE INSTITVTIONE / GRAMMATICA / LIBRI TRES. // OLYSSIPONE, / Excudebat Antonius Riberius, expensis / Ioannis Hispani Bibliopolae. / *Cum facultate Inquisitorum.* / 1578. (8°, 195 ff.) [Biblioteca de la Universidad Compultense].

Álvares, Manuel (1583): EMMANVELIS/ALVARI E /SOCIETATE /IESV, /DE INSTITVTIONE/GRAMMATICA/LIBRI TRES. //OLYSIPPONE,/Excudebat Antonius Riberius, expensis/ Ioannis Hispani Bibliopolae./Cum facultate Inquisitorum. / 1583. (8°, 188 ff.) [Biblioteca Nazionale Centrale di Roma : 204.23.D.13].

Álvares, Manuel (1592-1593): EMMANVALIS/ALVARI/E SOCIETATE/IESV/DE INSTITUTIONE/GRAMMATICA/LIBRI TRES/AD COMMODIOREM RATIONEM/clarioremque reuocati : Additis scholijs, & / prosodia carmine illigata. //NVNC DENVO ACCVRATE / recogniti, & copioso indice locupelatati. //ROMAE, Apud Alexandrum Zannetum. / M.D. XCII./ SVPERIORVM PREMISSV. /// ... /// ROMAE M.D. XCIII. (8°, 8 + 330 + 7pp.) [Biblioteca Angelica (Roma) : III 1.6].

Álvares, Manuel (1594): EMMANVE- / LIS ALVARI E SO- / CIETATE IESV / DE INSTITVTIONE GRAMMATICA / LIBRI TRES. / Coniugationibus accessit interpretatio / Iapponica. // IN COLLEGIO AMACV- / SENSI SOCIETATIS IESV / CUM FACVLTATE SVPERIORVM. / ANNO M. D. XCIIII. (4°, 170 fols.) [Biblioteca pública de Evora : Res. 63, Biblioteca Angelica (Roma) : Rari I 5.3].

Álvares, Manuel / Velês, António (1599): EMMANVELIS / ALVARI, E SOCIE- / TATE IESV / DE INSTITVTIONE GRAMMATICA / LIBRI TRES, / ANTONII VELLESII, EX EADEM SOCIETATE IESV / IN EBORENSI ACADEMIA PRÆFECTI STVDIORVM / OPERA, Aucti, & illustrati. // EBORAE / Excudebat Emmánuel de Lyra Typographus. / Cum facultate Inquisitorum, & Ordinarij. / M. D. XCIX.

Álvares, Manuel / Velês, António (1608): EMMANVELIS / ALVARI, / E' SOCIETATE / IESV, / De Institutione Grammatica Libri tres. / Antonij Vellesij Amiensis ex eadem Societate IESV in Eborensi / Academia Præfecti studiorum, / OPERA / AVCTI ET ILLVSTRATI. // EBORAE / Excudebat Emmanuel de Lyra Vniuersitatis Typogr. / M. DC. VIII. / Cum facultate Inquisitorum.

Secondary sources

ACL (Academia das Ciências de Lisboa) 1983. Bibliografia geral portuguesa. Vol III, Século XVI. Lisboa : Imprensa nacional - Casa da moeda.

Álvares, Manuel. 1562. "Prologo" in Cópia de algunas cartas que los padres y hermanos da compañia de IESUS [...] Coimbra: João de Barreira.

Anselmo, António Joaquim. 1926. Bibliografia das obras impressas em Portugal no século XVI. Lisboa: Biblioteca Nacional.

Assunção, Carlos. 1997. A Gramática Latina do P.ᵉ Manuel Álvares. Série Ensaio 13. Vila Real: UTAD.

Assunção, Carlos. 1997. "A polémica sobre a gramáticca alvaresiana". In: Revista Portuguesa de Humanidades, vol. 1-fasc. 1-2. Braga: Faculdade de Filosofia de Braga.

Backer, Augustin de / Backer, Aloys de / Sommervogel, Carlos. 1890-1916: Bibliothèque de la Compagnie de Jésus: Première Partie: Bibliographie, 9 vols., Bruxelles; Paris:

Barros, João de. 1971 [1540]. Gramática da Língua Portuguesa. Cartinha, Gramática, Diálogo em Louvor da Nossa Linguagem e Diálogo da Viciosa Vergonha (reprodução facsimilada, leitura, introdução e anotações por Maria Leonor Carvalhão Buescu). Lisboa: Faculdade de Letras da Universidade de Lisboa.

Barros, João de. 1988 [1552]. Ásia. Dos feitos que os portugueses fizeram no descobrimento e conquista dos mares e terras do Oriente. Vols. I-III. Ed. fac-simile. Lisboa: INCM.

Bernard-Maître. 1971. "O Extremo Oriente", in Febvre, Lucien y Martin, Henri-Jean. L'apparition du livre. Paris: Éditions Albin Michel.

Boxer, Charles Ralph. 1950. "Padre João Rodrigues Tçuzu S.J. and his japanese Grammars of 1604 and 1620". Boletim de Filologia XI, 338-363. Lisboa: Centro de Estudos Filológicos.

Buescu, Maria Leonor C. 1983. O estudo das línguas exóticas no século XVI. Lisboa: Biblioteca Breve.

Cardoso, Simão. 1994. Historiografia gramatical (1500-1920). Porto: Faculdade de Letras do Porto.

Cardoso, Simão. 1998. "A Gramática Latina no século XVI — As «partes orationis» na «Gramática Latina» do P.ᵉ Manuel Álvares (1572) e na «Minerva» de Sanctius (1587)". In: Linguística e Didáctica das Línguas, Actas do Fórum Linguística e Didáctica das Línguas. Vila Real: UTAD.

Cartas dos Jesuítas do Oriente e do Brasil 1549-1551, reprodução fac-similada, Lisboa, Biblioteca Nacional, 1993.

Cartas que os Padres e Irmaos da Companhia de Jesus, que andão nos Reynos de Japão escreuerão aos da mesma Companhia da India, & Europa desdo anno de 1549 atè o de 1580, I e II. Évora: Manoel de Lyra, 1598. (Fac-simile by José Manuel Gracia. Maia: Castoliva, 1997, 2 vols.).

Carvalho, J[osé] Vaz de. 2001. "ÁLVARES (ALVRES), Manuel (I)", in: (eds.) (2001): Diccionario Histórico de la Compañía de Jesús, vol. I, Madrid: Universidad Pontificia Comillas, Servicio de Publicaciones, p. 90.

Cerejeira, M. Gonçalves. 1926. O Humanismo em Portugal: Clenardo. Coimbra: Coimbra Editora.

Cruz, Gaspar da. 1984 [1569]. "Tratado em que se contam muito por estenso as cousas da China com suas particularidades e assi do reyno Dormuz". In Fernão Mendes Pinto. Peregrinação. Porto: Lello & Irmão.

Dalgado, Sebastião Rodolfo. 1893. Diccionario komkanî-portuguez, philologico-etymologico. Bombaim: Tip. "Indu-Frakash".

Dalgado, Sebastião Rodolfo. 1913. Influência do vocabulário português em línguas asiáticas. Coimbra: Imprensa da Universidade.

Dalgado, Sebastião Rodolfo. 1919-1921. Glossário lusoasiático. Vols. I-II. Coimbra: Academia das Ciências de Lisboa / Imprensa da Universidade.

Desiderio Erasmo de Rotterdam. 1965. Il Ciceroniano o dello stile megliore. Ed. de Angiolo Gambaro. Brescia: La Scuela Editrici.

Debergh, Minako, 1982. «Les débuts des contacts linguistiques entre l'Occident et le Japon (premiers dictionnaires des missionnaires chrétiens au Japon au XVIe et au XVIIe siècles)», Langages 68 (16e année), p. 27-44.

Doi, Tadao（土井忠生）1933. "長崎版日本文典と天草版拉丁文典" [The Rodrigues' grammar and the Amakusa editions of the Alvares' grammar], 史 学 [Shigaku, Keio university, Tokyo], 12-2 , p.71-106.

Feijó, João de Morais Madudeira. 1732. Arte Explicada. Lisboa: Of. de Miguel Rodrigues.

Fernades, Gonçalo. 2007. "De Institutione Grammatica Libri Tres (1572) de Manuel Álvares (1526-1583)". In: Revista da Academia Brasileira de Filologia. N.º IV, Nova Fase. p. 85-99. Rio de Janeiro: Universidade Estadual do Rio de Janeiro.

Fernandes, Gonçalo. 1996. Partículas Discursivas e Modais: do Latim ao Português. Dissertação e Mestrado. Porto: Faculdade de Letras da Universidade do Porto.

Figueiredo, Antonio Pereira de. 1754. Novo methodo de grammatica latina, para uso das escholas da Congregação do Oratorio na Real Casa de N. Senhora das Necessidades. Ordenado e composto pela mesma Congregação. Lisboa: Off. de Miguel Rodrigues.

Fonseca, Maria do Céu Brás. 2006. Historiografia linguística portuguesa e Missionária: preposições e posposições no séc. XVII. Lisboa: Colibri.

Fonseca, Maria do Céu (2009): "A gramática no Curso de Humanidades da Universidade de Évora (1559-1759)", Economia e Sociologia 88/89, pp. 137-156.

Freire, António. 1959. Gramática Latina. Porto: Livraria do Apostolado da Imprensa.

Freire, António. 1993. "Manuel Álvares e a repercussão da sua Gramática Latina". In Humanismo Integral. Braga: APPACDM.

Fróis, Luís. 1976-84. História de Japam (ed. crítica de José Wicki). Lisboa: Biblioteca Nacional, 5 vols.

Fukushima, Kunimichi［福島邦道］1973. キリシタン資料と国語研究 [Studies in Japanese linguistics with early christian documents], 笠間書院 [Kasama-shoin, Tokyo]

Gasparii Sciopii. 1664. Grammatica Philosophica. Amstelodami.

Gehl, Paul F. 2003. "Religion and Politics in the Market for Books: The Jesuits and Their Rivals", Papers of the Bibliographical Society of America,97, p. 435-460

Gracias, Amâncio. 1936. "Os portugueses e o estabelecimento da imprensa na Índia", Boletim do Instituto Vasco da Gama. Pangim: Instituto Vasco da Gama.

Iken, Sebastião. 2002. "Index totius artis (1599-1755): algumas reflexões sobre o índice lexicográfico latino-português da gramática de Manuel Álvares, elaborado por António Velez", in: Kemmler, Rolf / Schäfer-Prieß, Barbara / Schönberger, Axel (eds.) (2002): Estudos de história da gramaticografia e lexicografia portuguesas, Frankfurt am Main: Domus Editoria Europaea (Beihefte zu Lusorama; 1. Reihe, 9. Band), pp. 53-83.

James, Gregory (ed.). 2003. Through Spanish Eyes. Five accounts of a missionary experience in sixteenth-century Chine. Translated by Gregory James and David Morgan. Hong Kong: Hong Kong University of Science and Technology.

Júnior, António Salgado. 1949. Luis António Verney - Verdadeiro Método de Estudar. Lisboa: Sá da Costa.

Kemmler, Rolf (in print): "La participación personal del gramático Manuel Álvares en la difusión de los De institutione grammatica libri tres en España", in: Battaner Moro, Elena / Calvo Fernández, Vicente / Peña, Palma (eds) (in print): Historiografía lingüística: líneas actuales de investigación, 2 vols., Münster: Nodus Publikationen

Kemmler, Rolf & Assunção, Carlos (in print): "The 'arte pequena' of Manuel Alvares' De institvtione grammatica libri tres and its Japanese edition (Amakusa, 1594)"

Kemmler, Rolf (in preparation): "Portuguese and Spanish in the First Editions of the 'arte pequena' of Manuel Álvares' De institutione grammatica libri tres (Lisbon, 1573/1578)"

Kroll, Wilheim. 1944. História da la Filologia Clasica. Barcelona: ed. Labor.

Linacer, Thomas. 1998. De emendata structura latini sermonis. Introdución, edición crítica, traducción y notas por M.ª Luisa Harto Trujillo. Cáceres.

Lopes, David. 1969 [1936]. Expansão da língua portuguesa no Oriente nos séculos XVI, XVII e XVIII. Revista, prefaciada e anotada por Luís de Matos. Porto: Portucalense Editora.

Lozano Guillén, Cármen. 1992. La aportación gramatical renacentista a la luz de la tradición. Valladolid: Universidad de Valladolid

Lukács, Laszlo, 1992. Monumenta Paedagogica Societatis Iesu, VII. Roma: Institutum Historicum Societatis Iesu.

Machado, Diogo Barbosa. 1965-1967 [1741-1759]. Bibliotheca lusitana. 4 vols. Coimbra: Atlântida Editora.

Maruyama, Toru. 1996. "Selective bibliography concerning the Jesuit Mission Press in the sixtheenth and seventeenth centuries". Nanzan Kokubun Ronshu (Journal of the Department of Japanese Language and Literature) 20, 1-118. Nagoya: Nanzan University.

Maruyama, Toru. 2004. "Linguistic studies by Portuguese Jesuits in sixteenth and seventeenth century Japan". In Zwartjes, Otto & Even Hovdhaugen (eds.), Missionary Linguistics I / Linguistica Misionera. Amsterdam & Philadelphia: John Benjamins.

Maruyama, Toru. 1992. "Influência dos textos portugueses no estudo da língua japonesa medieval". In Estudos Orientais III. Lisboa: Instituto Oriental da Universidade Nova de Lisboa, pp.151-157.

Matos, Manuel. Cadafaz de. 1987. "Humanismo e evangelização no Oriente no século XVI". Revista ICALP, vol. 7 e 8, Março-Junho, 41-72.

Matos, Manuel Cadafaz de. 1993: "A Tipografia Quinhentista de Expressão Cultural Portuguesa no Oriente: Veículo de Propagação dos Ideias Humanísticos (No quarto centenário da introdução da Imprensa jesuítica no Japão)", Humanitas 43-44 (1991-1992), Coimbra: Universidade de Coimbra, Faculdade de Letras, págs. 153-171.

Moura, J. Vicente Gomes de. 1823. Notícia succinta dos monumentos da lingua latina e dos subsidios necessarios para o estudo da mesma. Coimbra: Imprensa da Universidade.

Murphy, James J.. 1980. "The teaching of latin as a second language in the 12th century". In Historiographia Linguistica VII, ½. Amsterdam: John Benjamins.

Naumann. Victor. 1965. "Pilatus" Der Jesuitismus. Regensburg.

Nebrija, Elio António. 1492. Gramática de la lengua castellana. Salamanca.

Pinto, Américo Cortez. 1948. Da famosa arte da imprimissão. Lisboa: "Ulisseia" Limitada.

Ramalho, Américo da Costa. 1980. Estudos sobre o século XVI. Paris: Fundação Calouste Gulbenkian.

Ramalho, Américo da Costa. 1998. Para a História da Humanismo em Portugal. Vol. III. Lisboa: Imprensa Nacional-Casa da Moeda, Col. Temas Portugueses.

Ranke, Leopold von. 1900. Die Römischen Päpsten, II. Leipzig: 1900.

Rivara, Joaquim Heliodoro da Cunha. 1858. Ensaio historico da lingua concani. Nova-Goa: Imprensa Nacional.

Rivara, Joaquim Heliodoro da Cunha. 1868. Catalogo dos manuscriptos da Bibliotheca Publica Eborense. T. II. Lisboa: Imprensa Nacional.

Rodeles, O. Cecílio Gomes, Imprensas de los Antiguos Jesuítas en las Missiones de Levante durante los siglos XVI a XVIII.

Rodrigues, Francisco. 1917. A formação intelectual do Jesuita: leis e factos. Porto: Magalhães e Moniz

Rodrigues, Francisco. 1931. História da Companhia de Jesus na Assistência de Portugal. Porto: Apostolado da Imprensa.

Schurhammer, Georg. 1962. Die zeitgenössichen Quellen zur Geschichte Portuguiesisch-Asiens und seiner Nachbarländer. Roma: Instituto Histórico da Companhia de Jesus.

Silva, Inocêncio Francisco da. 18581923. Diccionario bibliographico portuguez. CD-R.

Sommervogel, Carlos. 1890-1960. Bibliothèque de la Compagnie de Jésus. Ts. I-XII. Bruxelas: Polleunis et Ceuterick [vd. Bibliographie, T. X. "Belles-Lettres, Linguistiques"].

Springhetti, Emilio. 1961-62."Storia e fortuna della grammatica di EmmanueleAlvares", S.J.. In: Humanitas, XIII-XIV. Coimbra: Faculdade de Letras.

Tominaga, Makita. 1973. Kirishitan-ban no kenkyuu (Studies of books printed by the Jesuit mission press in Japan). Tenri: Tenri Central Library.

Torres, Amadeu (1998): Gramática e linguística: Ensaios e Outros Estudos. Braga: Universidade Católica Portuguesa.

Torres, Amadeu. 1984. "Humanismo Inaciano e artes de gramática: Manuel Álvares entre a 'ratio' e o 'usus'". In Bracara Augusta. 38. Braga.

Toyoshima, Masayuki [豊島正之] 2010A. 前期キリシタン文献の漢字活字に就て [The KANJI typeface of the earlier stage of the Japense Jesuit Mission press]. 国語と国文学 [Kokugo to Kokubungaku] H22-3, p.45-60 Tokyo:Gyosei

Toyoshima, Masayuki. 2010B. Base-de-datos de dicionarios portugueses para el estudo de la historiografía de la lengua japonesa de mil quinientos (Assunção, Carlos, Gonçalo Fernandes, Marlene Loureiro (eds.) Ideias Linguísticas na Península Ibérica (séc. XIV a séc. XIX). 2 Vols. Münster: Nodus Publikationen). vol.2. 865-875

Valchii, J. Georgii. 1729. Historia Critica Linguae Latinae. Lipsiae : Friderici Gleditschii & filii.

Verdelho, Telmo, 1995. As origens da gramaticografia e da lexicografia latino-portuguesas. Aveiro: INIC.

Verdelho, Telmo, 2008. Encontro do português com as línguas não europeias. Textos interlinguísticos. Lisboa: BNP.

Verdelho, Telmo. 1982. "Historiografia Linguística do Ensino. A propósito de três centenários: Manuel Álvares, Bento Pereira e Marquês de Pombal". In Brigantia, Vol. II, n.º 4. Bragança: Arquivo Distrital.

Verney, Luis António. 1758. Grammatica latina, tractada por um methodo novo, claro e facil; para uso d'aquellas pessoas que querem aprende-la brevemente e solidamente. Traduzida de francez em italiano e de italiano em portuguez. Barcelona.

Verney, Luís António. 1949. Verdadeiro Método de Estudar. Lisboa: Sá da Costa Lisboa.

Vivis, Joannis Ludovici. 1551. De disciplina libri XX in tres tomos distincti. Lugduni: Joannem Frellonium. (Juan Luis Vives. 1947-1948. Obras Completas, tradução de Lorenzo Riber. Madrid: Aguilar.)

Yamashiro, José. 1989. Choque Luso no Japão dos Séculos XV.

Yamazawa, Takayuki [山沢孝至] 2006. "天草版『ラテン文典』研究序説—概論的考察—" [An introductory research on the Amakusa edition of Alvares' Latin grammar -- generic remarks --], Kobe miscellany (Kobe universiy, Kobe, Japan), 30, p.1-33

Yamazawa, Takayuki [山沢孝至] 2008. "天草版『ラテン文典』の羅和対訳文について" [Latin-Japanese bilingual examples in the Amakusa edition of Alvares' Latin grammar], Kobe miscellany (Kobe universiy, Kobe, Japan), 31, p.31-46

Zwartjes, Otto (2011): Portuguese Missionary Grammars in Asia, Africa and Brazil, 1550-1800, Amsterdam; Philadelphia: John Benjamins (Studies in the History of the Language Sciences; 117).

解説（和抄訳）

1. 伝記 – アルバレスについて

「ラテン文典」の原著者マヌエル・アルバレスは、1526年、ポルトガル・マデイラ島のRibeira Bravaで生まれた。彼の「ラテン文典」のリスボン初版（1572）には、1974年にPereira da Costaの解説を付して刊行された複製本が流布しているが、これは、彼の出身地マデイラの州都フンシャル政府が刊行したものである。アルバレスの生年1526年は、没年時等の年齢からの逆算で、出生記録等の文書は現存しない。諸伝記に拠れば、アルバレスは1546年7月4日、20歳のときにイエズス会に入会し、1583年ポルトガル・エボラで没した。57歳であった。1538年に、マデイラ島で臨時司教職を担ったロシナ教区のアンブロジオ・ブランドン司教より、アルバレスはメノレスと呼ばれる聖職資格を受けた。アントニオ・フランコ神父の記述によると、フンシャルの港にインドに向かう船が寄港した折に、一人のイエズス会宣教師が病気のため上陸し、現地の病院で治療を受けることになった。アルバレスは、ある弟子の消息を求めて病の神父を見舞うが、その関係から、1540年創設初頭から評判が高く聖職希望者が多かった聖イグナチオの教団に魅力を感じ、1546年に、親の元を離れ、イエズス会に入会することを決心し、1547年にはコインブラのコレジオに入学した。

ラテン語、ギリシャ語、ヘブライ語の教授の資格を持ち、更にラテン語の詩作の才能を有したアルバレスは、リスボンのサント・アンタン・コレジオで教えるようになる[1]。1555年には、コインブラの芸術コレジオで、著名な形而上学学者ベドロ・ダ・フォンセカと肩を並べる講師に昇格し、後にはその学長に就任した。

愛想がよく、質素な上、上司としてはやや誠実過ぎで消極的な性格の持ち主で、慎重で几帳面に職務を遂行するアルバレスには「Deus, ego tertium gynmasium（神、我、三に学校）」というモットーがあった。エスピリト・サント・コレジオ、エボラ大学の学長を経て、1583年12月30日にこの世を去った。

当時の人々の言に拠れば、博識で稀な勤勉さを有し、倦む事を知らぬアルバレスは、ラテン語に堪能であり、時のイエズス会総長ディエゴ・ライーネス、その後を襲ったフランチェスコ・デ・ボルジアの希望であったイエズス会全体で使用できるラテン語文法書の著者に、最適任であった。既に、文法書の自著があったアルバレスは、イエズス会上長の命令に従順に従い、著作に勤しんだ結果「ラテン文典三部」De Institutione Grammatica libri tres が完成した。

1　天正少年使節遣欧記 第16話には、Illud singularis praestantiae huic collegio ascribendum est, quod caeterorum omnium .. origo sit （このコレジオは、他の現存全てのコレジオの淵源とも称すべき点で、唯一特別）とあり、後にマノエル・バレトが、その日本に於ける自著「葡羅辞書」自筆本大冊全三巻を託したのも、このコレジオである。

解説（和抄訳）

2. ラテン文典 De Institutione Grammatica libri tres について

2.1. 一般事項

アルバレスのラテン文典 De Institutione Grammatica libri tres により、イエズス会のラテン語教育は大きく発展した。この書の1572年初版より前は、イエズス会のコレジオのラテン語教科書は不統一で、ラテン語講師自身の稿本であったり、デスパウテリウス著 Commentarii Grammatici がよく使われていた。会の上長は、アルバレスに、従来の文法書より優れたものを依頼した。イエズス会の教育指針に従い、他の教科書に寄せられていた異議・不満などを解決する教程が完成し、1570年に、試験的に De octo partium orationis constructio（八品詞の構文に就て）と題するラテン語構文論の教科書を叩き台として印刷し、2年後の1572年、リスボンのジョアン・デ・リベイロ印刷所においてラテン文典 De Institutione Grammatica libri tres が刊行された。

アルバレスのラテン文典が印刷中であった時期には、ヨーロッパ諸国家の教養層には、古典期ラテン語が復興しており、その教授・学習方法も進んでいた。(Torres 1984: 180 を参照)。

あらゆる所で概説書が出版されており、16世紀第三・四半期の終わりごろ、特に1572年までのポルトガルでは、国語であるポルトガル語文法書2件に対し、ラテン語文法書は、パストラーナ、ネブリーハ、エステバン・カバレイロ、カルドーゾなど既に17〜20件が刊行される勢いで、更に、ジョアン・デ・バロスの、現在でも写本で伝わる Grammatices Rudimenta も世に出ていた。1599年までに26〜29件のラテン文法書が出ているが、ここには、アルバレス自身のものや、アントニオ・ベレスによる解説付きの版をも含む。

イエズス会の上長が懸念していたのは、ラテン語文法書の数の不足ではなく、教授法の問題であった (Torres 1984:178)。ラテン語教授法は現代の外国語教育の方法に近い。ゲルマン語諸国では、従来からそうであったが、この時代のラテン語学習では、もはや自国語との共通性が見出せなくなっていた。

フランシスコ・ロドリゲス (Rodrigues 1931) によると、デスパウテリウスのラテン語文法書は、ポルトガルのイエズス会のコレジオで当初より採用されており、アルバレスがラテン文典を書いている時でも使われていたという。パリ大学では、初期のイエズス会士がこのアルバレス著によってラテン語を学習した。本書は版を重ね、ヨーロッパ、アジア、アメリカ大陸にまで及んで500を越える版を重ねた。イエズス会の学事規程 Ratio Studiorum によって、アルバレス文典は、世界のイエズス会教育施設で使用される事になった。

1572年は、ポルトガルの国民叙事詩であるカモインスのウズ・ルジアダス Os Lusíadas 初版の刊行年でもある。この記念すべき1572年に刊行されたアルバレス文典は、ポルトガルの文法研究史に於いても基盤を成す資料であって、アルバレスのラテン文典は、ポルトガルをはじめ、ヨーロッパ、アジア、南アメリカにおいて、初版から現在に至るまで、その重要性、その普及と意義は計り知れない。

2.2. Ratio（理性）と Usus（慣用）

アルバレスのラテン文典は、ポルトガルで最も普及したラテン語教科書である。アントニオ・ベレス増訂の 1599 年版には、全巻の用語索引 Index eorum quae in toto opere continentur が附録にあり、5,000 語に及ぶ見出し語が、アルファベット順に配列されていて、教養あり、経験あるラテン語者のための辞書の趣を呈している。

この文典には、ラテン語への二つの異なった重み付けのアプローチが同居している事が、成功の要因である。

一つは、Usus（慣用）の文法で、イエズス会コレジオや大学の内で使われるラテン語を扱っており、他方は、Ratio（理性）の文法、すなわち、教育のための記述文法であって、これは vera principia「文章の成立に必要な文の組み立ての方法」を思考する哲学に基礎を置く、論理的文法である（Lozano-Guillén 1992: 49）。

スカリゲルがその De Causis（1540）に提案し、サンチェス・デ・ラス・ブロサスが Minerva（1587）において具体的に記述したように、16 世紀の文法、特にラテン語の文法は、Usus（慣用）と Ratio（理性）の妥協である。

アルバレスの文法書は、それまでの著名な作品を拠り所としているため、その点からいえば、アマデウ・トーレスがいうように、アルバレスは Usus（慣用）を尊重し、代表的な文章を選び、それを座標としている（Torres 1984: 21-22）。

ポルトガルでは、アルバレス以前にも、多くの文法書が出ているが、それらは統一性に欠け、不完全であったため、ラテン語文法の全般を扱った、学術的で、しかも実用的な文法書が望まれた。アルバレスの文法書はそれらの条件に満たし、数千の再版があり、14 カ国に翻訳され、500 以上の版が出版された。他の殆どの文法書をしのぎ、当時最高とされた文法書に伍して競った。スペインとメキシコでは、国王の命令によって使用されたネブリーハの文法書と競い、ヨーロッパでは名高いデスパウテリウスの文法書をしのいだ。デスパウテリウスは、400 余りの版を重ねたそれまでのベストセラーであり、特にフランスとベルギーでは 16 世紀の代表作であった。(Freire 1993: 96)。

16 世紀の 70 年代より、アルバレスの文法書はメキシコでも普及したが、それはイエズス会のコレジオで優先使用されていたことを物語る。初版は、1579 年のメキシコ版で、1594 年には Pedro Ocharte の印刷所で De Institutione Grammatica libri tres が、Pedro Balli 印刷所で 1595 年版が出版された。

アジアでの初版は、天草版ラテン文典（日本・天草におけるイエズス会の出版）であり、メキシコと同じ 1594 年に出版された。その後 3 世紀を経て、1859 年に Emmanuelis Alvares institutio grammatica ad sinenses alumnos accomodata（中国人学生向けのマヌエル・アルバレスの文典）と題する中国語訳版が上海で出版された。

解説（和抄訳）

3. 批判と論争

上述の通り、アルバレス文典は、イエズス会のラテン語教育に使用された。それは、デスパウテリウス著を始めとする他の文法書の諸問題に対する代案として考えられたものである。

アルバレス文典が刊行されてみると、イエズス会内部でも、意見が分かれた。ベルギー管区のフランシスコ・コスタ神父はアルバレス著について「アルバレス神父の文法は歓迎出来ず、デスパウテリウスこそが望ましい」(Lukács 1992:602) とした。ラインの管区長は、アルバレス文典の構文論について「この文法は、ビュルツブルク司教区に於いては、デスパウテリウス程には好まれない」(Lukács 1992: 549) とした。

この文法書は、教師、且つ学者であったアルバレスが、従来のラテン語教育に疑問を抱き、古典文法書と当時のそれとを見直した末に、起草されている。その特徴の一つは、イエズス会「学事規程」Ratio Studiorum に沿って、ラテン語を漸進的に学習出来るように考えられている点である。第1巻の名詞の曲用・動詞の活用は、「下級」クラスと「下級中の上位」学生に、第2巻の構文論と文体は「下級中の上位」と「中級」クラスのために、最後の第3巻（韻律および修辞法）は文法コースの「上級」学習者に当てられるように構成してある。

アルバレス文典は、当時のラテン語教育の必須の参考図書となり、イエズス会教育の象徴ともなり、而後200年余りに亘って唯一無二の最高のラテン文典とされ続けた結果、アルバレス文典についての種々の論文・書籍も書かれ、アルバレス文典の翻訳・解説・注釈も出版された。ベルネイのように、ラテン語学習なのに母語文法の説明が多すぎる、アルバレス文典は教育上不調和な文法書だ、と批判する意見も現れる事となった。(Verdelho 1982: 355)。

アルバレス文典はラテン語で書かれている。これは、文典の国際的な普及に貢献したが、ラテン語をラテン語で説明するのは習得の障害になるという意見のポンバル侯爵が、アルバレス文典を使用禁止にする理由ともなった。

アルバレス文典への批判は、教授法と理論の面に留まらず、政治的な非難も受け、イエズス会教育制度に痛手を負わせ、ポルトガル文化の象徴の一つを傷付けた。アルバレス文典は、ルイス・デ・モリーナの Concordia と並んで、最も多くの攻撃に晒される著作となった。

現代の教育者ならば、言語の学習を、初級の時から、当該言語のみで話し・書き・読む事で教えよとする意見には反発するだろう。アルバレス文典は、イエズス会全体の教育機関で使用する教科書とするようにと、イエズス会総長フランチェスコ・デ・ボルジアの命令で作成された。従って、国籍が異なるイエズス会士の共通語であるラテン語で書くのは当然のことであった。ラテン語で書かれているからといって、初心者に母国語で何の説明もなかった訳ではない。アルバレスはイエズス会の会士全員のために文法書を書いていたので、記述言語自体にもラテン語を宛てたのは当然だったが、教師の教育理念と教授経験からも、（ロマンス語の文法と同様に）ラテン語の文法はラテン語で書くという潜在的信念があったが、ベルネイは、「ポルトガル人へのラテン語教授は、ポルトガル語でなければならない」と論駁している。

ベルネイは、更に、アルバレス文典の最後の韻律論にも「アルバレス神父の、混乱した詩形を取ったラテン韻律規則を理解出来る学生がいるだろうか」と、不服を言うが、実はこの詩形の

大部分はアルバレスの作ではなく、ポルトガル人アントニオ・ベレズとイタリア人ツルセリーニに拠るものであり、彼らへの評価は寧ろ高い。

イエズス会外部からも、アルバレスのラテン語文典の成果を強調する声がある。20世紀初頭に、ランケは「（アルバレス文典によって）最高の結果が見られ、他では2年費やして覚えることを、（その教授法で）学習する学生は半年で取得する」（ランケ1900: 22）とし、同時期のプロテスタント教会のナウマンも「イエズス会士は17世紀を代表するラテン語の巨匠達である」（1965: 75）としている。

書誌概説

本書に複製・翻刻を掲載した通称「天草版ラテン文典」は、1594年天草刊行の所謂キリシタン版である。

1. 書題　Emmanuelis Aluari e societate Iesu（イエズス会のEmmanuel Alvaresの）、de institutione grammatica libri tres（文法の教程に就て三部より成る書）、Coniugationibus accessit interpretatio Iapponica（活用形に日本語訳付き）

2. 伝本　ポルトガル・エボラのエボラ公共図書館（Bilioteca Pública de Évora、Portugal、請求番号 Reservados 63）とローマのアンジェリカ図書館（Biblioteca Angelica、Rome、Italy、請求番号 Rari I 5.3）の二本のみが知られる。現存二本の本文は、誤植とその訂正の箇所で、多少相違する。3ウ（A: アンジェリカ本が正、E: エボラ本が誤）、20オ（A誤、E正）、23ウ（両本それぞれ誤）、30オ（A誤、E正）、100ウ（A正、E誤）。この他、両本一致して誤植の箇所は少なくない。（翻刻篇中では * で注記して訂正）。

3. 用紙　当時のイエズス会記録が「鳥の子」(torinoco) と呼ぶ楮斐紙。イエズス会のキリシタン版のうち、主としてラテン文字を用いるものは、いずれも「鳥の子」を用いた両面刷りであり（和書は美濃紙袋綴じ）、その例に洩れない。現存二本とも、処により極めて薄手で、裏面の印字が表に透けて見える「裏写り」が甚だしいが、保存状態は良好。

4. 判型　quarto（四折）、寸法は、エボラ本で22.7×15.7cm、アンジェリカ本で21.0×15.0程度。（アンジェリカ本は、本文の一部が欠ける程に強い化粧截ちを経ており、やや小さい）。イエズス会キリシタン版の辞書・文法書・典礼書はいずれも quarto、他の洋書はいずれも octavo（八折）である。本書の翻訳底本は octavo であったと思われる（後述）が、日本イエズス会が、その本書を敢えて quarto で刊行した事に、会の本書への評価・出版の意図を読み取る事が出来る。

　全170丁、丁番号は表紙から起算するが、明示は5丁から。正誤表は、少なくとも現存二本には無い。

5. 装丁　二本とも牛革装である（あった）が、アンジェリカ本は近年の改装を経て、往時の牛革の装丁は近代のクロスの上に貼付されて姿を残している。背の綴じ糸の帯が、エボラ本四本、アンジェリカ本三本と異なり、両者の装丁の意匠は、同一ではない。エボラ本の見返し・遊び紙は近世の洋紙で、表紙の芯にはインクナブラ（Missale ad usum insignis ecclesiae eboracensis の一部か）の反故が使われている。アンジェリカ本の見返しは（上記の改装に伴う）近代の洋紙であるが、遊び紙は（保存措置がなされているので不明瞭ながら）出版当時の粗い楮紙と思われる。以前は、表紙の芯に「ぎやどぺかどる」字集の一葉が含まれていたが、現在は取り出されて別に保存されている。

書誌概説

6. 来歴　アンジェリカ本の表紙前の遊び紙には、Anno Domi[...] 1605 / Petrus Antonius A[...] Iapp[...] / hūc librū dono dedit / Bibliothecae / A[...]ae / [......]（主の年紀1605年、日本のペトルス・アントニウス・A、ア［ウグスチノ］会図書館に本書を寄贈せり）との献辞があり、献辞最終行は寄贈者の署名であったかも知れないが、抹消されて読めない。寄贈者名の「A」の辺りが紙損で判然としないが、Am…（Amicus 友）、又は Ar…とも見え、後者であれば Petrus Antonius Arachius Iapponensis、即ちローマ学院に学んでローマで司祭に叙階されたトマス荒木（生年不明、1646？没）の寄贈か。

7. 活字　本書の地の文のラテン文字に使われるイタリック活字は、日本イエズス会が初めて日本で鋳造した活字であり（それまでのキリシタン版は、国字本もローマ字本も、欧州より舶来の活字で印刷、豊島正之（2010））、セットには小文字しか無い。大文字を欠くので、文頭第一字だけはローマンを用いる変則的な組版を行なっている。日本イエズス会は、後にこのイタリックを完全に改鋳し、イタリック大文字も加え、更にローマン体も新たに用意して「日ポ辞書」（1603〜）の組版に備えた。両者の寸法を簡単に比較すると、

文字	本書	日ポ大字	日ポ小字
mの幅	2.0cm	4.0	2.0
mの丈	2.0	4.0	1.5
hの丈	3.0	4.0	3.0 （丈には、デセンダからアセンダまでを含む）
gの丈	4.0	5.0	3.0
long s	5.0	7.0	4.0

この様に、本書（ラテン文典）のイタリック活字の幅（横）は「日ポ辞書」の小字に近いが、丈（縦）は寧ろ「日ポ辞書」の大字に近づき、かなりの縦長で、従来の（舶来）ローマン活字との混植も極めてバランスが悪い。更に、本書のイタリック活字は、印字上の幅自体は確かに「日ポ辞書」の小字に近く見えるが、実際に組んだ時の必要幅は1.3倍近い。（「fototoguisu」の占める幅は、本書19オ19.0cm、日ポ82ウ15.0）。活字の本体（ボディ）幅が、（鋳造技術未熟のために）印字幅よりかなり大きく仕上がり、緊密な組みが出来なかったとも考えられる。

この様な状況なので、本書は、ラテン語・ポルトガル語・日本語の多言語出版であるにも拘わらず、言語の書き分けに書体切り替えを利用せず、書体差は、曲用・活用表の欄の切替えを主用途としている。本書より十年後の、日ポ辞書（1603〜）、日本大文典（1604〜）、日本小文典（1620）では、言語切替えを書体切替えで示すという本来の用法が成就されているが、本書のイタリック活字は、バランスの良い混植に向かず、書体・言語の連動切替えに堪えなかった。本書の翌年の出版「ラポ日対訳辞書」（1595）でも、辞書本文中にはこの新鋳イタリックが用いられる事は無く、言語切り替えは Lus[itanice]（ポルトガル語では）、Iap[ponice]（日本語では）と、一々明記する事で対処している。

本書の第三部には、ギリシャ文字で印字しなければ意味が取りにくい部分があるが、ギリシャ活字の準備も無かったので、本書は、それを敢えてラテン文字化して示している。尚、本書の使用活字には、ラテン文字、数字、句読点、括弧類、アステリスクの他に、引用の省略を示す「〃」がある（翻刻では「…」で示した）が、その由来は不明。

8. 典拠　本書は、マノエル・アルバレス Manuel Alvares（1526～1583）の De Institutione Grammatica に、更に日本語用例と日本語に関する文法記述を加えたものである。原著は、イエズス会の標準的なラテン語教科書として世界で版を重ねた書として著聞する。アルバレスの事績、アルバレスの原著の普及・後世の批判等に関しては、英文解説を参照の事。ここでは、英文解説の第 4 節に記した、本書翻案の直接の底本の問題に就てのみ、簡略に記す。

本書が、De Institutione Grammatica リスボン初版（1572）とかなり異なり、その簡略版に基づくと覚しい事は、既に土井忠生（1933）、福島邦道（1973）が指摘し、山沢孝至（2006）は、本書 3 オの「著者より読者への緒言」（Auctor lectori）に注意して、アルバレス自身により為された簡略版の存在を推定している。

De Institutione Grammatica の二系列、詳細版（大文典）と簡略版（小文典）に就ては、後者を「小文典」（arte pequena）と呼ぶ事自体が既に 18 世紀ポルトガルで行なわれており、よく知られていた筈だが、現代の書誌では混乱している。

この二系列の区別は、Verdelho（1995）、Iken（2002）、Gehl（2003）も指摘するが、簡略版「小文典」の初版リスボン版（1573）コインブラ大学蔵本の存在を具体的に指摘したのは Kemmler（近刊）である。この 1573 年リスボン版（L73、octavo 八折判）が、原著初版（1572、quarto 四折判）にある多数の「教授者への解説」（scholion）を除き、丁数を 250 丁余りから 150 丁へと減じ、且つ判型を quarto から octavo へと小さくして（即ち安価にして）、学生の手に入りやすくした「小文典」（arte pequena）の初版であり、その後、大文典・小文典は、（著者没後の他者による増補・改編も経ながら）並行して版を重ねる事になる。

英文解説 4.4 に示す如く、天草版の構成は「小文典」とほぼ同じで、天草版は、「小文典」のみにあり「大文典」に無い特徴を持ち（4.5）、天草版が依拠したのが「小文典」の系列である事は疑い無い。「小文典」1573 年初版（L73）は、その後に増補され、スペイン語用例版（1578、L78H）、ポルトガル語用例版（1583、L83L）が現れた。（他に、イタリア語用例版、ドイツ語用例版等も陸続として現れるが、天草版とは無縁）。L78H が果たしてスペイン語系列の初版であるか、L83L がポルトガル語系列の初版であるかには、調査が行き届いていない。

天草版は、L73 に無く「増補版」L78H にある特徴を多く備えており（英文解説 4.6）、この「増補版小文典」の系列である事は明かである。但し、L78H は用例がスペイン語で、一方、天草版の用例はポルトガル語であるから、L78H を直接の典拠底本とするには躊躇を覚える。L83L は、用例こそポルトガル語であるものの、天草版が

L78H 同様に掲載する quanuis による接続法未来等を、L83L が敢えて（ポ語では用いないからと）理由を明示して削除している（英文解説 **4.6**）等の特徴から、L83L も直接の典拠底本とは考えにくい。この quanuis による接続法に対する天草版の処置は興味深く、天草版は、能動態では（L78H と同じく）全時制に訳文を掲載し、一方 esse（be 動詞）と受動態では（L83L と同じく）現在・半過去にしかポ語訳文を掲載しないが、その理由が不明である。或いは、そうした内容を持つ別の「増補版小文典」ポルトガル語版の存在も期待されようが、現在の処は具体的な版に行き当たらない。キリシタン版は、（ルイス・デ・グラナダの諸著作の様に）スペイン語からの翻訳を厭う事が無く、又、翻訳・翻案に当たって複数の版を参照した事例もあり、本書天草版も、L78H（スペイン語用例版）・L83L（ポルトガル語用例版）の双方を参照した可能性もあろう。又、敢えて「大文典」から引用したと思われる scholion（30 オ、Participiis praeteriti temporibus…）すらあり、翻案底本として特定の単一版の存在を想定する事自体に、無理があるかも知れない。

9. **意義** L83L（「小文典」ポルトガル語用例版）が、quanuis による接続法未来自体を掲げないのは、ラテン語 quanuis に対応するポルトガル語 posto que は、ポ語では接続法未来では用いない（直説法に拠る）為である（L83L、24 ウ）。アルバレス文典のポ語訳文は、本来はラテン語表現の理解のために付されていた筈で、ポ語訳文が接続法を用いないからという理由でラテン語の接続法まで削除して仕舞う謂われは無い筈であるのに、既にここでは立場が逆転しており、ポ語文法が主で、ラテン語は、ポ語文法記述のための便宜的な範例・枠組みとして扱われるに至っている。天草版も、「ラテン語学習のための参考書」という元来の立場に加え、この「日本語文法記述の便宜としてのラテン語範例」という性格の部分が混在しており、それ故に、本書はイエズス会の（出版された）日本語文法書の嚆矢と見なす事が出来る。本書の第一部は、ラテン語文法の知識が共通理解とし得るという特殊な環境でのみ成立し得た日本語文法記述を含むものである。

本書の日本語に関する記述には、三人称による客観的な記述が多いが、utimur（一人称複数「私たちは使う」）、adnotabis（二人称単数、「お前は気付くだろう」）の様な記述も混在し、本書の記述の立場とその由来に就ては、なお研究を要する。本書の標題が、簡潔に「活用形に日本語用例を付けた」とする事を以て、「単に活用表に日本語訳が付されているだけ」と解するのは、余りに皮相な見解であって、初の日本語研究書出版、且つアルバレス文典の初の非欧州語への適用として、日本イエズス会が新規活字鋳造までをも企てて臨んだ本書出版の意義は、注意深い読者によって、本書自体の中に見出されるであろう。

参考図版

The first edition of the *arte pequena* of the Álvares' grammar (Lisbon, 1573, Ioannes Barrerius). Library of the University of Coimbra, Portugal (with permission from the Library).

アルバレス「小文典」初版、1573 年リスボン、ジョアン・デ・バレイラ（João de Barreira）刊行。（コインブラ大学図書館蔵本、図書館許諾済）。

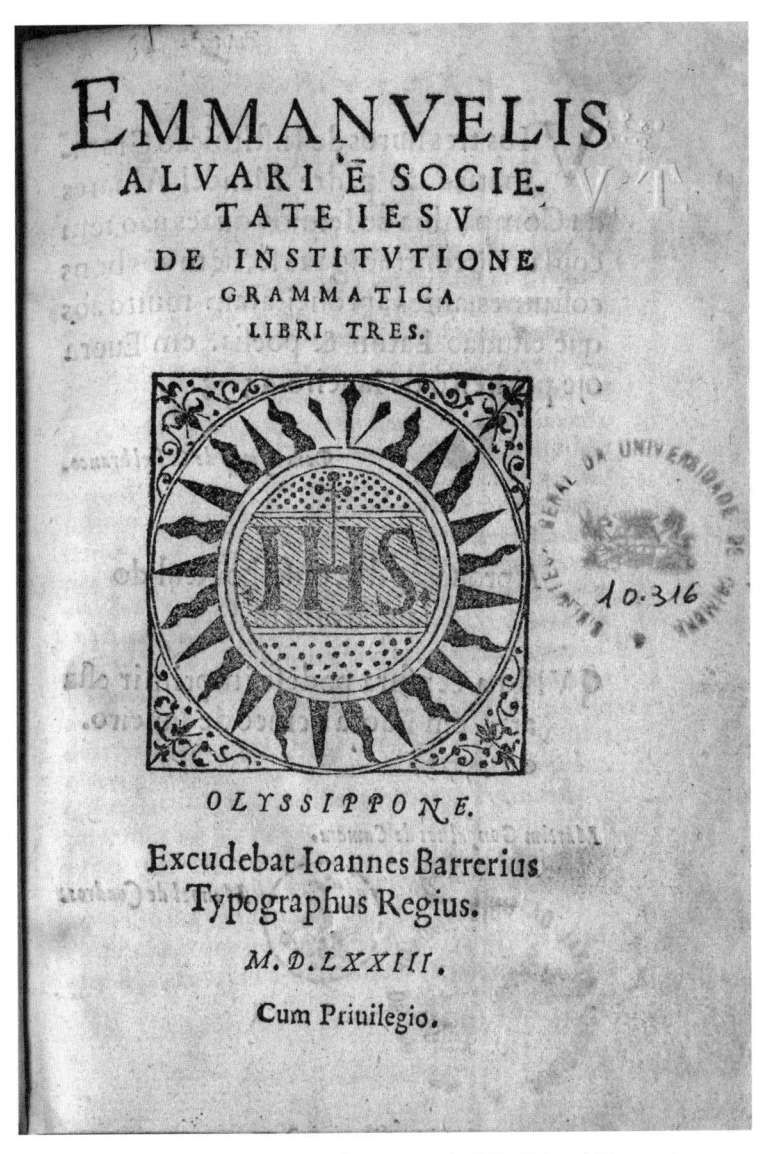

De institutione grammatical (*arte pequena*), 1573, Lisbon (title page)
アルバレス「小文典」（扉）

参考図版

Auctor Lectori.

Libros de Grammatica Institutione, quos nuper explanationibus illustratos edideram, compulsus sum Lector humanissime nudos ferè, ac luce priuatos, diligentiùs tamen correctos denuo foras dare: tum ne scholiorum multitudine impedirentur tyrones, tum vt eis non solùm ad diuites, sed etiam ad tenuiores, (quorum multo maior semper fuit copia) aditus pateret. Quare te etiã, atq; etiam rogo, vt eorum tenuitatem, vel nuditatem potiùs boni consulas. Vale.

De institutione grammatica (*arte pequena*), 1573, Lisbon (Auctor Lectori)
"Auctor Lectori" (author to the reader) appears exclusively in the *arte pequena*. cf. the Amakusa edition (1594) 3r.
アルバレス「小文典」「著者より読者への緒言」
この「緒言」は、「小文典」系列にのみあり、天草本3オにも見える。

> # PRIMA NOMI-
> ## NVM DECLINATIO.
>
> ¶ Musa nomen declinationis primæ ge-
> neris fœminini, numeri singularis,
> sic declinabitur,
>
> Ominatiuo hæc Musa.
> Genitiuo   Musæ.   *Hæc Musa iucūda.*
> Datiuo   Musæ.   *Hæc ferula acerba.*
> Accusatiuo Musam.   *Paucis post diebus.*
> Vocatiuo   ô Musa.   *Hæc musa dulcis.*
> Ablatiuo   à Musa.   *Hæc ferula minax.*
> Numero plurali.   *Hic nauta vigilans.*
> Nominatiuo   Musæ.   *Hic poeta optimus.*
> Genitiuo   Musarum.
> Datiuo   Musis.
> Accusatiuo   Musas.
> Vocatiuo   ô Musæ.
> Ablatiuo   à Musis.
>
> ## *Secunda declinatio.*
>
> ¶ Dominus nomen declinationis secundæ,
> generis masculini, numeri singularis,
> sic declinabitur,
>
> Ominatiuo hic Dominus. *Hic Dominus iustus.*
> Genitiuo   Domini.   *Hic Dominus bonus.*
> Datiuo   Domino.   *Aliquot post dies.*
> Accusatiuo   Dominum.   *Hic Dominus prudens.*
>
> A

De institutione grammatica (*arte pequena*), 1573, Lisbon, 1r (Declension of nouns)
The *scholion* in the Amakusa edition (4r) "Assuescant pueri in ipso primo aditu…"
appears in much later editions of the *arte pequena*, and is inexistent here.
アルバレス「小文典」本文１オ（名詞曲用）
天草版４オの "Assuescant pueri in ipso primo aditu…" に始まる *scholion*（教授用資料）は、「小文典」初版には無く、後の版になって現れる。

謝　辞

本書の影印は、原本所蔵館 Biblioteca Pública de Évora, Portugal、Biblioteca da Universidade de Coimbra, Portugal の御快諾によるものである。記して深謝申し上げる。

本書の成稿には、丸山徹教授、岸本恵実博士、Rolf Kemmler 博士、Gonçalo Fernandez 博士の御教示を賜った。

本書の刊行に当たっては、独立行政法人日本学術振興会平成 24 年度科学研究費助成事業（科学研究費補助金（研究成果公開促進費［学術図書］））（代表者：豊島正之、課題番号 245065）の交付を受けた。記して深甚の謝意を表す。

本書は、次の補助金による研究成果の一部である。
- JSPS 科研費基盤研究 (C)（研究代表者：豊島正之）「イエズス会辞書類データベースに基づく，対訳を経由する語彙画定過程の研究」（平成 20 ～ 22 年度、課題番号 20520408）
- JSPS（日本学術振興会）先端学術人材養成事業（研究代表者：豊島正之）「大航海時代の「宣教に伴う言語学」研究のための非一極集中型研究環境の構築」（平成 21 年度）
- JSPS 科研費基盤研究 (B)（研究代表者：豊島正之）「多言語辞書と金属活字印刷から探るキリシタン文献の文字・語彙同定の過程」（平成 23 ～ 26 年度、課題番号 23320093）

本書は、東京外国語大学アジア・アフリカ言語文化研究所共同研究プロジェクト「宣教に伴う言語学（第二期）」の国際共同研究の成果の一つである。

Acknowledgements

The facsimile has been made possible by kind permission from the Biblioteca Pública de Évora, Portugal. The excerpts from the "*arte pequena*" are courtesy of the Biblioteca da Universidade de Coimbra, Portugal.

The authors are quite grateful for Prof. Toru Maruyama, Dr. Emi Kishimoto, Dr. Rolf Kemmler and Dr. Gonçalo Fernandez, for their insightful suggestions.

The publication of this book has been enabled thanks to the funding by JSPS (Japan Society for the Promotion of Science) KAKENHI Grant Number 245065 (Grant-in-Aid for Publication of Scientific Research Results).

This book is based on the foregoing researches funded by

- JSPS KAKENHI Grant-in-Aid for Scientific Research(C) Grant Number 20520408 "Lexicographical study of the dictionaries of the Japanese early Christian documents, based on the database of the contemporary polyglot dictionaries" (leader : Masayuki Toyoshima, from 2008 to 2010)
- JSPS Select educational programs for advanced studies "Development of a distributed research environment for Missionary Linguistics of the "Grand Voyage Era" (leader : Masayuki Toyoshima, 2009)
- JSPS KAKENHI Grant-in-Aid for Scientific Research(B) Grant Number 23320093 "Lexicographical study of the dictionaries of the Japanese early Christian documents, based on the database of the contemporary polyglot dictionaries" (leader : Masayuki Toyoshima, from 2011 to 2014)

This books is one of the products of the international cooperative academic project "Missionary Linguistics, 2nd stage" (leader: Masayuki Toyoshima, 2008-2011) by ILCAA (Research Institute for Languages and Cultures of Asia and Africa), TUFS (Tokyo University of Foreign Studies), Tokyo Japan.

【影印】Facsimile
De Institutione Grammatica Libri Tres
エボラ公共図書館（ポルトガル）所蔵本
Courtesy of Biblioteca Pública de Évora, Portugal

【翻刻・解説】Edition and Introduction

カルロス・アスンサン
　ポルトガル、トラーズ・ウズ・モンテス・イ・アルト・ドウロ大学副学長
豊島正之
　東京外国語大学アジア・アフリカ言語文化研究所教授

Carlos da Costa Assunção
　Vice-Reitor da Universidade de Trás-os-Montes e Alto Douro, Portugal
Masayuki Toyoshima
　Professor of the Research Institute for Languages and Cultures of Asia and Africa, Tokyo University of Foreign Studies, Japan

---

天草版 ラテン文典

2012年8月25日　初版発行	定価（本体 30,000 円＋税）

　　　原本所蔵　エボラ公共図書館（ポルトガル）
　　　　　　　　Biblioteca Pública de Évora, Portugal

　　　発行者　株式会社 八 木 書 店
　　　　　　　代表 八 木 壮 一
　　　〒101-0052 東京都千代田区神田小川町 3-8
　　　　電話 03-3291-2961〔営業〕・2969〔編集〕
　　　　　　　　　　　　　　　Fax 03-3291-6300
　　　　　　　　　　http://www.books-yagi.co.jp/pub

　　　　　　　　　　製版・印刷　天理時報社
　　　　　　　　　　製　本　博勝堂

ISBN978-4-8406-2085-7　　　　Yagi Bookstore Ltd., Tokyo, Japan

不許複製　エボラ公共図書館　八木書店